Forschungen und Quellen zur Zeitgeschichte

Im Auftrag der
Konrad-Adenauer-Stiftung
herausgegeben von
Klaus Gotto, Hans Günter Hockerts,
Rudolf Morsey und Hans-Peter Schwarz

Band 7
Wulf Schönbohm
Die CDU wird
moderne Volkspartei

Klett-Cotta

Wulf Schönbohm

Die CDU wird moderne Volkspartei

Selbstverständnis, Mitglieder, Organisation und Apparat 1950–1980

Klett-Cotta

CIP-Kurztitelaufnahme der Deutschen Bibliothek

Schönbohm, Wulf:
Die CDU wird moderne Volkspartei :
Selbstverständnis, Mitglieder, Organisation und
Apparat 1950–1980 / Wulf Schönbohm.
– Stuttgart : Klett-Cotta, 1985.
(Forschungen und Quellen zur Zeitgeschichte ; Bd. 7)
ISBN 3-608-91233-9
NE: GT

Verlagsgemeinschaft Ernst Klett Verlag
J. G. Cotta'sche Buchhandlung

Printed in Germany 1985
Die Datenübernahme erfolgte durch die
Schwarz GmbH & Co. KG, Computersatz, Stuttgart
Offsetdruck und buchbinderische Verarbeitung
Wilhelm Röck, Weinsberg

Vorwort

Diese Arbeit ist im Januar 1984 von der Philosophischen Fakultät der Universität Bonn als Dissertation angenommen worden. Mein Dank gilt insbesondere meinem verehrten Doktorvater, Prof. Dr. Karl Dietrich Bracher, dessen Anregungen, fachliche Unterstützung und Ermutigung mir eine große Hilfe waren. Herrn Bundeskanzler Dr. Helmut Kohl danke ich für die Genehmigung, Protokolle der CDU-Führungsgremien einsehen zu dürfen. Der früheren Leiterin der Abteilung Dokumentation in der CDU-Bundesgeschäftsstelle, Frau Dr. Hildegard Schlüter, und dem Leiter des Archivs für Christlich-Demokratische Politik der Konrad-Adenauer-Stiftung, Dr. Klaus Gotto, bin ich zu großem Dank verpflichtet. Sie und ihre Mitarbeiter haben mir durch die Beschaffung und Aufbereitung der verschiedensten Materialien sehr geholfen. Dies gilt auch für CDU-Bundesgeschäftsführer Peter Radunski sowie den Leiter der Hauptabteilung Organisation in der CDU-Bundesgeschäftsstelle, Karl Schumacher, und dessen Mitarbeitern, Herrn Aribert Ebert und Frau Gisela Goi. Dr. Warnfried Dettling und Dr. Detlev Preuße haben mir wichtige Anregungen für die Endfassung der Arbeit gegeben. Frau Monika Hildenbrandt und Frau Beate Calabrese danke ich für die Niederschrift der Manuskripte.

Wulf Schönbohm — Bonn, September 1984

Inhalt

Zweiter Teil (1969-1980)

Einleitung

1. Fragestellung und Erkenntnisinteresse

Die CDU hat in den siebziger Jahren während der Oppositionszeit im Bund einen grundlegenden Wandel durchgemacht, dessen Beschreibung und Charakterisierung Thema dieser Untersuchung ist. Kennzeichen dieser Veränderungen sind ein starker Mitgliederzuwachs, die Aktivierung der Parteiorganisation auf allen Ebenen, der Ausbau des Parteiapparates und eine intensive Programmdiskussion. Die CDU der fünfziger Jahre und die der achtziger Jahre sind daran gemessen fast zwei verschiedene Parteien. Insofern kann zu Recht von einer »nachgeholten Parteibildung« der CDU gesprochen werden(1). So richtig die Feststellung ist, daß die entscheidenden Veränderungen in der CDU während ihrer Oppositionszeit ab 1969, insbesondere ab 1973, stattgefunden haben, so problematisch wäre es, den Untersuchungszeitraum von vornherein auf diesen Zeitraum zu beschränken, und zwar aus drei Gründen:

Zum einen stellt Mintzel zutreffend fest:

»Neue Oberflächenerscheinungen im Parteiensystem, in Parteienkonstellationen und einzelnen Entwicklungen, die Wandlungsprozesse anzukündigen scheinen, müssen erst auf ihre sozialgeschichtliche und politisch-historische Tiefendimension hin überprüft werden. Beharrungstendenzen sind in einem Parteiensystem, auch wenn neue Etiketten gewählt werden, größer als man gemeinhin annimmt«(2).

Zum anderen sind grundlegende Veränderungsprozesse von Parteien in der Regel langfristig angelegt und vollziehen sich nicht, ohne daß zuvor Reformkonzepte entwikkelt und erste Realisierungsversuche unternommen werden. Dies erschwert ohnehin die zeitliche Eingrenzung von Veränderungsprozessen. Das gilt in besonderem Maße auch für den Wandel der CDU in den siebziger Jahren, der in der zweiten Hälfte der sechziger Jahre entscheidend vorbereitet wurde bzw. partiell bereits begonnen hatte.

Der dritte und entscheidende Grund ist, daß Veränderungen in einer Partei innerhalb eines bestimmten Untersuchungszeitraumes erst auf dem Hintergrund des Entwicklungsstandes, den die Partei davor erreicht hatte, deutlich werden. Deshalb nimmt die Beschreibung der CDU der fünfziger und sechziger Jahre anhand der zentralen Fragestellungen dieser Untersuchung einen relativ breiten Raum ein. Die historisch-vergleichende Methode in Kombination mit ausgewählten parteitheoretischen Überlegungen, die im dritten Abschnitt dieses Kapitels erläutert werden, erscheint daher diesem Thema besonders angemessen.

Der zeitliche Rahmen dieser Studie umfaßt die Jahre 1950 bis 1980, wobei die Oppositionszeit der CDU von 1969 bis 1980 den Schwerpunkt bildet. Das Bundestagswahljahr 1980 wurde als Schlußpunkt gewählt, weil bis dahin die wichtigsten Veränderungen in der CDU abgeschlossen und die für die Untersuchung erforderlichen Materialien nur bis zu diesem Jahr zugänglich waren. 1950 wurde die Christlich

Demokratische Union Deutschlands in Goslar als Bundespartei gegründet, womit der zeitliche Ausgangspunkt dieser Untersuchung gegeben ist.

Die zentrale Frage, welche Veränderungen in der CDU als Partei während der Oppositionszeit stattgefunden haben, wird anhand von drei Themengruppen analysiert:

1. Selbstverständnis und Funktion der Partei;
2. Entwicklung von Mitgliederzahl und -struktur;
3. Reform der Parteiorganisation und Ausbau des Parteiapparates.

Die CDU der fünfziger Jahre ist häufig als »Kanzlerwahlverein« bezeichnet worden. In der Tat hat sich die Partei bis in die sechziger Jahre hinein vor allem in ihrer dienenden Funktion gegenüber Bundesregierung und Bundestagsfraktion gesehen. Die Ursachen dieses rudimentären Selbstverständnisses der CDU als Partei und seine Konsequenzen für Mitglieder, Parteiorganisation und Parteiapparat werden im ersten Teil der Arbeit untersucht.

Im zweiten Teil stehen der Wandel der Partei zum politischen Führungsinstrument, die Entwicklung der Mitgliederzahl, der Parteiorganisation und des Parteiapparates während der Oppositionszeit im Vordergrund des Interesses.

Die ersten Jahre der CDU in der Opposition waren unter anderem geprägt durch die Hoffnung auf vorzeitige Rückkehr in die Regierung. Die daraus resultierende Strategiediskussion, deren Folgen für die Parteireform und für die Entwicklung der Partei zum politischen Willensbildungs- und Führungsorgan werden im I. Kapitel des zweiten Teiles analysiert. Die inhaltlichen Ergebnisse der intensiven Programmdiskussion von 1968 bis 1978 konnten nicht im einzelnen bewertet werden, da dies eine eigenständige Untersuchung erforderte, wohl aber Organisation und Ablauf des damit verbundenen Willensbildungsprozesses.

Im II. und III. Kapitel werden Ausmaß, Ursachen und zeitliche Schwerpunkte des Mitgliederzuwachses sowie die Ziele dargestellt, die die Partei damit verband. Die Konsequenzen des Mitgliederzuwachses und des Mitgliederstrukturwandels für die Funktions- und Mandatsträger und die innerparteiliche Machtposition der Vereinigungen werden eingehend untersucht.

Dabei interessieren sowohl die Entwicklungen auf Bundes- als auch die auf Landesebene, weil die Bundeszahlen allein die oft völlig gegensätzlichen und unterschiedlichen Entwicklungen in den Landesverbänden verdecken. Die Landesverbände sind aber wichtige, weitgehend autonome politische Entscheidungseinheiten und prägen das Gesicht der Partei wesentlich mit.

Die Aktivierung der Parteiorganisation, insbesondere auf Orts- und Kreisebene, die Neuordnung der Parteifinanzen und der Ausbau des Parteiapparates, vor allem auf Kreis- und Bundesebene, sind der letzte Schwerpunkt dieser Untersuchung, die gleichzeitig eine Monographie zur Geschichte der Parteireform in der CDU ist.

Untersuchungsgegenstand ist die CDU als Partei auf Bundes-, Landes- und Kreisebene unter Einschluß der Vereinigungen im Organisationsgebiet der CDU, also im Bundesgebiet ohne Bayern, einschließlich Berlin. Dabei bleiben die organisatorische und politische Entwicklung der CDU/CSU-Bundestagsfraktion und die der CSU ebenso außer Betracht wie die Beziehungen zwischen CDU und CSU und die zwischen CDU und CDU/CSU-Bundestagsfraktion.

2. Quellenlage

Über die Parteien der Bundesrepublik im allgemeinen und die CDU im besonderen liegen nur wenige empirische Arbeiten vor, die Mitgliedschaft, Organisation und Parteiapparat untersuchen. Dies gilt insbesondere für die CDU der fünfziger und – mit Einschränkung – der sechziger Jahre, und zwar aus zwei Gründen: Die Bundespartei besaß selbst keine präzisen und zuverlässigen Daten zu den hier interessierenden Themenbereichen, und wenn sie vorlagen, wurden sie nicht veröffentlicht.

Die über die CDU der fünfziger und sechziger Jahre nur sporadisch vorhandenen Daten sind von Kaack(3) und Pridham(4) zusammengestellt und ausgewertet worden. Auch die beiden Aufsätze von Heidenheimer(5) vermitteln einige Informationen, beruhen aber ebenfalls auf zu schmaler und unsicherer Datenbasis.

Die Studie von Renate Mayntz(6) bezieht sich nur auf einen Berliner CDU-Kreisverband der fünfziger Jahre, während Helmut Rannacher(7) die konfessionelle Struktur der CDU für die sechziger Jahre anhand von Daten der Bundespartei untersucht hat, die von ihr in den Jahren 1962 und 1964 erhoben wurden.

Auch für die siebziger Jahre basiert die Mehrzahl der Veröffentlichungen zur Mitgliedschaft der CDU entweder auf Umfragen(8), auf Stichproben(9), auf völlig ungeklärter Datenlage(10) oder auf Daten, die der Sekundärliteratur entnommen wurden(11).

Einige neuere wissenschaftliche Arbeiten für die siebziger Jahre verwenden das statistische Material der CDU und fußen damit erstmalig auf einer soliden Datenbasis. Dies gilt z. B. für die Untersuchung von Michael Bretschneider(12), dessen Angaben auf der Zentralen Mitgliederkartei der CDU beruhen. Basierend auf den Zahlen von Bretschneider hat Troitzsch dessen Ansatz weiter verfolgt(13) und die Mitgliederstrukturen der Parteien anhand ihrer Geschäftsberichte untersucht(14). Gluchowski und Veen(15) weisen vorwiegend anhand von Umfragen die Angleichungstendenzen in der Wähler- und Mitgliederstruktur von CDU, CSU und SPD nach.

Die umfassendste und bedeutendste Untersuchung über die Mitglieder der CDU hat Wolfgang Falke vorgelegt(16). Auf der Basis von zwei repräsentativen Umfragen bei Mitgliedern, Funktions- und Mandatsträgern der CDU in den Jahren 1971 und 1977 analysiert er die Leistungsfähigkeit der CDU-Parteiorganisation und kommt zu einer Fülle neuer Ergebnisse.

In der vorliegenden Untersuchung basieren alle Angaben über Mitglieder sowie Funktions- und Mandatsträger der CDU – soweit nicht ausdrücklich eine andere Quelle genannt wird – auf den Daten der Zentralen Mitgliederkartei, die seit 1968 in der CDU-Bundesgeschäftsstelle aufgrund der Meldungen der Kreisverbände geführt wird. Jeweils am Monatsende werden die neuesten Daten der Zentralen Mitgliederkartei getrennt nach Kreisverbänden, Landesverbänden und Bundespartei ausgedruckt. Folgende Daten werden von allen Parteimitgliedern gespeichert: Geschlecht, Geburtsjahr, Konfession, Familienstand, Vereinigungsmitgliedschaft (z. B. Junge Union), Beschäftigungsverhältnis und Beruf. Bei den Veränderungsmeldungen der Kreisverbände werden auch separat die Gründe für Mitgliederabgänge statistisch aufbereitet, so daß sie für eine Auswertung zur Verfügung stehen.

Auch andere Statistiken, Analysen, spezielle Untersuchungen usw. zu diesem Thema, die aufgrund interner Anforderungen des Parteiapparates oder der Parteiführung im Zeitraum von 1968 bis 1980 erstellt wurden, konnten vom Verfasser ausgewertet werden.

Für die Untersuchung der Entwicklung von Selbstverständnis, Organisation, Finanzierung und Parteiapparat der CDU von 1950 bis 1969 sowie die damit im Zusammenhang stehenden Fragen wurden neben der Sekundärliteratur auch die veröffentlichten Protokolle der CDU-Bundesparteitage und besonders die unveröffentlichten Protokolle des CDU-Bundesvorstandes ausgewertet, die der Verfasser einsehen konnte.

Über die siebziger Jahre liegen nur wenige empirische Arbeiten über die CDU vor, die für das Thema dieser Untersuchung relevant sind. Neben den von Kaack herausgegebenen Parteien-Jahrbüchern(17), den Studien von Pütz(18), Schönbohm(19) und dem schon erwähnten Sammelband von Dittberner/Ebbighausen ist die umfassende Analyse des Landesverbandes der Hamburger CDU von Preuße(20) zu erwähnen. Wichtig sind auch einige Arbeiten über die Entwicklung der lokalen und regionalen CDU-Parteiorganisationen(21).

Insgesamt ist der wissenschaftliche Ertrag der genannten Arbeiten für das Thema dieser Untersuchung begrenzt, weil das bedeutsame parteiinterne Material über die siebziger Jahre von seiten der CDU noch nicht der Öffentlichkeit zugänglich gemacht und das bereits veröffentlichte Material unter anderen Fragestellungen ausgewertet wurde. Diese Untersuchung stützt sich daher neben der Auswertung der veröffentlichten Dokumente wie z. B. Parteitagsprotokolle, Reden, Parteipublikationen, Rechenschaftsberichte der CDU-Bundesgeschäftsstelle u.ä. auch auf die Protokolle und die dazugehörigen Anlagen der Sitzungen des Präsidiums, des Bundesvorstandes, des Bundesausschusses, der Landesgeschäftsführer der CDU, die der Verfasser für den Zeitraum von 1970 bis 1976 einsehen konnte. Außerdem sind zahlreiche interne Studien, Analysen und Arbeitspapiere der CDU-Bundesgeschäftsstelle ausgewertet worden.

Angesichts des relativ großen Untersuchungszeitraums und der Materialfülle war eine Begrenzung auf die drei genannten Fragestellungen erforderlich. Um die Entwicklung der CDU von 1950 bis 1969 und insbesondere ihren Wandlungsprozeß von 1969 bis 1980 darstellen zu können, bedarf es allerdings genauerer Kriterien zur Analyse des Materials und der Bewertung der Untersuchungsergebnisse. Dazu ist die parteitheoretische Ein- und Zuordnung der Fragestellungen dieser Untersuchung erforderlich, die die Formulierung präziserer Hypothesen und Fragestellungen ermöglichen und den Stellenwert dieser Untersuchung im Rahmen der Parteienforschung der Bundesrepublik verdeutlichen.

3. Theoretischer Bezugsrahmen

Theorien sollen Wirklichkeit erklären helfen, indem sie Kriterien zur Analyse und zur Bewertung von Tatbeständen und Prozessen zur Verfügung stellen. Da der Untersuchungsgegenstand dieser Arbeit die CDU und ihr Wandlungsprozess von 1950 bis 1980 ist, interessieren hier parteitheoretische Ansätze nur insoweit, als sie für die Entwicklung eines analytischen Ansatzes zur Beschreibung und Bewertung des Wandlungsprozesses der CDU hilfreich sind. Auf eine detaillierte Erörterung der zahlreichen verschiedenen parteitheoretischen Ansätze wird daher verzichtet(22). Die theoretischen Vorüberlegungen beschränken sich auf Funktionen, Strukturmerkmale und innerparteiliche Entscheidungsmechanismen moderner Volksparteien wie CDU und SPD in der Bundesrepublik Deutschland.

In parlamentarisch-repräsentativen Demokratien mit einem Mehrparteiensystem haben demokratische Parteien vor allem zwei Aufgaben zu erfüllen, die für die Existenz des politischen Systems von zentraler Bedeutung sind. Es sind dies die Formulierung politischer Grundsätze und Ziele sowie die Eroberung von politischen Machtanteilen bei Wahlen mit dem Ziel der politischen Herrschaftsausübung.

Parteien entstehen dann, wenn für sie ein »gesellschaftlicher Bedarf«, eine soziale Basis vorhanden ist. Sie vertreten die weltanschaulichen, sozialen und politischen Forderungen einer oder mehrerer Schichten der Gesellschaft, indem sie diese politisch artikulieren. Durch die Formulierung politischer Ziele und Programme integrieren und aggregieren die Parteien Interessen. Eine Partei ohne ein spezifisches politisches Programm und ohne mindestens eine spezifische, quantitativ relevante Wählergruppe hat auf Dauer keine Überlebenschance im Parteienwettbewerb. Die Eroberung eines möglichst großen Wähleranteils, um dadurch an der Regierung beteiligt zu werden, bzw. zu bleiben, ist also kein Selbstzweck, sondern dient auch der Durchsetzung der Parteiziele.

Die beiden genannten Aufgaben der Parteien stehen in einem gegenseitigen Abhängigkeits- und Spannungsverhältnis, das dann deutlich wird, wenn eine Partei politische Prinzipien, Weltanschauungen, Ziele propagiert, die bei den eigenen Wählern irrelevant oder sekundär geworden sind. Innerparteiliche Spannungen treten also immer dann auf, wenn die Partei programmatische Anpassungen an das gewandelte Bewußtsein, die gewandelte Interessenlage ihrer Wähler vornimmt, sei es aus dem obigen Grund oder weil sie über ihre traditionelle Wählerklientel hinaus neue Wählerschichten ansprechen will. Dies führt zu heftigen innerparteilichen Auseinandersetzungen vor allem dann, wenn die Programmtradition einer Partei ausschließlich auf einem spezifischen weltanschaulichen Ansatz beruht.

Auf Dauer kann sich aber keine Partei ohne Gefährdung ihrer Existenz diesem Anpassungsdruck an gewandelte Interessenlagen und Sozialstrukturen der Wähler entziehen. Die Konservierung einer Ideologie, eines politisches Programms, für die kein gesellschaftlicher Bedarf vorhanden ist, ist im demokratischen System mit Parteienwettbewerb nicht möglich. Allerdings brauchen derartige Anpassungsprozesse eine längere

Zeit, bis sie innerparteilich verkraftet und in veränderte politische Aussagen umgesetzt worden sind. Die innerparteilichen Entscheidungen zu Sach- und Personalfragen haben sich im Spannungsverhältnis zwischen Programmtradition und Wahlerfolg zu legitimieren, und dies ist eine wesentliche Ursache für innerparteiliche Auseinandersetzungen.

Angesichts dieser Sachlage ist die Erörterung dichotomischer Modelle, die die Partei entweder nur als Organisation zur Eroberung von politischen Machtanteilen verstehen (wie sie vor allem von der amerikanischen ökonomischen Theorie der Politik entwickelt wurden) oder vornehmlich als Organisation zur Realisierung von Programmen ansehen, zur Analyse des Parteiensystems der Bundesrepublik nur von geringem Wert(23).

a) Stukturmerkmale und Funktionen moderner Volksparteien

Otto Kirchheimer hat zutreffend herausgearbeitet, daß in Gesellschaften mit hohem Wohlstandsniveau, in denen die traditionellen sozialen und konfessionellen Gegensätze abgebaut werden, die Integrationsparteien auf Klassen- und Konfessionsbasis nach Weimarer Vorbild(24) sich zu »Allerweltsparteien« (catch all partys) fortentwickeln(25). Die Entstehung dieser Allerwelts- oder »echten Volksparteien« ist eine Folge der veränderten ökonomischen und sozialen Bedingungen, der Entstehung einer breiten, relativ homogenen Mittelschicht in der Wählerschaft. Als Konsequenz dieser gesellschaftlichen Veränderungen wird der politische Dissens zwischen den Parteien in Form von prinzipiellen ideologischen Alternativen abgebaut.

Auch wenn man Kirchheimers sehr weit gehender Interpretation der Entideologisierung der Parteien und deren Reduzierung auf die Selektion des politischen Führungspersonals nicht zustimmt(26), so hat er die Entwicklung des bundesrepublikanischen Parteiensystems prinzipiell zutreffend beschrieben. Dies kann an der Entwicklung von CDU und SPD exemplifiziert werden. Die SPD hat nach ihrer Wiedergründung in der Bundesrepublik als sozialistische Arbeiterpartei begonnen, als Klassen- und Weltanschauungspartei Weimarer Provenienz. Sie kann als Partei für die Integration einer sozialen Schicht (Industriearbeiter) mit einem monistischen Weltanschauungsangebot (Sozialismus) charakterisiert werden. Die neu gegründete CDU hingegen hat nach 1945 als »Volkspartei« begonnen. Ihr politisches Integrationskonzept war schichtenübergreifend (Selbständige, Angestellte, Beamte, mehrheitlich katholische Arbeiter), und sie hatte ein pluralistisches Weltanschauungsangebot (katholisch-soziale, liberale und konservative Grundvorstellungen). Die Gründung der CDU als interkonfessionelle Sammlungspartei und die generelle Anerkennung des Parteienstaates hat die Entwicklung des Parteiensystems der Bundesrepublik Deutschland entscheidend bestimmt(27).

Damit entsprach das Selbstverständnis der CDU eher dem der von Kirchheimer beschriebenen Allerweltspartei und der im Vergleich zur Weimarer Republik veränderten Wählerstruktur, während die SPD erst nach einem schwierigen Anpassungs- und Veränderungsprozeß ab Ende der fünfziger Jahre diesen konzeptionellen Ansatz nachvollzog und sich so neue Wählerschichten erschloß. Haungs stellt daher zutreffend fest, daß die heutigen Parteien in der Bundesrepublik eher »programmorientierte

Volksparteien mit breiter Mitgliederbasis und demokratischer innerer Struktur«[28] sind.

Der wissenschaftliche Gebrauch des Begriffs Volkspartei ist umstritten. So lehnt ihn Mintzel wegen seiner historischen Vorbelastung als polemischen Kampfbegriff ab und bevorzugt statt dessen den auf Neumann zurückgehenden Begriff der »modernen Massen- und Apparatpartei«[29]. Der Nachteil dieses Begriffs ist darin zu sehen, daß er ausschließlich die Binnenstrukturen der Partei erfaßt, während das entscheidend Neue an den Volksparteien der Bundesrepublik ist, daß sie einen schichtenübergreifenden Ansatz als Massenintegrationsparteien praktizieren, weshalb Preuße auch von der Volkspartei als »moderner Interessenintegrationspartei«[30] spricht.

Die begrenzte analytische Brauchbarkeit des Begriffs Volkspartei zur Charakterisierung der CDU der siebziger und achtziger Jahre ergibt sich daraus, daß er die grundlegenden strukturellen Veränderungen, die die CDU vor allem in den siebziger Jahren erfahren hat, nicht wiedergibt. Zwar war die CDU in den fünfziger Jahren von ihrem konzeptionellen Ansatz und nach Regierungspolitik und Wählerstruktur Volkspartei, aber in bezug auf Selbstverständnis, Mitgliederzahl und -struktur, Aktivitätsgrad der Parteiorganisation und Leistungsfähigkeit des Parteiapparates war sie weitgehend Honoratiorenpartei. Umgekehrt war die SPD der fünfziger Jahre aufgrund ihres monistischen Integrationskonzepts keine Volkspartei, aber in ihrer Binnenstruktur Massen- und Apparatpartei. Das blieb sie auch, wandelte aber ihren Integrationsansatz zu dem der schichtenübergreifenden Volkspartei. Die CDU hingegen veränderte sich von einer Honoratiorenpartei zu einer Massen- und Apparatpartei und behielt das Integrationskonzept der Volkspartei bei.

Um im Parteienwettbewerb auf Dauer erfolgreich zu sein, haben sich CDU und SPD in Selbstverständnis und Struktur angenähert, indem sie ihre jeweils spezifischen Defizite abgebaut haben. Da die Begriffe »Volkspartei« und »Massen- und Apparatpartei« aber nur jeweils ein zentrales Charakteristikum von Großparteien wie CDU und SPD wiedergeben, wird in dieser Arbeit der Begriff »Volkspartei modernen Typs« bzw. »moderne Volkspartei« benutzt. Moderne Volksparteien sind also Parteien mit einem schichtenübergreifenden Integrationskonzept und einer politisch und organisatorisch leistungsfähigen Parteiorganisation. Zentrales Anliegen dieser Untersuchung ist es, den Wandlungsprozeß der CDU von der Volkspartei zur modernen Volkspartei zu beschreiben.

Aufgrund der bisherigen Überlegungen und in Anlehnung und Weiterentwicklung der Kriterien, die Kierey[31], Preuße[32] und Buchhaas[33] zur Charakterisierung der Volkspartei formuliert haben, sollen folgende Merkmale einer Volkspartei modernen Typs festgehalten werden:

- weltanschaulicher Pluralismus;
- schichtenübergreifendes Integrationskonzept und »mehrheitsfähiges« Programm, das alle wesentlichen Wählergruppen anspricht;
- bestimmte Quantität an Mitgliedern und Wählern (anhand der Wahlergebnisse von CDU/CSU und SPD könnten als untere Grenze 30% aller Wähler und anhand der

aktuellen Mitgliederzahlen 700 000 Mitglieder als grober quantitativer Maßstab festgelegt werden, wobei dies eine theoretisch willkürliche, an der Realität orientierte Festsetzung ist);

- relativ ausgewogene Mitglieder- und Wählerstruktur (keine soziale Schicht darf absolut dominieren);
- dauerhafte, auf allen politischen Entscheidungsebenen präsente und aktive Parteiorganisation (mindestens auf Bundes-, Landes- und Kreisebene);
- mehrere innerparteiliche Suborganisationen (die sich nach unterschiedlichen Kriterien organisieren);
- funktionsfähiger Parteiapparat auf allen politischen Entscheidungsebenen (mindestens auf Bundes-, Landes- und Kreisebene) und ausreichende Finanzausstattung;
- innerparteiliche Willensbildung nach den Grundsätzen der konsultativ-repräsentativen Demokratie;
- funktionsfähige politische und organisatorische Führungsstruktur.

Angesichts dieser Charakterisierung der Volkspartei modernen Typs wird auch deutlich, daß die von Wright entwickelten Kategorien des rational-efficient- und party-democracy-model,[(34)] die vor allem anhand der amerikanischen sowie der sozialistischen Parteien Frankreichs entwickelt wurden, für die Analyse der modernen Volksparteien in der Bundesrepublik Deutschland nicht brauchbar sind, da jene Strukturelemente beider gegensätzlicher Modelle von Wright in sich vereinen. Haungs stellt daher zutreffend fest: »Die Parteien der Bundesrepublik stellen meines Erachtens eine durchaus balancierte Mischung der beiden von Wright entwickelten Parteitypen dar«[(35)].

Die dargestellten Merkmale moderner Volksparteien bilden einen Kriterienkatalog, mit dessen Hilfe sich der Wandel der CDU-Parteiorganisation beschreiben und beurteilen läßt. Es scheint kein Zufall zu sein, daß sowohl in der SPD als auch in der CDU die entscheidenden Veränderungen auf dem Wege zur modernen Volkspartei während der jeweiligen Oppositionszeit stattfanden. Die beiden Großparteien CDU und SPD mußten sich angesichts des soziokulturellen Wandels und der veränderten Anforderungen an Parteien zu modernen Volksparteien weiterentwickeln, wenn sie auf Dauer bei Wahlen erfolgreich bleiben und ihre Funktionen innerhalb des politischen Systems erfüllen wollten.

Um die Plausibilität dieser Hypothese zu belegen, ist es erforderlich, die Aufgaben und Funktionen von politischen Parteien umfassender als bisher zu erörtern. In § 1, Abs. 2 des Parteiengesetzes von 1967 werden diese ausführlich beschrieben. Sie lassen sich wie folgt zusammenfassen[(36)]:

- Politische Artikulation: Als die wesentlichen Träger der politischen Willensbildung formulieren die Parteien politische Ziele und Programme als Entscheidungsalternativen für den Wähler.
- Politische Integration: Durch die Parteien werden die Wähler in den staatlich-politischen Entscheidungsprozeß einbezogen. Die Parteien integrieren verschiedene Partikularinteressen zu einer politischen Gesamtaussage. Zu unterscheiden ist zwischen

sachlicher und personeller Integration sowie zwischen parteiexterner und parteiinterner Integration.

- Politische Kommunikation: Die Parteien sind neben den Medien und Verbänden die wichtigsten Organisationen zur Vermittlung von Informationen über politische Entscheidungen. Ihre Kommunikationsleistungen haben eine Gelenkfunktion zwischen Repräsentanten und Repräsentierten. Die parteiexterne Kommunikationsfunktion setzt eine funktionierende parteiinterne Kommunikation voraus.
- Personalselektion: Die Parteien sind die entscheidende Rekrutierungsinstanz für Bürger, die parlamentarische Mandate und öffentliche Ämter anstreben. Auch hier kann nach Selektionskriterien unterschieden werden, die parteiintern oder parteiextern orientiert sind.
- Politische Macht- und Herrschaftsausübung: Sie ist die Konsequenz aller vorangegangenen Funktionen, denn nur durch die Übernahme politischer Verantwortung in Parlament und/oder in Regierung können Parteien politische Ziele realisieren.

Bei einem Vergleich dieses Funktionenkataloges für politische Parteien in parlamentarisch-repräsentativen Demokratien mit den beschriebenen Charakteristika moderner Volksparteien ist leicht zu erkennen, daß eine moderne Volkspartei wie die CDU der achtziger Jahre diese Funktionen eher erfüllen kann als die CDU der fünfziger Jahre. Die CDU der fünfziger und sechziger Jahre konnte als Parteiorganisation den Funktionen der politischen Artikulation, Integration und Kommunikation nur sehr begrenzt gerecht werden. Die Funktionsdefizite der CDU hatten ihre Ursache in dem Selbstverständnis als Honoratiorenpartei mit geringer Mitgliederzahl, unterentwickelter Parteiorganisation und einem leistungsschwachen Parteiapparat.

In der Realität wird keine Partei alle Funktionen in gleicher Weise optimal erfüllen; Defizite in einem Funktionsbereich können durch besondere Leistungen in einem anderen zumindest vorübergehend kompensiert werden. Diese Überlegung erklärt noch nicht ausreichend, wieso die CDU trotz der behaupteten Funktionsdefizite ihrer Parteiorganisation in den fünfziger und sechziger Jahren bei Bundestags- und Landtagswahlen erfolgreich abgeschnitten hat.

b) Partei als System

Zur Beantwortung dieser Frage ist es notwendig, den allgemeinen Begriff »Partei« in folgende vier Leistungsbereiche zu unterscheiden, die alle mehr oder weniger eng mit der Partei verbunden, aber selbständige Leistungseinheiten sind und zu ihrer Funktionserfüllung beitragen(37):

- Parteirepräsentanten in der Exekutive, die als Mitglieder der Bundesregierung und Landesregierungen oder in Führungspositionen der Stadt- und Kreisverwaltung oder als Bürgermeister (je nach Kommunalverfassung) die Funktion der Macht- und Herrschaftsausübung wahrnehmen; sie können gleichzeitig aber auch andere wichtige Funktionen - vollständig oder teilweise – für die Partei ausüben, wie z. B. politische Artikulation, Kommunikation, Integration.
- Parteirepräsentanten in der Legislative als Mitglieder der Bundestags-, Landtags-,

Kreistags-, Stadtrats- oder Gemeinderatsfraktion; sie nehmen für die Partei ähnliche Funktionen wie die Parteirepräsentanten in der Exekutive wahr.

- Die Parteiorganisation, die alle eingeschriebenen Mitglieder, die Funktionsträger der Partei auf den verschiedenen Organisationsebenen, die Suborganisationen sowie den Parteiapparat, also die bezahlten Mitarbeiter der Partei, umfaßt. Auch hier können mit Ausnahme der Macht- und Herrschaftsausübung alle oder partielle Funktionen des Gesamtsystems Partei übernommen werden.
- Die Sympathisanten und Wähler der Partei, die sie zwar wählen, aber nicht mitgliedschaftlich in ihr organisiert sind. Je nach Motivation und Aktivitätsbereitschaft können sie – in der Regel zeitlich begrenzt, z. B. in Wahlkampfzeiten – zur Funktionserfüllung bei der politischen Artikulation (Zurverfügungstellung von Sachverstand bei der Ausarbeitung von parteipolitischen Aussagen), bei der Integration (z. B. Heranführung bestimmter Verbände, die bisher der Partei eher kritisch gegenüberstanden), bei der Kommunikation (z. B. Propagierung und Unterstützung der Politik und der Kandidaten der Partei) und bei der Personalselektion (eigene Kandidatur für die Partei oder Unterstützung der Partei bei der Suche nach geeigneten Kandidaten) beitragen.

Ungeachtet der formalen und rechtlichen Unterschiede prägen diese vier Leistungsbereiche das politische Gesamtleistungsbild der Partei bei der Erfüllung der genannten Funktionen. »Partei« ist also in Wirklichkeit ein differenziertes System von sich gegenseitig beeinflussenden und voneinander abhängigen Leistungsträgern. Die letztlich über den Wahlerfolg einer Partei entscheidende Gesamtbilanz der möglichst optimalen Funktionserfüllung wird von dem Gesamtsystem Partei erbracht. Jeder dieser Leistungsträger kann mehrere, eine bzw. gar keine der genannten Funktionen total oder partiell erfüllen. Ist das Gesamtsystem Partei auf Dauer nicht in der Lage, keine oder nur wenige dieser Funktionen zu erfüllen, ist es im Parteienwettbewerb nicht überlebensfähig.

Diese Differenzierung der Partei in verschiedene Leistungsträger zeigt auch die Notwendigkeit der permanenten Koordination und gegenseitigen Kooperation bei der Funktionserfüllung auf, die im wesentlichen von der Parteiführung auf den verschiedenen Organisationsebenen wahrgenommen wird. Die starke Verklammerung von Funktionsträgern in der Partei und Mandatsträgern innerhalb der Legislative und Exekutive bei allen Parteien ist eine Folge dieser permanenten Koordinationsnotwendigkeit. Besteht über Inhalt und Methode der Funktionserfüllung zwischen den einzelnen Leistungsbereichen, wie z. B. Exekutive und Parteiorganisation, keine Einigkeit oder fehlt jegliche Koordination, führt dies zu Funktionsstörungen des Gesamtsystems.

Diese Betrachtung ermöglicht auch die Annahme, daß Funktionsdefizite des einen Leistungsträgers durch erhöhte Leistungen eines anderen kompensiert werden können, und zeigt die gegenseitige Abhängigkeit der Leistungsträger voneinander. Dieses Modell einer Partei als eines differenzierten Systems verschiedener, organisatorisch selbständiger Leistungsträger, die zur Funktionserfüllung des Gesamtsystems Partei beitragen, hat auch den Vorzug, daß es die gegenseitigen Abhängigkeiten, Beeinflussungs- und Kompensationsprozesse der Leistungsträger nicht nur auf horizontaler, sondern auch auf vertikaler Ebene deutlich macht. So können z. B. Funktionsdefizite eines oder mehrerer Leistungsträger auf Bundesebene durch entsprechende Leistungen auf Landes- und kommunaler Ebene kompensiert werden und umgekehrt. Gerade in einem stark dezentral, föderalistisch organisierten Staat wie der Bundesrepublik Deutschland erhält dieser Aspekt eine besondere Bedeutung.

Das differenzierte Verständnis von Partei ermöglicht es, den Wandlungsprozeß der CDU als Parteiorganisation adäquat darzustellen. Diese Arbeit geht von der Hypothese aus, daß die Ursache für die noch nachzuweisende Veränderung der CDU als Parteiorganisation in den sechziger und vor allem in den siebziger Jahren eine Folge der veränderten Funktionszuweisung bzw. -anforderung an die Parteiorganisation ist. Die Funktionserwartungen an den Leistungsträger Parteiorganisation wurden erhöht und die an andere Leistungsträger (wie z. B. die der Exekutive und der Legislative) verringert.

Dabei liegt es nahe, daß eine Neuverteilung der Funktionen innerhalb des Gesamtsystems Partei vor allem dann erforderlich ist, wenn eine Partei von der Regierung in die Opposition wechselt und somit der Leistungsträger Exekutive auf Bundesebene für die Partei gar nicht mehr existiert. Theoretisch gesprochen ist die Funktionserfüllung des Gesamtsystems Partei gleich 100 (in der Realität natürlich immer weniger); welchen Anteil welches Leistungssystem der Partei zur Erbringung der Gesamtleistung hat, kann völlig unterschiedlich sein und unterliegt zahlreichen Beeinflussungsfaktoren; es gibt keine starre, auf ewig fixierte Funktionsverteilung zwischen den einzelnen Leistungsträgern der Gesamtpartei.

Drei wesentliche Beeinflussungsfaktoren für die Aufgabenzuweisung gegenüber den einzelnen Leistungsträgern seien hier genannt:

- Selbstverständnis der Partei: Die CDU war wesentlich durch das Selbstverständnis einer bürgerlichen Honoratiorenpartei geprägt – mit wenigen Mitgliedern, einer inaktiven, stark dezentralisierten Parteiorganisation und einem leistungsschwachen Parteiapparat. Dementsprechend hatten die Parteirepräsentanten in der Exekutive und Legislative eine herausragende Bedeutung für die Funktionserfüllung. Die SPD hingegen stand in der Tradition der zentralistisch organisierten Massen- und Apparatpartei, was naturgemäß die Bedeutung der Parteiorganisation bei der Funktionserfüllung stärkte.
- Erwartungen der Mitglieder und Wähler: In den fünfziger Jahren reichte es aus, wenn die Parteiorganisation der CDU die wichtigsten Repräsentanten der ihr nahestehenden gesellschaftlichen Gruppen personell und politisch integrierte, während sie die politische Artikulation weitestgehend ihren Repräsentanten in der Legislative und Exekutive unter Konrad Adenauer als politischer Führungs- und Integrationsfigur überlassen konnte. In den sechziger Jahren hingegen wurde deren politische Artikulationsleistung immer geringer, und die personelle Integration der Repräsentanten gesellschaftlicher Gruppen allein reichte zur politischen Integration der durch sie vertretenen gesellschaftlichen Gruppen nicht mehr aus. Die Anforderungen in bezug

auf politische Artikulation, Integration und Kommunikation der Parteiorganisation in Konkurrenz zu einer sich zur linken Volkspartei gewandelten SPD stiegen. Mitglieder und Wähler stellten höhere Leistungsanforderungen an die Parteiorganisation.

– Oppositions- oder Regierungspartei: Da bei einer Regierungspartei die Parteirepräsentanten in Exekutive und Legislative zahlreiche Parteifunktionen erfüllen können, spielt das Teilsystem Parteiorganisation nur eine eher untergeordnete Rolle. Die lange Regierungszeit der CDU hat daher die ohnehin schon geringe Bedeutung der institutionalisierten Parteiorganisation bei der Funktionserfüllung des Gesamtsystems Partei weiter geschwächt, und die lange Oppositionszeit der SPD hat umgekehrt die dominierende Rolle der Parteiorganisation weiter gestärkt. Der Wechsel einer Regierungspartei in die Opposition wird demgemäß durch den Wegfall des Leistungsträgers Exekutive zu erhöhten Anforderungen an die Parteiorganisation führen und umgekehrt. Eine neu gegründete Partei, die sich als Honoratiorenpartei versteht und sofort Regierungspartei wird, wird eher geringere Anforderungen an die Parteiorganisation stellen.

Dies charakterisiert die Situation der CDU in den fünfziger Jahren. Der Parteiorganisation wurden nur rudimentäre Funktionen zugewiesen; sie wäre höheren Leistungsanforderungen auch gar nicht gewachsen gewesen, so daß die übrigen Teilsysteme der Partei die Funktionsstörung des Teilsystems Parteiorganisation durch entsprechende Leistungen kompensieren mußten. Erst als die Leistungs- und Funktionsschwächen bei den Parteirepräsentanten in Exekutive und Legislative, die nicht zuletzt auch mit der Leistungsschwäche der Parteiorganisation zusammenhingen, immer deutlicher wurden, mußten der Parteiorganisation zwangsweise erhöhte Leistungsanforderungen abverlangt werden, wenn das politische Gesamtleistungsniveau der Partei als Ganzes gehalten werden sollte. Dieser Verlagerungsprozeß in den Funktionserwartungen und -anforderungen zur Parteiorganisation hin wird in dieser Untersuchung im einzelnen dargestellt.

Es bedarf keiner näheren Erläuterung, daß erhöhte Leistungsanforderungen an die Parteiorganisation die Herausbildung entsprechender Strukturen zur Folge hat, die es ermöglichen, diesen Leistungsanforderungen gerecht zu werden. Dabei kann der Anpassungsprozeß der Parteiorganisation an erhöhte Leistungserwartungen durchaus viele Jahre dauern. Die Entwicklung der CDU zur modernen Volkspartei, deren wesentliche Strukturmerkmale oben dargestellt wurden, ist das Ergebnis dieses Anpassungs- und Wandlungsprozesses.

Erhöhte Anforderungen an die politische Artikulations-, Integrations- und Kommunikationsfähigkeit der Parteiorganisation haben auch Konsequenzen für die Organisation des politischen Willensbildungsprozesses. Daher sollen abschließend Kriterien herausgearbeitet werden zur Beschreibung und Bewertung des Willensbildungsprozesses der Parteiorganisation.

c) Methoden innerparteilicher Entscheidungsfindung

Politische Parteien sind Instrumente zur politischen Willensbildung, Instrumente zur Produktion von Entscheidungen, die durch ihre Repräsentanten in Legislativ- und Exekutivorganen in staatliches Handeln transformiert werden. Es liegt daher nahe, die Willensbildungsstrukturen, die Methoden der Entscheidungsfindung, die in politischen Parteien angewandt werden, zu analysieren.

Zwei unterschiedliche demokratietheoretische Ansätze stehen sich bei der Untersuchung innerparteilicher Willensbildungsprozesse gegenüber: Die Identitätstheorie, die die Identität von Repräsentierten und Repräsentanten, den Willensbildungsprozeß von unten nach oben fordert(38), steht der »elitären« oder »realistischen« Theorie der Demokratie gegenüber, die vor allem in der amerikanischen und englischen Literatur vertreten wird. Bei diesen Autoren haben die Parteien insbesondere die Funktion der Führungsauslese; eine direkte Einwirkung der Mitglieder auf politische Sachentscheidungen wird als unrealistisch bzw. als dysfunktional angesehen(39).

Da die Verabsolutierung eines bestimmten, normativ gesetzten Maßstabes, wie in der Identitätstheorie, der organisationspolitischen Wirklichkeit von Großorganisationen nicht gerecht wird, erscheint die Analyse innerparteilicher Willensbildungsprozesse im Kontext der Funktionen von Parteien als sinnvoll. Dann wird deutlich, daß Willensbildungsprozesse in Parteien sich innerhalb des Spannungsfeldes von zwei zentralen Funktionskomplexen bewegen: Auf der einen Seite steht die Notwendigkeit der politischen Artikulation, die klare Sachaussagen erfordert, welche durch kontroverse Diskussion und damit durch öffentliche Konfliktaustragung erarbeitet werden. Der andere Pol des Spannungsfeldes ist die Notwendigkeit der innerparteilichen Integration, die Aufrechterhaltung der politischen Handlungsfähigkeit und Geschlossenheit der Partei, die im Hinblick auf Wahlerfolge, auf die Eroberung von politischen Machtanteilen von zentraler Bedeutung ist.

Daher liegt es im Interesse der Partei, die öffentliche Austragung von Kontroversen auf ein möglichst geringes Maß zu reduzieren. Eine permanent zerstrittene Partei hat ein diffuses politisches Profil, was ihre Erfolgschancen bei Wahlen mindert. Andererseits ist in jeder modernen Volkspartei, deren heterogener politischer und sozialer Struktur die Existenz von Suborganisationen entspricht, ein hohes Konfliktpotential vorhanden, das bei politischen Entscheidungen automatisch mobilisiert wird. Deswegen besteht in Wahrheit die Alternative zwischen Geschlossenheit und offener Konfliktaustragung für eine Partei auf Dauer nicht – höchstens vorübergehend, wie z. B. in Wahlkampfzeiten –, und die Kunst einer jeden Partei besteht darin, immer wieder neu einen mittleren Weg zwischen dieser Alternative zu finden.

Durch rechtliche Normierung ist den Parteien ein Mindestrahmen an innerparteilicher Demokratie vorgeschrieben, so daß wesentliche Sach- und Personalentscheidungen – je nach Ebene – an das Votum der Mitglieder oder ihrer Repräsentationsorgane gebunden sind. Aber innerhalb dieses vorgegebenen Rahmens kann die faktische Beteiligung der Mitglieder und unteren Parteigliederungen am Entscheidungsprozeß sehr unterschiedlich gehandhabt werden.

In jeder Großorganisation sind direkte Entscheidungen durch die Mitglieder auf nationaler Ebene allein aus organisatorischen Gründen nicht vorgesehen. Entscheidungen durch Mitglieder von Parteien sind am ehesten auf der Ebene des Ortsverbandes, gegebenenfalls noch der des Kreisverbandes möglich. Allerdings darf die Bereitschaft der Mitglieder zur aktiven politischen Mitwirkung nicht überschätzt werden, da die Mehrzahl inaktiv ist und die organisierten Gruppen der Aktivmitgliedschaft dominieren[40].

Schon auf Kreisebene und auf allen höheren Parteiebenen entscheiden ausschließlich Delegiertenorgane, die ein direktes oder indirektes Mandat der Mitgliedschaft besitzen. Unter den Delegierten der höheren Parteiebene sind die Funktions- und Mandatsträger der unteren Parteiebene besonders stark vertreten, weil sie sich aufgrund ihres Bekanntheitsgrades und ihrer Fähigkeit, Mehrheiten zu organisieren, im innerparteilichen Wettbewerb um Delegiertenpositionen am ehesten durchsetzen.

Die innerparteiliche Willensbildung ist also in den Parteien weitestgehend nach dem Repräsentationsprinzip organisiert: Die Repräsentierten geben den Repräsentanten ein Parteiamt auf Zeit. Damit reduziert sich die Frage der innerparteilichen Demokratie in der Regel auf die Kontrolle der höheren Parteiführungsgremien durch die von ihnen Repräsentierten und auf deren politische Einflußmöglichkeiten[41]. Verschiedene Parteikollektive kämpfen also um politischen Einfluß und kontrollieren sich gegenseitig.

Der innerparteiliche Willensbildungprozeß in Großparteien kann daher als ein Wettbewerb politischer Funktionsträger um Mehrheiten bezeichnet werden, was Eldersveld zutreffend als Stratarchie bezeichnet hat[42]. Mit diesem Begriff will Eldersveld zum Ausdruck bringen, daß verschiedene Gruppen von Parteifunktionsträgern um die Zustimmung und das Vertrauen der jeweils unteren Parteikollektive rivalisieren. Zwar haben Repräsentanten von Parteiführungsgremien nach ihrer Wahl einen bestimmten politischen Entscheidungsspielraum, der aber begrenzt ist durch die politischen Auffassungen, Erwartungen, Forderungen der Parteigliederungen, die sie repräsentieren. Die Funktionsträger sind zu einem permanenten Rückkoppelungsprozeß mit ihrer »Basis« gezwungen; sie sind aufgefordert, die politischen Vorstellungen der Basis in ihren Entscheidungshorizont mit einzubeziehen bzw. diese zu antizipieren – ansonsten stehen sie in der Gefahr, nicht wiedergewählt zu werden oder keine Gefolgschaft mehr zu haben. Insofern haben auch Parteiführungen nur einen begrenzten politischen Gestaltungsspielraum. Hieran wird auch die politische Bedeutung eines starken Wandels der Mitglieder-, Funktions- und Mandatsträgerstruktur für das Innenleben einer Partei erkennbar.

Aufgrund dieser Vorüberlegungen ergibt sich, daß bei der Analyse innerparteilicher Entscheidungsprozesse von besonderem Interesse ist, welche Methoden der Entscheidungsfindung zu Sach- und Personalfragen in den Parteigremien angewandt werden.

Prinzipiell lassen sich folgende Methoden der Entscheidungsfindung in Sachfragen unterscheiden:

- Akklamation: Der Entscheidungsvorschlag wird ohne Widerspruch von allen Betroffenen akzeptiert.

- Weisung: Eine Führungsgruppe oder Führungspersönlichkeit hat so viel Autorität, daß sie ihren »Entscheidungsvorschlag« ohne erkennbaren Widerstand durchsetzen kann, obwohl dieser keineswegs auf ungeteilte Zustimmung stößt. Die oppositionelle Gruppe setzt ihre Ablehnung aber nicht in politische Aktivität um, weil sie sich der Autorität der Führungsgruppe oder Führungspersönlichkeit unterwirft.
- Kompromiß: Die verschiedenen Auffassungen werden durch einen Entscheidungsvorschlag so gebündelt, daß auch die opponierende Minderheit ihn noch akzeptieren kann; alle am Kompromißvorschlag Beteiligten haben inhaltliche Zugeständnisse im Interesse einer einvernehmlichen Lösung gemacht. Dies dürfte die häufigste Methode der Entscheidungsfindung in heterogen strukturierten Parteien sein, weil sie sowohl der Notwendigkeit der Entscheidung als auch der Notwendigkeit der Integration Rechnung trägt.
- Mehrheitsentscheidung: Alle bisher genannten Methoden der Entscheidungsfindung sind nicht realisierbar, weil die gegensätzlichen Auffassungen unüberwindbar sind. Die Mehrheitsentscheidung hat immer unterlegene Minderheiten und damit die Gefahr zur Folge, daß diese die Mehrheitsentscheidung nicht akzeptieren und nicht nach außen vertreten. Im Extremfall besteht sogar die Möglichkeit, daß die unterlegene Minderheit sich aus der politischen Mitarbeit innerhalb der Partei zurückzieht oder von ihr abspaltet. Deshalb werden Parteien eine Mehrheitsentscheidung in hart umkämpften politischen Fragen möglichst vermeiden und einen tragfähigen Kompromiß anstreben.
- Vertagung: Das Konfliktpotential der anstehenden Entscheidung ist so hoch, daß alle übrigen Entscheidungsmethoden nicht funktionieren und eine Mehrheitsentscheidung das Risiko der Desintegration der Partei einschließen würde.

Die Mehrheitsentscheidung entspricht dem Modell der Konkurrenzdemokratie, während alle übrigen dem der Konkordanzdemokratie entsprechen(43). Aber – wie schon dargestellt – ist sie wegen des möglichen Desintegrationseffektes nur die ultima ratio bei der Entscheidungsfindung von Parteien in zentralen Fragen.

In der organisationspolitischen Wirklichkeit der Parteien finden sich immer alle genannten Formen der Entscheidungsfindung – allerdings mit unterschiedlicher Gewichtung. Inwieweit die CDU in ihren verschiedenen Entwicklungsphasen unterschiedliche Präferenzen für die genannten Methoden der Entscheidungsfindung erkennen läßt, ist daher Gegenstand dieser Untersuchung.

Dies gilt auch für die speziellen Selektionsmechanismen bei der personellen Besetzung von Parteiführungsgremien. Personalentscheidungen sind ein Schwerpunkt innerparteilicher Auseinandersetzungen und Willensbildungsprozesse(44). Grundsätzlich können folgende Selektionsprinzipien unterschieden werden:

- Proporz: Selektionskriterium ist die Zugehörigkeit zu einer regionalen oder sonstigen Suborganisation der Partei bzw. die Zugehörigkeit zu einer für die Partei wichtigen sozialen Schicht oder Konfession. Deren Vertreter haben einen kodifizierten oder allgemein akzeptierten Anspruch auf Repräsentation.
- Qua Amt: Eine Selektion findet überhaupt nicht statt, sondern der Inhaber eines

bestimmten Amtes oder Mandats ist automatisch Mitglied des Parteiführungsgremiums.

- Kooptation: Das Führungsgremium beruft unter fachlichen, persönlichen oder gruppenspezifischen Gesichtspunkten zusätzliche Mitglieder mit oder ohne Stimmrecht.
- Formale Mehrheitsentscheidung: Der Delegiertenkörper entscheidet zwar mit Mehrheit, aber die Zahl der Kandidaten entspricht der der zu wählenden Mitglieder des Parteiführungsgremiums, so daß eine Alternative nicht besteht.
- Reale Mehrheitsentscheidung: Das Parteigremium entscheidet mit Mehrheit, wobei mehr Kandidaten zur Verfügung stehen als Ämter, so daß eine echte Auswahlmöglichkeit gegeben ist.

Die ersten drei Selektionsmechanismen entsprechen dem Modell der Konkordanz – die beiden letzten dem der Konkurrenzdemokratie. Auch hier gilt, daß in der Realität des innerparteilichen Entscheidungsprozesses alle Selektionsmechanismen praktiziert werden, so daß deren Bewertung von der Gewichtung abhängig ist.

Durch die bisherigen Ausführungen ist deutlich geworden, daß die zentrale Frage bei der Untersuchung innerparteilicher Willensbildungsprozesse die nach den Beziehungen zwischen Repräsentanten und Repräsentierten ist, oder anders gesagt, die Partizipation von Repräsentanten gegenüber den Repräsentanten auf der nächsthöheren Ebene.

Klaus Günther bezeichnet dies als Konsultationsproblem zwischen Repräsentierten und Repräsentanten. Er weist überzeugend nach, daß die Alternative zwischen repräsentativem und plebiszitärem bzw. realistischem und idealistischem Demokratieansatz zur Analyse innerparteilicher Willenbildungsprozesse nicht hilfreich ist, da sie verschiedene Ausformungen der repräsentativen Demokratie darstellen. Er unterscheidet daher innerhalb parlamentarisch-repräsentativer Demokratien die rezeptiv-repräsentative und konsultativ-repräsentative Demokratie(45).

Konsultativ-repräsentative Demokratie herrscht in einer Partei dann vor, wenn es zahlreiche Beratungsgremien mit stimulativen Aktivitäten gibt, die auf den Entscheidungsprozeß der Parteiführung einen meßbaren Einfluß nehmen. Rezeptiv-repräsentative Demokratie hingegen wird in einer Partei dann praktiziert, wenn die ohne vorherigen Konsultationsprozeß entstandenen Entscheidungsvorgaben der Parteiführung ohne wesentliche Veränderungen vom zuständigen Beschlußgremium akzeptiert werden. Diese Unterscheidung ist sinnvoll, weil sie von der sterilen Auseinandersetzung über die erwähnten Demokratietheorien wegführt und Entscheidungsprozesse innerhalb politischer Parteien theoretisch adäquater erfaßt.

Günther hat seine Untersuchungen des Entscheidungsprozesses bezogen auf die Parteitage der SPD, wobei er zur Bewertung des Konsultationsprozesses die Beratungsinitiativen der Repräsentierten, die Beratungsprozeduren und die Beratungsergebnisse unterscheidet. Mit diesen Kriterien läßt sich auch der Entscheidungsprozeß auf CDU-Parteitagen – soweit dies im Rahmen dieser Arbeit möglich ist – analysieren. Allerdings ist zu berücksichtigen, daß Parteitage nur einen sehr begrenzten Ausschnitt aus dem gesamten Konsultationssystem einer Partei darstellen[46], weil z. B. die intensiven Konsultationsprozesse, die vor einem Parteitag und während der übrigen Zeit in den anderen Parteigremien stattfinden, nicht erfaßt werden. Aus diesem Grunde wäre es auch voreilig, von den öffentlich sichtbaren Willensbildungsprozessen auf Parteitagen[47], die ja insbesondere bei der CDU seit den 70er Jahren Massenveranstaltungen mit über 700 Delegierten sind, auf das Konsultationssystem der Gesamtpartei zu schließen.

Neben dem Beratungs- und Entscheidungsprozeß auf den jährlich stattfindenden Parteitagen sollen daher die übrigen Teile des Konsultationssystems der Parteiorganisation – soweit von der Materiallage her möglich – untersucht werden. Es ist z. B. von Interesse, inwieweit und in welchem Umfang untere Parteigliederungen oder Suborganisationen der Partei von seiten der Parteiführung konsultiert werden. Des weiteren stellt sich die Frage, welche Kommunikations- und Konsultationsprozesse direkter und indirekter Art es zwischen der Bundesparteiführung und den übrigen Parteiführungen auf den verschiedenen Parteiebenen gibt.

Eine Parteiführung wird aus eigenem Interesse Wert auf ein Mindestmaß an politischer Konsultation legen, weil ihre Entscheidungen nur dann wirksam werden, wenn sie von den Regional- und Suborganisationen akzeptiert und in politisches Handeln umgesetzt werden. Diese grundsätzliche Bereitschaft der Parteiorganisation zur Ausführung von Beschlüssen der Parteiführung ist ebenso wichtig für die Integrations- und Funktionsfähigkeit einer Partei wie die Konsultationsoffenheit der Parteiführung gegenüber den unteren Parteigliederungen. Zwischen den verschiedenen Repräsentations- und Führungsebenen ist ein wechselseitiges Verhältnis von Konsultations- und Ausführungsbereitschaft erforderlich, ohne das keine Großorganisation auf Dauer Aktivitäten entfalten kann.

Wesentlich bestimmt wird die Qualität der konsultativen Beziehung zwischen Repräsentanten und Repräsentierten durch deren jeweiliges Selbstverständnis, das sich in Konsultationsoffenheit, -abwehr oder -initiativen manifestiert. Insbesondere die Parteiführung hat durch ihr Verhalten einen wesentlichen Einfluß darauf, ob ein konsultationsfreundliches oder -feindliches Klima innerhalb der Partei vorherrscht, was entsprechende Auswirkungen auf die Formen und Methoden der Entscheidungsfindung hat.

ERSTER TEIL
(1950 – 1969)

I. Die Partei als Hilfsorgan von Regierung und Fraktion (1950-1960)

1. Die Organisation der politischen Willensbildung in der Bundespartei

Unter den nach dem Zweiten Weltkrieg von den alliierten Siegermächten in Deutschland in allen Besatzungszonen zugelassenen Parteien ist die CDU die einzige Partei, die als echte Neugründung bezeichnet werden kann. Sie hat eine grundlegende Veränderung des tradierten deutschen Parteiensystems verursacht. Alle übrigen Parteien stellen Wiedergründungen von Parteien dar, wie sie auch in der Weimarer Zeit existierten. Bemerkenswert sind die Stimmergebnisse, die die Union bei der ersten Bundestagswahl in Konkurrenz zur SPD erzielte. CDU und CSU konnten 1949 zusammen 31,0 % der Stimmen auf sich vereinigen, während die traditionsreiche SPD, die auf einen festen Mitglieder- und Wählerstamm zurückgreifen konnte, nur 29,2 % erreichte.

Das erfolgreiche Abschneiden der CDU ist um so bemerkenswerter, als die CDU der SPD in bezug auf die Leistungsfähigkeit der Parteiorganisation und des Parteiapparates erheblich unterlegen war. Der Erfolg ist im wesentlichen auf drei Gründe zurückzuführen:

- Ein neuartiges Selbstverständnis als schichten- und konfessionsübergreifende, verschiedene politische Standorte integrierende Volkspartei, die christliche Wertvorstellungen und das Bekenntnis zur rechtsstaatlichen, parlamentarisch-repräsentativen Demokratie miteinander verband,
- politische Konzeptionen in der Außenpolitik (Westorientierung) sowie in der Wirtschafts-, Sozial- und Gesellschaftspolitik (Soziale Marktwirtschaft), die die meisten nichtsozialistischen Wähler überzeugten,
- ein Angebot von Führungspersönlichkeiten, die diese Politik glaubwürdig repräsentieren und umsetzen konnten(1).

Konrad Adenauer repräsentierte in der CDU das katholische sowie das konservative Element und stand für eine westorientierte, kontinuierliche Außen- und Sicherheitspolitik. Der protestantische und bürgerlich-liberale Ludwig Erhard war Symbolfigur für eine konsequente Politik der Sozialen Marktwirtschaft. Politiker wie Jakob Kaiser und Karl Arnold verkörperten das katholisch-soziale Element in der CDU und traten für eine arbeitnehmerfreundliche Sozial- und Gesellschaftspolitik ein.

Während die Union von 31,0 % im Jahre 1949 auf 45,2 % im Jahre 1953 und 50,2 % im Jahre 1957 bei den Bundestagswahlen anstieg, was vor allem auch auf den Wählerwechsel von den verschiedenen kleineren Parteien zur CDU hin zurückzuführen ist, bewegten sich die Ergebnisse der SPD von 1949 bis 1957 um die 30 %-Marke. Insbesondere die Bundestagswahlergebnisse von 1953 und 1957 zeigten, welch breite soziale Basis die

Unionsparteien in der Wählerschaft erreicht hatten. »Mit Ausnahme der vorwiegend gewerkschaftlich organisierten, kirchlich ungebundenen Arbeiterschaft, der zahlenmäßig geringen, aber meinungsbildenden künstlerischen Intelligenz und des harten Kerns antikirchlicher FDP-Wähler hatte er (Adenauer) in allen Schichten starke Unterstützung gefunden«(2). Die CDU war in den fünfziger Jahren zur Partei der Bauern und Selbständigen, der katholischen Arbeiter und von großen Teilen der Beamten und Angestellten geworden, und ihre breit angelegte Regierungspolitik hatte ab 1953 auch zu erheblichen Erfolgen in protestantischen Wählerschichten geführt.

Die CDU war Ende der fünfziger Jahre nach ihrer Wählerschaft eine politische und soziale Integrationspartei, eine »catch-all-party« im Sinne Otto Kirchheimers geworden.

Untersucht man hingegen im Vergleich zur Wählerschaft die Mitgliedschaft der CDU, ihre Funktions- und Mandatsträger, so stellt sich ein grundlegend anderes Bild dar. Die CDU-Parteiorganisation kann in vielen Gebieten als ein »erweitertes Zentrum« bezeichnet werden, was insbesondere für die beiden bundespolitisch dominierenden Landesverbände in Nordrhein-Westfalen gilt(3). Aufgrund der weitgehenden programmatischen Übereinstimmung zwischen Katholischer Kirche und CDU(4) konnte diese in vorwiegend katholischen Regionen auf katholische Laienorganisationen wie z. B. Katholische Arbeitnehmerbewegung (KAB), Kolpingfamilie und Bund der Deutschen Katholischen Jugend (BDKJ) als politische, personelle und organisatorische Vorfeld- und Hilfsorganisationen zurückgreifen. Dort, wo die katholischen Laienorganisationen mitglieder- und organisationsstark waren, waren die Mitgliederzahlen der CDU entsprechend hoch und der Ausbau des Parteiapparates und der Parteiorganisation zufriedenstellend; wo dies umgekehrt nicht der Fall war, wie z. B. in Schleswig-Holstein, Hessen, Berlin, Niedersachsen und in den Stadtstaaten, war die Parteiorganisation entsprechend schwach. In der Mehrzahl der Landesverbände war die CDU eine katholische Milieu-Partei, wobei durch den konfessionellen Proporz in der Führungsspitze der Partei und Fraktion versucht wurde, dem Gedanken der Überkonfessionalität Rechnung zu tragen.

In den vorwiegend protestantischen Gebieten fehlten diese katholischen Vorfeldorganisationen; hier konzentrierte sich die CDU auf die Mobilisierung und politische Integration konservativer und liberaler Milieus, die keinen vergleichbaren organisatorischen Unterbau zur Verfügung hatten. Die CDU wurde hier repräsentiert durch lokale Honoratioren, von deren Ansehen und Aktivität sie politisch abhängig war.

Die Kooperation der CDU mit den verschiedenen Verbänden von Industrie, Wirtschaft, Handel und Handwerk führte nicht zu ihrer organisatorischen oder mitgliedermäßigen Stärkung. Die Vorbehalte gegenüber einer Parteimitgliedschaft oder gar öffentlich wirksamen Tätigkeit in der CDU waren in der Regel zu groß. Die politische Integration der verschiedenen Wirtschaftsverbände und ihrer Interessen erfolgte durch ein differenziertes Konsultations- und Kooptationssystem auf Bundes-und Landesebene, das ihnen Einfluß auf die politischen Entscheidungen von Bundesregierung und Bundestagsfraktion sicherte.

Während der Aufbau einer regionalen und teilweise auch örtlichen Parteiorganisation durch die katholischen Vorfeldorganisationen – wo vorhanden – erleichtert wurde, hatten diese für den Aufbau der Bundespartei nur eine geringe Relevanz.(5).

Die Beratungen über das Grundgesetz hatten deutlich gezeigt, daß für die Unionsparteien der Föderalismus ein tragendes Prinzip bei der Organisation der politischen Willensbildung im Staat war(6), weshalb sich auch seine Anwendung auf die Parteiorganisation anbot.

Die CDU wurde als Bundespartei auf ihrem ersten Bundesparteitag in Goslar vom 20. bis 22.10.1950 gegründet(7); die Landesverbände und deren Zusammenschluß auf Besatzungszonenebene existierten also schon seit ungefähr 5 Jahren und hatten bis dahin die Landtagswahlkämpfe und den Bundestagswahlkampf weitestgehend selbständig geführt. Die Bundesregierung unter Konrad Adenauer als Bundeskanzler war bereits seit über einem Jahr im Amt.

Am 20.10.1950 verabschiedeten die CDU-Landesvorsitzenden vor Beginn des Goslarer Parteitages das Statut der CDU, das am nächsten Tag vom Parteitag ohne Diskussion einstimmig angenommen wurde. Dieses erste Statut der CDU(8) entsprach den sehr weitgehenden föderalistischen Vorstellungen der CDU-Landesvorsitzenden zur Absicherung der politischen Autonomie und Entscheidungsgewalt der Landesverbände, von denen die Bundespartei politisch, organisatorisch und finanziell abhängig war.

Das Statut von 1950 beinhaltete im wesentlichen folgende Regelungen: Organe der Bundespartei sind der Bundesparteitag, der Bundesparteiausschuß und der Bundesparteivorstand. Der Parteitag setzt sich aus den Delegierten der Landesverbände zusammen, die pro 25000 CDU-Wähler der letzten Bundestagswahl einen Delegierten entsenden. Der Parteitag wählt den Parteivorsitzenden und seine beiden Stellvertreter und beschließt über die Grundlinien der Politik der CDU; er tritt jährlich zusammen. Der Bundesparteiausschuß setzt sich zusammen aus den Vorsitzenden der Landesverbände sowie den Vorsitzenden der Landtagsfraktionen, dem Vorsitzenden der Bundestagsfraktion, dem Bundesparteivorstand und den Delegierten der Landesverbände, wobei jeder Landesverband je angefangene 100000 CDU-Wähler bei der letzten Bundestagswahl einen Delegierten entsendet und jeder Landesverband mindestens 2 bis höchstens 8 Delegierte im Parteiausschuß stellt. Hinzu kommen die Delegierten aus den »Gebieten der Sowjetisch Besetzten Zone und jenseits der Oder-Neisse«. Die Landesgeschäftsführer nehmen an den Sitzungen des Parteiausschusses mit beratender Stimme teil, und der Parteiausschuß kann zehn weitere Mitglieder kooptieren.

Der Parteiausschuß ist zuständig für alle politischen und organisatorischen Fragen, die im gemeinsamen Interesse der Landesverbände liegen. Der Parteiausschuß wählt das Geschäftsführende Bundesvorstandsmitglied, den Schatzmeister, zehn weitere Bundesvorstandsmitglieder sowie deren Stellvertreter und tagt in der Regel alle drei Monate.

Der Bundesvorstand hat die Aufgabe, die Beschlüsse des Parteitages und des Parteiausschusses durchzuführen und die laufenden Geschäfte zu erledigen. In eiligen Fällen kann er Entscheidungen treffen, die dem Parteitag oder dem Parteiausschuß nachträglich zur Genehmigung vorzulegen sind. Zur Bearbeitung fachlicher Aufgaben und zur politischen Betreuung bestimmter Bevölkerungskreise im Sinne der CDU werden Ausschüsse gebildet(9), deren Mitglieder von den Landesverbänden entsandt und deren Vorsitzende vom Parteiausschuß gewählt werden.

Die Ausgaben für die Bundesgeschäftsstelle, die dem Bundesvorstand für die Erledigung der laufenden Geschäfte zur Verfügung steht, werden durch eigene Einnahmen der Bundespartei sowie durch Beiträge der Landesverbände finanziert, wobei der Etat der Bundespartei vom Bundesvorstand aufgestellt und vom Parteiausschuß genehmigt wird.

Daß diese im Statut festgelegte Organisation der politischen Willensbildung der CDU schon auf dem Goslarer Gründungsparteitag innerparteilich auf Widerstand stieß – also nicht erst die Parteireformdiskussion der späten fünfziger und der sechziger Jahre beherrscht – beweist der Diskussionsbeitrag des JU-Vorsitzenden Bruno Six:

> »Ausgangspunkt ist eine straffe Organisation. Wir sind in Gefahr, über dem föderalistischen Gedanken immer zu vergessen, daß ein Zentrum da sein muß für Organisation und für geistige Arbeit. Nur, wenn wir eine straffe Organisation, nur wenn wir ein Studienzentrum, nur wenn wir Kommissionen für Grundsatzfragen, für staatspolitische Fragen haben, die zusammenarbeiten, einheitlich geleitet werden und wo ein arbeitsfähiger Vorstand dann die Entscheidung trifft, das politische Führungsgremium darstellt, werden wir diesen Aufgaben gerecht werden«(10).

Die ersten Wahlen nach den Vorschriften des Statuts warfen im Parteiausschuß Schwierigkeiten auf, als Konrad Adenauer Kurt Georg Kiesinger als Geschäftsführendes Vorstandsmitglied vorschlug, gegen den es vor allem bei den norddeutschen Landesverbänden (Friedrich Holzapfel) und beim Berliner Landesverband (Jakob Kaiser) starken Widerstand gab. Kiesinger trat das Amt nicht an, weil im Parteiausschuß neben 39 Ja-Stimmen 18 Nein-Stimmen, 2 ungültige, 16 Enthaltungen und eine Stimme für Lemmer abgegeben wurden(11). Der Versuch, mit dem Geschäftsführenden Vorstandsmitglied eine Art politischen Generalsekretär zu berufen, der zuständig sein sollte für die politischen und organisatorischen Fragen der Parteiarbeit, war damit gleich zu Beginn gescheitert.

Die Geschichte der CDU in den fünfziger Jahren ebenso wie in der ersten Hälfte der sechziger Jahre ist auch eine Geschichte der innerparteilichen Auseinandersetzung über die zweckmäßige Organisation der politischen Willensbildung in der CDU, wobei insbesondere die Kompetenzaufteilung zwischen der Bundespartei und den Landesverbänden strittig war. Je nach Personalkonstellation, politischer Lage sowie Mehrheitsverhältnissen in den Parteiführungsgremien wurde das Statut der CDU geändert. Parteiselbstverständnis, Organisations-und Führungsstruktur der CDU der fünfziger Jahre lassen sich daher gut anhand dieser Änderungen ablesen, deren wichtigste Schritte nachstehend zusammengefaßt werden.

- *Bundesparteitag vom 18. bis 21.10.1951 in Karlsruhe:* Die innerparteilich und auch öffentlich geäußerte Kritik an der mangelnden Effizienz der Parteiarbeit auf Bundesebene war nach dem Goslarer Parteitag und der Nichtberufung eines Geschäftsführenden Vorstandsmitglieds, das durch einen Fünfer-Ausschuß (Jakob Kaiser, Friedrich Holzapfel, Josef Bach, Alois Zimmer, Kurt Georg Kiesinger) als Hilfskonstruktion ersetzt wurde(12), nicht verstummt. Auch auf dem Karlsruher Parteitag trug wiederum der JU-Vorsitzende, Ernst Majonica, unter dem Beifall der Delegierten die Forderung vor, »die Frage der aktiven politischen Führung zu entscheiden«(13). Auf Vorschlag des Stellvertretenden Parteivorsitzenden Holzapfel erklärte sich daher der Bundesparteitag mit einer »Interpretation« des Statuts einverstanden, denn eine Statutenänderung war nicht möglich, weil sie nicht auf der Tagesordnung stand. Nach dieser »Interpretation« sollten anstelle eines Geschäftsführenden Vorstandsmitgliedes auch mehrere Geschäftsführende Vorstandsmitglieder berufen werden können, womit sich der Parteitag einverstanden erklärte(14). Entsprechend dieser faktischen Statutenänderung wurden auf einer Sitzung des Bundesparteiausschusses am 9.11.1951 Kurt Georg Kiesinger, Robert Tillmanns und Franz-Josef Wuermeling in ein »Geschäftsführendes Dreierkollegium« berufen, das die Parteiarbeit unter politischen und organisatorischen Gesichtspunkten im Hinblick auf die Bundestagswahl aktivieren sollte(15).

- *Bundesvorstandssitzung vom 13.6.1952:* Auf Vorschlag von Tillmanns beschließt der Bundesvorstand, zu seinen Sitzungen künftig als Gäste die Vorsitzenden der CDU-Landesverbände und den Generalsekretär der CSU (Franz Josef Strauß) einzuladen, um dadurch eine bessere Koordination zwischen der Politik der Bundesregierung und dem Bundesrat zu erreichen(16). Wie dem Bericht Tillmanns auf dem CDU-Bundesparteitag in Hamburg zu entnehmen ist, wurden später darüber hinaus auch die Ministerpräsidenten der unionsgeführten Länder als Gäste zu den Vorstandssitzungen eingeladen(17).
- *Bundesparteitag vom 18. bis 22.4.1953 in Hamburg:* Auf Vorschlag von Tillmanns stimmt der Bundesparteitag ohne Aussprache mit einer Gegenstimme einer Änderung des Statuts zu. Sie legt fest, daß künftig alle Landesvorsitzenden qua Amt Mitglieder des Bundesvorstandes sind, wobei sie sich durch ihre Stellvertreter vertreten lassen können. Bundesvorstand und Bundesausschuß hatten die Statutenänderung während des Parteitages erarbeitet und deren Verabschiedung durch eine kurzfristige Änderung der Tagesordnung des Parteitages ermöglicht. Tillmanns begründete die Änderung damit, daß durch diese Regelung die Mitgliedschaft aller Landesvorsitzenden wie auch der Vorsitzenden der Vereinigungen im Bundesvorstand sichergestellt werde, was Charakter und Aufbau der CDU entspreche(18).
- *Bundesparteitag vom 26. bis 29.4.1956 in Stuttgart:* Adenauer betont auf diesem Parteitag erstmals die Notwendigkeit, die Parteiarbeit zu intensivieren, die Parteiorganisation zu verbessern, die Mitgliederzahl zu erhöhen. Im Anschluß an die Referate von Adenauer und Bundesgeschäftsführer Bruno Heck, der die Organisationsdefizite der CDU ausführlich darstellt, wird auch von seiten der Delegierten erstmalig ausführlich zu Fragen der Parteiarbeit Stellung genommen(19). Gleichzeitig stellt der Bundesvorstand eine grundlegende Überarbeitung des Statuts der CDU zur Abstimmung.

Ursache dieser ausführlichen Diskussion über Fragen der Parteireform auf einem Parteitag waren die in der Presse geäußerten ersten Zweifel an Adenauer als Bundeskanzler sowie die konstatierten »Ermüdungserscheinungen« der CDU, die sich politisch wegen der Auseinandersetzung um die Wehrpflicht in der Defensive fühlte. Hinzu kam der Sturz der Regierung Arnold in Nordrhein-Westfalen im Februar 1956[20], der einen innerparteilichen Schock verursachte und erste Befürchtungen über den Ausgang der Bundestagswahl 1957 aufkommen ließ.
Um die CDU von einer Wählerpartei zu einer fest organisierten Mitgliederpartei weiterzuentwickeln[21], wurde durch das neue Statut das Delegiertenauswahlsystem für den Bundesparteitag und den Bundesausschuß (identisch mit dem bisherigen Parteiausschuß) geändert. Künftig entsandten die Landesverbände zum Bundesparteitag für 75 000 CDU-Wähler und für 1000 Parteimitglieder jeweils einen Delegierten und zum Bundesausschuß für 375 000 CDU-Wähler und für 5000 Parteimitglieder jeweils einen Delegierten. Neben den von den Landesverbänden benannten Delegierten gehörten dem Bundesausschuß außerdem mit Stimmrecht an: Der Bundesvorstand, die Vorsitzenden der Landtagsfraktionen, die Vorsitzenden der Ausschüsse (spätere Fachausschüsse und Vereinigungen), die CDU-Landesgeschäftsführer, die CDU-Bundesminister.
Der Bundesausschuß war zuständig für alle politischen und organisatorischen Fragen der Bundespartei, soweit sie nicht dem Bundesparteitag vorbehalten waren, womit erstmalig im Statut die Existenz der Bundespartei zur Kenntnis genommen wurde. Mit dieser »Generalzuständigkeit für den Bundesausschuß«[22] wurde der Bundesausschuß als das zentrale Führungsorgan der Partei bestätigt. Neu eingefügt in die Satzung wurde die Berufung einer Wahlkommission durch den Bundesausschuß, die in Zusammenarbeit mit den Landesverbänden an der Aufstellung der Bundestagskandidaten mitwirken sollte.
In einer Kampfabstimmung beschloß der Bundesparteitag auf Antrag der Landesverbände Westfalen und Nordrhein gegen den ausdrücklichen Willen Adenauers und des Bundesvorstandes mit 239 gegen 227 Stimmen, die Zahl der stellvertretenden Parteivorsitzenden von zwei auf vier zu erhöhen[23]. Dadurch wurde die Wahl Karl Arnolds zum stellvertretenden Parteivorsitzenden möglich. Adenauer hatte die Erhöhung der Stellvertreterzahl mit dem Argument abgelehnt, daß der Vorsitzende und die Stellvertreter kein eigenes politisches Gremium bildeten und die Stellvertreter im wesentlichen nur Repräsentationsfunktion hätten, wozu zwei ausreichten[24]. Neben dem Vorsitzenden und den vier Stellvertretern gehörten dem Bundesvorstand nunmehr an: Die drei Geschäftsführenden Vorstandsmitglieder, der Bundesschatzmeister und die zehn weiteren Mitglieder, die vom Bundesausschuß gewählt wurden; außerdem der Bundesgeschäftsführer, der Vorsitzende der Bundestagsfraktion und sein Stellvertreter, der Bundestagspräsident – soweit er der CDU angehörte – die Vorsitzenden der Landesverbände und der Vereinigungen. Die CDU-Ministerpräsidenten und die CDU-Bundesminister nahmen an den Bundesvorstandssitzungen ohne Stimmrecht teil; der Bundesvorstand konnte drei weitere Mitglieder kooptieren.

Neu geschaffen wurde der Geschäftsführende Bundesvorstand, der sich aus dem Vorsitzenden, den vier Stellvertretern, den drei Geschäftsführenden Vorstandsmitgliedern, dem Bundesschatzmeister, dem Bundesgeschäftsführer, dem Vorsitzenden der CDU/CSU-Bundestagsfraktion und seinem Stellvertreter sowie dem Bundestagspräsidenten zusammensetzte.

- *Bundesausschuß vom 28.9.1959:* Verabschiedung einer Geschäftsordnung, Finanzordnung und Parteigerichtsordnung, die im wesentlichen von den Landesvorsitzenden unter Leitung Kai-Uwe von Hassels erarbeitet worden waren. Durch diese Ordnungen wurden erstmalig ungeklärte Fragen der parteiinternen Willensbildung und Kompetenzaufteilung zwischen den verschiedenen Organisationsebenen verbindlich geregelt(25).
- *Bundesparteitag vom 26. bis 29.4.1960 in Karlsruhe:* Als Folge der heftigen öffentlichen Auseinandersetzungen über die Notwendigkeit einer Reform der Führungsstruktur der CDU und der damit verbundenen Kritik an Adenauer im Gefolge der Präsidentschaftskrise wurde das Statut vom Parteitag auf Vorschlag des Bundesvorstandes wiederum geändert. Beim Bundesvorstand entfielen die drei Geschäftsführenden Vorstandsmitglieder. Die CDU-Ministerpräsidenten sowie die CDU-Bundesminister wurden zu voll stimmberechtigten Mitgliedern des Bundesvorstandes. Die Zahl der zehn weiteren, vom Bundesausschuß zu wählenden Bundesvorstandsmitglieder erhöhte sich auf fünfzehn.
  Anstelle des in Stuttgart gerade geschaffenen Geschäftsführenden Bundesvorstandes sah das neue Statut vor, daß der Bundesvorstand aus seiner Mitte einen engeren Vorstand wählt, der neben dem Parteivorsitzenden und seinen vier Stellvertretern zehn Beisitzer umfaßt. In einem neuen Paragraphen wurde festgelegt, daß der Bundesvorstand alle 3 Monate, der engere Vorstand mindestens monatlich tagt; auf Verlangen von drei Mitgliedern mußten Bundesvorstand und engerer Bundesvorstand innerhalb einer Woche eingeladen werden(26).

Das Statut der CDU, das von dem des Christlich-Sozialen Volksdienstes der Weimarer Republik beeinflußt war(27), schrieb die dominante Rolle der Landesverbände fest und verweigerte der Bundespartei eine eigenständige Führungsrolle. Größe, Zusammensetzung und Sitzungsfolge der Parteiführungsgremien waren eher zur Verhinderung als zur Verabschiedung politischer Entscheidungen geeignet. Die zahlreichen direkten und indirekten Verstöße gegen das Statut zeigen, daß man sich über dessen Vorschriften ohne besondere Hemmungen hinwegsetzte, wenn dies opportun schien. Auch für Adenauer war die Einhaltung von Satzungsvorschriften gegenüber ihm notwendig erscheinenden sach- und personalpolitischen Entscheidungen eher sekundär.

So berief Adenauer den damaligen Pressesprecher Heinz Lubbers zum kommissarischen CDU-Bundesgeschäftsführer, obwohl der Bundesvorstand Adenauers Personalvorschlag nicht akzeptiert hatte, weil diese Kompetenz dem Bundesvorstand oblag(28). Im März 1956 bat Adenauer den früheren nordrhein-westfälischen Innenminister Franz Meyers: »Herr Meyers, kümmern Sie sich etwas um die Wahl«(29), womit Meyers die inoffizielle, nirgendwo vorgesehene Funktion des Bundeswahlleiters für die Bundestagswahl 1957 wahrnahm – parallel zu Bundesgeschäftsführer Bruno Heck. Während der Präsidentschaftskrise 1959 berief Adenauer trotz entsprechender Aufforderungen monatelang Bundesausschuß und Bundesvorstand nicht zu Sitzungen ein: Gleichzeitig wehrte er alle von den Landesvorsitzenden vorgetragenen und angestrebten Satzungsänderungen mit dem Argument ab, daß diese dem Statut widersprächen[(30)].

Diese Einstellung gegenüber der Einhaltung von Vorschriften des Statuts scheint in der Parteiführung allgemein verbreitet gewesen zu sein. Die nach dem Statut jährlich durchzuführenden Parteitage wurden zum Beispiel in den Jahren 1955 und 1959 nicht abgehalten; die auf zwei Jahre begrenzte Amtszeit der vom Bundesausschuß zu wählenden Bundesvorstandsmitglieder wurde ohne Neuwahl ganz erheblich, teilweise um Jahre, überschritten[(31)]. Da man sich nicht rechtzeitig auf entsprechende Personalvorschläge einigen konnte, wurden die Wahlen vertagt und die Amtszeiten einfach verlängert.

Die ständigen Änderungen des Parteistatuts wurden nach außen hin damit begründet, daß es der jeweiligen politischen Lage angepaßt werden müsse und daß sich die CDU als pragmatische Partei nicht in ein allzu starres formalistisches Korsett pressen lassen dürfe. Die jeweilige politische Lage wurde aber im wesentlichen durch die jeweilige Personalkonstellation bestimmt. Nicht die Aufgaben- und Funktionserfüllung der Parteiführungsgremien waren Anlaß und Maßstab für Änderungen des Statuts, sondern die Notwendigkeit, wichtige konfessionelle, regionale und verbandsmäßige Interessen personell angemessen zu berücksichtigen.

Der spätere Bundesgeschäftsführer Konrad Kraske formulierte im Zusammenhang mit der Parteireformdiskussion während der Präsidentsschaftskrise die Kritik an dieser Vorgehensweise zutreffend: Diese Art der Vorgehensweise beweise, »daß der Weg von den Personen zu den Aufgaben in einer politischen Partei nicht gangbar ist, sondern daß man von den Aufgaben zu den Personen gehen muß«[(32)].

2. Funktion und Struktur der Parteiorganisation in der Ära Adenauer

Die zahlreichen Statutenänderungen und die damit verbundene ständige Umorganisation der CDU-Führung ist auch Symptom für die Uneinigkeit der Parteiführung darüber, welche Aufgaben, Funktionen und Kompetenzen der Bundespartei im allgemeinen und den jeweiligen Parteiführungsgremien im besonderen zuzuordnen seien. Dabei spielte der Dauerkonflikt über die Kompetenzaufteilung zwischen Bundespartei und Landesparteien eine entscheidende Rolle. Nach dem CDU-Statut, das in seiner Grundstruktur bis in die sechziger Jahre hinein Gültigkeit behielt, waren die Führungsorgane der Bundespartei abhängige Variablen der Landesverbände, insbesondere der »Landesfürsten«. Der einzige politische Widerpart der Landesverbände, der überhaupt eine Chance hatte, Vorstellungen gegen diese durchzusetzen, war Konrad Adenauer, der durch Kanzleramt, Parteivorsitz und seine überragende Persönlichkeit eine besondere Autorität in der Partei genoß.

Adenauer sah die Partei im wesentlichen als Instrument zur Propagierung der von ihm, der Bundesregierung und der CDU/CSU-Bundestagsfraktion formulierten Politik.

> »Struktur, Stärke und Arbeit der Parteiorganisation hat er nicht unter dem Gesichtspunkt gesehen, mit Hilfe eines solchen Apparates einen permanenten Meinungsbildungsprozeß in Gang zu setzen und in Gang zu halten; es ging ihm vielmehr darum, über diesen Apparat für die Politik zu werben, deren Grundsätze allgemein anerkannt waren, über deren konkrete Umsetzung in politische Entscheidungen jedoch die zu befinden hatten, denen diese Pflicht und dieses Recht durch Wahlen in bestimmte Gremien delegiert worden war...«(33).

Die Partei hatte für Adenauer eine dienende Funktion in bezug auf Propagierung und Durchsetzung seiner Politik, nicht aber in bezug auf deren Formulierung.

> »Er wollte eine starke Partei, aber dies vor allem, um Wahlkämpfe vorzubereiten, Wahlkämpfe durchzuführen und um Wahlen zu gewinnen...«(34). »Die Aufgabe der Partei in den unteren Gliederungen sah er hauptsächlich darin, das Volk über diese (seine) Politik zu informieren, sie verständlich zu machen, für sie zu werben«(35).

Aus diesen Gründen wäre für Adenauer auch die Trennung von Kanzleramt und CDU-Parteivorsitz undenkbar gewesen, weil letzterer unabdingbar war zur Absicherung seiner politischen Macht und Durchsetzungskraft als Bundeskanzler.

Andererseits trat Adenauer gegenüber den Parteiführungsgremien und den Mitgliedern der Partei als Parteivorsitzender selten in Erscheinung.

> »Im Bewußtsein der Parteimitglieder führt der Vorsitzende die Partei durch seine Tätigkeit als Bundeskanzler. Jede seiner Äußerungen und Aktionen in dieser Funktion wird innerhalb der Partei umgeformt in eine Äußerung und eine Aktion der Partei«(36)... »So vor allem ist es zu erklären, daß die politischen Entscheidungen der Partei in den vergangenen Jahren weniger durch die Partei selbst und ihre satzungsmäßigen Gremien, als auf der Ebene Bundeskanzler-Bundeskabinett-Bundestagsfraktion getroffen wurden, und daß diese Entscheidungen dann erst nachträglich durch die Partei übernommen und von ihr gutgeheißen wurden«(37).

Die politische Rolle der CDU/CSU-Bundestagsfraktion – insbesondere in innenpolitischen Fragen – hat Adenauer prinzipiell anerkannt und deshalb ihre führenden Repräsentanten in der Regel in den politischen Willensbildungsprozeß vor anstehenden Entscheidungen einbezogen. Adenauer konnte hingegen kein Interesse daran haben, daß die Parteiführungsgremien auf Bundesebene zusätzlich einen eigenständigen politischen Machtfaktor darstellten, auf den er bei seinen Entscheidungen als Bundeskanzler hätte Rücksicht nehmen müssen. Deshalb hat sich Adenauer auch allen Reformversuchen, die dem Geschäftsführenden Bundesvorstand oder einem ersten stellvertretenden bzw. Geschäftsführenden Vorsitzenden der CDU eigenständige politische Führungskompetenzen zu seinen Lasten zuweisen wollten, entschieden widersetzt. Im Gefolge der Präsidentschaftskrise von 1959 konnte er die Installierung eines ersten stellvertretenden Vorsitzenden mit eigenständigen Kompetenzen, wie es die CDU-Landesvorsitzenden gefordert hatten, noch verhindern. Nach der Bundestagswahl 1961 wurde ihm aber Josef Hermann Dufhues als Geschäftsführender Vorsitzender aufgezwungen, weil Adenauers Autorität in der Partei bereits angeschlagen war. Er hat dies als eine Beschränkung seiner Befugnisse als Parteivorsitzender empfunden und dementsprechend unwillig reagiert(38).

Andererseits wollte Adenauer durchaus eine starke Parteiorganisation mit einem Parteiapparat, der erfolgreiche Wahlergebnisse garantierte. Etwa anderthalb bis zwei Jahre vor einer Bundestagswahl kritisierte Adenauer regelmäßig den schlechten Zustand der Parteiorganisation auf Landes- und Kreis-, aber auch auf Bundesebene, beklagte die schlechte und unsichere Finanzlage der Partei und betonte die Notwendigkeit eines geschlosseneren Auftretens der Partei in der Öffentlichkeit. Adenauer hat die Schwäche vor allem der Bundespartei gegenüber den Landesparteien immer wieder kritisiert und mehrfach den Versuch unternommen – meistens erfolglos – , die Kompetenzen der Bundespartei auszubauen. Zur Bundespartei meinte Adenauer treffend:

> »Das ist ein Wesen, das in Wirklichkeit gar nicht existiert... Tatsächlich ist die Bundespartei fast machtlos. ... Das Schwergewicht der Partei beruht – soweit man von einem Schwergewicht sprechen kann – in den Landesparteien; in den Kommunen schon nicht mehr, im Bund auch nicht mehr«(39).

Die Auseinandersetzungen um die Parteireform waren vor allem auch eine Auseinandersetzung um die Kompetenzen der Landesverbände und der Bundespartei. Schon auf dem Goslarer Parteitag war Adenauer bei dem Versuch gescheitert, mit Kiesinger als Geschäftsführendem Vorstandsmitglied eine Art politischen Generalsekretär zu installieren. Der vom damaligen CDU-Bundesschatzmeister, Josef Bach, Anfang der fünfziger Jahre erarbeitete, von Adenauer nachhaltig unterstützte Vorschlag, die Landesgeschäftsführer durch die Bundespartei anzustellen und eine für alle Parteigliederungen verbindliche Beitragsstaffel zur Finanzierung der Orts- und Kreisverbände einzuführen, wurde von den Landesverbänden ebenfalls abgelehnt(40). Bachs Plan, die in den einzelnen CDU-Landesverbänden existierenden Wochenzeitungen durch ein zentrales Bundesparteiorgan zu ersetzen, fand im Bundesvorstand auch keine Zustimmung(41).

Die von Adenauer ohne Zustimmung des Geschäftsführenden Bundesvorstandes vorgenommene Berufung von Heinz Lubbers zum kommissarischen Bundesgeschäftsführer hatte zur Folge, daß der Geschäftsführende Bundesvorstand gegen den Willen Adenauers im April 1952 Bruno Heck zum Bundesgeschäftsführer berief(42).

Im Zusammenhang mit der Parteireformdiskussion während der Präsidentschaftskrise unternahm Adenauer den Versuch, eine Parteimitgliedschaft auf Bundesebene durchzusetzen, weil er sich davon angesichts der Lethargie der Kreis- und Ortsverbände(43) eine höhere Mitgliederzahl versprach. In der Bundesvorstandssitzung vom 16.9.1959 plädierte er außerdem für die Einführung einer Bundesliste bei Bundestagswahlen, um dadurch eine bessere Qualität der Bundestagsabgeordneten der CDU zu erreichen(44), was bereits erfolglos mit der Wahlkommission, die das neue Parteistatut des Stuttgarter Parteitages von 1956 vorsah, versucht worden war.

Diese verschiedenen Vorhaben zur Zentralisierung der Parteiorganisation wurden jedoch nie verwirklicht. Sie zeigen, daß die Macht Adenauers als Parteivorsitzender keineswegs unbegrenzt war. Es ist zutreffend, daß er seine Politik als Bundeskanzler und Chef der Bundesregierung weitestgehend unabhängig von der Partei formulieren konnte. In allen Fragen der Parteiorganisation, des Parteiapparates, der Parteifinanzen usw., bei denen die Kompetenzen der Landesverbände tangiert waren, setzte sich Adenauer allerdings in der Mehrzahl der Fälle nicht durch. Die überzogene Betonung föderalistischer, dezentraler Prinzipien hat sicherlich die rechtzeitige Entwicklung der CDU zu einer funktionsfähigen Bundespartei behindert.

Adenauer hat mehrfach seine große Sorge über die Überlebenschancen der CDU zum Ausdruck gebracht, falls sie einmal in die Opposition kommen sollte:

> »Aber das eine ist sicher: Wenn wir einmal im Bundestag nicht in der Regierung mehr sind, dann kriegen wir keinen Groschen mehr und dann ist Schluß mit unserer ganzen Partei. Dann werden wir auseinanderfallen durch die Gegensätze, die wir innerlich haben, die bei einer so großen Partei naturgegeben sind«[(45)].

So häufig und so treffend Adenauer insbesondere vor Wahlen die Defizite der Parteiorganisation ansprach: er selbst trug zu deren Beseitigung nichts bei. Denn die Hauptursache für die Funktionsunfähigkeit der Bundespartei in politischer wie organisatorischer Hinsicht war die ihr fehlende Führung. Da der Parteivorsitzende gleichzeitig Bundeskanzler war, konnte die Führung der Parteiorganisation nur durch einen Geschäftsführenden Vorsitzenden oder ersten stellvertretenden Vorsitzenden, zusammen mit einem funktionsfähigen Geschäftsführenden Vorstand, wahrgenommen werden. Genau diese Konstruktion hat Adenauer aber immer wieder verhindert, weil er eine Einschränkung seiner politischen Bewegungsfreiheit als Parteivorsitzender, und damit auch als Kanzler, befürchtete.

Ohne eine permanent präsente, hauptamtlich für die Partei tätige Führungspersönlichkeit mit politischer Autorität in der Partei konnte aber die Verbesserung der Parteiorganisation und der politischen Koordination nicht vorangetrieben werden. Der Bundesgeschäftsführer besaß dafür nicht genügend Autorität. Die stellvertretenden Parteivorsitzenden hatten eine eher repräsentative Bedeutung und hatten keine politische Führungsfunktionen. Dies gelang in den fünfziger Jahren am ehesten Hermann Ehlers und Kai-Uwe von Hassel [(46)]. Auch durch die erwähnte Erhöhung der Stellvertreterzahl von zwei auf vier wurde kein politisches Führungsgremium geschaffen. Der 1956 in Stuttgart neu installierte Geschäftsführende Vorstand gewann ebenfalls keinerlei politisches Gewicht. »Er ist in den zurückliegenden drei Jahren nicht einmal als solcher und vollständig besetzt zusammengetreten«[(47)].

Die 1951 im Hinblick auf die Bundestagswahl berufenen drei Geschäftsführenden Vorstandsmitglieder Kiesinger, Wuermeling und Tillmanns leisteten durchaus aktive Parteiarbeit. Nach der Bundestagswahl fielen Kiesinger und Wuermeling wegen der Übernahme wichtiger parlamentarischer Ämter aus, so daß nur noch Tillmanns als Ansprechpartner für konkrete Fragen der Parteiarbeit übrig blieb. Ähnlich war es mit den 1956 gewählten drei Geschäftsführenden Bundesvorstandsmitgliedern Kiesinger, Meyers und Gerhard Schröder, von denen vor allem Meyers bis zu seiner Wahl in das Amt des nordrhein-westfälischen Ministerpräsidenten die Funktion eines Geschäftsführenden Vorsitzenden faktisch wahrnahm[(48)].

Ob also begrenzte politische Führung und Koordination auf Bundesebene stattfand, hing weitgehend vom Zufall ab, nämlich von den jeweiligen Führungspersönlichkeiten, die genügend Zeit und Interesse für die Parteiarbeit aufbrachten, solange sie keine wichtigen Staatsämter innehatten und von Adenauer als Parteivorsitzendem einen entsprechenden Bewegungsspielraum zugebilligt bekamen, was in der Regel nicht der Fall war. Allgemein herrschte die Auffassung vor, daß der politische Erfolg der CDU im wesentlichen von der Qualität ihrer Regierungspolitik sowie ihrer Mandatsträger bestimmt werde. Die gewissenhafte Wahrnehmung von Parteiämtern und Fragen der Parteiarbeit waren demgegenüber zweit- und drittrangig. Wer ein Staatsamt innehatte, war in der Partei anerkannt und besaß Autorität, wer nur ein Parteiamt ausübte – was sehr selten vorkam –, hatte geringes Ansehen. Parteiämter waren daher in der Regel für Inhaber staatlicher Ämter vor allem eine lästige Pflicht.

Die zunehmenden Gegensätze innerhalb der Bundestagsfraktion und der Bundesregierung bei der Lösung schwieriger innenpolitischer Probleme (z. B. Krankenversicherungsreform), die heftigen Auseinandersetzungen zwischen der Bundesregierung und den von den Unionsparteien regierten Bundesländern im Bundesrat (z. B. Fernsehstreit) sowie die schwindende Autorität Adenauers im Gefolge der Präsidentschaftskrise 1959 machten Defizite deutlich. Die Partei wurde stärker als bisher als Instrument zur politischen Willensbildung und Integration, als politisches Führungs- und Koordinationsorgan in grundsätzlichen Fragen gegenüber der Bundestagsfraktion und den unionsregierten Ländern benötigt. Aber eindeutige politische Positionen, die von der CDU als Partei zu zentralen innen- und gesellschaftspolitischen Fragen beschlossen worden waren, gab es nicht.

> »Dadurch, daß innerhalb der Partei politische Entscheidungen nicht diskutiert und vorbereitet werden konnten, ist der Partei jede politische und publizistische Vorbereitung künftiger Maßnahmen und Entscheidungen im Kreise ihrer Mitglieder und in der Öffentlichkeit gänzlich unmöglich gemacht... Es gibt die Meinung der Partei gar nicht, da es nicht einmal ein funktionsfähiges Gremium gibt, das eine solche Meinung bilden könnte«(49).

Der Bundesausschuß fiel aufgrund seiner Größe, seiner heterogenen Zusammensetzung, der geringen Präsenz seiner Teilnehmer und der wenigen Sitzungen als politisches Führungsorgan völlig aus. Dies galt im wesentlichen auch für Bundesvorstand und Geschäftsführenden Bundesvorstand, von den dargelegten Ausnahmen abgesehen. Durch lange Referate zur politischen Lage benutzte Adenauer Bundesvorstand und Bundesausschuß dazu, um sich Zustimmung und Unterstützung für seine Politik als Bundeskanzler zu sichern. Für eine ausführliche Erörterung von Fragen der Parteiorganisation blieb in aller Regel gar keine Zeit, und daran bestand auch nur geringes Interesse. Bezeichnenderweise übernahm in schwierigen Situationen der Partei, wie z. B. der Präsidentschaftskrise, ein Gremium politische Führungsfunktionen, das im Statut der CDU gar nicht vorgesehen war: die Landesvorsitzendenkonferenz. Diese arbeitete auch die erwähnten Entwürfe für die Geschäftsordnung, Finanzordnung und Parteigerichtsordnung aus und machte wiederholt konkrete Vorschläge zur Parteireform, die vornehmlich die Schaffung einer funktionsfähigen Parteispitze zum Ziel hatten.

Die Bundesparteitage der CDU hatten in den fünfziger Jahren vor allem die Funktion, gegenüber der Öffentlichkeit die Geschlossenheit der Partei und deren Übereinstimmung mit der Adenauerschen Regierungspolitik zu dokumentieren. Sie »glichen eher plebiszitären Akklamationen zu seiner (Adenauers) Politik als Veranstaltungen von kritischen Kontrolleuren der von ihr betriebenen Politik«(50). Adenauer beschrieb die Aufgabe des Bundesparteitages wie folgt: »Sie alle wissen, daß das ein großer Propagandatag ist. Das muß sein, gut«(51).

Die einseitige Betonung der werbenden Funktion des Parteitages hatte zur Folge, daß Versuche, innerparteiliche Gegensätze auf dem Parteitag auszutragen oder gar durch Mehrheitsentscheidungen zu klären, von der Parteiführung vermieden bzw. unterbunden wurden. Ein geregeltes Antrags-, Diskussion- und Verabschiedungsverfahren für Anträge der Parteigliederungen an den Parteitag gab es nicht, und derartige Anträge wurden auch nicht gestellt. Der Parteitag äußerte sich in der Regel durch die Verabschiedung von allgemein gehaltenen Entschließungen, die häufig erst auf dem Parteitag formuliert wurden. Auch das Hamburger Programm von 1953 wurde den Delegierten im Wortlaut erst auf dem Parteitag vorgelegt, der zwar allgemein darüber diskutierte, aber nicht über einzelne Änderungsanträge abstimmte(52).

Die Parteitage hatten keinerlei politische Entscheidungsfunktion, sondern dienten der Verkündung der Regierungspolitik durch Referate führender Politiker. Die Merkmale rezeptiv-repräsentativer Demokratie herrschten eindeutig vor, womit die Delegierten und Parteigliederungen aber auch zufrieden schienen – von wenigen Ausnahmen abgesehen(53). Adenauer wehrte sich sogar dagegen – allerdings erfolglos –, in den Arbeitskreisen des Parteitages Vertreter der Presse zuzulassen, weil er eine negative Berichterstattung befürchtete, falls dort innerparteiliche Kontroversen ausgetragen würden(54).

Nicht nur auf Parteitagen, sondern auch in den Parteiführungsgremien auf Bundesebene huldigte man einer Vorstellung von Harmonie, die das Austragen von Konflikten und Gegensätzen möglichst vermied.

> »Eine offene Diskussion auch über strittige Fragen in den Gremien der Partei, eine entschiedene Führung der Partei auch an Stellen, wo nicht die gesamte Partei willenlos folgt, offene Wahlen und Abstimmungen, auch wenn damit Auseinandersetzungen und persönliche Verstimmungen verbunden sind, das alles wäre heute für den Zusammenhalt der Partei gänzlich ungefährlich, ja es würde das Selbstbewußtsein der Partei und ihre innere Sicherheit nur stärken. Darüber hinaus würde die Partei rechtzeitig lernen, wie man auch strittige Fragen in einer fairen und vernünftigen Weise zur Entscheidung bringt. Sie würde sich daran gewöhnen, daß es bei aller Übereinstimmung im Grundsätzlichen auch in einer Partei wie der CDU Meinungsverschiedenheiten geben kann und geben muß, und sie würde sich selbst in der Öffentlichkeit abgewöhnen, in jedem sachlichen oder persönlichen Streit sofort ein Sturmzeichen für den Bestand der Partei zu sehen«(55).

Wesentliche Ursache der dargestellten politischen und organisatorischen Ineffizienz der Bundespartei und ihrer Führungsgremien in den fünfziger Jahren ist die besondere Heterogenität der CDU. Zum einen gab es erhebliche regionale und landsmannschaftliche Unterschiede mit jeweils starkem Eigenbewußtsein. Politisch, organisatorisch und entsprechend der Mitglieder- und Wählerzahl dominierten die beiden nordrhein-westfälischen CDU-Landesverbände, weshalb sich insbesondere die norddeutschen Landesverbände häufig mit ihren Interessen und ihren Personalvorschlägen zu wenig berücksichtigt fühlten. Zum anderen verursachten die konfessionellen Unterschiede erhebliche Meinungsverschiedenheiten. Gemessen an der Konfessionsstruktur der Mitgliedschaft war die CDU vorwiegend eine katholische Partei, so daß die norddeutschen, mehrheitlich evangelischen Landesverbände aus diesem Unterlegenheitsgefühl heraus nachdrücklich auf die Berücksichtigung ihrer Sach- und Personalvorschläge Wert legten, wozu der Proporz ein probates Mittel war.

Die politische Bandbreite innerhalb der CDU reichte von national-konservativen Strömungen bis zu christlich-sozialen Positionen. Außerdem vereinigte die CDU in sich eine große Vielfalt unterschiedlicher Interessen, die von den Bauern und Selbständigen über die mittelständische Wirtschaft und Großindustrie bis zu den Angestellten und Beamten sowie zur organisierten Arbeitnehmerschaft reichte. Organisatorisch kam diese Interessenvielfalt in den »Ausschüssen«, den Vereinigungen und der großen Zahl von Fachausschüssen und Beiräten zum Ausdruck. Die Ausschüsse hatten in den Parteigremien auf Bundesebene eine außerordentlich starke Position, so daß man sich in für sie entscheidenden politischen Fragen über ihr Veto selten hinwegsetzte.

Die führenden Vertreter der Unterorganisationen der CDU verstanden sich in konkreten Sachfragen vorwiegend als Vertreter ihrer regionalen, konfessionellen und verbandsmäßigen Interessen und erst in zweiter Linie als Vertreter einer gemeinsamen, von der Bundes-CDU repräsentierten Politik.

Als Folge dieser heterogenen Struktur hatten die Parteiführungsgremien in erster Linie die Funktion der Integration dieser verschiedenen Richtungen und Gruppierungen, was erreicht wurde durch deren angemessene Vertretung in allen Parteiführungsgremien. Die seit dem Goslarer Parteistatut feststellbare, mit jeder Statutenreform verbundene Ausweitung der Mitgliederzahl des Bundesvorstandes und des Bundesausschusses ist dafür symptomatisch. Dementsprechend herrschten bei der Auswahl der Mitglieder von Parteiführungsgremien die Prinzipien des Proporzes, der Mitgliedschaft qua Amt und der Kooptation vor. Adenauer hat immer wieder großzügig Gebrauch gemacht von dem Instrument der Kooptation von Fachleuten und Interessenverbandsvertretern, um dadurch eine minimale Integration der Partei auf Bundesebene zu erreichen.

Die Struktur der CDU entsprach einem differenzierten, auf Proporz angelegten System, das eine relative politische Integrations-, aber außerordentlich geringe politische Leistungskapazität besaß[56]. Als Konfliktregelungsmuster wurden daher in den Parteiführungsgremien insbesondere die Akklamation, die Vertagung oder die gütliche Einigung gehandhabt, sowie in bestimmten Situationen auch die der autoritären

Konfliktregelung durch Weisung des Parteivorsitzenden Adenauer. Die Konfliktregelungsmuster des Kompromisses und der Mehrheitsentscheidung als typische Elemente innerparteilicher Willensbildungsprozesse nach dem Konkurrenzmodell wurden in der CDU nur selten oder bei unwichtigen Fragen angewandt.

Die politisch relevanten Entscheidungen fällten daher nicht die Partei, sondern Bundeskanzler, Bundesregierung und die Führung der Bundestagsfraktion, die als Ersatzpartei fungierte. Die Partei wurde im Hinblick auf diese politischen Entscheidungen integriert und sollte diese propagieren. Eine weitergehende Funktion hatten die Führungsgremien der Partei in aller Regel nicht.

Wahrscheinlich hätte eine straffere politische Führung und eine stärkere Zentralisierung der Parteiorganisation durch die Bundespartei die CDU der fünfziger Jahre angesichts ihrer dargestellten Struktur überfordert und den von Adenauer befürchteten Zerfalls- und Erosionsprozeß gefördert; spätestens aber ab Ende der fünfziger Jahre wurde deutlich, daß im Hinblick auf die anstehenden Probleme der sechziger Jahre die Parteiorganisation eine höhere Leistung erbringen mußte, wenn das Gesamtsystem Partei weiterhin bei Wahlen erfolgreich bleiben wollte. Der von Heidenheimer formulierte Vorwurf, Adenauer habe den Aufbau der Parteiorganisation als Instrument zur Stabilisierung der innerparteilichen Gruppenbeziehungen behindert, trifft zu, wenn er auf die späten fünfziger Jahre bezogen wird[(57)].

3. Örtliche Parteiorganisation und Mitglieder

Wie schon aus der Analyse der Parteistruktur der CDU deutlich geworden ist, war die Bundespartei in den fünfziger Jahren in allen parteiorganisatorischen Fragen auf das Wohlwollen und die Mitarbeit der Landesverbände angewiesen. Die Aufgaben der Fachausschüsse und Vereinigungen überschnitten sich, da keine klare Funktions- und Kompetenzabgrenzung existierte. Die Fachausschüsse waren in aller Regel nicht funktionsfähig[(57a)], und die Vereinigungen hatten eine weitgehende politische und organisatorische Selbständigkeit gegenüber der Bundespartei.

Die ohnehin schon bei den Landesverbänden vorhandenen Vorbehalte gegenüber der Bundesparteiorganisation wurden gestärkt durch deren mangelnde Funktionsfähigkeit. Die Landesverbände verstanden sich als der »eigentliche Kern der Partei« und lehnten jeden direkten Kontakt der Bundespartei zu den Kreisverbänden ab, weil deren Koordination und Betreuung die orginäre Aufgabe der Landesverbände sei [(58)]. Die Landesverbände waren in der Entwicklung der CDU die ersten politisch und organisatorisch handlungsfähigen Einheiten und spielten traditionell im Vergleich zur Bundespartei und den Kreisparteien die entscheidende Rolle.

In Satzungs- und Statutenfragen waren die Landesverbände bis zur Verabschiedung der entsprechenden Parteiordnungen Ende 1959, die in ihren Grundsätzen auch für die Landes- und Kreisverbände galten, autonom. Auch nach 1959 hatten sie noch einen großen Freiraum bei der Gestaltung der innerparteilichen Willensbildung und der Organisation der Parteiarbeit.

Die Landesverbände waren für die politische und organisatorische Arbeit der Kreis- und Ortsverbände zuständig. Sie führten die Landtagswahlkämpfe völlig und die Bundestagswahlkämpfe weitestgehend selbständig gegenüber der Bundespartei durch, denn die Benutzung des von der Bundespartei angebotenen Wahlkampfmaterials hing von der Beurteilung durch die Landesverbände ab, wobei das Ergebnis häufig negativ war. Die Nominierung der Kandidaten für die Landesparlamente und den Bundestag wurde autonom durch die Landesverbände entschieden. Die Bundespartei konnte auf die Auswahl der Bundestagskandidaten nur Einfluß nehmen durch die Nutzung persönlicher Beziehungen führender Politiker untereinander.

Die Landesverbände boten unter den Gesichtspunkten parteipolitischer Aktivität, Mitgliederzahl und Parteiapparat ein durchaus unterschiedliches Bild. In Nordrhein-Westfalen war die CDU in den Landesverbänden Westfalen und Nordrhein besonders gut organisiert, während in den Landesverbänden Schleswig-Holstein, Niedersachsen, Hessen, in den beiden Stadtstaaten und in Berlin der Aufbau einer funktionsfähigen Parteiorganisation erhebliche Schwierigkeiten bereitete. In diesen Landesverbänden war daher auch die Bereitschaft größer, Anregungen und Hilfestellungen von seiten der Bundespartei anzunehmen.

Die Orts- und Kreisverbände der CDU bildeten das schwächste Glied ihrer Parteiorganisation. Von einer kontinuierlichen politischen Arbeit auf Orts- und Kreisebene konnte in den meisten Fällen keine Rede sein(59). Die Kommunalpolitik wurde einigen wenigen Honoratioren in den Stadt- und Gemeindeparlamenten überlassen, die häufig Mitglied der CDU-Fraktion, aber nicht Parteimitglied waren, während andererseits CDU-Mitglieder häufig für Freie Wählergemeinschaften kandidierten. Die Stärke der Freien Wählergemeinschaften in den Kommunalparlamenten war auch auf die Tatsache zurückzuführen, daß die örtliche Parteiorganisation der CDU an der Kommunalpolitik nicht interessiert war und einer Parteipolitisierung der kommunalen Arbeit eher ablehnend gegenüberstand.

Nur in Wahlkampfzeiten aktivierte sich die örtliche Parteiorganisation ein wenig, indem sie politische Veranstaltungen durchführte, Plakate klebte und in begrenztem Umfang Werbematerial verteilte. »Es kann nicht weiterhin so bleiben, daß Ortsverbände nicht einmal innerhalb eines Jahres eine Versammlung abhalten... Es gibt in der Bundesrepublik ganze Kommunalkreise, in denen teilweise gar nichts oder allenfalls nur ein kommissarischer Kreisvorsitzender ohne Gefolgschaft existiert«(60).

Die geringe politische Aktivitätsbereitschaft der örtlichen Parteiorganisation war eine Folge der politischen Lethargie ihrer Mitglieder einerseits und der mangelnden Einbeziehung der Mitglieder in die Parteiarbeit durch die örtlichen Parteiführungen andererseits (61). Die Inaktivität der örtlichen Parteiorganisationen war aber auch auf den fehlenden oder schlecht funktionierenden örtlichen Parteiapparat zurückzuführen.

Die Bundespartei beurteilte diesen Sachverhalt kritisch, weil dadurch auf Dauer die Führung erfolgreicher Bundestagswahlkämpfe gefährdet schien. Die Maßnahmen der Bundespartei zur Aktivierung der Kreisverbände setzten daher auch ungefähr eineinhalb Jahre vor einer Bundestagswahl ein mit dem Ziel, die politische und organisatorische Schlagkraft der Orts- und Kreisverbände durch die Erhöhung der Zahl der Kreisgeschäftsführer und die Aktivierung der Mitglieder zu stärken.

Da eine generelle Mobilisierung der Ortsverbände als aussichtslos und unrealistisch angesehen wurde, bediente man sich seit der Bundestagswahl 1957 des Systems der Vertrauensleute, wonach in jedem Ortsverband zwei aktive Parteimitglieder ausgewählt wurden, die den Auftrag hatten, das Wahlkampfmaterial der Bundespartei zu verteilen und Propaganda für die CDU zu machen (62). Derartige Maßnahmen waren als Notprogramm gedacht und konnten die Notwendigkeit, mittelfristig die Zahl und Aktivität der CDU-Mitglieder zu erhöhen, nicht ersetzen. Insbesondere Bundesgeschäftsführer Heck (63) sowie das Geschäftsführende Bundesvorstandsmitglied Meyers(64) waren in den fünfziger Jahren jene, die regelmäßig und besonders nachdrücklich auf die Notwendigkeit hinwiesen, daß sich die CDU von einer Wähler- zur Mitgliederpartei entwickeln müsse. Sie hielten es für erforderlich, daß die Orts- und Kreisverbände sowie alle Amts- und Mandatsträger der Partei die Mitgliederwerbung als ihre vordringliche Aufgabe erkannten. Man versprach sich von einer intensiven Mitgliederwerbung eine Stabilisierung der Wahlergebnisse und die Verbesserung der Parteifinanzen.

Aber alle Bemühungen von seiten der Bundespartei, Mitgliederwerbeaktionen vorzubereiten und durch Beschlüsse für die unteren Parteigliederungen verbindlich zu machen, blieben ohne Erfolg. Mitgliederwerbeerfolge wie z. B. in Schleswig-Holstein, wo es insbesondere aufgrund des Engagements von Hassels gelang, die Zahl der CDU-Mitglieder im Laufe von fünf Jahren um ca. 36% zu erhöhen(65), blieben die große Ausnahme.

Über die Mitgliederentwicklung der CDU in den fünfziger Jahren gibt es nur ungenaues statistisches Material, da es auf den Angaben der Kreis- und Landesverbände beruht. In mehreren Landesverbänden existierte keine komplette Mitgliederkartei, und häufig waren die Adressen überholt. Diese Defizite stellte die Bundespartei 1956 fest, als sich der Parteivorsitzende, Bundeskanzler Adenauer, in einem Brief an alle Parteimitglieder wandte, um diese im Hinblick auf die Bundestagswahl 1957 zur aktiven Mitarbeit aufzufordern. Die Landesverbände Rheinland und Westfalen-Lippe weigerten sich, der Bundespartei überhaupt ihre Adressen zur Verfügung zu stellen. Heck äußerte die Vermutung, daß der Grund für diese Weigerung darin liege, daß die bisher von diesen Landesverbänden angegebenen Mitgliederzahlen nicht stimmten (66). Die Mitgliederzahlen lassen sich daher nur in ungefährer Größenordnung darstellen.

Bis Mitte 1948 hatte die CDU in den drei Westzonen einen Mitgliederstand von ca. 380 000 erreicht. Nach der Währungsreform hatten alle Parteien, vor allem auch die CDU, einen erheblichen Mitgliederrückgang zu verzeichnen, so daß die Zahl ihrer Mitglieder von Mitte 1949 bis in die Mitte der fünfziger Jahre um die 220 000 pendelte und dann erst langsam anstieg auf etwa 250 000 im Jahre 1959 (67). 45 % aller Mitglieder der CDU waren 1956 allein in den beiden nordrhein-westfälischen Landesverbänden organisiert (68).

Mitgliederstark war die CDU in ländlichen und mehrheitlich katholischen Gebieten, besonders mitgliederschwach in protestantischen, vor allem städtischen Regionen.

Es sind im wesentlichen vier Gründe, die die geringe Mitgliederzahl und den geringen Mitgliederzuwachs der CDU in den fünfziger Jahren erklären:

- die durch den Nationalsozialismus und die Entnazifizierung gestärkte, traditionell vorhandene Parteienaversion war besonders in den bürgerlichen Wählerschichten anzutreffen, die am ehesten für eine Mitgliedschaft in der CDU in Frage kamen. Man stand einem parteipolitischen Engagement ablehnend gegenüber, war oft eher bereit, die Partei finanziell zu unterstützen als sich öffentlich zu ihr zu bekennen.
- Die Mitglieder hatten auch auf der untersten Ebene der Parteiorganisation keine spezifische Funktion. Die wesentlichen Sach- und Personalfragen wurden in Parteiführungsgremien ohne Einbeziehung der Mitglieder entschieden, so daß sie fast ausschließlich als Akklamationsorgan für satzungsmäßige Pflichtveranstaltungen fungierten. Fragen der Kommunalpolitik, die von Mitgliederversammlungen noch am ehesten diskutiert und politisch beeinflußt werden können, spielten im innerparteilichen Leben der CDU eine untergeordnete Rolle. Landes- und bundespolitische Entscheidungen wurden auf der unteren Organisationsebene nachvollzogen, aber nicht von ihr beeinflußt. Kontinuierliche Parteiarbeit fand nicht statt.
  Auch als Potential zur Finanzierung der Parteiarbeit hatten die Mitglieder keine Bedeutung, da dies nach dem damaligen Selbstverständnis der CDU den Parteimitgliedern nicht zumutbar war. Im übrigen waren Parteiorganisation und Parteiapparat auf örtlicher Ebene allzu häufig gar nicht in der Lage, die Parteibeiträge einzuziehen. »Es ist aber nicht so, daß die Mitglieder nicht zahlungswillig sind, sondern es ist so, daß zu einer großen Zahl von Mitgliedern noch niemand gekommen ist, um den Beitrag zu kassieren«(69).
- In den Regionen der Partei, wo sich die Parteiorganisation auf unterster Ebene im wesentlichen als Honoratiorenpartei darstellte, bestand häufig überhaupt kein Interesse an der Werbung neuer Mitglieder. »In vielen Kreisparteien ist der Zusammenhalt der Mitglieder so eng, daß sich jeder neue Anwärter als Außenseiter fühlen muß und deswegen den Eintritt in diesen geschlossenen Kreis scheut«(70). Dort, wo sich die Partei vor allem über die katholischen Vorfeldorganisationen rekrutierte und diese das innerparteiliche Leben beherrschten, schottete sie sich auch aus ideologischen Gründen gegenüber Neumitgliedern ab, weil sie von diesen eine allzu starke »Liberalisierung« und »Aufweichung« der CDU-Positionen in Grundsatzfragen befürchtete. »Man geht davon aus, daß die Parteimitgliedschaft Kaderfunktion habe, daß man also der Pragmatisierung der Politik und der Ausweitung unserer Wählerschaft durch eine ideologische Konzentration der Mitgliedschaft entgegen wirken müsse«(71). Diese Abwehrhaltung der Parteiorganisation gegenüber neuen Mitgliedern aus ideologisch-politischen Gründen hatte zwar innerparteilich eine Stabilisierung des katholischen Milieus zur Folge, stellte sich aber ab Ende der fünfziger Jahre zunehmend deutlich als eines der zentralen Defizite der CDU, insbesondere in den früheren Zentrumsgebieten Nordrhein-Westfalens, heraus(72).

Die Vorbehalte der Mehrzahl der CDU-Wähler gegenüber einer Parteimitgliedschaft wären am ehesten zu überwinden gewesen durch kontinuierliche Parteiarbeit vor Ort und das persönliche Gespräch. Dazu war aber in aller Regel die örtliche Parteiorganisation der CDU aufgrund ihrer Inaktivität nicht in der Lage. »Die Mitgliederwerbung bedarf vielmehr der persönlichen Ansprache und der persönlichen Überzeugung. Dafür aber stehen bisher viel zu wenig geeignete Werber zur Verfügung«(73).

Auch die zugänglichen Daten über die konfessionelle und berufliche Zusammensetzung der CDU-Mitgliedschaft in den fünfziger Jahren können nur in groben Umrissen die realen Verhältnisse wiedergeben. Anfang der fünfziger Jahre waren ungefähr drei Viertel aller CDU-Mitglieder Katholiken und ein Viertel Protestanten, während bei den Wahlberechtigten die Protestanten sogar etwas stärker als die Katholiken vertreten waren und in der CDU-Wählerschaft die Relation Katholiken zu Protestanten zwei Drittel zu einem Drittel betrug. Im Vergleich zur Gesamtbevölkerung waren die Katholiken in allen CDU-Landesverbänden eindeutig in der Mitgliedschaft überrepräsentiert, was auch für die protestantischen Regionen, insbesondere für die Stadtstaaten, aber auch für die Pfalz, Oldenburg und Hessen galt. Hier gelang es der CDU über viele Jahre nicht, eine größere Zahl von Protestanten für eine Mitarbeit in der Partei zu gewinnen; hier war die Parteiorganisation auch besonders schwach ausgebildet(74). Am ausgeglichensten war die konfessionelle Zusammensetzung noch im Landesverband Schleswig-Holstein.

Erst im Gefolge der Bundestagswahlen von 1953 und 1957, die der CDU erhebliche Stimmengewinne in den mehrheitlich protestantischen Gebieten brachten, begann die Zahl der protestantischen CDU-Mitglieder langsam anzusteigen, wenngleich sich an der Überrepräsentation der Katholiken bis Ende der 50er Jahre nichts änderte.

In der Zusammensetzung der Mitgliedschaft nach Beschäftigungsverhältnissen dominierten Mitte der fünfziger Jahre mit 39% die Selbständigen, wovon allein die Landwirte 15% stellten. Die Arbeiter waren mit 15%, die Angestellten mit 18%, die Beamten mit 9%, die Rentner mit 7%, Hausfrauen und andere mit ca. 12% vertreten. Das eindeutige Übergewicht der Selbständigen und die eindeutige Unterrepräsentation der Arbeiter im Vergleich zur Bevölkerung (über 50% Arbeiter) charakterisiert die CDU-Mitgliederstruktur der fünfziger Jahre. Dabei scheint der starke Mitgliederrückgang Ende der vierziger Jahre, der oben angesprochen wurde, vor allem zu Lasten der Arbeiter gegangen zu sein, die in der Anfangszeit der CDU, insbesondere in Nordrhein-Westfalen, noch stärker vertreten waren(75).

4. Parteiapparat und Parteifinanzen

Entsprechend dem Selbstverständnis der CDU der fünfziger Jahre als Honoratiorenpartei spielten Fragen der Mitgliederwerbung, der Organisation, des Parteiapparates und der Parteifinanzen bei der Mehrheit der führenden Politiker auf allen Ebenen eine untergeordnete Rolle. Die Partei hatte im wesentlichen die Funktion, Kandidaten für die verschiedenen Parlamente bereitzustellen und in Wahlkämpfen die Politik der

Fraktion und der von ihr gestellten Regierung zu propagieren. Angesichts dieser Sachlage hatte auch die Leistungsfähigkeit des Parteiapparates eine nur geringe Bedeutung. Zwar blickte man von seiten der CDU mit Neid auf den schlagkräftigen Parteiapparat und die funktionsfähige Organisation der SPD, die in dieser Hinsicht ab Ende der fünfziger Jahre für die CDU-Spitze zunehmend zum Vorbild wurde, aber innerparteilich war die Meinung verbreitet, daß ein leistungsfähiger Parteiapparat eher typisch sei für eine Weltanschauungs- und Klassenpartei wie die SPD als für eine bürgerlich-liberale Partei wie die CDU, die außerdem über den Regierungsapparat verfügte. Ein permanent arbeitender Parteiapparat war angesichts dieses Selbstverständnisses nicht unbedingt erforderlich, zumal die Befürchtung geäußert wurde, daß er einen zu starken Einfluß auf die Willensbildung der Partei nehmen könnte. So hat z. B. Adenauer immer darauf geachtet, daß die hauptamtlichen Mitarbeiter der Partei keine politischen Mandate annahmen [(76)].

Diese hatten in der Partei geringes Ansehen und begrenzte politische Einwirkungsmöglichkeiten; im Vergleich zu denen der SPD wurden sie schlecht bezahlt. Als Folge der Entstehung der CDU von den Ländern her, der Betonung der föderalen Prinzipien beim Aufbau der Partei und der starken Kompetenzen der Landesverbände im Statut der CDU konnte am ehesten auf der Ebene der Landesverbände von einem permanent präsenten und arbeitsfähigen Parteiapparat gesprochen werden, der in Nordrhein-Westfalen wiederum am weitesten entwickelt war.

Die enge Zusammenarbeit der CDU mit zahlreichen Verbänden der Wirtschaft und die eigene schlechte Finanzlage der Partei führten dazu, daß zahlreiche Mitarbeiter auf den verschiedenen Ebenen der Partei von Verbänden oder Unternehmen bezahlt bzw. vorübergehend oder auf Dauer für die Parteitätigkeit abgestellt wurden[(77)].

Die CDU-Bundesgeschäftsstelle hatte die Aufgabe, dem Bundesvorstand, den Fachausschüssen und den Vereinigungen politisch und organisatorisch zuzuarbeiten, Publikationen herauszugeben und den Bundestagswahlkampf vorzubereiten und zu koordinieren. Dementsprechend gliederte sich seit Anfang der fünfziger Jahre die Bundesgeschäftsstelle in drei Arbeitsbereiche: Organisation, Verwaltung, Finanzen; Politik (mit acht bis zehn Referaten) sowie in Pressearbeit und Parteipublikationen (mit insgesamt etwa fünfzig Mitarbeitern)[(77a)].

Noch Ende der fünfziger Jahre hatte die Bundesgeschäftsstelle nur drei Abteilungen: eine allgemeine Abteilung, in der politische und Wahlanalysen erarbeitet und die Fachausschüsse betreut wurden, eine Organisations- und Werbeabteilung und eine Abteilung für die Parteipublikationen[(78)]. Der Mitarbeiterstab wurde ab 1956 unter Meyers durch die Einstellung jüngerer, qualifizierter Akademiker für die Vorbereitung auf die Bundestagswahl 1957 zahlenmäßig erhöht und fachlich verbessert, so daß die Bundespartei 1960 bereits 64 Angestellte beschäftigte.

Die für heutige Verhältnisse sehr früh einsetzenden Vorbereitungen zur Bundestagswahl (eineinhalb bis zwei Jahre vorher) von seiten der Bundespartei bezogen sich im wesentlichen auf die Verbesserung des Parteiapparates auf Kreisebene. Da nur knapp die Hälfte der CDU-Kreisverbände einen haupt- oder nebenamtlichen Kreisgeschäftsführer hatte, begann die Bundesgeschäftsstelle 1952 erstmalig in Zusammenarbeit mit den Landes- und Kreisverbänden, die Ausbildung, Schulung sowie Anstellung von Kreisgeschäftsführern zu organisieren. Ziel war es, bis zur Bundestagswahl 1953 in jedem Bundestagswahlkreis einen hauptamtlichen Geschäftsführer zu beschäftigen, der in Seminaren, die von der Bundespartei durchgeführt wurden, auf diese Tätigkeit vorbereitet worden war (79).

Im Rahmen dieser Aktion wurden von der Bundespartei 195 Kreisgeschäftsführer für ein monatliches Honorar in Höhe von DM 400,- eingestellt, was damals ungefähr dem Gehalt eines Inspektors entsprach. Da die Bezahlung dieser Kreisgeschäftsführer nach der Bundestagswahl 1953 durch die Bundespartei nicht mehr möglich war, wurde ein großer Teil von ihnen anschließend wieder entlassen, was Adenauer 1954 durch Einwirken auf die Landesverbände zu unterbinden versuchte, um einen Mindestapparat auch auf Kreisebene sicherzustellen (80). Dieses Verfahren wurde zur Vorbereitung der Bundestagswahl 1957 wiederholt, so daß sich die Zahl der hauptamtlichen Mitarbeiter der CDU auf Kreis-, Landes- und Bundesebene in einem Bundestagswahljahr erheblich erhöhte und danach wieder zurückging.

1954 hatte die CDU auf allen Parteiebenen insgesamt 724 hauptamtliche Mitarbeiter(81). 1957 waren es etwa. 500 hauptamtliche Mitarbeiter, von denen 100 in der CDU-Bundesgeschäftsstelle, weitere 100 in den beiden nordrhein-westfälischen Landesverbänden und die übrigen in den restlichen Landes-, Bezirks- und Kreisverbänden der CDU angestellt waren(82).

Ende 1959 beschäftigten CDU und CSU nach Angaben von Hassels zusammen insgesamt noch 320 hauptamtliche Mitarbeiter(83), wobei sich hier bereits die Finanzknappheit der CDU aufgrund des Bundesverfassungsgerichtsurteils zur Parteienfinanzierung vom 24. 6. 1958 ausgewirkt haben dürfte.

1959 stellte Meyers in seiner Analyse fest: »Der Mitarbeiterstab in Bund, Ländern und Kreisen ist ein buntes Gemisch aus Begabten und Unbegabten, Zufriedenen und Unzufriedenen, Jungen und Alten, gut und schlecht Bezahlten, Idealisten und Routiniers«(84). Einheitliche Kriterien und Richtlinien für die Auswahl und die Arbeitsverträge der Mitarbeiter gab es nicht.

> »Unzulängliche Bezahlung, unsichere Zukunftsaussichten und mangelhaftes Sozialprestige sind es dann auch meist, die den hauptamtlichen Mitarbeiter um politische Mandate kämpfen lassen, die ihm damit die Grundlage für eine objektive Amtsführung nehmen, die persönlichen Ehrgeiz an die Stelle allgemeiner Loyalität treten lassen und die ihn für seine eigentliche Aufgabe untauglich machen«(85).

Eine weitere Ursache für die mangelnde Effizienz des hauptamtlichen Apparats der CDU war die unsichere Finanzlage der Partei. Die CDU finanzierte sich in den 50er Jahren im wesentlichen aus folgenden Quellen(86):

- *Mitgliederbeiträge:* Jedes CDU-Mitglied war verpflichtet – von Ausnahmen abgesehen – einen Mindestbeitrag von 1,– DM pro Monat zu zahlen. Aufgrund der schlechten Beitragsdisziplin und der häufig nicht vorhandenen Organisationskapazität, die Mitgliedsbeiträge überhaupt einzuziehen, wurde dieser Betrag im Durchschnitt nur selten erreicht. Ende 1953 betrugen die Einnahmen aus Mitgliedsbeiträgen pro Monat ca. 100 000,– DM, so daß die ca. 210 000 Mitglieder weniger als 0,50 DM pro Monat Parteibeitrag zahlten[87]. Die Mitgliedsbeiträge wurden von den Kreisverbänden eingezogen und verblieben bei diesen, wobei die Aufteilung der Gelder zwischen Orts- und Kreisverbänden sehr unterschiedlich gehandhabt wurde. Da normalerweise die Mitgliedsbeiträge für die Finanzierung der Parteiorganisation schon auf Kreisebene nicht ausreichten, waren die Kreisverbände auf Zuschüsse der Landes- und gegebenenfalls der Bundespartei angewiesen, sofern sie nicht eigene Spendeneinnahmen hatten.

- *Herausgabe eines Informationsdienstes:* Anfang der fünfziger Jahre wurde von der Bundespartei ein spezieller Informationsdienst für die Wirtschaft herausgegeben (»Das Wirtschaftsbild«), den Unternehmen zu einem entsprechenden Betrag abonnieren konnten. Die Einnahmen durch das Wirtschaftsbild betrugen 1953 z. B. 600 000,– DM und wurden zwischen Bundespartei und den Landesverbänden nach einem bestimmten Schlüssel aufgeteilt.
- *Spenden der Fördervereine:* Anfang der fünfziger Jahre wurden in Zusammenarbeit von CDU und Wirtschaftsverbänden gemeinnützige Fördervereine gegründet, die Spenden der Wirtschaft entgegennahmen und diese Gelder an die bürgerlichen Parteien, u. a. auch an die CDU, weiterleiteten[87a]. Die Mittel der Fördervereine flossen in Bundestagswahljahren besonders kräftig und wurden von der Bundespartei im Einvernehmen mit den Landesverbänden verteilt. Durch die Verteilung dieser Gelder, deren Höhe sich zwischen 5 und 8 Millionen bewegte, hatte die Bundespartei in Bundestagswahljahren eine relativ starke Position gegenüber den Landes- und Kreisverbänden. Mit diesen Mitteln wurden z. B. auch die von der Bundespartei ausgewählten Kreisgeschäftsführer finanziert.
- *Beiträge der Mandatsträger:* Zahlreiche, keineswegs alle Landesverbände erhoben von ihren Landtags- und Bundestagsabgeordneten monatliche Beiträge in unterschiedlicher Höhe, die diese von ihren Diäten abführten. Diese Einnahmen standen vorwiegend den Landesverbänden zur Verfügung, während einige Kreisverbände auch von ihren kommunalen Mandatsträgern besondere Beiträge erhoben.

Die laufenden Kosten des Parteiapparates mußten weitestgehend aus Mitgliedsbeiträgen und von den Einnahmen aus dem »Wirtschaftsbild« finanziert werden, da die Mittel der Fördervereine für die laufenden Kosten des Parteiapparates nur in sehr begrenztem Umfang und nicht kontinuierlich zur Verfügung standen. Angesichts dieser unsicheren Finanzquellen konnte die CDU nur einen sehr bescheidenen Parteiapparat aufbauen, da sie immer in der Gefahr stand, die laufenden Kosten nicht bezahlen zu können. Ihre Abhängigkeit von Finanzzuweisungen der Fördervereine der Wirtschaft war eindeutig. In der CDU-Bundesgeschäftsstelle wußte der Bundesgeschäftsführer häufig Mitte des Jahres noch nicht, wieviel Geld er bis zum Jahresende ausgeben konnte.

Adenauer hat diese Abhängigkeit von den Fördervereinen, die er als »Steueretiketten«[88] bezeichnete, immer als einer großen Partei unwürdig angesehen und plädierte nicht zuletzt aus diesem Grund für eine Intensivierung der Mitgliederwerbung. Mit dem Urteil des Bundesverfassungsgerichts von 1958, das die Steuerabzugsfähigkeit von Spenden an Parteien drastisch einschränkte, wurde die ohnehin schwierige Finanzlage der CDU besonders prekär. Deshalb wurde ab 1959 im Haushalt des Bundesinnenministeriums ein Titel eingeführt zur »Förderung der staatsbürgerlichen Bildung«, der den Parteien Finanzmittel für ihre Arbeit zur Verfügung stellte und der jährlich erhöht wurde. Die Mittel aus diesem Titel, der analog in vielen Länderhaushalten eingerichtet wurde, ersetzten dann die früheren Spendeneinnahmen, konnten den Finanzbedarf der CDU aber nicht befriedigen. Aus diesem Grunde befürworteten zunehmend auch CDU-Politiker die Verabschiedung eines Parteiengesetzes, weil damit gleichzeitig die Parteienfinanzierung gesetzlich geregelt werden sollte. Die in der CDU verbreitete Befürchtung, ein Parteiengesetz werde allzu starke Eingriffe in die gewachsenen Strukturen der innerparteilichen Willensbildung zur Folge haben, mußte demgegenüber zurücktreten.

5. Die Präsidentschaftskrise von 1959 als Anstoß zur Reformdiskussion

Parteireformdiskussionen hat es in den Führungsgremien der CDU – im Bundesvorstand und Bundesausschuß – seit Bestehen der Bundespartei gegeben. Zentrales Thema war immer wieder, wie die Bundespartei zu einem effizienten politischen Führungsinstrument ausgebaut werden könne. Auf dem CDU-Bundesparteitag vom 26. bis 29. 4. 1956 in Stuttgart waren Selbstverständnis, Programmatik und auch Fragen der Parteiorganisation der CDU erstmals ausführlich und kritisch diskutiert worden. Auch auf dem Bundesparteitag vom 18. bis 21. 9. 1958 in Kiel hatte das Geschäftsführende Bundesvorstandsmitglied Meyers in seinem Bericht über die Arbeit des Bundesvorstandes wichtige Fragen der Parteireform selbstkritisch angesprochen(89).

Während der Präsidentschaftskrise 1959 begann erneut eine intensive innerparteiliche und öffentliche Diskussion über die Defizite der Partei und die verschiedenen Vorschläge zu deren Behebung. Anlaß für die heftige öffentliche Kritik an Konrad Adenauer, die insbesondere von Vertretern der CDU/CSU-Bundestagsfraktion, aber auch von Mitgliedern der Parteiführung formuliert wurde, war die Nominierung von Ludwig Erhard zum Kandidaten der Unionsparteien für das Amt des Bundespräsidenten. Am 25. 2. 1959 war diese Nominierung durch ein Gremium von Unionspolitikern erfolgt, das Adenauer ohne Einschaltung der satzungsmäßigen Parteiführungsgremien einberufen hatte und dem neben zahlreichen Bundestagsabgeordneten drei Ministerpräsidenten und vier CSU-Vertreter angehörten(90). Damit hatte Adenauer sowohl die Partei- als auch die Fraktionsführung in einer zentralen Personalfrage übergangen.

Als Folge dieses umstrittenen Verfahrens und des mindestens ebenso umstrittenen Nominierungsergebnisses fand am 11. 3. 1959 eine Bundesvorstandssitzung statt, auf der Adenauer deutlich kritisiert und ein neues Nominierungsgremium festgelegt wurde, dessen Zusammensetzung vom Geschäftsführenden Bundesvorstand und den CDU-

Landesvorsitzenden ausgearbeitet worden war. Diesem kleineren Nominierungsgremium (28 Personen) gehörten an der CDU-Vorsitzende und seine vier Stellvertreter, der Vorsitzende der CDU/CSU-Bundestagsfraktion und seine drei der CDU angehörenden Stellvertreter, die CDU-Landesvorsitzenden, die Ministerpräsidenten der CDU-regierten Länder, Vertreter der CSU im Verhältnis von 1:4 zu den CDU-Vertretern(91).

Ein größeres Gremium (95 Personen) sollte dann die endgültige Nominierung vornehmen. Auf Initiative des stellvertretenden Parteivorsitzenden von Hassel trafen sich die CDU-Landesvorsitzenden im Gefolge der Präsidentschaftskrise im Juli 1959 in Berlin und erarbeiteten Vorschläge zur Umorganisation der Parteiführung, dessen Kernpunkt die Schaffung der Ämter eines ersten stellvertretenden und zweiten stellvertretenden Vorsitzenden war, womit klare politische Verantwortlichkeiten in der Parteiführung geschaffen werden sollten(92). Diese Vorschläge scheiterten aber im Bundesvorstand und Bundesausschuß am Widerstand Adenauers und der nordrhein-westfälischen Landesverbände, die eine Minderung ihres Einflusses und eine Stärkung der Position von Hassels, der für das Amt des ersten stellvertretenden Vorsitzenden im Gespräch war, befürchteten(93). In abgeschwächter Form fanden die Vorschläge der Landesvorsitzenden ihren Niederschlag in der genannten Statutenreform von 1960 in Karlsruhe.

Die Präsidentschaftskrise signalisierte den Anfang vom Ende der Ära Adenauer. Seine Autorität war innerhalb von Partei und Fraktion sowie in der Öffentlichkeit empfindlich geschwächt. »Der entscheidende Fehler Adenauers lag darin zu glauben, daß auch in der Nachfolgefrage sein bisher bewährtes Verfahren, Entscheidungen in informellen Gremien de facto vorzubereiten, angebracht sei. Die Umsetzung informeller Vorausentscheidungen in Entscheidungen der zuständigen Gremien schlug in dieser Frage fehl«(94).

Die Präsidentschaftskrise hatte klargemacht, daß Adenauer Ludwig Erhard als Nachfolger im Kanzleramt nicht mehr verhindern konnte, da die CDU/CSU-Bundestagsfraktion eindeutig Erhard favorisierte. Innerhalb der Partei hatte sich das Bewußtsein für die Führungs- und Organisationsdefizite der CDU verschärft. Die Partei war unruhig geworden und blickte mit Sorge auf die Bundestagswahl 1961. Durch den Autoritätsverlust Adenauers traten auch die Defizite der Partei deutlicher hervor, und das Thema der Parteireform blieb auf der Tagesordnung der parteiinternen Diskussion, obwohl mit der Nominierung Heinrich Lübkes zum Kandidaten für das Amt des Bundespräsidenten die Auseinandersetzungen formal beendet waren.

Von 1959 bis zur Bundestagswahl 1961 und danach setzte sich im Bundesvorstand und im Bundesausschuß die Parteireformdiskussion fort. Zum ersten Mal in der Geschichte der CDU wurde in diesen Gremien über einen längeren Zeitraum ausführlich, selbstkritisch und kontrovers über die künftige Organisation der politischen Arbeit der CDU diskutiert.

Die Verabschiedung der erwähnten drei Parteiordnungen (1959) hatte endlich einen für die Gesamtpartei verbindlichen formalen Rahmen geschaffen. Die Arbeit der Fachausschüsse wurde neu definiert, und zahlreiche neue Fachausschüsse wurden ins

Leben gerufen, da deren Arbeit in den vorangegangenen Jahren zum Erliegen gekommen war[95].

Erstmalig bestand in den Parteiführungsgremien Einigkeit darüber, daß die CDU ihre Mitgliederzahl erheblich erhöhen müsse, um dadurch ihre Orts- und Kreisverbände aktivieren und die Finanzierung der Partei auf eine solidere Grundlage stellen zu können. Weiterhin bestand Einigkeit darin, daß die CDU die künftigen politischen Herausforderungen nur bestehen könne, wenn sie – wie die SPD – einen leistungsfähigen Parteiapparat auf allen Ebenen zur Verfügung habe.

Die Defizite der örtlichen Parteiorganisation wurden deutlich an der starken kommunalpolitischen Position der SPD: In 131 Großstädten stellte 1959 die SPD 75 Oberbürgermeister, die CDU nur 26. In Nordrhein-Westfalen gehörten von 38 Oberbürgermeistern 31 der SPD, nur 7 der CDU an[96]. Aufgrund dieser alarmierenden Zahlen beschäftigte sich der Bundesvorstand Anfang 1960 erstmals ausführlich mit Fragen der Kommunalpolitik und der Organisation der Kommunalwahlkämpfe[97]. Seitdem gehörte die Erörterung kommunalpolitischer Fragen zum Standardrepertoire der innerparteilichen Diskussion. Auch Konrad Adenauer betonte mehrfach die Bedeutung der kommunalpolitischen Wahlergebnisse für die Landes- und die Bundespolitik. Er kritisierte u. a., daß es der CDU an geeigneten Kandidaten für kommunale Mandate mangele, was wiederum mit der geringen Mitgliederbasis zusammenhänge[98].

Aber nicht nur die parteiorganisatorischen Probleme, sondern zunehmend auch inhaltliche Fragen künftiger CDU-Politik wurden aufgegriffen. Die seit Mitte der fünfziger Jahre stattfindenden zählebigen öffentlichen Auseinandersetzungen über die Krankenversicherungs-, Renten- und Sozialreform, über das Zweite Deutsche Fernsehen sowie den Finanzausgleich zwischen Bund und Ländern hatten die Konfliktlinien innerhalb der Bundestagsfraktion, der Bundesregierung und zwischen Bundesregierung und Bundesrat offengelegt.

Die Schwierigkeiten der Unionsparteien und der Koalitionsparteien, zu innen- und gesellschaftspolitischen Fragen schlüssige Lösungskonzepte zu verabschieden, waren unübersehbar. Einer dieser zentralen Themenbereiche, in denen die CDU in den Ländern mit teilweise völlig entgegengesetzten Konzepten arbeitete, war die Bildungspolitik. Der Partei fiel es in einigen Ländern besonders schwer, sich von ihrer langjährigen Fixierung auf traditionelle Grundsätze, wie z. B. die Konfessionsschule, freizumachen. Die Bundesregierung und die CDU/CSU-Bundestagsfraktion fielen als politische Koordinationsinstanzen wegen fehlender Kompetenzen aus. Deshalb beschloß der Bundesvorstand im Mai 1960, eine kulturpolitische Tagung durchzuführen, in der eine einheitliche Konzeption zur Bildungspolitik erarbeitet werden sollte und beauftragte mit deren Vorbereitung den früheren Bundesgeschäftsführer Bruno Heck[99]. Dieses Beispiel zeigt, daß die Notwendigkeit politischer Führung von seiten der Bundespartei gegenüber den Landesparteien deutlicher als bisher gesehen wurde.

Gleichzeitig gab es als Konsequenz aus dieser politisch-programmatischen Unsicherheit der CDU erste Stimmen, die für eine klarere Formulierung ihrer politischen Grundsätze, für die Ausarbeitung politischer Leitlinien plädierten. Schon auf dem

Bundesparteitag in Kiel (1958) hatte Meyers in seinem Bericht als besonders vordringlich hervorgehoben

> »die Schaffung eines staats- und gesellschaftspolitischen Leitbildes, das der deutschen Öffentlichkeit, aber auch uns selbst die Möglichkeit gibt, die Christlich Demokratische Union zu definieren... Es steht fest, daß sie, die CDU-Wählerschaft, keinen sozialistischen und auch keinen liberalen Staat will, wie aber der Staat aussehen soll, dessen Verwirklichung sie anstrebt, ist in mancher Beziehung noch nicht genügend durchdacht und aufgehellt«(100).

Die von Meyers vorgeschlagene Standortbestimmung der Partei durch eine offene innerparteiliche Auseinandersetzung stieß allerdings auf keine Resonanz. Als der Bundesvorstand im Zusammenhang mit der Vorbereitung des Karlsruher Parteitages einen Antrag des Evangelischen Arbeitskreises (EAK) beriet, der die Bildung eines Gremiums forderte, »das möglichst schnell klare Leitsätze für das sozialethische und gesellschaftspolitische Handeln der CDU/CSU aufstellen sollte«, meinte Adenauer: »Ich warne vor neuen Programmen! Die Aufstellung eines neuen Programms bedeutet immer, daß man bisher kein Programm oder nur ein schlechtes gehabt hat. Und das würden uns unsere Gegner dann sehr vermerken. Machen Sie das doch... in der nächsten Vorstandssitzung ganz geräuschlos«(101). Gerhard Stoltenberg widersprach Adenauer, da in der Partei Unklarheit über ihr programmatisches Wollen herrsche, was bei der Diskussion über die Sozialpolitik und die Krankenversicherung deutlich geworden sei. Deswegen müsse das Wahlprogramm für die Bundestagswahl 1961 auch grundsätzlicher als bisher formuliert werden, was die Aufgabe des Bundesvorstandes sei(102).

Diese ersten Stimmen, die eine Grundsatzdiskussion sowie eine Neubestimmung des politischen Standortes der CDU verlangten, befanden sich zu diesem Zeitpunkt im Bundesvorstand noch in der Minderheit, obwohl sie einer in der Partei weitverbreiteten Stimmung Ausdruck verliehen.

Ein weiteres Thema dieser durch die Präsidentschaftskrise angestoßenen Parteireformdiskussion war die Mobilisierung des vorpolitischen Raumes über gesellschaftliche Organisationen und Verbände – insbesondere auch katholische Verbände – zugunsten der CDU, die erkennbare Schwierigkeiten aufwarf(103). Die bisher erfolgreiche Bindung zahlreicher Wählergruppen an die CDU durch die sachliche und personelle Integration der führenden Repräsentanten dieser Organisationen schien nicht mehr auszureichen, um bei Wahlen ein sicheres Votum für die CDU zu erreichen.

Im November 1959 hatte daher der Bundesvorstand ein auf Dufhues zurückgehendes Konzept verabschiedet, wonach die Mitglieder des Geschäftsführenden Bundesvorstandes zusammen mit zahlreichen, namentlich festgelegten »Helfern« (jüngeren CDU-Bundestagsabgeordneten) die Verantwortung für die Kontakte zu den wichtigsten gesellschaftlichen Gruppen erhielten, deren Betreuung detailliert geregelt wurde(104). Die Regelung basierte noch auf der Annahme, daß die Kooperation mit den Führungsspitzen der Verbände ausreichend sei für ein Wählervotum ihrer Mitglieder zugunsten der CDU. Spätestens in den sechziger Jahren zeigte sich, daß diese Methode nicht mehr erfolgreich war.

Wie intensiv die Diskussion über die politische Zukunft der CDU auch in der Öffentlichkeit geführt wurde, zeigen die seit Anfang der sechziger Jahre erscheinenden Bücher wie z. B. von Alois Schardt und Rüdiger Altmann(105) sowie die zahlreichen Aufsätze zu diesem Thema in der damaligen theoretischen Zeitschrift der CDU »Die politische Meinung«(106).

Die Präsidentschaftskrise von 1959 stellt einen tiefen Einschnitt in der politischen Entwicklung der CDU dar. Die CDU begann zum ersten Mal, sich ernsthaft damit auseinanderzusetzen, welche politischen, organisatorischen und personellen Konsequenzen sie aus der sich verändernden politischen Landschaft und den veränderten politischen Rahmenbedingungen für ihre künftige Arbeit zu ziehen hatte. Die CDU war als Partei gefordert, mit den politischen Herausforderungen der Zukunft fertig zu werden, ohne die in diesem Zusammenhang anstehenden Entscheidungen an einen populären Kanzler mit umfassender politischer Autorität oder an eine geschlossene Bundestagsfraktion delegieren zu können.

Die Notwendigkeit eines schnellen Wandels der CDU wurde dadurch noch erhöht, daß sich die SPD seit dem Godesberger Programm von 1959 zu einer ernstzunehmenden parteipolitischen Konkurrenz für die CDU/CSU entwickelte. Wie die Diskussionen im CDU-Bundesvorstand zeigen, hatte die CDU-Führung, insbesondere auch Adenauer, erhebliche Schwierigkeiten, sich darauf einzustellen, daß das gewohnte Bild der SPD als sozialistischer Arbeiterpartei nach Godesberg nicht mehr stimmte(107). Auf die Frage, wie die CDU die neue Strategie, Programmatik und Führungsgeneration der SPD zu bewerten habe und wie sie darauf reagieren solle, herrschte in der CDU lange Jahre Uneinigkeit(108).

Mit dem Ende der Ära Adenauer kristallisierten sich drei grundlegende Fragestellungen heraus, die die CDU in den 60er Jahren beantworten mußte: Wie bewältigt sie den anstehenden Wechsel im Kanzleramt und im Amt des CDU-Parteivorsitzenden, und wie antwortet sie auf die seit langem anstehende Notwendigkeit, sich eine funktionsfähige Führungsspitze zu geben? Gelingt ihr die Weiterentwicklung ihrer politischen Programmatik, und kann sie damit eine politische Integration ihrer divergierenden Interessen und Flügel in Partei und Fraktion erreichen? Erlangt sie als Partei eine eigenständige politische Rolle, und kann sie ihre Organisation so verbessern, daß sie künftig den vielfältigen politischen und organisatorischen Anforderungen gewachsen sein wird?

II. Die Partei im Umbruch (1961-1969)

1. Die Auseinandersetzung um die personelle und strukturelle Neuorganisation der Parteiführung

Das Ergebnis der Bundestagswahl vom 17. 9. 1961 verursachte innerhalb der CDU einen politischen Schock. Die Unionsparteien verloren ihre absolute Mehrheit und erhielten im Vergleich zu 1957 4,9 % weniger Stimmen, während die SPD um 4,4 % und die FDP um 5,1 % zunahmen. Die ohnehin seit der Präsidentschaftskrise gesunkene Autorität Konrad Adenauers wurde durch dieses Wahlergebnis weiter geschwächt, zumal man ihm vorwarf, auf den Berliner Mauerbau am 13. August 1961 falsch reagiert und damit zu dem schlechten Wahlergebnis beigetragen zu haben.

Die CDU hatte ihren Wahlkampf mit dem Slogan »Adenauer, Erhard und die Mannschaft« bestritten, worin zum Ausdruck kam, daß sie nicht mehr allein auf Adenauer als Zugpferd setzte. Durch die Präsidentschaftskrise war zudem deutlich geworden, daß die CDU/CSU-Fraktion – wie auch die FDP – Ludwig Erhard als Nachfolger im Kanzleramt favorisierte. Es war also nur noch eine Frage des Zeitpunktes und des Verfahrens, wann der Kanzlerwechsel vollzogen würde.

Adenauer kündigte bereits in der ersten Sitzung des Bundesvorstandes nach der Bundestagswahl an, daß er sein Amt in der Mitte der Legislaturperiode niederlegen werde. Der Bundesvorstand nominierte ihn wieder für das Amt des Bundeskanzlers, wobei gegenüber dem potentiellen Koalitionspartner FDP, der sich gegen Adenauer festgelegt hatte, die zeitlich begrenzte Kanzlerschaft Adenauers zugesagt werden sollte. Der Versuch einiger Bundesvorstandsmitglieder, mit diesem Beschluß gleichzeitig Erhard als Nachfolger zu benennen, scheiterte am Widerstand Adenauers und weiterer Mitglieder des engeren Parteivorstandes(1).

Eine Kommission wurde berufen, die Konrad Adenauer bei den schwierigen Koalitionsverhandlungen mit der FDP beraten sollte. Neben Adenauer als Vorsitzendem wurden dafür benannt: die stellvertretenden Parteivorsitzenden Theodor Blank, Eugen Gerstenmaier, Kai-Uwe von Hassel und Heinrich Krone sowie die Politiker Robert Pferdmenges, Johannes Albers, Josef Hermann Dufhues und Kurt Georg Kiesinger(2). Durch diesen Beschluß brachte der Bundesvorstand seinen Willen zum Ausdruck, die Koalitionsverhandlungen mit der FDP nicht ausschließlich der Bundestagsfraktion oder Adenauer selbst zu überlassen.

Dieser Versuch des Engeren Vorstandes, seine politische Führungsrolle gegenüber der Bundestagsfraktion wahrzunehmen, wurde in der nachfolgenden Bundesvorstandssitzung am 11. 12. durch CDU-Spitzenpolitiker unterstützt. Konrad Adenauer stellte bei der Fraktion die bedenkliche Neigung fest, eine »ständische Politik« zu betreiben und schloß daraus, »daß unsere Bundestagsfraktion bei ihrer jetzigen Zusammensetzung mehr als bisher einer gewissen Einwirkung durch den Bundesvorstand bedarf«(3). Auch der Fraktionsvorsitzende Heinrich Krone betonte, daß in der neuen Koalition die Geschlossenheit der CDU/CSU-Bundestagsfraktion in Fragen der Innen- und Gesellschaftspolitik besonders wichtig sei; »... daher sollte auch der Parteivorstand darin aktiver werden und Anstöße geben«(4).

Einigkeit bestand darin, daß Engerer Vorstand und Bundesvorstand ihre politische Führungsaufgabe wahrnehmen müßten, um eine politische Koordination zwischen den Vertretern der Länder, der Bundesregierung, der Bundestagsfraktion und den Landesparteien der Union zu erreichen. Dazu war aber die Bundespartei aufgrund der bisherigen Konstruktion der Parteiführung nicht in der Lage.

Im Januar 1962 lebte die Diskussion über die Neuorganisation der Parteispitze wieder auf. Anlaß waren die in der Öffentlichkeit bekanntgewordenen Überlegungen des westfälischen CDU-Landesvorsitzenden Dufhues, der angesichts der hohen CDU-Verluste in Nordrhein-Westfalen bei der Bundestagswahl 1961 ein ähnlich schlechtes Abschneiden bei der Landtagswahl 1962 befürchtete und daher die Parteiführung umorganisieren wollte.(5) Im Februar beschäftigte sich der Bundesvorstand daher intensiv mit der Führungsfrage. Unter Rückgriff auf die schon während der Präsidentschaftskrise von den CDU-Landesvorsitzenden erarbeiteten Vorschläge einigte man sich darauf, das Amt eines Geschäftsführenden Vorsitzenden zu schaffen. Adenauer begründete dies damit, daß sich die Institution der vier gleichberechtigten Stellvertreter nicht bewährt habe, denn nur einer von ihnen (von Hassel) sei aktiv gewesen; es sei aber notwendig, daß sich eine sehr oft in Bonn anwesende Persönlichkeit mit einem sehr erheblichen Teil ihrer Arbeitskraft Dingen der Partei widme(6). Auch die im November 1959 beschlossene Zuweisung von speziellen Aufgabengebieten an die Mitglieder des Engeren Vorstandes und deren »Helfer« sei gescheitert. »Das war alles gut geplant, aber es ist später unter den Tisch gefallen und nicht mehr weiter davon gesprochen worden«(7). Das Amt eines Generalsekretärs anstelle eines Geschäftsführenden Vorsitzenden wollte man nicht einführen, da dies mehr der »romanischen Gedankenwelt« entspreche und »nicht in unsere Gedankenwelt paßt« (Krone)(8).

Sowohl unter konfessionellen als auch regionalen Gesichtspunkten wurde Dufhues, der in der Präsidentschaftskrise noch gegen die Einführung des Amtes eines Geschäftsführenden Vorsitzenden plädiert hatte, für dieses Amt nominiert. Er sagte zu, daß er nach der nordrhein-westfälischen Landtagswahl am 8.7.1962 auf sein Ministeramt verzichten werde und dann 50% seiner Zeit für die Arbeit der Partei zur Verfügung stellen könne(9). Nachdem der Bundesvorstand auf seiner Sitzung am 7.3.1962 der geplanten Einrichtung des Geschäftsführenden Vorsitzenden zugestimmt hatte, erhielt von Hassel den Auftrag, mit den Landesvorsitzenden alle übrigen damit in Zusammenhang stehenden Sach- und Personalfragen zu beraten, über deren Ergebnisse der Bundesvorstand im Mai 1962 abschließend entschied.

Der von den Landesvorsitzenden erarbeitete Vorschlag sah vor, ein Präsidium zu schaffen, das aus dem Vorsitzenden (Adenauer), einem Geschäftsführenden Vorsitzenden (Dufhues), einem Stellvertretenden Geschäftsführenden Vorsitzenden (von Hassel) und vier weiteren Mitgliedern bestehen sollte, wofür Erhard, Krone, Blank und Gerstenmaier vorgeschlagen wurden(10).

Gegen diese Neukonstruktion gab es innerparteiliche Widerstände, weil einerseits die politischen Kompetenzen von Dufhues als Geschäftsführendem Vorsitzenden unklar blieben und andererseits die norddeutschen Landesverbände durch den Katholiken Dufhues den konfessionellen Proporz gefährdet sahen. Im übrigen wurde befürchtet, daß die Einsetzung von Dufhues zum Geschäftsführenden Vorsitzenden auch die Nachfolge Adenauers im Parteivorsitz präjudizieren könnte.

Auf dem Bundesparteitag vom 2. bis 5.6.1962 in Dortmund wurden die vom Bundesvorstand vorgeschlagenen Änderungen des Statuts und die damit verbundenen Personalvorschläge akzeptiert. Die neu geschaffene Führungsstruktur stellte einen ersten großen Fortschritt dar, weil das Präsidium nach seiner Größe und möglichen Sitzungshäufigkeit ein – zumindest theoretisch – entscheidungsfähiges Gremium war. Von zentraler Bedeutung war das neu geschaffene Amt des Geschäftsführenden Vorsitzenden, weil damit erstmals neben dem Vorsitzenden Adenauer ein Mitglied der Parteiführung den Auftrag für eigenständiges Handeln in allen Fragen der Partei erhielt.

Die satzungsmäßigen Voraussetzungen für die politische Führung durch die Bundespartei waren also erheblich verbessert worden. Die personelle Zusammensetzung des Präsidiums hingegen war für die Wahrnehmung der politischen Führungsfunktion nur bedingt geeignet. Es repräsentierte eher die politischen und personellen Konstellationen der CDU aus den fünfziger Jahren, als daß es den in der Partei erkennbaren Veränderungswillen und die Reformnotwendigkeiten der sechziger Jahre verkörperte.

Der Parteivorsitzende Adenauer war ein Kanzler auf Zeit, wobei er den Rücktritt vom Parteivorsitz noch völlig offengelassen hatte. Nur widerstrebend konnte er sich damit abfinden, daß ihm mit Dufhues ein Geschäftsführender Vorsitzender zur Seite gestellt wurde, der seine Autorität und seinen Einfluß in der Partei schmälern konnte. Von ihm war nicht zu erwarten, daß er eine Entwicklung tatkräftig unterstützte, die zur politischen Eigenständigkeit der Partei und zur Wahrnehmung ihrer Führungsrolle führen würde.

Dufhues repräsentierte die Gruppe der jüngeren Politiker der CDU, die eine Aktivierung und politische Verselbständigung der Partei für erforderlich hielten, wenngleich er sich der damit verbundenen Schwierigkeiten durchaus bewußt war und entsprechend vorsichtig an seine Aufgabe heranging. Er vertrat im Präsidium das Kernland der CDU, Nordrhein-Westfalen, und war Katholik.

Der stellvertretende Geschäftsführende Vorsitzende von Hassel war in der Vergangenheit der einzige stellvertretende Vorsitzende gewesen, der sich intensiv und kontinuierlich um die Parteiarbeit gekümmert und ständigen Kontakt zu den Landesverbänden gepflegt hatte. Als CDU-Landesvorsitzender und Ministerpräsident von Schleswig-Holstein genoß er das Vertrauen der norddeutschen Landesverbände und repräsentierte das protestantische Element in der CDU.

Dufhues und von Hassel waren diejenigen in der Parteiführung, die am ehesten als entschiedene Anhänger einer grundlegenden Parteireform angesehen werden konnten. Als Repräsentanten wichtiger regionaler und konfessioneller Interessen innerhalb der CDU hatten sie großen politischen Einfluß und verschafften der Parteiführung innerparteilich Autorität. Dies galt für die übrigen Mitglieder des Präsidiums nicht im gleichen Umfang.

Theodor Blank vertrat das christlich-soziale Element der CDU, war aber bei seinen eigenen CDA-Anhängern als Arbeits- und Sozialminister umstritten und fiel für eine intensive Parteiarbeit aus. Heinrich Krone hatte 1961 das Amt des CDU/CSU-Fraktionsvorsitzenden an Heinrich von Brentano abgegeben und daher keine wichtigen Ämter mehr inne. Er war der enge Vertraute Konrad Adenauers. Eugen Gerstenmaier genoß Autorität in der Partei als führender protestantischer Politiker, der sich wiederholt durch bedeutsame Beiträge zu Grundsatzfragen christlich-demokratischer Programmatik hervorgetan hatte und auch als Bundestagspräsident Ansehen erworben hatte. Ludwig Erhard repräsentierte den liberalen Wirtschaftsflügel der CDU, wobei sein distanziertes Verhältnis zur Partei, deren Mitglied er immer noch nicht war, ihn in seinen Einflußmöglichkeiten beschränkte.

Von keinem dieser vier Beisitzer des Präsidiums kann gesagt werden, daß sie die Notwendigkeit der eigenständigen politischen Profilierung und der Verbesserung der organisatorischen Schlagkraft der Partei ähnlich klar sahen wie Dufhues und von Hassel. Sie hatten in der Parteiarbeit auch ungleich geringere Erfahrung, und ein ähnlicher zeitlicher und arbeitsmäßiger Einsatz für ihre Parteiführungsämter wie bei Dufhues und von Hassel war von ihnen nicht zu erwarten.

Auf dem Bundesparteitag vom 14. bis 17.3.1964 in Hannover wurde das Präsidium in seiner bisherigen personellen Zusammensetzung bestätigt. Obwohl Erhard seit dem 16. Oktober 1963 Bundeskanzler war, strebte er nicht das Amt des Parteivorsitzenden an. Auf dem Parteitag begründete er dies damit, daß er als Bundeskanzler die Interessen des ganzen deutschen Volkes vertreten wolle[(11)]. Erstmals waren die Ämter des Bundeskanzlers und des CDU-Parteivorsitzenden nicht in einer Hand vereinigt, was Adenauer immer als selbstverständlich und unerläßlich angesehen hatte. Angesichts der politisch und personell schwierigen Übergangssituation, in der die CDU sich damals befand, war dies ein außerordentlich gewagtes Unternehmen, das die Gefahr von Spannungen zwischen Regierung und Partei in sich barg, zumal die persönlichen und politischen Animositäten zwischen Adenauer und Erhard nur oberflächlich beigelegt waren.

Auf dem Parteitag in Hannover gab es bei der Besetzung des engeren Führungsgremiums der Partei zum ersten Mal in der Geschichte der CDU eine Kampfkandidatur gegen den Personalvorschlag von Bundesvorstand und Bundesausschuß. Die CDA hatte ihren Vorsitzenden, Hans Katzer, gegen Arbeits- und Sozialminister Theodor Blank für das Präsidium nominiert. Die auch von der JU unterstützte Kandidatur Katzers wurde mit dessen CDA-Funktion, seiner intensiven Parteiarbeit und besseren Einbindung in die CDA und die Partei begründet. Die Mehrheit des Bundesvorstandes und des Bundesausschusses hielt an der Nominierung Blanks mit der Begründung fest, daß seine Abwahl als Kritik an seiner umstrittenen Sozialpolitik (Krankenversicherungsreform) interpretiert werden würde. Alle Versuche der Parteiführung, die CDA und die JU dazu zu bewegen, die Kampfkandidatur zu vermeiden, hatten keinen Erfolg(12).

Blank wurde zwar vom Parteitag noch einmal mit 266 Stimmen (Katzer erhielt 124 Stimmen) in das Präsidium gewählt, aber das Ergebnis signalisierte, daß eine starke Minderheit innerhalb der Partei die Auswahl der Präsidiumsmitglieder eher unter dem Gesichtspunkt vornahm, welche Leistungen die Kandidaten für die Partei zu erbringen bereit und in der Lage waren. Leistungen und Verdienste als Minister oder in anderen Staatsämtern hatten für diese Minderheit geringere Bedeutung. So könnten auch die relativ schlechten Wahlergebnisse von Gerstenmaier und Krone interpretiert werden, die etwa 100 Stimmen weniger als die übrigen Mitglieder des Präsidiums erhielten.

Nach der Bundestagswahl 1965, in der CDU und CSU als führende Regierungsparteien bestätigt wurden, pochten wiederum die jüngeren Bundesvorstandsmitglieder darauf, daß die Parteiführung bei den anstehenden Koalitionsverhandlungen mit der FDP beteiligt werde. Der Bundesvorstand legte fest, daß nicht das Präsidium, sondern der Bundesvorstand abschließend über die Ergebnisse der Koalitionsverhandlungen zu beraten habe: »Der Bundesvorstand beauftragt das Präsidium der CDU, zusammen mit der Fraktionsführung der CDU/CSU und mit dem Vorstand der CSU eine Kommission zu bestellen, die die wesentlichen Sach- und Personalfragen mit dem vorgeschlagenen Bundeskanzler abstimmt und dem Bundesvorstand rechtzeitig darüber berichtet«(13).

Nach Abschluß der schwierigen Koalitionsverhandlungen mit der FDP stand im Hinblick auf den für März 1966 vorgesehenen CDU-Parteitag die Frage der Nachfolge Adenauers im Parteivorsitz im Vordergrund der innerparteilichen Diskussion, da dieser nicht noch einmal kandidieren wollte. Dufhues hatte in einem Schreiben an Konrad Adenauer mitgeteilt, daß er für das Amt des Parteivorsitzenden aus gesundheitlichen und beruflichen Gründen nicht zur Verfügung stehe(14), weshalb von der nordrhein-westfälischen CDU der CDU/CSU-Fraktionsvorsitzende Rainer Barzel als Nachfolgekandidat ins Gespräch gebracht wurde. Erhard revidierte daraufhin seine frühere Haltung und reklamierte den Parteivorsitz nun für sich. Dieser Konflikt um die Nachfolge Adenauers im Parteivorsitz führte dazu, daß die seit der Präsidentschaftskrise geführte Auseinandersetzung über die Konstruktion der Parteiführung, die 1962 in Dortmund beigelegt worden war, neu aufbrach.

Im Februar 1966 behandelte der Bundesvorstand zum ersten Mal die auf dem Parteitag im März zu entscheidenden Personalfragen. Erhard begründete seine Kandidatur damit, daß Parteivorsitz und Kanzleramt zusammengehörten, und plädierte dafür, die Personaldiskussion von den »konfessionellen Beleuchtungen« zu befreien(15). Barzel hob hervor, daß ihn seine nordrhein-westfälischen Parteifreunde am 8. Februar um die Kandidatur für den Parteivorsitz gebeten hätten und die Bekanntgabe der Kandidatur Erhards erst nach der Ankündigung seiner eigenen Kandidatur erfolgt, er aber zu einer loyalen Zusammenarbeit mit Erhard bereit sei.

Der Geschäftsführende Vorsitzende Dufhues berichtete über eine Sitzung mit den

Landesvorsitzenden am selben Tag, die vorgeschlagen hatten, Erhard zum Parteivorsitzenden, Barzel zum ersten, von Hassel zum zweiten stellvertretenden Vorsitzenden zu nominieren. Damit könne eine Kampfabstimmung zwischen Erhard und Barzel, deren Ergebnis auf dem Parteitag offen sei, vermieden werden. Adenauer beklagte in dieser Sitzung unter anderem die mangelnde Verbindung zwischen den Landesverbänden und der Bundespartei. Er wollte daher das Präsidium um zehn bis zwölf Politiker aus den Landesverbänden erweitern, was aber keine Resonanz fand. Auch die Funktionsunfähigkeit des Parteipräsidiums sei nicht gegeben: »Leider ist es jetzt nicht möglich, ... mindestens alle vierzehn Tage das Parteipräsidium einige Stunden zusammenzubekommen«(16).

Die von verschiedenen Seiten geforderte Einrichtung des Amtes eines Generalsekretärs fand im Bundesvorstand Befürworter und Gegner, wobei die Gegner befürchteten, daß ein Generalsekretär an Präsidium und Bundesvorstand vorbei eine eigenständige Politik betreiben könnte: »Kulissenschieber brauchen wir nicht« (Seebohm)(17). Auch die nordrhein-westfälische Forderung, wieder vier stellvertretende Vorsitzende vorzusehen, war umstritten, weil sie den Anspruch der nordrhein-westfälischen CDU dokumentierte, in der Parteiführung entsprechend stark vertreten zu sein.

Vier Wochen später berichtete Dufhues im Bundesvorstand über den Vorschlag einer vom Bundesvorstand eingesetzten Kommission, die die noch offenen Fragen der neuen Parteiführungsstruktur beraten hatte(18). Danach sollten Erhard als Vorsitzender und Barzel als erster stellvertretender Vorsitzender sowie zwei gleichberechtigte stellvertretende Vorsitzende, nämlich Kai-Uwe von Hassel sowie Theodor Blank oder Paul Lücke (beide aus Nordrhein-Westfalen), nominiert werden. Um das Präsidium handlungsfähig zu erhalten, sollte es insgesamt nicht mehr als zwölf Personen umfassen, so daß sieben weitere Mitglieder des Präsidiums (ohne Geschäftsführendes Präsidialmitglied) zu nominieren seien. Auf das Amt des Generalsekretärs sollte verzichtet werden, um die Kompetenzen des Bundesgeschäftsführers und der Bundesgeschäftsstelle nicht zu sehr einzuschränken. »Worauf es ankommt für die Organisation der Führungsspitze unserer Partei, ist die Aktivierung des Präsidiums, die Aktivierung der politischen Verantwortung«(19). Daher sei das neue Amt eines »Geschäftsführenden Präsidialmitgliedes« vorgesehen, das durch den Parteitag gewählt werden und die Geschäfte der Partei führen solle. Hierfür sei der frühere Bundesgeschäftsführer Bruno Heck vorgesehen. Die Kommission verband diesen Vorschlag mit der Erwartung, daß Heck in absehbarer Zeit sein Amt als Bundesminister zur Verfügung stelle. Als Beisitzer für das Präsidium schlug die Kommission vor: Aenne Brauksiepe, Josef Hermann Dufhues, Eugen Gerstenmaier, Kurt Georg Kiesinger, Helmut Kohl, Heinrich Krone und Gerhard Schröder.

Die Personalvorschläge der Kommission für die Position des Parteivorsitzenden, des ersten stellvertretenden Vorsitzenden, des Geschäftsführenden Präsidialmitgliedes sowie der beiden gleichberechtigten Stellvertreter wurden vom Bundesvorstand akzeptiert, wobei sich der Bundesvorstand mit eindeutiger Mehrheit für Lücke und gegen Blank entschied. Bei der Nominierung für die Beisitzer des Präsidiums kam es über deren konfessionelle Zugehörigkeit zu heftigen Auseinandersetzungen. Während die norddeutschen CDU-Vertreter davor warnten, von der bisher praktizierten konfessionellen Parität abzuweichen, verwiesen die süddeutschen CDU-Vertreter auf die Tatsache, daß mit Erhard erstmals ein Protestant zum Parteivorsitzenden gewählt werde, was in der Partei schwer durchzusetzen gewesen sei: »Der Vorwurf war die Liberalisierung der Partei; ... es ist eine programmatische Schwenkung, die wir vertreten, hinter der wir stehen bei Gefahr des Verlustes unseres Parteiamtes«(20). Diese Äußerung zeigt, wie stark die Befürchtungen bei einem Teil der Katholiken in der CDU waren, daß sich durch einen »liberalen«, evangelischen Bundeskanzler und Parteivorsitzenden die CDU von ihrer programmatischen Tradition einer Politik aus christlicher Verantwortung entfernen könnte.

Am Ende der Diskussion wurden Frau Brauksiepe und die Politiker Blank, Dufhues, Gerstenmaier, Kohl und Schröder als Beisitzer für das Präsidium nominiert, womit das Verhältnis zwischen Katholiken und Protestanten bei den Beisitzern 4:2 und im gesamten Präsidium 7:4 betrug. Des weiteren gehörten der Bundesschatzmeister mit Stimmrecht sowie der Bundesgeschäftsführer ohne Stimmrecht dem Präsidium an. Der Bundesausschuß akzeptierte diese vom Bundesvorstand erarbeitete neue Führungsstruktur im Prinzip, plädierte allerdings für die Erhöhung der Beisitzerzahl im Präsidium um drei und nominierte zusätzlich die Politiker Franz Amrehn (Berlin), Kurt Schmücker (Niedersachsen, Mittelstand) und Josef Stingl (Vertriebene, CDA).

Der Bundesparteitag vom 21. bis 23. 3. 1966 in Bonn entschied über die anstehenden Satzungs- und Personalfragen. Nachdem er die Zahl der Beisitzer im Präsidium unter Einschluß des Geschäftsführenden Präsidialmitgliedes auf sieben Mitglieder festgelegt und Stingl auf seine Kandidatur zugunsten von Amrehn verzichtet hatte, wählte der Parteitag folgende Mitglieder zu Beisitzern: Dufhues (455 Stimmen), Frau Brauksiepe (378), Gerstenmaier (351), Amrehn (349), Schröder (338) und Blank (318). Helmut Kohl (218) sowie Kurt Schmücker (214) unterlagen in der Abstimmung(21). Die Wahl von Heck (Baden-Württemberg) zum Geschäftsführenden Präsidialmitglied bereitete keine Probleme.

Im Vergleich zu der 1962 geschaffenen Parteiführungsstruktur hatte die von 1966 erhebliche Nachteile. Durch das neu geschaffene Amt des ersten stellvertretenden Vorsitzenden wurde die personelle und politische Rivalität zwischen Erhard und Barzel sowie zwischen Barzel und Heck satzungsmäßig verankert, gleichzeitig waren Autorität und Kompetenz des Geschäftsführenden Präsidialmitgliedes, das faktisch die Funktion des früheren Geschäftsführenden Vorsitzenden wahrzunehmen hatte, eingeschränkt. Hinzu kamen die beiden gleichberechtigten stellvertretenden Parteivorsitzenden, die die Führungsstruktur zusätzlich verkomplizierten. Wiederum waren die Funktionen und Kompetenzen der verschiedenen Führungsämter nicht definiert und abgegrenzt worden.

Diese komplizierte Parteiführungsstruktur war eine Folge der aktuellen Personalkonstellation. Wieder einmal hatte die CDU ihre Personalprobleme und personellen Rivalitäten dadurch vorübergehend beigelegt, daß sie eine dysfunktionale Parteiführungsstruktur geschaffen hatte. Die neu geschaffenen Ämter und die erhöhte Mitgliederzahl konnten die Funktionsfähigkeit des Präsidiums schwerlich erhöhen – von den personellen Rivalitäten ganz abgesehen.

Die Neubesetzung des Präsidiums hatte gleichzeitig einen deutlichen Generationswechsel zur Folge. Vom Kern der bisherigen Parteiführung wurden nur von Hassel und Erhard wiedergewählt, während Barzel, Heck und Lücke neu in die engere Parteiführung aufstiegen. Heck und von Hassel konnten am ehesten als entschiedene Parteireformer angesehen werden. Die neu in das Präsidium gewählten Beisitzer Frau Brauksiepe, Amrehn und Schröder (Nordrhein-Westfalen) hatten ihre Wahl vor allem Proporzüberlegungen zu verdanken, wobei mit Aenne Brauksiepe immerhin erstmals eine Frau und mit Amrehn der Vertreter eines kleinen Landesverbandes (Berlin) in das höchste Führungsorgan der Partei gewählt wurden. Die Dominanz der beiden nordrhein-westfälischen CDU-Landesverbände hatte sich allerdings im CDU-Präsidium noch verstärkt; von zwölf stimmberechtigten Präsidiumsmitgliedern kamen sieben aus Nordrhein-Westfalen.

Es war unwahrscheinlich, daß die neu geschaffene Parteiführungsstruktur, die als Übergangs- und Verlegenheitslösung angesehen werden mußte, eine hohe politische und parteiorganisatorische Leistungsfähigkeit erreichen und lange Bestand haben würde.

2. Die Entscheidung für eine funktionsfähige Willensbildungs- und Führungsstruktur

Schon ein Jahr später stand die gerade geschaffene Parteiführungsstruktur wieder zur Disposition. Auf dem Bundesparteitag vom 22. bis 23. Mai 1967 in Braunschweig wurde durch eine grundlegende Satzungsreform eine Organisations- und Führungsstruktur geschaffen, die seitdem nicht mehr wesentlich geändert worden ist. Der Parteitag von Braunschweig stellt deshalb einen tiefen Einschnitt in der Organisationsgeschichte der CDU dar.

Als handlungsfähige Partei auf Bundesebene, als Instrument der kontroversen Diskussion und politischen Willensbildung durch demokratische Mehrheitsentscheidung in Sach- und Personalfragen existiert die CDU erst seit dem Parteitag von 1967. Sie nahm Abschied vom Modell der Honoratiorenpartei und begab sich auf den Weg zur demokratischen Mitgliederpartei.

Es waren vor allem drei Gründe, die die CDU in die Lage versetzten, die seit ihrer Gründung verschleppten grundlegenden und außerordentlich konfliktträchtigen Fragen ihrer inneren Ordnung zu klären:

– Das mehrere Jahre lang im Deutschen Bundestag diskutierte Parteiengesetz stand kurz vor seiner Verabschiedung (es wurde am 24.7.1967 in Kraft gesetzt) und hatte einschneidende Konsequenzen für die CDU, da zentrale Passagen ihrer bisherigen Satzung gegen das neue Parteiengesetz verstießen. Dies traf z. B. auf die große Zahl der »geborenen« Mitglieder im Bundesvorstand sowie die Wahl der Beisitzer im Bundesvorstand durch den Bundesausschuß zu. Die neue Satzung sollte die wesentlichen Vorschriften dieses Parteiengesetzes berücksichtigen. Spätestens seit dem Urteil des Bundesverfassungsgerichts zur Parteienfinanzierung vom 19. 7. 1966 hatte die CDU großes Interesse an einer schnellen Verabschiedung des Parteiengesetzes, weil sie sich davon eine Lösung ihrer Finanzprobleme erhoffte.

- Mit der Bildung der Großen Koalition unter Bundeskanzler Kiesinger gegen Ende des Jahres 1966 hatte sich auch die Personalkonstellation in der CDU verändert. Da Erhard angekündigt hatte, das Amt des Parteivorsitzenden nicht weiter ausüben zu wollen, stand die Neuwahl des Parteivorsitzenden an. Präsidium und Bundesvorstand entschlossen sich daraufhin, auf dem Braunschweiger Parteitag ebenfalls zurückzutreten, um dadurch eine Neuwahl aller politischen Funktionsträger der Bundespartei zu ermöglichen. Da somit die Neuwahl des Bundesvorstandes anstand, erschien es am sinnvollsten, sie bereits nach der neuen Satzung und nach dem neuen Wahlverfahren vorzunehmen.
- Der innerparteiliche Druck von seiten der Landesverbände, in denen der Generationswechsel in den Führungspositionen begonnen hatte, und der Vereinigungen – insbesondere der JU – auf die Parteiführung, endlich die seit langem schwelenden Fragen der politischen Führung auf Bundesebene zu klären, hatte zugenommen. Dies kam unter anderem darin zum Ausdruck, daß auf Initiative der JU Rheinland sowohl der JU-Bundesvorstand als auch die CDU Rheinland nachdrücklich für die Schaffung des Amtes eines CDU-Generalsekretärs eintraten und damit die öffentliche Parteireformdiskussion wiederum in Gang setzten. Die Forderungen nach Straffung der Führung auf Bundesebene hatten in der gesamten Partei große Resonanz, weil seit Bildung der Großen Koalition die Notwendigkeit, sich in der Öffentlichkeit klarer und schärfer als Partei gegenüber der SPD zu profilieren, allgemein anerkannt wurde(22).

Im Februar 1967 erörterte der Bundesvorstand die Frage der Statutenreform und der Neuwahl des gesamten Bundesvorstandes mit dem Ergebnis, daß das Präsidium aufgefordert wurde, eine neue Satzung zu erarbeiten und dem Bundesvorstand zur Beschlußfassung vorzulegen(23). Über diese Vorlage des Präsidiums beriet der Bundesvorstand am 2. 5. 1967 – also drei Wochen vor dem Bundesparteitag – und verabschiedete nach kontroverser Diskussion und zahlreichen Kampfabstimmungen, die in aller Regel zugunsten des Präsidiumsvorschlages ausgingen, den neuen Satzungsentwurf.

Nur in einer wichtigen Frage konnten sich Bundeskanzler Kiesinger, der designierte Parteivorsitzende, und Heck, der designierte Generalsekretär, im Bundesvorstand nicht durchsetzen: Während sie für eine zweijährige Amtsperiode des Generalsekretärs, der des Parteivorsitzenden entsprechend, votierten, entschied sich der Bundesvorstand mit knapper Mehrheit für eine vierjährige Amtszeit(24). Dadurch sollte die politische Unabhängigkeit des Generalsekretärs gegenüber dem Parteivorsitzenden gestärkt und die Kontinuität in der Parteiarbeit auf Bundesebene gefördert werden. Kiesingers Argument gegen diese Regelung war, daß dadurch ein möglicher Dualismus zwischen Parteivorsitzendem und Generalsekretär perpetuiert werde.

In einer anderen, innerhalb der Partei kontrovers diskutierten Frage konnte sich

Kiesinger allerdings in allen Parteigremien – auch auf dem Bundesparteitag – durchsetzen: Er verhinderte, daß in der Satzung die hauptamtliche Tätigkeit des Generalsekretärs verbindlich vorgeschrieben wurde. Sowohl Kiesinger wie Heck legten Wert darauf, daß der künftige Generalsekretär gleichzeitig als Mitglied des Bundeskabinetts an den politischen Entscheidungen der Bundesregierung mitwirken könne. Die JU-Vertreter hingegen plädierten für einen Generalsekretär, der seine gesamte Zeit und Arbeitskraft der Parteiarbeit widme.

Auch der Bundesparteitag diskutierte ausführlich und kontrovers über den Satzungsentwurf des Bundesvorstandes. An der lebhaften Diskussion war erkennbar, daß sich der Parteitag als zentrales politisches Entscheidungsorgan der Partei verstand und keineswegs bereit war, die Anträge der Parteiführung ohne kritische Prüfung und Änderung anzunehmen. Dies zeigten die zahlreichen Kampfabstimmungen in Satzungsfragen und bei den Wahlen für die stellvertretenden Parteivorsitzenden, für den Bundesschatzmeister und für die Beisitzer im Bundesvorstand(25).

An dem neuen Statut sind insbesondere folgende Vorschriften von grundsätzlicher Bedeutung:

- Die Zahl der Mitglieder des Bundesparteiausschusses verringerte sich drastisch von 200 auf 120 und die des Bundesvorstandes von 60 auf 30 Mitglieder. Dem Bundesvorstand gehörten von nun an nur noch drei »geborene« Mitglieder an, nämlich der Bundeskanzler, der Vorsitzende der CDU/CSU-Bundestagsfraktion und der Bundestagspräsident, sofern sie von der CDU gestellt werden. Alle Mitglieder des Bundesvorstandes werden vom Parteitag direkt gewählt.
- Die früheren Beisitzer im Präsidium wurden gestrichen. Statt dessen gehören nun neben dem Parteivorsitzenden dem Präsidium an: der Generalsekretär, fünf stellvertretende Vorsitzende, der Bundesschatzmeister sowie die drei erwähnten Mitglieder qua Amt. Das Präsidium ist verpflichtet, mindestens dreimal jährlich den Vorsitzenden der Landesverbände sowie den Vereinigungen über seine Tätigkeit und die des Bundesvorstandes zu berichten.
- Die Direktwahl aller Bundesvorstandsmitglieder durch den Parteitag rückte das Wahlverfahren für den Bundesvorstand in den Mittelpunkt des Interesses der Landesverbände. Vor allem die kleineren Landesverbände befürchteten, daß sie künftig durch die großen majorisiert werden und nicht mehr im Bundesvorstand vertreten sein könnten. Die Vorlage des Bundesvorstandes sah deshalb vor, daß nur die Stimmzettel gültig seien, die genau so viel Kandidaten ankreuzten, wie für den Bundesvorstand gewählt werden konnten. Dadurch sollte eine Stimmenkonzentration auf einige wenige Kandidaten verhindert werden, wogegen insbesondere der (delegiertenstarke) Landesverband Rheinland opponierte. Nach einer längeren Auseinandersetzung mit mehreren Kampfabstimmungen entschied der Parteitag, daß Stimmzettel, auf denen nicht mindestens drei Viertel der Zahl der zu wählenden Kandidaten angekreuzt sind, ungültig seien. Der Kompromiß begrenzte den Einfluß der großen Landesverbände und schränkte andererseits die Entscheidungsmöglichkeiten der Delegierten nicht zu sehr ein. Diese Regelung war für das Innenleben der

Partei außerordentlich wichtig, weil die Berücksichtigung des innerparteilichen Personalproporzes gesichert schien.

- Das neu geschaffene Amt des Generalsekretärs hatte seine Vorläufer in den Ämtern des Geschäftsführenden Vorsitzenden sowie des Geschäftsführenden Präsidialmitgliedes. Der wesentliche Unterschied zu den früheren Ämtern lag darin, daß erstmalig in der Satzung weitgehende Kompetenzen des Generalsekretärs festgelegt wurden. Der Generalsekretär führt im Einvernehmen mit dem Vorsitzenden die Geschäfte der Partei und ist damit den stellvertretenden Parteivorsitzenden übergeordnet[(26)]. Er hat die Aufgabe, die gesamte Parteiarbeit auf allen Ebenen einschließlich der Vereinigungen und Sonderorganisationen zu koordinieren. Dazu kann er an allen Sitzungen und Versammlungen der Parteigremien auf allen Ebenen teilnehmen und hat das Recht, sich über alle Angelegenheiten der Partei zu unterrichten.
  Bei der Vorbereitung und Durchführung des Bundestagswahlkampfes sind alle Verbände und Vereinigungen der Partei an die Weisungen des Generalsekretärs gebunden. Er koordiniert außerdem alle Publikationen der Bundesvereinigungen und Sonderorganisationen. Der Bundesgeschäftsführer wird vom Generalsekretär im Einvernehmen mit dem Präsidium berufen. Die Landesgeschäftsführer werden im Einvernehmen mit dem Generalsekretär von den Landesverbänden berufen. Der Etat der Bundespartei wird vom Generalsekretär und dem Bundesschatzmeister aufgestellt und vom Bundesvorstand beschlossen; die Etats der Bundesvereinigungen bedürfen der Zustimmung des Generalsekretärs.
- Anstelle der beiden Arbeitsgemeinschaften für Flüchtlinge und für Mitteldeutsche wurde eine neue Vereinigung, die »Union der Vertriebenen und Flüchtlinge« in der Satzung verankert; die Delegierten der Exil-CDU, die die Mitglieder der CDU-Landesverbände in Mitteldeutschland vertreten, erhielten ein eingeschränktes Stimmrecht. Die »Wirtschaftsvereinigung«, als Dachorganisation der Mittelstandsvereinigung und des Wirtschaftsrates e.V. gedacht, wurde ebenfalls als offizielle Vereinigung der CDU im Statut verankert, wobei die Kooperation der beiden Organisationen unter dem Dach der Wirtschaftsvereinigung bis heute nicht realisiert wurde.
- Die Rechte und Pflichten der Mitglieder wurden neu definiert; besonders wichtig war die Vorschrift, daß die Mitgliedsrechte in den Fällen ruhen, in denen ein Mitglied länger als 6 Monate seinen Beitrag nicht gezahlt hat. Die Landes- und Kreisverbände wurden verpflichtet, alle Veränderungen des Mitgliederstandes der Bundespartei zu melden. Zur Berechnung der Delegiertenzahlen der Landesverbände für den Bundesparteitag werden die Daten der Zentralen Mitgliederkartei der Bundespartei zugrundegelegt. Die Mitgliederzahlen werden nur anerkannt, wenn der Landesverband die festgelegten Beitragsanteile an die Bundespartei gezahlt hat.

Die Bedeutung dieses neuen Parteistatuts für die innerparteiliche Willensbildung der Partei und ihre Fähigkeit zur politischen Artikulation kann nicht hoch genug eingeschätzt werden. 1967 wurde die CDU als handlungsfähige Bundespartei eigentlich erst geboren. Acht Jahre hatte die CDU seit der Präsidentschaftskrise für diese Reformentscheidung benötigt. Der seit Bestehen der Bundespartei existierende Konflikt über Rolle und Kompetenzen der Bundesorganisation gegenüber den Landesverbänden war endgültig zugunsten der Bundespartei entschieden worden.

Das neue Statut von 1967 legt als ausschließliches Legitimationsorgan der Parteiführung den Parteitag, das Repräsentationsorgan der Mitglieder, fest, wodurch der politische Willensbildungsprozess der CDU demokratisiert wird. Das Statut ermöglicht erstmalig eine politische Führung der Bundespartei durch die Schaffung arbeits- und handlungsfähiger Parteiführungsgremien mit klaren Kompetenzen. Mit dem Amt des Generalsekretärs wurde ein neues Führungsamt geschaffen, das in politischen und organisatorischen Fragen der Partei eine weitgehende Koordinations- und Weisungskompetenz besitzt. Die erkennbare Zentralisierung der Partei in parteiorganisatorischen Fragen war für die CDU fast revolutionär.

Das neue Statut schuf die Voraussetzung für die Wahrnehmung politischer Führung durch die Bundespartei. Dadurch konnte einerseits ein Mindestmaß an Einheitlichkeit in den politischen Aussagen der Partei herbeigeführt und andererseits eine lebendige innerparteiliche Diskussion angeregt werden. Insbesondere das Amt des Generalsekretärs war für die Aktivierung der Parteiorganisation auf Landes- und Kreisebene, für den Ausbau des Parteiapparates sowie für die Neuordnung der Parteifinanzen von zentraler Bedeutung. Daß es nach dem Parteitag von 1967 in der CDU keine grundlegende Satzungsänderung mehr gegeben hat, ist ein Indiz dafür, daß die Partei 1967 die ihr adäquate formale Willenbildungs- und Führungsstruktur gefunden hat.

3. Die Auseinandersetzung um Selbstverständnis und Funktion der Partei

Zu Beginn der sechziger Jahre stand die CDU nicht nur vor der Aufgabe, die Nachfolge Adenauers im Kanzleramt und im Parteivorsitz sowie die damit verbundene Neuorganisation der Parteiführung zu bewältigen; darüber hinaus mußte sie die Prinzipien christlich-demokratischer Politik neu durchdenken und die Aussagen der Partei zu zahlreichen innen- und gesellschaftspolitischen Fragen neu formulieren, wenn eine weitergehende politische Desintegration der Partei verhindert werden sollte.

Veränderte gesellschaftliche und politische Rahmenbedingungen für den Parteienwettbewerb konnten die politischen Erfolgschancen der CDU auf Dauer gefährden, wenn sie daraus keine politischen Konsequenzen zog. Vor allem auf folgende Veränderungen mußte sie reagieren[27]:

- Der Wandel der SPD von einer sozialistischen Arbeiter- zu einer linken Volkspartei der Mitte gab ihr erstmalig die Chance, in bürgerliche Wählerschichten vorzustoßen. Da die prinzipiellen Unterschiede zwischen den großen Parteien reduziert waren, erhielten die Leistungsfähigkeit der Parteiorganisationen, die Konzepte der Parteien zu zentralen Einzelfragen der Politik und ihr Personalangebot eine größere Bedeutung für positive Wahlergebnisse.
- Spätestens seit der Bundestagswahl 1961 (FDP-Wahlkampfslogan: »Mit der CDU,

gegen Adenauer«) nahmen die Differenzen zwischen den Unionsparteien und dem langjährigen Koalitionspartner FDP zu. Dies betraf sowohl zentrale Fragen der Innenpolitik wie z. B. auch die Deutschlandpolitik. Die immer wieder innerhalb der Unionsparteien aufbrechende Diskussion über die Bildung einer Großen Koalition mit der SPD signalisierte die Labilität des bestehenden politischen Bündnisses.

- Der Wandel innerhalb der Katholischen Kirche hatte zur Folge, daß die einseitige Unterstützung zugunsten der Unionsparteien nur noch selten und dann sehr verhalten formuliert wurde, während gleichzeitig eine Entkrampfung des in den fünfziger Jahren noch gestörten Verhältnisses zwischen Katholischer Kirche und SPD begann. Die SPD wurde auch für Katholiken wählbar. Gleichzeitig hatte der allgemeine Bedeutungsverlust des katholischen Verbandswesens negative Auswirkungen für die CDU, weil sie sukzessive einen wichtigen Rekrutierungsbereich für ihre politische Arbeit verlor.
- Nach dem erfolgreichen Wiederaufbau der Bundesrepublik in den fünfziger Jahren stand in den sechziger Jahren vordringlich die Aus- und Umgestaltung des Gemeinwesens auf der Tagesordnung. Komplexe Fragen der Wirtschafts-, Finanz-, Sozial-, Bildungs-und Rechtspolitik waren in Konkurrenz mit einer aktiven, geschlossenen und reformierten SPD zu entscheiden. Die CDU erweckte im Vergleich zur SPD den Eindruck der Zerstrittenheit und politischen Schwerfälligkeit in Fragen der Innenpolitik. Der jahrelange Streit zwischen »Gaullisten« und »Atlantikern« über den außenpolitischen Kurs in der ersten Hälfte der sechziger Jahre kostete die Partei zusätzlich viel Kraft.

Über die Interpretation tragender Prinzipien christlich-demokratischer Politik bestand in der CDU zunehmend Unklarheit. Die unterschiedlichen Vorstellungen über Selbstverständnis und programmatische Grundlagen der Partei von überzeugten Katholiken und Protestanten sowie Anhängern des Wirtschaftsliberalismus und den Vertretern der verschiedenen Interessen traten schärfer hervor. Nicht umsonst wurden Ende der fünfziger Jahre erste Forderungen laut, die eine Neudefinition der Grundsätze christlich-demokratischer Politik und des Selbstverständnisses der Partei forderten.

Die in den fünfziger Jahren entstandene Diskrepanz zwischen einer weitgehend säkularisierten, wirtschaftlich saturierten Wählerschaft der Unionsparteien, die vor allem Anforderungen an die ökonomische und soziale Leistungsfähigkeit der Unionsparteien als führende Regierungspartei stellte, und einer CDU, die programmatisch durch die Wiederaufbauzeit geprägt war und sich noch weitgehend als christliche Gesinnungspartei verstand, mußte beseitigt werden, wenn die CDU die politischen Fragestellungen der sechziger Jahre überzeugend beantworten wollte.

Dieser Prozeß der Selbstfindung als Partei, der eine kritische Bestandsaufnahme bisheriger, als selbstverständlich angesehener Grundelemente der Programmatik erforderlich machte, barg ein erhebliches innerparteiliches Konfliktpotential, weil es dabei auch um die Interpretation des »C« im Parteinamen ging.

Der Verlust der absoluten Mehrheit der Unionsparteien bei der Bundestagswahl 1961 veranlaßte daher den Bundesvorstand, auf Vorschlag Adenauers Rainer Barzel zu beauftragen, »Untersuchungen über das geistige und gesellschaftliche Bild der Gegenwart und die künftigen Aufgaben der CDU« zu erstellen. In seinen Erläuterungen zum Thema der Untersuchung betonte Adenauer, daß die Entchristianisierung innerhalb der Gesellschaft weite Fortschritte gemacht habe und daß erhebliche »soziologische Umschichtungen« stattgefunden hätten, deren Konsequenzen für die CDU dargestellt werden sollten. Außerdem habe die CDU zunehmend Probleme mit der Presse und mit der Jugend, woraus politische Schlußfolgerungen gezogen werden müßten(28). Barzel sollte sich bei der Erarbeitung der Studie des wissenschaftlichen Sachverstandes und des Rates von Parteifreunden bedienen.

Die Barzel-Studie, die in drei Monaten erstellt wurde, war der erste seit Bestehen der CDU im Auftrag eines Parteiführungsgremiums unternommene Versuch einer politisch-programmatischen Bestandsaufnahme. In 204 Ziffern analysierte Barzel die Entwicklung des Parteiensystems seit 1945, die Erfolge der Unionsparteien und die Kritik an ihnen sowie die gesellschaftliche und geistige Lage der Bundesrepublik. Im zweiten Hauptteil der Arbeit, »Künftige Aufgaben«, formulierte er das programmatische Selbstverständnis der Unionsparteien:

> »Die CDU und die CSU sind christliche Parteien, also politische Vereinigungen von Menschen, die auch ihr politisches Handeln unter Gottes Wort und Gebot stellen und eine Ordnung erstreben, die vor Gottes Gebot bestehen kann... Die Christlichen Demokraten stehen als Gläubige in ihren Kirchen und wirken politisch nach bestem Können und Wissen so, wie ihr christliches Gewissen es ihnen eingibt«(29).

Des weiteren betonte er die Idee der Toleranz, das Selbstverständnis der CDU als Union, als Volkspartei, und plädierte für die Aktivierung und Reform der Parteiorganisation. Für die künftige politische Arbeit der CDU hielt er es für erforderlich, daß sie eine »Prinzipienerklärung« zu den Grundsätzen ihrer Politik formuliere(30). Nach dem erfolgreichen Wiederaufbau der Bundesrepublik »ist die Phase des sozialen Ausbaus und der inneren Gestaltung angebrochen. Ludwig Erhard spricht deshalb von der »zweiten Phase der Sozialen Marktwirtschaft«...(31). »Wir brauchen also zweierlei: ein gesellschaftspolitisches Leitbild, eine langfristige Strategie der Innenpolitik und ein konkretes gesellschaftliches Programm für jede Legislaturperiode«(32).

In seiner Sitzung am 10. Mai 1962 diskutierte der Bundesvorstand nur eine gute Stunde lang über die Barzel-Studie. Adenauer wies darauf hin, daß die Welt nicht christlicher, sondern laizistischer geworden sei. »Mir ist die Arbeit zu kirchlich. Das muß raus, da wir sonst die liberalen Wähler beider Konfessionen verprellen«(33). Er wandte sich gegen den Satz: »Wir stellen unsere Politik unter Gottes Gebot« und meinte dazu: »Das kann ich von mir als Politiker nicht sagen... Wieviel müssen wir manchmal tun, was gegen Gottes Gebot ist... Ich muß Ihnen ehrlich sagen, das ist mir etwas peinlich. Und ich wiederhole: wir tun es ja doch nicht«(34). Der Vorschlag Gerstenmaiers, eine Kommission für Programmfragen einzusetzen und die Anregung Stoltenbergs, innenpolitische Leitsätze erarbeiten zu lassen, wurde nicht aufgegriffen, sondern dem Vorschlag Adenauers zugestimmt, daß Barzel die wesentlichen Ergebnisse seiner Studie auf der nächsten Sitzung des Bundesausschusses zur Diskussion stellen solle(35).

Dies fand auf der Bundesausschußsitzung vor Beginn des Parteitages im Juni 1962 statt, so daß auch hier nur wenig Zeit für eine intensive Erörterung der Studie blieb.

Weder im Bundesvorstand noch im Bundesausschuß wurde die Studie Barzels ausführlich erörtert; die von ihm geforderte Diskussion über seine Thesen auf dem Parteitag hatte Adenauer abgelehnt bzw. auf den zuständigen Arbeitskreis des Parteitages verwiesen. Eine breite Diskussion innerhalb der Partei anhand einer Kurzfassung der Studie wäre durchaus sinnvoll gewesen, aber der Parteiführung erschien dies angesichts möglicher desintegrativer Folgen als zu riskant(36).

Der Bundesparteitag vom 2. bis 5. Juni 1962 in Dortmund, der unter dem Motto »Parteitag der Reform der Union« stattfand, behandelte als Schwerpunkt innenpolitische Themen. Zum ersten Mal beschäftigte sich die CDU – was symptomatisch für die innerparteiliche Stimmungslage war – auch in einem Arbeitskreis unter der Überschrift »Künftige Aufgaben der CDU« mit den Zukunftsaufgaben der Partei. In diesem Arbeitskreis wurde von den Diskussionsteilnehmern neben den gängigen Forderungen zur Parteireform die künftige Bedeutung der Kultur- und Bildungspolitik hervorgehoben sowie mehr innerparteiliche Demokratie und die Ausformulierung des »programmatischen Grundverständnisses« der CDU gefordert(37).

Gerstenmaier arbeitete in seinem Einleitungsreferat heraus, daß die CDU nicht den Anspruch erhebe, die Monopolpartei der Christen zu sein, »sondern wir kämpfen mit politischen Methoden für Ziele, die wir zwar christlich verantworten, die aber politische Ziele sind und bleiben. Sie können darum auch... von denen bejaht und angestrebt werden, die mit dem christlichen Glauben nichts weiter im Sinn haben«(38). Der »integrierende, irrationale Kern« der CDU, der diese vielschichtige Volkspartei bei allen unterschiedlichen Interessen zusammenhalte, sei »die Unterwerfung unseres politischen Tuns unter christliche Verantwortung«(39).

Adenauer hingegen betonte in seinem Diskussionsbeitrag, daß der gemeinsame weltanschauliche Boden der CDU das »christliche Empfinden« sei: »Und die Leute, die so dem Geiste nach Christen sind und auf christlichem Boden stehen, das sind diejenigen, die wir in unserer Partei vereinigen wollen«(40). Auch der neu gewählte Geschäftsführende Vorsitzende Dufhues betonte im Sinne Adenauers: »Die geistige Grundlage der Christlich Demokratischen Union ist das christliche Sittengesetz ...« und zog daraus die Schlußfolgerung: Die CDU »...kann, will und soll die politische Heimat aller wahrhaft freiheitlich gesinnten Menschen sein, die zugleich die Normen der christlichen Sittlichkeit anerkennen«(41).

Diese in den Aussagen von Gerstenmaier auf der einen sowie Adenauer und Dufhues auf der anderen Seite erkennbaren unterschiedlichen Akzente über die Bedeutung des »C« und die sich daraus ergebenden Anforderungen an die Parteimitglieder sollten die Selbstverständnisdiskussion der sechziger Jahre in der CDU bestimmen, wobei in dieser Frage noch erheblich »liberalere« Positionen vertreten wurden, die sich aber zu diesem Zeitpunkt noch nicht deutlich artikulierten. Die einen verstanden die CDU als christliche Gesinnungspartei, die anderen als pluralistische Volkspartei, die auf christlich-sozialen, konservativen und liberalen Grundwerten basierte.

Dufhues lehnte Programme als für die CDU untypisch ab, da diese ein Requisit der ideologischen Parteien des 19. Jahrhunderts seien, und plädierte statt dessen für Leitsätze: »Eine moderne Partei braucht im schnellen und vielarmigen Fluß der Zeit Leitsätze, die aus klaren geistigen Fundamenten kommen und die Wirklichkeit treffen; sie braucht Persönlichkeiten, die aus solcher Grundhaltung im Wandel der Dinge die richtigen Erkenntnisse ziehen und sie kraftvoll durchzusetzen vermögen« (42).

Diese ablehnende Haltung gegenüber Parteiprogrammen, die in der CDU bis Mitte der sechziger Jahre dominierte, war nicht unproblematisch, weil die geistigen Grundlagen der CDU (»christliches Sittengesetz«) keineswegs mehr so einheitlich interpretiert wurden, wie dies nach außen hin schien. Und vor allem war noch weniger klar, zu welchen »Leitsätzen« die Berufung auf das »christliche Sittengesetz« in zentralen Fragen der Innen- und Gesellschaftspolitik führen sollten. Ungeklärt blieb, wie politische Führung, Integration und Koordination der Partei möglich sein sollten, wenn über die diesen Fragen zugrundeliegenden Prinzipien keine hinreichende Einigkeit bestand. Die Funktion der Partei als eigenständiges politisches Willensbildungs- und Entscheidungsorgan wurde aber auch von Dufhues ausdrücklich hervorgehoben(43).

Der Parteitag beschloß aufgrund eines Vorschlages des Arbeitskreises die Aufforderung an den Bundesvorstand, auf der Basis der Barzel-Denkschrift den Entwurf einer Grundsatzerklärung zu erarbeiten. Dieser berief zu diesem Zweck eine Kommission unter dem Vorsitz von Dufhues; ihr gehörten neben Rainer Barzel die Nachwuchspolitiker Bert Even, Berthold Martin und Gerhard Stoltenberg an(44). Die Kommission erhielt den Auftrag, im Hinblick auf den nächsten Bundesparteitag im Frühjahr 1964 eine »Prinzipienerklärung der CDU« zu erarbeiten, die eine eindeutige Standortbestimmung beinhalte(45).

Bezeichnenderweise wurde diese Erklärung für den Bundesparteitag vom 14. bis 17.3.1964 in Hannover nicht erarbeitet, weil sich die Kommission nicht so schnell auf überzeugende Formulierungen einigen konnte. Deshalb kündigte Dufhues auf dem Parteitag an, daß die Grundsatzerklärung nach einer Diskussion in den Kreisverbänden im Herbst 1964 vom Bundesausschuß verabschiedet werden solle. Ein noch zu berufender »Beirat für Grundsatzfragen« und das schon 1963 von Dufhues angekündigte »Studienzentrum«, in dem hauptamtliche Parteimitarbeiter sich mit Grundsatzfragen beschäftigen sollten, würden die Erarbeitung der Grundsatzerklärung erleichtern(46).

Dufhues wiederholte noch einmal seine Position, daß Programme nach dem Vorbild des Godesberger Programms der SPD überholt seien: »Worauf es heute ankommt, ist, in überschaubaren Bereichen auf der Grundlage unserer Gesamtkonzeption klare Aktionsprogramme zu entwickeln für Gesellschaftspolitik, Gesundheitspolitik... Dazu gehört allerdings, ... daß noch stärker als bisher die Autorität der Bundespartei von den Landesverbänden und den Kreisverbänden anerkannt und getragen wird«(47). Unter Aktionsprogrammen verstand Dufhues Programme zu zentralen politischen Problembereichen, nicht aber ein verbindliches Parteiprogramm, das alle Politikbereiche einschloß(48).

Der langsame Wandel im Selbstverständnis als Partei kam vor allem in der Diskussion des Arbeitskreises »Grundsatzfragen – Fragen der Parteiarbeit« zum Ausdruck[49]. In den Beiträgen des Vorsitzenden der rheinland-pfälzischen Landtagsfraktion, Helmut Kohl und des rheinischen JU-Vorsitzenden, Alo Hauser, wurde die veränderte Rolle der Partei klar umrissen: Sie verlangten eine intensive politische Diskussion innerhalb der Partei auf allen Ebenen; die Parteiführung müsse deshalb Vorlagen und Anträge zu zentralen politischen Themen erarbeiten, über die der Bundesparteitag dann verbindlich zu beschließen habe, wobei zwischen grundsatz- und aktionsprogrammatischen Aussagen unterschieden werden könne. Die Funktion des Parteitages als politisches Entscheidungsorgan, in das die innerparteiliche Diskussion einmünde und dessen Beschlüsse für die Politik der Bundestagsfraktion, der Bundesregierung und der Landesparteien eine wichtige Leitlinie seien, wurde hervorgehoben.

Adenauer hingegen lehnte dies mit dem Argument ab, daß die Kreis- und Landesverbände mit anderen Aufgaben überlastet seien, wie z. B. der Kommunalpolitik, und daß ihnen für die Auseinandersetzung mit bundespolitischen Fragen Zeit, Kompetenz und Interesse fehlten.

Gerstenmaier sah vor allem die Gewissensfreiheit der Abgeordneten nach Art. 38 Grundgesetz gefährdet, wenn die Partei ihnen vorschreiben wolle, wie sie sich im Parlament zu verhalten hätten. Er lehnte daher auch die Verabschiedung der Grundsatzerklärung durch den Parteitag, die Kohl verlangt hatte, ab: Er räumte allerdings ein, daß durch eine intensivere Beteiligung der unteren Parteigliederungen am politischen Entscheidungsprozeß eine Verlebendigung und Aktivierung der Partei erreicht werden könne, da diese auf Dauer nicht mit der alleinigen Funktion einer Plakatkleberkolonne zufrieden sein werde. Dufhues nahm in dieser Auseinandersetzung innerhalb des Arbeitskreises eine eher vermittelnde Position ein.

Mit dem eindeutigen Votum des Arbeitskreises, das in leicht veränderter Form vom Parteitagsplenum übernommen wurde, für die Verabschiedung einer Grundsatzerklärung durch den nächsten Parteitag deutlich, welche Position die Delegiertenmehrheit einnahm.

Auch die auf dem vorangegangenen Parteitag begonnene Diskussion über die Bedeutung des »C« im Parteinahmen wurde in diesem Arbeitskreis fortgesetzt. Während einerseits von Delegierten die Formulierung der Barzel-Studie, die CDU stelle sich in ihrer Politik unter Gottes Führung, aufgenommen und befürwortet wurde[50], betonte Gerstenmaier, daß die CDU die »Quadratur des Zirkels« leisten müsse, indem sie jeden Wähler, ob Heide, Christ oder Jude, annehme und auch ein potentielles CDU-Mitglied nicht danach frage, ob es getauft sei[51]. »So hindert uns doch niemand, in unserem Herzenskämmerlein gewissenhaft zu überlegen, ob das, was wir für dieses Land als politisch richtig und als rationell für zweckmäßig halten, auch sub specie aeternitatis, im Blick auf Gottes Gebot und Ordnung, Bestand hat«[52].

Insbesondere die Ausführungen Gerstenmaiers zeichnen den Zwiespalt auf, in dem sich die CDU befand. Einerseits wollte sie für alle Wähler und Mitglieder offen sein, einschließlich derer, für die der christliche Glaube keineswegs die Grundlage für ihre politische Mitarbeit in der CDU darstellte, für die die Formel »Politik aus christlicher

Verantwortung« also eine Leerformel war. Diese Mitglieder und Politiker konnten ihr politisches Handeln nicht im Hinblick auf Gottes Gebot und Ordnung überprüfen, obwohl dies andererseits den entscheidenden Unterschied zwischen einem CDU-Politiker und dem Politiker anderer demokratischer Parteien ausmachen sollte. Hieran wird deutlich, daß die CDU der sechziger Jahre zunehmend Schwierigkeiten hatte, die von Gerstenmaier angesprochene »Quadratur des Zirkels« zu leisten.

Dies dürfte auch der Grund sein, weshalb die vom Parteitag geforderte Grundsatzerklärung durch den Bundesvorstand nicht erarbeitet wurde(53). Dufhues begründete es im Bundesvorstand damit, daß »dabei viele subtile Fragen anstehen, die noch nicht geklärt sind«(54). Da man jedoch auf der Tagesordnung des Düsseldorfer Parteitages vom 18. bis 21. 3. 1965 die Verabschiedung einer Erklärung vorgesehen hatte, wurde das Präsidium beauftragt, aus den vorliegenden Entwürfen zur Grundsatzerklärung noch auf dem Parteitag eine Art Schlußresolution zu formulieren. Diese ohne Diskussion verabschiedete »Düsseldorfer Erklärung« war ein Wahlaufruf, der keinerlei substantielle politische Aussagen enthielt und die geforderte Grundsatzerklärung nicht ersetzen konnte(55).

Das gleiche Schicksal wie die Grundsatzerklärung erlitt das Aktions- oder Wahlprogramm, das ursprünglich auf dem Parteitag im März 1965 verabschiedet werden und über die Politik der CDU in den nächsten vier Jahren detailliert Auskunft geben sollte. Dufhues empfahl dem Bundesvorstand, der zu Beginn des Parteitages zusammentrat, der Bitte des Fraktionsvorsitzenden Rainer Barzel zu entsprechen und auf die Verabschiedung dieses Programms durch den Parteitag zu verzichten. Die Bundestagsfraktion könne sonst in Schwierigkeiten kommen, falls die SPD-Opposition das Programm des Parteitages mit den Anträgen der Unionsfraktion und den Gesetzentwürfen der Bundesregierung vergliche. »Ich fürchte, daß dabei die Situation der CDU/CSU insgesamt Schaden leiden würde«(56). Statt dessen solle der Bundesausschuß das Aktionsprogramm, das unter Federführung Barzels erarbeitet werden sollte, Ende Juni 1965 verabschieden.

Da auch die zahlreichen Arbeitskreise des Parteitages keine Entschließungen verabschieden sollten, weil dies ein halbes Jahr vor der Bundestagswahl Kontroversen hervorrufen würde, stand die CDU-Führung vor der Verlegenheit, keinerlei verbindliche Parteiaussagen zu zentralen innen- und gesellschaftspolitischen Fragen für den Wahlkampf zu besitzen. Die Düsseldorfer Erklärung konnte dafür kein Ersatz sein. Der Hinweis von Dufhues, die vorgesehene Rede Erhards, der seine Vorstellungen zur »Formierten Gesellschaft« und zum »Deutschen Gemeinschaftswerk« erläutern würde, habe eine programmatische Funktion für die Partei, wurde von Adenauer zurückgewiesen, weil die Partei diese Vorstellungen nicht ungeprüft übernehmen könne(57). Bezeichnenderweise wurden in der Düsseldorfer Erklärung Erhards Konzept, das er in seinem Schlußreferat vor dem Bundesparteitag erläuterte, mit keinem Wort erwähnt.

Die Verlegenheit der CDU-Führung dauerte an, denn das Aktionsprogramm für die nächste Legislaturperiode wurde auch vom Bundesausschuß nicht verabschiedet.

Dufhues: »Was sicherlich noch allen Kopfschmerzen bereitet, ist die Frage der Wahlkampfprogrammatik«(58). Er plädierte daher dafür, daß der Bundesvorstand eine positive Erklärung zum Deutschen Gemeinschaftswerk Erhards verabschiede, das in der Öffentlichkeit eine Resonanz erfahren habe und der »einzige entscheidende konkrete Ansatz eines Programms der CDU für diesen Wahlkampf« sei(59). Insbesondere Adenauer und Gerstenmaier wehrten sich gegen diese Erklärung, weil Erhard Partei und Fraktion vor vollendete Tatsachen gestellt habe; aber angesichts der Notlage wurde die von Etzel formulierte Erklärung dann vom Bundesvorstand verabschiedet, zumal sich auch das Präsidium schon positiv zu Erhards Gemeinschaftswerk geäußert hatte(60).

Erhard hatte seine Vorstellungen von einer »Formierten Gesellschaft« und eines Deutschen Gemeinschaftswerks erstmals vor dem Düsseldorfer Parteitag vorgetragen(61). Die öffentliche Resonanz auf diese Vorstellungen reichte von zustimmend über wohlwollend-kritisch bis eindeutig ablehnend(62). Innerhalb der CDU war die Reaktion eher zurückhaltend bis ablehnend, aus inhaltlichen Erwägungen wie aus Gründen der Gegnerschaft zu Erhard. Zwar ist der Vorwurf der Pluralismusfeindlichkeit gegenüber dem relativ vagen Konzept der »Formierten Gesellschaft« nicht unberechtigt(63), aber das Erhardsche Deutsche Gemeinschaftswerk war der erste Versuch eines führenden CDU-Politikers, in einem halbwegs geschlossenen Konzept die innenpolitischen Reformaufgaben der nächsten Jahre darzustellen (z. B. Themen wie Raumordnung, Städtebau, Verkehrspolitik, wissenschaftliche Forschung, Bildung, Umweltschutz usw.) und gleichzeitig Vorschläge zu ihrer Finanzierung zu machen(64).

Politisch umsetzen konnte Erhard seine Vorstellungen nicht mehr. Erhard hatte ein distanziertes Verhältnis zur Partei und besaß eine zu geringe politische Führungsstärke, um sich als Kanzler auf Dauer halten zu können(65). Nach seinem Rücktritt war die Bereitschaft in Partei und Fraktion, seine Vorstellungen aufzugreifen, noch geringer.

Wenngleich also die Bilanz während der Zeit von Dufhues als Geschäftsführendem Vorsitzenden (1962 bis 1966) unter dem Gesichtspunkt programmatischer Regeneration sowie politischer Integration der Partei eher negativ ist, so darf nicht übersehen werden, daß Dufhues mit dem Versuch, das politische Gewicht der Partei zu stärken, durchaus Teilerfolge erzielte. Während seiner Amtszeit war die CDU als selbständige politische Handlungseinheit in der Öffentlichkeit zunehmend präsent. Neben Erklärungen zu aktuellen Fragen erreichte dies Dufhues dadurch, daß er die Fachausschüsse der Partei reaktivierte und eine größere Zahl öffentlicher Fachkongresse durchführte, die Konzepte zu Themenbereichen wie z. B. Gesundheits-, Kommunal-, Kultur-, Mittelstands-, Wirtschafts-, Verteidigungspolitik und Raumordnung verabschiedeten.

Festzuhalten ist, daß ab 1962 (Dortmunder Parteitag) die Diskussion auf den Parteitagen erheblich lebhafter, kontroverser und selbstkritischer war, weil jüngere Politiker zunehmend in den Vordergrund rückten, die die Notwendigkeit der Parteireform betonten. Zwar hatten die Parteitage immer noch in erster Linie die Funktion der Selbstdarstellung und Werbung und nur sehr begrenzt die Funktion der Entscheidung von politischen Sachfragen; allerdings wurden auf den Parteitagen in Dortmund (1962) und Hannover (1964) Entschließungen zur Sozialen Marktwirtschaft, zur Außenpolitik sowie zur Agrarpolitik, Wirtschafts- und Sozialpolitik verabschiedet, die zuvor in Fachauschüssen und Arbeitskreisen erstellt worden waren und die erheblich konkretere Aussagen enthielten als die allgemeinen Entschließungen der vorangegangenen Parteitage.

Deutliche Anzeichen für die Verlebendigung der innerparteilichen Diskussion sind zu erkennen, wobei die Parteiführung diesen Prozeß eher bremste als förderte und ihrer eigenen politischen Führungsaufgabe nicht gerecht wurde.

Die CDU der fünfziger Jahre war politisch durch die gemeinsamen Überzeugungen in Grundfragen der Wirtschafts- und Gesellschaftsordnung sowie der Außen-, Sicherheits- und Europapolitik integriert worden, überwölbt durch das Selbstverständnis als christliche Gesinnungspartei. Der andere Integrationsfaktor waren die Person Konrad Adenauers und die von ihm gestaltete und repräsentierte Regierungspolitik. Da in der Nach-Adenauer-Ära der sechziger Jahre die tradierten, in den fünfziger Jahren erfolgreichen Integrationsinstrumente der CDU erheblich an Leistungsfähigkeit verloren, mußte erstmals die Parteiorganisation selbst die erforderliche politische Integrationsleistung vollbringen. Dazu wäre sie fähig gewesen, wenn sie die vorhandenen Konflikte anerkannt, offen ausgetragen und durch politische Mehrheitsentscheidungen oder politisch tragfähige Kompromisse verbindlich geklärt hätte.

Die Parteiführung konnte sich aber nicht dazu durchringen, die Parteiorganisation als Instrument zur politischen Diskussion und Entscheidungsfindung zu nutzen; denn sie selbst war zur Erarbeitung von politischen Diskussions- und Entscheidungsvorlagen, die die Vielfalt der politischen Auffassungen bündelte und für die innerparteiliche Diskussion fruchtbar machte, nicht in der Lage.

So konnte die Partei aus den Veränderungen der gesellschaftlichen und politischen Rahmenbedingungen nur halbherzig und spät die notwendigen Konsequenzen ziehen. Erst gegen Ende der sechziger Jahre erreichte sie mit der Diskussion und Verabschiedung des Berliner Programms dieses Ziel.

4. Die Entwicklung zum eigenständigen politischen Entscheidungsorgan

Die Wahl Bruno Hecks zum Geschäftsführenden Präsidialmitglied auf dem Parteitag im März 1966 ließ aufgrund der komplizierten Führungsstruktur nicht erwarten, daß von ihm besondere politische Führungsimpulse ausgehen würden. Sein politischer Spielraum war zu gering, seine Kompetenzen waren zu unklar. In einem Interview kurz nach seiner Wahl hob er selbst hervor, daß die Stellung des Geschäftsführenden Präsidialmitgliedes »satzungsmäßig gar nicht genau auszumachen (ist), sondern diese Stellung ist nur faktisch zu realisieren«[(66)]. Er betonte aber bereits die Notwendigkeit, den Dialog zwischen Führung und Basis zu intensivieren und sah seine Aufgabe darin, die politischen Zielsetzungen des Präsidiums für die ganze Partei lebendig zu machen.

Den Parteitag der CDU Nord-Württemberg im Juli 1966 benutzte Heck, um seine vom Präsidium gebilligten Vorstellungen zur Arbeit der Partei vorzutragen. Die Mitglieder seien nur mobilisierbar, wenn die Partei konkrete politische Konzepte erarbeite, die in den Landes- und Kreisverbänden diskutiert würden. Deshalb sei es vordringlich, »die Führungsorgane unserer Partei in Funktion zu bringen«[67]. Dies bezog er sowohl auf das Präsidium als auch auf Bundesvorstand, Bundesausschuß und Fachausschüsse.

Eine gezielte Förderung des politischen Nachwuchses, eine bessere Qualifikation der hauptamtlichen Mitarbeiter, der Dialog der Partei mit den Verbänden, mit der Gesellschaft seien besonders wichtig. Dazu brauche die CDU vor allem aktive und qualifizierte Mitglieder, weshalb Information, Mitwirkung und Beteiligung der Mitglieder am innerparteilichen Leben und an den innerparteilichen Entscheidungen gefördert werden müsse. Die bisherige Organisation und Führungsstruktur der CDU reichten für diese Dienstleistungen nicht aus. Dazu sei auch eine organisatorische Mindestausstattung in den Kreisverbänden erforderlich.

Die Führungsstruktur der CDU sei in der Vergangenheit oft zufällig und improvisiert gewesen, was sich eine moderne Partei heute nicht mehr leisten könne:

> »Die Parteiführung bedarf einer klaren Willensbildung innerhalb der Partei, einer Willensbildung, die durchaus auch von oben nach unten gehen muß, aber die vor allen Dingen von unten nach oben erfolgen muß. Die Parteiführung bedarf dazu auch einer gewissen Autorität. Man muß den Eindruck haben, daß der Aufbau der CDU der Bundesführung bisher diese Autorität weitgehend vorenthalten hat. Der Bundesvorstand hat so wenig ernsthafte Entscheidungsbefugnisse, daß man sich seinen Voten leicht entziehen kann, ohne selber irgendwelchen Schaden befürchten zu müssen«[68].

Heck betonte, daß die Ausarbeitung eines Programms vordringliche Aufgabe der Partei sei. Im Oktober 1966 nahm der Bundesvorstand zustimmend zur Kenntnis, daß auf Hecks Initiative das Präsidium den Entwurf für ein neues Aktionsprogramm erarbeiten werde, das auf dem nächsten Parteitag verabschiedet werden solle. Als Begründung führte Heck an, daß das letzte Programm der CDU von 1953 stamme. Seither habe sich so viel Grundlegendes geändert, daß die Neuformulierung eines Aktionsprogrammes schon lange überfällig sei[69].

Die Entscheidung für die Erarbeitung des Aktionsprogramms fiel also vor Bildung der Großen Koalition im November 1966 und hat mit dieser ursächlich nichts zu tun. Auf dem Parteitag im Mai 1967 verwies Heck darauf, daß seit Beginn des Jahres vierundzwanzig Kommissionen die Ausarbeitung eines Programmentwurfs vorbereiteten[70], deren Arbeit im Juni des Jahres abgeschlossen werden solle, so daß anschließend eine zentrale Kommission einen ersten Entwurf formulieren könne.

> »Dieser Entwurf wird den Fachausschüssen, den Landes-und Kreisverbänden der Partei und den Vereinigungen zur Beratung und Stellungnahme zugeleitet werden. Denn wir legen Wert darauf, daß jedes Mitglied der Partei dieses Aktionsprogramm miterarbeiten und mitgestalten kann. Der nächste Parteitag wird dann dieses Programm abschließend beraten und Beschluß fassen«[71].

Heck hob hervor, daß es Aufgabe der Partei sei, ein Aktionsprogramm zu den zentralen politischen Fragestellungen herauszuarbeiten und nicht ein Grundsatzprogramm; der

Auftrag des Parteitages von 1964, die Grundsätze der CDU neu zu formulieren, bestehe nach wie vor(72).

Auf einer Konferenz der hauptamtlichen Mitarbeiter in Köln im November 1967 kündigte er an, daß der Programmentwurf im Dezember 1967 an alle Mitglieder verschickt werde, und forderte die Partei zu einer intensiven Diskussion unter Beteiligung möglichst vieler Nicht-Parteimitglieder auf. In der Diskussion des Programms sah er eine neue Form der Parteiarbeit, denn bisher sei die Politik zu sehr von oben formuliert worden, und die Kreisverbände hätten im wesentlichen eine Propagandafunktion gehabt: »Wir müssen künftig unsere Kreisparteien von vornherein an der Gestaltung unserer Politik mitbeteiligen... Auch wir müssen dahin kommen, daß die Jahresarbeit der Kreisparteien in unsere Parteitage einmündet. Das gilt für die Landes- wie die Bundesebene«(73).

Im Januar 1968 erhielten mit der Mitgliederzeitung »Deutsches Monatsblatt« alle Parteimitglieder den ersten Entwurf für das Aktionsprogramm(74), für dessen Erörterung die Parteiorganisation bis zum Juni 1968 Zeit hatte,

> »so daß aus dieser Beratung ein wirklich von allen Mitgliedern getragenes Programm für das nächste Jahrzehnt der politischen Arbeit der CDU hervorgehen könne. Die Diskussion des Aktionsprogrammes... sei geeignet, die Parteiarbeit zu aktivieren und zu reformieren, jüngeren Parteifreunden Verantwortung zu übertragen und der CDU das Selbstbewußtsein einer modernen Leistungspartei zu geben«(75).

Da die Partei bisher keine Erfahrungen auf dem Gebiet der Programmdiskussion besaß, wurde auf einer eigens dafür angesetzten Landesgeschäftsführerkonferenz am 2. Februar 1968 auf Vorschlag der Bundesgeschäftsstelle eine »Kurze Anleitung für die Beratung des Entwurfs des Aktionsprogramms in den Kreisverbänden« erarbeitet(76).

In dieser Anleitung wurden dreizehn Schwerpunktthemen hervorgehoben, zu denen die Kreisverbände Stellungnahmen erarbeiten, wobei alle Teilorganisationen der Kreisverbände (Ortsvereine, Vereinigungen, Fachausschüsse) Mitgliederversammlungen zur Diskussion des Programmentwurfs durchführen sollten. »Es muß... sichergestellt sein, daß allen Mitgliedern nicht nur formell, sondern tatsächlich eine wirkliche Beteiligungsmöglichkeit geboten wird«(77).

Zur Vorbereitung der Diskussion im Kreisverband wurde die Einsetzung eines Arbeitsausschusses empfohlen, der alle Veranstaltungen und Termine koordinierte. In gesonderten Veranstaltungen sollten Nicht-Parteimitglieder gezielt zu wesentlichen Punkten des Programms und dessen Erörterung eingeladen werden; über das abschließende Votum des Kreisverbandes zum Programmentwurf hatte eine eigens dazu einberufene Kreisversammlung zu entscheiden. »Zu dem vom Landesverband gesetzten Termin müssen in allen Kreisverbänden die erforderlichen Kreisversammlungen stattgefunden haben«(78). Die Stellungnahmen der Kreisverbände gingen sowohl an den Landesverband wie an die Bundespartei, wobei die Landesverbände eine zusammenfassende Stellungnahme für die Bundespartei erarbeiteten.

In dieser Diskussionsanleitung wird das gezielte Bemühen von Bruno Heck, seit

1967 CDU-Generalsekretär, erkennbar, die unteren Parteigliederungen zur Programmdiskussion zu verpflichten.

Dieser erste Entwurf wurde auf allen Organisationsebenen der Partei intensiv diskutiert. »In mehr als 10 000 Versammlungen auf Orts-, Kreis- und Landesebene wurden mehr als 30 000 Stellungnahmen zum Entwurf erarbeitet«[(79)].

Auf seiner Sitzung am 21. Juni 1968 entschied der CDU-Bundesvorstand über das weitere Verfahren für die Diskussion und Verabschiedung des Aktionsprogramms. Nach Aussage von Heck hatten die Kreisverbände von Januar bis April 1968 den Programmentwurf diskutiert und ihre Vorschläge an die Landesverbände eingereicht, die wiederum ihre Änderungswünsche bis zum 30. Juli bei der Bundespartei vorlegen würden. Eine Programmkommission sollte bis zum 10. September einen neuen Programmentwurf erarbeiten, der in der Zeit vom 15. bis 30. September vom Bundesvorstand verabschiedet werde und der die Grundlage für die Diskussion und Verabschiedung auf dem Bundesparteitag im November darstelle. Alle Antragsteller hätten dann vom 1. bis 28. Oktober Zeit, Änderungsanträge einzureichen, über die endgültig auf dem Parteitag entschieden werde[(80)].

Der Programmkommission unter dem Vorsitz von Bruno Heck gehörten neben dem CDU-Präsidium, dessen Mitglieder an den Sitzungen aber in der Regel nicht teilnahmen, 22 Mitglieder an, wobei jüngere Abgeordnete und die »Reformer« in der Kommission eindeutig die Mehrheit hatten[(81)]. In einer eigenen Verfahrensordnung für die weitere Diskussion des Aktionsprogrammes hatte Heck neben dem Bundesvorstand und Bundesausschuß, den Bundesvereinigungen und den Landesverbänden auch die Kreisverbände als Antragssteller vorgesehen, wogegen es von mehreren Bundesvorstandsmitgliedern Widerstand gab, weil sie eine Flut von Anträgen befürchteten. Heck trat sehr entschieden für das Antragsrecht der Kreisverbände ein: »Ich gebe zu, das ist das erste Mal, daß wir einen Parteitag in der Weise durchführen, daß eine Willensbildung von unten nach oben erfolgen soll. Hier stecken unüberschaubare Probleme drin; aber ich meine, wir sollten diesen Weg gehen«[(82)]. Das sei ein Problem der richtigen psychologischen Behandlung der Kreisparteien, denn man könne sie nicht in der Vorphase arbeiten und diskutieren lassen und dann in der Entscheidungsphase vom Antragsrecht ausschließen. Er befürworte das angelsächsische Modell, wonach nur die Kreisparteien Antragsrecht hätten und die Diskussion auf dem Parteitag durch eine mit weitreichenden Kompetenzen versehene Antragskommission gesteuert werde, weshalb diese und das Diskussionsverfahren auf dem Parteitag eine besondere Bedeutung habe. Bundesgeschäftsführer Konrad Kraske: »Wir müssen davon ausgehen – nach der bisherigen 23jährigen CDU-Geschichte –, daß wir alles zu tun haben, um die Diskussion zu beleben und nicht, um sie zu drosseln«[(83)].

Der Bundesvorstand folgte dem Vorschlag Hecks und entschied sich für das Antragsrecht der Kreisverbände, wobei Änderungsanträge der Parteigliederungen vom jeweiligen Vorstand beschlossen werden mußten. Für die Beratung auf dem Parteitag wurde festgelegt, daß Anträge von 30 stimmberechtigten Delegierten unter Angabe der Nummer ihres Delegiertenausweises unterzeichnet sein mußten[(84)].

Die Programmkommission tagte erstmalig am 6. Juli und setzte ihre Beratungen am 30. August und 9. September fort. Der Bundesvorstand verabschiedete den endgültigen Programmentwurf auf einer eigens dafür einberufenen Klausurtagung am 20./21. September 1968. Dieser Vorstandsentwurf wurde allen Parteigliederungen zur Diskussion und Stellungnahme übersandt. An den Bundesparteitag wurden 344 Anträge gestellt, auf dem Parteitag selbst 32 Initiativanträge eingebracht(85).

Auf dem Berliner Parteitag vom 4. bis 7.11.1968 diskutierten die Delegierten zwei Tage lang sachlich, kontrovers und engagiert über das Programm und entschieden in einer zentralen politischen Frage, der Einrichtung eines Bundesbildungsministeriums, erstmalig gegen das eindeutige Votum der gesamten Parteiprominenz(86). Die auf Parteitagen der sechziger Jahre zunehmende Tendenz zur kontroversen Diskussion unter starker Beteiligung der Delegierten(87) erreichte auf dem Berliner Parteitag ihren Höhepunkt.

In seinem Rechenschaftsbericht erläuterte Generalsekretär Bruno Heck, es sei Aufgabe der Parteien, den politischen Willen zu sammeln, zu artikulieren und durchzusetzen, wobei die CDU berücksichtigen müsse, daß die Wähler kritischer und diskussionsfreudiger geworden seien.

> »Die Reform unserer Partei... muß darauf ausgerichtet sein, die Union in ihrer Organisation und ihrem Selbstverständnis instand zu setzen, diese Aufgabe zu leisten... In Zukunft muß bei uns die Basis der Partei ihr Wort kräftiger zu Gehör bringen. Wir müssen systematisch alles aufgreifen, was im Volk an Problemen aufbricht. Die Union muß porös sein für die Sorgen der Bevölkerung«(88).

Zwar könne es Spannungen geben zwischen dem politisch aktiven Kern der Partei und dem breiten Wählervolk, aber dies sei nur natürlich und müsse eine Partei aushalten können. Die politische Führung sei auf Vertrauen angewiesen »und dafür müssen wir neue Modelle der Bewährung schaffen. Die Partei muß zur ständigen Diskussion politischer Themen aufgerufen werden. Wenn nach Berlin gefragt wird: Was denkt die Union, wie sieht sie sich, wie sieht sie die Bundesrepublik und unsere gemeinsame Zukunft, dann wird unser Aktionsprogramm der Wegweiser für unsere Antworten sein«(89).

Insbesondere die kontrovers diskutierten Aussagen zur Bildungs-, Wirtschafts- und Gesellschaftspolitik sowie zur Deutschland- und Ostpolitik klärten die innerparteilichen Fronten und stellten eine Weiterentwicklung der Programmatik dar. Außerdem erleichterten sie der CDU die politische Abgrenzung gegenüber ihrem Koalitionspartner, der SPD. Die besondere Bedeutung des Berliner Programms für die CDU lag aber nicht mehr in seinen inhaltlichen Aussagen,(90) womit sie den während der sechziger Jahre entstandenen Nachholbedarf an der Aufarbeitung politischer Problemstellungen bewältigt hatte. Jedoch als Programm für die siebziger Jahre konnte es schwerlich überzeugen(91). Seine Bedeutung lag vor allem in dem Verfahren der Diskussion, Erarbeitung und Entscheidung, weil erstmalig in der Geschichte der CDU die Parteiorganisation als eigenständiges Instrument zur politischen Diskussion und Willensbildung genutzt wurde.

Dies war insbesondere das Verdienst Hecks. Er hatte von Anfang an Wert darauf gelegt, durch die Mobilisierung der Orts- und Kreisverbände möglichst alle Mitglieder sowie interessierte Nicht-Mitglieder an der Diskussion des Programms zu beteiligen.

Das angewandte Verfahren stellte auch neuartige Anforderungen an die Parteiführung. Generalsekretär und Präsidium mußten innerhalb festgelegter Fristen für die Erarbeitung des Programmentwurfs Sorge tragen, um eine Diskussion in der Gesamtpartei innerhalb bestimmter Fristen zu ermöglichen. Der Bundesvorstand wiederum mußte ebenfalls innerhalb einer relativ kurzen Frist den endgültigen Programmentwurf verabschieden. Die unteren Parteigliederungen hatten innerhalb von knapp vier Wochen Änderungsanträge zu erarbeiten; trotz dieser kurzen Frist lagen auf dem Parteitag über 360 Änderungsanträge vor.

Dieser Zeit- und Arbeitsplan verlangte von den politischen Führungsgremien auf allen Ebenen eine ungewohnte Disziplin und Arbeitsfähigkeit. Das Verfahren setzte auch die Führungsgremien der Bundespartei unter Termin- und Entscheidungsdruck, dem sie sich nicht entziehen konnten, wenn sie sich gegenüber der Partei und der Öffentlichkeit nicht selbst bloßstellen wollten.

Die auf dem Parteitag im Mai 1967 beschlossene Satzungsreform war daher eine zentrale Bedingung für das Diskussionsverfahren, weil es dem Generalsekretär die notwendigen Kompetenzen gab und Präsidium und Bundesvorstand so strukturierte, daß sie politisch arbeits- und handlungsunfähig waren.

Auch an den Parteiapparat stellte die Programmdiskussion ungewohnte Anforderungen, denn er mußte auf örtlicher und regionaler Ebene Versammlungen sowie Sitzungen der Gremien und Arbeitskreise organisieren. Die Bundesgeschäftsstelle, insbesondere die neu geschaffene Politische Abteilung, sah sich mit erhöhten Leistungsanforderungen konfrontiert. Sowohl bei der Erarbeitung des Diskussionsentwurfs wie auch des Entwurfs für Programmkommission und Bundesvorstand waren ihr Sachverstand und Formulierungsvermögen gefordert. Die in den sechziger Jahren gescheiterten Versuche zur Erarbeitung programmatischer Aussagen zeigen, daß das beim Berliner Programm angewandte Diskussions-und Entscheidungsverfahren keineswegs selbstverständlich war und die CDU damit Neuland betrat. Die Parteiführung ging damit ein nicht unbeträchtliches Risiko ein.

Bemerkenswert ist ebenfalls, daß aufgrund dieser Vorgehensweise der Parteitag zum zentralen Entscheidungsgremium wurde, das über die verschiedenen Änderungsanträge verbindlich Beschluß faßte. Dabei wurde der Antragskommission eine hervorgehobene Kompetenz zur Vorbereitung der Diskussion und der Entscheidungen zugewiesen. Die CDU hatte damit Abschied von der Vorstellung genommen, daß Parteitage im wesentlichen eine Akklamationsfunktion haben, und betonte statt dessen stärker deren sachpolitische Entscheidungsfunktion[(92)].

Diskussion und Verabschiedung des Berliner Programms signalisieren deshalb das geänderte Selbstverständnis der Partei, deren Selbstbewußtsein gegenüber der Fraktion und auch der Regierung erheblich gestiegen war. An dem vom Parteitag beschlossenen Aktionsprogramm konnten weder die Bundestagsfraktion noch die Regierung ohne weiteres vorbeigehen. Auf der Basis des Berliner Programms wurde auch das Wahlprogramm der CDU für die Legislaturperiode von 1969 bis 1973 erarbeitet(93).

Diskussion und Verabschiedung des Berliner Programms hatten eine politisch integrierende Wirkung nach innen(94), denn mit dem Programm besaß die Partei erstmals eine auf allen Ebenen diskutierte, verbindliche Richtschnur, an der sich ihr politisches Handeln ausrichten konnte. Durch das Berliner Programm wurden Autorität und Ansehen der Bundespartei gegenüber den Landes- und Kreisverbänden gestärkt. Die CDU begann sich von ihrem überzogenen innerparteilichen Föderalismus der Vergangenheit zu lösen, wenngleich z. B. die Landesverbände noch bei der Diskussion des ersten Entwurfs darauf bestanden hatten, daß die Änderungsvorschläge der Kreisverbände an sie und nicht an die Bundespartei gingen.

Das Verfahren zur Verabschiedung des Berliner Programms wirkte auf die gesamte Partei stilbildend. Nach dem Parteitag von 1968 waren diese Verfahrensvorschriften auch für die Parteiführung verbindlich. Das Austragen innerparteilicher Konflikte durch offene Diskussion, wie es für pluralistische, politisch heterogene Volksparteien typisch und unverzichtbar ist, gehörte seit dem Berliner Parteitag zum Bestand der politischen Kultur in der CDU.

Tabelle 1: Mitgliederzahl 1962, 1964 und 1969

Landesverband	1962	1964	1969	Mitgliederzuwachs 1962–64 in %	Mitgliederzuwachs 1964–69 in %	Mitgliederzuwachs 1962–69 in %	Anteil LVe am BV 1962 in %	Anteil LVe am BV 1969 in %	Anteil CDU-Mi. an Bev. 1964 in %
BW	36552	38684	43759	5,8	13,1	19,7	14,7	14,4	0,48
B	7919	7726	7519	−2,4	−2,7	−5,1	3,2	2,5	0,35
HB	1359	1309	1413	−3,8	7,9	4,0	0,5	0,5	0,18
HH	2355	2558	3558	8,6	39,1	51,1	1,0	1,2	0,14
H	16558	20010	23452	20,8	17,2	41,6	6,7	7,7	0,40
NS	21776	26091	31444	19,8	20,5	44,4	8,8	10,4	0,45
RH	53675	60186	64220	12,1	6,7	19,6	21,6	21,2	0,69
WL	49536	56944	55256	15,0	−3,0	11,5	19,9	18,2	0,75
RP	29643	34958	38860	17,9	11,2	31,1	11,9	12,8	1,00
S	13178	15094	17273	14,5	14,4	31,1	5,3	5,7	1,37
SH	15903	16210	16778	1,9	3,5	5,5	6,4	5,5	0,69
BV	248484	279770	303532	12,6	8,5	22,2	–	–	0,59

Quellen: Organisationsstudie 1964, ZM

In den Pressekommentaren zum Berliner Parteitag wurde daher auch die ungewohnte Diskussionsfreude der Partei positiv vermerkt:

»Die CDU hat sich in Berlin von einer bisher ungewohnten Seite präsentiert: so heftig wurde in der Partei schon lange nicht mehr gestritten, aber auch selten so offen und sachlich. Dieser Parteitag muß in der Tat auf der Habenseite der Bilanz bisheriger Parteitreffen verbucht werden«(95).

»Diese Partei ist seit ihrer Zusammenarbeit mit der SPD liberaler geworden als in der liberalen Nähe der FDP. Sie ist mündig und jünger zugleich. Nicht die Honoratioren unter den Delegierten, sondern die jungen Berufspolitiker führten das Wort. Sie argumentierten mit Fleiß und Geschick gegen leere Formeln, die ein bisher belangloses Parteiprogramm füllten. Zum ersten Mal rüstet sich die CDU, einen Wahlkampf nicht nur mit einer Person, sondern auch mit einem Programm zu führen«(96).

5. Mitgliederzahl und Mitgliederstruktur

Die Mitgliederzahl der CDU stagnierte in den fünfziger Jahren und bewegte sich um die 250.000. In den sechziger Jahren stellt sich die Situation sowohl von der Datenlage als auch von der Mitgliederentwicklung anders dar. Auf Initiative von Dufhues wurde 1962 in der Bundesgeschäftsstelle mit dem Aufbau einer Zentralen Mitgliederkartei begonnen. Da dabei immense Organisations- und Kompetenzschwierigkeiten zu überwinden waren, standen die vollständigen Daten erst 1968/69 zur Verfügung.

Dufhues initiierte 1962 eine Fragebogenaktion, die Mitgliederzahl und -struktur der Kreis- und Landesverbände erstmalig erfaßte. Nach Wiederholung dieser Befragung im Jahre 1964 wurden die Ergebnisse beider Untersuchungen in einer Studie zusammengefaßt(97). Alle nachfolgenden Daten für die Jahre 1962 und 1964 beziehen sich auf diese Studie, während die Angaben für 1968 bzw. 1969 den Daten der Zentralen Mitgliederkartei der Bundespartei entnommen sind.

Wie Tabelle 1 zu entnehmen ist, kommt in den sechziger Jahren im Unterschied zu den fünfziger Jahren Bewegung in die CDU-Mitgliederentwicklung. Von 1962 bis 1969 steigt die Mitgliederzahl insgesamt um 22,2%, davon allein von 1962 bis Ende 1964 um 12,6%. Besonders hohe Zuwachsraten erzielen in dieser Zeit die Landesverbände(98) Hessen (20,8%), Niedersachsen (19,8%), Rheinland-Pfalz (17,9%), Westfalen-Lippe (15,0%) und Saarland (14,5%). In den Landesverbänden Berlin und Bremen geht die Mitgliederzahl dagegen zurück.

Von Ende 1964(99) bis Ende 1969 steigt die Zahl der Mitglieder nur noch um 8,5%, wobei sie von 1964 bis 1968 nur gering zunimmt, aber von 1968 bis 1969 erheblicher ansteigt (5,9%). Von 1964 bis 1969 haben vor allem die Landesverbände Hamburg, Niedersachsen und Hessen weit überdurchschnittliche und die Landesverbände Bremen und Rheinland unterdurchschnittliche Mitgliederzuwachsraten, während in den Landesverbänden Westfalen-Lippe und Berlin die Mitgliederzahlen zurückgehen.

Dementsprechend verändern sich auch die Mitgliederanteile der Landesverbände an der Gesamtmitgliederzahl der CDU: Der Anteil der beiden nordrhein-westfälischen Landesverbände geht von 1962 bis 1969 von 41,5% auf 39,4% zurück, und auch die Landesverbände Schleswig-Holstein, Berlin und Baden-Württemberg verringern ihren Anteil, während die Landesverbände in Niedersachsen und der Landesverband Hessen ihren Mitgliederanteil erhöhen können. Der Anteil der CDU-Mitglieder an der Bevölke-

Tabelle 2: Mitgliederstruktur 1964 und 1969 im Vergleich zur Bevölkerung in %

	1964			1969			
	CDU-Mi.	Bev. ohne Bayern	Abweich. Mi. Bev.	CDU-Mi.	Bev. ohne Bayern	Abweich. Mi. Bev.	CDU-Mi. Diff. 69–64
Geschlecht							
weiblich	13,3	52,6	−39,3	13,1	54,4	−41,3	− 0,2
männlich	86,7	47,4	39,3	86,9	45,6	41,3	0,2
Alter							
geb. v. 1920	64,5	55,6	8,9	47,0	46,6	0,4	−17,5
geb. n. 1920	35,3	44,4	− 9,1	50,0	53,4	− 3,4	14,7
Beruf							
Arbeiter	14,6	53,9	−39,3	12,1	47,3	−35,2	− 2,5
Ang./Beamt.	35,8	32,5	3,3	36,7	33,6	3,1	0,9
Selbständ.	37,1	13,6	23,5	30,3	11,2	19,1	− 6,8
Konfession							
evangelisch	23,1	56,2	−33,1	23,0	50,5	−27,5	− 0,1
katholisch	76,0	38,4	+37,6	73,3	44,1	+29,2	−2,7

Quellen: Organisationsstudie 1964, ZM

rung beträgt 1964 für die Bundespartei 0,59 %, wobei die Landesverbände Saarland und Rheinland-Pfalz sowie Westfalen-Lippe, Rheinland und Schleswig-Holstein besonders gut abschneiden.

Die Mitgliederstruktur in den sechziger Jahren ist aus Tabelle 2 ersichtlich. Der Anteil der Frauen liegt während der sechziger Jahre fast unverändert niedrig bei ca. 13 %, während er in der Bevölkerung über 50 % beträgt. In den städtischen Regionen ist der Frauenanteil erheblich höher; der Landesverband Berlin hat 1964 z. B. 34 %, der Landesverband Rheinland-Pfalz dagegen nur 9,2 % weibliche Mitglieder (100). Das Stadt-Land-Gefälle in bezug auf den Frauenanteil ist ebenso deutlich nachweisbar wie in bezug auf die Mitgliederdichte(101).

1964 ist die CDU-Mitgliedschaft im Vergleich zur Gesamtbevölkerung noch relativ stark überaltert (64,5 % sind älter als 44 Jahre), während sich 1969 die Altersstruktur von CDU-Mitgliedschaft und Gesamtbevölkerung angenähert hat. Die Landesverbände Rheinland-Pfalz, Hamburg, Saarland, Rheinland, Westfalen-Lippe und Hessen haben eine überdurchschnittlich junge, die übrigen Landesverbände eine überalterte Mitgliedschaft(102).

Der Anteil der Arbeiter in der CDU geht von 1964 bis 1969 von 14,6 % auf 12,1 % zurück, wobei er in der Bevölkerung noch weiter zurückgeht. Einen überdurchschnittlichen Arbeiteranteil haben 1964 die Landesverbände Saar (25,3 %), Westfalen-Lippe (18,0 %), Rheinland-Pfalz (17,3 %), Baden-Württemberg (ca. 13 %) sowie Hessen (14,9 %). Besonders wenig Arbeiter haben die Landesverbände Schleswig-Holstein (4,9 %), Berlin (5,4 %) und Hamburg (5,7 %)(103).

Der Anteil der Angestellten und Beamten in der CDU-Mitgliedschaft liegt in den sechziger Jahren bei 36%, womit diese Berufsgruppe nur leicht um etwa 3 Prozentpunkte überrepräsentiert ist. Der Anteil der Selbständigen in der CDU-Mitgliedschaft sinkt zwar von 1964 bis 1969 von 37,1% auf 30,3%; da der Anteil der Selbständigen aber auch in der Gesamtbevölkerung in diesem Zeitraum sinkt, sind die Selbständigen in der Mitgliedschaft der sechziger Jahre gleichbleibend fast dreimal so stark wie in der Gesamtbevölkerung vertreten. Dies ist nicht zuletzt darauf zurückzuführen, daß besonders die Landwirte in der Mitgliedschaft stark überrepräsentiert sind, insbesondere in den Landesverbänden Schleswig-Holstein (34,4% aller Mitglieder sind im Jahr 1964 Landwirte), Niedersachsen und Baden-Württemberg. Die 37,1% Selbständigen verteilen sich 1964 auf folgende Berufsgruppen: Landwirte (14,8%), Handwerker (9,0%), Kaufleute (5,9%), Freie Berufe (5,2%), Unternehmer (2,3%)(104).

Tabelle 3: CDU-Mitglieder in den Vereinigungen 1964 und 1969

	Mitglieder Vereinigungen 1964	Mitglieder Vereinigungen 1969	Zuwachs Mitgliedervereinigungen 1964–69 in %	Anteil Mi. Ver. an CDU-Mi. 1964 in %	Anteil Mi. Ver. an CDU-Mi. 1969 in %
JU	34119	27001	–20,9	12,2	8,0
CDA	30879	16050	–48,0	11,0	5,3
FV	21208	39833	87,8	7,6	13,1
KPV	22574	10525	–53,4	8,1	3,5
MIT	10341	8297	–19,8	3,7	3,5
Insg.	119121	101706	–14,6	42,6	38,4

Quellen: Organisationsstudie 1964, ZM

Der Anteil der Protestanten bleibt 1964 und 1969 fast unverändert bei 23%, während ihr Anteil an der Gesamtbevölkerung bei über 50% liegt. Die Diskrepanz zwischen der Konfessionsstruktur in der CDU-Mitgliedschaft und der Bevölkerung ist in den sechziger Jahren besonders stark in den Landesverbänden Oldenburg, Hessen, Nordbaden, Westfalen, Hannover, Bremen, weil in diesen Landesverbänden die Gesamtbevölkerung mehrheitlich evangelisch ist, in der CDU-Mitgliedschaft aber im Unterschied dazu die Katholiken weit überwiegen(105).

Die CDU-Mitgliederstruktur der sechziger Jahre kann so charakterisiert werden: Katholiken, Selbständige, Männer und ältere Mitbürger sind stark überrepräsentiert, Frauen, Jüngere, Arbeiter und Protestanten stark unterrepräsentiert. Nach ihrer Mitgliederstruktur kann die CDU der sechziger Jahre daher schwerlich als Volkspartei bezeichnet werden. Von 1964 bis 1969 läßt sich aber – das gilt nicht für die Frauen – der Beginn eines Anpassungsprozesses der Mitgliederstruktur an die Bevölkerung feststellen.

In der Mitgliederuntersuchung von 1964 wird die Gesamtmitgliederzahl der Vereinigungen aufgeführt (also sowohl CDU-Mitglieder als auch Nicht-CDU-Mitglieder).

Danach hatten 1964 alle Vereinigungen zusammen 169 521 Mitglieder, wovon allein die Junge Union (JU) 39,9 % und die Sozialausschüsse der Christlich Demokratischen Arbeitnehmerschaft (CDA) 22,3 %, während die Mittelstandsvereinigung (MIT) nur 7 % und die Frauenvereinigung (FV) sowie die Kommunalpolitische Vereinigung (KPV) jeweils etwa 15 % aller Vereinigungsmitglieder stellten. Bei der Jungen Union waren nur 50,5 % ihrer Mitglieder gleichzeitig auch CDU-Mitglieder, während bei allen übrigen Vereinigungen der Prozentsatz bei über 80 % lag, so daß im Gesamtdurchschnitt 70,3 % aller Mitglieder der Vereinigungen gleichzeitig Mitglieder der CDU waren(106).

Innerhalb der CDU-Mitgliedschaft waren JU und CDA mit knapp über 30 000 Mitgliedern gleich stark vertreten, während die FV und die KPV jeweils etwa 20 000 CDU-Mitglieder und die MIT etwas mehr als 10 000 hatten. (Vgl. Tabelle 3) JU und CDA waren Mitte der sechziger Jahre eindeutig innerhalb der CDU am stärksten repräsentiert. Auffällig ist der hohe Organisationsgrad aller Vereinigungen, insbesondere der JU und der CDA, innerhalb der CDU-Mitgliedschaft der Landesverbände Rheinland und Rheinland-Pfalz, wo die Junge Union allein 28,1 % aller CDU-Mitglieder stellte(107).

In den sechziger Jahren hat es zwei Versuche von seiten der Bundesparteiführung gegeben, die Zahl der CDU-Mitglieder durch gezielte Mitgliederwerbung zu erhöhen.

Von Herbst 1963 bis Ende 1964 fand unter Dufhues die Werbeaktion »Vorwärts mit Erhard« statt, die das stabilisierte Selbstvertrauen der Partei unter dem neuen Bundeskanzler Erhard in erhöhte politische Aktivität und Mitgliederwerbung umsetzen sollte. Zwar begannen die Bemühungen um eine verstärkte Mitgliederwerbung bereits im Januar 1963, wurden aber durch die Querelen um die Adenauer-Nachfolge stark behindert. Die Bundesgeschäftsstelle hatte den Kreisverbänden Werbematerial sowie einen Leitfaden zur Mitgliederwerbung zur Verfügung gestellt und Preise für Kreisverbände und Mitglieder mit den größten Werbeerfolgen ausgeschrieben.

In einem Bericht der Bundesgeschäftsstelle vom 25. Juli 1964 für das Präsidium über diese Werbeaktion vom 1.1.1963 bis 30.4.1964 wird als Ergebnis festgehalten, daß insgesamt 33 213 neue Mitglieder gewonnen werden konnten, davon allein 50 % in den Landesverbänden Rheinland und Westfalen-Lippe. Da im gleichen Zeitraum mindestens 27 000 Mitglieder ausschieden, was mit Karteibereinigungen zusammenhängen könnte, betrug der Nettozuwachs also nur etwa 6000 Mitglieder. Das ehrgeizige Ziel von Dufhues, durch die Werbeaktion 100 000 neue Mitglieder zu gewinnen(108), wurde total verfehlt.

Der zweite Versuch einer bundesweiten Mitgliederwerbung wurde unter Generalsekretär Heck im Anschluß an die Verabschiedung des Berliner Programms im Jahre 1968. Diese Werbeaktion war mit der Diskussion über das Berliner Programm verknüpft.

In einem umfangreichen »Leitfaden zur CDU-Mitgliederwerbung«(109) wurde betont, daß sich die CDU nicht zu einem Honoratiorenclub entwickeln dürfe, sondern sich für die politischen Auffassungen der Bürger offenhalten müsse, denn nur so könne sie ihre Aufgaben nach Artikel 21 des Grundgesetzes und nach dem Parteiengesetz erfüllen(110).

Der Zusammenhang zwischen Mitgliederwerbung und Parteiarbeit wurde besonders hervorgehoben:

»Wirksamste Mitgliederwerbung ist ein attraktives, modernes, transparentes Parteileben. Ohne solches Parteileben ist jedenfalls jede Mitgliederwerbung eine Farce. Man kann neue Mitglieder vielleicht erfolgreich überredet haben, einzutreten..., ohne die Möglichkeit der eigenen Mitarbeit treten sie sofort wieder aus... Mitgliederwerbung auf dem Hintergrund einer müden Partei ist sinnlos«(111).

Ein Aktionsplan, drei Aktionsvorschläge sowie Musterbriefe und Textentwürfe für verschiedene Veranstaltungsformen zur Mitgliederwerbung und Anregungen zur Parteiarbeit ergänzten die Broschüre. Begleitet wurde diese Werbeaktion durch Artikel in den Parteimedien, in denen Notwendigkeit, Möglichkeiten und erste Erfolge der Mitgliederwerbung dargestellt wurden(112).

Diese Aktion hatte Erfolg: Von Dezember 1968 bis Dezember 1969 betrug der Nettozuwachs 16 991 neue Mitglieder (5,9 %). Seit Mitte der fünfziger Jahre war es der Partei nicht mehr gelungen, innerhalb eines Jahres einen derartigen Zuwachs zu erzielen. Der Grund dürfte darin liegen, daß die intensive politische Diskussion des Berliner Programms die gewünschte Mobilisierung auf Orts- und Kreisebene zur Folge hatte und daß die Bereitschaft und Fähigkeit der örtlichen Parteigliederungen, die von der Bundespartei kommende Anregung aufzugreifen, gestiegen waren. Der Bundestagswahlkampf im Jahre 1969 dürfte sich ebenfalls positiv auf die Mitgliederwerbung ausgewirkt haben.

6. Organisation, Finanzen und Parteiapparat

Seit Anfang der sechziger Jahre waren die großen Defizite der Parteiorganisation und des Parteiapparates, vor allem auf Bundes- und Kreisebene, unübersehbar und die innerparteilichen Forderungen nach grundlegender Verbesserung immer drängender geworden(113).Die Bundesgeschäftsstelle war politisch und organisatorisch nicht leistungsfähig, weil sie bis Anfang der sechziger Jahre kaum gefordert wurde und ihre kontinuierliche Finanzierung nicht gesichert war. Die Kreisverbände hatten aufgrund ihrer unsicheren Finanzlage ebenfalls einen schwach ausgebauten oder gar keinen hauptamtlichen Parteiapparat.

So bewegte sich die Parteiorganisation in einem Teufelskreis: Die örtliche Honoratiorenpartei mit wenig Mitgliedern und sporadischen Parteiaktivitäten war an Mitgliederwerbung nicht interessiert und dazu auch kaum befähigt; daraus resultierten eine inaktive Orts- und Kreispartei, unsichere Parteifinanzen und ein schwacher Parteiapparat. Die Defizite der Parteiorganisation kumulierten. Jede Parteireform mußte daher von Grund auf neu beginnen und glich einer Sisyphusarbeit, deren wichtigste Aufgabe zunächst die Durchbrechung dieses circulus vitiosus war.

Mit der Berufung von Dufhues zum Geschäftsführenden Vorsitzenden auf dem Bundesparteitag im Juni 1962 wurde auf Bundesebene eine wichtige Voraussetzung geschaffen, um mit einer grundlegenden Reform in der Partei beginnen zu können; erstmals war ein Spitzenpolitiker in hervorgehobener Position vordringlich für Fragen der Parteiarbeit verantwortlich. Dufhues plädierte auf dem Dortmunder Parteitag für die politische Eigenständigkeit der Partei gegenüber Regierung und Fraktion sowie die Aktivierung der Organisation auf allen Ebenen und kündigte Maßnahmen zur Belebung der innerparteilichen Diskussion, zur Mitgliederwerbung und Verbesserung der Parteifinanzen sowie zum Ausbau des Parteiapparates an(114).

Auch Adenauer sprach die Notwendigkeit des Ausbaus der Bundesgeschäftsstelle und der Landesgeschäftsstellen an und meinte, daß die CDU nunmehr »in die zweite Epoche dieser Partei« eintrete(115).

Dufhues veranlaßte als erstes die Bestandsaufnahme über Mitgliederzahl und -struktur sowie Stärke des hauptamtlichen Parteiapparates auf Kreis- und Landesebene, die im Dezember 1962 abgeschlossen wurde. Im Juli 1963 gab er im Bundesvorstand einen ersten umfassenden Bericht über die innere Verfassung der Partei(116). Darin stellte er fest, daß die Parteiorganisation auf der Ebene der Kreisverbände in einem »ziemlich traurigen Zustand« sei. »Wir stellen in weiten Bereichen der Landesverbände auf Kreisebene ...eine gewisse Erstarrung und wenig Leben fest«(117). Das Selbstverständnis als Honoratiorenpartei herrsche häufig vor, und in vielen Kreisverbänden bestehe ein Widerstand gegen Neuerungen und die Neuaufnahme von Mitgliedern. In der Mehrzahl der Kreisverbände stagniere daher die Mitgliederzahl, und nur in 30 % der Kreisverbände könne von einem Zuwachs gesprochen werden.

Das Netz der »Vertrauensleute« aus den fünfziger Jahren (ehrenamtliche Parteimitarbeiter auf Ortsebene, die von der Bundesgeschäftsstelle mit Werbematerial versorgt wurden) müsse reaktiviert und regelmäßig von seiten der Bundespartei mit Informati-

Tabelle 4: Parteiapparat auf Kreisebene 1964

Landesverband	Zahl Kreis-Verb.	Zahl Kreis-GeschSt.	davon in priv. Wohnung.	hpt. berufl. Mitarb.	neben-berufl. Mitarb.	ehren-amtl. Mitarb.	techn. Ausst.	Relation hpt.berufl. Mitarb./ CDU-Mi.
BW	73	48	6	61	–	7	+ –	0,16
B	12	12	4	9	1	3	+ –	0,12
HB	3	3	–	4	–	–	+ –	0,30
HH	7	7	–	10	1	1	+ –	0,39
H	48	28	3	33	–	–	–	0,16
NS	75	70	29	36	13	28	–	0,14
RH	41	41	3	88	3	3	+	0,15
WL	50	47	3	92	–	1	+	0,16
RP	51	38	17	24	2	13	–	0,07
S	10	10	–	14	2	–	+	0,09
SH	21	20	1	33	–	1	+	0,20
Insg.	391	324	66	404	22	57		0,14

Quelle: Organisationsstudie 1964

Erläuterungen zu technischer Ausstattung:
+ : überdurchschnittlich; + – : durchschnittlich; – : unterdurchschnittlich

onsmaterial versorgt werden. Als erstes werde ab Oktober 1963 eine von der Bundespartei initiierte und geförderte Mitgliederwerbeaktion durchgeführt, von der man sich bis zum April 1964 100 000 neue Mitglieder verspreche (s. vorangegangenen Abschnitt). Dufhues berichtete, daß er in einer Konferenz mit den Landesvorsitzenden am 8. 7. 1963 diese auf deren Aufsichtspflicht gegenüber den Kreisverbänden hingewiesen habe, da der Organisationsgrad und der Ausrüstungsstand der Kreisverbände katastrophal seien.

Erstes Ziel sei es, in jedem Bundestagswahlkreis eine funktionsfähige Kreisgeschäftsstelle einzurichten, wobei dies besonders in den Landesverbänden Niedersachsen, Rheinland-Pfalz sowie Bremen und Hamburg noch nicht gewährleistet sei. Um eine bessere und einheitliche Besoldung der hauptamtlichen Mitarbeiter der Partei zu erreichen, sollten künftig die Kreisgeschäftsführer von den Landesverbänden angestellt werden. Das Präsidium habe außerdem die Gründung eines Versorgungswerkes beschlossen, in das jährlich von der Bundespartei 700 000,– DM eingezahlt würden, um eine Zusatzaltersversorgung für die Mitarbeiter der Partei zu ermöglichen.

Für 1963 plante Dufhues einen erheblichen Ausbau der Bundesgeschäftsstelle, wobei er hauptsächlich die Abteilung Presse, Öffentlichkeitsarbeit und Werbung verstärken und einen neuen Informationsdienst für Parteiaktivisten herausgeben wollte. Ebenfalls für 1963 war der Aufbau des in seiner Parteitagsrede angekündigten »Studienzentrums« vorgesehen, das der Partei bei wissenschaftlichen Analysen und bei der Formulierung politischer Konzeptionen behilflich sein sollte.

Am 1. Oktober 1965 wurde die Organisationsstudie 1964 abgeschlossen, in der auch der Parteiapparat auf Kreisebene untersucht worden war. Wie aus Tabelle 4 zu entnehmen ist, hatten 1964 391 Kreisverbände 324 Kreisgeschäftsstellen (1962: 296 Kreisgeschäftsstellen), wovon 66 in Privatwohnungen untergebracht waren. Die 391 Kreisverbände hatten insgesamt 404 hauptamtliche, 22 nebenamtliche und 57 ehrenamtliche Mitarbeiter. Besonders deutlich waren die Organisationsdefizite in den Landesverbänden Hessen, Baden-Württemberg, Niedersachsen und Rheinland-Pfalz, während die Landesverbände Rheinland, Westfalen-Lippe und Schleswig-Holstein relativ gut ausgestattet waren.

Auf Bundesebene war 1964 das Amt eines CDU-Pressesprechers neu geschaffen und 1965 ein Studienzentrum bei der Konrad-Adenauer-Stiftung eingerichtet worden, das aber nach den Worten von Dufhues noch nicht voll funktionsfähig war(118) und auch später keine Bedeutung erhielt und wieder aufgelöst wurde. Im November 1964 hatte Dufhues die Grundsteinlegung für das neue Parteihaus der CDU noch vor der Bundestagswahl 1965 angekündigt (was aber nicht realisiert wurde), worin alle Mitarbeiter der Bundespartei, die bisher noch auf 8 verschiedene Häuser im Bonner Raum verteilt waren, untergebracht werden sollten(119).

Auf dem Bundesparteitag im März 1966 teilte Dufhues mit, daß 90 % aller CDU-Mitglieder in der Zentralen Mitgliederkartei erfaßt seien(120); der Parteitag legte in einem Beschluß fest, daß künftig der Mitgliedernachweis von seiten der Kreisverbände ausschließlich über die Zentrale Mitgliederkartei zu erfolgen habe.

Dufhues konnte zwar einige Verbesserungen im Parteiapparat der Bundesgeschäftsstelle durchsetzen und durch seine Anregungen einen langsamen Ausbau des Parteiapparates auf Kreisebene sowie ein partielle Aktivierung der örtlichen Parteiorganisation erreichen(121), aber einen entscheidenden Durchbruch erzielte er nicht. Dazu waren die Probleme und die Widerstände gegen Veränderungen zu groß, die Mitgliederbasis zu schmal und vor allem auch die finanzielle Lage der Partei zu unsicher. 63,5% aller Kreisverbände erhoben einen monatlichen Mitgliedsbeitrag von weniger als DM 1,– (122).

Seit dem Karlsruher Parteienfinanzierungsurteil von 1958 war die CDU in ihrer Finanzierung immer abhängiger von öffentlichen Mitteln geworden, da sie an Mitgliederbeiträgen, die bei den Landes- und Kreisverbänden verblieben, nur etwa zwei Millionen DM einnahm und die Spenden seit dem Karlsruher Urteil nur spärlich flossen. Der Haushalt der Bundesgeschäftsstelle in Höhe von etwa zwei Millionen DM wurde fast ausschließlich aus öffentlichen Mitteln und zu einem geringen Teil auch aus Spenden finanziert.

Um die Abhängigkeit der Partei von den öffentlichen Zuwendungen nicht zu groß werden zu lassen, beschloß der Bundesausschuß auf Vorschlag des Bundesvorstandes am 14. März 1964 gegen starken Widerstand einiger Landesverbände die Einführung einer Beitragsstaffel, die für alle Kreisverbände einheitliche Beitragszahlungen festlegte, deren Höhe abhängig vom monatlichen Nettoeinkommen war(123).

Die neue Beitragsstaffel wurde in einem gemeinsamen Schreiben des Parteivorsitzenden Adenauer, des Geschäftsführenden Vorsitzenden Dufhues und des Bundesschatzmeisters Burgbacher an alle Mitglieder mit der Bitte geschickt, ihren bisherigen Beitrag zu überprüfen. Die Beitragsstaffel sah als monatlichen Mindestbeitrag bei einem Nettoeinkommen von 400,– DM 1,– DM vor, während z. B. Mitglieder mit einem monatlichen Nettoeinkommen von 1201,– DM bis 1500,- DM bereits 12,– DM und Mitglieder mit einem monatlichen Einkommen von über 3500,– DM, 50,– DM an die Partei zahlen sollten.

Da die Kreisparteien in der Vergangenheit im wesentlichen durch Zuweisungen der Landesverbände finanziert worden waren, machte diese Neuregelung für die Kreisverbände eine grundsätzliche Umstellung ihres Finanzgebarens erforderlich, denn künftig sollten sie ihre Aktivitäten weitgehend selbst aus den Mitgliederbeiträgen finanzieren.

Das zweite Urteil des Bundesverfassungsgerichts zur Parteienfinanzierung vom 19.7.1966, das die pauschale Finanzierung der Parteien aus Steuermitteln für verfassungswidrig und nur eine Wahlkampfkostenerstattung für statthaft erklärte, hatte für die CDU katastrophale Folgen, denn ihre Einnahmen aus Spenden und Mitgliederbeiträgen waren viel zu gering, um die laufenden Kosten des Parteiapparates aufzubringen, geschweige denn finanzielle Reserven für die Führung von Wahlkämpfen zu schaffen.

Im Oktober 1966 befaßte sich der Bundesvorstand zum ersten Mal mit der neuen Situation. In einer Besprechung mit den Landesvorsitzenden wurden die Landesverbände dringend angehalten, endlich die 1964 beschlossene Beitragsstaffel anzuwenden, denn die Gesamteinnahmen der Partei aus Mitgliederbeiträgen waren immer noch nicht höher als 3 Millionen DM, was auf eine Nichteinhaltung der Beitragsstaffel schließen ließ. Aufgrund der schlechten Finanzlage mußten einige Kreisverbände bereits ihre Kreisgeschäftsführer entlassen. Nur der Landesverband Rheinland-Pfalz hatte keine finanzielle Probleme, da er die Mitgliederbeiträge anhand der Beitragsstaffel erhob und seine Einnahmen in den vergangenen Jahren erheblich erhöht hatte(124).

Auch die Bundespartei mußte aufgrund dieser veränderten Finanzlage drastische Sparmaßnahmen einleiten mit der Folge, daß z. B. das Erscheinen des »Union in Deutschland« (UiD), des Informationsdienstes für die Parteiaktivisten, eingestellt und Parteiangestellte entlassen wurden. Betrug die Zahl der Mitarbeiter in der Bundesgeschäftsstelle Ende 1965 noch 153, ging sie 1966 auf 110 und im Dezember 1967 noch 83 Mitarbeiter zurück(125).

Im Februar 1967 befaßte sich deshalb der Bundesvorstand ausführlich mit der schlechten Finanzlage(126). Um künftig von öffentlichen Mitteln und Spenden weniger abhängig zu sein, schlug Heck als Geschäftsführendes Präsidialmitglied eine Erhöhung der monatlichen Abgabe von 0,10 DM auf 0,50 DM vor, die die Landesverbände pro Mitglied an die Bundespartei zahlen sollten, was sie in der Vergangenheit aber nicht alle getan hatten.

Bundesschatzmeister Fritz Burgbacher wies darauf hin, daß die im Parteiengesetz vorgesehene Wahlkampfkostenerstattung in Höhe von 2,50 DM pro Wähler nicht für die Finanzierung der laufenden Ausgaben des Parteiapparates genutzt werden dürfe. Da die Spendeneingänge auch zu unsicher seien, müsse die Bundespartei auf eine sichere Einnahme durch Mitgliederbeiträge von seiten der Landesverbände rechnen können. Eine Erhöhung der Pauschale sei deshalb dringend notwendig.

Insbesondere der rheinland-pfälzische Landesvorsitzende Helmut Kohl unterstützte massiv diese Neuregelung, die bei zahlreichen anderen Landesvorsitzenden auf Widerstand stieß. Er betonte, »daß eine Partei in sich schon abgedankt hat, die nicht mehr in der Lage ist, sich zu einem Teil selber zu finanzieren, die also ausschließlich auf Spenden und öffentliche Kassen angewiesen ist«(127). Der durchschnittliche Mitgliedsbeitrag von 10.- DM pro Mitglied und Jahr sei eine Schande, denn dieser reiche noch nicht einmal aus, um die Portokosten eines Kreisverbandes zu bezahlen; man könne fast die Frage stellen, ob die CDU überhaupt eine demokratische Partei sei, denn wer keinen Beitrag zahle, dürfe in der Partei nicht mitstimmen und müsse aus der Partei ausgeschlossen werden. »Es ist doch skandalös, ... daß wir erst über ein Parteiengesetz in diesem Punkt zur innerparteilichen Demokratie kommen«(128).

Auf dem Bundesparteitag vom 22. bis 23.5.1967 in Braunschweig wurde die vorgeschlagene Erhöhung der Mitgliederpauschale für die Bundespartei beschlossen und gleichzeitig festgelegt, daß bei der Berechnung der Delegiertenzahlen auf dem Bundesparteitag nur diejenigen Mitglieder berücksichtigt werden würden, deren Mitgliedsbeiträge entrichtet worden seien.

Mit der Verabschiedung des Parteiengesetzes im Juli 1967 konsolidierte sich die Finanzlage der Bundespartei, weil sie Abschlagzahlungen auf die Wahlkampfkostenerstattung für die Bundestagswahl 1969 erhielt. In der Bundesvorstandssitzung im Juli 1967 konnte Generalsekretär Heck daher feststellen, daß die Finanzen der Bundespartei wieder geordnet wären, die Bundesgeschäftsstelle wieder voll funktionsfähig sei und die Informationsdienste und Publikationen der Bundespartei ab 1.10. wieder erscheinen würden(129).

Im Dezember 1967 beriet der Bundesvorstand erstmals den Etat der Bundesgeschäftsstelle aufgrund eines ihm vorliegenden Entwurfs(130). In der Vergangenheit hatten der Geschäftsführende Vorsitzende oder der Bundesgeschäftsführer nur über die wichtigsten Zahlen des Etats, der in einer Finanzkommission vorbereitet worden war, mündlich berichtet, ohne daß der Bundesvorstand nähere Einzelheiten erfuhr und daher nur das jeweilige Votum der Finanzkommission zustimmend zur Kenntnis nahm. Von 1967 an beschloß der Bundesvorstand den Haushalt in voller Kenntnis der Einzelheiten und übernahm damit auch die politische Verantwortung für die Finanzlage der Partei.

Im Oktober 1967 wurde die Bundesgeschäftsstelle unter Generalsekretär Heck umorganisiert und in vier Abteilungen gegliedert: Abteilung Presse, Öffentlichkeitsarbeit und Werbung sowie die Abteilungen politische Sachreferate, Organisation und Verwaltung(131). Gleichzeitig wurden auch neue Mitarbeiter eingestellt. Ende 1968 hatte die Bundespartei bereits 98 und Ende 1969 108 hauptamtliche Mitarbeiter, womit sie immer noch 45 Mitarbeiter weniger als Ende 1965 beschäftigte. Bundesgeschäftsführer Konrad Kraske betonte, daß man eher weniger und dafür qualifiziertere Mitarbeiter eingestellt habe, die allerdings auch höhere Gehaltsaufwendungen zur Folge hätten(132).

Im November 1969 wurden die hauptamtlichen Mitarbeiter aller Parteiebenen vom Generalsekretär zu einer zentralen Konferenz nach Köln eingeladen, auf der vor allem Fragen einer intensiven Parteiarbeit diskutiert wurden(133).

Auch der UiD wurde regelmäßig dazu genutzt, um konkrete Probleme der Parteiarbeit zu erörtern und den Kreis- und Ortsverbänden Anregungen für ihre Arbeit zu geben(134).

Parallel zur Straffung und zum Ausbau der Bundesgeschäftsstelle wurde 1967 auf Betreiben von Heck das Wissenschaftliche Institut der Konrad-Adenauer-Stiftung gegründet (WIKAS), das vor allem Wahlforschung betreiben und sozialwissenschaftliche Analysen erarbeiten sollte. Das Institut für Kommunalwissenschaften der Konrad-Adenauer-Stiftung (IFK) wurde Anfang 1971 gegründet. Die Aktivierung der langfristig ausgerichteten Stiftungsarbeit war auch deswegen möglich geworden, weil Heck 1968 gleichzeitig Vorsitzender der Konrad-Adenauer-Stiftung wurde(135).

Das Berufungsverfahren für die Fachausschüsse als Beratungsgremien des Bundesvorstandes wurde neu festgelegt, wobei die Initiative bei Generalsekretär und Bundesgeschäftsführer lag, deren Vorschläge im Präsidium beraten und durch den Bundesvorstand ergänzt wurden. Noch im Dezember 1967 setzte der Bundesvorstand folgende Fachausschüsse neu ein: Wirtschaftspolitik, Öffentlicher Dienst, Gesundheitspolitik, Sozial- und Agrarpolitik(136).

7. Parteireform in den sechziger Jahren: halbherzig und zu spät

Anfang der sechziger Jahre hatte die CDU die Defizite ihrer Organisation zur Kenntnis genommen und die Diskussion über Ziele und Schwerpunkte der Parteireform begonnen. Während der sechziger Jahre stand sie unter dem Zwang, ihre Organisation an die gewandelten gesellschaftlichen und politischen Rahmenbedingungen anzupassen, wenn sie weiterhin politisch erfolgreich sein wollte. Dies war der Ausgangspunkt und inhaltliche Kern der Auseinandersetzung um die Parteireform. Ende der sechziger Jahre hatte sie folgendes erreicht:

- Der Wandel im Selbstverständnis von einer christlichen Integrations- zur pluralistischen Volkspartei, die ihre Konflikte politisch austrägt und entscheidet, war erheblich fortgeschritten. Die Partei war zunehmend aus dem politischen Schatten von Regierung und Fraktion herausgetreten und hatte begonnen, ihre eigenständige politische Funktion wahrzunehmen.
- Die CDU schuf eine Willensbildungsstruktur, die den Parteitag zum zentralen Entscheidungsorgan machte, und eine funktionsfähige, dauerhafte Führungsstruktur, wie sie für demokratische Parteien mit hoher Mitgliederzahl typisch und unabdingbar sind. Das Instrument der Mehrheitsentscheidung in Sachfragen und bei Wahlen wurde auf Parteitagen zunehmend genutzt.
- Das in der CDU traditionell überzogene föderalistische Denken sowie die konfessionellen und regionalen Gegensätze wurden, gefördert durch den beginnenden Generationswechsel auf Landes- und Bundesebene, sukzessive zurückgedrängt zugunsten einer steigenden Bereitschaft zur Ein- und Unterordnung der jeweiligen Interessen unter die der gesamten Partei.
- Versuche, die Mitgliederzahl zu erhöhen und den Parteiapparat auf Bundesebene auszubauen, zeigten erste Erfolge.
- Mit dem Berliner Programm besaß die Partei eine politische Leitlinie als Grundlage für ihre künftige Arbeit.

Diese ersten bescheidenen Fortschritte in der Parteireform, die in den sechziger Jahren vor allem auf Betreiben von von Hassels, Dufhues und Heck erzielt wurden, sind eine Erklärung dafür, daß die CDU in der Opposition nicht das von Adenauer und anderen befürchtete Schicksal des Zerfalls erlitt.

Die Parteiorganisation war auf erhöhte Leistungsanforderungen nicht mehr völlig unvorbereitet, die mit dem möglichen Verlust der Regierungsverantwortung zwangsläufig auf sie zukamen. Bezeichnenderweise hatten die Parteivorsitzenden von 1950 bis 1969 – Adenauer, Erhard und Kiesinger – nur einen geringen oder gar keinen Anteil an diesen bescheidenen Erfolgen bei der Parteireform. Sie sind erreicht worden, weil Teile der engeren Parteiführung, insbesondere die für die Parteiarbeit zuständigen Politiker, mit jüngeren Politikern im Bundesvorstand, auf Landesebene, in den Vereinigungen kooperierten, so daß diese gemeinsam innerparteilichen Druck ausüben konnten mit dem Ziel, die Bedeutung und Leistungsfähigkeit der Partei zu erhöhen.

Die Parteiorganisation der CDU während der fünfziger Jahre empfand ihre Rolle als Hilfsorgan von Bundeskanzler und Bundestagsfraktion als ausreichend, und zu mehr wäre sie auch nicht in der Lage gewesen. In den sechziger Jahren hingegen ließ das Vertrauen in die Leistungsfähigkeit von Regierung und Fraktion zu Recht nach, da sie ohne Hilfe der Partei immer weniger die erforderlichen Aufgaben für das Gesamtsystem «Partei« erfüllen konnten. Der Veränderungsprozeß der Parteiorganisation angesichts der neuen Aufgaben und Anforderungen verlief quälend langsam und erfolgte in Schüben – für den Erhalt der Regierungsverantwortung waren die realisierten Reformen nicht ausreichend und kamen zu spät.

ZWEITER TEIL
(1969-1980)

I. Die Partei als Instrument zur politischen Willensbildung und Führung

1. Die Auseinandersetzung um die Oppositionsstrategie und den Parteivorsitz

Das Ergebnis der Bundestagswahl vom 28. September 1969 war im Vergleich zu früheren Bundestagswahlen mit 46,1% für die Unionsparteien durchaus gut, zumal sie wieder die stärkste Fraktion im Deutschen Bundestag stellten. Angesichts der knappen Mehrheitsverhältnisse für eine mögliche SPD/FDP-Koalition und der Tatsache, daß einige FDP-Abgeordnete des rechten Flügels eine Koalition mit der SPD ablehnten, bestanden anfangs vor allem bei dem amtierenden Bundeskanzler und CDU-Vorsitzenden Kurt Georg Kiesinger Hoffnungen, eine Koalition zwischen den Unionsparteien und der FDP herstellen zu können. Aber der FDP-Vorsitzende Walter Scheel und der SPD-Vorsitzende Willy Brandt hatten sich schon frühzeitig für eine gemeinsame Koalition entschieden[1], so daß mit Bildung der sozial-liberalen Koalition die CDU erstmals in die Opposition verwiesen wurde.

Der Verlust der Regierungsverantwortung nach einem erfolgreichen Wahlkampf und einem guten Wahlergebnis traf die Partei völlig unvorbereitet. Der plötzliche Wechsel in die Opposition machte die Lösung der noch aus den sechziger Jahren überkommenen unbewältigten Probleme der politischen und organisatorischen Reform der Partei um so dringlicher. Dabei handelte es sich vor allem um zwei Problemkomplexe: Zum einen mußte die CDU ihr politisches Modernitätsdefizit in der Innen- und Gesellschaftspolitik abbauen, in der ihr die Wähler keine überzeugenden politischen Leistungen mehr zutrauten, was auch die Verabschiedung des Berliner Programmes nicht geändert hatte; zum anderen war über die künftige Rolle der Partei in der Opposition zu entscheiden, wovon die Bewältigung der ungelösten Probleme der Parteireform abhingen, wie z. B. geringe Mitgliederzahl und einseitige Mitgliederstruktur, Inaktivität der örtlichen Parteigliederungen und schwacher Parteiapparat – alles Defizite der Organisation, die sich in der Opposition besonders negativ bemerkbar machten.

Mit diesen Problemen der politischen und organisatorischen Reform der Partei waren die Fragen der Oppositionsstrategie und der Oppositionsführung eng verbunden; es war zu entscheiden, wer der eigentliche Oppositionsführer und die Nummer Eins der CDU bzw. der Union sein würde, Barzel als CDU/CSU-Fraktionsvorsitzender oder Kiesinger als Parteivorsitzender und ehemaliger Bundeskanzler.

Während die Partei durch den Oppositionsschock noch wie gelähmt wirkte, fing sich die CDU/CSU-Bundestagsfraktion unter Barzel relativ schnell. Bereits im Oktober 1969 veranlaßte Barzel weitgehende Maßnahmen zur personellen und organisatorischen Verbesserung der Fraktionsarbeit. Der engere Fraktionsvorstand wurde erheblich verjüngt, der wissenschaftliche Mitarbeiterstab stark ausgebaut, der gesamte organisatorische und technische Apparat verstärkt und die Voraussetzungen für eine intensive Informations-, Beratungs- und Öffentlichkeitsarbeit geschaffen(2). Barzels Anliegen war es, von Anfang an der Regierung und der Öffentlichkeit zu beweisen, daß die Opposition in ihrer Gesetzesarbeit fachlich fundierter und schneller sei als die Regierungsfraktionen. Entsprechend ihrem Konzept der »kooperativen Opposition« erarbeitete die CDU/CSU-Fraktion in der 6. Legislaturperiode von 1969 bis 1972 insgesamt 122 Gesetzesinitiativen(3) zu innenpolitischen Fragestellungen und demonstrierte damit gleichzeitig ihren Führungsanspruch gegenüber der Partei.

Die CDU als Partei hingegen hatte erheblich größere Schwierigkeiten als die Fraktion, aus der neuen politischen Situation Konsequenzen zu ziehen und diese in praktische Maßnahmen umzusetzen. Bereits am 17./18.11.1969 fand der erste CDU-Bundesparteitag nach der verlorenen Bundestagswahl in Mainz statt, auf dem auch die Wahl der Führungsgremien anstand. Für grundlegende Folgerungen aus der Bundestagswahl fand der Parteitag viel zu früh nach der Wahl statt, deren Konsequenzen die Partei noch gar nicht verarbeitet hatte. Kiesinger kandidierte wieder für den Parteivorsitz ohne Gegenkandidaten und erhielt bei seiner Wahl 386 von 471 abgegebenen Stimmen.

Dieses vergleichsweise schlechte Wahlergebnis brachte die Zweifel des Parteitages zum Ausdruck, ob Kiesinger der richtige Parteivorsitzende sei, um die als notwendig erkannte Reform der CDU innerhalb der Oppositionszeit voranzutreiben und die Partei zum zentralen politischen Führungsorgan zu machen. Der frühe Parteitagstermin verhinderte auch die Aufstellung eines Gegenkandidaten.

Kiesinger hob auf dem Mainzer Parteitag hervor, daß die Zeit der fünfziger und sechziger Jahre, in denen die Führungsgremien der Partei eine eher untergeordnete und politisch ratifizierende Funktion gegenüber dem Bundeskanzler und der Fraktionsführung gehabt hätten, endgültig vorbei sei. »Jetzt aber stehen wir vor einer ganz neuen Situation. Unsere Entscheidungs- und Führungszentren müssen nun die zentralen Parteiinstanzen sein, d. h., daß sie in Stand gesetzt werden müssen, die Arbeit der Union im Bund, in den Ländern und in den Gemeinden zu führen und zu koordinieren(4).

Allerdings ließ Kiesinger den Parteitag darüber im unklaren, wie er als Parteivorsitzender die politische Führungsrolle der Partei wahrnehmen und zum Ausdruck bringen wollte, zumal er in seiner Rede den Schwerpunkt auf parteiorganisatorische Fragen legte(5). Die zahlreichen Diskussionsbeiträge auf dem Mainzer Parteitag vermittelten den deutlichen Willen der Partei, ihre neue Aufgabe in der Opposition »als eine Chance zur personellen, organisatorischen und sachlichen Erneuerung zu nutzen«, wie es im Beschluß des Parteitages zur künftigen Arbeit der Partei formuliert wurde(6). »Eine Reform der Parteiorganisation, die wohl noch bis zum Ende der Ära Kiesinger aufgeschoben bleibt, wird die ungewohnte Aufgabe der Oppositionspolitik, aber auch den Wandel im Wählerverhalten bisher CDU-treuer Schichten, die Lockerung der kirchlichen Bindung und Stützung sowie die Gefahr einer Verdrängung aus den Städten im Übergang zur modernen Industriegesellschaft meistern müssen«(7).

Wenn die Partei die Oppositionszeit zur Realisierung dieses Reformprogrammes nutzen wollte, mußte sie dafür den Zeitraum bis zur nächsten regulären Bundestagswahl im Jahre 1973 durch systematische, mittelfristig orientierte Arbeit nutzen. Andererseits legte die geringe und instabile Mehrheit der neuen Koalitionsregierung die Überlegung nahe, seitens der Unionsparteien den Schwerpunkt der Bemühungen auf eine möglichst schnelle Rückkehr in die Regierung zu legen. Beide Konzepte, die sich gegenseitig eigentlich ausschlossen, wurden innerhalb der CDU vertreten. Eine grundsätzliche Debatte über diese Alternative wurde nie geführt, eine verbindliche Entscheidung zugunsten des einen oder anderen Konzepts nie gefällt. Die Entscheidung für das Konzept der vorzeitigen Rückkehr in die Regierung machte notwendigerweise die Bundestagsfraktion zum politischen Führungszentrum der CDU, während bei der Entscheidung für die mittelfristig orientierte politische und organisatorische Reform der CDU die Hauptleistung von der Parteiorganisation zu erbringen war.

So sehr die Parteiführung – nicht zuletzt unter dem Erwartungsdruck der eigenen Partei und der Öffentlichkeit – die Notwendigkeit einer mittelfristig angelegten Regeneration der Partei in der Opposition betonte, so befürwortete sie doch gleichzeitig einen schnellen Regierungswechsel.

Kiesinger meinte auf dem Mainzer Parteitag dazu: »Im Bund werden wir darum kämpfen, so bald wie möglich wieder in die Regierung zu kommen«(8). Auch Kohl, auf dem Mainzer Parteitag zum stellvertretenden Parteivorsitzenden gewählt – aufgrund seiner verschiedenen Äußerungen in der Öffentlichkeit und seiner erfolgreichen Parteireformarbeit in Rheinland-Pfalz wurde er als einer der jüngeren gemäßigten Reformpolitiker angesehen – sagte als Tagungspräsident des Mainzer Parteitages: »Wenn es irgend geht, wollen wir nicht warten mit der Übernahme der Regierung in der Bundesrepublik Deutschland bis zur nächsten Wahl, daß das nur klargestellt ist«(9). Auch Generalsekretär Heck, der auf dem Mainzer Parteitag ausführlich und systematisch die Erarbeitung einer langfristig ausgerichteten Reformkonzeption begründet hatte, meinte: »Kurzfristig geht es darum, die derzeitige Bonner Koalition durch eine Regierung abzulösen, die eine zuverlässige parlamentarische Mehrheit hat«(10).

Im März 1970 diskutierte der Bundesvorstand unter anderem über die Strategie der Opposition. Barzel betonte in diesem Zusammenhang ohne Widerspruch, daß die augenblickliche Regierung so schnell wie möglich gestürzt werden müsse, da man nicht bis 1973 warten könne(11). In den parteiinternen Diskussionen wurden dafür vier Gründe angeführt:

- Die knappe Mehrheit der SPD/FDP-Koalition werde den Belastungen einer forciert vorangetriebenen, insbesondere beim rechten Flügel der FDP umstrittenen, Deutschland- und Ostpolitik nicht standhalten, weshalb die Koalition für die Ratifizierung der Verträge wahrscheinlich keine Mehrheit finden würde.
- Ein vorzeitiger Regierungswechsel könne die SPD/FDP-Koalition daran hindern,

eine als verhängnisvoll, mindestens aber als politisch dilettantisch und gefährlich angesehene Deutschland- und Ostpolitik in die Tat umzusetzen.

- Eine über vier Jahre arbeitende SPD/FDP-Koalition könne zahlreiche außen- und innenpolitische Fakten schaffen, die fast irreversibel wären, so daß in der Bundesrepublik die Weichenstellung für den Sozialismus vollzogen wäre.
- Mit der vorzeitigen Übernahme der Regierungsverantwortung durch die Unionsparteien hätten diese im Wahlkampf bessere Aussichten als bei einem Wahlkampf aus der Opposition heraus.

Neben dem Ziel der schnellstmöglichen Regierungsübernahme hatte Barzel gleichzeitig auch die Notwendigkeit der programmatisch-politischen Erneuerung und organisatorischen Reform der Partei hervorgehoben(12).

Die Haltung der Parteiführung war zu Beginn der Oppositionszeit also ambivalent: Auf der einen Seite sah man die Notwendigkeit einer grundlegenden Parteireform ein, gleichzeitig strebte man parallel und kurzfristig den Regierungssturz an. Daß aber die intensive Reformarbeit um so mehr darunter leiden könnte, je energischer man den vorzeitigen Regierungswechsel vorbereitete, wurde nicht deutlich gesehen oder verdrängt. Je näher die CDU-Führung sich ihrem kurzfristigen Ziel der Regierungsübernahme durch die Fraktionswechsler von seiten der FDP und später auch der SPD sowie durch die erfolgreichen Landtagswahlergebnisse wähnte, um so mehr geriet das mittelfristige Ziel der Parteireform in den Hintergrund.

Deshalb warnten frühzeitig diejenigen in der Partei, die sich für eine mittel- und langfristig orientierte Reformarbeit in der Opposition ausgesprochen hatten, vor der vorzeitigen Regierungsübernahme durch die Unionsparteien.

> »Jeder vorzeitige Regierungswechsel würde nur die Dolchstoß-Legende entstehen lassen, daß die sozialliberale Regierung auf dem Wege ihres Erfolges gemeuchelt worden sei. Diese Regierung hat im Guten wie im Schlechten bis zur nächsten Bundestagswahl die Regierung zu sein... Die CDU/CSU muß um die Regierung in der nächsten Bundeswahl kämpfen«,

so der CDU-Abgeordnete Dietrich Rollmann im Vorwort seines Buches(13). Auch die CDU-Abgeordneten Georg Gölter und Elmar Pieroth erörterten in dem von ihnen herausgegebenen Buch über die Union in der Opposition verschiedene Modelle zur Wiedergewinnung der Regierungsbeteiligung durch die Unionsparteien. Eine ihrer Annahmen war die vorzeitige Regierungsübernahme von seiten der Unionsparteien als Folge einer nicht mehr vorhandenen Mehrheit der SPD/FDP-Koalition. Diese Möglichkeit beurteilten sie als »für die Union und für die politische Atmosphäre in unserem Lande denkbar schlecht..., denn die Stärke der Union darf nicht in der Schwäche der Gegner bestehen. Die Union muß durch bessere Leistung das Rennen gewinnen und nicht durch die Unfähigkeit der Gegner«(14). Statt dessen empfahlen sie, daß sich die Union auf der Grundlage einer »dynamischen Vorwärtsstrategie« durch konstruktive Sachvorschläge als die bessere Alternative darstelle und dadurch die Wähler bei der nächsten regulären Bundestagswahl überzeuge(15).

In der Theorie-Zeitschrift SONDE, die dem RCDS und der JU nahesteht, wurden

Ende 1970 ebenfalls die Gründe gegen einen vorzeitigen Regierungswechsel mit dem kritischen Fazit vorgetragen: »Das Ziel der politischen, personellen und organisatorischen Erneuerung wird zunehmend aus den Augen verloren zugunsten des kurzfristigen und fragwürdigen Zieles des Regierungssturzes«(16).

Neben dem Zielkonflikt zwischen mittelfristig orientierter Parteireform und baldmöglicher Regierungsübernahme standen einer zielstrebigen Umsetzung des auf dem Mainzer Parteitag artikulierten Reformwillens auch die seit der Bundestagswahl 1969 nicht geklärte und bis zum Saarbrücker Parteitag im Oktober 1971 schwelende Führungfrage entgegen. Während der Regierungszeit der CDU war es bewährte Praxis, von der für kurze Zeit nur Ludwig Erhard abgewichen war, daß der Bundeskanzler gleichzeitig Parteivorsitzender war, womit er das wichtigste Partei- und das wichtigste Regierungsamt vereinigte, während der CDU/CSU-Fraktionsvorsitzende eine eher nachgeordnete Zuarbeiterfunktion innehatte. Mit dem Verlust der Regierung hätte es entsprechend diesem Modell nahegelegen, das Amt des Fraktions- und des Parteivorsitzenden in einer Person zusammenzulegen. Dies war aber nicht möglich, da der Fraktionsvorsitzende in der Fraktion unumstritten war und Kurt Georg Kiesinger keine Chance gehabt hätte, gegen ihn zu kandidieren, so daß für ihn das Amt des Parteivorsitzenden blieb. Barzel wiederum hätte (noch) keine Chance gehabt, erfolgreich für das Amt des Parteivorsitzenden gegen Kiesinger zu kandidieren.

Da in den Führungsgremien nie geklärt worden war, wer der eigentliche Oppositionsführer der Unionsparteien und damit auch der mögliche Kanzlerkandidat sei, bestand innerhalb der Fraktion anfangs Rivalität zwischen Barzel und Kiesinger, die sich aber schnell zugunsten von Barzel entschied, der sich schon nach wenigen Monaten zum unumstrittenen Oppositionsführer im Deutschen Bundestag profilierte. Kiesinger hingegen verstand sich offensichtlich zunächst als Kanzler im Wartestand, weil er auf eine baldige Regierungsübernahme durch die Unionsparteien hoffte.

An der täglichen, aufreibenden Kleinarbeit als Parteivorsitzender, die mit der Realisierung der politischen und organisatorischen Reform der Partei verbunden gewesen wäre, zeigte sich Kiesinger nicht sehr interessiert. Es gab daher in der CDU einige Vorbehalte gegen Kiesinger als Parteivorsitzenden, die sich auch in seinem Wahlergebnis auf dem Mainzer Parteitag niedergeschlagen hatten. Kiesinger ging auf diese Vorbehalte in seiner Rede auf diesem Parteitag ein, indem er betonte, »daß ich dieses Amt nicht übernommen habe, weil ich meinte, es bliebe schließlich nach den Ereignissen der letzten Wochen nichts anderes übrig, als daß ich für eine gewisse Übergangszeit noch das verbindende Element, die Klammer oder das Dach über der Union sein sollte. Wenn ich Parteivorsitzender bin, dann bin ich es ganz, sonst hätte ich für dieses Amt nicht kandidiert«(17).

Trotz dieser Beteuerung Kiesingers trat das Gegenteil ein, und er wurde in der Tat als »Dach über der Union« angesehen; die parteiinterne Kritik an der mangelnden Führungsfähigkeit und den fehlenden Reformbemühungen Kiesingers wurde im Laufe des Jahres 1970 immer stärker. Die sowohl parteiintern wie auch öffentlich geäußerte Kritik an Kiesinger machte deutlich, daß er Parteivorsitzender auf Abruf war. Bereits im März

1970 befaßte sich der Bundesvorstand mit dieser Führungsdiskussion, die Barzel als schädlich qualifizierte, wobei Kiesinger seinen Rücktritt andeutete, falls das Personalgerede nicht aufhöre(18).

Seit dem Herbst 1970 kristallisierte sich heraus, daß sowohl Kohl als auch Barzel bereit waren, auf dem nächsten Parteitag für den Parteivorsitz zu kandidieren, womit sich die Diskussion bereits im Stadium der Auseinandersetzung über Kandidaten befand.

Wie sehr die CDU-Führung durch diese Diskussion irritiert wurde, wird daran deutlich, daß auf einer Präsidiumssitzung, die kurz vor dem Düsseldorfer Parteitag im Januar 1971 stattfand, im Hinblick auf den bevorstehenden Bundesparteitag festgestellt wurde, daß ein möglicherweise eingebrachter Antrag auf Neuwahl des Präsidiums und des Bundesvorstandes satzungswidrig sei(19). Von da an beschäftigte die immer wieder aufflackernde Personaldiskussion die Führungsgremien in unregelmäßigen Abständen. Erst mit dem Verzicht Kiesingers auf eine erneute Kandidatur im Juli 1971 wurde die unübersichtliche Lage insofern geklärt, als die Partei auf dem Parteitag im Oktober 1971 zwischen Kohl und Barzel zu entscheiden hatte.

Mit dieser Personalalternative war aber gleichzeitig eine strukturelle Alternative verbunden, denn Barzel beanspruchte das Amt des Parteivorsitzenden, um damit Klarheit darüber zu schaffen, wer die »Nummer Eins« innerhalb der Unionsparteien und damit der künftige Kanzlerkandidat sei; Kohl hingegen betonte, daß er nur Parteivorsitzender werden wolle, um sich voll der Parteireform zu widmen, und plädierte daher für eine Trennung der Ämter des Partei- und des Fraktionsvorsitzenden. Mit der Personalentscheidung über den Parteivorsitz war also gleichzeitig eine Entscheidung über die beiden Führungskonzepte verbunden.

Zu diesem Konflikt über die Führungs- und Personalstruktur der CDU kam der Konflikt zwischen dem Generalsekretär Bruno Heck und dem Bundesgeschäftsführer Rüdiger Göb über die jeweiligen Funktionen und Kompetenzen hinzu. Göb forderte im September 1971 in einem Artikel der SONDE die Abschaffung der Position des Generalsekretärs, die Schaffung eines ersten stellvertretenden Vorsitzenden und die Stärkung der Position des Bundesgeschäftsführers als Chef des Parteiapparates(20).

Auf dem Bundesparteitag vom 4. bis 5.10.1971 in Saarbrücken wurde die seit über eineinhalb Jahren schwelende Führungskrise der CDU durch die Neuwahl des Parteivorsitzenden, des Generalsekretärs und der sonstigen Führungsgremien beendet. Zum ersten Mal in der Geschichte der CDU hatte der Parteitag zwischen zwei Kandidaten für den Parteivorsitz, Barzel und Kohl, zu entscheiden. Mit der Entscheidung für Barzel war die Zusammenfassung der Ämter des Fraktions- und Parteivorsitzenden in einer Person und damit gleichzeitig auch die Vorentscheidung für den Kanzlerkandidaten verbunden.

Barzel betonte auf dem Parteitag, daß es nur eine Nummer Eins geben könne. »Nur der Oppositionsführer im Bundestag wird erfolgreich bleiben, der nicht nur seiner Fraktion, sondern auch seiner Partei Autorität und Durchschlagskraft gibt. Schafft man zwei Zentren, eins im Bundestag und eins außerhalb, so halbiert das in dieser Lage die

Kraft«[21]. Gleichzeitig machte er Vorschläge zur Verbesserung der Parteiarbeit, der Koordination von Partei und Fraktion sowie zwischen CDU und CSU, um zum Ausdruck zu bringen, daß auch unter seinem Vorsitz die Parteireform vorangebracht werde.

Kohl plädierte für die Trennung von Fraktions- und Parteivorsitz, da nur ein Parteivorsitzender, der sich voll auf dieses eine Amt konzentriere, die dringend erforderliche Parteireform voranbringen könne. Kohl betonte, daß er die Kanzlerkandidatur nicht anstrebe und daß er sich als Parteivorsitzender selbstverständlich dem nominierten Kanzlerkandidaten unterordnen und ihm zuarbeiten würde. Bei seiner Wahl zum Parteivorsitzenden könnten also sowohl Rainer Barzel als auch Gerhard Schröder, der ebenfalls im Gespräch war, zum Kanzlerkandidaten nominiert werden.

Am deutlichsten wurden die Konsequenzen der alternativen Konzepte von Barzel und Kohl durch den Delegierten Kurt Biedenkopf herausgearbeitet. Barzel wolle Parteivorsitzender werden, um dadurch seine Kanzlerkandidatur abzusichern. Damit verstehe er die Partei im wesentlichen als Kanzlerkandidatenpartei zur Wiedereroberung der Kanzlerschaft. Kohl hingegen wolle den Ausbau der Partei zu einer echten Parteiorganisation. Die Frage sei, wie die Wahlen besser zu gewinnen seien: »Wie in der Vergangenheit als Kanzlerpartei oder als eine in der Zukunft schlagkräftige Organisation«[22]. Biedenkopf betonte, daß eine Reorganisation und Fortentwicklung der Partei sowie ihre programmatische Weiterentwicklung dringend erforderlich seien. Dies traue er angesichts der angestrebten Ämterkonzentration weder Barzel noch dem von ihm als Generalsekretär vorgesehenen früheren CDU-Bundesgeschäftsführer Kraske zu[23].

Die Entscheidung des Parteitages war eindeutig: 344 Delegierte stimmten für Barzel, 174 für Kohl. Mit der Wahl Barzels waren die Personal- und Strategiefragen entschieden.

2. Das Scheitern der Strategie zur vorzeitigen Rückkehr an die Regierung

Schon der scheidende Generalsekretär hatte in seinem Rechenschaftsbericht in Saarbrücken selbstkritisch festgestellt: »Sicher, wir haben uns zu lange als Regierungspartei im Wartestand verstanden und damit gerechnet, daß die Koalition zerbrechen werde; wir hätten uns früher auf vier Jahre Opposition einstellen müssen«[24]. Damit bestätigte er, daß das Ziel der vorzeitigen Regierungsübernahme bereits in den ersten beiden Jahren der Oppositionszeit immer stärker in den Vordergrund gerückt war.

Das eindeutige Votum des Saarbrücker Parteitages zugunsten von Barzel war gleichzeitig eine indirekte Entscheidung für das Konzept der baldigen Regierungsübernahme. Die Verunsicherung der Partei, die nach der verlorenen Regierungsbildung 1969 überall spürbar gewesen war und zu einer Diskussion über politische, personelle und organisatorische Veränderungen in der Opposition geführt hatte – insbesondere auf dem Mainzer Parteitag war dies deutlich geworden –, machte einem revitalisierten Selbstbewußtsein Platz.

Die veränderte Stimmung kam auch schon auf dem Düsseldorfer Parteitag im Januar 1971 zum Ausdruck, wo der noch in Mainz spürbare Reformimpuls wesentlich gebremst schien. Dazu hatten die Erfolge der CDU bei den Landtagswahlen am 14. Juni 1970 im Saarland, in Niedersachsen und in Nordrhein-Westfalen beigetragen, die für die FDP teilweise erhebliche Verluste brachten (in Niedersachsen und im Saarland blieb die FDP sogar unter der 5 %-Grenze) und das angeschlagene Selbstbewußtsein wieder stärkten. Die Landtagswahl in Hessen am 8.11.1970 setzte den positiven Trend der CDU, die 13,5 % der Stimmen hinzugewann, fort, während die SPD 5,1 % der Stimmen verlor und die FDP sich mit 10,1 % der Stimmen erstaunlich gut halten konnte. Im Oktober 1970 wechselten die FDP-Abgeordneten Mende, Starke und Zoglmann zur CDU.

Angesichts der Landtagswahlergebnisse und der Schwierigkeiten der Koalitionsparteien, ihre Mehrheit zu halten, fühlte sich die CDU im politischen Aufwind. Das Ziel der vorzeitigen Rückkehr an die Regierung schien in greifbare Nähe zu rücken. Wie überlegen sich die CDU bereits wieder fühlte, war daran abzulesen, daß im Oktober 1970 bereits die Prüfung von Neuwahlen angeregt wurde(25). Auch Kiesinger betonte in seiner Parteitagsrede in Düsseldorf noch einmal, daß die CDU jederzeit zu Neuwahlen bereit sei(26); ebenfalls hatten Rainer Barzel und Franz Josef Strauß auf einen baldmöglichen Regierungswechsel angespielt(27).

Die CDU-Führung ging offensichtlich davon aus, daß die Regierungskoalition für ihre Ostpolitik keine Mehrheit habe und deswegen entweder durch ein Mißtrauensvotum oder durch Neuwahlen ihr Amt verlieren würde. Bei dieser Einschätzung war es verständlich, daß Barzel auf eine baldige Entscheidung über die Nummer Eins der CDU und damit über den Kanzlerkandidaten drängte, die faktisch auf dem Saarbrücker Parteitag zu seinen Gunsten gefällt worden war. Er war damit als Partei- und Fraktionsvorsitzender sowie designierter Kanzlerkandidat der Union die entscheidende Führungsfigur der CDU. Mit ihm verband sich die Hoffnung von Partei und Fraktion, die ungeliebte Regierungskoalition baldmöglichst abzulösen.

Sowohl die Aussicht auf weitere Fraktionswechsler von der FDP und SPD zur Union hin als auch die positiven Landtagswahlergebnisse der CDU ließen das Ziel auch als realistisch erscheinen. Dazu mußte Barzel aber die Einigkeit der Unionsparteien insbesondere in der Deutschland- und Ostpolitik erhalten; die Innen-, Wirtschafts- und Gesellschaftspolitik wollte er zum zweiten Schwerpunktthema in der Auseinandersetzung mit den Koalitionsparteien machen. Gleichzeitig hatte er in Saarbrücken angekündigt, den politischen Regenerations- und organisatorischen Aktivierungsprozeß der CDU voranzutreiben, um bessere Voraussetzungen für die kommende Wahlauseinandersetzung zu schaffen. Mit diesem ambitionierten Programm, dessen Realisierung in außerordentlich kurzer Zeit anstand und mit erheblichen Risiken verbunden war, setzte sich Barzel selbst unter Erfolgszwang. Es war abzusehen, daß seine Stellung innerhalb von Partei und Fraktion in Gefahr geraten würde, falls er mit wesentlichen Teilen seines Programms scheitern würde.

Der Saarbrücker Parteitag hatte als Termin für die Nominierung des gemeinsamen Kanzlerkandidaten der Unionsparteien das Jahr 1971 festgelegt(28). Ab Oktober 1971 führte eine Verhandlungskommission des CDU-Präsidiums mehrere Gespräche mit der CSU, die am 29.11.1971 abgeschlossen und deren Ergebnisse am 30.11.1971 in gleichlautenden Erklärungen in Bonn und München veröffentlicht wurden(29). In diesem »Sachprogramm für die gemeinsame Arbeit der Unionsparteien« wurde den jeweiligen Parteiführungsgremien die Empfehlung gegeben, Barzel zum Kanzlerkandidaten der Union zu nominieren. Die wichtigsten Politikbereiche wurden darin nur relativ allgemein angesprochen.

In der Frage der Ostverträge konnte sich Barzel zwar noch einmal mit seiner Offenhalte-Politik durchsetzen, mit der er zu diesem Zeitpunkt ein Votum gegen die Verträge verhindern wollte. Aber die Tendenz in der CDU/CSU-Bundestagsfraktion, die Verträge abzulehnen, war unübersehbar. Dementsprechend empfahl der Bundesausschuß der CDU im Januar 1972 aufgrund einer Vorlage des CDU-Präsidiums, die in Gesprächen mit dem engeren Vorstand der CDU/CSU-Fraktion abgestimmt worden war, die Verträge abzulehnen, da sie den Interessen der Bundesrepublik nicht genügend Rechnung trügen(30). Des weiteren wurde der von Barzel vorgelegte Stufenplan zur Deutschlandpolitik befürwortet und die Anrufung des Bundesverfassungsgerichts wegen der Ostverträge, die vor allem die CSU anstrebte, offengelassen.

Parallel zur Vorbereitung der parlamentarischen Entscheidung über die Ostverträge, die auf eine Ablehnung hinausliefen, wurden die Vorbereitungen für ein konstruktives Mißtrauensvotum bzw. für Neuwahlen vorangetrieben. Eine wichtige Voraussetzung dafür, nämlich die Nominierung Barzels zum Kanzlerkandidaten der Unionsparteien, war wenige Wochen nach der Sitzung vom 29.11.1971 durch die Parteigremien von CDU und CSU erfolgt. Eine weitere Voraussetzung wurde auf der Klausurtagung des Präsidiums vom 22.11.1971 mit der von Barzel vorgeschlagenen Einsetzung eines Wahlkampfausschusses unter Leitung von Generalsekretär Konrad Kraske geschaffen(31). Im März 1972 berichtete Kraske im Präsidium über »Vorbereitungen zur Aufstellung eines Alarmplans für den Fall der vorzeitigen Neuwahl«(32), der sicherstellen sollte, daß alle erforderlichen Wahlkampfaktionen abrufbereit seien.

Die Landtagswahl in Baden-Württemberg am 23.4.1972 war für die CDU-Führung ein weiterer entscheidender Test für die Politik der Koalitions- und das Ansehen der Unionsparteien. Die CDU erreichte mit 52,9 % (+ 8,7 %) erstmalig in Baden-Württemberg die absolute Mehrheit, während die FDP mit 8,9 % (– 5,5 %) enttäuschend abschnitt und die SPD mit 37,6 % (+ 8,6 %) ihr bestes Wahlergebnis in Baden-Württemberg erreichte. Den Wahlsieg der CDU in Baden-Württemberg, in dem während des Wahlkampfes von seiten der Koalitionsparteien die Deutschland- und Ostpolitik zu einem zentralen Thema gemacht worden war, interpretierte die CDU-Führung als weiteren Beweis dafür, daß die Mehrheit der Wähler die Politik der sozial-liberalen Koalition ablehne und die der Unionsparteien befürworte(33). Gleichzeitig war am Wahltag der FDP-Abgeordnete Helms zur CDU übergewechselt, womit die sozial-liberale Koalition rechnerisch keine Mehrheit mehr im Deutschen Bundestag besaß.

Unter Berufung auf den Wahlerfolg in Baden-Württemberg und den Wechsel von Helms zur CDU schlug Barzel die Beantragung eines konstruktives Mißtrauensvotums vor, um vor der Ratifizierung der Verträge eine unionsgeführte Regierung zu bilden, die die Chance erhielt, die Verhandlungsergebnisse noch zu verbessern.

Präsidium und Bundesvorstand stimmten diesem Vorgehen zu, so daß am 27.4.1972 die Abstimmung über das konstruktive Mißtrauensvotum im Deutschen Bundestag stattfand, das aber scheiterte, weil Rainer Barzel zwei Stimmen aus der eigenen Fraktion fehlten(34).

Mit der am 28.4.1972 im Deutschen Bundestag stattfindenden Abstimmung über den Haushalt des Bundeskanzlers, der mit 247 zu 247 Stimmen abgelehnt wurde, war deutlich geworden, daß die sozial-liberale Regierungskoalition keine Mehrheit mehr besaß. Dies brachte die Partei- und Fraktionsführung der Union deshalb in Schwierigkeiten, weil nunmehr die Ratifizierung der Verträge vom Abstimmungsverhalten der Unionsparteien abhing, während bei einer stabilen Mehrheit der Koalitionsparteien ein negatives Votum der Unionsparteien für die Ratifizierung der Verträge folgenlos geblieben wäre. Barzel hielt es in dieser Situation nicht für vertretbar, bei dem ablehnenden Votum zu bleiben, da dann die Union für das Scheitern der Verträge verantwortlich gemacht werden könnte. Dies hätte ihr innenpolitisch den Vorwurf der entspannungsfeindlichen Nein-Sager-Partei eingebracht und sie außenpolitisch gegenüber den westlichen Verbündeten, die die Entspannungs- und Vertragspolitik zumindest offiziell unterstützt hatten, hoffnungslos isoliert. Ein ablehnendes Votum hätte den Unionsparteien auch bei der vorgezogenen Bundestagswahl beträchtlich geschadet.

Aus diesen Gründen unterstützte er den Versuch, durch eine gemeinsame Erklärung aller Fraktionen des Deutschen Bundestages, die die Bedenken der Unionsparteien ausräumten, die Ostverträge für die Union zustimmungsfähig zu machen. Vom 4. bis 15. Mai 1972 fanden daher zahlreiche Sitzungen des Präsidiums und Bundesvorstandes sowie des engeren Fraktionsvorstandes zur Erarbeitung und Beratung dieser gemeinsamen Erklärung statt. Der Bundesvorstand unterstützte die Position Barzels und stellte fest:

> »Dank der Grundsatztreue und der Beharrlichkeit der Union könnte sich eine Möglichkeit eröffnen, die Ostverträge durch die entscheidende Klarstellung, daß sie die deutsche Frage nicht präjudizieren und einem Friedensvertrag nicht vorgreifen, zustimmungsfähig zu machen. Der Bundesvorstand bittet daher Rainer Barzel, den eingeschlagenen Weg konsequent fortzusetzen«(35).

Nachdem die fünf Essentials der Union für die gemeinsame Erklärung der Bundestagsfraktionen von den Koalitionsparteien akzeptiert und die völkerrechtliche Verbindlichkeit geklärt war, votierten am 15. Mai 1972 Präsidium und Bundesvorstand in verhaltener Form für die Annahme der Verträge. In der Erklärung des Bundesvorstandes heißt es:

> »Die Bundestagsentschließung zu den Verträgen ist in ihrem Inhalt eindeutig. Wir handeln im Einklang mit den Verträgen, wenn wir unsere Politik auf diese Entschließung gründen«(36).

Gleichzeitig wies der Bundesvorstand in seiner Erklärung darauf hin, daß die CDU kein imperatives Mandat kenne und daher die letzte Entscheidung bei den einzelnen

Abgeordneten läge. Diese Erklärung war gegen zwei Stimmen bei einer Enthaltung angenommen worden. Daß diese Formulierung als Empfehlung zur Annahme der Verträge verstanden werden mußte, wird auch in dem Schreiben von Generalsekretär Kraske an die wichtigsten Funktions- und Mandatsträger der CDU vom 17.5.1972, in dem er die Haltung des Bundesvorstandes zur Ratifizierung der Ostverträge erläuterte, deutlich:

»Der Bundesvorstand kam nach langer Diskussion fast einmütig zu einem positiven Ergebnis«(37).

Auch Barzel äußerte sich auf der Bundesausschußsitzung am 12.6.1972 in Berlin, auf der er einen Bericht über die Ereignisse im Mai gab, entsprechend:

»Wir hatten uns also entschlossen, die Verträge im Bundestag und im Bundesrat nicht scheitern zu lassen«(38).

Da auch die entschiedensten Gegner der Ostverträge in der Bundestagsfraktion, Franz Josef Strauß und Werner Marx, in der Kommission zur Erarbeitung der gemeinsamen Erklärung aller Fraktionen mitgearbeitet hatten, und außerdem die von Strauß in einem Bild-am-Sonntag-Interview am 17. Mai genannten Bedingungen(39) erfüllt worden waren, konnte Barzel davon ausgehen, daß die CDU/CSU-Fraktion seiner Empfehlung, dem Moskauer und Warschauer Vertrag zuzustimmen, auch folgte. Da aber Strauß einen überraschenden Kurswechsel vornahm und nun wieder für eine Ablehnung der Verträge plädierte, standen sich in der Fraktion die Gegner und Befürworter der Verträge trotz der gemeinsamen Erklärung des Deutschen Bundestages nach wie vor unvereinbar gegenüber mit der Folge, daß die CDU/CSU-Fraktion sich bei der Abstimmung über die Verträge am 17.5.1972 der Stimme enthielt(40).

Damit hatte die Union einerseits der Bundesregierung die Zustimmung zu ihrer Vertragspolitik versagt, aber andererseits durch ihr Abstimmungsverhalten ein Scheitern der Verträge verhindert und die weitgehende Geschlossenheit der CDU/CSU aufrechterhalten. Die mangelnde Einigkeit der Unionsparteien in Grundfragen der Deutschland- und Ostpolitik war aber wiederum in aller Öffentlichkeit deutlich geworden, und Barzel hatte sich in einer für die Zukunft der Unionsparteien entscheidenden Frage nicht durchsetzen können.

Mit dem Verlust der parlamentarischen Mehrheit der Koalitionsparteien am 28.4.1972 war vorhersehbar, daß es vorzeitige Bundestagswahlen geben würde, zumal die CDU ein konstruktives Mißtrauensvotum nicht noch einmal versuchen wollte. Angesichts der bald bevorstehenden Neuwahlen und der Tatsache, daß die Unionsparteien auf dem Gebiet der Entspannungs-, Deutschland- und Ostpolitik kein überzeugendes Bild geboten hatten und der Dissens in diesen Fragen weiter bestand, war es um so notwendiger, daß die CDU auf dem Gebiet der Innen-, Wirtschafts-, Finanz- und Gesellschaftspolitik ein neues Feld fand, auf dem sie die Koalitionsparteien erfolgreich angreifen und ihre eigenen Alternativen herausarbeiten konnte.

Ursprünglich hatte die CDU-Führung in ihren ersten Überlegungen zur Oppositionsstrategie im Februar 1970 erwogen, in der Auseinandersetzung mit der Bundesregierung der Wirtschaftspolitik Vorrang vor der Deutschland- und Ostpolitik zu geben(41).

Bereits im April stellte das Präsidium demgegenüber die thematische Gleichrangigkeit der Deutschland-und Ostpolitik mit der Wirtschaftspolitik in der Auseinandersetzung mit der Regierungspolitik fest[42]. Im Bundesvorstand standen sich zwei Richtungen in dieser Frage gegenüber: Auf der einen Seite waren jene, die für eine moderatere Kritik an der Deutschland- und Ostpolitik der Bundesregierung und für die Konzentration auf innenpolitische Fragen plädierten; demgegenüber interpretierte die andere Gruppe die deutschland- und ostpolitischen Entscheidungen als eine Existenzfrage der Bundesrepublik Deutschland, weshalb sie die verhängnisvoll erscheinenden Pläne der sozialliberalen Regierung mit aller Härte bekämpfen wollten[43]. Die Auseinandersetzung blieb offen, da man sich nicht einigen konnte.

Obwohl das Präsidium insbesondere auf Betreiben von Stoltenberg durch Erklärungen zur Wirtschafts- und Finanzpolitik versucht hatte, diese zum zweiten entscheidenden Thema der Oppositionspolitik zu machen, dominierte im Bewußtsein der Öffentlichkeit, vor allem durch die Äußerungen der CDU/CSU-Bundestagsfraktion, der Streit um die Deutschland- und Ostpolitik, der in den Jahren 1970 und 1971 zunehmend alle anderen politischen Themenbereiche überdeckt hatte.

Vor dieser Gefahr hatten frühzeitig Ende 1969 jüngere Autoren in der SONDE gewarnt und das kardinale Problem künftiger Oppositionsstrategie angesprochen:

> »Die CDU muß von Anfang an den Fehler einer Opposition um jeden Preis vermeiden... Die CDU steht im gesamten Bereich der Außen- und Deutschlandpolitik vor der Gefahr, in eine Intransigenz abzurutschen, die sie politisch handlungsunfähig macht; vor allem dann, wenn die Regierung erste Erfolge vorweisen kann«[44].
>
> »Innerparteiliche Reform und Neuorientierung der CDU-Politik dürfen nicht durch ihre außen-und deutschlandpolitische Intransigenz unglaubwürdig werden«[45].

Wie sich in den Jahren 1970 und 1971 gezeigt hatte, waren die Unionsparteien dieser Gefahr doch erlegen, obwohl es immer wieder Ansätze gab, innenpolitische Fragen stärker in den Vordergrund zu stellen. Dies war auch erkennbar an der gemeinsamen Erklärung der beiden Verhandlungskommissionen von CDU und CSU vom 29.11.1971, worin neben außenpolitischen Problemen auch Fragen der Wirtschafts- und Finanzpolitik, der Bildungspolitik sowie der inneren Sicherheit angesprochen worden waren.

Im Januar 1972 beschäftigte sich das Präsidium aufgrund einer Vorlage von Generalsekretär Kraske unter anderem ausführlich mit Politik und Strategie der CDU[46]. Kraske betonte in seiner Ausarbeitung, die vom Präsidium einstimmig gebilligt wurde, die Notwendigkeit, das Ratifizierungsverfahren für die Ostverträge möglichst bis zum Sommer abzuschließen, »um die verbleibende Zeit bis zur Wahl zur Anlage einer neuen Strategie (Schwerpunkt: Europäische Einigung, innerdeutsche Beziehungen und menschliche Erleichterungen) nutzen zu können. Trotz der Aktualität außenpolitischer Fragen muß die Innenpolitik unser Feld bleiben und spätestens ab Sommer 1972 die Auseinandersetzung mit dem Gegner weitgehend bestimmen«[47]. In der Innenpolitik solle die Regierung vor allem angegriffen werden mit dem Argument, daß sie die Solidität, wirtschaftliche Stabilität und die Grundlagen der Sozialen Marktwirtschaft gefährde und die innere Sicherheit nicht garantieren könne.

Um diese innenpolitischen Schwerpunkte in der Öffentlichkeit auch deutlich zu machen, sollten Partei und Fraktion sich über einen Themen- und Zeitplan abstimmen und parlamentarische Initiativen zu Themen wie z. B. soziale Dienste, Lebenschancen in Ballungsräumen, Energiepolitik ergreifen, aber auch Fragen der Eigentumsbildung, Rentenreform und Berufsbildung sollten intensiver behandelt werden. Bereits am 24. 1. 1972 verabschiedete das Präsidium – diesen Überlegungen entsprechend – aufgrund einer Vorlage von Hans Katzer ein »Gesellschaftspolitisches Schwerpunktprogramm«, das unter diesem Titel veröffentlicht und auch an die Kreisverbände der Partei versandt wurde(48).

Aber trotz zahlreicher Initiativen und Aktivitäten der Bundestagsfraktion sowie der Parteiführungsgremien zu innenpolitischen Themen gelang es den Unionsparteien bis zum Sommer 1972 nicht, in der öffentlichen Auseinandersetzung mit der Regierungskoalition innenpolitischen Themen einen ähnlichen Stellenwert zu geben wie Fragen der Deutschland- und Ostpolitik. Noch viel weniger gelang es der Opposition, die Regierungsparteien damit in die politische Defensive zu drängen. Nach dem gescheiterten Mißtrauensvotum blieb den Unionsparteien bis zur Neuwahl des Deutschen Bundestages nur noch wenig Zeit, um entsprechende Akzente zu setzen.

Am 22. 9. 1972 löste der Bundespräsident den Deutschen Bundestag auf und legte Neuwahlen für den 19. 11. 1972 fest. Am 25. 9. befaßte sich der CDU-Bundesvorstand abschließend mit der Wahlkampfkonzeption der CDU. In seinem Referat betonte Kraske, der für den Wahlkampf verantwortlich war, daß die CDU einen zielgruppenorientierten Wahlkampf führen werde, der sich vor allem an die Grenz- und Wechselwähler mit einer politisch informierenden, argumentierenden Wahlkampfstrategie wende. Im Mittelpunkt des Wahlkampfes müsse die Auseinandersetzung mit der SPD stehen, wobei das Hauptthema die Wiedergewinnung der wirtschaftlichen, sozialen und inneren Stabilität der Bundesrepublik sei(49). Unter Berufung auf eine Umfrage stellte er fest, daß sich von Juni bis August das Ansehen der CDU/CSU zu Lasten der SPD verbessert habe:

> »Es bedeutet ein wahrscheinliches Patt zwischen CDU/CSU auf der einen Seite und der Koalition auf der anderen Seite mit einem Trend zur CDU/CSU«(50).

Nach dieser Untersuchung hätten Themen wie Preisstabilität, Verbrechensbekämpfung und die Bekämpfung radikaler Gruppen bei der Wählerschaft besondere politische Priorität, wobei in diesen Bereichen den Unionsparteien die größere Lösungskompetenz zugesprochen werde; die Fragen der Entspannungs- und der Sozialpolitik, worin die Koalitionsparteien einen Kompetenzvorsprung hätten, würden im Gegensatz dazu als weniger wichtig angesehen. Deshalb müßten die Unionsparteien die unterschiedlichen Themen des Wahlkampfes immer wieder »zu dieser Basisaussage: Stabilität gegen Inflation, Ordnung gegen Unsolidität« hinführen(51). Entsprechend diesem Wahlkampfkonzept lautete der Wahlkampfslogan der CDU: »Wir bauen den Fortschritt auf Stabilität«; zentrales Wahlplakat war ein Mannschaftsplakat, auf dem neben dem Spitzenkandidaten Rainer Barzel die Unionspolitiker Gerhard Schröder, Hans Katzer und Franz Josef Strauß zu sehen waren.

Auch der 20. CDU-Bundesparteitag vom 9. bis 11.10.1972 in Wiesbaden, der die heiße Phase des Bundestagswahlkampfes einleitete, legte den Schwerpunkt auf die Wirtschafts- und Gesellschaftspolitik. In seiner Rede äußerte sich Barzel ausführlich zu diesen Themen, während er sich zur Außen- und Deutschlandpolitik kurz faßte(52). Auf dem Parteitag wurde auch das Regierungsprogramm der Union für die nächste Legislaturperiode verabschiedet, das erstmals von Kommissionen der CDU und CSU erarbeitet und auf getrennten Parteitagen zur Abstimmung gestellt worden war. Auch in diesem Programm wurden zu Beginn die Wirtschafts- und Gesellschaftspolitik sowie die Bildungspolitik und weitere innenpolitische Themen behandelt und erst zum Schluß Fragen der Außen-, Sicherheits-, Deutschland-und Ostpolitik.

Die Problematik dieser Wahlkampfstrategie wurde spätestens in der Endphase des Wahlkampfes deutlich, als am 8.11.1972 der Grundvertrag zwischen der Bundesrepublik Deutschland und der DDR paraphiert wurde. In einem vertraulichen Brief an die wichtigsten Funktions- und Mandatsträger der Partei betonte Generalsekretär Kraske, daß das Thema 'Grundvertrag' möglichst im Zusammenhang mit den übrigen zentralen Wahlkampfthemen behandelt werden müsse, da der SPD von seiten der Wähler in der Deutschlandpolitik ein größeres Vertrauen entgegengebracht werde. Deshalb würde eine Auseinandersetzung um den Grundvertrag die Wähler eher gegen als für die Unionsparteien mobilisieren.

> »Ich warne vor allen Erklärungen, aus denen eine Ablehnung des Grundvertrages durch die CDU herausgelesen werden könnte. Es ist klar erwiesen, daß die SPD darauf nur wartet, um anhand solcher Erklärungen ihre ganze Wahlwerbung in der nächsten Woche darauf abzustellen, nun müsse der Wähler über Grundvertrag und Friedenspolitik entscheiden, nun sei klar, daß die SPD dafür und die CDU dagegen sei«(53).

Das Präsidium verabschiedete am 13. November eine Erklärung zum Grundvertrag, die ein abschließendes Votum dazu offenließ und die Wähler aufforderte, für die Unionsparteien zu stimmen, da nur eine unionsgeführte Bundesregierung ein besseres Verhandlungsergebnis vor Ratifizierung dieses Vertrages erzielen werde(54). So hatte das ungeliebte Thema der Deutschland- und Ostpolitik, das man im Wahlkampf tunlichst ausgeklammert hatte, die Unionsparteien kurz vor der Bundestagswahl wiederum eingeholt.

Das Wahlergebnis vom 19.11.1972 war mit 44,9% das schlechteste Ergebnis der Unionsparteien seit der Bundestagswahl 1953, und erstmals stellte die CDU/CSU nicht die stärkste Fraktion im Deutschen Bundestag. Das Wahlergebnis war insbesondere für den Kanzlerkandidaten Barzel eine Niederlage, weil er auf dem Saarbrückener Parteitag alle Kompetenzen verlangt und erhalten, viele Erwartungen geweckt hatte und nun für dieses Wahlergebnis verantwortlich gemacht wurde, was nur zu einem Teil berechtigt war.

Die erste Niederlage Barzels war das gescheiterte konstruktive Mißtrauensvotum; seine zweite die Enthaltung der CDU/CSU-Bundestagsfraktion gegenüber dem Moskauer und Warschauer Vertrag entgegen seinem ausdrücklichen positiven Votum. Es bedurfte nicht viel Prophetie, um vorauszusagen, daß Barzel diese dritte und letzte Niederlage politisch kaum überstehen würde. Aber Barzel resignierte nicht, sondern gab sich auch nach der Wahl betont kämpferisch und setzte sich offensiv mit seinen Kritikern auseinander. Auch die Ankündigung Kohls auf der Klausurtagung des Bundesvorstandes im Januar 1973, auf dem nächsten Parteitag erneut für den Parteivorsitz zu kandidieren, schien ihn nicht zu beeindrucken.

Am 9. 5. 1973 stand in der CDU/CSU-Fraktion die Abstimmung über den Beitritt der Bundesrepublik Deutschland zur UNO bei gleichzeitigem UNO-Beitritt der DDR auf der Tagesordnung. Die politischen Führungsgremien der CDU, sowohl Präsidium als auch Bundesvorstand und Bundesausschuß sowie die entscheidenden Gremien der CDU/CSU-Bundestagsfraktion, hatten den Beitritt zur UNO empfohlen. Barzel plädierte daher vor der Fraktion für ein »Ja« zum UNO-Beitritt, aber die CDU/CSU-Bundestagsfraktion entschied sich mit knapper Mehrheit dagegen, wobei die CSU geschlossen mit »Nein« votierte. Barzel fühlte sich zu Recht desavouiert und trat zurück. Es ist nicht auszuschließen, daß zahlreiche Abgeordnete der CDU/CSU-Fraktion nicht zuletzt deshalb gegen den UNO-Beitritt gestimmt hatten, um den Rücktritt Barzels zu provozieren; kurze Zeit später kündigte Barzel an, daß er für den Parteivorsitz nicht wieder kandidieren werde.

Bevor die Fraktion Karl Carstens zu seinem Nachfolger im Fraktionsvorsitz wählte (am 17. 5. 1973), mußten die zwischen CDU und CSU deutlich gewordenen Divergenzen ausgeräumt werden. In einem Schreiben an alle Funktions- und Mandatsträger der CDU stellte Generalsekretär Kraske die grundsätzlichen Aspekte heraus, die mit der Entscheidung der Fraktion gegen einen UNO-Beitritt und dem daraufhin erfolgten Rücktritt des CDU-Vorsitzenden Barzel vom Fraktionsvorsitz verbunden seien:

> »Der Entscheidung, die gestern in der Bundestagsfraktion zu treffen war, kam und kommt um so größere Bedeutung zu, als es hier nach den Erklärungen führender Repräsentanten unserer Partei zum ersten Mal um die Frage ging, ob die Union nach ihrem Nein zum Grundvertrag bereit ist, die gegen ihren Willen geschaffenen Realitäten anzuerkennen und ihre künftige Politik daran zu orientieren. Deswegen wirft der Rücktritt Rainer Barzels von seinem Amt als Fraktionsvorsitzender nicht nur personelle Probleme für die Fraktion, sondern zugleich wichtige Sachfragen für die künftige Politik der Union auf«(55).

Auch Barzel betonte auf der Bundesvorstandssitzung am 12. 5. 1973, daß sein Rücktritt aus sachpolitischen Gründen erfolgt sei, weshalb vor der Wahl des neuen CDU/CSU-Fraktionsvorsitzenden zunächst zwischen CDU und CSU die unterschiedlichen Auffassungen in deutschland- und gesellschaftspolitischen Fragen geklärt werden müßten(56). Barzel betonte, daß sich die CDU als reformerische Partei, als Partei der Mitte darstellen und die Gesellschaftspolitik zum Schwerpunkt erheben müsse. Deshalb sollten in den Verhandlungen mit der CSU konkrete Ergebnisse in Fragen der Mitbestimmung, des Bodenrechts, der beruflichen Bildung und zur Außenpolitik erzielt werden. »Nach der Verabschiedung des Grundvertrages gegen uns müssen wir den Anschluß an die Weltpolitik finden. Wir werden, meine Freunde, so fürchte ich, keinen Wahlsieg erringen, wenn der Eindruck entsteht, die Union sei außenpolitisch isoliert«[57]. Die Deutschen könnten eine außenpolitische Isolierung von den westlichen Freunden nicht gebrauchen, weshalb auch eine Mitarbeit bei den Konferenzen von Wien und Helsinki erforderlich sei. Er plädierte für den Versuch zur Kooperation mit der Regierung in außenpolitischen Fragen. »Wir müssen der Tendenz rechthaberischen Beharrens widerstehen und uns zu entschlossenen Schritten nach vorn entscheiden.«[58]

Entsprechend dieser von Barzel vorgegebenen Linie betonte der Bundesvorstand die Notwendigkeit der Fortführung der CDU/CSU-Fraktionsgemeinschaft und empfahl, »daß vor der in der kommenden Woche stattfindenden Neuwahl des Fraktionsvorsitzenden die notwendigen Sachgespräche zwischen CDU und CSU über die Politik der Union nach Inkrafttreten des Grundvertrages und zu wichtigen gesellschaftspolitischen Entscheidungen geführt werden«[59]. Gleichzeitig beschloß der Bundesvorstand auf Vorschlag Barzels, die Neuwahl der Parteiführung auf einen gesonderten Parteitag vor der Sommerpause vorzuverlegen, während sich der geplante Hamburger Parteitag vom 8. bis 10. Oktober 1973 ausschließlich mit Fragen der Gesellschaftspolitik befassen sollte.

Die Gespräche zwischen CDU und CSU brachten zu Fragen der Mitbestimmung, der beruflichen Bildung sowie der Medienpolitik und des Bodenrechts eine partielle Einigung, wobei eine Fortsetzung der Gespräche nach dem Wahl-Parteitag der CDU im Juni 1973 vereinbart wurde[60]. Die Gegensätze zwischen CDU und CSU waren noch einmal mühsam überbrückt worden.

Mit der Bundestagswahl 1972 und dem ein halbes Jahr später vollzogenen Rücktritt Barzels von seinen beiden Spitzenämtern des Fraktions- und CDU-Vorsitzenden endete eine wichtige Ära in der Oppositionszeit der CDU. Sie kann im Nachhinein als eine Übergangsphase bezeichnet werden, in der die CDU sich unter großen Mühen von ihrem Selbstverständnis als Regierungspartei löst und zu dem der Oppositionspartei findet. Angesichts der knappen Mehrheitsverhältnisse der Koalitionsparteien im Deutschen Bundestag hat sich die CDU von Anfang an eher als Regierungspartei im Wartestand denn als Opposition verstanden; je mehr die sozial-liberale Mehrheit durch die Koalitionswechsler abbröckelte, um so stärker rückte das Ziel der vorzeitigen Regierungsübernahme in den Vordergrund des politischen Interesses und der politischen Bemühungen.

Diese Ausgangssituation hat es der CDU erschwert, sich mit ihrer ungewohnten Rolle als Oppositionspartei zu identifizieren und daraus die entsprechenden Konsequenzen zu ziehen.

Während der Oppositionszeit von 1969 bis 1972 hatte die CDU drei grundlegende Fragen zu klären; sie mußte entscheiden über die personelle und strukturelle Zusammensetzung ihrer Führung in Partei und Fraktion, über ihre Oppositionsstrategie, von der abhing, ob die politische Führungsrolle durch die Partei oder durch die Fraktion wahrgenommen wurde, und über die Schwerpunkte und Inhalte ihrer politischen Aktivitäten in der Opposition.

Die Führungsfrage blieb zunächst ungeklärt und wurde dann auf dem Saarbrücker

Parteitag zugunsten von Rainer Barzel entschieden. Während der Amtszeit Kiesingers als Parteivorsitzender und erst recht nach der Übernahme des Parteivorsitzes durch Barzel nahm die CDU/CSU-Bundestagsfraktion die Führungsrolle gegenüber der Partei wahr, die im politischen Entscheidungsprozess nur eine eher marginale Funktion innehatte. Sowohl das Ziel der vorzeitigen Rückkehr an die Regierung als auch der Streit über die Deutschland- und Ostpolitik hatte diese Rollenverteilung zur Folge.

Durch diese Entwicklung war gleichzeitig auch die Entscheidung über die Oppositionsstrategie gefallen. Die Partei hatte ein zu geringes eigenständiges Gewicht, um diese Tendenz korrigieren zu können. Die CSU konnte innerhalb der Bundestagsfraktion einen entscheidenden Einfluß gewinnen, weil die CDU in zentralen Fragen sowohl der Deutschland- und Ostpolitik als auch der Gesellschaftspolitik uneinig war. Hier wirkten sich die Versäumnisse der sechziger Jahre negativ aus, in denen zu viele inhaltliche Fragen innerhalb der CDU nicht geklärt worden waren.

Der Versuch der Unionsparteien, durch ein konstruktives Mißtrauensvotum wieder an die Regierung zu kommen, war durchaus legitim, aber politisch mehr als riskant; denn selbst bei einem erfolgreichen Mißtrauensvotum wäre es fraglich gewesen, ob die Unionsparteien angesichts ihrer grundlegenden politischen Gegensätze überhaupt zu einer überzeugenden Regierungsarbeit fähig gewesen wären. Im übrigen zeigte die öffentliche Reaktion auf das konstruktive Mißtrauensvotum, daß ein vorzeitiger Regierungswechsel zu diesem Zeitpunkt nicht als legitim angesehen wurde. Daß die Unionsparteien in der vorgezogenen Bundestagswahl 1972 einen schweren Stand haben würden, war absehbar. Nunmehr rächte sich die harte Konfrontationspolitik in der Deutschland- und Ostpolitik und die Vernachlässigung innen-und gesellschaftspolitischer Fragen in der Auseinandersetzung mit den Regierungsparteien. Um so weniger verständlich ist die Fehleinschätzung der Wahlaussichten, der die CDU-Führung unterlag(61).

Die Oppositionszeit von 1969 bis 1972 war für die CDU auch deswegen ein Übergangsstadium, weil sie sich mit ihrer Oppositionsrolle nicht gänzlich identifizierte. Erst das Bundestagswahlergebnis von 1972 klärte die Situation: die CDU befand sich nun auf unabsehbare Zeit in der Opposition. Die CDU hatte nur eine Chance, in die Regierungsverantwortung zurückzukehren, wenn die sozial-liberale Regierungskoalition entscheidende Fehler machte und sie selbst den politischen, personellen und organisatorischen Regenerationsprozeß in der Opposition vollzogen hatte, zu dem sie von 1969 bis 1972 Gründen nur begrenzt in der Lage war. Trotz dieser Widrigkeiten hat es in diesem Zeitraum einige ernsthafte Parteireformansätze gegeben, deren Ergebnisse aber erst ab 1973 spürbar zur Wirkung kamen.

3. Erste Ansätze zur Parteireform in der Opposition

Für die Analyse der Ansätze zur Aktivierung der Parteiorganisation, zum Ausbau des Parteiapparates und zur Neuformulierung politischer Inhalte während der Oppositionszeit von Ende 1969 bis zum Bonner Parteitag im Juni 1973 bietet sich an, den

Zeitraum in zwei Phasen einzuteilen: Die erste Phase unter Kiesinger als Parteivorsitzendem und Heck als Generalsekretär reicht vom Beginn der Oppositionszeit bis zum Saarbrücker Parteitag im Oktober 1971, während die zweite Phase den Zeitraum unter Barzel als Parteivorsitzendem und Kraske als Generalsekretär bis zum Bonner Parteitag im Juni 1973 umfaßt. Diese Einteilung ist sinnvoll, weil die Parteireformbemühungen von 1969 bis 1973 durch die jeweils gefällten Personalentscheidungen stark beeinflußt worden sind, wobei die zweite Phase zusätzlich durch das Bundestagswahlergebnis von 1972 bestimmt wird.

a) unter Kiesinger/Heck

Der Mainzer Parteitag vom 17. bis 18.11.1969 war für die CDU die erste Gelegenheit, ausführlich über die Konsequenzen des Regierungswechsels für die künftige Arbeit der Partei zu diskutieren. Der Bundesvorstand hatte sich aus Zeitgründen nicht in der Lage gesehen, eine Beschlußvorlage zu den Konsequenzen aus der Wahl zu erarbeiten. Das Bedürfnis der verschiedenen Parteigliederungen nach einer gründlichen Erörterung der künftigen Politik der CDU war aber derartig ausgeprägt, daß die Parteiführung auf der Bundesausschußsitzung am 8.11.1969 einer von Kohl vorgetragenen Forderung entsprach und einem Sonderparteitag im Herbst 1970 zustimmte, der sich mit Politik und Strategie der CDU in der Opposition beschäftigen sollte(62). Damit konnte auf dem Mainzer Parteitag eine Generaldiskussion stattfinden, während weitergehende inhaltliche Beschlüsse auf diesen Sonderparteitag verwiesen werden konnten.

Gleichzeitig stand die Neuwahl der Führungsgremien auf der Tagesordnung. Da der Parteivorsitzende Kiesinger wiedergewählt wurde und Generalsekretär Heck nicht zur Wiederwahl anstand, blieben die wichtigsten Führungsämter unverändert. Bei den fünf stellvertretenden Vorsitzenden gab es einen weitgehenden Führungswechsel, denn nur der mit einem relativ schlechten Ergebnis (267 von etwa 460 abgegebenen Stimmen) wiedergewählte Gerhard Schröder war auch in der vorangegangenen Wahlperiode stellvertretender Vorsitzender gewesen. Die übrigen stellvertretenden Vorsitzenden Hans Katzer, Helmut Kohl, Stoltenberg und Helga Wex wurden neu in dieses Amt gewählt. Der bisherige stellvertretende Vorsitzende Dufhues und der hessische CDU-Landesvorsitzende Alfred Dregger erhielten nicht die erforderliche Stimmenzahl(63).

Von den zwanzig Beisitzern wurden zwölf neu in den Bundesvorstand gewählt. Sie stellten mit Ausnahme von Aenne Brauksiepe (vorher stellvertretende Vorsitzende) und Konrad Kraske (vorher Bundesgeschäftsführer) die nachrückende Parteigeneration aus den Landesverbänden bzw. Vereinigungen dar, wie z. B. Heinrich Windelen (Westfalen-Lippe), Alfred Dregger (Hessen), Manfred Schäfer (Saarland), Jürgen Echternach (JU, Hamburg), Wilfried Hasselmann (Niedersachsen), Peter Lorenz (Berlin), Eduard Adorno (Baden-Württemberg), Christian Schwarz-Schilling (Hessen), Norbert Blüm (CDA)(64). Sowohl dem Präsidium als auch dem Bundesvorstand gehörten also mehrheitlich Politiker an, die in Mainz erstmalig gewählt worden waren. Dies zeigt, welch weitgehender Generationswechsel 1969 auf der Ebene unterhalb des Parteivorsitzenden und des Generalsekretärs stattfand.

Die Diskussion über die Konsequenzen des Wechsels der CDU in die Opposition stand in der Kontinuität der seit der großen Koalition wieder intensivierten innerparteilichen Auseinandersetzung über die Parteireform. Ende der sechziger Jahre waren mehrere Publikationen jüngerer Unionspolitiker erschienen, in denen sie ihre Vorstellungen über Ziel und Maßnahmen der Parteireform entwickelt hatten(65). Die dort und in anderen Publikationen aufgestellten Forderungen nach politischen und organisatorischen Veränderungen erhielten durch den Wechsel in die Opposition ihre besondere Rechtfertigung und Resonanz in der Partei. Diesem Erwartungshorizont entsprechend hielt Generalsekretär Heck auf dem Mainzer Parteitag eine breit angelegte »Reformrede«, die auf große Resonanz bei den Delegierten stieß. Heck arbeitete heraus, daß das politische Profil der CDU durch ihre Aufbauarbeit in den fünfziger und sechiger Jahren geprägt sei, was auch das Berliner Programm von 1968 nicht grundlegend habe ändern können.

> »Dieses politische Profil ist noch immer das der 50er und 60er Jahre, nicht das des Jahrzehnts, das vor uns liegt. Wer an uns denkt, verbindet damit zunächst den Gedanken an die Herkunft, weniger den an die Zukunft unseres Landes... Nun scheint es, als erwarte man von einer Partei nicht mehr so sehr die Bewahrung des Prinzipiellen, sondern Bewährung in der Leistung – und dies nicht nur im Heute, im Gegenteil, mehr noch für das Morgen...»(66).

Die CDU müsse ein langfristiges Konzept erarbeiten, um die Entwicklung der siebziger Jahre politisch gestalten zu können. Die CDU leide unter einer strukturellen Unausgewogenheit ihrer Wähler und unter dem ständigen Stimmenzuwachs der SPD. Insbesondere bei den jüngeren Wählern, den urbanen Mittelschichten, den jungen, berufstätigen Frauen habe die CDU stark an Attraktivität verloren. Die CDU müsse sich von einer Gesinnungspartei zu einer modernen Leistungspartei fortentwickeln.

> »Es wird für uns entscheidend werden, ob wir die neuen Motive, Leistungsfähigkeit und Fortschrittlichkeit, auf uns zu beziehen verstehen, ohne dabei das Vertrauen in unsere Zuverlässigkeit zu verlieren... Neue Entwicklungen zu ignorieren, sich gegen Reformen zu wenden, weil sie tief greifen und überkommene Ordnungen kräftig verändern, wird weitgehend nicht als Garantie für Stabilität begrüßt; man fürchtet eher, man werde die Zukunft versäumen«(67).

Diesen Intentionen entsprachen auch die Rede Barzels(68) und die meisten Diskussionsbeiträge(69). Einigkeit bestand darin, daß sich die CDU für die erwähnten Wählerschichten und deren politische Erwartungen öffnen und Themen wie Bildungspolitik, Mitbestimmung, Vermögensbildung, Rolle der Frau, Städtebau, Umweltschutz vorrangig bearbeiten müsse. Ebenso einmütig wurden in den zahlreichen Beiträgen eine intensivere Diskussion mit abschließender Entscheidung innerhalb der Partei, der Ausbau des Parteiapparates und die Verbesserung der Parteiarbeit vor Ort gefordert.

Voraussetzung für jede Parteireform war aber, daß die Bundespartei überhaupt ein eigenständiges politisches Gewicht erhielt. Sowohl Kiesinger als auch Heck betonten daher, daß in der Vergangenheit die Politik der CDU weitestgehend durch Regierung und Fraktion bestimmt worden sei, während die Partei nur eine eher ratifizierende Funktion gehabt habe(70).

Heck betonte die Notwendigkeit, die 1968 begonnene Entwicklung der CDU-Parteitage von Rede- zu Diskussions- und Entscheidungsparteitagen fortzusetzen.

»Wir wollen das sein, als das wir uns zum ersten Mal in Berlin vorgestellt haben, die Partei der Mitglieder. Die Politik der Union darf in Zukunft nicht mehr ohne die Mitglieder und ohne ihre Repräsentanten gemacht werden – sozusagen über ihre Köpfe hinweg... Es wird Zeit, daß die Partei vom Kopf auf die Füße gestellt wird«(71).

Die Bundespartei reklamierte damit erstmals deutlich ihre Führungsrolle gegenüber der CDU/CSU-Bundestagsfraktion, den Parteigliederungen und gegenüber den von ihr gestellten Landesregierungen.

Wiederholt wurden die Forderungen nach Mitgliederwerbung, nach Ausweitung der hauptamtlichen Mitarbeiterzahl und nach Verbesserung der Leistungsfähigkeit des Parteiapparates sowie nach einer besseren Informations- und Öffentlichkeitsarbeit, wozu eine gesicherte Finanzierung der Partei auf breiterer Grundlage erforderlich war. Kiesinger kündigte auf dem Mainzer Parteitag den Bau eines Parteihauses in Bonn an, in dem die Mitarbeiter der Bundesgeschäftsstelle zentral untergebracht werden sollten (was Dufhues bereits für das Jahr 1965 angekündigt hatte).

Die Reformdiskussion des Mainzer Parteitages mündete in eine Aufforderung an den Bundesvorstand, eine Kommission einzusetzen, die ein Reformkonzept unter Berücksichtigung der neuen Aufgabe als Opposition zu entwickeln habe, über das auf dem Bundesparteitag 1970 entschieden werden sollte. Dabei sei zu berücksichtigen, »daß die Politik der Union insbesondere der jüngeren Generation, der Großstadtbevölkerung und Arbeitnehmerschaft verständlich und annehmbar gemacht wird«(72). Des weiteren wurden personelle Erneuerung, Abbau von Doppelfunktionen innerhalb der Partei, größere innerparteiliche Demokratie, Aufbau einer leistungsstarken Organisation und parteipolitischer Bildungseinrichtungen gefordert.

Trotz der schwelenden Führungsfrage wirkte sich die neue Oppositionsrolle aktivierend auf die Führungsgremien aus, deren Arbeit gestrafft und effizienter wurde. Das Präsidium tagt in der Regel wöchentlich bzw. vierzehntägig, der Bundesvorstand viermal im Jahr. Zu jeder Sitzung gab es eine schriftliche Einladung mit Angabe der Tagesordnung und häufig einen Entwurf für eine aktuelle politische Erklärung, die von den Führungsgremien verabschiedet und der Öffentlichkeit übergeben wurde. Das Präsidium beschloß eine Aufgabenverteilung, die jedem Mitglied politische Sachbereiche und Landesverbände zur Betreuung und Verantwortung zuwies(73). Diese eigentlich selbstverständlichen Arbeitsregeln für politische Führungsgremien waren von der CDU in den sechziger Jahren keineswegs konsequent praktiziert worden.

Eine weitere Neuerung stellten die in unregelmäßigen Abständen durchgeführten Gespräche des Präsidiums mit wichtigen Verbänden wie zum Beispiel den Gewerkschaften, Vertriebenenorganisationen, dem Bauernverband, Beamtenbund und den Kirchen dar. Diese Gespräche sollten den Kontakt der CDU zu gesellschaftlichen Gruppen wiederherstellen und Anregungen für Schwerpunkte in der politischen Arbeit der Partei geben.

Da die Unionsparteien im Bundesrat eine knappe Mehrheit hatten, mußte das

Präsidium die Politik der CDU/CSU-Bundestagsfraktion mit den Unionsvertretern im Bundesrat koordinieren. Deswegen fanden ab 1970 zahlreiche Sitzungen des Präsidiums mit den Ministerpräsidenten und/oder den Wirtschaftschafts- und Finanzministern sowie den Bildungsministern der unionsregierten Länder statt, in denen eine gemeinsame politische Linie erarbeitet wurde. Dies waren erste Anzeichen dafür, daß die Bundespartei mit Hilfe des Präsidiums begann, ihre politische Führungsaufgabe gegenüber den Ländern wahrzunehmen. Die Koordination der Politik der CDU/-CSU-Bundestagsfraktion mit der der Landtagsfraktionen der Union fand über die reaktivierte Fraktionsvorsitzenden-Konferenz statt, wobei es vor allem auf bildungspolitischem Gebiet Einigungsprobleme gab[(74)].

Im März 1970 legte der im Januar neu berufene Bundesgeschäftsführer Rüdiger Göb Präsidium und Bundesvorstand ein Konzept zur Verbesserung der Parteiarbeit und zum Ausbau der Bundesgeschäftsstelle vor. Darin setzte er folgende Schwerpunkte: Verbesserung der Information, Koordination und Kommunikation zwischen Bundespartei sowie Landes- und Kreisverbänden; Mitgliederwerbung; Aufbau eines Instrumentariums zur systematischen Personalpolitik; Intensivierung der Öffentlichkeitsarbeit[(75)].

Zusammen mit dem Haushalt der Bundesgeschäftsstelle genehmigte der Bundesvorstand im Juni 1970 die Neuorganisation der Bundesgeschäftsstelle in sieben Abteilungen: Innere Verwaltung; Personalplanung; Organisation; Politik; Öffentlichkeitsarbeit; Information; Presse, Rundfunk und Fernsehen[(76)]. Im Vergleich zur seit 1967 bestehenden Organisationsstruktur waren die verselbständigten Abteilungen für Personalplanung, Öffentlichkeitsarbeit und Information neu, wobei die letzten beiden Abteilungen und die politische Abteilung besonders stark ausgebaut werden sollten. Diese Umstrukturierung und Ausweitung der Abteilungen waren Folge der erhöhten Anforderungen, die an die Bundespartei gestellt wurden, seit ihr der Sachverstand des Regierungsapparates nicht mehr zur Verfügung stand.

Aber schon seit Mitte 1970 verschlechterte sich die Finanzsituation der CDU erheblich, so daß sie auf den geplanten Ausbau der Bundesgeschäftsstelle, insbesondere auf die Anstellung neuer Mitarbeiter, verzichten mußte. Im Mai 1970 mußte die Parteiführung einer Kreditaufnahme in Höhe von zwölf Millionen DM zustimmen, damit die Bundesgeschäftsstelle überhaupt weiterhin arbeitsfähig war. Dies war nötig geworden, weil die CDU-Führung in der Endphase des Bundestagswahlkampfes 1969 zusätzliche Wahlkampfausgaben, die nicht im Wahlkampfhaushalt vorgesehen waren, genehmigt hatte, weil ihr Spendenzusagen gemacht worden waren, die aber nach der Wahl nicht eingehalten wurden. Es handelte sich um einen Betrag von etwa sechs bis acht Millionen DM. Gleichzeitig warf die Finanzierung des beschlossenen Neubaus für die Parteizentrale Probleme auf, weil die drei Millionen DM, die über eine Bausteinaktion (Verkauf von Besitzanteilscheinen) in den Kreisverbänden aufgebracht werden sollten, nicht eingenommen werden konnten. Außerdem hatte sich der Spendeneingang im Jahre 1970 erheblich verringert.

Von den Landesverbänden erhielt die Bundesgeschäftsstelle für ihre Aufgaben pro

Mitglied und Monat 0,50 DM, was bei 300 000 Mitgliedern (die CDU hatte im Dezember 1969 303 532 Mitglieder) 1,8 Millionen DM einbrachte. Dies hatte zur Folge, daß sowohl der Haushalt der Bundesgeschäftsstelle für 1970 wie für 1971 mit einem erheblichen Defizit abschloß, obwohl zur Finanzierung der laufenden Ausgaben bereits Spendeneinnahmen verwandt wurden.

Im April 1971 einigten sich Präsidium und Bundesvorstand mit den Landesvorsitzenden auf ein radikales Sanierungskonzept zur Neuordnung der Finanzen und beschlossen folgende Maßnahmen:

- Verzicht der Landesverbände auf die Wahlkampfkostenerstattung von seiten der Bundespartei.
- Die Bundestagsfraktion und alle Landtagsfraktionen zahlen eine einmalige Spende an die Bundespartei.
- Publikationen der Bundespartei, die die Bundestagsfraktion und die Landesverbände bisher kostenlos erhielten, müssen künftig bezahlt werden.
- Verlegung des Parteitages von Hamburg nach Saarbrücken.
- Jeder Kreisverband zahlt pro Mitglied einen einmaligen Sonderbeitrag in Höhe von 10,– DM an die Bundespartei.

Zur langfristigen Stabilisierung der Finanzlage der Bundespartei wurde beschlossen:

- Antrag auf dem nächsten Bundesparteitag, den von den Landesverbänden pro Mitglied und Monat abgeführten Betrag an die Bundespartei auf 1,– DM zu erhöhen.
- Einrichtung eines zentralen Finanzbüros zur Koordination des Finanz- und Spendenwesens der Bundespartei, der Landesverbände sowie der Bundestagsfraktion und der Landtagsfraktionen.
- Beratung aller Haushaltspläne der Parteigliederungen (Bundespartei, Landesverbände, Bundesvereinigungen) in einer Finanzkommission.
- Koordination aller wirtschaftlicher Tätigkeiten der Partei durch die Union Betriebsgesellschaft (UBG)(77).

Diese drastischen Beschlüsse, die erst nach heftigem Widerstand einiger Landesverbände durchgesetzt werden konnten, stellten einen bis dahin einmaligen Vorgang in der Geschichte der CDU dar, denn erstmals wurden die Landes- und Kreisverbände sowie die Fraktionen durch Beschluß eines Bundesparteigremiums verpflichtet, erheblich zur Finanzierung der Bundespartei beizutragen. Die Annahme dieser weitreichenden Vorschläge signalisiert die Bereitschaft der Landesverbände, der Bundespartei eine politische und organisatorische Eigenexistenz und -funktion zuzugestehen.

Unter dem Zwang der Verhältnisse begann die CDU auch in ihrer Finanzorganisation von einer ausschließlich föderalistisch orientierten Struktur Abschied zu nehmen, die der Bundespartei keine, den Landesverbänden aber weitestgehende Autonomie zuwies. Diese Entscheidungen waren eine Bewährungsprobe für die Fähigkeit der CDU, aus der neuen Aufgabe als Oppositionspartei organisatorische und strukturelle Konsequenzen zu ziehen.

Während der Ausbau des Parteiapparates wegen der Finanzprobleme stockte, schien die Weiterentwicklung politisch-inhaltlicher Aussagen der CDU schneller voranzugehen. Bereits im Dezember 1969 hatte der Bundesvorstand eine Programmkommission unter Vorsitz von Helmut Kohl und Heinrich Köppler berufen, die insgesamt 87 Mitglieder umfaßte(78). Der Bundesvorstand hatte auf Vorschlag des Präsidiums neun Themenschwerpunkte festgelegt: Deutschland-, Ost- und Europapolitik; Soziale Marktwirtschaft; Vermögensbildung; Mitbestimmung; Schul- und Ausbildungsreform, berufliche Bildung; Verhältnis Bund-Länder, Neugliederung des Bundesgebiets; Familienpolitik; soziale Sicherheit (Krankenversicherung); Städtebau und Raumordnung. Aufgabe der Programmkommission war es nach Aussage von Bundesgeschäftsführer Kraske, »Vorschläge für eine Fortschreibung und Präzisierung des Berliner Programms« vorzulegen, wobei sich Kraske auf den entsprechenden Mainzer Parteitagsbeschluß berief(79). In diesem Beschluß war allerdings von einer Fortschreibung des Berliner Programms keine Rede gewesen, sondern von der Notwendigkeit, aufgrund einer sorgfältigen Analyse der Bundestagswahl unter Berücksichtigung der neuen Aufgaben der Opposition ein Reformkonzept zu entwickeln.

Durch diese eigenwillige Interpretation des Parteitagsbeschlusses von seiten des Bundesvorstandes erfolgte eine Anbindung an das Berliner Programm, um die Erarbeitung eines neuen Programms zu verhindern. Dieses Verfahren sollte demonstrieren, daß die CDU auch in der Opposition die politische Linie des Berliner Programms von 1968 nicht verließ. Ein »Godesberg der CDU« sollte nicht stattfinden.

Mit der Uminterpretation des Mainzer Beschlusses wurde der Spielraum für die Programmdiskussion erheblich eingeschränkt, da es nur noch um Fortschreibung und Präzisierung des Berliner Programms ging; neue Akzente konnten daher als Abkehr vom Berliner Programm interpretiert werden und gerieten dadurch unter besonderen Begründungszwang.

Die Programmkommission tagte zum ersten Mal am 20.1.1970 und beendete ihre Arbeit nach drei weiteren Plenarsitzungen 21.6.1970, wobei die vier Unterkommissionen mehrfach zusätzlich getagt hatten.

Anfang Juli erhielten alle Parteimitglieder den im »Deutschen Monatsblatt« veröffentlichten Entwurf der Programmkommission mit der Aufforderung an alle Parteigliederungen, ihre Änderungswünsche bis zum 19.9.1970 bei der Bundespartei einzureichen. Angesichts der bevorstehenden Sommerpause blieb also wenig Zeit für eine intensive Beratung des Programmentwurfs. Trotz dieser Frist wurden mehrere hundert Stellungnahmen eingereicht. Die Kritik richtete sich im wesentlichen gegen die Teile, die eine erkennbare inhaltliche Fortschreibung des Berliner Programms darstellten (z.B. Demokratieverständnis, Gliederung des Programms, Soziale Marktwirtschaft als gesellschaftspolitisches Programm, Befürwortung von Vereinbarungen mit der DDR, Ungültigkeitserklärung des Münchner Abkommens)(80).

Auf einer Klausurtagung erarbeitete der Bundesvorstand vom 26. bis 28.11.1970 seinen Entwurf für die Fortschreibung des Berliner Programms, der die Antragsgrundlage für den Parteitag darstellte. Die wesentlichen Veränderungen, die der Bundesvorstand vornahm, berücksichtigten die angesprochenen, besonders kontroversen Themenbereiche und schrieben sie auf das bisherige Programmniveau der CDU zurück. Deshalb wurde der Entwurf des Bundesvorstandes auch in der Öffentlichkeit zutreffend als »Rückschreibung der Fortschreibung« charakterisiert(81). Insbesondere aus Kreisen der Jungen Union wurde der Programmentwurf des Bundesvorstandes massiv kritisiert(82).

Zur umstrittenen Frage der Mitbestimmung in Großunternehmen hatte der Bundesvorstand bei der Zusammensetzung des Aufsichtsrates mehrheitlich für sechs Eigentumsvertreter, vier Arbeitnehmervertreter und zwei weitere Mitglieder, die durch die Eigentums- und Arbeitnehmervertreter gemeinsam kooptiert werden sollten, votiert, aber gleichzeitig ein abweichendes Minderheitsvotum der CDA-Vertreter zur Diskussion gestellt. In dieser Frage schien der Bundesvorstand also einen Kompromiß gefunden zu haben, der gute Aussichten hatte, auf dem Parteitag eine Mehrheit zu erhalten.

Der Programmentwurf des Bundesvorstandes wurde auf dem Parteitag vom 25. bis 27.1.1971 in Düsseldorf – wenn man von der Mitbestimmungsfrage absieht – ohne gravierende Veränderungen verabschiedet, wenngleich zahlreiche Änderungsanträge durch Mehrheitsentscheidungen oder auf dem Wege des Kompromisses Berücksichtigung fanden. Die Junge Union, die mit zahlreichen Anträgen die wesentlichen Formulierungen der Programmkommission wiederherstellen wollte, konnte immerhin sechzehn ihrer Anträge durchsetzen(83).

In der Auseinandersetzung um die Mitbestimmungsregelung setzte sich überraschend mit einer knappen Mehrheit von 259 Ja- zu 253 Nein-Stimmen der Antrag des Landesverbandes Hessen durch, der eine 7:5-Regelung im Aufsichtsrat zugunsten der Anteilseigner vorsah, womit automatisch die Vorlage des Bundesvorstandes abgelehnt war(84). Diese empfindliche Niederlage in einer entscheidenden Frage war darauf zurückzuführen, daß der hessische Landesvorsitzende den Parteitag mit seinen Argumenten beeindruckt und vom Bundesvorstand niemand den eigenen Antrag entschieden und überzeugend vertreten hatte. Dies wurde von mehreren Delegierten kritisiert und als mangelnde politische Führungskraft interpretiert(85).

Insbesondere auch gegen Helmut Kohl wurden in diesem Zusammenhang von der Jungen Union Vorwürfe erhoben, weil er gegen den Antrag des Vorstandes gestimmt, obwohl er ihn in der Debatte noch verhalten befürwortet hatte(86).

Das in Düsseldorf verabschiedete Berliner Programm, 2. Fassung, kann nur als kleiner Fortschritt in der programmatischen Entwicklung der CDU angesehen werden, was sich insbesondere auf die Aussagen in der Bildungs-, Wirtschafts- und Sozialpolitik bezieht(87). Aber es entsprach nicht dem vom Mainzer Parteitag geforderten grundlegenden Reformprogramm, mit dem neue Wählerschichten gewonnen werden sollten. Der in Mainz noch spürbare Reformschwung war in Düsseldorf weitestgehend verflogen.

Auf dem Düsseldorfer Parteitag diskutierte die CDU zum zweiten Mal nach dem Berliner Parteitag von 1968 in aller Öffentlichkeit kontrovers über Sachfragen, die durch Mehrheitsvoten der Delegierten – teilweise gegen die Parteiführung – entschieden wurden.

»Den größten Respekt auf dem Parteitag verdienten letztlich die Delegierten. Sie diskutierten ebenso offen wie sachlich, mit so viel Engagement und auf so hohem Niveau, daß die Auseinandersetzungen als Musterbeispiel für parlamentarische Debatten dienen konnten. Unabhängig vom Ergebnis der Abstimmungen waren die Streitgespräche über die Mitbestimmung und die Oder/Neiße-Grenze die Höhepunkte des Kongresses. Berlin brachte 1968 für die CDU den Durchbruch zu einer Partei der Diskussion. In Düsseldorf festigte sich dieses neue Selbstverständnis des Plenums. Das ist für die Demokratie in der Bundesrepublik insgesamt ein Gewinn«(88).

b) unter Barzel/Kraske

Auf dem Saarbrücker Parteitag im Oktober 1971, mit dem die erste Phase endet und die zweite Phase beginnt, setzte sich der 1969 begonnene Generationswechsel in den Führungsgremien fort. Neben den Veränderungen bei den Spitzenpositionen wurde Walther Leisler Kiep zum neuen Schatzmeister gewählt. Bei der Wahl für die Beisitzer im Bundesvorstand konnten sich fünf neue Mitglieder durchsetzen (Gerd Langguth, Egon Lampersbach, Ernst Müller-Hermann, Rudolf Seiters, Friedrich Vogel), wobei Langguth, Seiters und Vogel eher der reformorientierten Gruppe zuzurechnen waren und Lampersbach und Müller-Hermann die Interessen des Mittelstandes vertraten.

Der scheidende Generalsekretär Heck stellte in seinem »Erfahrungsbericht« unter anderem fest, daß die Landtagswahlerfolge der CDU in den vergangenen Monaten vor allem auf die ablehnende Haltung der Wähler gegenüber den Regierungsparteien und weniger auf die Zustimmung zur Politik der Union zurückzuführen seien(89). Heck verwies darauf, daß sich in wichtigen Wählergruppen neue Erwartungen an die Innen-und Gesellschaftspolitik richteten, die mit der Realisierung von mehr Humanität und mehr Wahlmöglichkeiten für den einzelnen verbunden seien; auch in der Außenpolitik seien Hoffnungen auf Frieden und Ausgleich mit dem Osten spürbar, auf die sich auch die CDU einstellen müsse.

Zur Klärung parteiorganisatorischer Fragen regte er die Einsetzung einer Organisationskommission und zur Untersuchung der gesellschaftlichen Veränderungen und deren Konsequenzen für die Programmatik der CDU die Berufung einer Grundsatzkommission an.

Obwohl die Ereignisse und Auseinandersetzungen des Jahres 1971 eine systematische Parteiarbeit erheblich erschwerten, versuchten Barzel als neuer Vorsitzender und Kraske als neuer Generalsekretär bei der Reorganisation der Parteiarbeit Fortschritte zu erzielen. Entsprechend den Ankündigungen und Vorschlägen auf dem Saarbrücker Parteitag berief der Bundesvorstand im Dezember 1971 die Mitglieder der Grundsatzkommission, deren Vorsitz Richard v. Weizsäcker übernahm, mit dem Auftrag, einen ersten Bericht zu den politischen Herausforderungen der Zukunft zu erarbeiten. Gleichzeitig legte er die Zusammensetzung der Organisationskommission fest, die Vorschläge zur Verbesserung der Arbeit der Partei und ihrer Organisationsstrukturen entwickeln sollte(90).

Im Januar 1972 diskutierte das Präsidium anhand einer Vorlage Kraskes neben

Strategiefragen auch die Schwerpunkte künftiger Parteiarbeit. Zur Verbesserung der parteiinternen Information schlug er vor, Fragen und Modelle der Parteiarbeit in den Parteimedien ausführlicher zu behandeln, die Auflage des UiD zu erhöhen und Schnellbriefe zur vertraulichen Information an die Führungskräfte zu versenden(91). Ein weiterer Schwerpunkt sollte neben der Intensivierung der Öffentlichkeitsarbeit die Mitgliederwerbung sein, von der man sich bis zum Jahresende erhoffte, die Zahl von 400 000 Mitgliedern zu erreichen. Die Aktivierung der Mitglieder- und Beitragswerbung sollte durch die Festlegung von Planzielen und deren Kontrolle verstärkt werden.

Nachdem Präsidium und Bundesvorstand die Vorschläge gebilligt hatten(92), beriet am 21. 2. 1972 das Präsidium mit den Landesvorsitzenden, Landesgeschäftsführern sowie Vorsitzenden und Geschäftsführern der Vereinigungen ausführlich die verschiedenen Vorschläge Kraskes(93), um sie in die Tat umzusetzen. Die vorgezogene Bundestagswahl erschwerte aber die Realisierung dieser Vorhaben.

Trotz dieser Ereignisse, die eine systematische Parteiarbeit behinderten, konnte Kraske auf dem Wiesbadener Parteitag im Oktober 1972 darauf hinweisen, daß sich die Finanzlage der Partei stabilisiert und die innerparteiliche Kommunikation verbessert habe. Die Organisationskommission habe Reformvorschläge erarbeitet, der erste Bericht der Grundsatzkommmission werde noch auf diesem Parteitag durch v. Weizsäkker vorgetragen und das 400 000ste Mitglied der CDU werde begrüßt, so daß die vom Präsidium vorgegebene Planzahl für den 31. 12. 1972 bereits Mitte Oktober erreicht worden sei(94).

Nach der schweren Niederlage der Unionsparteien bei der Bundestagswahl am 19. 11. 1972 brach die 1969 auf dem Mainzer Parteitag begonnene und dann bald abgeebbte Reformdiskussion wieder auf. Die SONDE-Autoren meldeten sich wieder mit Reformthesen zu Wort, in denen sie ihre seit 1969 entwickelten Forderungen zusammenfaßten(95), die Bundesvorstandsmitglieder Christian Schwarz-Schilling (Hessen) und Gerd Langguth (RCDS-Vorsitzender) entwickelten »Überlegungen zu einer langfristigen CDU-Politik«(96) und die Sozialausschüsse forderten eine »Vereinigung der fortschrittlichen Kräfte« innerhalb der CDU(97). Der frühere Generalsekretär Heck kritisierte die Entwicklung der CDU zur »Fraktionspartei« und wiederholte seine auf dem Saarbrücker Parteitag formulierten Reformforderungen(98).

Diese und andere Vertreter der Gruppierungen in der CDU wiederholten im wesentlichen das, was in der Reformdiskussion Ende der sechziger und Anfang der siebziger Jahre formuliert worden war. Neben der grundsätzlichen Diskussion über Ziele und Schwerpunkte künftiger Unionsarbeit wurde insbesondere aus dem Landesverband Hessen die Wahlkampfführung, die maßgeblich von dem Leiter des Sozialwissenschaftlichen Forschungsinstituts der Konrad-Adenauer-Stiftung, Professor Werner Kaltefleiter, und Generalsekretär Konrad Kraske konzipiert worden war, kritisiert. Hauptvorwurf war, daß die Wahlkampfführung zu einseitig die Fragen der ökonomischen Stabilität in den Vordergrund gerückt und die Auseinandersetzung über die Deutschland- und Ostpolitik vermieden habe(99).

Richtig an der Kritik war, daß die Stabilitätsproblematik in der Öffentlichkeit schwer zu vermitteln war und die Union wahrscheinlich mit einer offensiven Argumentation in der Deutschland- und Ostpolitik ihre Stammwähler eher mobilisiert hätte.

Auf der Klausurtagung des Bundesvorstandes im Januar 1973 wurden Analyse und Konsequenzen aus dem Wahlergebnis beraten. Parteivorsitzender Barzel hob hervor, daß die CDU bereits in den 60er Jahren die geistige Führung verloren und auf die gesellschaftlichen Strukturveränderungen nicht rechtzeitig reagiert habe. Wahrscheinlich habe man die politische und psychologische Wirkung des gescheiterten konstruktiven Mißtrauensvotums, das man aus Gewissensgründen versucht habe, vernachlässigt. Auch die idealistisch-emotionale Komponente in der Auseinandersetzung über die Entspannungspolitik habe man wahrscheinlich unterschätzt und zu sehr auf sachliche Argumentation gesetzt(100).

Künftig müsse die CDU eine lebendige theoretische Diskussion führen und zwischen mittelfristigen Zielen bis 1976 und langfristigen bis 1985 unterscheiden, wobei er mittelfristig den Schwerpunkt in der Innen- und Gesellschaftspolitik sehe. Partei und Fraktion sollten zur Bearbeitung der Themen gemeinsame Kommissionen einsetzen. Er plädierte für eine Aktion »Hinaus ins Volk«, in der die führenden CDU-Vertreter mit interessierten Bürgern vor Ort diskutieren sollten. Barzel hob die Bedeutung der Kommunalpolitik, der Mitgliederwerbung und Mitgliederausbildung hervor und kündigte die Koordination aller wissenschaftlichen Planungseinrichtungen von Partei und Fraktion an(101).

Generalsekretär Kraske stellte unter anderem fest, »daß es den Unionsparteien nicht gelungen ist, ihr weitgehend negatives Erscheinungsbild in allen Fragen von gesellschaftspolitischem Rang zu verbessern«(102). Die Union müsse in der Deutschland-und Ostpolitik nach Ratifizierung des Grundvertrages ihr Wort glaubwürdig einlösen, daß sie die von der Regierung geschaffenen Tatsachen akzeptiere.

> »Die Öffentlichkeit hat spätestens nach der Ratifizierung des Grundvertrages einen Anspruch darauf, von der Union ausdrücklich zu erfahren, welches diese Tatsachen sind und welches demnach die Basis für die künftige Außen- und Deutschlandpolitik der Union nach Inkrafttreten des Moskauer, des Warschauer und des Grundvertrages ist. Die neue Aufgabe der Union wird dann Wachsamkeit und Kritik gegenüber der aktuellen Regierungspolitik, nicht jedoch der ständige Rekurs auf die politische Grundsatzentscheidung zwischen 1969 und 1972 sein müssen«(103).

In den zahlreichen Sitzungen der Führungsgremien von Januar bis April 1973 wurden folgende Beschlüsse zur Parteiarbeit gefaßt:

- Auf Kreis- und Ortsebene findet eine intensive Diskussion über das Selbstverständnis der CDU statt, die auf der Basis des ersten Zwischenberichts der Grundsatzkommission »Herausforderung unserer Zeit« geführt werden soll(104).
- Das Berliner Programm, 2. Fassung, und das Regierungsprogramm der Unionsparteien von 1972 behalten ihre Gültigkeit, werden aber ergänzt durch Sachprogramme zu den Themen: Eigentum, Bodenrecht, Steuern, berufliche Bildung, soziale Dienste, Familie, Jugend, Frauen, Mitbestimmung und Medienpolitik. Dazu werden gemeinsame Kommissionen von Bundestagsfraktion und Bundespartei eingesetzt. Die

Ergebnisse werden in der Partei auf allen Ebenen diskutiert und auf dem Parteitag im Herbst verabschiedet(105).

- Die von Barzel vorgeschlagene Aktion »Hinaus ins Volk« verpflichtet alle Mitglieder des Präsidiums, die Landesvorsitzenden und die der CDU angehörenden stellvertretenden Vorsitzenden der CDU/CSU-Bundestagsfraktion, für das Jahr 1973 zwanzig Termine für Veranstaltungen mit Zielgruppen zur Verfügung zu stellen. Gleichzeitig soll jeder Kreisverband 1973 eine öffentliche Großveranstaltung organisieren, wozu die Bundesvorstandsmitglieder sowie die Bundestagsabgeordneten, Landesminister und die Fraktionsvorsitzenden der CDU in den Landtagen fünf Termine zur Verfügung stellen. Die Landesgeschäftsstellen koordinieren diese Veranstaltungen auf Kreisebene und berichten dem Bundesvorstand vierteljährlich über Fortgang und Erfolg der Aktion(106).
- Verbesserung der Parteiarbeit, der Mitgliederwerbung und -betreuung auf örtlicher Ebene durch konkrete Anleitungen und Hilfestellungen von seiten der Bundespartei, die die Themen, Termine, Materialien usw. vorgibt und mit den Landesverbänden für die Koordination der Maßnahmen sorgt – also ihre Führungsaufgabe als Bundesgeschäftsstelle wahrnimmt(107).
- Koordination der mittelfristig orientierten Arbeit in den wissenschaftlichen Planungsstäben der CDU/CSU-Bundestagsfraktion und der Partei durch den stellvertretenden Vorsitzenden der CDU und der Bundestagsfraktion, Katzer(108).

Dieses Programm zur Aktivierung der Partei konnte sich sehen lassen, wäre aber überzeugender und eher zu realisieren gewesen, wenn es von Barzel und Kraske zu Beginn ihrer Amtszeit in die Wege geleitet worden wäre; denn seit der Bundestagswahl waren beide in ihrem politischen Ansehen und ihrer Autorität beeinträchtigt. Ihre hektischen, in der Sache durchaus sinnvollen Versuche zur Parteireform nach der Bundestagswahl 1972 kamen zu spät. Im Juni 1973 wurde bereits die neue Parteiführung gewählt.

Die Oppositionsstrategie der vorzeitigen Rückkehr an die Regierung und der Versuch, gleichzeitig eine grundlegende Parteireform durchzuführen, hatten sich als unvereinbar herausgestellt. 1973 war die Partei in ihrer politischen und organisatorischen Entwicklung nicht viel weiter als 1969 zu Beginn der Oppositionszeit. Die Führungsrolle der Fraktion gegenüber der Partei war dieser nicht gut bekommen.

4. Politischer und personeller Neubeginn in der Opposition

Einzige Aufgabe des vorgezogenen Parteitages am 12.6.1973 in Bonn war, die Führungsgremien neu zu wählen. Für den Parteivorsitz kandidierte Helmut Kohl, der angekündigt hatte, im Falle seiner Wahl Kurt Biedenkopf zum Generalsekretär vorzuschlagen. Sowohl Kohl (520 Ja, 51 Nein, 29 Enthaltungen) als auch Biedenkopf (529 Ja, 31 Nein, 41 Enthaltungen) wurden mit überzeugendem Ergebnis gewählt(109). Bei den stellvertretenden Vorsitzenden schied neben Kohl auch Gerhard Schröder aus, wofür

Heinrich Köppler und Hans Filbinger nachrückten. Für die zwanzig Beisitzer im Bundesvorstand lagen 29 Bewerbungen vor, und von den zwanzig gewählten kamen sieben neu in den Bundesvorstand, während Barzel und Schröder dem Bundesvorstand schon in anderen Funktionen angehört hatten(110). Der 1969 begonnene Generationswechsel im Bundesvorstand wurde somit fortgesetzt; dies galt insbesondere auch für die beiden Spitzenämter, den Parteivorsitzenden und den Generalsekretär. Kohl und Biedenkopf waren beide Mittvierziger und hatten weder in der Ära Adenauer noch in den sechziger Jahren ein hervorgehobenes Partei- oder Staatsamt auf Bundesebene inne.

Helmut Kohl war der erste Vorsitzende der CDU, der die eigenständige Rolle und Bedeutung der Partei und von Parteiämtern erkannte und sich entsprechend engagierte. Nach frühem Engagement in der Jungen Union und CDU auf Kreis- und Landesebene wurde er 1963 Vorsitzender der CDU-Fraktion im rheinland-pfälzischen Landtag und nach harten Auseinandersetzungen mit dem rheinland-pfälzischen Ministerpräsidenten und CDU-Landesvorsitzenden Peter Altmeier dessen Nachfolger als Landesvorsitzender (1966) und als Ministerpräsident (1969). Er war der erste Vorsitzende, der sich in der Partei sukzessive auf kommunaler-, Landes- und Bundesebene hochgearbeitet und dabei alle Probleme der Parteiarbeit kennengelernt hatte. 1964 wurde er Mitglied des Bundesvorstandes, 1969 stellvertretender Vorsitzender, 1971 unterlag er bei der Kandidatur um den Parteivorsitz gegen Barzel, und nach dessen Rückzug war für ihn der Weg zum Parteivorsitz frei.

Kohl galt auf Bundesebene als gemäßigter Reformer, der die Partei politisch und organisatorisch an die veränderten gesellschaftlichen und politischen Rahmenbedingungen anpassen wollte. Er konnte belegen, daß er in Rheinland-Pfalz seine Ämter in Partei und Fraktion dazu genutzt hatte, grundlegende Reformen in der nach dem Verlust der absoluten Mehrheit bedrohten CDU durchgesetzt zu haben. Mit seinem Namen waren in Rheinland-Pfalz wichtige politische Kurskorrekturen (z.B. Abschaffung der Konfessionsschule, Gemeinde- und Verwaltungsreform, regionale Struktur- und Wirtschaftspolitik) und die Berufung jüngerer qualifizierter Politiker wie z.B. Heiner Geißler und Bernhard Vogel in sein Kabinett verbunden, wodurch die CDU das Ansehen einer politisch aufgeschlossenen, vernünftigen Reformen zugänglichen, dynamischen Partei erwarb. Kohl hatte als Parteivorsitzender in Rheinland-Pfalz den hauptamtlichen Parteiapparat ausgebaut und dessen Effizienz gesteigert, erfolgreiche Mitgliederwerbung betrieben, die Parteiarbeit aktiviert und auf eine gesunde Finanzbasis gestellt. Es war vor allem auch sein Verdienst, daß die CDU in Rheinland-Pfalz trotz des grundlegenden Strukturwandels in der Wählerschaft erfolgreich blieb und ab 1971 wieder die absolute Mehrheit eroberte(111).

Auch in bezug auf die Bundespartei trat Kohl früh und entschieden dafür ein, daß die Partei eigenständiges Gewicht gegenüber Fraktion und Regierung gewinnen müsse. Alle Vorschläge und Initiativen, die die Bundespartei – auch zu Lasten der Landesverbände – stärkte, unterstützte er, obwohl er Landesvorsitzender war. Er plädierte für eine behutsame Veränderung und Modernisierung der politischen Aussagen der CDU, die sich nicht mehr allein auf ihre in den fünfziger und frühen sechziger Jahren erbrachten Leistungen berufen könne, sondern die die gesellschaftlichen und politischen Veränderungen aufnehmen und politisch verarbeiten müsse. Kohl betonte, daß sich die CDU für die Intellektuellen, die Jugend, die Arbeitnehmer und die jüngeren Frauen öffnen müsse. Seine Berufung zum Vorsitzenden der Programmkommission für die Fortschreibung des Berliner Programms war Ausdruck dieses Ansehens als Reformer(112).

Aufgrund seiner Erfahrungen in Rheinland-Pfalz war ihm die Bedeutung eines funktionsfähigen Parteiapparates, einer starken Mitgliederbasis und aktiver Parteiarbeit vor Ort und auf kommunalpolitischer Ebene klar. Auf dem Bonner Parteitag nach der Wahl zum Parteivorsitzenden betonte er daher die Notwendigkeit, die Aktivitätsbereitschaft der zahlreichen neuen Mitglieder für die CDU zu nutzen, und meinte, es sei nicht damit getan, »einige Köpfe auszuwechseln und in der Partei ansonsten alles beim alten zu lassen. Wer so denkt, täuscht sich über die wirkliche Lage der CDU in Deutschland hinweg«(113).

Auf die gesellschaftlichen Veränderungen müsse die CDU mit systematischem Durchdenken der theoretischen Grundlagen ihrer Politik reagieren und durch Erarbeitung von Reformkonzepten, wie auf dem Hamburger Parteitag vorgesehen: »Die CDU bleibt die Partei der vernünftigen Reformen, der gesellschaftlichen Evolution«(114). Er plädierte auch für die Überprüfung außenpolitischer Positionen.

> »Dies setzt aber voraus, daß wir erst unser eigenes außenpolitisches Verständnis auf der Grundlage der heute gegebenen Situation bestimmen. Ob es uns gefällt oder nicht – 1973 ist nicht mehr 1969... Unsere außenpolitische Diskussion (darf sich) nicht mehr oder minder darauf beschränken, daß wir uns innenpolitisch nur noch mit den Ostverträgen auseinandersetzen. Rechtskräftig abgeschlossene Verträge binden auch uns...«(115).

In harten innerparteilichen Auseinandersetzungen, an deren Ende die Mehrheit auf seiner Seite stand, hatte er in Rheinland-Pfalz seine Führungspositionen in Partei, Fraktion und Regierung erobert und seine politischen Reformvorstellungen durchgesetzt. Die Regeneration der CDU auf Bundesebene war ebenfalls nicht ohne kontroverse Auseinandersetzungen auch in der Öffentlichkeit zu erreichen. Deswegen betonte er im Hinblick auf den Hamburger Parteitag, daß es wichtig sei, in gesellschaftspolitischen Fragen, »nicht zuletzt bei der Mitbestimmung, zu breiten Mehrheiten durch eine offene, und, wenn es sein muß, in der Sache harte Diskussion zu kommen, in der nicht Fragen unter den Tisch gekehrt werden, sondern in der das Gegeneinander ausgetragen wird«(116). Dabei dürfe es keine Sieger und Besiegten geben, sondern der faire Umgang miteinander und ein entsprechender Diskussionsstil müsse integrierende Mehrheitsentscheidungen ermöglichen.

> »Es ist die Aufgabe der Partei, in einem gemeinsamen Willensbildungsprozeß Konzepte zu erarbeiten, die allen ermöglichen, die Politik der Partei zu tragen, und zwar auch dann, wenn sie in einer konkreten Abstimmung unterlegen sind. So verstanden... sind wir selbstverständlich zuerst Mitglieder dieser Christlich Demo-

kratischen Union und dann Mitglieder der einzelnen Vereinigungen dieser Partei«(117).

Biedenkopf hingegen war als Politiker in der Öffentlichkeit noch kaum hervorgetreten. Er war als Professor für Wirtschaftsrecht an der Universität Bochum und als deren Gründungsrektor sowie als Verfasser des Mitbestimmungsgutachtens im Auftrag der Bundesregierung bekannt geworden. Später übernahm er für zwei Jahre Managementaufgaben bei der Firma Henkel in Düsseldorf.

Aktiv und kontinuierlich hatte sich Biedenkopf innerhalb der CDU nicht betätigt. 1970 berief ihn der CDU-Spitzenkandidat von Nordrhein-Westfalen, Heinrich Köppler, in seine Führungsmannschaft für die Landtagswahl, und 1971 wurde er Mitglied der Grundsatzkommission. Auf dem Düsseldorfer Parteitag im Januar 1971 trat er durch einen Diskussionsbeitrag zur Mitbestimmungsfrage hervor, und auf dem Saarbrücker Parteitag im Oktober 1971 war er entschieden für Kohl und die Trennung von Partei- und Fraktionsvorsitz eingetreten, wozu er den nordrhein-westfälischen Delegierten ein Memorandum zusandte.

Besondere parteipolitische Erfahrungen aufgrund bestimmter Ämter oder Mandate hatte Biedenkopf nicht, während seine analytisch-wissenschaftlichen und auch rhetorischen Fähigkeiten zutage getreten waren. Die Berufung Biedenkopfs stellte insofern ein Novum dar, als bei der Auswahl des Generalsekretärs erstmals mehr Wert auf wissenschaftliche Begabung, Managementerfahrung und argumentative Brillanz als auf politische Erfahrung in hohen Partei- oder Staatsämtern gelegt wurde(118).

Biedenkopf hob drei Schwerpunkte seiner künftigen Arbeit hervor:

- Verbesserung der Organisation der Partei und ihrer Arbeit, wobei er vor allem die Leistungsfähigkeit der Bundesgeschäftsstelle durch besonders qualifizierte hauptamtliche Mitarbeiter steigern wollte;
- Belebung und Gestaltung der Grundsatzdiskussion, auch durch Beiträge und politische Anstöße des Generalsekretärs;
- Unterstützung und Vorbereitung der Landtagswahlkämpfe durch die Bundesgeschäftsstelle, da diese bundespolitische Bedeutung hätten(119).

Grundsätzlicher und detaillierter äußerte sich Biedenkopf zu seinen Aufgaben als Generalsekretär auf dem baden-württembergischen Landesparteitag im Juni 1973. Mit der Entscheidung über Personalfragen sei die Zeit für eine Intensivierung der inhaltichen Diskussion und der Verbesserung der Parteiorganisation gekommen. »Die CDU war in den vergangenen 20 Jahren weniger eine Partei der Organisation als eine Partei der Resultate. Deshalb gibt es in der Frage der Organisation bei uns mehr zu erneuern als zu bewahren«(120). Bewahrt werden müsse die föderale Struktur der Partei, die der föderalen Staatsstruktur der Bundesrepublik entspreche und damit Vielfalt garantiere.

> »Erneuern müssen wir unsere Fähigkeit, auch in der Opposition *als Partei* mit einem gemeinsamen Willen zu handeln und mit einer einheitlichen Stimme zu sprechen. Das heißt, nicht durch die gemeinsame Ausübung von Regierungsverantwortung, sondern durch die Organisation der Partei muß die Gemeinsamkeit unseres politischen Handelns gewährleistet sein«(121).

Die Parteiorganisation sei auf das Austragen von Konflikten und die Konsensbildung aber nicht vorbereitet, weil dies bisher die Regierung geleistet habe.

> »Diese Aufgabe der Stärkung unserer Organisation, damit sie Konflikte offen austragen, entscheiden und anschließend gleichwohl zu einheitlichem politischen Handeln finden kann, ist um so schwieriger, je freiheitlicher eine Partei sich versteht... Die kraftvolle Durchsetzung politischer Positionen ist ein Problem der Zentralisation«[(122)].

Aufgabe des Generalsekretärs sei es, »dafür zu sorgen, daß Politik formuliert und verwirklicht wird«[(123)]. Der Generalsekretär müsse die inhaltliche Diskussion anregen, politische Initiativen mit seinem Apparat, der Bundesgeschäftsstelle, ermutigen und koordinieren sowie innerhalb und außerhalb der Partei Begründungen und politische Argumente für politische Forderungen verlangen. Dieses Verständnis der Bundespartei als politisches Führungsinstrument tangiere grundsätzlich auch die Selbständigkeit der Landesverbände und auch der Vereinigungen.

> »Die CDU ist kein Staatenbund, sondern eine Union. In dieser Union ist der Landesverband trotz aller eigenständigen Bedeutung als Träger einer Landesregierung und als Willensbildungsorgan *gleichwohl ein Teil der Bundespartei*. Daraus muß sich auch in der Sache eine wichtige und permanente Verzahnung der Politik ergeben, ohne daß die selbständige Rolle der Landesverbände dadurch aufgehoben werden darf«[(124)].

Aufgabe der Bundespartei sei es, den Landes- und Kreisverbänden zu helfen, die übergreifenden politischen Fragen zu koordinieren und zu integrieren. Diese Kooperation zwischen Bundespartei und Landespartei beinhalte auch eine gegenseitige Kontrolle und Leistungsüberprüfung. Nicht jeder könne für die CDU sprechen. Aufgabe sei es, auf die Einheitlichkeit der Stimme der Partei zu achten[(125)].

Im politischen Teil seiner Rede entwickelte Biedenkopf erste Grundgedanken zur Rolle der Verbände, die sich später teilweise in der Mannheimer Erklärung niederschlugen[(126)].

Diese Rede macht deutlich, daß er seine Funktion als Generalsekretär nicht nur darin sah, die Parteiorganisation im technischen Sinne effizienter und schlagkräftiger zu machen, sondern daß er auch die politische Führungsrolle der Partei gegenüber Landesverbänden, Bundestagsfraktion und Vereinigungen betonte, was ihm als Generalsekretär auch die Legitimation zu eigenständigen politischen Beiträgen gab. Sein Bemühen, durch neue Themen die politische Auseinandersetzung zu bestimmen und dadurch den politischen Gegner in die Defensive und die CDU in die Offensive zu bringen, ist erkennbar[(127)].

Die Zielvorstellungen Kohls und Biedenkopfs signalisieren den grundlegenden Wandel im Selbstverständnis der CDU, die sich nach dem Bonner Parteitag zielstrebig zu einer modernen Volkspartei entwickelt. Kohl als Parteivorsitzender und Biedenkopf als Generalsekretär bildeten dafür mit ihren unterschiedlichen, sich ergänzenden Qualitäten eine gute Kombination. Kohl war der erste Parteivorsitzende, der die Parteireform entschieden voranbringen wollte und die damit verbundene Kleinarbeit auf sich nahm. Er besaß die Gabe der politischen und personellen Integration, konnte politisch divergierende Auffassungen koordinieren und Kompromisse zustandebringen, die tragfähig waren. Innerhalb der Partei besaß er Autorität und mobilisierte Vertrauen in die Parteiführung. Mit ihm konnte sich die Partei voll identifizieren. Sein Verhältnis zur CSU-Führung war unbelastet.

Biedenkopf hingegen hatte den Vorzug, daß er an politische Fragestellungen unvoreingenommen heranging. Seine analytische Kapazität und argumentative Stringenz, seine organisatorischen Fähigkeiten bei der Modernisierung des Parteiapparates verschafften ihm innerparteiliches Ansehen. Er war für die Medien interessant, weil er einen für die CDU neuen Typ des Politikers repräsentierte.

Mit Kohl und Biedenkopf begann die »eigentliche« Oppositionszeit der CDU. Nicht nur aufgrund der personellen Konstellation, sondern auch wegen der grundlegend veränderten politischen Rahmenbedingungen bestanden nach dem Bonner Parteitag im Unterschied zum vorangegangenen Zeitraum erstmals gute Voraussetzungen für eine politische und organisatorische Regeneration der CDU in der Opposition. Die 1973 im Vergleich zu 1969 veränderte Ausgangslage war 1973 so gekennzeichnet:

- Das Bundestagswahlergebnis von 1972 eröffnete keine andere Perspektive als die einer mindestens vierjährigen Oppositionszeit. Die Option des vorzeitigen Regierungswechsels bestand nicht; die Erkenntnis, daß die CDU weitgehende Konsequenzen aus dieser neuen Situation zu ziehen habe, wenn sie wieder die Regierungsverantwortung übernehmen wollte, war weit verbreitet.
- Mit der Wahl von Karl Carstens zum Fraktionsvorsitzenden und Helmut Kohl zum Parteivorsitzenden war die personelle Trennung dieser beiden Spitzenämter vollzogen, eine schwelende Führungskrise gab es nicht. Die denkbare Rivalität zwischen Parteivorsitzendem und Fraktionsvorsitzendem ergab sich in der Praxis nicht, weil Kohl und Carstens gut miteinander kooperierten und Carstens keine weitergehenden politischen Ambitionen auf die Kanzlerkandidatur für 1976 erkennen ließ, zumal diese zunächst auch keine Rolle in der innerparteilichen Diskussion spielte.
- Die Auseinandersetzung über die Deutschland- und Ostpolitik, die die vorangegangene Legislaturperiode beherrscht hatte, war durch die Ratifizierung der wichtigsten Verträge weitestgehend beendet. Die unterschiedlichen Auffassungen innerhalb der Union existierten zwar weiter, aber innenpolitische Themen rückten zunehmend in den Vordergrund. Die teilweise harte Konfrontationspolitik der Union in der Deutschland- und Ostpolitik hatte sich als nicht sinnvoll herausgestellt, weshalb eine moderatere Argumentation und eine inhaltliche Konzentration auf Schwerpunktthemen der Innenpolitik angestrebt wurde.
- Diese Veränderungen waren auch Voraussetzung dafür, daß sich das politische Führungszentrum der CDU von der Fraktion zur Partei hin verlagerte. Ab 1973 konnte sich die Parteiorganisation endgültig von der Bundestagsfraktion emanzipieren. Die Partei fällte die politischen Richtungsentscheidungen in Grundsatzfragen und Fragen von mittel- und langfristiger Bedeutung, während die Fraktion als »Speerspitze« der Partei diese in der aktuellen parlamentarischen Arbeit umsetzte.

Erstmals in der Geschichte der CDU war die erfolgreiche Funktionserfüllung des Gesamtsystems »Partei« im wesentlichen von den Leistungen der Parteiorganisation abhängig.

- Der Mitte und Ende der sechziger Jahre beginnende Generationswechsel auf Landes- und Bundesebene erleichterte der neuen Parteiführung die Durchsetzung politischer und organisatorischer Veränderungen, weil bei der nachwachsenden Generation der Funktions- und Mandatsträger ein größeres Verständnis für grundlegende Reformen vorhanden war. Der seit 1969 erhebliche Mitgliederzuwachs hatte auch dazu beigetragen, die verkrusteten Strukturen der Parteiorganisation auf Orts- und Kreisebene aufzubrechen, was eine wichtige Voraussetzung für die Aktivierung der Parteiorganisation war.

Von der neuen Parteiführung wurden vier Ziele in den Vordergrund gerückt, die auch in der Partei als vordringlich angesehen wurden:

- Verdeutlichung des politischen Profils der CDU durch die Verabschiedung politischer Programme und Konzeptionen;
- Mitgliederwerbung und -aktivierung;
- Integration und Aktivierung der Parteiorganisation, insbesondere auf kommunaler Ebene;
- Aufbau eines leistungsfähigen Parteiapparates auf allen Organisationsebenen.

5. Die Verbesserung der politischen und organisatorischen Integration der Partei

Mit Beginn der Oppositionszeit strebte die Parteiorganisation zunächst zögernd und nach dem Wechsel der Parteiführung im Juni 1973 bewußt und gezielt die politische Führungsrolle innerhalb des Gesamtsystems CDU an. Politische Führung bedeutet, die Funktionen der politischen Artikulation, Integration und Kommunikation zu erfüllen. In den fünfziger und sechziger Jahren wurden von der Parteiorganisation vor allem Kommunikation und nur begrenzt Integration erwartet; da ihr aber gleichzeitig die Artikulationsfunktion abgesprochen wurde, konnte sie auch die ersten beiden Funktionen nicht oder nur begrenzt erfüllen. Nun, in der Opposition, hing der politische Erfolg der CDU entscheidend von der Funktionserfüllung der Partei ab.

Um diesen Funktionserwartungen an die Parteiorganisation gerecht zu werden, war neben einer funktionsfähigen Führungsstruktur und der Wahrnehmung politischer und organisatorischer Führung durch Präsidium und Bundesvorstand vor allem die Überwindung des föderalistisch-partikularistischen Denkens innerhalb der gesamten Parteiorganisation erforderlich.

Erst seit 1967 besaß die Bundespartei eine funktionsfähige Willensbildungs- und Führungsstruktur. 1969 war durch eine Satzungsänderung die politische Führungsrolle der Partei festgeschrieben worden, wonach die Beschlüsse des Parteitages »als Grundlage für die Arbeit der CDU-Fraktionen und die von der CDU geführten Regierungen in Bund und Ländern verbindlich« (sind)(128). Auch die Satzungen der Bundesvereinigungen JU, CDA, KPV, MIT, FV, UVF und Wirtschaftsvereinigung wurden unter einheitlichen Gesichtspunkten grundlegend überarbeitet und vom Bundesausschuß verabschiedet(129). Damit wurden die innerorganisatorische Willensbildung und die Kompetenzen der Vereinigungen sowie deren Verhältnis zur Bundespartei verbindlich und einheitlich geregelt.

Ein vergleichbarer Neuordnungsprozeß fand 1969/70 in solchen Ländern statt, in denen mehrere CDU-Landesverbände nebeneinander existierten. 1966 schufen die beiden Landesverbände Rheinland und Westfalen-Lippe durch die Verabschiedung einer neuen Satzung zwei neue Organe auf Landesebene, die Landesversammlung und das Präsidium der CDU von Nordrhein-Westfalen. 1968 verabschiedeten die drei niedersächsischen Landesverbände Braunschweig, Hannover und Oldenburg eine Satzung, die Landesvorstand, Landesausschuß, Parteitag und Landesgeschäftsstelle der CDU Niedersachsen schuf. Sowohl in Nordrhein-Westfalen wie in Niedersachsen existierten allerdings die früheren Landesverbände weiter, deren Politik durch die neu geschaffenen Parteigremien auf Landesebene koordiniert wurde. In Baden-Württemberg trat 1971 an Stelle der vier Landesverbände Nordbaden, Südbaden, Nord-Württemberg und Württemberg-Hohenzollern der Landesverband Baden-Württemberg mit Landesparteitag und Landesvorstand, während die früheren vier Landesverbände zu Bezirksverbänden umgewandelt wurden.

Erst Anfang der siebziger Jahre existierten in allen Bundesländern demokratisch legitimierte Parteigremien der CDU, die verbindliche Aussagen zur Landes- und Bundespolitik im Namen der Parteiorganisation des jeweiligen Landes beschließen konnten. Die zahlreichen Satzungsänderungen Ende der sechziger und Anfang der siebziger Jahre auf Bundes- und Landesebene waren eine wichtige Voraussetzung für die Organisation politischer Willensbildung und Führung innerhalb der Partei. Sieht man von der 1977 beschlossenen Erhöhung der Stellvertreterzahl von fünf auf sieben ab, die zur Vermeidung von Kampfkandidaturen vorgenommen wurde(130), so hat die seit Anfang der siebziger Jahre gültige Organisation der Willensbildung auf Bundesebene keine wesentlichen Veränderungen mehr erfahren.

Zwischen Parteivorsitzendem und Generalsekretär kristallisierte sich eine Arbeitsteilung heraus. Während Kohl sich auf die politische Integrations- und Koordinationsfunktion konzentrierte, nahmen die Generalsekretäre – Biedenkopf und Geißler – stärker die Funktion der politischen Artikulation wahr, was auch zu Spannungen zwischen Parteivorsitzendem und Generalsekretär führte. Insbesondere mit der Übernahme des Fraktionsvorsitzes durch Kohl nach der Bundestagswahl 1976 nutzte er das Amt des Parteivorsitzenden im wesentlichen zur politischen Integration, um Konflikte zwischen Partei und Fraktion einerseits sowie zwischen CDU und CSU andererseits zu minimieren; Generalsekretär Geißler hingegen betonte die eigenständige Position der CDU in der Öffentlichkeit auch in Abgrenzung gegenüber der CSU und überließ die notwendigen Kompromisse mit der CSU dem innerfraktionellen Willensbildungsprozeß.

Auch die seit 1975 feststellbare Tendenz, die regulären Bundesvorstandssitzungen als »erweiterte« Bundesvorstandssitzungen stattfinden zu lassen, ist ein Indiz dafür, daß dieses Führungsgremium von Kohl vor allem unter dem Gesichtspunkt der Integration gesehen wurde. Denn zu den erweiterten Bundesvorstandssitzungen wurden auch diejenigen Landes- und Vereinigungsvorsitzenden sowie Ministerpräsidenten der CDU-regierten Länder eingeladen, die nicht gewählte Mitglieder des Bundesvorstandes waren, was allerdings nur für eine geringe Zahl von Personen zutraf (etwa fünf Personen). Von März 1979 bis Ende 1980 fanden z. B. ausschließlich »erweiterte« Bundesvorstandssitzungen statt (vgl. Tabelle 8), obwohl es nach dem Statut der CDU diese Institution gar nicht gibt. Der Grund für diese extensive Praxis dürfte darin liegen, daß in diesem Zeitraum die Auseinandersetzungen um den Kanzlerkandidaten der Unionsparteien stattfanden[(131)].

Das stark ausgeprägte föderalistisch-partikularistische Denken der CDU war eine der Ursachen für die geringe parteiinterne Integration in den fünfziger und sechziger Jahren. Noch 1965 hatte Kohl das fehlende Zusammengehörigkeitsgefühl als »Krebsübel der Gesamtpartei« bezeichnet[(132)], denn die Kreisverbände würden sich nur für Kommunal- und eventuell noch Landespolitik interessieren und dabei die Belange der Bundespolitik vernachlässigen, und umgekehrt unterschätze die Bundespartei die Bedeutung der Kommunalpolitik. Deswegen war es für die neue Parteiführung vordringlich, die Einsicht in die gemeinsame Verantwortung der gesamten Parteiorganisation für den Erfolg der CDU auf allen Ebenen herauszubilden.

Politische Führung ist ohne politische Gefolgschaft, ohne ein Mindestmaß an Vertrauen und Kooperationsbereitschaft bei den Repräsentierten gegenüber den Entscheidungsgremien der Bundespartei nicht möglich. Um dies zu erreichen, ist ein hoher Aufwand an Kommunikation, Information und Konsultation erforderlich, wozu die Parteiorganisation erst in den siebziger Jahren schrittweise befähigt wurde. Ohne diese Anstrengungen, die der innerparteilichen Kommunikation und Integration dienen, wäre die Parteiorganisation als Ganzes nicht zu einem relativ geschlossenen politischen Handeln fähig.

Der Grund liegt darin, daß »die Partei« allzu leicht als eine Organisation mit homogenen Interessen verstanden wird, während in der Realität die Bundes-, Landes-, Kreis- und Ortspartei sowie die horizontal organisierten innerparteilichen Suborganisationen (Vereinigungen) unterschiedliche, oft gegensätzliche Interessen und Aufgaben wahrzunehmen haben.

So ist die Bundespartei naturgemäß auf die Belange der Bundespolitik, die Entscheidungsprozesse im Bundestag und gegebenenfalls noch im Bundesrat und der Bundesregierung ausgerichtet. Die nachgeordneten Parteigliederungen werden mit ihren politischen Forderungen leicht als Störfaktor angesehen – für Adenauer waren dies vor allem die Landesverbände und die unionsregierten Länder.

Die Landesverbände sind naturgemäß in erster Linie auf sach- und personalpolitische Erfolge in der Landespolitik ausgerichtet, so daß sie die Bundespolitik vor allem in ihrer dienenden Rolle gegenüber landespolitischen Zielen sehen und danach bemessen.

Die Arbeit der Orts- und Kreisverbände als eigentlicher Basis der Partei konzentriert sich auf kommunalpolitische Erfolge. Während ein enger Zusammenhang zwischen

Kommunal- und Landespolitik besteht, werden die Aktivitäten der Bundespartei und der Bundestagsfraktion unter dem Gesichtspunkt betrachtet, ob sie der örtlichen Parteiarbeit schaden oder nutzen. Ein Kreisverband mittlerer Größe hat vielleicht die Möglichkeit, einen Bundestagsabgeordneten zu stellen, während er mehrere Landtagsmandate und eine Vielzahl von Gemeinde-, Stadtrats- und Kreistagsmandaten zu vergeben hat, die daher im Vordergrund des Interesses der aktiven Parteimitglieder stehen. Eine örtliche Parteiorganisation wird sich daher für bundespolitische Ziele nur aktivieren lassen, wenn sie ein Mindestmaß an Verständnis für die Interessen der Gesamtpartei aufbringt. Je häufiger die Parteibasis die Erfahrung macht, daß die Entscheidungen, politischen Diskussions- und Aktionsvorschläge, Arbeitsmaterialien etc. der Bundespartei der Parteiarbeit vor Ort politisch nutzen, um so eher wird sie diese aufgreifen und politisch umsetzen.

Ähnlich stellt sich das Verhältnis der Bundespartei zu den Vereinigungen dar, die spezifische Interessen vertreten und mit Eigenbewußtsein und großer organisatorischer und auch politischer Selbständigkeit ausgestattet sind. Auch hier kann die Bundespartei die Berücksichtigung ihrer Belange nur erreichen durch intensive Kommunikation, Konsultation, Information und deren Einbeziehung in den politischen Entscheidungsprozeß.

Sowohl in den fünfziger wie in den sechziger Jahren konnte die Bundespartei diesen Aufwand zur politischen und organisatorischen Integration der gesamten Partei nicht leisten, mit der Folge, daß jede Parteigliederung tendenziell nur ihre spezifischen Belange, oftmals zu Lasten der Gesamtpartei, im Auge hatte. Dies hat sich in den siebziger Jahren gewandelt, was auch auf den Wandel in der Mitgliederstruktur, den Generationswechsel innerhalb der Funktions- und Mandatsträgerschaft auf allen Ebenen der Partei und die Aktivitäten der 1973 neu gewählten Parteiführung zurückzuführen ist. Ein verändertes Selbstverständnis der Partei, das in der Überwindung des traditionellen föderalistisch-partikularistischen Denkens und Verhaltens der Parteigliederungen und der Fähigkeit zu geschlossenem Handeln auf allen Parteiebenen nach innerparteilicher Diskussion zum Ausdruck kommt, sind ein wichtiger Schritt in der Entwicklung der CDU zur modernen Volkspartei. Diese hohe Geschlossenheit und Integration, die die CDU in den siebziger Jahren erreicht hat, wird häufig verkannt, weil sie durch die Auseinandersetzungen zwischen CDU und CSU in der zweiten Hälfte der siebziger Jahre verdeckt werden.

Der neue Generalsekretär Biedenkopf hatte das Problem der Parteiorganisation im Spannungsverhältnis zwischen Artikulation und Integration in Reden vor dem Landesverband Baden-Württemberg und auf dem Bundesparteitag in Hamburg scharfsinnig analysiert. Auf dem Düsseldorfer Parteitag vom 7. bis 9. 3. 1977 formulierte Biedenkopf die Bilanz seiner vierjährigen Tätigkeit als Generalsekretär. »Die CDU ... hat sich in den letzten Jahren ... zu einer echten Volks- und Mitgliederpartei entwickelt«(133). Durch den Mitgliederzuwachs und die Strukturveränderungen in der Mitgliedschaft sei auch ein Wandel in der innerparteilichen Willensbildung feststellbar: »Er liegt vor allem in der gewandelten Haltung der Mitglieder zur Partei und in ihrem Anspruch mitzutun. Dieser

Anspruch ist für uns nicht nur eine wichtige Quelle unserer politischen Kraft. Er ist zugleich eine Herausforderung«(134).

Die Integrationsleistung, die von einer Volkspartei erwartet werde, könne sie nur erfüllen, »wenn sie Ziele und politische Aussagen formuliert, über die die Mitglieder diskutieren und denen sie in der politischen Auseinandersetzung dann auch zu Mehrheiten verhelfen können«(135). Dies schließe das öffentliche Austragen von Konflikten ein, denn in einer großen Volkspartei sei die Forderung, innerparteiliche Konflikte im wesentlichen außerhalb der Öffentlichkeit auszutragen, illusorisch und nicht erstrebenswert, weil die Volkspartei auch die in der Gesellschaft vorhandenen Konflikte repräsentiere.

Allerdings habe der Auftrag und die Verantwortung als Volkspartei auch Konsequenzen für ihre Arbeitsweise. Die Vereinigungen, die Landesverbände, die Vielfalt der unterschiedlichen politischen Meinungen innerhalb der CDU seien positiv zu bewerten: »Es ist nämlich die Stärke unserer Partei und nicht die Schwäche, daß sie diese Vielfalt ertragen kann, ohne daran zu zerbrechen«(136). Die Einheit der Partei müsse in der Vielfalt Bestand haben, und deshalb müsse für die Parteigliederungen der Grundsatz der Bundestreue gelten, so wie er auch in föderalistischen Staaten von seiten der Länder gegenüber dem Bund Gültigkeit habe(137). »Für eine Volkspartei, die der Vielfalt der Meinungen und Strömungen im Volke Ausdruck verleihen will, stellt sich immer wieder der Konflikt zwischen Vielfalt der Meinungen und Einheitlichkeit ihrer Stimme«(138).

Die Bedeutung des Bundesrates, in dem die Unionsparteien die Mehrheit hatten, nahm während der Oppositionszeit zu. Um gegensätzliche Voten der CDU/CSU im Deutschen Bundestag einerseits und der unionsregierten Länder im Bundesrat andererseits zu verhindern bzw. Kompromisse mit den Regierungsparteien im Bundesrat rechtzeitig aushandeln und im Unionbereich zustimmungsfähig zu machen, war die ständige Koordination der Positionen und Interessen erforderlich. Gleichzeitig mußten die Beschlüsse der Bundespartei in diesen Koordinations- und Entscheidungsprozeß eingebracht werden.

Das CDU-Präsidium entwickelte sich zur zentralen Koordinationsinstanz, das alle wichtigen Gesetzesvorhaben auf Bundesebene sowohl unter inhaltlichen wie auch strategisch-taktischen Gesichtspunkten erörterte und – häufig mit den Ministerpräsidenten oder den jeweils zuständigen Fachministern der Länder – die politische Linie festlegte. Dieselbe Funktion nahm das Präsidium gegenüber der CDU/CSU-Bundestagsfraktion wahr, deren Vorsitzender regelmäßig im Präsidium über Gesetzesinitiativen, Große Anfragen etc. der Bundestagsfraktion berichtete, so daß eine Abstimmung der Auffassungen zwischen Partei und Fraktion möglich wurde(139).

Im Gegensatz zu den fünfziger und sechziger Jahren hatte damit die CDU eine auf Bundesebene funktionsfähige Koordinationsinstanz, die genügend Autorität besaß, um eine Auseinanderentwicklung der verschiedenen Teilsysteme der Partei zu verhindern. Bei besonders wichtigen und auch umstrittenen Fragen wurde zusätzlich auch der Bundesvorstand als Beschlußgremium eingeschaltet. Dieser durch das Präsidium organisierte Koordinations- und Kooperationszwang zwischen Partei, Bundestagsfraktion und unionsregierten Ländern hat wesentlich dazu beigetragen, das Bewußtsein für die gegenseitige Abhängigkeit der politischen Aktionsbereiche zu stärken und deren Kompromißbereitschaft untereinander im Interesse des politischen Erfolgs zu fördern.

Ein vergleichbarer Prozeß fand zwischen Bundespartei und Landesverbänden statt, die sich noch in den sechziger Jahren eher mißtrauisch begegneten, wobei insbesondere die Landesverbände eifersüchtig auf Eigenständigkeit und Kompetenzen gegenüber der Bundespartei achteten. Dies wurde insbesondere bei der Organisation der Wahlkämpfe deutlich. Um die Zusammenarbeit zwischen Bundesvorstand und Landesverbänden in allen Wahlkampffragen zu verbessern, beschloß der Bundesvorstand auf Vorschlag Biedenkopfs, die Landesverbände künftig im Bundesvorstand ihr Konzept für Landtagswahlkämpfe vortragen zu lassen. Biedenkopf berichtete über umfangreiche und detaillierte Absprachen zwischen der Bundespartei, den Landesverbänden und dem für die Wahlforschung zuständigen wissenschaftlichen Institut, die die Zusammenarbeit bei der Vorbereitung und Durchführung von Landtagswahlkämpfen sicherstellen sollten(140).

Ab 1974 nahm an allen Sitzungen zur Vorbereitung der Landtagswahlkämpfe in den Landesverbänden mindestens ein Vertreter der Bundesgeschäftsstelle teil. Die Bundesgeschäftsstelle unterstützte die Wahlkämpfe der Landesverbände von da an durch Bundesrednervermittlung, politische Formulierungshilfen, Beratung in werblichen Fragen, Produktion von Werbematerial zu bundespolitischen Themen, Unterstützung bei der Pressearbeit und Ausleihe von technischen Geräten(141).

Durch diese Kooperation war eine Verzahnung der landes- und bundespolitischen Argumentation im Landtagswahlkampf gewährleistet, konnten Erfahrungen auf werblichem und technischem Gebiet ausgetauscht werden. Von seiten der Bundespartei wurden die Landesverbände frühzeitig in die politischen, organisatorischen und werblichen Planungsmaßnahmen zur Vorbereitung des Bundestagswahlkampfes 1976 einbezogen, was vor allem über die Institution der Landesgeschäftsführerkonferenz erfolgte. Die ab 1974 steigende Zahl der Landesgeschäftsführerkonferenzen, die zweimalige Durchführung von jeweils drei regionalen Konferenzen mit den wichtigsten hauptamtlichen Mitarbeitern aller Parteiebenen, auf denen Fragen der Parteiarbeit und die Vorbereitung des Bundestagswahlkampfes erörtert wurden, zeigen, daß die Bundesgeschäftsstelle um engen Kontakt zu den Landes- und Kreisverbänden bemüht war (vgl. Tabelle 8).

Im Bundestagswahlkampf 1976 wurden erstmals auch alle Kreisverbände direkt von der Bundesgeschäftsstelle mit Werbematerial versorgt, das auf große Nachfrage stieß. Die Kompetenz und Fähigkeit der Bundesgeschäftsstelle zur zentralen Wahlkampfführung wurden von den Landes- und Kreisverbänden zunehmend akzeptiert.

Welch weitgehende Führungskompetenz der Bundespartei im Bundestagswahlkampf 1976 und danach zugestanden wurde, ist an der Regelung des zentralen Rednereinsatzes durch den Bundesvorstand ablesbar. Die Verteilung der bekannten, als Wahlredner begehrten Bundes- und Landespolitiker auf die Landes- und Kreisverbände im Wahlkampf war immer Anlaß zu innerparteilicher Kritik gewesen, die nur zu verhindern war, wenn der Einsatz dieser »Bundesredner« ohne Ausnahme zentral erfolgte. Der Bundesvorstand beschloß daher für den Bundestagswahlkampf 1976, alle Bundesredner ausschließlich über die Bundesgeschäftsstelle an die unteren Parteigliederungen zu vermitteln(142). Alle Bundesredner wurden verpflichtet, in der heißen Wahlkampfphase mindestens drei Tage pro Woche für diesen zentral koordinierten Einsatz zur Verfügung zu stehen. Der Kreis der Bundesredner wurde so festgelegt: CDU-Bundesvorstand, Landesvorstand der CSU, Vorstand der CDU/CSU-Bundestagsfraktion, Minister der unionsregierten Länder, Präsidenten der Landtage, soweit sie von der Union gestellt werden, und die Vorsitzenden der Landtagsfraktionen von CDU und CSU. Durch diese Regelung war erstmals ein ausgewogener, regionale Schwerpunkte berücksichtigender Rednereinsatz möglich.

Ein wichtiges Ziel für Kohl und Biedenkopf war die bessere Integration der Bundesvereinigungen in die politische und organisatorische Arbeit der Gesamtpartei. Am 3. September 1973 führte das Präsidium mit den Vorsitzenden und Geschäftsführern der Vereinigungen ein Gespräch über Fragen der Zusammenarbeit.

> »Die Vereinigungen werden bis Anfang Dezember 1973 Arbeitspapiere über Möglichkeiten zur verstärkten Zusammenarbeit mit der Bundespartei vorlegen und über ihre Planungen für das Jahr 1974 berichten. Die von den Vereinigungen unterbreiteten Vorschläge sollen in das Arbeitsprogramm der Partei für das Jahr 1974 aufgenommen werden«(143).

Um bessere Koordination und Kooperation zwischen Vereinigungen und Bundespartei zu erreichen, kamen ab 1974 die Geschäftsführer der Vereinigungen unter Leitung des CDU- Bundesgeschäftsführers zusammen. In bestimmten Fällen wurden die Geschäftsführer der Vereinigungen auch zu den Sitzungen der Landesgeschäftsführer eingeladen.

Finanziell waren die Vereinigungen ohnehin schon abhängig von der Bundespartei, da sie in der Regel zur Finanzierung ihrer Arbeit auf erhebliche Zuschüsse der Bundespartei angewiesen waren, die jährlich im Haushaltsplan der Bundesgeschäftsstelle festgelegt wurden. Seit der Statutenreform von 1967 waren die Vereinigungen verpflichtet, der Bundespartei ihre Etats offenzulegen, denn sie wurden nur mit Zustimmung des Generalsekretärs im Einvernehmen mit dem Bundesschatzmeister gültig(144).

Durch diese Maßnahmen wurde die Arbeit der Vereinigungen in den Themenschwerpunkten, bei der Durchführung von Kongressen usw. stärker auf die Arbeit der Bundespartei ausgerichtet.

6. Neue politische Programme und Konzeptionen

Diskussion und Verabschiedung politischer Programme und Konzeptionen dienen der politischen Artikulation und Integration der Partei und liefern die Inhalte für die politische Kommunikation. Verbindlich entschieden wird darüber in den Bundesparteigremien wie Bundesparteitag, Bundesausschuß und Bundesvorstand. Der Profilierung der Partei dienen auch Fachkongresse und die Erarbeitung politischer Konzeptionen durch die Fachausschüsse. Von 1973 bis 1980 sind auf fünf Parteitagen wichtige Konzepte und Programme verabschiedet worden: die Beschlüsse des Hamburger Parteitages (1973), die Mannheimer Erklärung (1975), das gemeinsame Wahlprogramm der Unionsparteien (1976), das Grundsatzprogramm (1978) und das gemeinsame Wahlprogramm der Unionsparteien (1980).

a) Die Programmdiskussion von 1973 bis 1976

Der Hamburger Parteitag vom 18. bis 20. November 1973 stellte die erste Bewährungsprobe für die im Juni 1973 neu gewählte Parteiführung dar. Der alte Bundesvorstand hatte im Mai 1973 festgelegt, daß auf dem Sachparteitag im Herbst 1973 von den ursprünglich zehn Themen, für die Kommissionen der Partei und Fraktion eingesetzt worden waren, die vier Themen Berufliche Bildung, Bodenrecht, Vermögensbildung und Mitbestimmung behandelt werden sollten.

Im Juli wurden die Entwürfe von drei Fachkommissionen sowie ein Diskussionspapier von Generalsekretär Biedenkopf zur Mitbestimmung (dessen Veröffentlichung der Bundesvorstand am 12.6.1973 genehmigt hatte) im »Deutschen Monatsblatt« veröffentlicht und alle Mitglieder sowie Parteigliederungen aufgefordert, Änderungen und Ergänzungen vorzuschlagen. Auf seiner Klausurtagung im Oktober 1973 verabschiedete der Bundesvorstand seine Entwürfe zu diesen vier Themen, die Grundlage für Antragstellung und Beratung auf dem Parteitag darstellten[(145)].

Die innerparteilichen Gegensätze prallten am härtesten in der Frage der Mitbestimmung aufeinander, die deswegen bereits auf dem Berliner Parteitag 1968 vertagt worden war. Auf dem Düsseldorfer Parteitag 1971 hingegen war eine eher unternehmerfreundliche Entscheidung bei der Zusammensetzung des Aufsichtsrates gefällt worden. Wie kontrovers diese Frage noch 1973 in der CDU war, ist daran abzulesen, daß der Bundesvorstand auf Vorschlag des Parteivorsitzenden vor Beginn des Parteitages seinen eigenen Antrag noch einmal modifizierte, um dadurch mehr Zustimmung und die Integration möglichst vieler Gruppierungen innerhalb der Partei zu ermöglichen[(146)]. Im Unterschied zum Düsseldorfer Parteitag nahm diesmal die Parteiführung ihre Führungsrolle bei der Erarbeitung ihres Antrages wie in der Diskussion auf dem Parteitag wahr[(147)]. In der Schlußabstimmung votierten von 677 Delegierten 559 für die Fassung des Bundesvorstandes[(148)].

In diesem Beschluß wurde die paritätische Vertretung der Kapitaleigner und Arbeitnehmer im Aufsichtsrat festgelegt, wobei auf der Arbeitnehmerbank die leitenden Angestellten ein gesondertes Vertretungsrecht erhielten; in Patt-Situationen sollte die Stimme des Aufsichtsratsvorsitzenden den Ausschlag geben. Diese Regelung war ein Fortschritt gegenüber dem Düsseldorfer Beschluß und hat dazu geführt, daß die seit Mitte der sechziger Jahre innerparteilich stark umstrittene Frage verbindlich entschieden war und keinen Konfliktstoff mehr bot.

Auch die Beschlüsse zu den anderen drei Themen wurden nach intensiver Diskussion mit großer Mehrheit verabschiedet, wobei es in zahlreichen Einzelfragen teilweise knappe Entscheidungen gab. Wie intensiv dieser Parteitag auch von den Gliederungen der Partei vorbereitet worden war, zeigt die hohe Zahl von 2517 Änderungsanträgen. Davon stammten allein 1811 Anträge – also 72,0% – von Kreisverbänden(149). Die Beschlüsse zu diesen vier Themen ergänzten das Berliner Programm, 2. Fassung, und legten den Rahmen für Gesetzesinitiativen und Verlautbarungen der CDU/CSU-Bundestagsfraktion fest.

Erarbeitung und Verabschiedung der »Mannheimer Erklärung« stellten einen weiteren Versuch der Parteiführung dar, neue Akzente zu setzen. Die Initiative dazu kam von Biedenkopf, der im Oktober 1974 den Rohentwurf eines »Strategiepapiers« – wie es zunächst hieß – vorlegte(150). Auf den Bundesvorstandssitzungen im Januar und Februar 1974 wurde die Diskussion fortgesetzt, wobei Biedenkopf betonte, daß das Strategiepapier nicht mit dem Grundsatzprogramm konkurriere und auch die Wahlplattform zur Bundestagswahl 1976 nicht ersetze, sondern die Prioritäten der Partei festlege.

In der Diskussion des Bundesvorstandes betonten mehrere Mitglieder, daß Funktion und Stellenwert des Papiers nicht klar, der Begriff »Strategiepapier« nicht sinnvoll sei. Zur Überarbeitung des Entwurfs wurde eine Kommission unter Biedenskopfs Vorsitz eingesetzt (weitere Mitglieder: Richard von Weizsäcker, Ernst Albrecht, Alfred Dregger, Heiner Geißler, Matthias Wissmann)(151). In einer Bundesvorstandssitzung im Mai 1975 hob Biedenkopf hervor, daß das Strategiepapier dem Parteitag »als Grundlage für die Generaldebatte über strategische Fragen der Partei vorgelegt werden soll«(152). Dieses Papier solle beweisen, daß die CDU langfristige Fragestellungen aufgreife. Nach einer nochmaligen Überarbeitung durch die Kommission wurde das Strategiepapier an die Gliederungen der Partei gesandt.

Auf dem Mannheimer Bundesparteitag vom 23. bis 25. Juni 1975 betonte Biedenkopf, daß die Mannheimer Erklärung eine neue Art der politischen Willensäußerung des Bundesvorstandes darstelle, weil sie nach § 29 des Statuts der CDU als Teil des Berichts des Bundesvorstandes vorgelegt werde und Grundlage für die Aussprache über den Bericht bilde. Die Parteigliederungen und Delegierten konnten also keine Änderungsanträge zur Mannheimer Erklärung einbringen, vielmehr sollten die Diskussionsbeiträge bei der Überarbeitung durch den Bundesvorstand berücksichtigt werden, der die endgültige Fassung der Mannheimer Erkärung als seine eigene Willensäußerung verabschiedete. Biedenkopf hob hervor:

> »Das Ziel der Mannheimer Erklärung ist, mit Hilfe einiger entscheidender Elemente unserer Politik die Grundstrukturen unserer politischen Gesamtstrategie zu verdeutlichen, aus der wir unsere freiheitlichen Antworten auf die Herausforderungen unserer Zeit herleiten«(153).

Als wesentlich bezeichnete Biedenkopf die Aussagen zur Außenpolitik, die in der Vergangenheit von der Partei vernachlässigt worden seien, die Herausarbeitung des Zusammenhangs zwischen Innen- und Außenpolitik sowie die Aussagen zur Neuen Sozialen Frage(154).

Am 12.11.1975 verabschiedete der Bundesvorstand einstimmig die überarbeitete, endgültige Fassung der Mannheimer Erklärung. Ein Versand an alle Parteimitglieder wurde beschlossen, »damit es jedem Mitglied ermöglicht wird, sich diese politische Aussage anzueignen und zu vertreten«(155).

Biedenkopf hat die für die Programmatik der Union innovativen Teile der Mannheimer Erklärung sicherlich zutreffend angesprochen, und die neue Parteiführung hat mit ihr die Fähigkeit zu politischer Führung unter Beweis gestellt(156). Sowohl in der innerparteilichen Diskussion als auch in der Auseinandersetzung mit der SPD stellte sich vor allem die »Neue Soziale Frage« als politischer Neuansatz heraus. Diesen hatte der rheinland-pfälzische Sozialminister und Vorsitzender des CDU-Bundesfachausschusses Sozialpolitik, Heiner Geißler, entwickelt, von Biedenkopf war er in bezug auf die Verbändeproblematik ergänzt worden(157).

Die Mannheimer Erklärung war ein »programmatischer Schnellschuß« der neuen Parteiführung, die den Entwurf unter maßgeblicher Einflußnahme Biedenkopfs in einem halben Jahr erstellt hatte. Aufgrund des ungewöhnlichen Beratungs- und Verabschiedungsverfahrens hat sie weder vor noch nach dem Parteitag eine erhebliche innerparteiliche Diskussion hervorgerufen oder sich in der Politik von Partei und Fraktion niedergeschlagen, wenn man von der Neuen Sozialen Frage absieht. Deshalb war und ist die Mannheimer Erkärung im Bewußtsein der Partei auch nicht verankert. Der näherrückende Bundestagswahltermin und die Auseinandersetzung über den Kanzlerkandidaten der Union taten ein übriges, sich aktuellen Fragestellungen zuzuwenden. »Die Entwicklung innovativer programmatischer Konzepte, am Bedürfnishaushalt der Parteibasis vorbei, mußte – nahezu zwangsläufig – die Kommunikation zwischen den Parteiebenen und damit die Wirkung eines solchen Positionspapiers schmälern«(158).

Den vorläufigen Abschluß dieser Neuakzentuierung der CDU-Programmatik bildete das gemeinsame Wahlprogramm von CDU und CSU für die Bundestagswahl 1976, das ohne intensive Diskussion auf dem CDU-Parteitag vom 24. bis 26. Mai 1976 in Hannover verabschiedet wurde. Es war unter Federführung der Generalsekretäre von den Vorständen der CDU und der CSU sowie der Führungsmannschaft der CDU/CSU unter Leitung Kohls erarbeitet worden. Damit wurde die unter Barzel 1972 begonnene Tradition der Unionsparteien fortgesetzt, vor einer Bundestagswahl ein gemeinsames Programm für die Arbeit in der neuen Legislaturperiode vorzulegen. Das gemeinsame Wahlprogramm der Unionsparteien war in seinen grundsätzlichen Aussagen stark durch den Grundsatzprogrammentwurf der CDU beeinflußt und stellt in seinen konkreten Aussagen eine Aktualisierung des Berliner Programms, 2. Fassung, dar.

b) Das Grundsatzprogramm von 1978

Erarbeitung, Diskussion und Verabschiedung des Grundsatzprogramms der CDU auf dem Ludwigshafener Parteitag vom 23. bis 25. Oktober 1978 stellt den aufwendigsten Versuch in der Geschichte der CDU und der übrigen bundesrepublikanischen Parteien dar, Selbstverständnis, Grundwerte und politische Schwerpunkte einer Partei als Grundlage ihrer Politik zu formulieren. Sowohl in den fünfziger wie in den sechziger Jahren bestand in der CDU traditionell Abneigung gegen Grundsatzprogramme.

Andererseits hatten die Barzel-Studie und die gescheiterten Versuche zur Formulierung einer Grundsatzerklärung in den sechziger Jahren gezeigt, daß Neuformulierung und Diskussion der Grundwerte der CDU, insbesondere des »C«, als notwendig erachtet wurden.

Auch zu Beginn der Oppositionszeit der CDU wurde die Erarbeitung eines Grundsatzprogramms nicht gefordert – allerdings nahm durch die Oppositionsrolle der innerparteiliche Druck zu, grundsätzliche Fragestellungen aufzugreifen, die über die aktionsprogrammatischen Aussagen des Berliner Programms hinausgingen. Deshalb begannen Ende der sechziger Jahre und Anfang der siebziger Jahre einige Unterorganisationen der Partei eigene Grundsatzprogramme zu formulieren. So führte die im Gefolge der APO begonnene »Systemdiskussion« dazu, daß sich der RCDS seit Frühjahr 1968 in seinem politischen Beirat mit Grundsatzfragen beschäftigte, deren Ergebnis er im Herbst 1969 unter dem Titel »Grundlagen zukünftiger Politik – Beiträge zum politischen Grundkonzept des RCDS« in der Zeitschrift SONDE veröffentlichte(159), was im Jahre 1976 zur Verabschiedung des RCDS-Grundsatzprogramms »Plädoyer für eine offene und solidarische Gesellschaft« führte. Auch die Junge Union hatte 1971 eine Kommission zur Erarbeitung eines Grundsatzprogramms eingesetzt, das im Juni 1973 unter dem Titel »Für eine humane Gesellschaft« verabschiedet wurde(160).

Diese in den Jugendorganisationen begonnene Grundsatzdiskussion ging nicht völlig spurlos an der Partei vorbei. Auf dem Saarbrücker Parteitag (1971) schlug Barzel in seiner Vorstellung als Kandidat für den Parteivorsitz vor, durch den Bundesvorstand einen »Grundsatzausschuß« aus fünf Mitgliedern einzusetzen, damit die Parteiführung nicht im Pragmatismus stecken bleibe. Dieser Grundsatzausschuß

> »sollte im engen Kontakt mit der Wissenschaft die für die Politik relevanten, neu auftretenden Fragen... rechtzeitig erfassen und dem Vorstand vorschlagen, in welcher Weise und mit welchem Ziel die Partei sich damit befassen soll. Dieser Ausschuß soll sich ferner in besonderer Weise... als beauftragt begreifen, den Grundsätzen unserer Partei, also unserem Programm und der Verwirklichung durch die praktische Politik, zu dienen und darauf zu achten«(161).

An ein Grundsatzprogramm war also nicht gedacht, sondern eher an eine Beratung des Bundesvorstandes durch eine unabhängige Instanz, die auf grundsätzliche und künftige Fragestellungen der Politik hinwies.

Im Dezember 1971 wurde entsprechend Barzels Vorschlag eine Grundsatzkommission unter dem Vorsitz Richard von Weizsäckers eingesetzt(162), wobei v. Weizsäcker im Bundesvorstand zwei Arbeitsschwerpunkte hervorhob: »1. Welche Gesellschaft erwartet uns in der für uns politisch relevanten Zukunft? 2. Welches ist unser politischer Wille in bezug auf den Menschen und die Gesellschaft?«(163)

Die Grundsatzkommission legte auf dem Parteitag in Wiesbaden 1972 einen ersten Bericht unter dem Titel »Herausforderungen unserer Zeit«, auf dem Hamburger Parteitag im November 1973 einen zweiten Bericht unter der Überschrift »Schutz und Ausbau einer freiheitlichen Grundordnung« vor(164).

Die Resonanz auf beide Berichte war sowohl auf dem Parteitag als auch in den Parteigliederungen positiv. Zahlreiche Kreisverbände, Landesverbände und Vereinigungen begannen, sich in eigenen Veranstaltungen mit den Grundsatzfragen auseinanderzusetzen; bis zum April 1975 wurden von ihnen dazu 100 000 Exemplare einer Broschüre zur Grundsatzarbeit angefordert(165).

Die Grundsatzkommission kam zu der Erkenntnis, daß die Erarbeitung weiterer, letztlich für die Partei unverbindlicher Berichte keine sinnvolle Form der Auseinandersetzung über Grundsatzfragen sei, und schlug dem Bundesvorstand im zweiten Bericht vor, ein Grundsatzprogramm zu erarbeiten. Diesem Vorschlag entsprach der Bundesvorstand ohne große Diskussion, und ein entsprechender Antrag wurde vom Bundesparteitag in Hamburg (1973) mit breiter Mehrheit angenommen.

Von Weizsäcker begründete die Notwendigkeit eines Grundsatzprogramms so:

> »Die Gründung und Politik der CDU beruhen auf dem festen Fundament eines christlich geprägten Bildes vom Menschen und seiner Wertordnung. Dieses Fundament gilt fort. Aber Grundsätze sind kein selbsttätiger Besitz... Denn wir stehen ja vor immer neuen Herausforderungen der Technik und Wissenschaft, der wirtschaftlichen Dynamik und der sozialen Entwicklung. Unter ihrem Einfluß wandeln sich unsere Lebensbedingungen ständig. Auf diesen Wandel dürfen wir nicht nur reagieren, wir müssen ihn politisch gestalten, und dazu bedürfen wir des Antriebs und der Leitlinien verbindlicher Grundsätze.«(166)

Die widerspruchslose Annahme dieses Vorschlags durch Bundesvorstand und Parteitag zeigt den Stimmungswandel, der in den wenigen Jahren von 1968, als Heck noch ein Grundsatzprogramm ablehnte, bis 1973 stattgefunden hat. Dieser Wandel dürfte durch den Wechsel der Partei in die Opposition und die geänderte Funktions- und Mandatsträgerstruktur auf allen Ebenen als Folge des Mitgliederstrukturwandels verursacht worden sein. Durch den starken Zuwachs an Mitgliedern, für deren politisches Handeln der christliche Glaube kein entscheidendes Antriebsmoment mehr war, wurden die traditionellen Konfliktlinien zu Fragen des »C« entschärft, gleichzeitig wuchs das Bedürfnis nach präziser Beschreibung der Prinzipien christlich-demokratischer Politik. Die positiven Erfahrungen mit der Grundsatzdiskussion seit 1972 und die erfolgreiche Grundsatzprogrammdiskussion in RCDS und JU unterstützten diese Tendenz.

Im März 1974 berief der Bundesvorstand die Grundsatzprogrammkommission(167) und erteilte ihr den Auftrag, bei ihrer Arbeit wissenschaftlichen Sachverstand beizuziehen. Ende 1975/Anfang 1976 sollte der Programmentwurf auf einem Kongreß diskutiert werden(168).

Von März 1974 bis März 1976 arbeitete die Kommission an dem Entwurf, zu dem etwa fünfzig Wissenschaftler der verschiedensten Disziplinen Stellung nahmen. Diesem Ziel eines Dialogs über Grundlagen christlich-demokratischer Politik mit Fachleuten, die nicht Mitglied der Union zu sein brauchten, diente auch das Grundsatzforum in Berlin im September 1977, an dem über 500 Wissenschaftler, Vertreter gesellschaftlicher Gruppen und Parteimitglieder teilnahmen(169).

Generalsekretär Geißler formulierte dort drei Anforderungen:

1. »Das Grundsatzprogramm muß die wesentlichen gemeinsamen Überzeugungen der CDU beschreiben, damit das Profil der Partei erkennbar ist. Dies ist seine klarstellende Wirkung nach außen...
2. Das Grundsatzprogramm muß den Zusammenhalt der Partei stärken, es muß sie einigen. Dies ist seine integrierende Wirkung nach innen...
3. Das Grundsatzprogramm muß anwendbar sein; und zwar für die Zeit, in der es gemacht wird und für eine voraussehbare Zukunft. Dies ist seine aufgabenorientierende Wirkung für das politische Handeln.«(170)

Aufgrund des Grundsatzforums und weiterer kritischer Anmerkungen von seiten der Gliederungen der Partei erarbeitete unter Geißlers Leitung eine Kommission des Bundesvorstandes einen neuen Programmentwurf(171), der vom Bundesvorstand am 8. Mai 1978 verabschiedet und als Antrag an den Bundesparteitag in Ludwigshafen veröffentlicht wurde. Auf diesem Parteitag, vom 23. bis 25.10.1978, lagen 3218 Anträge zum Programmentwurf vor(172), was die Intensität der innerparteilichen Diskussion zum Ausdruck bringt(173).

Mit dem Grundsatzprogramm 1978 hat die CDU einen vorläufigen Schlußstrich unter die 1968 mit dem Berliner Programm begonnene Programmdiskussion und unter die seit 1972 geführte Grundsatzdiskussion gezogen. Das – mit Ausnahme der Mannheimer Erklärung und der Wahlprogramme – seit 1968 praktizierte zweistufige Verfahren (Entwurf Programmkommission, Entwurf Bundesvorstand) wurde von der Parteiführung bewußt gewählt, um eine intensive innerparteiliche Diskussion anzuregen. Da die Entwürfe der Programmkommissionen immer »mutiger« waren und in der Partei umstrittene Fragen aufgriffen, hatten diese innovatorische Impulse zur Folge.

Die Entwürfe des Bundesvorstandes hingegen waren stärker auf potentielle Mehrheitsmeinungen und politische Kompromisse innerhalb der Partei ausgerichtet, um für das Programm eine große Mehrheit zu bekommen. Trotzdem ist auch auf den Programmparteitagen kontrovers diskutiert und in zahlreichen wichtigen Fragen mit Mehrheit entschieden worden, was die Bedeutung des Parteitages als oberstes Entscheidungsorgan bestätigt. Hervorzuheben am Diskussionsverfahren ist auch die bei der Erarbeitung des Grundsatzprogramms systematische Einbeziehung des Sachverstandes aus der Wissenschaft und Verbänden, was beim Grundsatzforum in Berlin deutlich wird. Daran wird das Bemühen der Parteiführung erkennbar, mit der Programmdiskussion auch einen parteiexternen Integrationseffekt zu erzielen.

Die CDU hat in ihrer Programmdiskussion drei Phasen durchgemacht:

- 1945 bis 1949: Intensive Programmdiskussion und Verabschiedung von programmatischen und konzeptionellen Aussagen (Gründungsaufrufe, Ahlener Programm, Düsseldorfer Leitsätze), die die Politik der CDU als spätere Regierungspartei prägten. Diese frühen Programme der CDU bildeten eine wichtige Grundlage für die Regierungsarbeit in den fünfziger Jahren, was anhand der Themen Soziale Marktwirtschaft, Mitbestimmung, Vermögensbildung, Lastenausgleich, Europapolitik etc. nachgewiesen werden kann(174).
- 1950 bis 1967: Die Partei verzichtet in den fünfziger Jahren auf die Formulierung und

Verabschiedung von Programmen und politischen Konzeptionen (das Hamburger Programm von 1953 war nicht von der Partei erarbeitet und diskutiert worden und ist mit den späteren Parteiprogrammen nicht vergleichbar) und überläßt die Formulierung der Politik der Bundesregierung und der Bundestagsfraktion. Erst in den sechziger Jahren sind erste Ansätze erkennbar, durch eigenständige Beiträge der Partei die Entscheidungen von Regierung und Fraktion zu beeinflussen.

- 1968 bis 1978: In der Endphase der CDU als Regierungspartei übernimmt (zu spät und halbherzig) die Partei den Versuch, die programmatisch-politische Führungsrolle durch die Formulierung und Verabschiedung des Berliner Programms zu erlangen. Im Verlauf der Oppositionszeit wird während der siebziger Jahre die Verabschiedung von Programmen durch die Partei, die als Leitlinie für alle Mitglieder verbindlich sind, zur Selbstverständlichkeit.

Das Grundsatzprogramm stellt den ersten Versuch der CDU dar, die Prinzipien christlich-demokratischer Politik zu definieren und die Wechselbeziehungen zwischen diesen und den wesentlichen Politikfeldern in ihren Konsequenzen zu beschreiben. Dementsprechend sind grundsatz- und aktionsprogrammatische Aussagen eng miteinander verbunden. Die Gliederung des Programms weicht daher von alten vorangegangenen Programmen ab, indem es mit der Beschreibung des Volksparteicharakters und des »christlichen Verständnisses vom Menschen und seiner Verantwortung vor Gott« (Ziffer 1) beginnt, das die Grundlage für gemeinsames politisches Handeln aller CDU-Mitglieder darstellt. Nach dem Grundwertekapitel werden die Themenbereiche Familie; Erziehung, Bildung und Kultur; Arbeit und Freizeit; Wohnen und Umwelt unter der Überschrift »Entfaltung der Person« behandelt, und dann erst folgen die Kapitel »Soziale Marktwirtschaft«, »Der Staat« und »Deutschland in der Welt«. Damit wird eine Änderung der Prioritäten bei der CDU erkennbar, da die Außenpolitik in den vorangegangenen Programmen an erster Stelle behandelt worden war. Bemerkenswert ist auch die Beschreibung der Sozialen Marktwirtschaft als eines wirtschafts-und gesellschaftspolitischen Konzepts, das in gleicher Weise auf individueller Freiheit, Solidarität und sozialer Gerechtigkeit basiert.

Das Grundsatzprogramm hat die Aussagen der CDU in ihren Wahlprogrammen 1976 und 1980 sowie in ihrem Europa-Programm 1979 erheblich beeinflußt. Das Grundsatzprogramm bildet Grundlage und politischen Rahmen für christlich-demokratische Politik auf allen Ebenen der Partei.

Das Grundsatzprogramm ist aufgrund des Diskussionsverfahrens, seiner politischen Inhalte und seiner inner- und außerparteilichen Wirkung ein wichtiger Markstein auf dem Weg der CDU zur modernen Volkspartei. Es ist den von Geißler auf dem Grundsatzforum formulierten Anforderungen der Artikulation und Integration gerecht geworden.

c) Fachkongresse und Fachausschüsse 1973 bis 1980

Mit dem Wechsel der CDU in die Opposition und der sukzessiven Übernahme der Führungsrolle durch die Partei war die Notwendigkeit verbunden, Sachaussagen zu Politik- und Themenbereichen ohne Rückgriff auf den Sachverstand der Ministerialbürokratie zu formulieren. Neben dem Ausbau der politischen Fachreferate in der CDU-Bundesgeschäftsstelle war daher die Mobilisierung des politischen Sachverstandes innerhalb und außerhalb der Partei erforderlich. Die organisatorischen Instrumente der Partei waren Fachausschüsse und Fachkongresse, auf deren geringe Bedeutung während der Regierungszeit der CDU schon hingewiesen wurde.

Fachkongresse dienen der Profilierung der Partei in einem wichtigen Sachthema und wirken innovatorisch in die Partei hinein. Obwohl sie keine verbindlichen Beschlüsse fällen können, legen sie durch die Berichterstattung in den Medien die Partei bereits in eine bestimmte Richtung hin fest. Deshalb haben sie auch eine Anregungs- und Vorbereitungsfunktion in bezug auf den innerparteilichen Entscheidungsprozeß, der nach den Fachkongressen in den Beschlußgremien der Partei stattfindet.

In der ersten Phase der Opposition bis Ende 1971 wurden insgesamt fünf Fachtagungen in kleinerer Besetzung durchgeführt, teilweise organisiert durch die Konrad-Adenauer-Stiftung.

Da nach den Vorstellungen der 1973 neu gewählten Parteispitze die Führungsrolle der Partei zugedacht war, trug Biedenkopf im Januar 1974 im Bundesvorstand ein Konzept vor, das zahlreiche Fachkongresse, Fachtagungen und Kundgebungen bis Ende 1975 vorsah und in dem er die Notwendigkeit betonte, die Arbeit der Fachausschüsse und Kommissionen zu reorganisieren und zu aktivieren. Da der Bundesvorstand diesem Konzept zustimmte(175), veranstaltete die Bundespartei in den Jahren 1974 und 1975 insgesamt zehn Fachkongresse.

Ähnlich wie die Mannheimer Erklärung sollten auch die Fachkongresse das Profil der CDU in zentralen Fragen verdeutlichen, die CDU als sachkompetente Partei darstellen und die innerparteiliche Diskussion beleben. Diese Aktivitäten wurden im Zusammenhang mit der Bundestagswahl im Herbst 1976 gesehen, da eine politische Profilierung und Imageverbesserung nur mittelfristig erreichbar schien. Schwerpunkte der Fachkongresse waren: Europa-, Kommunal-, Struktur-, Medien-, Familien-, Gesundheitspolitik, 25 Jahre Grundgesetz, Humanität im Arbeitsleben, Sicherheitspolitik und Reform der beruflichen Bildung(176).

Vom Mai 1975 bis April 1976 fanden vier Fachkongresse zu den Themenbereichen Entwicklungspolitik, Rechtspolitik, Agrarpolitik sowie Jugendpolitik und mehrere Gedenkveranstaltungen zum hundertjährigen Geburtstag von Konrad Adenauer statt(177).

Unter dem neuen Generalsekretär Geißler wurde das Konzept der Fachkongresse weiterentwickelt und folgende Arbeitsmethode angewandt:

1. »Erarbeitung einer Dokumentation, in der das Thema aufbereitet wird
2. Durchführung eines Kongresses

3. Auswertung des Kongresses in parteiinternen Publikationen und in einem auf dem freien Buchmarkt vertriebenen Taschenbuch
4. Einbringen der Diskussionsvorschläge in die politische Willensbildung und Erarbeitung einer Konzeption der CDU«[178].

Bei der Auswahl der Referenten wie der Teilnehmer wurden neben Unions-Politikern Vertreter der Wissenschaft und der Verbände berücksichtigt – und damit auch zahlreiche Nicht-Parteimitglieder. Vom März 1977 bis März 1980 wurden insgesamt vierzehn Fachkongresse zu folgenden Themen veranstaltet: Grundsatzprogramm, Energie und Umwelt, Der Weg in die Gewalt (Terrorismus), Innere Sicherheit, Zukunftschancen der Jugend, Sicherheitspolitik, Bürokratisierung, Rechtspolitik, Lebenswerte Zukunft (Umwelt), Medienpolitik, Sport, Sicherheitspolitik, Außenpolitik, Deutschlandpolitik[179]. Diese Fachkongresse hatten auch die Funktion, die spätere Regierungstätigkeit der CDU auf Bundesebene inhaltlicher vorzubereiten.

Die Teilnehmerzahlen der Fachkongresse schwankten zwischen 200 und 600. Sowohl innerhalb der Partei und der CDU/CSU-Bundestagsfraktion wie in der Medienberichterstattung erzielten die Fachkongresse eine erhebliche Resonanz[180].

Zur inhaltlichen Vorbereitung der Fachkongresse haben die Fachausschüsse wesentlich beigetragen. Unter Kurt Biedenkopf als neuem Generalsekretär war die Mehrzahl der Fachausschüsse und ihrer Mitglieder neu berufen und ab 1974 erheblich aktiviert worden, was sich an der Zahl ihrer Sitzungen ablesen läßt[181]. Durch die Fachkongresse und die Anforderung politischer Konzepte von seiten der Parteiführung erhielten die Fachausschüsse eine sinnvolle Funktion und mußten zu festgelegten Themenschwerpunkten und Terminen Ausarbeitungen vorlegen.

1975 wurden die Richtlinien für die Fachausschüsse vom Bundesvorstand vorläufig, am 1.3.1977 endgültig geregelt[182]. Nach dieser BFAO entspricht die Amtszeit der Bundesfachausschüsse der Wahlperiode des Deutschen Bundestages (festgelegt durch Beschluß des Bundesvorstandes vom 30.4.79). Sie sollen in der Regel nicht mehr als zwanzig Mitglieder umfassen, wobei bis zu zehn Gäste ohne Stimmrecht eingeladen werden können. An den Sitzungen der Fachausschüsse und ihrer Arbeitsgruppen können neben den Bundesvorstandsmitgliedern die zuständigen Fachminister des Bundes und der Länder, die zuständigen Sprecher bzw. Mitglieder der Bundestags- und der Landtagsfraktionen sowie Mitarbeiter der Bundesgeschäftsstelle ohne Stimmrecht teilnehmen[183].

Die Mitglieder der Bundesfachausschüsse werden vom Generalsekretär berufen, worüber der Bundesvorstand unterrichtet wird. Der Generalsekretär soll bei den Berufungen die Vorschläge der Landesverbände und Bundesvereinigungen der CDU sowie von Organisationen, die der CDU nahestehen, berücksichtigen. Der Generalsekretär soll auf eine fachlich und geographisch ausgewogene Zusammensetzung achten[184].

Der Vorsitzende und die beiden Stellvertreter eines Fachausschusses werden in geheimer Wahl durch seine Mitglieder gewählt, wobei der Vorstand des Fachausschusses der Zustimmung durch den Generalsekretär bedarf. »Die ständigen Bundesfachausschüsse planen in Abstimmung mit dem Generalsekretär ihre Arbeitsvorhaben für die jeweilige Amtszeit. Darüber hinaus sollen sie politisch erhebliche Vorgänge und Entwicklungen in ihren Fachbereichen beobachten und dem Bundesvorstand zur Kenntnis geben«(185). Einmal im Jahr müssen die Bundesfachausschüsse dem Bundesvorstand einen schriftlichen Bericht über ihre Arbeit und am Ende ihrer Amtszeit einen zusammenfassenden Arbeitsbericht vorlegen(186). »Über die Ergebnisse der Ausschußarbeit, ihre Verwendung und Veröffentlichung entscheidet der Bundesvorstand. Der Bundesvorstand kann dieses Recht auf das Präsidium oder den Generalsekretär übertragen«(187).

Mit dieser Ordnung war ein bis dahin nicht existierendes bzw. nicht angewandtes Regelsystem verabschiedet worden, das dem Generalsekretär eine starke Koordinations-, Anregungs- und Überwachungsfunktion zuschrieb, die sowohl Biedenkopf wie Geißler wahrgenommen haben. Die Fachausschüsse haben eine Vielzahl von Beschlüssen und Konzeptionen erarbeitet, die sich entweder in den Arbeitsergebnissen der Fachkongresse, den Beschlüssen der Parteiführungsgremien niedergeschlagen haben oder von den Fachausschüssen mit Genehmigung des Generalsekretärs selbständig der Öffentlichkeit vorgestellt wurden. Aufgrund der Arbeit der Fachausschüsse gibt es kaum einen wichtigen Themenbereich, zu dem die Partei keine detaillierten Konzepte beschlossen (häufig durch den Bundesausschuß) und als Broschüre veröffentlicht hat(188).

In der wissenschaftlichen Literatur werden die Fachausschüsse in ihrer Bedeutung und Einflußnahme auf den Willensbildungsprozeß im Vergleich zu den Landesverbänden und Vereinigungen der CDU häufig vernachlässigt. Helmuth Pütz hingegen hat am Beispiel des bildungspolitischen Willensbildungsprozesses innerhalb der CDU die Bedeutung der parteipolitischen Fachleute und Experten zutreffend herausgearbeitet(189). Insbesondere die Vorsitzenden der Fachausschüsse werden zu wichtigen Beratungen ihres Themenbereichs hinzugezogen. Je höher Vorsitzende und Mitglieder der Fachausschüsse in der Partei- und Fraktionshierarchie verankert sind, um so größeren Einfluß haben sie. Zwar sind die Fachausschüsse nur Beratungsorgane für die Führungsgremien, die über die endgültige Fassung und Verwendung ihrer Arbeitsergebnisse entscheiden, aber es findet ein wechselseitiger Beeinflussungs- und Konsultationsprozeß statt, wobei die Vorlagen der Fachausschüsse bereits eine präjudizierende Wirkung haben. Die Fachausschüsse eröffnen im übrigen – vor allem für deren Vorsitzende – eine zusätzliche innerparteiliche Karrieremöglichkeit in Ergänzung zu denjenigen, die die sonstigen Suborganisationen der Partei bieten.

Neben der Artikulationsfunktion erbringen die Fachausschüsse auch eine wichtige Integrationsleistung, indem sie die Experten aus den Landesverbänden, der Bundestagsfraktion, den Vereinigungen sowie den der CDU nahestehenden Verbänden zusammenführen.

Außer ständigen Fachausschüssen, deren Zahl zwischen zehn und fünfzehn auf Bundesebene schwankt, bestehen Beiräte (z. B. für Hochschulpolitik und für Jugendfragen) und Sonderkommissionen, die zeitlich befristete Aufträge erhalten, wie z. B. die

Grundsatz- und die Grundsatzprogrammkommission, die Organisationskommission und die Unternehmensrechtskommission. Während die Arbeitsergebnisse der Organisationskommission durch Maßnahmen zur Stärkung der Parteiorganisation auf Kreisebene umgesetzt wurden(190), sind Ergebnisse der Arbeit der Unternehmensrechtskommission nicht feststellbar. Die Unternehmensrechtskommission war aufgrund eines Parteitagsbeschlusses von 1973 vom Bundesvorstand unter dem gleichberechtigten Vorsitz von Biedenkopf und Katzer im Februar 1974 eingesetzt worden(191). Obwohl die Kommission von Juni bis April 1976 insgesamt dreizehn Sitzungen abhielt und für das zweite Halbjahr 1976 einen Abschlußbericht ankündigte(192) und dieser Bericht für den Bundesvorstand wahrscheinlich erstellt worden ist, wurde er nicht veröffentlicht; es sind auch keine Anträge oder Beschlüsse von Führungsgremien zum Themenbereich der Unternehmensrechtskommission publik geworden. Möglicherweise war der Parteiführung das Thema nach der Bundestagswahl 1976 zu heikel, als daß sie dieses kontroverse Thema wieder aufgreifen wollte bzw. erschien ihr die Themenstellung überholt.

Als Partei hat die CDU ab 1973 ihre politische Artikulationsfähigkeit erheblich verbessert. Bereitschaft und Fähigkeit der Partei, sachpolitische Konzepte auch in öffentlicher, kontroverser Diskussion mit Mehrheitsentscheidung zu erarbeiten, sind unübersehbar. Leistungsprofil und Kompetenz der CDU haben sich ab 1973 sukzessive verbessert. Der CDU gelang es, gegenüber der SPD einen politischen Kompetenzvorsprung zu erarbeiten: Nach einer Untersuchung des Instituts für Demoskopie schnitt im Oktober 1978 die Union bei achtzehn politischen Themenbereichen von insgesamt 29, die der Bürger als wichtig einstufte, besser als die SPD ab(193). Besonders bemerkenswert ist, daß es der CDU gelang, in Themenbereichen wie zum Beispiel Vollbeschäftigung und Rentenpolitik, in denen die SPD vom Wähler traditionell als besonders leistungsfähig angesehen wird, Ende 1978 besser als die SPD beurteilt zu werden(194).

Der neuen Parteiführung gelang in der zweiten Hälfte der siebziger Jahre, das zu Beginn der Oppositionszeit beklagte Modernitätsdefizit der CDU abzubauen. Die Partei hatte sich zu einem politisch leistungs- und artikulationsfähigen Instrument entwickelt.

7. Die Intensivierung der innerparteilichen Diskussion und Konsultation

Entscheidungen einer Partei dienen der politischen Artikulation und parteiinternen Integration. Den Entscheidungen geht in modernen Volksparteien ein intensiver Diskussions- und Beratungsprozeß zwischen den einzelnen Führungsebenen voraus. Dieser Diskussions- und Konsultationsprozeß in der CDU während der Oppositionszeit soll anhand der Anträge zu den Parteitagen und der Sitzungen der Parteiführungsgremien auf Bundesebene untersucht werden.

Bei den Parteitagsanträgen interessieren deren Anzahl und Verteilung auf die Antragsberechtigten, denn Anträge sind das Ergebnis einer Diskussion in den Führungsgremien der Antragsteller und daher ein Maßstab für deren Diskussionsbereitschaft. Je mehr Anträge von Parteigliederungen gestellt werden, um so eher besteht die Chance, daß sie auf den Willensbildungsprozeß der Bundespartei Einfluß nehmen und im Konsultations- und Entscheidungsprozeß auf deren Vorstellungen Rücksicht genommen wird. Erst mit dem Parteitag von 1968 besitzt die CDU ein geregeltes Antrags-, Diskussions- und Entscheidungsverfahren, das von jedem nachfolgenden Parteitag durch Beschluß übernommen wurde. Mit der Verabschiedung einer Geschäftsordnung für Parteitage im Jahre 1975 (195) wurde dieses Verfahren für alle künftigen Parteitage verbindlich.

Tabelle 5: Anträge und Antragsteller auf den Parteitagen 1968–1979

Bundesparteitage	Ges.-Zahl Anträge	Anträge nach Antragstellern in % Bundesvorstand	Bundesvereinigung	Landesverband	Kreisverband
11/1968, Berlin	345	0	9,9	46,4	43,8
01/1971, Düsseldorf	940	0	8,6	20,5	70,9
10/1971, Saarbrücken	20	15,0	5,0	30,0	50,0
11/1973, Hamburg	2517	3,6	6,6	17,9	72,0
06/1975, Mannheim	265	31,7	7,2	12,1	48,7
03/1977, Düsseldorf	23	8,7	17,4	4,3	69,6
10/1978, Ludwigshafen	3330	4,1	4,7	9,5	81,7
03/1979, Kiel	25	16,0	20,0	12,0	52,0
alle Bundes-Parteitage	7465	4,3	6,2	15,5	73,9

Quellen: Antragsbroschüren zu den jeweiligen Parteitagen

Vor 1968 wurden nur im Ausnahmefall auf Bundesparteitagen Anträge von seiten der Parteigliederungen gestellt, von Kreisverbänden so gut wie überhaupt nicht. Ausgehend vom Parteitag 1968 sollen daher die Parteitage der CDU in den siebziger Jahren untersucht werden.

Nach der Geschäftsordnung der CDU sind auf dem Bundesparteitag der Bundesvorstand, der Bundesausschuß, die Bundesvorstände der Vereinigungen, die Vorstände der Landesverbände und der Kreisverbände antragsberechtigt(196). Da nicht von allen Parteitagen die Antragsbücher, in denen die fristgerecht eingereichten Anträge abgedruckt sind, vorliegen, konnte nur eine begrenzte Anzahl von Bundesparteitagen in den siebziger Jahren ausgewertet werden. Die Leitanträge des Bundesvorstandes, die häufig Grundlage der Diskussion und auch der Änderungsanträge auf dem Parteitag waren – dies gilt insbesondere für die Programmparteitage – sind in den Aufstellungen nicht berücksichtigt.

Wie aus Tabelle 5 zu entnehmen ist, sind auf den Parteitagen von 1968 bis 1979 dreiviertel aller Anträge von den Kreisverbänden und nur 15,5 % von den Landesverbänden, 6,2 % von den Bundesvereinigungen und 4,3 % vom Bundesvorstand gestellt worden. Diese Verteilung der Anträge belegt, daß vor allem die regionalen Suborganisationen, insbesondere die Kreisverbände, die Möglichkeit zur Einflußnahme nutzen , was Indiz für deren Diskussionsbereitschaft ist.

In der Bewertung der Parteitage sind grundsätzlich die Parteitage, die die Verabschiedung eines Programms oder sachpolitischer Konzepte zum Ziel haben, von den Parteitagen zu unterscheiden, bei denen keine besonderen Schwerpunktthemen auf der Tagesordnung stehen und auch keine Leitanträge des Bundesvorstandes vorliegen.

Aus Tabelle 5 ist ebenfalls zu entnehmen, daß bei den Programmparteitagen 1968 (Verabschiedung Berliner Programm, 1. Fassung), 1971 (Verabschiedung Berliner Programm, 2. Fassung), 1973 (Beschlüsse zu den Themenbereichen Mitbestimmung, Vermögensbildung, Berufliche Bildung, Bodenrecht) sowie 1978 (Verabschiedung des Grundsatzprogramms) die Zahl der Anträge ungleich höher ist als auf den übrigen Parteitagen. Dies belegt, daß Diskussion und Beschlußfassung der Parteigliederungen vor allem dadurch angeregt werden, daß die Parteiführung durch eigene Vorlagen diese bewußt herausfordert. Schon auf dem Parteitag von 1975, auf dem die Mannheimer Erklärung diskutiert wurde, ist die Zahl der Anträge aufgrund des Vorbereitungsverfahrens gering und auf den übrigen Nicht-Programmparteitagen unbedeutend. Diese Zahlen sind auch ein Indiz für die politische Lethargie der Parteigliederungen, die von ihrem Antragsrecht auf Bundesparteitagen im Normalfall nur geringen Gebrauch machen.

Tabelle 6: Anträge und Antragsteller auf Programmparteitagen 1968, 1971, 1973, 1978

	Zahl der Anträge				Zuwachs der Anträge in %			
Antragsteller	1968	1971	1973	1978	Zuw. 1968–71	Zuw. 1971–73	Zuw. 1973–78	Zuw. 1968–78
BuVo	0	0	91	136	–	910,0	49,5	100,0
Bu-Ver.	34	81	165	158	138,3	103,7	– 4,2	364,7
LV	160	193	450	315	20,6	133,2	–30,0	96,8
KV	151	666	1811	2721	341,2	171,9	50,3	1702,0
Insg.	345	940	2517	3330	172,5	167,7	32,3	865,2

Quellen: Antragsbroschüren zu den jeweiligen Parteitagen

Daß die Parteiführung unter Kohl und Biedenkopf gerade auch auf Orts- und Kreisverbandsebene durch Themenvorgaben die Diskussion beleben wollte, hat insbesondere Biedenkopf immer wieder betont:

»Diese Leute (die neuen Mitglieder) wollen nicht mehr nur an den Personalentscheidungen in den Orts- und Kreisverbänden mitwirken, sie wollen auch sachlich mitarbeiten. Diese sachliche Mitarbeit setzt voraus, daß die Parteiführung... eine Reihe von politischen Themen entwickelt und als Aufgaben stellt, die dann entweder hinzielen auf Beschlußfassungen eines Parteitages... jedenfalls irgendein Ziel haben müssen. Nur die reine Diskussion von politischen Themen ist uninteressant und daraus erwächst nichts(197).

Für die Untersuchung der Anträge auf Parteitagen bieten sich die vier Programmparteitage von 1968 bis 1978 an, da dort am ehesten vergleichbare Bedingungen vorliegen: Die Parteigliederungen stellen Änderungsanträge zu einem vom Bundesvorstand erarbeiteten konzeptionellen Antrag bzw. Programmantrag.

1968 wurden zum Programmentwurf des Bundesvorstandes insgesamt 345 Änderungsanträge gestellt (siehe Tabelle 6), wovon 46,4% von den Landesverbänden und 43,8% von den Kreisverbänden sowie knapp 10% von den Bundesvereinigungen kamen. Die Landesverbände und Bundesvereinigungen stellten also noch erheblich mehr Anträge als die Kreisverbände, die die Parteibasis repräsentieren. Auf dem Programmparteitag 1971 wurden insgesamt 172,5% mehr Anträge als 1968 gestellt, was in entscheidendem Maße auf die erheblich gestiegene Zahl der Anträge aus den Kreisverbänden (plus 341,1%) zurückzuführen ist, während die Anträge der Bundesvereinigungen noch um 138,3% und die der Landesverbände nur noch um 20,6% zunehmen.

1973 nimmt die Gesamtzahl der Anträge im Vergleich zu 1971 noch einmal um 167,7% zu, wobei die Zahl der Anträge aus den Kreisverbänden um 171,9%, die aus den Landesverbänden um 133,2 % und die aus den Bundesvereinigungen um 103,7% steigt. 1978 werden in Ludwigshafen 32,3% mehr Anträge als 1973 gestellt, wobei dieser Zuwachs fast ausschließlich auf die Erhöhung der Zahl der Anträge aus den Kreisverbänden (plus 50,3%) zurückzuführen ist, während die Anträge der Landesverbände um 30,0% und die der Vereinigungen um 4,2% im Vergleich zu 1973 zurückgehen.

Vergleicht man abschließend die Zahl der Anträge 1968 mit der von 1978, so wächst die Gesamtzahl der Anträge um 865,2%, wobei die der Kreisverbände siebzehnmal so hoch ist (plus 1702,0%); die Anträge der Vereinigungen steigen hingegen von 1968 bis 1978 um 364,7% und die der Landesverbände um 96,8%.

Aufgrund dieser Zahlen läßt sich feststellen, daß die Kreisverbände in den siebziger Jahren die Träger der Programmdiskussion sind. Sie haben die Landesverbände und die Vereinigungen, die in den sechziger Jahren neben dem Bundesvorstand auf Parteitagen die einzigen (wenn auch seltenen) Antragsteller waren, in ihrer Dominanz abgelöst. Seit Ende der sechziger Jahre hat die Diskussionsintensität innerhalb der Parteiorganisation erheblich zugenommen, denn die Zahl der Anträge auf dem Parteitag 1968 war bereits die höchste in der Geschichte der CDU. Stellten die Bundesvereinigungen und Landesverbände 1968 noch 56,5% aller Anträge auf dem Parteitag, so waren es auf dem Programmparteitag 1978 nur noch 14,2%, wobei der Anteil der Kreisverbände entsprechend anstieg.

Daran wird deutlich, daß die von der Parteiführung gewünschte Mobilisierung der Parteibasis in den siebziger Jahren gelungen ist. Allerdings ist hervorzuheben, daß eine intensive Diskussion in der gesamten Partei offensichtlich nur erreicht wird, wenn die Parteiführung frühzeitig Leitanträge zu relevanten Themen erarbeitet, die auf einem

Parteitag verabschiedet werden sollen. Dies ist von 1976 bis 1980 – sieht man vom Entwurf des Grundsatzprogramms ab – nicht mehr geschehen. Auch die eintägige Diskussion über deutschlandpolitische Fragen auf dem Parteitag 1977, die in die fast einstimmige Verabschiedung eines Bundesvorstandsantrages mündete(198), klammerte die kontroversen Fragestellungen aus. Diese Zurückhaltung der CDU-Führung dürfte darauf zurückzuführen sein, daß Kohl nach der Bundestagswahl 1976 den Fraktionsvorsitz übernommen hatte; insbesondere nach den Auseinandersetzungen mit der CSU über den Kreuther Trennungsbeschluß nutzte er vor allem sein Amt als CDU-Vorsitzender dazu, um weitere Konflikte mit der CSU durch politisch zu weitgehende Beschlüsse der CDU-Parteitage zu vermeiden.

Eine erste Durchsicht der Antragsbücher läßt erkennen, daß sich die Kreisverbände in aller Regel zu konkreten Einzelfragen in den Programmentwürfen äußern, während die Landesverbände und die Bundesvereinigungen Anträge erarbeiten, die sich mit grundsätzlicheren Fragestellungen umfassend beschäftigen und daher häufig eine höhere Brisanz haben. Die Landesverbände scheinen häufig Anträge ihrer Landesvereinigungen zu übernehmen, da ihre Instrumente (wie z. B. die Landesfachausschüsse, Landesparteitage, der Landesvorstand) zur Erarbeitung solcher Anträge offensichtlich weniger gut funktionieren.

In Tabelle 7 sind die Änderungsanträge der Parteigliederungen auf den Programmparteitagen von 1968 bis 1978 nach Sachgebieten geordnet, so daß die thematischen Schwerpunkte der Diskussion erkennbar werden. Die sonstigen Anträge sind nicht berücksichtigt. Die Aufteilung nach Themengruppen orientiert sich an den Programmentwürfen. Fragen der Wirtschafts-, Sozial-und Gesellschaftspolitik sind eindeutiger Schwerpunkt der Diskussion. Diese Schwerpunktbildung entspricht auch dem innerparteilichen Nachholbedarf an Diskussion über diese Themen; dies gilt auch für die Bildungspolitik, die mit 14,6% der zweite Schwerpunkt innerparteilicher Diskussion ist, wobei hier die Landesverbände besonders stark engagiert sind. Die Grundsatz- und Grundwertefragen stehen an dritter Stelle, wobei vor allem die Kreisverbände und der Bundesvorstand im Vergleich zu den Landesverbänden und Bundesvereinigungen besonders aktiv sind. Außen- und sicherheitspolitische Fragen sowie Themen der Innen- und Rechtspolitik stoßen nach der Zahl der Anträge auf das geringste Interesse der antragsberechtigten Parteigliederungen.

Die von Biedenkopf 1975 bemängelte Vernachlässigung der Außen-und Sicherheitspolitik in der innerparteilichen Diskussion, die durch die Mannheimer Erklärung abgebaut werden sollte, wird durch die Schwerpunkte der Anträge bestätigt. Auch die Mannheimer Erklärung hat daran allerdings nichts geändert.

Neben der Zahl der Anträge und dem Diskussions- und Entscheidungsverfahren auf Parteitagen sind die Konsultationsmechanismen auf Bundesebene ein weiterer Maßstab zur Beschreibung der Beziehungen zwischen der Parteiführung und den übrigen Parteigliederungen. Je häufiger z. B. die Führungsgremien tagen, um so eher besteht die Chance, den politischen Spielraum des Parteivorsitzenden und der engeren Parteiführung einzuengen und um so besser funktioniert die innerparteiliche Integration.

Tabelle 7: Anträge auf den Programmparteitagen 1968, 1971, 1973, 1978 nach Antragstellern und Themenbereichen

Antrag steller	Grundsatzfragen			Außen- und Sicherheitspol.			Wirtsch.-, Sozial-, Gesellschaftspol.		
	1	2	3	1	2	3	1	2	3
BuVo	27	11,9	3,7	22	9,7	4,0	131	57,7	2,8
Bu-Ver.	24	5,5	3,3	31	7,1	5,7	274	63,0	5,8
LV	56	5,1	7,6	83	7,5	15,3	665	60,0	14,0
KV	624	10,1	85,4	408	6,9	75,0	3669	62,3	77,4
Insgesamt	731	9,5	100	544	7,2	100	4739	61,9	100

Antrag steller	Bildungspolitik			Innen- und Rechtspolitik			Anträge insgesamt	
	1	2	3	1	2	3	abs.	%
BuVo	32	14,1	2,9	15	6,6	2,9	227	3,0
Bu-Ver.	68	15,6	6,1	38	8,7	7,3	435	5,7
LV	221	20,0	19,7	82	7,4	15,7	1107	14,4
KV	798	13,6	71,3	387	6,6	74,1	5886	76,9
Insgesamt	1119	14,6	100	522	6,8	100	7655	100

Quellen: Antragsbroschüren zu den jeweiligen Parteitagen

Erläuterungen zu den Spalten:
1 = Anzahl der Anträge
2 = Aufteilung der Anträge nach Themenbereichen und Antragstellern in %
3 = Aufteilung der Anträge zu einem Themenbereich auf die Antragsteller in %

Adenauer hat nicht umsonst den Bundesvorstand während der Präsidentschaftskrise nicht einberufen, um sich durch mögliche Beschlüsse dieses Führungsgremiums nicht präjudizieren zu lassen.

Je intensiver und regelmäßiger die Diskussions- und Konsultationsmechanismen auf Bundesebene genutzt werden, um so weniger politische »Alleingänge« kann die Parteiführung unternehmen. Beratungsergebnisse von Führungsgremien der Suborganisationen und der Fachausschüsse setzen Fakten, an denen die Führung der Bundespartei nicht ohne weiteres vorbeigehen kann, da sie in deren Gremien von den Repräsentanten der Suborganisationen eingebracht werden.

Drei Gruppen von Parteigremien auf Bundesebene lassen sich bei der Analyse des Konsultations- und Entscheidungssystems der Bundespartei unterscheiden:

- Die im Parteistatut verankerten Parteiführungsgremien wie Präsidium, Bundesvorstand, Bundesausschuß, die vordringlich der politischen Koordination, Integration und Entscheidung dienen.
- Die vom Bundesvorstand eingesetzten Fachausschüsse und durch Beschluß des Bundesvorstandes durchgeführten öffentlichen Fachkongresse, die die Aufgabe der Erarbeitung sachpolitischer Konzeptionen wahrnehmen.

Tabelle 8: Formelle Kontakt- und Konsultationsintensität auf Bundesebene 1970–1981

BPT	Berichts-zeitraum	Parteiführungsgremien				Fachpolitische Gremien			Hauptamtliche Mitarbeiterkonferenzen			Ges.-Si. p. Mon.
		P	KGP	BuVo	BA	FA Anz.	Si.	FKgr	LGK	GFVe	MitK	
1	2	3	4	5	6	7	8	9	10	11	12	13
25.–27.01.71	01/70–12/70	31	8	6	2	12	114	1	4	–	–	4,3
04.–05.10.71	01/71–09/71	18	2	4	1	10	68	4	3	–	–	3,6
09.–11.10.72	10/71–09/72	45	2	8	2	11	120	–	8	–	–	5,4
12.06.73	10/72–04/73	19	2	8	2	10	57	–	3	–	–	4,9
18.–20.11.73	05/73–10/73	11	1	5	–	12	53	–	2	–	–	3,2
23.–25.06.75	11/73–04/75	40	19	19	4	13	281	10	10	7	3	6,2
24.–26.05.76	05/75–04/76	17	3	12 (5)	2	12	153	4	7	3	3	4,3
07.–09.03.77	05/76–02/77	17	7	11 (7)	1	kA	kA	kA	7	2	–	4,5
23.–25.10.78	03/77–09/78	20	16	13 (5)	3	14	178	8	7	1	–	3,6
25.–27.03.79	10/78–02/79	12	19	12 (kA)	2	14	254	2	12	4	–	12,6
19.–20.05.80	03/79–03/80	18	16	18 (18)	2	15	153	4	10	–	3	5,5
09.–10.03.81	04/80–02/81	27	kA	20 (11)	4	kA	kA	7	6	–	–	5,8
Insg.	01/70–02/82	275	95	136	23	–	1431	40	81	17	9	5,0
Durchschn. p.J.	–	25	8,6	12,4	2,1	–	130,1	3,6	7,4	–	–	

Quellen: Berichte der CDU-BGST für die Bundesparteitage 1971–1981

Erläuterungen zu den Spalten:
1 = Datum des Parteitages, auf dem der Bericht der Bundesgeschäftsstelle vorgelegt wurde
2 = Berichtszeitraum in Monat/Jahr, auf den sich die Angaben beziehen
3 = Anzahl der Sitzungen des Präsidiums (P)
4 = Anzahl der Kontaktgespräche des Präsidiums mit Verbänden (KGP)
5 = Anzahl der Sitzungen des Bundesvorstandes; in Klammern die Sitzungen des erweiterten BuVo mit dem CDU-Ministerpräsidenten, Landesvorsitzenden und Vorsitzenden der Vereinigungen, soweit sie nicht dem BuVo angehören
6 = Anzahl der Sitzungen des Bundesausschusses (BA)
7 = Anzahl der Bundesfachausschüsse (FA)
8 = Anzahl der Sitzungen der Bundesfachausschüsse einschließlich ihrer Unterkommissionen
9 = Anzahl der durchgeführten Fachkongresse (bis 9/71 waren es Fachtagungen) (FKgr)
10 = Anzahl der Landesgeschäftsführerkonferenzen (LGK)
11 = Anzahl der Sitzungen der Geschäftsführer der Vereinigungen (GFVe)
12 = Anzahl der regionalen Konferenzen mit allen hauptamtlichen Mitarbeitern (MitK)
13 = Gesamtzahl aller Sitzungen und Veranstaltungen pro Monat im Berichtszeitraum (Ges.-Si.) (ohne Fachausschüsse)

– Die Konferenzen der hauptamtlichen Mitarbeiter zur Behandlung vorwiegend parteiorganisatorischer Fragen.

In Tabelle 8 ist für den Zeitraum von Januar 1970 bis Februar 1981 die Anzahl der Sitzungen der Parteigremien in den drei Gruppen aufgeführt. Danach trat das Präsidium im Durchschitt 25mal pro Jahr zusammen, wobei es von Januar 1970 bis April 1973 (Phase 1) im Durchschnitt 32,3mal pro Jahr und von Mai 1973 bis Februar 1981 (Phase 2) nur 21,6mal im Jahr tagte. Von Anfang 1966 bis Ende 1969 hatte das Präsidium 18mal pro Jahr getagt.

Die Parteivorsitzenden Kiesinger und Barzel nutzten das Präsidium intensiv zur Koordination und zur Absicherung ihrer Politik als Bundeskanzler bzw. als Fraktionsvorsitzender. Unter Kohl als Parteivorsitzendem ging die Bedeutung des Präsidiums zurück, was an der erheblich geringeren Sitzungsfolge ablesbar ist. Für Kohl war der Bundesvorstand das eigentliche Koordinations- und Entscheidungsorgan, mit dem er als Parteivorsitzender arbeitete, zumal er im Bundesvorstand immer eine deutliche Mehrheit besaß.

Die Ende der sechziger Jahre begonnenen, sporadisch durchgeführten offiziellen Kontaktgespräche des Präsidiums mit Vertretern der Kirchen und der Spitzenverbände, an denen je nach Gesprächspartner und vereinbarter Tagesordnung einige Mitglieder des Präsidiums sowie die führenden Fachleute von Partei und Fraktion teilnahmen, wurden während der Oppositionszeit systematisiert und regelmäßiger durchgeführt. Im Gesamtzeitraum fanden jährlich 8,6 solcher Gespräche statt, wovon in Phase 1 jährlich vier und in Phase 2 jährlich 10,8 durchgeführt wurden. Diese erhebliche Steigerung der Kontaktgespräche des Präsidiums zeigt das Bemühen der Parteiführung, mit gesellschaftlichen Gruppen im Gespräch zu bleiben, die politischen Positionen der CDU gegenüber diesen Gruppen zu verdeutlichen und Anregungen für die eigene Arbeit aufzunehmen.

Der Bundesvorstand als das eigentliche Führungsorgan der Bundespartei trat im Untersuchungszeitraum 12,4mal pro Jahr zusammen; in Phase 1 fanden 7,4 Sitzungen – wie auch von 1966 bis 1969 – und in Phase 2 14,7 Sitzungen pro Jahr statt. An diesen Zahlen wird erkennbar, daß unter Kohl die Bedeutung des Bundesvorstandes erheblich zugenommen hat im Gegensatz zu Phase 1, in der das Präsidium ein größeres politisches Gewicht besaß. Auf dem Parteitag 1977 wies Kohl ausdrücklich darauf hin:

> »In den vier Jahren ... haben wir uns zur Regel gemacht, daß wir praktisch jeden Monat – mit Ausnahme der Ferienmonate – eine Sitzung des Bundesvorstandes abhalten. Eine ähnlich intensive Arbeit des Beschlußgremiums Bundesvorstand hat es in der Geschichte der Partei eigentlich nie gegeben«(199).

Unter Kohl als Parteivorsitzendem wurden alle wichtigen Fragen personeller, organisatorischer und inhaltlicher Art, auch der Zusammenarbeit mit der CSU, im Bundesvorstand eingehend besprochen. Die große Zahl der Sitzungen des erweiterten Bundesvorstandes ab 1976 zeigen das Bemühen Kohls als Parteivorsitzendem, jenseits der formalen Satzungsvorschriften möglichst alle Amts-, Mandats- und Funktionsträger mit Einfluß in der Partei in den Willensbildungsprozeß einzubinden.

Der Bundesausschuß, der zwischen den Parteitagen als »kleiner Parteitag« der CDU fungiert, hat sowohl im Untersuchungszeitraum wie auch von 1966 bis 1969 2,1mal pro Jahr getagt, wobei es hier in der Sitzungsfolge zwischen Phase 1 und Phase 2 keinen wesentlichen Unterschied gibt. Der Bundesausschuß wurde insbesondere ab 1974 als Entscheidungsgremium zur Verabschiedung sachpolitischer Konzepte, die von den Fachausschüssen vorbereitet und vom Bundesvorstand als Antrag in den Bundesschuß eingebracht wurden, genutzt.

Die Fachausschüsse tagten im Untersuchungszeitraum 130mal (einschließlich ihrer Unterkommission) pro Jahr, wobei in Phase 1 102,6 und in Phase 2 142,9 Sitzungen durchgeführt wurden. Dabei ist zu berücksichtigen, daß in Phase 2 in zwei Berichtsperioden keine Angaben über die Anzahl der Sitzungen der Fachausschüsse vorliegen, obwohl sicherlich einige stattgefunden haben, so daß der Durchschnitt also noch höher liegen dürfte.

Die Zahl der durchgeführten Fachkongresse pro Jahr beträgt im Untersuchungszeitraum 3,6, wobei in Phase 1 1,4 und in Phase 2 4,7 stattfanden – eine Folge des Bemühens der neuen Parteiführung, das Profil der CDU zu verbessern.

Insgesamt ist eine deutliche Intensivierung und Systematisierung der fachpolitischen Arbeit der Bundespartei während der Oppositionszeit, insbesondere in Phase 2, erkennbar. Sie war eine wichtige Voraussetzung für die sachpolitische Profilierung der Partei in der Öffentlichkeit und auch unerläßlich zur Wahrnehmung ihrer Führungsrolle gegenüber der Bundestagsfraktion und den Landesverbänden(200).

Die hauptamtlichen Mitarbeiterkonferenzen fassen in der Regel ausschließlich die hauptamtlichen Mitarbeiter der Partei zusammen, um Entscheidungen der Parteiführungsgremien organisatorisch vorzubereiten oder umzusetzen. Sie behandeln alle Fragen der Parteiarbeit, der Parteiorganisation, des Parteiapparates, der Öffentlichkeitsarbeit und des Wahlkampfs. Im einzelnen bestehen folgende Beratungsgremien:

- *Große bzw. Kleine Lage:* Unter Leitung des Bundesgeschäftsführers tagt täglich oder mehrfach wöchentlich in unterschiedlicher Zusammensetzung eine Konferenz der führenden hauptamtlichen Mitarbeiter der Bundesgeschäftsstelle. Hier werden die Sitzungen der Parteiführungsgremien einschließlich des Parteitages unter politischen wie organisatorischen Gesichtspunkten vorbereitet, aktuelle Erklärungen formuliert, Beschlüsse der Parteiführunggremien in Aktionen der Parteiorganisation auf den verschiedenen Ebenen umgesetzt, die Arbeit der Bundesgeschäftsstelle koordiniert.
- *Landesgeschäftsführerkonferenz:* Unter der Leitung des Bundesgeschäftsführers treten die Geschäftsführer der Landesverbände sowie ausgewählte Mitarbeiter der Bundesgeschäftsstelle zusammen, um die Parteiarbeit zwischen Bundespartei und Landesverbänden zu koordinieren. Die Landesgeschäftsführerkonferenz war schon in den sechziger Jahren die einzige funktionierende Koordinationsinstanz zwischen der Bundespartei und den Landesverbänden, so daß die organisatorischen, technischen und finanziellen Fragen der Parteiarbeit zwischen Bundes- und Landesverbän-

den im wesentlichen hier geklärt oder für die Landesvorsitzenden und den Bundesvorstand vorbereitet wurden.
Die Landesgeschäftsführerkonferenz ist im Untersuchungszeitraum im Durchschnitt pro Jahr 7,4mal, in der 1. Phase 5,1 und in der 2. Phase 8,4mal zusammengetreten. Die Verbesserung der Kommunikation und des Meinungs- und Erfahrungsaustausches zwischen Bundesgeschäftsstelle und Landesgeschäftsführern ist insbesondere in der zweiten Phase der Oppositionszeit an der erhöhten Sitzungsfolge ablesbar. Dies und die Steigerung der Leistungsfähigkeit der Bundesgeschäftsstelle (vgl. dazu das nachstehende Kapitel IV, 2.) haben wesentlich zu einem Abbau des traditionellen Mißtrauens der Landesverbände gegenüber der Bundespartei und der Bundesgeschäftsstelle beigetragen. Dies war eine wesentliche Voraussetzung für die Anerkennung der Führungsrolle der Bundespartei in bundespolitischen und in parteiorganisatorischen Fragen durch die Landesverbände.

- *Konferenz der Geschäftsführer der Vereinigungen:* Sie wurde von Kurt Biedenkopf eingeführt, um die Arbeit der Vereinigungen besser in die politische Arbeit der Bundespartei zu integrieren. Von November 1973 bis April 1976 fanden insgesamt zehn dieser Sitzungen unter Leitung des Bundesgeschäftsführers statt. Ab Mitte 1976 wurden die Geschäftsführer der Vereinigungen nur noch zu Sitzungen der Landesgeschäftsführerkonferenz eingeladen, wenn dort Themen behandelt wurden, die auch für die Arbeit der Vereinigungen von besonderer Bedeutung waren.
- *Konferenz aller hauptamtlichen Mitarbeiter:* In den sechziger Jahren wurden zunächst unter Dufhues, dann unter Heck alle hauptamtlichen Mitarbeiter der Partei auf Kreisebene (Kreisgeschäftsführer) sowie die wichtigsten Mitarbeiter der Landes- und Bezirksgeschäftsstellen zu Konferenzen eingeladen, um Fragen der Bundespolitik und der Parteiarbeit zu beraten. Diese Konferenzen dienten der Motivierung und Mobilisierung der Teilnehmer im Hinblick auf bestimmte Aktionen, meistens Wahlkämpfe, sowie der Beratung, des Meinungs- und Erfahrungsaustausches über Fragen der Parteiarbeit und der Parteiorganisation.
  Im Untersuchungszeitraum fanden insgesamt neun derartige Veranstaltungen ausschließlich in der 2. Phase der Opposition statt, wodurch alle hauptamtlichen Parteimitarbeiter insgesamt dreimal angesprochen wurden, da diese Treffen in Form von je drei Regionalkonferenzen durchgeführt wurden.

Faßt man alle Sitzungen der Beratungsgremien zu parteiorganisatorischen Fragen nach Tabelle 8 für den Untersuchungszeitraum zusammen, so tagten diese im Durchschnitt pro Jahr 9,7mal – während der 1. Phase 5,1 und in der 2. Phase 11,6mal. Auch hier kann also generell eine Steigerung der Konsultationsintensität während der Oppositionszeit, insbesondere in Phase 2, festgestellt werden.

Die Bedeutung der hauptamtlichen Mitarbeiter und des Parteiapparates hat während der Oppositionszeit zugenommen, da parteiorganisatorische Fragen für die Umsetzung der politischen Ziele der Partei immer wichtiger werden. Die gewachsene Bedeutung des Parteiapparates und der Lösung organisatorischer Probleme drückt sich in der erhöhten Sitzungsfolge der hauptamtlichen Mitarbeiterkonferenzen aus.

Während der Oppositionszeit hat die innerparteiliche Konsultationsintensität, gemessen an der Sitzungsfolge der untersuchten Parteigremien, im Vergleich zu den sechziger Jahren und erst recht zu den fünfziger Jahren erheblich zugenommen. Dies gilt insbesondere für den Zeitraum ab Mitte 1973 unter dem Parteivorsitz von Kohl. Ebenfalls hat die innerparteiliche Diskussion über politische Themen insgesamt, insbesondere in den Kreisverbänden, erheblich zugenommen, was an der gestiegenen Zahl der Anträge auf Parteitagen ablesbar ist. Beide Prozesse der Intensivierung politischer Diskussion und Konsultation sind von der neuen Parteiführung bewußt gefördert bzw. herbeigeführt worden.

Dem Ausbau und der Differenzierung des Konsultationssystems entspricht der Ausbau des Informations- und Kommunikationssystems auf der Ebene der Bundespartei, der Bundesvereinigungen und der Landesverbände durch Parteizeitungen sowie -informationsdienste. Mit der Ausweitung der Parteiaktivitäten und dem Ausbau des Parteiapparates auf Kreisebene haben sich auch dort Zahl und Auflagenhöhe der Publikationen für Mitglieder und Freunde der Partei erhöht[(201)].

Die Intensivierung der Diskussion, Kommunikation und Konsultation in politischen und parteiorganisatorischen Fragen ist Symptom für den Ausbau und die Festigung der Ausprägungen konsultations-repräsentativer Demokratie. Sowohl im Vergleich zu den sechziger Jahren als auch insbesondere zu den fünfziger Jahren ist in den siebziger Jahren die innerparteiliche Demokratie der CDU verbessert worden. Sie ist zum Bestandteil der politischen Kultur der CDU geworden, wie dies für moderne Volksparteien unverzichtbar ist.

II. Die Mitgliederentwicklung

1. Ziele und Methoden systematischer Mitgliederwerbung

Aufrufe und Appelle zur Erhöhung der Mitgliederzahl von seiten der CDU-Parteiführung hat es seit Mitte der sechziger Jahre unter dem Schlagwort, die CDU müsse sich von einer Wähler- zur Mitgliederpartei fortentwickeln, immer wieder gegeben. Die Erfolge und die Resonanz bei den Parteigliederungen waren gering.

Mit dem Wechsel der CDU in die Opposition und dem Beginn einer systematischen Bestandsaufnahme der politischen und organisatorischen Defizite der CDU erhielt auch die Mitgliederwerbung einen neuen Stellenwert als Teil der Parteireform. Denn eine wesentliche Voraussetzung für Wahlerfolge auf Bundesebene war die Verbesserung der politischen und organisatorischen Leistungsfähigkeit der Partei auf der untersten Ebene. Eine inaktive, überalterte oder resignierte Kreisparteiorganisation mit nicht-funktionsfähigen Ortsverbänden würde keine neuen Wähler mobilisieren können.

Folgerichtig wurde daher von mehreren Autoren, die sich nach der Bundestagswahl 1969 in den ersten Publikationen zur Parteireform äußerten, wie Radunski(1) und Göb(2), aber auch Benda(3)und Faltlhauser(4), die Notwendigkeit der Parteiaktivierung auf unterster Ebene als wesentlicher Teil der Parteireform betont. Sie vertraten die Auffassung, daß die Mitgliederwerbung nicht allein zum Ziel haben dürfe, möglichst viele Mitglieder zu werben, sondern es müßten vor allem qualifizierte Neumitglieder gewonnen werden, die zur Belebung und Reaktivierung der örtlichen Parteiorganisation beitragen können. Mitgliederwerbung und Parteiaktivierung ergänzten sich daher nach diesen Vorstellungen – das eine war die Voraussetzung des anderen und umgekehrt.

Die Notwendigkeit der Mobilisierung stellte sich vor allem in den städtischen Kreisverbänden, in denen die CDU traditionell besonders wenig Mitglieder und auch besonders schlechte Wahlergebnisse hatte. Die ersten systematisch angelegten Werbeversuche Ende der sechziger und Anfang der siebziger Jahre wurden auch, was symptomatisch scheint, in den städtischen Kreisverbänden Hannover(5)und Hamburg(6) durchgeführt, deren Kreisvorsitzende jüngere Mitglieder waren.

Mit Beginn der Oppositionszeit versuchte auch die Bundesgeschäftsstelle wieder, den Kreisverbänden Anregungen für die Mitgliederwerbeaktionen zu geben. So wurden Planzahlen zur Mitgliederwerbung für die Landesverbände durch den Bundesvorstand zu Beginn des Jahres 1972 festgesetzt(7).

Um den Landes- und Kreisverbänden Werbeaktionen zu erleichtern, hatte ihnen die Bundesgeschäftsstelle schon im Januar 1972 einen Leitfaden für die Mitgliederwerbung(8) zur Verfügung gestellt. Darin wird die Notwendigkeit der Mitgliederwerbung damit begründet, daß die CDU zusätzliche Amts- und Mandatsträger benötige als »lebendige Verbindungsglieder zu den Gruppen der Gesellschaft, als Transmissionsriemen für die Meinungs- und Willensbildung«[9] sowie als Beitragszahler, Wahlkampfmitarbeiter und Werber für neue Mitglieder. Voraussetzung für erfolgreiche Mitgliederwerbung und Integration der Neumitglieder sei eine lebendige politische Diskussion, die Willensbildung nach demokratischem Verfahren, die den Mitgliedern reale Mitwirkungs- und Einflußmöglichkeiten biete[10].

Die Kreisverbände werden aufgefordert, mindestens einmal pro Jahr eine Mitgliederwerbeaktion durchzuführen. »Besondere Aufmerksamkeit muß der Kreisvorstand auf diejenigen Gemeinden, Orte und Ortsteile richten, in denen noch kein Ortsverband der CDU besteht«[11]. Hier wird bereits das Bemühen deutlich, durch gezielte Mitgliederwerbung eine Aktivierung der Partei in Regionen zu erreichen, wo sie bis dahin nicht präsent war.

Mitte 1973 wurde das Referat »Mitgliederwerbung« in der Bundesgeschäftsstelle – im Stellenplan schon seit längerem vorgesehen – erstmals mit einem hauptamtlichen Referenten besetzt, unter dessen Anleitung bis Mai 1973 Modellversuche für verschiedene Formen der Mitgliederwerbung in unterschiedlich strukturierten Kreisverbänden (Stadt- und Landkreisverbände) erprobt wurden. Nach der verlorenen Bundestagswahl 1972 wurde die Mitgliederwerbung von seiten der Parteiführung, insbesondere von Generalsekretär Kraske, zu einem der zentralen Vorhaben der nächsten Jahre erklärt[12].

Vor dem Bundesausschuß im April 1973[13]betonte Kraske, daß in den nächsten Jahren die Erweiterung und Aktivierung der CDU-Mitgliedschaft vordringlicher seien. Dabei sei das unterschiedliche Rollenverständnis der Mitglieder zu berücksichtigen, die teilweise nur Beitragszahler sein wollten, teilweise aber auch bereit seien, aktiv bei der Lösung politischer, personeller und organisatorischer Fragen mitzuarbeiten.

Gerade die Neumitglieder seien besonders interessiert, aber auch besonders kritisch, und stellten ein bisher noch nicht ausgeschöpftes Aktivitätspotential dar. In diesem Zusammenhang kritisierte er die schleppende Aufnahme der Neumitglieder durch einige Kreisverbände besonders scharf[14]. Kraske forderte die Kreis- und Ortsverbände auf, insbesondere die aktivitätsbereiten Mitglieder gezielter anzusprechen, da sie bereit seien, »für die Partei zu werben, für die Partei Telefonkampagnen zu machen, Material zu verteilen, Gespräche zu führen«[15]. Die CDU schulde ihren Mitgliedern ein reichhaltiges Angebot an Betätigungsmöglichkeiten und Informationen. Die stetig steigende Mitgliederzahl stelle insofern eine erhöhte Verpflichtung dar.

Folge dieser intensiven und erstmals auch systematischen Bemühungen um eine verstärkte Mitgliederwerbung waren ein neues Konzept zur Mitgliederwerbung[16] sowie ein »Scheckheft« für neue CDU-Mitglieder, womit diese Informationen und Hinweise für Betätigungsmöglichkeiten innerhalb und außerhalb der Partei anfordern konnten. Die Produktion von Material für die Mitgliederwerbung, überregionale Schulungsveranstaltungen durch das zuständige Referat der Bundesgeschäftsstelle, das auch die Kreisverbände, die eine Mitgliederwerbeaktion planten, vor Ort beriet, waren weitere Maßnahmen. Zwei weitere Regiebücher wurden von der Bundesgeschäftsstelle zu den Themen »Neubürgerbetreuung« und »Mitgliederinitiativen« herausgegeben, die den Kreis- und Ortsverbänden detaillierte Hinweise zur Ansprache von Bürgern vor Ort gaben, um dadurch neue Mitglieder- und Wählerschichten zu eröffnen.

Gründe für die Mitgliederwerbung waren also: Verbesserung der sachpolitischen Innovationsfähigkeit, Verbreiterung der Rekrutierungsbasis für innerparteiliche Ämter sowie politische Mandate, insbesondere auf kommunaler Ebene, Intensivierung und Aktivierung der Parteiarbeit auf Orts- und Kreisebene, Aktivierung der Mitglieder als politische Multiplikatoren für die CDU, insbesondere im vorpolitischen Raum, Verbreiterung der finanziellen Basis und Minderung der finanziellen Abhängigkeit von Spenden und öffentlichen Zuschüssen sowie Imagekorrektur zugunsten des Ansehens als einer in allen Schichten der Bevölkerung verankerten Volkspartei.

Das im Mai 1973 herausgegebene Regiebuch zur Mitgliederwerbung hatte aufgrund der verschiedenen Versuche die Mitgliederwerbung auf ein erfolgreiches Modell reduziert: Das Kontaktermodell. Dieses Konzept ging von der Erfahrung aus, daß Mitgliederwerbung am ehesten durch das persönliche Gespräch, in der Regel verbunden mit einem Hausbesuch, erfolgreich sein würde. Nach diesem Modell wählt der verantwortliche Leiter der Mitgliederwerbeaktion pro Kreisverband etwa zehn bis fünfzehn Mitglieder aus, die zu Hausbesuchen bereit sind (Kontakter), wofür sie in Seminaren geschult werden.

Die Adressen von Sympathisanten der CDU werden von den Parteimitgliedern genannt, wobei erfahrungsgemäß 300 Adressen zu 100 Neumitgliedern führen. Die Besuche der Kontakter werden durch ein Anschreiben angekündigt.

Die Kontakter können eine Unkostenerstattung dadurch erhalten, daß ihnen die Beiträge der ersten drei Monate des neugeworbenen Mitgliedes zustehen(17). Während die Mitgliederaktion läuft, werden auf Ortsverbandsebene kleinere Veranstaltungen durchgeführt, zu denen die potentiellen Neumitglieder eingeladen werden.

Zur Begründung für die Mitgliedschaft wird folgende Argumentation empfohlen:

> »Wählen heißt Einflußnahme. Mitglied der CDU werden, heißt, mehr Einfluß nehmen, heißt, eigene Beiträge leisten, heißt, selbst verändern. Die Politik soll nicht den wenigen überlassen werden. Eine breite Mitgliederzahl ist die beste Garantie für mehr Alternativen, mehr Ideen, mehr Einsatz und der beste Schutz gegen extreme politische Entwicklungen. Mitgliedschaft kann Arbeit heißen. Muß aber nicht Arbeit heißen. Als CDU-Mitglied kann der Gesprächspartner fördernd tätig werden – oder aktiv an der Gestaltung der Politik mitwirken. Der Minimumzeitaufwand: Ein Abend im Jahr«(18).

Zur Schulung der Kontakter wurde im September 1973 ein Leitfaden vom Referat Mitgliederwerbung der Bundesgeschäftsstelle erarbeitet, der Hinweise für die Gesprächsführung mit dem potentiellen Mitglied gab(19). Unter anderem wird den Kontaktern geraten, längere politische Diskussionen möglichst zu vermeiden, weil man nicht erwarten könne, daß ein potentielles Mitglied mit allen Einzelaussagen oder Führungspersönlichkeiten der CDU einverstanden sei. »Das Gesprächsthema ist nicht die Politik der Partei, vielmehr die Mitgliedschaft in einer Partei, mit deren Politik man in den Grundzügen einverstanden ist«(20).

Im Juni und September 1973 organisierte die Bundesgeschäftsstelle erstmals zwei Seminare für Aktionsleiter von örtlichen Mitgliederwerbeaktionen (38 Teilnehmer), worauf Ende des Jahres einige Kreisverbände erste Mitgliederwerbeaktionen nach dem Kontaktermodell durchführten. In Abstimmung mit den Landesverbänden veranstaltete die Geschäftsstelle überregionale Seminare für Aktionsleiter, an denen fast 200 Parteimitglieder teilnahmen, sowie 23 Schulungsseminare für Kontakter in Kreisverbänden, so daß bis zum Juli 1974 etwa 1200 Kontakter in den Kreisverbänden ausgebildet worden waren. Bis zum Juli hatten bereits ein Drittel aller Kreisverbände Mitgliederwerbeaktionen nach dem Kontaktermodell durchgeführt bzw. für die zweite Jahreshälfte 1974 geplant.

Diese Schulungsveranstaltungen und Mitgliederwerbeaktionen wurden 1975 fortgesetzt, so daß sich bis Oktober 1975 etwa 2500 Mitglieder zu Kontaktern hatten ausbilden lassen und 76 Kreis-und Ortsverbände das Angebot der Bundesgeschäftsstelle zur persönlichen Beratung bei Werbeaktionen in Anspruch genommen hatten(21).

Diese Form der Mitgliederwerbung hat nachweislich zu dem bemerkenswerten Mitgliederzuwachs der CDU bis 1976 beigetragen(22).

Der Vorzug des Kontaktermodells und die Ursache für seinen Werbeerfolg liegen zum einen in der persönlichen Ansprache von Wählern und Sympathisanten der CDU sowie in der Professionalisierung der Mitgliederwerbung durch ein systematisch durchorganisiertes, praxisbezogenes Aktionsmodell. Es stellte allerdings an die Parteiorganisation auch Anforderungen an Aktivitätsbereitschaft sowie an Kontinuität und Systematik der Arbeit bei der Zusammenstellung der Adressen, der Auswahl der Aktionsleiter und Kontakter sowie deren Schulung und Betreuung.

Ein CDU-Kreisverband nach dem Modell der Honoratiorenpartei der fünfziger und frühen sechziger Jahre wäre zu einer derartigen Mitgliederwerbeaktion nicht in der Lage gewesen.

Die Kombination von gezielter Hilfestellung durch die Bundesgeschäftsstelle bei Erarbeitung des Modells, Organisation des Erfahrungsaustauschs, Durchführung von Schulungsseminaren und Beratung im Kreisverband mit der Aktivitätsbereitschaft der Kreis- und Ortsverbände zu einer Mitgliederwerbeaktion stellte sich als außerordentlich effiziente Arbeitsteilung heraus und eröffnete neue Formen der Zusammenarbeit zwischen Bundespartei und Kreisverbänden.

Der CDU-Kreisverband RS führte vom 1. 2. 1974 bis zum 28. 2. 1976 eine Werbeaktion nach dem Kontaktermodell durch, bei der der Aktionsleiter hauptberuflich gegen Gehalt und Erfolgsbeteiligung tätig war. Grund für diese Sonderform war die Finanzsituation des Kreisverbandes, der dringend erheblich mehr Mitglieder brauchte, um auf Dauer die Kosten für den Apparat der Kreisgeschäftsstelle tragen zu können(23).

Ergebnis dieser fast zweijährigen Werbaktion war die Steigerung der Mitgliederzahl um 68,7% auf 8735 Mitglieder, wovon 2138 der neuen Mitglieder allein von den 239 Kontaktern geworben wurden. Trotz des erheblichen Finanzaufwandes für Honorare, Material, Porto usw. war diese Aktion auch unter finanziellem Gesichtspunkt ein Erfolg, da der monatliche durchschnittliche Mitgliederbeitrag der neu geworbenen

Mitglieder bei 7.– DM lag, wodurch die Kosten für die Aktion bereits nach einem Jahr ausgeglichen wurden(24).

Der Nachteil des in den siebziger Jahren generell angewandten Kontaktermodells dürfte darin liegen, daß ausschließlich die quantitative Erhöhung der Mitgliederzahl im Vordergrund steht, so daß auf qualitative Merkmale keine Rücksicht genommen werden kann. Defizite oder Ungleichgewichte in der Mitgliederstruktur eines Kreis- oder Ortsverbandes können daher nicht gezielt ausgeglichen werden; dies bleibt dem Zufall überlassen. Da die Adressen für die Werbegespräche von CDU-Mitgliedern stammen, die wiederum aus ihrem Freundes-, Bekannten- und Verwandtenkreis kommen, besteht die Gefahr, daß sich die bestehende Mitgliederstruktur im wesentlichen reproduziert.

Im Landesverband Hessen hingegen wurden die qualitativen Aspekte besonders hervorgehoben. In einer Ausarbeitung des Landesverbandes zur Mitgliederwerbung wird betont, daß es neben der Steigerung der Mitgliederzahl vor allem auf eine »qualitative Verbesserung des Mitgliederstamms« ankomme(25).

> »Die Mitglieder bestimmen – vor allem in den lokalen Gliederungen – den Charakter einer Partei. Eine Partei, die aktiv und mit neuen Impulsen aus ihrer Minderheitsposition heraus will, bedarf dazu des Anstoßes neuer Mitglieder von innen her... Das Ziel einer Mitgliederwerbung besteht darin, daß neue Mitglieder der Partei einen Impuls zur besseren Aufgabenerfüllung geben. Bisher sind Mitglieder ausgeblieben, weil die Parteiarbeit selbst keinen Anreiz für neue Mitglieder bietet, ja oft sogar abschreckend wirkt... Gerade die CDU aber braucht neue Mitglieder, um ihre Parteiarbeit aktiver und wirkungsvoller zu gestalten. Die Mitgliederwerbung ist integrierter Bestandteil moderner Parteiarbeit«(26).

Im Landtagswahlkampf 1970 versuchte daher die CDU Hessen ihre eigenen Anhänger und Mitglieder für eine Mitarbeit in der Partei, im Vorwahlkampf und im Wahlkampf zu mobilisieren. »Für eine Oppositionspartei in Bund und Land ist dies der einzige Weg, mittelfristig den Wettbewerbsnachteil gegenüber der Regierungspartei wettzumachen«(27). Schwerpunkt dieses Konzepts zur Mitgliederwerbung war also nicht in erster Linie die quantitative Steigerung, sondern die Gewinnung neuer Mitglieder, die aufgrund ihrer Qualifikation, ihrer politischen Diskussionsfähigkeit, ihrer Aktivitätsbereitschaft eine Bereicherung für die Arbeit der Partei vor Ort darstellten.

Daß diese Hoffnung auf Aktivierung der Parteiarbeit insbesondere durch neue Mitglieder nicht unrealistisch war, ist durch eine durchgeführte und veröffentlichte Befragung von Neumitgliedern 1975 zu belegen, die sich zu den Motiven ihres Beitritts und ihrer Diskussions- und Aktivitätsbereitschaft äußerten(28). Danach sind die neuen Mitglieder in die CDU eingetreten, weil sie mit der Weltanschauung und den Sachaussagen der Partei übereinstimmen und sie sich besser über Politik und politische Probleme informieren (60,7 %) und durch eigene Mitarbeit auf die Politik Einfluß nehmen wollen (ca. 50 %)(29). Neben dem Erscheinungsbild der CDU fühlen sich die Neumitglieder vor allem durch die Kommunalpolitik (16,9 %) und durch die Bundespolitik (13,2 %) angesprochen, während die Landespolitik nur bei 4,3 % eine Rolle spielt(30).

Fast drei Viertel der Neumitglieder sind bereit, andere von der eigenen Meinung zu überzeugen, an Veranstaltungen teilzunehmen, sich im Wahlkampf einzusetzen, an Wähler- und Bürgerinitiativen teilzunehmen, und ein Drittel bis die Hälfte der Befragten haben solche Aktivitäten bereits unternommen. Die Bereitschaft, sich durch Autoaufkleber oder durch Anstecknadeln offen zur Partei zu bekennen liegt bei 87,3 %. 70 % der Befragten sind bereit, Mitglieder zu werben, die Partei durch Spenden finanziell zu unterstützen, Gespräche zwischen Nachbarn und Politikern zu vermitteln, in Arbeitskreisen mitzuarbeiten und an sozialen Aktionen der Partei mitzuwirken, während 50 bis 60 % der Neumitglieder Informationsmaterial verteilen und an Plakatierungsaktionen teilnehmen wollen[(31)]. Je jünger die Parteimitglieder sind, um so größer ist die Bereitschaft zur Mitarbeit.

Selbst wenn man bei dieser Untersuchung in bezug auf die reale Aktivitätsbereitschaft der Neumitglieder einige Abstriche macht, weil die anfängliche Bereitschaft eines Neumitgliedes zur Parteiaktivität nicht gleichzusetzen ist mit der Umsetzung dieser Bereitschaft in Aktivitäten, so zeigt diese Untersuchung doch, daß der CDU insbesondere durch die neuen Mitglieder ein erhebliches Aktivitätspotential zugewachsen ist. Die neuen Mitglieder sind kritischer und offener in der politischen Diskussion, nehmen weniger Rücksicht auf traditionelle Parteiautoritäten und treten diesen gegenüber auch selbstbewußter auf. Die neuen Mitglieder verursachen in den Kreisverbänden eine Klimaveränderung. Sie erwarten umfassende Informationen und stellen höhere Anforderungen an die örtliche Parteiführung und an den Parteiapparat, weil sie gezielte Aktivitäten, insbesondere auch in der Kommunalpolitik, erwarten. Durch die Neumitglieder ist in der CDU erstmals der Resonanzboden vorhanden, der für eine Aktivierung der Parteiarbeit vor Ort unerläßlich ist.

Die neuen Mitglieder sind es vor allem, die die Diskussion auf der unteren Parteiebene beleben, bei der Ablösung inaktiver Parteivorstände und Mandatsträger mitwirken, Anregungen für Aktionen, Flugblattkampagnen und Diskussionsveranstaltungen zu politischen Themenbereichen geben und Mitgliederwerbung betreiben.

Dies wird durch eine Analyse der 257 Kontakter und zehn Aktionsbeauftragten bestätigt, die sich an der Mitgliederwerbeaktion des CDU-Kreisverbandes RS von 1973 bis 1975 aktiv beteiligten. 70 % sowohl der Aktionsleiter wie der Kontakter waren erst zwischen 1970 und 1973 CDU-Mitglieder geworden. Im Vergleich zur Gesamtmitgliedschaft des CDU-Kreisverbandes waren insbesondere die jüngeren und die weiblichen Mitglieder unter den Mitgliederwerbern überrepräsentiert. Etwa ein Drittel der Kontakter und Aktionsleiter waren Vorstandsmitglieder der Ortspartei oder einer Vereinigung, und ein Fünftel waren Ratsmitglieder. Die beiden letzten Gruppen dürften auch die Mehrzahl der Parteimitglieder stellen, die vor 1970 eingetreten waren[(32)].

Tabelle 9: Entwicklung der CDU-Mitgliederzahl 1962–1980

LV	1962	1969	1972	1976	1980
BW	36552	43759	55695	77121	86816
B	7919	7519	9251	14489	14321
HB	1359	1413	2373	3544	3468
HH	2355	3558	7313	12541	12948
H	16600	23452	38940	61346	67394
NS	22091	31444	54512	93548	99489
RH	53872	64220	86141	131287	132161
WL	49634	55256	76711	123092	129400
RP	29910	38860	49699	71446	77320
S	13178	17273	19434	30254	30846
SH	15952	16778	22899	33306	39157
BV	249422	303532	422968	652010	693320

Quelle: ZM

Tabelle 10: Mitgliederzuwachsraten der Landesverbände in Relation zum Bundesdurchschnitt 1969–1980 in %

überdurchschn.	1969–1972	1972–1976	1976–1980	1969–1976	1969–1980
	HH (105,5) NS (73,4) HB (67,9) H (66,0)	NS (71,7) HH (71,5) WL (60,5) H (57,5) B (56,6) S (55,7)	SH (17,6) BW (12,6) H (9,8) RP (7,1)	HH (252,5) NS (197,6) H (161,6) HB (150,8) WL (122,7)	HH (263,9) NS (216,4) H (187,2) HB (145,4) WL (134,2) SH (133,4)
Bundes-durchschn.	39,3	54,1	6,4	114,8	128,6
unterdurchschn.	WL (38,8) SH (36,5) RH (34,1) RP (27,9) BW (27,3) B (23,0) S (12,5)	RH (52,4) HB (49,3) SH (45,4) RP (43,8) BW (38,5)	NS (6,3) WL (5,1) HH (3,2) S (2,0) RH (0,7) B (−1,2) HB (−2,1)	RH (104,4) SH (98,5) B (92,9) RP (83,9) BW (76,2) S (75,2)	RH (105,8) RP (99,0) BW (98,4) B (90,5) S (78,6)

Quelle: ZM

2. Mitgliederentwicklung auf Bundes- und Landesebene

Die Mitgliederzahl einer demokratischen Partei ist ein wichtiger Maßstab für ihre Verankerung in der Wählerschaft. Mitgliederzuwachs, -stagnation oder -rückgang geben Hinweise auf Attraktivität und Organisationskraft einer Partei. Die CDU galt Jahrzehnte lang nicht zu Unrecht als Partei mit zu geringer Mitgliederzahl und zu einseitiger Mitgliederstruktur. Zwar gibt es keinen verbindlichen Maßstab für die ausreichende Mitgliederzahl einer demokratischen Partei, aber gegenüber der Union wurde allgemein als Mindesthöhe ihrer Mitgliederzahl diejenige der SPD angesehen.

Basierend auf den Daten der Zentralen Mitgliederkartei (ZM) wird die Mitgliederentwicklung der CDU im Zeitraum vom 31.12.1969 bis 31.12.1980 untersucht. Die Zentrale Mitgliederkartei gibt jeweils nur den aktuellen Mitgliederstand wieder, weil die Daten eines ausgeschiedenen Mitgliedes gelöscht werden. Da die Angaben nur bei jedem neu in die Partei eintretenden Mitglied erfaßt werden – Parteimitglieder, die den Kreisverband wechseln, werden wie Neumitglieder behandelt – existiert keine systematische Fortschreibung der Daten. Wechselt ein Parteimitglied z.B. die Konfession oder das Beschäftigungsverhältnis, so ist nicht sichergestellt, daß diese Veränderung sich auch in einer Veränderungsmeldung des Kreisverbandes an die ZM niederschlägt, so daß die Strukturdaten der ZM nicht auf aktuellem Stand sind. Für die Untersuchung ist diese Fehlerquelle marginal und muß unberücksichtigt bleiben.

Die Mitgliederzahl der CDU stagnierte in den fünfziger und sechziger Jahren bzw. nahm nur relativ gering zu. Tabelle 9 verdeutlicht die völlig unterschiedliche Mitgliederentwicklung in den sechziger und siebziger Jahren. Der Mitgliederzuwachs von Ende 1969 bis Ende 1980 ist der höchste in der Geschichte der CDU. Wie Tabelle 10 zeigt, unterscheiden sich in diesem Zeitraum die Zuwachsraten in zwei Phasen grundlegend: Von Ende 1969 bis Ende 1976 (Phase 1) erzielt die CDU einen Mitgliederzuwachs von insgesamt 114,8 %, was einer durchschnittlichen jährlichen Rate von 16,4 % entspricht, und von Ende 1976 bis Ende 1980 (Phase 2) hat die CDU einen Zuwachs von 6,4 % mit einer durchschnittlichen jährlichen Mitgliederzuwachsrate in Höhe von 1,6 %. Insgesamt erhöht die CDU von Ende 1969 bis Ende 1980 ihre Mitgliederzahl um 128,6 %.

Da neben der Entwicklung der Mitgliederzahlen auf Bundesebene auch die in den Landesverbänden interessieren (Einzelheiten s. Tabelle 10), bietet sich an, zwischen Ländern mit mehrheitlich protestantischer oder mehrheitlich katholischer Wählerschaft zu unterscheiden. Zu den ersten gehören die Landesverbände Berlin, Bremen, Hamburg, Hessen, Niedersachsen und Schleswig-Holstein, zu den »katholischen« die Landesverbände Baden-Württemberg (Katholiken haben dort nur eine knappe Mehrheit), Rheinland, Rheinland-Pfalz, Saarland und Westfalen-Lippe (vgl. Tabelle 19).

Für diese Unterscheidung in »protestantische« und »katholische« Landesverbände (dies bedeutet nur, daß die Landesverbände in mehrheitlich katholischen bzw. evangelischen Ländern organisiert sind, sagt aber nichts über ihre Mitgliederstruktur aus) spricht, daß die ersten in den fünfziger und sechziger Jahren sowohl von der Mitglieder-

wie von der Wählerzahl her regelmäßig erheblich schlechter abschneiden als die katholischen Landesverbände, die eher als Stammwählergebiete der CDU angesehen werden können. Die Mitgliederzahl der protestantischen Landesverbände in Relation zur Zahl der Wahlberechtigten ist Ende 1969 mit Ausnahme von Schleswig-Holstein weit unterdurchschnittlich und die der katholischen Landesverbände deutlich überdurchschnittlich, wobei der Landesverband Baden-Württemberg von den katholischen Landesverbänden noch am schlechtesten abschneidet (vgl. Tabelle 12). Das von der Wahlforschung her bekannte Süd-Nord-Gefälle in bezug auf die Wähler existiert also auch in bezug auf die Mitglieder der CDU. Wie sich der Mitgliederzuwachs von 1969 bis 1980 auf die relative Mitgliederstärke der protestantischen und katholischen Landesverbände im Bundesverband auswirkt, ist daher von Interesse.

Ein Überblick zeigt für die Phase 1 als der mitgliederexpansivsten Phase in der Geschichte der CDU, daß die Landesverbände Hamburg, Niedersachsen, Hessen, Bremen und Westfalen-Lippe weit über dem Bundesdurchschnitt von 114,8 % liegen und zusammen 51,4 % des Mitgliederzuwachses auf sich vereinigen können. Die protestantischen Landesverbände stellen zusammen 38,6 % des gesamten Mitgliederzuwachses, obwohl sie 1969 nur 27,8 % aller Mitglieder organisiert haben.

In Phase 2 von Ende 1976 bis Ende 1980 bewegen sich die Zuwachsraten der CDU auf einem ungleich niedrigeren Niveau. Dieser schlagartige Rückgang des Mitgliederzuwachses kann eigenlich nur mit der grundlegend veränderten politischen Situation der Unionsparteien nach der Bundestagswahl 1976 erklärt werden (vgl. dazu den nachstehenden Abschnitt 4.). Die durchschnittliche jährliche Zuwachsrate beträgt mit 1,6 % nur noch 1/10 der jährlichen Durchschnittsrate von Phase 1, wobei die jährliche Zuwachsrate von 1977 bis 1979 sinkt und ab 1980 wieder leicht ansteigt.

Die drastische Verringerung der durchschnittlichen Mitgliederzuwachsraten hängt mit einer grundlegenden Veränderung der Zuwachsraten bei den Landesverbänden zusammen. In Phase 2 haben die Landesverbände Schleswig-Holstein, Baden-Württemberg, Hessen und Rheinland-Pfalz teilweise erheblich über dem Durchschnitt liegende Zuwachsraten, während bei den Landesverbänden Bremen und Berlin zum ersten Mal im Untersuchungszeitraum die Mitgliederzahlen zurückgehen und das Rheinland und Saarland nur noch 0,7 % bzw. 2,0 % Mitgliederzuwachs erreichen. Diese Ergebnisse sind um so bemerkenswerter, als die Landesverbände Schleswig-Holstein, Baden-Württemberg und Rheinland-Pfalz in Phase 1 regelmäßig unterdurchschnittliche Zuwachsraten erzielten und nunmehr in Phase 2 viermal (Schleswig-Holstein und Baden-Württemberg) bzw. dreimal (Rheinland-Pfalz) hintereinander einen überdurchschnittlichen Mitgliederzuwachs erreichen, wobei nur der Landesverband Schleswig-Holstein auch in Phase 1 viermal überdurchschnittlich abschnitt. Nur der Landesverband Hessen, der schon in Phase 1 überdurchschnittliche Zuwachsraten verzeichnen konnte, ist auch in dieser Phase in der Spitzengruppe vertreten.

Diese deutliche Umstrukturierung der Gruppe der Landesverbände mit überdurchschnittlichem und unterdurchschnittlichem Mitgliederzuwachs in Phase 1 und Phase 2 könnte mit der unterschiedlichen Reaktion der Landesverbände auf den permanenten

Dissens zwischen CDU und CSU über Strategie- und Personalfragen erklärt werden. Bemerkenswert ist, daß die protestantischen Landesverbände in Phase 2 43,5% des Gesamtmitgliederzuwachses erreichen, also noch einen höheren Anteil als in Phase 1. Allerdings ist diese Aussage insofern zu differenzieren, als in den Landesverbänden Bremen, Berlin und Hamburg die Mitgliederzahlen weit unterdurchschnittlich zunehmen bzw. zurückgehen – wie mehrfach bei anderen Landesverbänden in verschiedenen Jahren auch – und der hohe Mitgliederzuwachs der protestantischen Landesverbände ausschließlich durch die Landesverbände Schleswig-Holstein, Hessen und Niedersachsen erzielt wurde. Für die weitere Untersuchung wäre daher zwischen den eher ländlich und den eher städtisch strukturierten Landesverbänden zu unterscheiden.

Bei der Betrachtung des Mitgliederzuwachses von 1969 bis 1980 ist auffallend, daß die Landesverbände Hamburg, Niedersachsen, Hessen, Bremen, Westfalen-Lippe und Schleswig-Holstein teilweise erheblich über dem Durchschnitt liegende Zuwachsraten erzielen – mit Ausnahme von Westfalen-Lippe also ausschließlich protestantische Landesverbände; nur der Landesverband Berlin hat von den protestantischen Landesverbänden einen erheblich unter dem Durchschnitt liegenden Mitgliederzuwachs.

Die evangelischen Landesverbände konnten also in der Mitgliederstärke gegenüber den mehrheitlich katholischen Landesverbänden aufholen. 1969 hatten die protestantischen Landesverbände einen Anteil an der Gesamtmitgliederzahl von 27,8 %, der 1980 auf 34,3% ansteigt, während der Mitgliederanteil der katholischen Landesverbände entsprechend zurückgeht. Insbesondere die Landesverbände Niedersachsen (+ 4,2%), Hessen (+ 2,0%) und Hamburg (+ 0,7%) konnten ihren Mitgliederanteil von 1969 bis 1980 erhöhen, während der des Rheinlandes z. B. von 21,2% auf 19,0% und der des Landesverbandes Rheinland-Pfalz von 12,8% auf 11,2% fiel (vgl. Tabelle 11).

Tabelle 11: Anteil der Landesverbände an CDU-Mitgliederzahl und Mitgliederzuwachs des Bundesverbandes 1969–1980 in %

LV	Mi.-Anteil 1969	Mi.-Anteil 1976	Mi.-Anteil 1980	Anteil Mi.-Zuw. 1969–1980
BW	14,4	11,9	12,4	11,0
B	2,5	2,2	2,1	1,7
HB	0,5	0,5	0,4	0,5
HH	1,2	1,9	1,9	2,4
H	7,7	9,4	9,7	11,3
NS	10,4	14,3	14,6	17,5
RH	21,2	20,2	19,0	17,4
WL	18,1	18,9	18,7	19,0
RP	12,8	11,0	11,2	9,9
S	5,7	4,6	4,5	3,5
SH	5,5	5,1	5,5	5,7

Quelle: ZM

Tabelle 12: Anteil der CDU-Mitglieder an der Wohnbevölkerung, den Wahlberechtigten und den CDU-Wählern 1969–1980 in %

	1969			1972		
LV	1	2	3	1	2	3
BW	0,5	0,8	1,9	0,6	0,9	2,1
B*	0,4	–	1,6	0,4	–	1,7
HB	0,2	0,3	1,0	0,3	0,4	1,7
HH	0,2	0,3	0,9	0,4	0,5	1,8
H	0,4	0,7	2,0	0,7	1,0	2,8
NS	0,4	0,7	1,7	0,8	1,1	2,7
NRW	0,7	1,1	2,8	1,0	1,4	3,6
RP	1,1	1,6	4,0	1,4	1,9	4,6
S	1,5	2,4	5,9	1,7	2,4	6,1
SH	0,7	1,0	2,5	0,9	1,25	3,3
	0,5	0,95	2,0	0,7	1,2	2,5
	1976			1980		
LV	1	2	3	1	2	3
BW	0,85	1,3	2,7	0,95	1,4	3,3
B*	0,75	–	2,4	0,75	–	2,4
HB	0,50	0,7	2,3	0,50	0,7	2,7
HH	0,75	1,0	3,0	0,80	1,0	3,8
H	1,10	1,6	3,9	1,20	1,7	4,7
NS	1,30	1,8	4,4	1,40	1,9	5,3
NRW	1,50	2,1	5,2	1,50	2,1	5,9
RP	2,00	2,7	5,9	2,10	2,8	6,9
S	2,08	3,7	8,8	2,90	3,7	9,8
SH	1,30	1,8	4,5	1,50	2,0	5,9
	1,1	1,9	3,5	1,1	1,95	4,1

Quelle: ZM, Statistisches Jahrbuch für die Bundesrepublik Deutschland 1979, 1981 und Statistisches Jahrbuch des Landes Berlin 1981

Erläuterungen:

1 = Anteil der CDU-Mitglieder an der Wohnbevölkerung (1972: Wohnbev. 1970; 1976 und 1980: Wohnbev. 1978)

2 = Anteil der CDU-Mitglieder an den Wahlberechtigten zu den Bundestagswahlen

3 = Anteil der CDU-Mitglieder an den Zweitstimmen der CDU bei den Bundestagswahlen

* Beim Landesverband Berlin wurden die Zweitstimmen der CDU bei den Wahlen zum Abgeordnetenhaus am 13.3.1967 (Mitglieder 1969), 14.3.1972 (Mitglieder 1972), 2.3.1975 (Mitglieder 1976), 10.5.1981 (Mitglieder 1981) zugrundegelegt.

Gleichzeitig haben 1969 bis 1980 insbesondere die Landesverbände, die 1969 eine besonders geringe Mitgliederzahl in Relation zur Zahl der Wahlberechtigten hatten, auch einen besonders hohen Mitgliederzuwachs zu verzeichnen, so daß die regionale Mitgliederverteilung der CDU ausgeglichener wird. Die Rangfolge der Landesverbände nach der Mitgliederstärke hat sich allerdings nur geringfügig geändert (vgl. Tabelle 12). Diese Verschiebung der Mitgliederanteile der Landesverbände zu Lasten der traditionell starken und zugunsten der traditionell schwachen Landesverbände, die – von Ausnahmen abgesehen – gleichzusetzen ist mit einer Stärkung der protestantischen, mehrheitlich norddeutschen Landesverbände und einer Schwächung der katholischen, mehrheitlich süddeutschen Landesverbände, dürfte wesentliche Auswirkungen auf das politische Klima und den Diskussions- und Entscheidungsprozeß innerhalb der CDU gehabt haben, zumal erhebliche Strukturveränderungen in der Mitgliedschaft hinzukamen (vgl. Kapitel III).

Die Zahlen machen auch deutlich, daß die Mitgliederzuwachsraten der einzelnen Landesverbände erheblich voneinander abweichen. Dies gilt insbesondere für die starke Expansionsphase von 1969 bis 1976. Mit höheren Zuwachsraten auf Bundesebene nehmen auch Bandbreite und Unterschiedlichkeit bei den Mitgliederzuwachsraten der Landesverbände zu. Die Differenz in den Zuwachsraten der Landesverbände ist 1972 mit 55,3 Prozentpunkten am höchsten und im Jahre 1976 mit 10,3 Prozentpunkten am niedrigsten. Bei im Bundesdurchschnitt niedrigen Mitgliederzuwachsraten wie in Phase 2 sind die Differenzen in den Zuwachsraten der Landesverbände erheblich geringer. Sie pendeln zwischen etwa fünf und zehn Prozentpunkten. Die höchste Differenz liegt im Jahre 1977 bei 10,6 und die niedrigste im Jahre 1979 bei 4,5 Prozentpunkten.

Aus den unterschiedlich hohen Mitgliederzuwachsraten der Landesverbände in Zeiten hoher Expansion kann geschlossen werden, daß als Ursache für den Mitgliederzuwachs die politische Gesamtsituation allein nicht ausschlaggebend sein kann. Ehe auf die Ursachen unterschiedlicher Mitgliederzuwachsraten im Abschnitt unter 4. eingegangen wird, soll geprüft werden, welchen Einfluß auf die Höhe der Mitgliederzuwachsrate unterschiedliche Mitgliederzugangs- und -abgangsraten bei den Landesverbänden haben. Denn die Mitgliederzuwachsrate wird nicht nur durch die Mitgliederzugänge, sondern gleichzeitig durch die Mitgliederabgänge bestimmt, da die Mitgliederentwicklung einen Saldo darstellt. So können sich also hinter einer scheinbar ruhigen und stetigen Mitgliederentwicklung erhebliche Schwankungen in den Zu- und Abgängen verbergen, was zur Folge hat, daß der Mitgliederaustausch erheblich höher ist, als dies die reinen Zuwachsraten vermuten lassen.

Tabelle 13: Mitgliederzu- und -abgänge 1969–1981 im Bundesverband

Jahr	Mi.-Stand 31.12. des Vorjahres	Mi.-Zugänge		Jährliche Zuwachsrate (%)		Mi.-Abgänge		Jährliche Abgangsrate (%)		Saldierter Mi.-Zuwachs	Jährliche Zuwachsrate (%)	Mi.Stand 31.12. des Jahres
		a)	b)	a)	b)	a)	b)	a)	b)			
1969	286 541	36 417	kA	12,7	kA	19 426	kA	6,8	kA	16 991	5,9	303 532
1970	303 532	49 079	48 755	16,2	16,1	23 372	23 048	7,7	7,5	25 707	8,5	329 239
1971	329 239	52 141	47 836	15,8	14,5	25 645	21 330	7,8	6,5	26 506	8,0	355 745
1972	355 745	91 215	87 008	25,6	24,5	24 012	19 785	6,8	5,6	67 223	18,9	422 968
1973	422 968	62 969	57 335	14,9	13,6	28 535	22 910	6,8	5,4	34 425	8,1	457 393
1974	457 393	117 092	94 544	25,6	20,7	43 985	21 437	9,6	4,7	73 107	16,0	530 500
1975	530 500	108 585	85 501	20,5	16,1	48 600	25 509	9,2	4,8	59 982	11,3	590 482
1976	590 482	100 962	87 662	17,1	14,8	39 434	26 134	6,7	4,4	61 528	10,4	652 010
1977	652 010	56 613	43 640	8,7	6,7	44 409	31 436	6,8	4,8	12 204	1,9	664 214
1978	664 214	52 844	41 097	8,0	6,2	41 772	30 025	6,3	4,5	11 072	1,7	675 286
1979	675 286	52 309	41 948	7,7	6,2	44 814	34 453	6,6	5,1	7 495	1,1	682 781
1980	682 781	50 560	40 345	7,4	5,9	40 021	29 728	5,9	4,4	10 539	1,5	693 320
1981	693 320	48 565	41 238	7,0	6,0	36 769	29 442	5,3	4,3	11 796	1,7	705 116

Quellen: Falke, Mitglieder, S. 58, ZM und eigene Berechnungen

Erläuterungen:
a) Nichtbereinigte Zahlen
b) Bereinigte Zahlen

3. Mitgliederzu- und -abgänge

Die Zentrale Mitgliederkartei der CDU erfaßt separat die Zugänge an Neumitgliedern und die ausscheidenden Mitglieder (Abgänge), wobei sich durch Saldenbildung der Mitgliederzuwachs errechnet. Seit 1970 werden in der ZM zusätzlich die Gründe für das Ausscheiden eines Mitgliedes nach neun verschiedenen Kriterien erfaßt. Einer der erfaßten Gründe beim Ausscheiden eines Mitgliedes ist der Wechsel des Kreisverbandes (z. B. durch Wohnortwechsel). Nach dem Datenerfassungsverfahren der ZM scheidet das den Kreisverband wechselnde CDU-Mitglied aus dem alten Kreisverband aus und wird dort als Mitgliederabgang und vom neuen Kreisverband als Neumitglied gemeldet und als Mitgliederzugang registriert. Dieses Erfassungsverfahren hat zur Folge, daß in der Statistik erheblich mehr Mitgliederzu- und -abgänge erscheinen, als dies tatsächlich der Fall ist, weil ein den Kreisverband wechselndes Mitglied nicht die Partei verläßt und wieder neu eintritt.

Um diese Verfälschung der Statistik auszuschließen, sind bei den nachstehenden Zahlen in aller Regel die Mitgliederzu- und -abgänge bereinigt durch die Mitglieder, die nur den Kreisverband wechseln. Dies ist auch erforderlich, weil insbesondere Mitte der siebziger Jahre durch die Kommunal- und Gebietsreformen in fast allen Ländern die Grenzen der Verwaltungsbezirke – und damit die der Kreisverbände – verändert wurden, was statistisch zahlreiche Mitgliedertransfers zur Folge hatte, ohne daß irgendein Mitglied umgezogen wäre. In den Jahren 1974 und 1975 ist z. B. die bereinigte Abgangsrate fast um die Hälfte kleiner als die nicht bereinigte Abgangsrate.

Im Untersuchungszeitraum von Ende 1969 bis Ende 1980 betrug die durchschnittliche jährliche bereinigte Zugangsrate 13,2 %, die Abgangsrate 5,3 % und der Mitgliederzuwachs dementsprechend 7,9 %. Von 1970 bis 1976 lag die Zugangsrate erheblich über dem Gesamtdurchschnitt, von 1970 bis 1973 lag die Abgangsrate über dem Gesamtdurchschnitt (Vgl. Tabelle 13). Die Unterteilung des Gesamtzeitraum von Ende 1969 bis Ende 1980 in zwei Phasen, nämlich von Ende 1969 bis Ende 1976 (Phase 1) und von Ende 1976 bis Ende 1980 bzw. 1981 (Phase 2), scheint auch hier sinnvoll. In Phase 1 beträgt die durchschnittliche bereinigte Zugangsrate 17,2 % und die Abgangsrate 5,6 %. Die Zugangsrate liegt in den Jahren 1971 sowie 1973 und 1976 bei etwa 15 % und schwankt in den Jahren 1972, 1974 und 1975 zwischen 20 % und 25 %. Die Zugangsraten bewegen sich in Phase 1 zwischen 14,5 % und 24,5 %, die Abgangsraten zwischen 4,4 % und 7,5 %. Ein direkter Zusammenhang zwischen der Höhe der Zugangsrate und der der Abgangsrate scheint nicht zu bestehen. Die Abgangsraten fallen von 1970 bis 1976 kontinuierlich, die Zugangsraten schwanken auf hohem Niveau erheblich von Jahr zu Jahr.

Von 1976 bis Ende 1981 beträgt die durchschnittliche jährliche bereinigte Zugangsrate nur noch 6,2 %, die Abgangsrate 4,6 % und der Zuwachs entsprechend 1,6 %. Ab 1977 sind also die bereinigten Zugangsraten weniger als die Hälfte so hoch wie in Phase 1 und sinken stetig von 6,7 % auf 5,9 %, um dann 1981 leicht auf 6,0 % anzusteigen. Die Abgangsrate sinkt im Untersuchungszeitraum kontinuierlich, nur unterbrochen in den

Jahren 1977 und 1979 durch einen Anstieg, so daß 1979 die Abgangsrate zum ersten Mal seit 1973 wieder über 5 % liegt.

Sowohl der drastische Rückgang der jährlichen Mitgliederzugangsraten ab 1977, der sich sogar im Bundestagswahljahr 1980 fortsetzt – wobei die Zugangsrate sogar 1981 noch höher ist als im Bundestagswahljahr 1980 – wie auch der Anstieg der Mitgliederabgangsrate im Jahr 1979 läßt darauf schließen, daß die Auseinandersetzungen zwischen den Unionsparteien diese atypische Entwicklung mitverursacht haben.

Da die Mitgliederzuwachsraten einer Partei den Saldo der Mitgliederzugänge und -abgänge darstellen, ist der Zugang an neuen Mitgliedern erheblich höher, als dies die Mitgliederzuwachsraten erkennen lassen. Je höher der Mitgliederaustausch ist, um so eher kann dies politische und personelle Veränderungen zur Folge haben. Deshalb ist von Interesse, wie viele derjenigen Mitglieder, die der CDU Ende der siebziger Jahre angehörten, bereits vor dem 1.1.1970 Mitglied der CDU waren und wie viele erst während der Oppositionszeit der CDU beitraten. Falke kommt zu dem Ergebnis, daß von allen CDU-Mitgliedern am 31.12.1977 68 % nach dem 1.1.1970 in die Partei eingetreten sind(32a).

Die Untersuchung der Mitgliederzugangs- und -abgangsraten in den Landesverbänden muß sich auf den Zeitraum von 31.7.1973 bis 31.12.1976 (Phase 1) und vom 31.12.1976 bis zum 31.12.1981 (Phase 2) beschränken, da diese Daten erst ab 1973 für die Landesverbände von der ZM erhoben worden sind. Die unterschiedlichen Mitgliederzuwachsraten auf Bundesebene wurden bereits nachgewiesen, weshalb hier der diesbezügliche Einfluß der Zugangs- bzw. Abgangsraten besonders interessiert.

Von Mitte 1973 bis Ende 1976 stieg die Mitgliederzahl der CDU insgesamt um 50,2 %. Der Landesverband Hessen kann in diesem Zeitraum seine Mitgliedschaft verdoppeln (108 %), und auch die Landesverbände Hamburg (70,3 %) und Niedersachsen (66,2 %) verzeichnen sehr hohe Zuwachsraten, während sie in Baden-Württemberg (36,3 %) und Rheinland-Pfalz (41,0 %) weit unterdurchschnittlich sind. Hauptursache für derartig unterschiedliche Mitgliederzuwachsraten sind die unterschiedlichen Mitgliederzugangsraten, die zwischen 55,9 % (Baden-Württemberg) und 133,0 % (Hessen) im Untersuchungszeitraum, also um 77,1 Prozentpunkte differieren. Obwohl die Abgangsraten grundsätzlich nicht so schwanken wie die Zugangsraten, gibt es auch hier gegensätzliche Tendenzen in den Landesverbänden, die in der Differenz zwischen höchstem und niedrigstem Wert in Höhe von 31,8 Prozentpunkten zum Ausdruck kommen.

Wie wichtig auch die Abgangsrate für die Mitgliederentwicklung ist, läßt sich z. B. an den Landesverbänden Berlin und Westfalen-Lippe ablesen, die im Untersuchungszeitraum eine ähnlich hohe Zugangsrate von 84,6 % bzw. 80,4 % haben; der Landesverband Westfalen-Lippe hat aber trotz niedrigerer Zugangsrate einen um 6,9 Prozentpunkte höheren Mitgliederzuwachs als der Landesverband Berlin, weil seine Abgangsrate um 11,1 Prozentpunkte niedriger liegt als die des Landesverbandes Berlin. Diese wichtige Relation zwischen Zu- und Abgangsrate in einem bestimmten Zeitraum läßt sich durch den Abgangsquotienten darstellen, der den Anteil der Abgänge an den

Zugängen wiedergibt. Je näher der Abgangsquotient bei hundert liegt, um so größer sind die Abgänge in Relation zu den Zugängen (vgl. Tabelle 14). Der Abgangsquotient, ist daher ein Maßstab für die Fähigkeit der Parteiorganisation, nicht nur hohe Mitgliederzugänge zu erzielen, sondern die Neumitglieder auch in möglichst großem Umfang an die Partei zu binden bzw. den Austritt »alter« Mitglieder möglichst gering zu halten.

Tabelle 14: Zugänge, Abgänge, Zuwachs an Mitgliedern sowie Abgangsquotienten 1973–1981 in den Landesverbänden

LV	Zugänge %		Abgänge %		Zuwachs %		Abgangs-quotient	
	1	2	1	2	1	2	1	2
BW	16,3	6,4	5,7	3,7	10,6	2,7	35,0	57,8
B	24,8	10,0	9,8	8,1	15,0	1,9	39,4	81,0
HB	21,9	7,8	8,7	7,1	13,2	0,7	39,7	91,0
HH	35,6	9,5	15,0	8,3	20,6	1,2	42,1	87,4
H	38,9	6,9	7,3	4,6	31,6	2,3	18,8	66,7
NS	24,6	6,8	7,0	4,2	19,4	2,6	28,5	61,8
RH	20,7	5,3	7,3	5,3	13,4	0,0	35,3	100,0
WL	23,5	4,6	6,6	4,0	16,9	0,6	28,1	86,9
RP	18,2	5,6	6,2	3,9	12,0	1,7	34,1	69,6
S	22,4	5,3	8,2	5,2	14,2	0,1	36,6	98,1
SH	22,8	9,4	9,6	5,2	13,2	4,2	42,1	55,3
BV	21,9	6,2	7,2	4,6	14,7	1,6	32,8	74,2
Diff. höchster/ niedrigster Wert LV in Prozentpunkten	22,6	5,4	9,3	4,6	21,0	4,2	14,0	45,7

Quellen: ZM und eigene Berechnungen

Erläuterungen:
1 = 31.07.1973–31.12.1976 (Phase 1)
2 = 31.12.1976–31.12.1981 (Phase 2)
(jeweils bereinigte jährliche Durchschnittsrate)

Aus Tabelle 14 ist ersichtlich, daß in Phase 1 einer hohen bereinigten jährlichen Zugangsrate in Höhe von 21,9% eine relativ hohe Abgangsrate in Höhe von 7,2% gegenübersteht. In Phase 2 hingegen ist die Zugangsrate im Vergleich zu Phase 1 sehr gering, aber auch die Abgangsrate ist niedriger mit der Folge, daß zwar 75% der Mitgliederzugänge durch Abgänge aufgehoben werden, aber noch ein geringer Mitgliederzuwachs erzielt wird. An den Abgangsquotienten ist ablesbar, daß die Ergebnisse der Landesverbände erheblich voneinander differieren.

Wie Tabelle 15 zeigt, ist die Differenz zwischen der niedrigsten und höchsten Zugangs- bzw. Abgangsrate im Vergleich zum Bundesdurchschnitt nicht erheblich, so daß die Abgangsraten der Landesverbände untereinander ähnlich hoch – wenngleich auf niedrigerem Niveau – schwanken, wie dies bei den Zugangsraten der Fall ist. Von

Tabelle 15: Abweichungen der Landesverbände von den Zugangs-, Abgangs- und Zuwachsraten des Bundesverbandes in Prozentpunkten

LV	Zugänge 1	2	Abgänge 1	2	Zuwachs 1	2
BW	– 5,6	0,2	–1,5	–0,9	– 4,1	1,1
B	2,9	3,8	2,6	3,5	0,3	0,3
HB	0	1,6	1,5	2,5	– 1,5	–0,9
HH	13,7	3,3	7,8	3,7	5,9	–0,4
H	17,0	0,7	0,1	0	16,9	0,7
NS	4,5	0,6	–0,2	–0,4	4,7	1,0
RH	– 1,2	–0,9	0,1	0,7	–1,3	–1,6
WL	1,6	–1,6	–0,6	–0,6	2,2	–1,0
RP	– 3,7	–0,6	–1,0	–0,7	– 2,7	0,1
S	0,5	–0,9	1,0	0,6	– 0,5	–1,5
SH	– 1,1	3,2	2,4	0,6	– 1,5	2,6
BV	21,9	6,2	7,2	4,6	14,7	1,6

Quellen: ZM und eigene Berechnungen

Erläuterungen:
1 = 31.07.1973–31.12.1976 (Phase 1)
2 = 31.12.1976–31.12.1981 (Phase 2)

einer stabilen Abgangsrate kann also bei den Landesverbänden keine Rede sein, wie dies Falke aufgrund der Bundeszahlen fälschlicherweise annimmt(33).

Die Höhe der Abgangsrate wird um so wichtiger, je niedriger die Mitgliederzuwachsrate ist. Bei der Analyse der Landesverbände fällt auf, daß insbesondere die Landesverbände Berlin, Hamburg, Schleswig-Holstein und Bremen sowohl in Phase 1 wie in Phase 2 weit überdurchschnittliche Abgangsraten haben, während die der Landesverbände Baden-Württemberg, Rheinland-Pfalz, Westfalen-Lippe und Niedersachsen in beiden Phasen unter dem Durchschnitt liegen. Die Landesverbände mit regelmäßig überdurchschnittlichen Abgangsraten müssen also auch regelmäßig überdurchschnittliche Zugangsraten erzielen, wenn sie nicht einen Rückgang ihrer Mitgliederzahl riskieren wollen; damit haben sie gegenüber den anderen Landesverbänden einen Wettbewerbsnachteil.

Zwei Ergebnisse der Analyse der Mitgliederzu- und abgänge und ihres Einflusses auf den Mitgliederzuwachs können festgehalten werden:

- Die Mitgliederabgangsraten der Landesverbände sind keineswegs so stabil, wie dies die Bundeszahlen zu suggerieren scheinen, und sie haben einen größeren Einfluß auf die Mitgliederentwicklung als zunächst angenommen.
- Die Höhe der Abgangsrate ist dann für die Mitgliederentwicklung von besonderer Bedeutung, wenn – aus welchen Gründen auch immer – die Mitgliederzugangsraten niedrig sind, d.h. um die 5% schwanken. Die unterschiedliche Entwicklung der Mitgliederzahlen in den Landesverbänden von Ende 1976 bis Ende 1980 bzw. Ende

1981 ist vor allem auf die unterschiedliche Höhe der Abgangsraten und weniger auf die der Zugangsraten zurückzuführen. Landesverbände mit geringen Abgangsraten wie Baden-Württemberg, Rheinland-Pfalz, Westfalen-Lippe und Niedersachsen haben in Zeiten geringer Mitgliederzuwachsraten besonders gute Startvoraussetzungen für einen überdurchschnittlichen Mitgliederzuwachs. Dies erklärt auch, weshalb die genannten Landesverbände von Ende 1976 bis Ende 1980 erstmals überdurchschnittliche Zuwachsraten erzielen konnten. Landesverbände mit unterdurchschnittlichen Zugangs- und überdurchschnittlichen Abgangsraten wie z. B. das Rheinland sind in einer derartigen Phase von Mitgliederstagnation oder sogar von Mitgliederrückgang bedroht.

Da die Abgangsraten den Zuwachs wesentlich beeinflussen können, ist die Analyse der Ursachen für Mitgliederabgänge von Interesse, was vom 31. 7. 1973 an möglich ist, weil die ZM seitdem monatlich die Gründe nach Landesverbänden erfaßt. Bei den Mitgliederabgängen werden von der ZM folgende neun Gründe unterschieden:

- Überweisung an einen anderen Kreisverband (0).
- Verstorben (1)
- Unbekannt verzogen (2)
- Karteibereinigung (3)
- Ohne Grund ausgetreten (4)
- Aus sozialem oder persönlichem Grund ausgetreten (5)
- Aus politischem Grund ausgetreten (6)
- Ausschluß wegen Beitragsrückstand oder -verweigerung (7)
- Ausschluß wegen parteischädigenden Verhaltens (8)

Der besseren Übersichtlichkeit wegen und um Trends eher erkennen zu können, werden in dieser Untersuchung die Gründe in drei Gruppen zusammengefaßt, wobei der Kreisverbandswechsel (0) unberücksichtigt bleibt. Die Gründe 1 bis 3 bilden die Rubrik »unbeeinflußbare Gründe«, denn auf keinen dieser Austrittsgründe hat der Kreisverband Einfluß.

Die Gründe 4 bis 6 haben gemeinsam, daß ihnen ein vom Mitglied klar formulierter Austritts- und negativer Abgrenzungswille gegenüber der Partei zugrundeliegt, der nur mit unterschiedlichen Begründungen versehen wird. Deshalb erscheint es sinnvoll, sie zu »beeinflußbaren Gründen« zusammenzufassen. Diese Kategorisierung basiert auf der Annahme, daß die Zahl der Austritte in dieser Gruppe um so geringer ist, je zufriedener die Mitglieder mit Politik, Personen und Organisation der Partei sind, was auch vom Erwartungshorizont des Mitgliedes abhängig ist.

Bei dem »Austritt aus politischem Grund« spricht die Annahme dafür, daß dieser Austritt durch die Partei beeinflußbar ist. Aber auch bei den Gründen 4 und 5 bringt das Mitglied mit dem Austritt seine ablehnende Haltung gegenüber der Partei zum Ausdruck. Daher liegt die Annahme nahe, daß diese gewandelte Einstellung gegenüber der Partei auch auf die Partei zurückzuführen ist und durch ein anderes Verhalten hätte vermieden werden können.

Die Gründe 7 und 8 werden zu der Gruppe »Ausschlußgründe« zusammengefaßt, da sich in beiden Fällen die Partei aufgrund des Verhaltens des Mitgliedes gezwungen sieht, es auszuschließen. Dabei kann auch hier Ursache für das Verhalten des Mitgliedes, das zum Ausschluß führt, seine Unzufriedenheit mit der Partei sein.

Faßt man die Gründe 4 bis 8 zusammen, gewinnt man einen Maßstab für die Unzufriedenheit der Mitglieder mit ihrer Parteiorganisation. Theoretisch gesehen sind nur die Mitgliederabgänge der Gründe 1 bis 3 für die Partei unvermeidbar, während die Gründe 4 bis 8 mehr oder weniger stark mit der Zufriedenheit des Mitgliedes mit der Partei zusammenhängen und eher vermeidbar sind.

Tabelle 16: Bereinigte Abgänge in Phase 1 und Phase 2 nach Gründen in %

	Gründe 1 – 3		Gründe 4 – 8	
	Phase 1	Phase 2	Phase 1	Phase 2
BW	52,9	42,6	47,1	57,4
B	35,5	27,8	64,5	72,2
HB	52,8	37,3	47,2	63,7
HH	37,8	9,2	62,2	90,8
H	64,8	37,5	35,2	62,5
NS	55,5	39,3	44,5	60,7
RH	49,0	33,2	51,0	66,8
WL	61,4	39,4	38,6	60,6
RP	49,6	34,5	50,4	65,5
S	52,4	33,7	47,6	66,3
SH	43,7	40,0	56,3	60,0
Durchschn. BV	52,2	36,0	47,8	64,0
BV abs.	30 890	55 489	28 234	98 947
BV abs. p.J.	9 041	11 098	8 264	19 789

Quellen: ZM und eigene Berechnungen

Erläuterungen:
Gründe 1 – 3 = unbeeinflußbare Gründe
Gründe 4 – 8 = beeinflußbare und Ausschlußgründe

Phase 1 = 31. 07. 1973–31. 12. 1976
Phase 2 = 31. 12. 1976–31. 12. 1981

Die Zentrale Mitgliederkartei hat im April 1982 in einer internen Statistik alle Mitgliederabgänge der CDU im Zeitraum vom 1. 7. 1973 bis 31. 1. 1982, unterteilt nach Landesverbänden, zusammengestellt. Diese statistischen Angaben sowie eigene Berechnungen anhand der ZM-Angaben für den Zeitraum vom 31. 12. 1976 bis 31. 12. 1981 liegen Tabelle 16 zugrunde. Neben dem Gesamtzeitraum vom 31. 7. 1973 bis 31. 1. 1982 interessiert hier die Entwicklung der Mitgliederabgänge in der Phase starker Mitgliederexpansion von Juli 1973 bis Dezember 1976 (Phase 1) und geringer Mitgliederexpansion von Dezember 1976 bis Dezember 1981 (Phase 2).

Da die Neuordnungen und Teilneuordnungen der Verwaltungsgrenzen Ende der siebziger Jahre abgeschlossen waren und die Ausschlußgründe ohne Verzerrungen analysierbar sind, ist zunächst kurz auf die nicht bereinigten Abgänge einzugehen. 1980 beträgt der Anteil der Kreisverbandswechsler (Grund 0) 18,3 % und 1981 19,9 %. Für die Zukunft dürfte sich daher der Anteil der Kreisverbandswechsler um 20 % jährlich bewegen, was insbesondere für die Kreisverbände wichtig ist, denn der jeweils betroffene Kreisverband hat einen echten Mitgliederverlust. Die Gründe 1 bis 3 ergeben jeweils 26,2 % (1980) bzw. 30 % (1981). Die Gründe 1 bis 3 dürften sich künftig zwischen 25 % bis 30 % aller Austritte pro Jahr bewegen. Für die Kreisverbände wäre also eine Aufteilung der Mitgliedsabgänge nach den Gründen 0 bis 3 und 4 bis 8 in Höhe von jeweils ca. 50 % normal und würde dem Bundesdurchschnitt entsprechen.

In Tabelle 16 sind die bereinigten Abgänge nach unbeeinflußbaren (1 bis 3) sowie nach beeinflußbaren und Ausschlußgründen (4 bis 8) erfaßt. Ihr ist zu entnehmen, daß bei den bereinigten Abgängen die Gruppe der Gründe 1 bis 3 in ihrer Bedeutung und ihrem prozentualen Anteil von Phase 1 (52,2 %) zu Phase 2 (36,0 %) stark zurückgeht. Die Relation von beeinflußbaren zu unbeeinflußbaren und Ausschlußgründen kehrt sich von Phase 1 zu Phase 2 um. Der Anstieg der Abgänge in Phase 2 ist also vor allem auf den Anstieg der beeinflußbaren Austrittsgründe (4 bis 8) zurückzuführen. Während die durchschnittlichen jährlichen Abgänge, die durch die unbeeinflußbaren Gründe verursacht werden, von Phase 1 zu Phase 2 nur um 22,8 % steigen, steigen die beeinflußbaren und Ausschlußgründe von Phase 1 zu Phase 2 um 139,5 % an. Die Verringerung des Anteils der unbeeinflußbaren Gründe von Phase 1 zu Phase 2 liegt also nicht daran, daß die unbeeinflußbaren Gründe zurückgehen, sondern hat seine Ursache in dem besonders starken Anstieg der Gesamtzahl der Abgänge in Phase 2, die durch die beeinflußbaren und Ausschlußgründe verursacht werden.

Legt man für den Zeitraum von Ende 1976 bis Ende 1981 die durchschnittliche jährliche Abgangsrate in Höhe von 11098 Mitgliedern, die durch die Gründe 1 bis 3 verursacht werden, zugrunde und setzt sie in Relation zur Gesamtzahl der CDU-Mitglieder am 31.12.1979, so würde dies eine jährliche Abgangsrate von 1,6 % ergeben. Dies wäre also die theoretische Mindestabgangsrate, die für die Gesamtorganisation der CDU jährlich einzukalkulieren ist; alle übrigen Abgänge sind vermeidbar.

Die erläuterten Zahlen zeigen, daß in Phase 2 die Zahl der Mitgliederabgänge im Vergleich zu Phase 1 erheblich gestiegen ist und daß dieser Zuwachs fast ausschließlich auf den erheblichen Anstieg der beeinflußbaren und Ausschlußgründe (4 bis 8) zurückzuführen ist. Die Vermutung liegt nahe, daß die Erhöhung der Mitgliederabgänge in Phase 2 vor allem auf politische Ursachen zurückzuführen ist, die insbesondere durch die permanenten Auseinandersetzungen zwischen den Unionsparteien beeinflußt wurden. Diese Annahme wird auch dadurch bestätigt, daß der Anteil der Mitglieder, die aus politischem Grund die Partei verlassen, von 0,6 % in Phase 1 auf 5,3 % in Phase 2 ansteigt. Die Zahlen könnten aber auch signalisieren, daß generell die Austrittsbereitschaft der CDU-Mitglieder steigt.

Welchen Einfluß die Mitgliederabgangsrate, insbesondere die Gründe 4 bis 8 in Phase 1 von Ende 1976 bis Ende 1981 auf den Gesamtmitgliederzuwachs haben, zeigt folgendes Rechenbeispiel: die jährlichen Abgänge in Phase 2, die durch die Gründe 1 bis 3 verursacht wurden, haben sich im Vergleich zu Phase 1 um 22,8 % erhöht. Nimmt man an, daß sich die Gründe 4 bis 8 um den selben Prozentsatz pro Jahr und nicht um 139,5 % erhöht hätten, dann wäre die Mitgliederzahl im Untersuchungszeitraum nicht um 53 106, sondern um 110 952 Mitglieder, also doppelt so stark, gewachsen. Eine Reduzierung der Abgangsrate wirkt sich direkt auf die Erhöhung der Mitgliederzahl aus, was bei einer Erhöhung der Zugangsrate durch die Berücksichtigung der Abgangsrate keineswegs gegeben ist. Selbst wenn dieses dargestellte Zahlenbeispiel fiktiv ist, zeigt es doch die Dimensionen auf, die mit einer Reduzierung der Abgangsrate, die nur bei den beeinflußbaren und Ausschlußgründen möglich ist, für den Mitgliederzuwachs verbunden sind(34).

4. Ursachen für Mitgliederzuwachs und -stagnation

Die Mitgliederzahlen der beiden großen konkurrierenden Parteien – CDU und SPD – haben sich sehr unterschiedlich entwickelt. Während sich die Mitgliederzahl der SPD schon in den frühen sechziger Jahren auf hohem Niveau stabilisierte, stieg die der CDU von 250 000 Ende der fünfziger Jahre nur langsam auf 300 000 Ende 1969 an. Von 1970 bis 1976 konnte die CDU ihre Mitgliederzahl verdoppeln, während die SPD ihre Mitgliederzahl nur um 25,0 % erhöhen konnte. Nach 1976 ging die Mitgliederzahl der SPD zurück, während die der CDU weiterhin, wenn auch mit geringen Zuwachsraten, stieg(35).

Die Vielzahl der Faktoren, die die Mitgliederentwicklung einer Partei beeinflussen, soll am Beispiel der CDU vor allem unter dem Gesichtspunkt der Politik und des Aktivitätsgrades der Parteiorganisation untersucht werden.

Voraussetzung für eine quantitativ relevante Mitgliederzahl in politischen Parteien ist die politische Partizipations- und Bekenntnisbereitschaft bei einer entsprechenden Zahl von Bürgern. In Deutschland ist diese durch die traditionell verbreitete Parteienaversion eher behindert worden. Die Parteienaversion wurde durch die Erfahrungen mit der Weimarer Republik und dem Nationalsozialismus noch verstärkt, so daß alle Parteien, insbesondere aber die bürgerlichen Parteien in der Bundesrepublik, bei ihren Wählern auf traditionelle Vorbehalte gegenüber einer Parteimitarbeit stießen. Nicht zuletzt deshalb stagnierte in den fünfziger Jahren die Mitgliederzahl der CDU, und auch in den sechziger Jahren konnten diese Vorbehalte nur langsam abgebaut werden. In den siebziger Jahren wuchs die politische Partizipationsbereitschaft(36). Offensichtlich existiert auch – bis heute spürbar – eine regional unterschiedliche parteipolitische Partizipationsbereitschaft, was an den hohen Mitgliederzahlen aller Parteien im Saarland und den sehr niedrigen Mitgliederzahlen aller Parteien in Baden-Württemberg ablesbar ist(37).

Die unterschiedliche Entwicklung der Mitgliederzahlen von CDU und SPD während ihrer jeweiligen Regierungs- und Oppositionszeit zeigt, daß dieser Faktor nicht ausschlaggebend für deren Mitgliederentwicklung war. Wichtiger scheint der Grad der politischen Polarisierung zwischen den konkurrierenden Parteien zu sein. Je stärker die Polarisierung zwischen den Parteien ist, um so mobilisierter und emotionalisierter sind die jeweiligen Anhänger und um so eher sind sie zu einem Parteibeitritt zu bewegen.

a) Politische Rahmenbedingungen

Parteien gewinnen neue Mitglieder ausschließlich aus dem Stamm ihrer überzeugten Wähler, die mit den politischen Grundaussagen der Partei übereinstimmen. Die Wähler, die eine latente Bereitschaft zur Parteimitgliedschaft besitzen, bedürfen eines entsprechenden Anstoßes; die vorhandene Beitrittsbereitschaft muß mobilisiert und in Handeln umgesetzt werden. Dies ist das Hauptproblem der Mitgliederwerbung, denn bis zum Vollzug des Parteibeitritts sind noch erhebliche Hürden zu überwinden. Diese Hürden können in der Ablehnung bestimmter Einzelaussagen oder Führungspersönlichkeiten einer Partei bestehen oder z. B. in der Furcht vor zu hoher Arbeitsbelastung, der Gefährdung des beruflichen Fortkommens oder des persönlichen Ansehens im Freundeskreis. Auch das von der Partei bewußt oder unbewußt praktizierte Aufnahmeverfahren kann sich als organisatorische und technische Barriere auswirken, die die Realisierung des Beitrittswunsches erschwert.

Der Anstoß, der bei dem Wähler einer Partei zum Parteibeitritt führt, kann auf zwei verschiedenen Wegen erreicht werden:

- Durch bedeutsame sach- und personalpolitische Ereignisse wird ein erheblicher Teil der Wähler aus seiner Lethargie gerissen und zur politischen Solidarität mit der Partei motiviert, um bestimmte politische Ziele oder Personen zu unterstützen oder zu verhindern.
- Der Wähler wird im persönlichen Gespräch direkt auf die Mitarbeit in »seiner« Partei angesprochen, wobei durch den »Werber« alle Vorbehalte und organisatorischen Hürden gegen einen Parteibeitritt überwunden werden können, so daß das Beitrittsformular unterschrieben wird.

Sind beide Voraussetzungen gegeben, wird der Mitgliederzuwachs besonders hoch sein; ist eine oder keine der beiden erfüllt, wird die Mitgliederzahl zunehmen oder stagnieren.

Ein quantitativ relevanter Mitgliederzuwachs ist durch eine Partei dann zu erreichen, wenn sich die Wähler besonders aufgerufen fühlen, durch ihren Mitgliedsbeitritt die Politik ihrer Partei zu unterstützen. Dies dürfte am ehesten dann der Fall sein, wenn durch besondere, aus dem Rahmen fallende politische oder personelle Ereignisse und Entscheidungen die Phantasie, Emotion, latente Unterstützungsbereitschaft potentieller Parteimitglieder mobilisiert werden. Dies ist sowohl aus der Position der Regierungs- als auch der Oppositionspartei möglich.

Die Partei (und dies bezieht sich auch auf die von ihr gestellte Bundesregierung oder Bundestagsfraktion) muß den Eindruck eines besonderen politischen Optimismus und politischer Entschlossenheit vermitteln, die zur Erreichung eigener politischer Ziele oder zur Verhinderung gegnerischer politischer Ziele erforderlich sind.

Von 1970 bis 1972 wurde diese Mobilisierung und Motivierung eines erheblichen Teils der CDU-Wähler, die zum Parteibeitritt führte, erreicht durch den Wechsel der CDU/CSU in die Opposition, die von vielen ihrer Wähler als ungerecht und als politisch folgenschwer für die Entwicklung der Bundesrepublik Deutschland angesehen wurde. Die Hoffnung, die auf einer schwachen Mehrheit basierende sozial-liberale Regierungskoalition durch politische Aktivitäten baldmöglichst wieder ablösen zu können, sowie die zunehmende Polarisierung in Fragen der Deutschland- und Ostpolitik zwischen Regierungs- und Oppositionsparteien führten zur erhöhten Bereitschaft, sich mit den Unionsparteien durch den Parteieintritt zu solidarisieren(38).

Im September 1982 konnte dasselbe Phänomen festgestellt werden, als nach dem Bruch der sozial-liberalen Koalition am 17. September 1982 und der Bildung einer SPD-Minderheitsregierung die SPD einen erheblichen Mitgliederzuwachs verzeichnen konnte, während in den vorangegangenen Jahren ihre Mitgliederzahl stagnierte bzw. zurückging(39). Die Polarisierung zwischen Unions- und Regierungsparteien von 1970 bis 1972 hatte die Aktivierung der Wähler zur Folge, die für hohe Beitrittszahlen Voraussetzung ist, so daß es auch nicht verwunderlich ist, daß sowohl SPD wie CDU/CSU in diesem Zeitraum erhebliche Mitgliederzuwachsraten zu verzeichnen haben, wobei die Zuwachsraten der CDU wesentlich höher sind als die der SPD(40).

Von 1973 bis 1976, als die CDU (mit Ausnahme des Jahres 1973) Mitgliederzuwachsraten von teilweise weit über 10 % erzielte, stand weniger die Polarisierung zwischen Regierungs- und Oppositionsparteien im Vordergrund, da die wesentlichen ost- und deutschlandpolitischen Entscheidungen gefällt waren und die sozial-liberale Koalition über eine sichere Mehrheit verfügte, so daß ein vorzeitiger Regierungswechsel nicht zur Debatte stand. Hier erfolgte die Motivierung zum Parteibeitritt durch den Wechsel der Parteiführung und die mit dem Bonner und Hamburger Parteitag im Jahre 1973 begonnene politische und organisatorische Reform der CDU. Sie wurde durch systematische Mitgliederwerbung gestützt.

Von 1977 bis 1980 liegen die Mitgliederzuwachsraten der CDU unter 2 %, während sie von 1970 bis 1976 mindestens viermal bis teilweise neunmal so hoch waren. Dies dürfte damit zu erklären sein, daß die Reform- und Aufbruchstimmung, die von 1973 bis 1976 in der CDU geherrscht hatte, beendet war und seit dem Kreuther Trennungsbeschluß die immer wieder aufbrechenden Auseinandersetzungen zwischen CDU und CSU über Fragen der Strategie und des Kanzlerkandidaten die Öffentlichkeit besonders beschäftigten. Wie einflußreich die negative Veränderung der politischen Großwetterlage zu Lasten der Unionsparteien auf die Mitgliederentwicklung der CDU ist, kann vor allem an den geringen Mitgliederzuwachsraten der Jahre 1979 (1,1 %) und 1980 (1,5 %) abgelesen werden.

Obwohl 1979 in Schleswig-Holstein, Rheinland-Pfalz, Bremen und Berlin Landtagswahlen sowie in Baden-Württemberg, Nordrhein-Westfalen und im Saarland Kommunalwahlen und auf Bundesebene Europawahlen stattfanden, erreichte die CDU nur einen bescheidenen Mitgliederzuwachs. Bezeichnend ist, daß der gesamte Mitgliederzuwachs im Jahre 1979 in der Zeit von Dezember 1978 bis Juni 1979 in Höhe von 1,1 %

erreicht wird, während sich von Juni 1979 bis Dezember 1979 (nach der Nominierung von Franz Josef Strauß zum Kanzlerkandidaten der Unionsparteien) die Zahl der Mitglieder sogar um 38 verringert. Auch im Bundestagswahljahr 1980 erzielt die CDU mit 1,5 % den geringsten Mitgliederzuwachs seit den Bundestagswahlen im Jahre 1965, als sie immerhin noch 2,8 % Zuwachs erzielen konnte. Trotz Bundestagswahl und Landtagswahlen in Baden-Württemberg, Nordrhein-Westfalen und im Saarland sowie Kommunalwahlen in Baden-Württemberg wird 1980 nur ein derartig geringer Mitgliederzuwachs erzielt.

An diesen Zahlen wird deutlich, daß die Tatsache einer Bundestagswahl oder mehrerer Landtagswahlen allein nicht automatisch zu einem entsprechenden Mitgliederzuwachs führt, sondern daß entscheidend ist, ob es einer Parteiführung gelingt, durch entsprechende politische Aussagen, Kandidaten und Führungspersönlichkeiten die Partei und die Wähler zu mobilisieren.

Der Anteil der Mitglieder, die ausdrücklich unter Hinweis auf politische Gründe aus der CDU austreten, ist mit durchschnittlich 2,5 % an allen Mitgliederaustritten relativ gering. Der Parteiaustritt als Reaktion auf politische Ereignisse ist die ultima ratio für das Mitglied. Deshalb ist die Zahl der Austritte, die politisch motiviert sind, ein guter Maßstab für den Grad der politischen Zustimmung der Mitglieder zur Politik der jeweiligen Partei. Steigen die politisch begründeten Mitgliederaustritte erheblich an, signalisieren diese heftige Unmutsreaktionen gegenüber politischen Entscheidungen der Partei, wobei angenommen werden kann, daß in einer derartigen Situation die Partei auch schwerlich große Mitgliederzugänge erzielen kann.

Im vorangegangenen Abschnitt unter 3. wurde bereits dargestellt, daß von Ende 1976 bis 1981 die Zahl der beeinflußbaren Austritte erheblich höher ist als in dem vorangegangenen Zeitraum. Dies gilt auch für die politisch motivierten Austritte. Anhand ausgewählter politischer Ereignisse soll deren Einfluß auf die Mitgliederentwicklung der CDU untersucht werden.

Das erste Ereignis ist die öffentliche Auseinandersetzung um die Tätigkeit des baden-württembergischen Ministerpräsidenten Hans Filbinger als Marinerichter während des Zweiten Weltkrieges, die im Mai 1978 beginnt und im August 1978 mit dem Rücktritt des Ministerpräsidenten (7. 8. 1978) vorläufig endet(41). Während die politisch motivierten Austritte im Bundesverband in den Monaten Februar bis Juni 1978 zwischen 2 und 2,5 % schwanken, steigen sie im Juli auf 3,1 % und betragen im August 6,8 %, im September 5,2 %, um dann wieder auf die Normaldaten zurückzufallen(42).

Man kann also von einer Verdoppelung der politisch motivierten Abgangsrate als Reaktion auf die Auseinandersetzung um Filbinger sprechen. Untersucht man die Auswirkungen der Filbinger-Affäre auf die Mitgliederentwicklung des direkt betroffenen Landesverbandes Baden-Württemberg, so fällt auf, daß die Rate der politisch motivierten Abgänge im Monat August dort mit 12,7 % fast doppelt so hoch ist wie im Bundesdurchschnitt. Vergleicht man die CDU-Mitgliederentwicklung des Landesverbandes Baden-Württemberg im Zeitraum Mai bis September 1978 (0,4 %) mit der von September 1978 bis Januar 1979 (1,0 %), so könnte die Differenz von 0,6 Prozentpunkten im Mitgliederzuwachs durch die Auseinandersetzungen um Filbinger begründet sein.

Im Januar 1979 begann mit dem »Biedenkopf-Memorandum«, das eine Trennung von Partei- und Fraktionsvorsitz vorschlug, die Auseinandersetzung um Politik und Arbeit der CDU/CSU-Bundestagsfraktion sowie um die Nominierung des Kanzlerkandidaten der Unionsparteien, die mit dem Votum der CDU/CSU-Bundestagsfraktion vom 3. Juli 1979 für Franz Josef Strauß als Kanzlerkandidaten endete. In diesem Zeitraum sind die Mitgliederabgänge insgesamt besonders hoch und auch die politisch motivierten Austritte steigen sprunghaft an. Traten im Jahr 1978 noch insgesamt 1 146 Mitglieder aus der CDU mit einer politischen Begründung aus, stieg diese Zahl im Jahr 1979 auf 3574 an. War die Rate der politisch motivierten Abgänge im Monat Juni 1979 mit 4,5 % ohnehin schon überdurchschnittlich hoch, stieg sie nach der Nominierung von Franz Josef Strauß zum Kanzlerkandidaten der Unionsparteien im Monat Juli auf 21,4 % und betrug im August noch 14,1 %.

Die politischen Auseinandersetzungen zwischen den Unionsparteien und die damit verbundene Personalentscheidung haben sich also auf die Mitgliederentwicklung der CDU negativ ausgewirkt, und zwar einerseits durch Erhöhung der Abgangsraten und andererseits durch abnehmende Bereitschaft zum Parteibeitritt, also einen Rückgang der Zugangsrate. Der geringe Mitgliederzuwachs des Jahres 1979 ist daher mit den politischen Ereignissen und Auseinandersetzungen innerhalb der Unionsparteien zu erkären. Dies dürfte grundsätzlich auch für den ungewöhnlich geringen Mitgliederzuwachs im Bundestagswahljahr 1980 gelten.

Daß Personalentscheidungen einer Partei auch mobilisierend und sich damit positiv auf den Mitgliederzuwachs auswirken können, zeigt die Mitgliederentwicklung des CDU-Landesverbandes Hamburg 1981/82. Im August 1981 wurde Walther Leisler Kiep zum Spitzenkandidaten für die Hamburger Bürgerschaftswahl am 6. Juli 1982 nominiert. Im Zeitraum von Ende Juli 1981 bis Mai 1982 konnte die Hamburger CDU ihre Mitgliederzahl um 5,7 % erhöhen, während im Bundesdurchschnitt der Mitgliederzuwachs im selben Zeitraum nur 1,3 % betrug.

Politik und personelle Repräsentanz einer Partei, ihre Fähigkeit zur Mobilisierung von Wählern und Mitgliedern sind eine wichtige Ursache für Mitgliederzuwachs oder -stagnation. Das positive Abschneiden einer Partei bei Umfragen hat nicht automatisch eine positive Mitgliederentwicklung zur Folge. Vergleicht man das Abschneiden der Unionsparteien bei den monatlichen Umfragen des Instituts für Demoskopie Allensbach von 1970 bis 1980[43] mit den Mitgliederzuwachsraten der CDU, so kann keineswegs von Kongruenz gesprochen werden. Im Jahre 1972 zum Beispiel, in dem die CDU ihren größten Mitgliederzuwachs erzielte, hatte die SPD insgesamt in neun Monaten ein erheblich besseres Ansehen als die CDU/CSU. Von Januar 1977 bis Oktober 1978 erreichte die CDU/CSU nach den Allensbacher Umfragedaten nahezu immer 50 %, was sie aber nicht in entsprechend hohe Mitgliederzuwachsraten umsetzen konnte.

Entscheidend ist also nicht allein das jeweilige politische Ansehen einer Partei in der Öffentlichkeit, sondern die Fähigkeit der Partei, ihre Wähler durch politische Aussagen und gegebenenfalls personelle Entscheidungen besonders zu mobilisieren und dadurch den Anstoß zum Parteibeitritt zu geben. Gelingt dies, müssen Bereitschaft und Fähigkeit der örtlichen Parteiorganisation zur persönlichen Ansprache potentieller Mitglieder hinzukommen, um die latente Beitrittsbereitschaft in Mitgliederaufnahmen umzusetzen. Dies setzt Offenheit gegenüber Neumitgliedern, politische Aktivität und organisatorische Leistungsfähigkeit der örtlichen Parteiorganisation voraus. Je kontinuierlicher die örtliche Parteiorganisation aktiv ist, je persönlicher die Wähler durch die Partei angesprochen werden, um so größer sind die Chancen zur Erhöhung der Mitgliederzahl.

b) Wahlkämpfe

In Phasen des Wahlkampfes und der organisierten Mitgliederwerbung wird ein besonders enger Kontakt mit dem politisch interessierten Bürger im allgemeinen und dem potentiellen Mitglied im besonderen von seiten der Parteiorganisation gesucht. Dies sind daher die Phasen, in denen eine Partei bei positiven Rahmenbedingungen besonders hohe Mitgliederzuwachsraten erzielen kann. Anhand ausgewählter Beispiele des Mitgliederzuwachses der CDU in Wahlkampfzeiten und als Folge von Mitgliederwerbeaktionen soll dies nachgewiesen werden.

Vorwahlkampf- und Wahlkampfzeiten sind für Parteien immer Phasen hoher Aktivität. Durch eine Vielzahl von Veranstaltungen, öffentlichkeitswirksamen Kampagnen, deren Aufmerksamkeitswert durch die Berichterstattung in den Medien noch verstärkt wird, ergeben sich zahlreiche Gelegenheiten des persönlichen Kontaktes zwischen Wahlkämpfern und Wählern, die als potentielle Parteimitglieder anzusehen sind. Es gehört daher zur Grunderkenntnis aller Mitgliederwerbestrategien, daß Wahlkampfzeiten besonders günstig für Mitgliederwerbung sind.

Der Mobilisierungseffekt durch Wahlkämpfe gilt grundsätzlich für Kommunal-, Landtags- und Bundestagswahlen. Da sich Bundestags-, Landtags- und/oder Kommunalwahlen in den Ländern häufig terminlich überschneiden und zahlreiche Landes- und Kreisverbände häufig in der Vorwahlkampfzeit Mitgliederwerbeaktionen durchführen, sind die Einflüsse von Wahlkämpfen und Werbeaktionen auf den Mitgliederzuwachs nicht immer voneinander zu trennen. In der Auswertung wurden daher nur die Mitgliederwerbeaktionen der Landesverbände berücksichtigt, die über einen längeren Zeitraum (mindestens sechs Monate) liefen, teilweise unter Einschluß von Wahlen(44).

In den Bundestagswahljahren von 1969 bis 1980 differieren die Mitgliederzuwachsraten auf Bundes- und auf Landesebene erheblich. 1969 betrug der Gesamtmitgliederzuwachs auf Bundesebene 5,9 %, wobei die Landesverbände Westfalen-Lippe und Rheinland die weitaus höchsten Zuwachsraten erzielten, was mit der Kommunalwahl in diesem Jahr und einer Mitgliederwerbeaktion des Landesverbandes Rheinland zusammenhängen dürfte. Im Bundestagswahljahr 1972 erreichte der Mitgliederzuwachs bundesweit 19,8 %, die höchste Zuwachsrate in der Geschichte der CDU. Die Mitgliederzuwachsraten der Landesverbände differieren erheblich mit 57,9 % im Landesverband Hamburg und mit 3,6 % im Landesverband Saar. Alle diejenigen Landesverbände – mit Ausnahme des Landesverbandes Baden-Württemberg – erreichten 1972 weit über dem Durchschnitt liegende Zuwachsraten, die in diesem Jahr gezielte Mitgliederwerbeaktionen durchführten (die Landesverbände Bremen, Niedersachsen, Hessen, Rheinland und Westfalen-Lippe), wobei in den Landesverbänden Niedersachsen und Hessen zusätzlich noch Kommunalwahlen stattfanden. Die Polarisierung zwischen den Regierungs- und Oppositionsparteien im Jahr 1972 und die damit verbundene Mobilisierung der Stammwählerblöcke hat also bei den Landesverbänden zu besonders hohen Mitgliederzuwachsraten geführt, die diese Mobilisierung für Werbeaktionen ausnutzten.

Im Bundestagswahljahr 1976, das einen Gesamtmitgliederzuwachs von 10,4% erbrachte, lagen die Landesverbände Niedersachsen, Hamburg und Hessen erheblich über dem Bundesdurchschnitt, wobei in Niedersachsen gleichzeitig eine Kommunalwahl stattfand. Obwohl der Landesverband Baden-Württemberg 1976 gleichzeitig Landtagswahl hatte, blieb sein Mitgliederzuwachs nur unterdurchschnittlich.

Im Bundestagswahljahr 1980 erzielte die Bundespartei einen Mitgliederzuwachs von 1,5%. Der Landesverband Niedersachsen, der gleichzeitig eine landesweite Mitgliederwerbeaktion durchführte, lag weit über dem Bundesdurchschnitt; ebenfalls der Landesverband Baden-Württemberg, in dem gleichzeitig Landtags-und Kommunalwahlen stattfanden. Die Landesverbände Rheinland, Westfalen-Lippe und Saarland, in denen 1980 auch der Landtag gewählt wurde, konnten nur einen erheblich unter dem Bundesdurchschnitt liegenden Mitgliederzuwachs erzielen, wobei der Landesverband Saarland sogar einen Rückgang hinnehmen mußte.

Daran wird deutlich, daß Bundestagswahlen, selbst wenn sie mit Landtagswahlen verbunden sind, nicht automatisch zu überdurchschnittlich hohen Mitgliederzuwachsraten führen müssen. Dieser Eindruck bestätigt sich, wenn man die Auswirkungen der Landtagswahlkämpfe auf den Mitgliederzuwachs untersucht.

Von 1970 bis 1981 haben im Organisationsbereich der CDU insgesamt 34 Landtagswahlen stattgefunden. In 19 Fällen war der Mitgliederzuwachs der Landesverbände überdurchschnittlich und in 15 Fällen unterdurchschnittlich. Regelmäßig überdurchschnittliche Mitgliederzuwachsraten bei Landtagswahlen erreichten die Landesverbände Hessen, Niedersachsen und Berlin, regelmäßig unterdurchschnittliche der Landesverband Saarland; auch bei den übrigen Landesverbänden wird teilweise nur ein unterdurchschnittlicher Mitgliederzuwachs erzielt, wobei dies von der Intensität der Mitgliederwerbeaktionen und der politischen Konstellation auf Landes- und/oder Bundesebene abhängig sein dürfte.

Im Jahre 1975 fanden Landtagswahlen in Berlin, Bremen, Nordrhein-Westfalen, Rheinland-Pfalz und Schleswig-Holstein statt, aber nur die Landesverbände Westfalen-Lippe, Rheinland und Berlin konnten überdurchschnittliche Mitgliederzuwachsraten erreichen. In Nordrhein-Westfalen waren 1975 gleichzeitig Kommunalwahlen, und die beiden Landesverbände verbanden den Wahlkampf mit Mitgliederwerbeaktionen. Bei den übrigen Landesverbänden war das nicht der Fall, so daß sie nur unterdurchschnittliche Mitgliederzuwachsraten erzielten.

Im Untersuchungszeitraum fanden in 22 Landesverbänden Kommunalwahlen oder Kreistagswahlen statt(45). Bei diesen 22 Kommunalwahlen haben die Landesverbände in siebzehn Fällen über dem Bundesdurchschnitt liegende Mitgliederzuwachsraten erzielt und nur in fünf Fällen unterdurchschnittliche Mitgliederzuwachsraten, was insbesondere für den Landesverband Baden-Württemberg (zweimal) sowie die Landesverbände Rheinland-Pfalz, Saarland und Rheinland gilt. Danach scheinen die Kommunalwahlen am ehesten durch Mobilisierung der aktiven Parteimitglieder und Wähler vor Ort zu einem Mitgliederzuwachs beizutragen.

Die Fähigkeit der Landesverbände sowie ihrer Kreis- und Ortsverbände, die Mobilisierung der Wähler und der örtlichen Parteiorganisation während eines Wahlkampfes zur Werbung neuer Mitglieder zu nutzen, scheint unterschiedlich stark ausgeprägt zu sein. So konnten die Landesverbände Niedersachsen, Hessen, Schleswig-Holstein und Westfalen-Lippe bei allen Wahlen auf Bundes-, Landes- und kommunaler Ebene fast regelmäßig über dem Durchschnitt liegende Mitgliederzuwachsraten erzielen, während zum Beispiel die Landesverbände Saarland, Rheinland-Pfalz, Baden-Württemberg und mit Einschränkung das Rheinland diese Werbemöglichkeit nur unterdurchschnittlich genutzt haben. Dabei dürfte auch eine Rolle spielen, daß diese Landesverbände bereits eine hohe Mitgliederdichte haben.

c) Werbeaktionen

Von 1970 bis 1981 wurden in den Landesverbänden mindestens 23 landesweit geplante und koordinierte, über mehrere Monate laufende Mitgliederwerbeaktionen veranstaltet(46). In neunzehn Fällen haben die Mitgliederwerbeaktionen zu überdurchschnittlichen und in vier Fällen zu unterdurchschnittlichen Zuwachsraten geführt. Der Zusammenhang zwischen Mitgliederwerbeaktionen und Mitgliederzuwachs ist also positiv. Auch die Kreis- und Ortsverbände, die nach dem Kontaktermodell Mitgliederwerbeaktionen durchgeführt haben, konnten weit überdurchschnittliche Erfolge erzielen(47).

Von März bis Dezember 1972 führten aufgrund der durch Präsidium und Bundesvorstand beschlossenen und durch die Landesgeschäftsführerkonferenz konkretisierten Mitgliederzuwachszahlen alle Landesverbände eine Mitgliederwerbeaktion durch (vgl. Kapitel I. 3., Erster Teil). Der besonders hohe Mitgliederzuwachs des Jahres 1972 ist also nicht allein mit der Bundestagswahl zu erklären, sondern auch durch diese Mitgliederwerbeaktionen der Landesverbände verursacht, die bereits die Hälfte des Gesamtmitgliederzuwachses für das Jahr 1972 erzielt hatten, bevor überhaupt bekannt war, daß es vorgezogene Bundestagswahlen geben würde und der Wahlkampf begonnen hatte. In den Jahren 1974 und 1975 wurden in mehreren Landesverbänden Mitgliederwerbeaktionen nach dem Kontaktermodell durchgeführt. Das gilt z. B. für die Landesverbände Rheinland und Westfalen-Lippe für den Zeitraum Mai 1974 bis Mai 1975. Der Landesverband Rheinland konnte in diesem Zeitraum 25,2 % und der Landesverband Westfalen-Lippe 33,9 % neue Mitglieder gewinnen, während im Bundesdurchschnitt der Zuwachs 21,0 % betrug. Im Landesverband Rheinland-Pfalz dagegen, der keine Mitgliederwerbeaktionen durchgeführt hatte, in dessen Land aber ebenfalls, wie in Nordrhein-Westfalen, eine Landtagswahl stattfand, wurden von Mai 1974 bis Mai 1975 nur 11,9 % neue Mitglieder in die Partei aufgenommen. Im Jahre 1974 hat die CDU auf Bundesebene mit 16,0 % den zweithöchsten Mitgliederzuwachs in ihrer Geschichte, wozu die zahlreichen Werbeaktionen der Landes- sowie Kreis- und Ortsverbände sicherlich erheblich beigetragen haben.

Von März bis September 1976 wurde in Nordrhein-Westfalen – angeregt durch den damaligen Generalsekretär Biedenkopf – eine Mitgliederwerbeaktion für die Kreisverbände im Ruhrgebiet durchgeführt, die Bestandteil des Vorwahlkampfes und Wahlkampfes für die Bundestagswahl war. Vergleicht man die Mitgliederentwicklung Ende Februar bis Ende Oktober 1976 in den rheinischen Ruhrgebiets-Kreisverbänden (Duisburg, Essen, Mülheim/Ruhr, Oberhausen, Wesel) mit der Mitgliederentwicklung in den westfälischen Ruhrgebiets-Kreisverbänden (Bochum, Bottrop, Dortmund, Ennepe/Ruhr, Gelsenkirchen, Hagen, Hamm, Herne, Recklinghausen, Unna) und mit der Mitgliederentwicklung auf der Ebene des Landesverbandes- und des Bundesverbandes, so stellt sich heraus, daß die Mitgliederwerbeaktion für die Ruhrgebiets-Kreisverbände nicht besonders erfolgreich war. Während im Untersuchungszeitraum im Landesverband Rheinland der Mitgliederzuwachs 8,1 % betrug, war er in den rheinischen Ruhrgebiets-Kreisverbänden mit 7,3 % um 0,8 Prozentpunkte geringer. Der westfälische Landesverband erzielte einen Mitgliederzuwachs von 6,4 %, der Bundesverband von 8,1 %, die westfälischen Ruhrgebiets-Kreisverbände hingegen nur einen Mitgliederzuwachs von 0,7 %.

Insbesondere bei den westfälischen Ruhrgebiets-Kreisverbänden ist der erheblich geringere Mitgliederzuwachs im Vergleich zu den rheinischen Ruhrgebiets-Kreisverbänden, aber auch im Vergleich zur Landesebene, auffällig. Im Bundestagswahljahr 1980 hingegen war die Mitgliederentwicklung im selben Zeitraum genau umgekehrt: Während die rheinischen Ruhrgebiets-Kreisverbände einen Mitgliederzuwachs von 1,6 % erzielen, erreicht der Landesverband Rheinland nur 0,9 %, und während die westfälischen Ruhrgebiets-Kreisverbände einen Mitgliederzuwachs in Höhe von 2,0 % zu verzeichnen haben, liegt der auf Landesebene nur bei 0,8 % und auf Bundesebene bei 1,5 %. 1980 haben also die Ruhrgebiets-Kreisverbände einen beträchtlich höheren Mitgliederzuwachs zu verzeichnen als auf Landes- und sogar auf Bundesebene, denn auch im Vergleichszeitraum des Bundestagswahljahres 1972 liegt deren Mitgliederzuwachs unter dem des Landes- und des Bundesverbandes.

Der geringe Effekt der speziellen Mitgliederwerbeaktion für das Ruhrgebiet im Jahre 1976, die von Biedenkopf initiiert wurde, könnte damit erklärt werden, daß mit dieser »Ruhrgebietskampagne« eine Kampagne Biedenkopfs gegen die »Verfilzung« von SPD und Gewerkschaften verbunden war, die bei den CDU-Kreisverbänden im Ruhrgebiet, wo traditionell die CDA stark vertreten ist, auf Unverständnis, wenn nicht sogar auf Ablehnung stieß. Dies galt ebenfalls für die Reaktionen in der Öffentlichkeit sowie bei SPD und Gewerkschaften. Dieses politische Klima könnte insbesondere im Ruhrgebiet die Mitgliederwerbung für die CDU erschwert haben.

Der überdurchschnittliche Mitgliederzuwachs im Ruhrgebiet im Bundestagswahljahr 1980 könnte hingegen mit der Nominierung des Kanzlerkandidaten der Unionsparteien, Franz Josef Strauß, zusammenhängen, die in den übrigen Landesteilen offensichtlich eher Abschreckeffekte hervorgerufen hat als im Ruhrgebiet. Diese Interpretation ist allerdings spekulativ, könnte aber eine Erklärung für diese Abweichung von der ansonsten üblichen Mitgliederentwicklung im Ruhrgebiet sein.

Im Bundestagswahljahr 1980 veranstaltete der Landesverband Niedersachsen vom 1.1.1980 bis zum 1.10.1980 eine Werbeaktion mit dem Ziel, 25 000 Mitglieder zu werben. Die Werbeaktion wurde nach dem Kontaktermodell durchgeführt, und die 27 Kreisverbände des Landesverbandes bildeten insgesamt 110 Kontakter aus. Trotz dieses Aufwands und der in diesem Jahr stattfindenden Bundestagswahl konnte der Landesverband nur 4 485 neue Mitglieder (plus 4,3 %) werben, so daß die hochgesteckten Ziele nicht erreicht wurden(48). Die politische Gesamtkonstellation des Jahres 1980 könnte eine wichtige Ursache für diesen geringen Mitgliederzuwachs sein; allerdings war der Mitgliederzuwachs des Landesverbandes Niedersachsen der höchste von allen Landesverbänden im Jahre 1980 und lag weit über dem Bundesdurchschnitt (1,5 %). Im Jahr 1981 konnte der Landesverband Niedersachsen hingegen ohne eine besondere Werbeaktion – allerdings mit einer Kommunalwahl im September 1981 – mit 6,6 % einen um die Hälfte höheren Mitgliederzuwachs als 1980 erzielen.

Ab Januar 1982 führte der Landesverband Rheinland eine Werbeaktion mit dem Ziel durch, bis zum Jahresende die Mitgliederzahl 140 000 (plus 6 %) zu erreichen. Von Januar bis Ende Mai 1982 konnte der Landesverband Rheinland seine Mitgliederzahl bereits um 1,4 % steigern, während der Landesverband Westfalen-Lippe nur um 0,1 % zunahm und auf Bundesebene die Mitgliederzahl um 0,7 % anstieg. Da die Landesverbände Rheinland und Westfalen-Lippe zum Land Nordrhein-Westfalen gehören, waren also weiterhin gleiche Startvoraussetzungen gegeben. Die unterschiedliche Mitgliederentwicklung der beiden Landesverbände zeigt an, welcher Mitgliederzuwachs auch in Landesverbänden mit hoher Mitgliederzahl in Zeiten erreicht werden kann, in denen keine besondere Mobilisierung der Wählerschaft oder Mitgliedschaft gegeben ist.

Durch gezielte Mitgliederwerbeaktionen, die gut vorbereitet und mit entsprechendem Aufwand von den unteren Parteigliederungen durchgeführt werden, können also in Kommunal-, Landtags-und Bundestagswahlen die höchsten Mitgliederzuwachsraten erzielt werden. Dabei dürften Kommunal- und Landtagswahlen fast eine größere Rolle als die Bundestagswahlen spielen, deren Effekt auf die Mitgliederentwicklung vor allem vom Grad der Mobilisierung der Parteibasis im Wahlkampf abhängig ist, der wiederum von den politischen Rahmenbedingungen, dem Kanzlerkandidaten, den politischen Aussagen und dem politischen Klima in der Partei bestimmt wird. Je optimistischer und schwungvoller eine Partei wirkt und je gezielter sie im Rahmen einer politischen Aktion oder eines Wahlkampfes potentielle Mitglieder direkt anspricht, um so größer wird der Werbeerfolg sein. Die These Falkes, daß die »machtpolitische Polarisierung des Parteiensystems zwischen Regierung und Opposition«, die sich vor allem in Wahlen ausdrückt, die entscheidende Ursache für die Höhe der Mitgliederzuwachsraten einer Partei sei(49), scheint somit zu undifferenziert, da sie den großen Einfluß der Kommunal- und Landtagswahlen sowie der Mitgliederwerbeaktionen auf den Mitgliederzuwachs vernachlässigt. Diese Hypothese kann auch nicht erklären, warum die CDU in einem Jahr ohne Bundestagswahl wie 1974 den außerordentlich hohen Mitgliederzuwachs von 16,0 % erzielt, während sie im Bundestagswahljahr 1976 10,4 % einerseits, im Bundestagswahljahr 1980 andererseits 1,5 % erreicht.

Richtig ist sicher, daß die CDU nach den sehr hohen Mitgliederzuwachsraten bis 1976 ihr leicht zu erschließendes Mitgliederpotential weitestgehend ausgeschöpft hatte, so daß ab 1977 nur noch mit einem ungleich größeren Aufwand und bei optimalen politischen Rahmenbedingungen, die aufgrund der Auseinandersetzungen in der Union nicht gegeben waren, ähnlich hohe Mitgliederzuwachsraten erreicht werden konnten. Aber ab 1981 steigt die Mitgliederzuwachsrate wieder leicht an: 1981 beträgt sie 1,7 % und 1982 2,0 %.

III. Strukturveränderungen in der Mitgliedschaft und ihre Auswirkungen auf die Partei

1. Veränderungen der Mitgliederstruktur auf Bundes- und Landesebene

An der CDU der fünfziger und sechziger Jahre wurde von der wissenschaftlichen und publizistischen Kritik neben der geringen Mitgliederzahl die einseitige Mitgliederstruktur bemängelt. Diese Kritik wurde insbesondere in den sechziger Jahren weitgehend auch von der Partei selbst akzeptiert. Der Vorwurf in bezug auf die CDU-Mitgliederstruktur lautete verkürzt: zu wenig Frauen, zu wenig Junge, zu wenig Protestanten und zu wenig Arbeiter.

Daher soll hier nach einer Analyse der Mitgliederstruktur im Jahre 1969 ihr Wandel als Folge des Mitgliederzuwachses bis 1980 dargestellt werden. Maßstab für die Behauptung, in einer Partei seien bestimmte Berufs- oder Altersgruppen etc. über- oder unterrepräsentiert, ist die Struktur der Bevölkerung; er wird auch zur Beantwortung der Frage herangezogen, ob die CDU nach ihrer Mitgliederstruktur eine Volkspartei ist. Zu noch präziseren Ergebnissen kommt man, wenn nicht die Bevölkerung, sondern die Wahlberechtigten als Bezugsgröße gewählt werden, denn diese stimmen nach Alter und Nationalität am ehesten mit der Bezugsgruppe der Parteimitglieder überein.

Soweit die entsprechenden Daten des Statistischen Bundesamtes für die Wahlberechtigten vorliegen, werden sie hier benutzt; dies gilt für den Frauenanteil und die Altersstruktur, während bei der Konfessionsstruktur auf die Daten der Gesamtbevölkerung zurückgegriffen werden muß. Bei der Verteilung der CDU-Mitglieder nach Wirtschaftsbereichen und der Stellung im Beruf wurde auf die Daten der erwerbstätigen Bevölkerung, die allerdings die Auszubildenden ein- und die Rentner ausschließt, zurückgegriffen.

Die Daten über die CDU-Mitglieder einschließlich der Neumitglieder wurden der Zentralen Mitgliederkartei entnommen und die über die Wahlberechtigten und die Bevölkerung (Bundesgebiet ohne Bayern) den Veröffentlichungen des Statistischen Bundesamtes. Maßzahl für die Abweichung der Mitgliederstruktur von der der Bevölkerung ist die Abweichungsrate (z. B. Frauenanteil in der CDU minus Frauenanteil an den Wahlberechtigten), deren positives oder negatives Vorzeichen eine Über- oder Unterrepräsentation in der CDU-Mitgliedschaft zum Ausdruck bringt.

a) Frauen

Ende 1969 hat die CDU 13,1 % weibliche Mitglieder, denen 54,9 % Frauen unter den Wahlberechtigten gegenüberstehen, so daß die Abweichungsrate –41,8 % beträgt (vgl.

Tabelle 17: Anteil der Frauen bei CDU-Mitgliedern und Wahlberechtigten 1969 und 1980

LV	1969 CDU Mi. %	1969 Wahlb. %	1980 CDU Mi. %	1980 Wahlb. %	Diff. CDU-Mi./ Wahlb. 1969 %-Punkte	Diff. CDU-Mi./ Wahlb. 1980 %-Punkte	Diff. CDU-Mi. 1969/1980 %-Punkte
BW	9,0	55,3	15,6	54,1	−46,3	−38,5	6,6
B*)	34,5	56,6	33,7	55,4	−22,1	−21,7	− 0,8
HB	25,5	54,5	30,0	54,1	−29,0	−24,1	4,5
HH	29,8	56,1	39,6	55,6	−26,3	−16,0	9,8
H	15,0	54,5	22,1	54,1	−39,4	−32,0	7,1
NS	12,6	54,1	18,6	53,7	−41,5	−35,1	6,0
RH*	16,3	55,8	24,1	54,2	−39,5	−30,1	7,8
WL*	11,7	55,8	21,4	54,2	−44,1	−32,8	9,7
NRW	14,2	55,8	22,8	54,2	−41,6	−31,4	11,9
RP	9,7	54,5	17,1	53,3	−44,8	−36,2	7,4
S	11,1	54,0	23,7	53,7	−42,9	−30,0	12,6
SH	10,8	54,2	19,4	53,7	−43,4	−34,3	8,6
BV	13,1	54,9	21,0	54,1	−41,8	−33,1	7,9

Quellen: ZM sowie Veröffentlichungen des Statistischen Bundesamtes, Bevölkerung und Kultur, Reihe 8 (1971) sowie Bevölkerung und Erwerbstätigkeit, Fachserie 1, Heft 8 (1971); Statistisches Jahrbuch des Landes Berlin 1971, 1978

Erläuterungen:

*) Die Angaben für den Landesverband Berlin beziehen sich auf die Bevölkerung in den Jahren 1970 und 1977. Bei den Landesverbänden RH und WL sind für die Wahlberechtigten die Angaben von NRW übernommen worden.

Tabelle 17). Zwischen den einzelnen Landesverbänden der CDU bestehen große Unterschiede in der Höhe des Frauenanteils, die 1969 z. B. zwischen BadenWürttemberg und Berlin fast 400 % ausmachen. Eine erheblich unter dem Durchschnitt liegende negative Abweichungsrate haben die Landesverbände Berlin (–22,1 %), Hamburg (–26,3 %), Bremen (–29,0 %), die sich grundlegend und positiv von allen übrigen Landesverbänden in der Höhe des Frauenanteils unterscheiden. Noch knapp unterdurchschnittliche negative Abweichungsraten haben die Landesverbände Hessen (–39,4 %), Rheinland (–39,5 %) und Niedersachsen (–41,5 %). Mit Ausnahme des Landesverbandes Rheinland haben also ausschließlich die Landesverbände in mehrheitlich protestantischen Ländern einen über dem CDU-Bundesdurchschnitt liegenden Frauenanteil. Eine überdurchschnittlich negative Abweichungsrate ist in den Landesverbänden Baden-Württemberg (–46,3 %), Rheinland-Pfalz (–44,8 %), Westfalen-Lippe (–44,1 %), Schleswig-Holstein (–43,4 %) und Saarland (–42,9 %) feststellbar.

Von 1969 bis 1980 erhöht sich der Mitgliederanteil der Frauen in der CDU um 7,8 Prozentpunkte auf 21,0 %, und die Abweichungsrate sinkt auf –33,1 %. Die Spitzengruppe mit der geringsten Abweichungsrate bilden 1980 nach wie vor die drei Landesverbände Hamburg, Berlin und Bremen, wobei der erste Platz nun von Hamburg eingenommen wird. Den Landesverbänden Saarland (der seinen Frauenanteil mehr als verdoppelt) und Westfalen-Lippe gelingt es, aus der Gruppe der Landesverbände mit überdurchschnittlich hohen Abweichungsraten in die mit unterdurchschnittlichen Abweichungsraten vorzustoßen, während die Landesverbände Rheinland und Hessen ihre Position halten können. Der Landesverband Niedersachsen gehört hingegen 1980 aufgrund seines weit unterdurchschnittlichen Zuwachses an Frauen zu den Landesverbänden mit einer überdurchschnittlichen Abweichungsrate, wozu auch unverändert Baden-Württemberg, Rheinland-Pfalz und Schleswig-Holstein zählen.

Einen großen Einfluß auf die Zahl der weiblichen Mitglieder in der CDU scheint offensichtlich die Konfession und die Aufteilung der Mitglieder nach Wirtschaftsbereichen zu haben: Je höher der Anteil der Protestanten und je geringer der Anteil der Mitglieder ist, die in der Landwirtschaft beschäftigt sind, um so höher ist der Prozentsatz der Frauen und umgekehrt. Dies trifft für die Landesverbände Hamburg, Berlin, Bremen und Hessen zu. Die Landesverbände Schleswig-Holstein und Niedersachsen haben trotz eines sehr hohen Anteils von Protestanten einen unterdurchschnittlichen Frauenanteil, weil in ihrer Mitgliedschaft die landwirtschaftlichen Berufe stark überrepräsentiert sind. Diese beiden Landesverbände schneiden besser in der Höhe des Frauenanteils ab als die Landesverbände Baden-Württemberg und Rheinland-Pfalz, die einen weit überproportionalen Anteil an Katholiken (auch im Vergleich zur Bevölkerung) unter ihren Mitgliedern haben, während der Anteil der Mitglieder aus der Landwirtschaft 1980 durchschnittlich ist.

Die Bereitschaft von Frauen, in die CDU einzutreten, scheint in den Ländern Baden-Württemberg und Rheinland-Pfalz besonders gering ausgeprägt. Obwohl auch in den beiden nordrhein-westfälischen CDU-Landesverbänden die Katholiken überrepräsentiert sind, ist ihre Abweichungsrate unterdurchschnittlich, weil diese Landesverbände in ihrer Mitgliederstruktur stark durch Städte und städtische Ballungsräume gekennzeichnet sind. Dies könnte auch der Grund für die besonders hohe Steigerung des Frauenanteils im Landesverband Saarland sein, weil hier insbesondere die städtischen Kreisverbände einen besonders starken Mitgliederzuwachs erzielten. Dabei kann nicht ausgeschlossen werden, daß hier gezielte Mitgliederwerbeaktionen der Parteiorganisation zur Ansprache von Frauen eine Rolle gespielt haben.

Der Zusammenhang zwischen Konfessionsstruktur und Frauenanteil in der Mitgliedschaft läßt sich auch bei den vier Bezirksverbänden in Baden-Württemberg nachweisen. Die Bezirksverbände Nord-Württemberg und Nordbaden haben 1980 einen überdurchschnittlichen Anteil an Protestanten und auch einen überdurchschnittlichen Anteil an Frauen unter ihren Mitgliedern, während die Vergleichsdaten der Bezirksverbände Südbaden und Württemberg-Hohenzollern genau umgekehrt sind. Im Bezirksverband Hannover des Landesverbandes Niedersachsen z. B. ist der Anteil der Protestanten mit 63% sehr hoch, aber der Frauenanteil ist unterdurchschnittlich und liegt nur im Bezirksverband Braunschweig über dem Durchschnitt, weil dort im Vergleich zum Bezirksverband Hannover die Landwirte erheblich geringer vertreten sind.

Neben der Veränderung des Frauenanteils an der Gesamtmitgliedschaft der CDU von 1969 bis 1980 ist die Zusammensetzung der jährlich neu in die CDU eintretenden Mitglieder (Zugänge) unter dem Gesichtspunkt des Frauenanteils von Interesse. Bei der Analyse der Mitgliederzugänge von 1970 bis 1977 wird deutlich, daß der Frauenanteil von 17,3 % (1970) auf 29 % im Jahre 1980 kontinuierlich angestiegen ist, wenn man von der Ausnahme des Jahres 1974 absieht, in dem der Frauenanteil bei den Neumitgliedern um 0,9 % zurückgeht,. Insgesamt ist der jährliche durchschnittliche Frauenanteil bei den Neumitgliedern von 1976 bis 1981 höher als im Zeitraum von 1970 bis 1975. Dies hängt mit den unterschiedlichen Mitgliederzuwachsraten der Landesverbände zusammen.

Der jährliche durchschnittliche Frauenanteil an den Neumitgliedern im Zeitraum von 1970 bis 1981 liegt bei 24,6 %, also um 3,6 Prozentpunkte höher als bei der Gesamtmitgliedschaft im Jahre 1980. Wahrscheinlich wird sich daher der Prozentsatz der Frauen unter den CDU-Mitgliedern bei etwa 25 einpendeln, den die CDU auch in Zukunft schwerlich überschreiten dürfte.

Aus einer speziellen Untersuchung der Zentralen Mitgliederkartei im Jahre 1972 (Stand 31.12.1972) ist zu entnehmen, daß die weiblichen Neumitglieder teilweise erheblich älter sind als die männlichen Neumitglieder. Während 47,5 % der männlichen Neumitglieder 41 Jahre und jünger waren, hatten die Frauen in dieser Altersgruppe nur einen Prozentsatz von 35,8 und waren umgekehrt in den älteren Altersgruppen stärker vertreten. Ca. 47 % aller neu eingetretenen Frauen waren 1972 Hausfrauen, und 23,2 % waren als Angestellte berufstätig. Einer Analyse der Zentralen Mitgliederkartei der CDU aus dem Jahre 1975 (Stand 30.4.1975), die alle weiblichen CDU-Mitglieder untersucht, ist zu entnehmen, daß die Konfessionsstruktur der weiblichen Mitglieder der der Gesamtmitgliedschaft entspricht und daß 51,7 % aller weiblichen CDU-Mitglieder Hausfrauen, 7,0 % Rentner, 28,0 % Angestellte und 6,0 % Beamte sind. Nur 5,3 % der Frauen sind selbständig und 1,2 % Arbeiterinnen. Der vergleichsweise hohe Anstieg des Anteils der Frauen an der Gesamtmitgliedschaft der CDU von 1969 bis 1980 und ihr für die Gesamt-CDU sehr geringer Anteil an den Selbständigen und Arbeitern dürfte daher den Rückgang dieser beiden Berufsgruppen an der Gesamtmitgliedschaft der CDU nicht unwesentlich beeinflußt haben.

Der große Mitgliederzuwachs der CDU von 1969 bis 1980 hat also dazu geführt, daß sich der Mitgliederanteil der Frauen um die Hälfte auf 21,0 % erhöht hat. Damit sind die Frauen in der CDU im Vergleich zu den Wahlberechtigten immer noch stark unterrepräsentiert, aber dies ist ein generelles Problem aller politischen Parteien und Organisationen. Immerhin entspricht der Frauenanteil in der CDU-Mitgliedschaft Anfang der achtziger Jahre dem der SPD, die 1977 einen Anteil an Frauen in Höhe von 19 % hatte(1).

b) Alter

Die Zentrale Mitgliederkartei der CDU unterscheidet nicht nach dem jeweiligen Alter, sondern nach Geburtsjahrgängen, die in zehner-Jahrgangsgruppen von 1900 bis 1951 und später Geborenen eingeteilt sind. Daher ist der Vergleich derselben Altersgruppen

Tabelle 18: CDU-Mitglieder und Wahlberechtigte nach dem Alter 1969/70 und 1980 in %

LV	Mi.70 18–29	Wahlb.69 21–29	Mi.70 30–59	Wahlb.69 30–59	Mi.70 60 + älter	Wahlb.69 60 + älter
BW	7,2	16,9	54,1	55,5	29,8	27,6
B	11,2	kA	47,4	kA	40,8	kA
HB	13,7	18,0	55,3	53,9	29,8	28,1
HH	25,9	15,9	48,0	50,6	25,7	33,5
H	11,6	16,1	60,1	54,6	26,0	29,3
NS	8,7	17,0	60,1	53,6	28,2	29,4
RH	11,3	16,1	61,5	54,6	25,4	29,3
WL	9,0	16,1	62,1	54,6	25,4	29,3
NRW	10,2	16,1	61,8	54,6	25,4	29,3
RP	16,5	15,5	60,5	55,6	21,4	28,9
S	10,1	15,9	64,0	56,6	25,6	27,5
SH	8,1	18,5	63,4	50,9	26,3	30,6
BV	10,7	16,4	60,5	54,8	26,3	28,8
LV	**Mi.80 16–29**	**Wahlb.80 18–29**	**Mi.80 30–59**	**Wahlb.80 30–59**	**Mi.80 60 + älter**	**Wahlb.80 60 + älter**
BW	8,3	23,1	68,6	51,4	21,6	25,5
B	13,4	kA	58,1	kA	28,1	kA
HB	12,5	20,1	58,9	49,5	27,9	30,4
HH	14,9	17,5	58,4	48,9	26,5	33,6
H	11,0	20,9	67,6	50,1	20,6	29,0
NS	7,7	22,5	70,9	50,2	20,0	27,3
RH	11,8	22,5	67,3	51,5	29,3	26,0
WL	9,9	22,5	69,5	51,5	19,9	26,0
NRW	10,9	22,5	68,4	51,5	20,1	26,0
RP	15,0	23,4	66,6	51,2	16,9	25,4
S	12,0	24,7	68,3	51,1	19,3	24,2
SH	7,3	20,7	71,2	51,8	20,3	27,5
BV	10,6	22,3	68,3	51,0	20,2	26,7

Quelle: s. Tabelle 17

Erläuterungen:
CDU-Mitglieder jeweils am 31. 12. eines Jahres und Wahlberechtigte jeweils zur Bundestagswahl.
Bei den CDU-Mitgliedern ergibt die Summe der Prozentzahlen nicht 100, weil die Rubrik »keine Angaben« unberücksichtigt bleibt.
Bei den Landesverbänden RH und WL sind für die Wahlberechtigten die Angaben von NRW übernommen worden.

nur für die Jahre 1970 (nicht das Jahr 1969) und 1980 möglich, da dann die Jahrgangs- und Altersgruppen übereinstimmen. Faßt man die sechs Altersgruppen zu drei zusammen, wird die Entwicklung der Altersstruktur zwischen 1970 und 1980 deutlich (vgl. Tabelle 18).

Die Gruppe der 18- bzw. 16- bis 39jährigen (1969 wurde das CDU-Mitgliedsalter von 18 auf 16 Jahre herabgesetzt) liegt gleichbleibend bei etwa 31%, die der 40- bis 59jährigen erhöht bis 1980 ihren Anteil um 8,5 Prozentpunkte auf 48,1%, und der Anteil der über 60jährigen reduziert sich um 6,1 Prozentpunkte auf 20,2%. Die jüngeren Jahrgänge (bis 39 Jahre) bleiben im Prozentsatz unverändert, die mittleren Jahrgänge (40 bis 59 Jahre) steigen an und die älteren (über 60 Jahre) gehen zurück. Der Rückgang des Anteils der über 60jährigen ist vor allem auf die Verringerung der 60- bis 69jährigen um 4,5 Prozentpunkte zurückzuführen. Betrachtet man die Altersstruktur der Neumitglieder in den Jahren 1970 (49 079 Mitglieder) und 1980 (39 219 Mitglieder), so ist 1980 der Anteil der bis 39 Jahre alten Mitglieder mit über 56% erheblich höher als 1970, während bei den übrigen Altersgruppen keine gravierenden Unterschiede feststellbar sind.

Bei vergleichender Betrachtung der Altersstruktur der Landesverbände kann generell von einer Angleichung der extremen Unterschiede im Untersuchungszeitraum von 1970 bis 1980 gesprochen werden. Die Landesverbände mit unterdurchschnittlich viel jüngeren und überdurchschnittlich viel älteren Mitgliedern haben nun eine ausgewogenere und dem Bundesdurchschnitt angenäherte Altersstruktur. Die deutlichste Verjüngung seiner Mitgliedschaft hat der 1970 noch stark überalterte Landesverband Berlin erfahren. Differenziert man nach Zehner-Jahrgangsgruppen, so ist bei allen Landesverbänden der höchste Anteil in der Altersgruppe der 40- bis 49jährigen zu finden, nur bei den Landesverbänden Berlin und Hamburg ist es die Gruppe der 30- bis 39jährigen.

Aufschlußreich ist der Vergleich der Altersstruktur der CDU-Mitglieder mit der der Wahlberechtigten. Aus den erwähnten Gründen werden für die CDU-Mitglieder die Jahre 1970 und 1980 zugrundegelegt, während sich die Angaben für die Wahlberechtigten auf das jeweilige Bundestagswahljahr 1969 und 1980 beziehen. Da bei der Bundestagswahl 1969 die Wahlberechtigung erst mit dem 21. Lebensjahr begann, die CDU-Mitgliedschaft aber mit dem 18. Lebensjahr, differieren die zu vergleichenden Altersgruppen, so daß die Zahl der Wahlberechtigten unter Einbeziehung des 18. Lebensjahres höher wäre und damit die Differenz zwischen den jüngeren Jahrgängen der CDU und denen der Wahlberechtigten noch größer sind als in Tabelle 18 ausgewiesen.

Im Jahre 1969 sind in der CDU-Mitgliedschaft die 18- bis 29jährigen gegenüber den Wahlberechtigten um 5,7 Prozentpunkte unterrepräsentiert. Bei den Landesverbänden Hamburg und Rheinland-Pfalz ist diese Altersgruppe sogar überrepräsentiert. Während die Landesverbände Hessen, Rheinland, Westfalen-Lippe, Saarland und Bremen Werte um den Durchschnitt verzeichnen, ist diese Altersgruppe in den Landesverbänden Schleswig-Holstein, Baden-Württemberg und Niedersachsen wiederum besonders gering vertreten.

Die Altersgruppe der 30- bis 59jährigen ist um 5,7 Prozentpunkte in der CDU-Mitgliedschaft überrepräsentiert. Nur im Landesverband Baden-Württemberg ist sie unterrepräsentiert, weil der Anteil der über 60jährigen hier besonders stark vertreten ist und im Landesverband Hamburg ebenfalls, weil die 18- bis 29jährigen dort ein Übergewicht besitzen. Mit Ausnahme von Schleswig-Holstein, das einen besonders hohen Anteil der 30- bis 59jährigen zu Lasten der jüngeren Parteimitglieder hat, liegen die Werte der übrigen Landesverbände um den Durchschnitt. Dies gilt mit einigen Ausnahmen auch für die Unterrepräsentation der über 60jährigen in den Landesverbänden der CDU.

Die Relation zwischen der Altersstruktur der CDU-Mitglieder und der der Wahlberechtigten hat sich von 1969 bis 1980 erheblich verschoben. Im Bundesdurchschnitt hat sich die Unterrepräsentation der über 60jährigen in der CDU-Mitgliedschaft erheblich erhöht und liegt jetzt bei – 6,5%. Im Gegensatz zu 1969 ist 1980 in allen Landesverbänden diese Altersgruppe geringer als bei den Wahlberechtigten vertreten. Weil der Anteil der 16- bis 29jährigen in der CDU-Mitgliedschaft im Vergleich zu 1969 auch 1980 mit 10,6% fast gleichgeblieben ist, der Anteil der vergleichbaren Altersgruppe bei den Wahlberechtigten aber von 16,4% auf 22,3% gestiegen ist (vor allem wegen der Heruntersetzung des Wahlalters auf 18 Jahre), hat sich die Unterrepräsentation dieser Altersgruppe in der CDU auf – 11,7% im Bundesdurchschnitt verdoppelt.

Die Altersgruppe der 18- bis 29jährigen stellt naturgemäß den späteren Führungsnachwuchs einer Partei dar. Insbesondere in den Landesverbänden Schleswig-Holstein, Niedersachsen und Baden-Württemberg, aber auch in den Landesverbänden von Nordrhein-Westfalen und im Saarland ist diese Altersgruppe bedenklich gering vertreten. Das Reservoir, aus dem sich die späteren politischen Führungskräfte in der Partei rekrutieren, ist klein. Inwieweit dies mit der Funktion und Bedeutung der Jungen Union in den jeweiligen Landesverbänden zusammenhängt, soll später untersucht werden.

Während die älteren (60 Jahre und älter) und die jüngeren (16 bis 29 Jahre) Altersgruppen in der CDU 1980 unterrepräsentiert sind, ist die der 30- bis 59jährigen um 17,3 Prozentpunkte überrepräsentiert. Während der Anteil dieser Altersgruppe bei den Wahlberechtigten von 1969 bis 1980 um 3,8 Prozentpunkte gesunken ist, ist er bei der CDU-Mitgliedschaft um 7,8 auf insgesamt 68,3% gestiegen. Die starke Überrepräsentation dieser Altersschicht in der CDU kann nur dann negativ bewertet werden, wenn man als ideale Altersstruktur einer Volkspartei die der Wahlberechtigten als Maßstab zugrundelegt. Das dürfte aber nicht sehr sinnvoll sein; denn wie im Berufsleben, stammt auch in den Parteien die überwiegende Mehrzahl der Angehörigen politischer Führungspositionen aus der Gruppe der 30- bis 59jährigen. Auf allen Ebenen der Mandats- und Amtsinhaber rekrutieren sich die Mitglieder im wesentlichen aus dieser Altersschicht, die für die Aktivität, Attraktivität, politische Innovations- und Umsetzungskraft einer jeden Partei von entscheidender Bedeutung ist. Deshalb ist bei der CDU die Zunahme dieser Altersschicht zu Lasten der über 60jährigen durchaus positiv zu bewerten.

Von 1969 bis 1980 kann also von einer erheblichen Verjüngung der CDU-Mitgliedschaft – auch im Vergleich zu den Wahlberechtigten – gesprochen werden, die zu Lasten der Mitglieder über 60 sowie der Mitglieder unter 30 Jahren und zugunsten der 30- bis 59jährigen gegangen ist.

c) Konfession

Die Konfession hat in Deutschland seit dem Kaiserreich und der politischen Mobilisierung des Katholizismus durch das Zentrum für das Wahlverhalten und die parteipolitischen Sympathien der Bürger immer eine große Rolle gespielt. Auch für die Entwicklung des Parteiensystems und die Wahlerfolge der Parteien in der Bundesrepublik hatte die Konfessionsstruktur der Wählerschaft eine große Bedeutung. Die SPD galt in den fünfziger und sechziger Jahren nicht nur als Arbeitnehmer-, sondern auch als evangelische und die CDU als katholische Partei, die die Tradition des Zentrums übernommen und in ihr Selbstverständnis integriert hat. Die CDU ist daher vor allem bei Wahlen in den mehrheitlich katholischen Ländern besonders erfolgreich gewesen.

Die konfessionelle Struktur der Mitglieder einer Partei ist aber auch für das innerparteiliche Klima, das Selbstverständnis, den innerparteilichen Willensbildungsprozeß in Sach- und Personalfragen und für die Außenwirkung einer Partei von Relevanz.

Die Untersuchung der Konfessionsstruktur der CDU geht von der Annahme aus, daß für eine Volkspartei wie die CDU eine Konfessionsstruktur erstrebenswert ist, die von der der Bevölkerung nicht grundlegend abweicht. Eine Partei, die mehrheitlich katholisch und vom katholischen Milieu besonders geprägt ist, wird es in einem mehrheitlich protestantischen Land außerordentlich schwer haben, eine Wählermehrheit zu erzielen, weil sie als »katholische Partei« auf starke Vorbehalte bei den protestantischen Wählern stößt. Insofern ist die Frage nach der Konfessionsstruktur der CDU in Relation zur Gesamtbevölkerung Ende der sechziger Jahre und Anfang der achtziger Jahre auch von wahlpolitischer Bedeutung für die CDU.

Da es keine Statistiken zur Konfessionsstruktur der Wahlberechtigten gibt, werden zum Vergleich die der Bevölkerung herangezogen, die auf der Volkszählung des Jahres 1970 beruhen. Neuere zuverlässige Daten stehen nicht zur Verfügung. Sowohl in der Zentralen Mitgliederkartei wie auch in der Bevölkerungsstatistik wird zwischen »sonstige Bekenntnisse oder Religionsgemeinschaften«, »ohne Bekenntnis«, und »ohne Angaben« unterschieden. Der Einfachheit halber sind hier diese drei Gruppen zu der Gruppe »sonstige« zusammengefaßt.

1969 war die CDU nach ihrer Konfessionsstruktur auf Bundesebene eindeutig eine »katholische Partei«: 73,3% der Mitglieder waren katholisch, 23% evangelisch, und 3,7% gehörten zur Rubrik »sonstige«, während die entsprechenden Werte für die Bevölkerung 49% evangelisch, 44,6% katholisch und 6,4% »sonstige« lauteten (vgl. Tabelle 19). Obwohl also die Bevölkerung im Organisationsbereich der CDU mehrheitlich evangelisch war, ist die überwiegende Mehrheit der CDU-Mitglieder katholisch gewesen und die Protestanten waren in der Mitgliedschaft total unterrepräsentiert. Die CDU war 1969 in ihrer Konfessionsstruktur viel mehr »katholische Partei« als dies nach außen hin durch einen relativ gut funktionierenden Konfessionsproporz bei den Funktions- und Mandatsträgern in Erscheinung trat.

Um ein genaueres Bild von der Konfessionsstruktur der CDU zu erhalten, soll die Bevölkerung in den Ländern mit der der CDU-Mitglieder in den entsprechenden

Landesverbänden verglichen werden. Für das Jahr 1969 – und dies dürfte für die gesamten sechziger und fünfziger Jahre typisch gewesen sein – lassen sich drei Gruppen von Ländern bilden:

– *Länder mit mehrheitlich katholischer Bevölkerung:* Dazu gehören die Länder Saarland (73,8 % katholisch), Rheinland-Pfalz (55,7 % katholisch) und Nordrhein-Westfalen (52,5 % katholisch). In den vier CDU-Landesverbänden der drei Länder sind die Katholiken stark überrepräsentiert, in Rheinland-Pfalz und im Rheinland mit 32,2 Prozentpunkten und in Westfalen-Lippe mit 27,5 Prozentpunkten. In beiden Ländern sind die evangelischen Mitglieder um 30,9 bzw. 27,3 Prozentpunkte geringer vertreten als in der Gesamtbevölkerung. Im Saarland, das den höchsten Anteil der Katholiken von allen Ländern hat, ist die Überrepräsentation der Katholiken unter den CDU-Mitgliedern mit 18,5 und die Unterrepräsentation der Protestanten mit 17,0 Prozentpunkten im Vergleich zur Bevölkerung noch am geringsten. Man kann bei diesen Landesverbänden, die zusammen 57,9 % aller CDU-Mitglieder im Jahre 1969 stellen, von einseitig katholisch bestimmten Landesverbänden sprechen, da der Anteil der Protestanten in der Bevölkerung drei- bis viermal höher ist als unter den CDU-Mitgliedern. Entsprechend hoch ist auch die Gesamt-Abweichungsrate (Sie wird errechnet durch die Addition der einzelnen Abweichungsraten – bei der Konfessionsstruktur sind es drei: evangelisch, katholisch, sonstige. Bei der Addition bleibt unberücksichtigt, ob es sich um positive oder negative Abweichungsraten handelt.) der Landesverbände: 74,4 (RheinlandPfalz), 60 (NRW) und 37,0 (Saarland).

– *Länder mit mehrheitlich evangelischer Bevölkerung:* Dazu gehören die Länder Schleswig-Holstein (86,5 %), Bremen (82,4 %), Niedersachsen (74,6 %), Hamburg (73,6 %), Berlin (70,2 %) und Hessen (60,5 %). Die CDU-Landesverbände stellen zusammen 22,3 % aller CDU-Mitglieder im Jahre 1969, und trotz des eher geringen Mitgliederanteils am Bundesverband wäre anzunehmen, daß die Unterrepräsentation der Katholiken in den genannten Landesverbänden durch den starken Protestantenanteil in der Mitgliedschaft dieser Landesverbände ausgeglichen wird. Im CDU-Landesverband Schleswig-Holstein entspricht die Konfessionsstruktur noch am ehesten der der Bevölkerung mit einer für die CDU äußerst geringen Abweichungsrate von 8,2. Genau entgegengesetzt ist die Situation in den Landesverbänden Hessen und Niedersachsen. Obwohl dort die Bevölkerung mehrheitlich protestantisch ist, ist die Mehrheit der Mitglieder in diesen Landesverbänden katholisch. Besonders extrem sind die Werte in Hessen, wo 70,3 % Katholiken 25,5 % Protestanten in der CDU-Mitgliedschaft gegenüberstehen, während die entsprechenden Zahlen für die Bevölkerung 32,8 % (katholisch) und 60,5 % – also genau umgekehrt – lauten. Hessen hat mit 75,0 Prozentpunkten auch die höchste Abweichungsrate aller Landesverbände, und Niedersachsen folgt mit einer Abweichungsrate von 61,2.

In den übrigen mehrheitlich evangelischen Ländern stellen die protestantischen Mitglieder immerhin die Mehrheit in den CDU-Landesverbänden, wenngleich auch hier die Abweichungsraten mit 59,8 (Bremen) und 54,0 (Berlin) erheblich über dem Bundesdurchschnitt liegen, während Hamburg mit 40,8 erheblich unter dem Bundes-

Tabelle 19: CDU-Mitglieder und Bevölkerung nach Konfession 1969 und 1980

	CDU-Mitglieder 1969 %			Bevölkerung 1970 %			CDU-Mitglieder 1980 %		
LV	ev.	kath.	sonst.	ev.	kath.	sonst.	ev.	kath.	sonst.
BW	13,6	81,9	4,5	45,8	47,4	6,8	25,5	69,0	5,5
B	56,5	39,5	4,0	70,2	12,5	17,3	58,4	27,0	14,6
HB	56,1	40,1	3,8	82,4	10,5	7,4	61,4	23,3	15,3
HH	66,7	28,5	4,8	73,6	8,1	18,3	67,1	16,6	16,3
H	25,5	70,3	4,2	60,5	32,8	6,8	43,2	49,0	7,8
NS	44,5	50,2	5,3	74,6	19,6	5,8	58,5	34,3	7,2
RH	13,7	84,7	1,6	41,9	52,5	5,6	19,8	75,9	4,3
WL	16,0	80,0	4,0	41,9	52,5	5,6	22,8	73,4	3,8
RP	9,8	87,9	2,3	40,7	55,7	3,6	17,6	79,5	2,9
S	7,1	92,3	0,6	24,1	73,8	2,1	9,2	88,7	2,1
SH	82,3	6,1	11,1	86,5	6,0	7,5	79,2	6,4	14,4
BV	23,0	73,3	3,7	49,0	44,6	6,4	33,4	60,6	6,0

	Diff.CDU-Mitglieder 1969/Bevölkerung 1970 %-Pkt.			Diff.CDU-Mitglieder 1980/Bevölkerung 1970 %-Pkt.			Ges.Abw. Raten 1969 %-Pkt.	Ges.Abw. Raten 1980 %-Pkt.
LV	ev.	kath.	sonst.	ev.	kath.	sonst.		
BW	−32,2	34,5	− 2,3	−20,3	21,6	−1,3	69,0	43,2
B	−13,7	27,0	−13,3	−11,8	14,5	−2,7	54,0	29,0
HB	−26,3	29,9	− 3,6	−21,0	13,1	7,9	59,8	42,0
HH	− 6,9	20,4	−13,5	− 6,5	8,5	−2,0	40,8	17,0
H	−35,0	37,5	− 2,5	−17,3	16,2	1,1	75,0	34,6
NS	−30,1	30,6	− 0,5	−16,1	14,7	1,4	61,2	32,2
RH	−28,2	32,2	− 4,0	−22,1	23,4	−1,3	64,4	46,8
WL	−22,1	27,5	− 1,6	−19,1	20,9	−1,8	51,2	41,8
RP	−30,9	32,2	− 1,3	−23,1	23,8	−0,7	74,4	57,6
S	−17,0	18,5	− 1,5	−14,9	14,9	0,0	37,0	29,8
SH	− 4,2	0,6	3,6	− 7,3	0,4	6,9	8,2	14,6
BV	−26,0	28,7	− 2,7	−15,6	16,0	−0,4	47,4	32,0

Quellen: ZM sowie Statistische Jahrbücher 1972, 1981

Erläuterungen:
Bei den Landesverbänden RH und WL sind für die Bevölkerung die Angaben von NRW übernommen worden.
sonstige: sonstige Bekenntnisse, ohne Bekenntnis, ohne Angaben

durchschnitt liegt, da in diesem Landesverband immerhin 66,7 % der Mitglieder evangelisch und nur 28,5 % katholisch sind. Insgesamt sind also auch in den mehrheitlich evangelischen Ländern die Protestanten in der CDU-Mitgliedschaft der Landesverbände stark unterrepräsentiert.

– *Länder mit ausgeglichener Konfessionsstruktur:* Dazu gehört das Land Baden-Württemberg, in dem 1970 45,8 % der Bevölkerung evangelisch und 47,4 % katholisch sind und 6,8 % zur Rubrik »sonstige« zählen. In der CDU-Mitgliedschaft des Landesverbandes Baden-Württemberg, der 1969 14,4 % aller CDU-Mitglieder stellt, sind hingegen Protestanten nur mit 13,6 % und die Katholiken mit 81,9 % vertreten, was zur dritthöchsten Abweichungsrate aller Landesverbände in Höhe von 69,0 führt.

Die in den sechziger Jahren stark von der der Gesamtbevölkerung abweichende Konfessionsstruktur der CDU ist also darauf zurückzuführen, daß sowohl in den mehrheitlich katholischen wie in den mehrheitlich evangelischen Ländern und im konfessionell ausgewogenen Baden-Württemberg mit Ausnahme von Schleswig-Holstein in allen CDU-Landesverbänden die Katholiken in der Mitgliedschaft überrepräsentiert sind. Insofern ist die CDU der sechziger Jahre zu Recht als »katholische Partei« bezeichnet worden.

Der Mitgliederzuwachs der CDU von 1969 bis 1980 hat auch ihre Konfessionsstruktur erheblich verändert. Der Anteil der Protestanten erhöht sich auf Bundesebene fast um die Hälfte auf 33,4 % und der der Katholiken sinkt fast um ein Fünftel auf 60,6 %, während der der »sonstigen« sich fast verdoppelt und auf 6,0 % steigt. Die bundesdurchschnittliche Gesamt-Abweichungsrate sinkt von 47,4 auf 32,0. In den Landesverbänden kann von einer Angleichung der 1969 noch vorhandenen extremen Unterschiede an den Bundesdurchschnitt des Jahres 1980 gesprochen werden. Abgesehen von den Landesverbänden Bremen und Hamburg steigt in allen übrigen der Anteil der Protestanten an und der der Katholiken sinkt.

Eine Analyse der Konfessionsstruktur der Neumitglieder in den Jahren 1970 bis 1981 verdeutlicht den Trend in der Veränderung der CDU-Konfessionsstruktur. Der Anteil der Katholiken sinkt kontinuierlich von knapp 56 % (1970) auf unter 50 % (1981) und der Anteil der Protestanten steigt (durch einen leichten Rückgang von 1973 bis 1976 unterbrochen) auf etwa 41 % und der der »sonstigen« steigt von 5,1 % (1970 bis 1972) auf 9,7 % (1977 bis 1981).

In der Rubrik »sonstige« sind die Angaben »sonstige Religionsgemeinschaften«, »keine Angaben« und »ohne Bekenntnis« zusammengefaßt, wobei die Mehrzahl der Neumitglieder in dieser Rubrik unter die letzten beiden Kategorien fällt. Dies ist vor allem auch auf besonders hohe Werte in den norddeutschen Landesverbänden Berlin, Bremen, Hamburg, Schleswig-Holstein zurückzuführen, in denen bis zu 15 % aller Neumitglieder »keine Angaben« und »ohne Bekenntnis« angeben. Hervorzuheben ist die Tatsache, daß von 1977 bis 1981 im Bundesdurchschnitt die Katholiken unter den Neumitgliedern gegenüber den Protestanten und »sonstigen« bereits in der Minderheit sind. Ganz extrem sind die Werte im Jahr 1981, in welchen zum ersten Mal in der Geschichte der CDU bei den Neumitgliedern der Protestantenanteil um 6,6 Prozentpunkte höher ist als der der Katholiken und die »sonstigen« bereits 13,7 % aller Neumitglieder stellen. Der Anteil der »sonstigen« und damit auch der mehrheitlich Konfessionslosen spielt also auch in der CDU eine zunehmende Rolle, so daß die alleinige Gegenüberstellung der Anteile von Protestanten und Katholiken künftig nicht mehr ausreichen dürfte.

Die weitgehende Angleichung der Konfessionsstruktur der CDU-Mitglieder an die der Bevölkerung hat ihre Ursache darin, daß sich einerseits der Mitgliederanteil der mehrheitlich evangelischen Landesverbände an der Gesamtmitgliederzahl der CDU von 1969 bis 1980 auf 34,3 % erhöht hat und andererseits in den mehrheitlich katholischen Landesverbänden der Protestantenanteil gestiegen und der Katholikenanteil gesunken ist. Die Landesverbände Hessen und Niedersachsen haben im Untersuchungszeitraum den deutlichsten Wandel in ihrer Konfessionsstruktur zu verzeichnen, was angesichts der Katholikenmehrheit unter der Mitgliedschaft im Jahre 1969 auch vordringlich war. Die CDU mußte in diesen Ländern das Ansehen einer »katholischen Partei« verlieren, wenn sie mehr protestantische Wähler für sich gewinnen wollte.

Generell läßt sich feststellen, daß 1980 die mehrheitlich protestantischen Landesverbände Schleswig-Holstein, Hamburg, Berlin, Niedersachsen und Hessen sowie der Landesverband Saarland in ihrer Konfessionsstruktur am ehesten der der Bevölkerung entsprechen. Der Landesverband Bremen hingegen als einziger mehrheitlich protestantischer Landesverband (hier sind die Protestanten am stärksten unterrepräsentiert von allen Landesverbänden) und die übrigen mehrheitlich katholischen Landesverbände Baden-Württemberg, Rheinland, Westfalen-Lippe und Rheinland-Pfalz weichen in ihrer Mitgliedschaft am stärksten von der Konfessionsstruktur der Bevölkerung ihrer Länder ab.

Vergleicht man die Zuwachsraten der verschiedenen Bekenntnisse innerhalb der CDU-Mitgliedschaft von 1969 bis 1980 anhand der absoluten Zahlen, so erhält man folgende Ergebnisse: Protestanten: 231,6 %, Katholiken: 189,0 %, sonstige Religionsgemeinschaften: 414,8 %, ohne Bekenntnis: 1628,9 % und ohne Angaben: 127,0 %. Mit Ausnahme der Rubrik »ohne Angaben« haben die Katholiken den geringsten und die »ohne Bekenntnis« den weitaus höchsten Zuwachs. Auch diese Zahlen belegen, daß in der CDU während der Oppositionszeit nicht nur ein konfessioneller Entkrampfungs-, sondern auch ein Entkirchlichungsprozeß begonnen hat, der noch nicht abgeschlossen scheint.

d) Wirtschaftsbereich und Beruf

Neben der Analyse der Mitgliederstruktur einer Partei nach Alter, Geschlecht und Konfession dürfte die nach Wirtschaftsbereichen und Berufen für die Charakterisierung des Binnenlebens einer Partei besonders wichtig sein. Die wissenschaftliche Literatur konzentriert sich in dem Zusammenhang besonders auf die Berufsstruktur innerhalb der Parteien – und bei der CDU vor allem auf die Höhe des Anteils der Arbeiter und Selbständigen. Dies ist insofern berechtigt, als die quantitative Relation verschiedener Berufsschichten in der Mitgliedschaft einer Partei unterschiedliche Interessenlagen und politische Zielvorstellungen repräsentieren, die Politik und Personalauswahl einer Partei bestimmen können.

Die Aufteilung der berufstätigen Mitgliedschaft nach Wirtschaftsbereichen scheint allerdings genau so wichtig; bei der Stellung im Beruf wird grundlegend unterschieden nach selbständiger oder abhängiger Beschäftigung, wobei die letztere Gruppierung noch einmal in Arbeiter, Angestellte und Beamte unterteilt wird. Dabei ist davon auszugehen, daß die Unterscheidung zwischen Angestellten und Arbeitern, die im Wirtschaftsbereich »Produzierendes Gewerbe« tätig sind, aufgrund einer zunehmenden Angleichung der Interessenlagen, Erfahrungshorizonte und Einkommen an Bedeutung verliert, während z. B. die Unterscheidung zwischen denjenigen Berufstätigen, die im Produzierenden Gewerbe tätig sind (ob als Arbeiter oder als Angestellte) und denen, die im Öffentlichen Dienst arbeiten, wichtiger wird. Das gilt auch für die (heute fast ausschließlich als Selbständige) in der Landwirtschaft Tätigen, deren homogene Interessenlagen und Erfahrungshorizonte mit denen der Selbständigen, die z. B. als Rechtsanwälte oder Ärzte tätig sind, kaum vergleichbar sein dürften.

Der Nachteil einer Aufteilung der Erwerbstätigen nach Wirtschaftsbereichen liegt allerdings u.a. darin, daß der Wirtschaftsbereich »Produzierendes Gewerbe« sowohl Unternehmer wie Arbeiter und Angestellte umfaßt, ähnlich wie unter dem Wirtschaftsbereich »Dienstleistung« sowohl der Öffentliche Dienst wie die privaten Dienstleistungen (von Selbständigen und Angestellten) subsumiert werden. Deshalb erscheint die Kombination dieser beiden Kategorien, die Unterscheidung der Erwerbstätigen nach Wirtschaftsbereichen und nach ihrer Stellung im Beruf, besonders sinnvoll, weil dadurch wichtige Informationen über die Mitgliederstruktur einer Partei ermittelt werden, die bei Anwendung nur einer Kategorie nicht herausgearbeitet werden können.

Die Realisierung dieses Vorhabens hängt von der Verfügbarkeit der Daten ab. Für die Bevölkerung liegen die Daten in bezug auf die Erwerbstätigen für das Jahr 1970 (Bevölkerungszählung) und 1978 (Mikrozensus) vor und sind über die Statistischen Jahrbücher zugänglich. Das Statistische Bundesamt teilt die Erwerbstätigen nach Beschäftigungsverhältnissen in folgende Gruppen ein: Selbständige, mithelfende Familienangehörige, Beamte, Angestellte und Arbeiter. Es unterscheidet die Wirtschaftsbereiche: Land- und Forstwirtschaft, Tierhaltung, Fischerei; Produzierendes Gewerbe; Handel und Verkehr; sonstige Wirtschaftsbereiche (Dienstleistungen).

Die von der Zentralen Mitgliederkartei der CDU erfaßten, über die genannten Beschäftigungsverhältnisse des Statistischen Bundesamtes hinausgehenden Gruppen bleiben unberücksichtigt, da sich die Angaben des Statistischen Bundesamtes auf die erwerbstätige Bevölkerung, die der Zentralen Mitgliederkartei hingegen auf die Gesamtheit aller Mitglieder unter Einschluß der Nicht-Berufstätigen beziehen. Um einen Vergleich zwischen Bevölkerung und CDU-Mitgliedern auf der Basis vergleichbarer Quantitäten vornehmen zu können, mußten diese anhand der absoluten Zahlen so umgerechnet werden, daß sie auch nur die erwerbstätigen CDU-Mitglieder berücksichtigen. Ein direkter Vergleich zwischen Mitglieder- und Bevölkerungsstruktur nach

Tabelle 20: Erwerbstätige CDU-Mitglieder und erwerbstätige Bevölkerung nach Wirtschaftsbereichen 1969 und 1980

	Erw.CDU-Mitglieder 1969 in %				Erw. Bevölkerung 1970 in %				Erw.CDU-Mitglieder 1980 in %				Erw. Bevölkerung 1978 in %				Ges.Abw. Rate 1969 %-Pkt.	Ges.Abw. Rate 1980 %-Pkt.
	1	2	3	4	1	2	3	4	1	2	3	4	1	2	3	4		
BW	21,8	31,6	11,5	35,1	8,0	54,7	14,3	23,1	13,7	35,6	16,1	34,6	5,8	51,4	14,8	28,0	51,7	31,6
B	1,5	18,8	15,9	63,8	0,5	43,3	20,8	35,2	1,3	25,9	22,1	50,7	2,0	50,4	16,6	31,2	59,0	50,1
HB	3,0	23,3	26,0	47,7	1,6	37,4	31,0	45,9	2,8	20,3	31,0	45,9	0,0	36,3	28,8	34,9	38,2	32,3
HH	2,4	18,9	26,2	52,5	1,2	35,4	30,2	33,2	1,6	18,2	28,9	51,3	1,2	30,5	29,9	38,4	41,0	26,6
H	11,7	33,5	13,8	41,0	6,4	48,6	18,4	26,6	10,3	34,0	17,4	38,3	4,8	45,3	17,7	32,2	39,4	23,2
NS	27,6	26,3	14,8	31,3	10,9	44,6	18,2	26,3	23,6	27,4	17,5	31,5	8,1	41,1	18,2	32,6	43,4	31,0
RH	12,5	33,2	14,9	40,4	3,5	53,7	18,5	24,3	7,7	30,6	18,3	43,4	2,7	49,6	17,8	29,9	49,8	38,6
WL	20,1	34,3	14,4	31,1	3,5	53,7	18,5	24,3	14,6	33,2	17,6	34,6	2,7	49,6	17,8	29,9	46,1	33,2
NRW	16,1	33,2	14,7	36,0	3,5	53,7	18,5	24,3	11,2	31,9	17,9	39,0	2,7	49,6	17,8	9,9	48,6	35,4
RP	17,0	32,4	12,8	37,8	10,7	46,0	16,9	26,4	11,7	33,2	14,5	40,6	7,0	43,1	17,6	32,3	35,4	26,0
S	5,7	43,0	12,9	38,4	2,4	51,5	19,7	26,4	3,5	39,1	13,7	43,7	0,6	33,6	21,7	44,1	32,0	16,8
SH	38,9	19,3	13,6	28,2	9,4	37,0	21,1	32,5	25,0	22,7	17,6	34,7	7,4	33,8	20,4	38,3	59,2	35,1
BV	18,3	31,4	13,9	36,4	7,5	48,9	17,9	25,7	13,3	31,1	17,0	38,6	5,8	45,4	17,7	31,1	43,0	30,0

Quellen: ZM sowie Statistische Jahrbücher 1972, 1979

Erläuterungen:
1 = Land- und Forstwirtschaft, Tierhaltung, Fischerei
2 = Produzierendes Gewerbe
3 = Handel und Verkehr
4 = sonstige Wirtschaftsbereiche (Dienstleistungen)

In den Landesverbänden RH und WL wurden bei der erwerbstätigen Bevölkerung die Angaben für das Land NRW übernommen.

Berufen würde zu irreführenden Ergebnissen führen, da die Quantitäten nicht kommensurabel sind. Es erscheint fraglich, ob dieses wichtige Faktum bei früheren Analysen der CDU-Mitgliederstruktur immer berücksichtigt wurde(2).

Bei den Wirtschaftsbereichen unterscheidet die Zentrale Mitgliederkartei nach folgenden Hauptgruppen: Pflanzenbau und Tierwirtschaft (1); Industrie und Handwerk (2); Technik (3); Handel und Verkehr (4); Gaststättenwesen und private Dienstleistungen (5); Verwaltung, Rechtswesen und Sozialpflege (6); Gesundheitswesen, Geistes- und Kunstleben (7).

Um eine Vergleichsmöglichkeit mit der Aufteilung der erwerbstätigen Bevölkerung nach Wirtschaftsbereichen zu erhalten, sind hier die Berufsgruppen so zusammengefaßt worden:
- Gruppe 1: Land- und Forstwirtschaft
- Gruppe 2 und 3: Produzierendes Gewerbe
- Gruppe 4: Handel und Verkehr
- Gruppe 5, 6 und 7: Dienstleistungen

Die bei dieser Zuordnung entsprechend den Wirtschaftsbereichen des Statistischen Bundesamtes entstehende Fehlerquote dürfte gering sein und kann für den Zweck dieser Untersuchung vernachlässigt werden.

aa) Wirtschaftsbereich

Ende 1969 gehörten 18,3% aller erwerbstätigen CDU-Mitglieder dem Wirtschaftsbereich Landwirtschaft und Forsten (1) an, der damit eine Abweichungsrate von +10,8 Prozentpunkten erreicht (vgl. Tabelle 20). Allerdings ist dieser Wirtschaftsbereich vor allem in den Landesverbänden Schleswig-Holstein (Abweichungsrate +29,5 Prozentpunkte), Niedersachsen (26,7) sowie in etwas geringerem Umfang in Westfalen-Lippe (16,6) und Baden-Württemberg (13,8) konzentriert. Bei allen übrigen Landesverbänden ist dieser Wirtschaftsbereich – teilweise erheblich – unterrepräsentiert. Aufgrund der auffälligen Überrepräsentation der Landwirte, die vier bzw. dreimal stärker in der CDU als in der Bevölkerung vertreten sind, können die Landesverbände Schleswig-Holstein und Niedersachsen der sechziger Jahre als »Bauernparteien« bezeichnet werden.

Das Produzierende Gewerbe ist im Bundesverband mit 31,4% um 17,5 Prozentpunkte unterrepräsentiert, wobei die negative Abweichungsrate in den Landesverbänden Westfalen-Lippe und Rheinland mit 19,4 und 21,5 Prozentpunkten besonders hoch ist, während sie in den Landesverbänden Berlin, Baden-Württemberg, Saarland besonders niedrig ausfällt. Der Handel und Verkehr erreicht mit 13,9% eine negative Abweichungsrate von 4 Prozentpunkten, wobei es keine größeren Unterschiede zwischen den Landesverbänden gibt. Der Wirtschaftsbereich Dienstleistungen ist mit 36,4% aller CDU-Mitglieder um 10,7 Prozentpunkte höher als in der erwerbstätigen Bevölkerung vertreten, überdurchschnittlich sind die Werte in den Landesverbänden Berlin, Bremen, Hamburg, Hessen und dem Rheinland.

Die Überrepräsentation des Wirtschaftsbereichs Landwirtschaft in ihrer Mitgliedschaft im Vergleich zur Bevölkerung ist in der Bundes-CDU 1969 extrem hoch (mehr als

1,5 mal so stark). In den Landesverbänden Schleswig-Holstein, Niedersachsen und Westfalen-Lippe ist die Landwirtschaft extrem überrepräsentiert und in den Landesverbänden Berlin (hier besonders stark), Bremen, Hamburg und Hessen sind es die Dienstleistungen. Das Produzierende Gewerbe ist in der Mitgliedschaft der Bundespartei stark unterrepräsentiert (um die Hälfte weniger als in der Bevölkerung). Es gibt keinen Landesverband der CDU, in dem das Produzierende Gewerbe auch nur annähernd vertreten ist wie in der erwerbstätigen Bevölkerung.

Durch den Mitgliederzuwachs von 1969 bis 1980 hat sich die Zusammensetzung der CDU-Mitgliedschaft nach Wirtschaftsbereichen folgendermaßen geändert:

- Der Anteil der Landwirtschaft reduziert sich um 5 Prozentpunkte auf 13,3 %, die Abweichungsrate beträgt aber noch 7,5. Die Überrepräsentation der Landwirtschaft ist vor allem in den Landesverbänden Schleswig-Holstein, Niedersachsen und Westfalen-Lippe immer noch hoch. Allerdings stellt dieser Wirtschaftsbereich in keinem der Landesverbände die Mehrheit der Mitglieder. In allen übrigen Landesverbänden ist sie durchschnittlich bzw. unterdurchschnittlich.
- Der Anteil des Produzierenden Gewerbes bleibt 1980 mit 31,1 % praktisch unverändert, wobei die Unterrepräsentation um 3,2 auf –14,3 Prozentpunkte zurückgeht, was auf die geringere Zahl der im Produzierenden Gewerbe Beschäftigten zurückzuführen ist. Während die Landesverbände Berlin, Bremen, Baden-Württemberg, Niedersachsen und Schleswig-Holstein ihren Mitgliederanteil aus dem Produzierenden Gewerbe zwischen 1,1 (Niedersachsen) und 7,1 Prozentpunkte (Berlin) erhöhten, stagnierte oder verringerte er sich leicht bei den übrigen Landesverbänden. Bremen ist der einzige Landesverband, der im Untersuchungszeitraum den entsprechenden Mitgliederanteil noch weiter verringert. Das Saarland ist der einzige Landesverband, in dem dieser Wirtschaftsbereich mit 5,5 Prozentpunkten überrepräsentiert ist. Unterrepräsentiert ist das Produzierende Gewerbe nach wie vor in den Landesverbänden Berlin (–24,5) sowie Rheinland, Westfalen-Lippe und Baden-Württemberg. Die drei letzten Landesverbände sind aufgrund ihres hohen Anteils an der Mitgliedschaft des Bundesverbandes (50,3 %) vor allem verantwortlich für die Unterrepräsentation dieses Wirtschaftsbereichs in der CDU-Mitgliedschaft.
- Der Anteil des Wirtschaftsbereichs Handel und Verkehr hat sich von 1969 bis 1980 auf 17,0 % (plus 3,1) erhöht, so daß die Abweichungsrate nur noch 0,7 Prozentpunkte beträgt. Die besonders starke Unterrepräsentation dieses Wirtschaftsbereichs in den Landesverbänden Saarland, Rheinland-Pfalz und Schleswig-Holstein wird durch eine entsprechende Überrepräsentation in den Landesverbänden Berlin, Bremen und Baden-Württemberg fast ausgeglichen.
- Der Anteil des Wirtschaftsbereichs Dienstleistungen hat sich von 1969 bis 1980 auf 38,6 % erhöht (plus 2,2), was die Überrepräsentation dieses Wirtschaftsbereiches auf 7,5 Prozentpunkte verringert hat (–3,2), da die Zahl der Erwerbstätigen in diesem Wirtschaftsbereich stärker, nämlich um 5,4 %, gestiegen ist. Besonders überrepräsentiert ist der Dienstleistungsbereich in den Landesverbänden Berlin, Rheinland, Hamburg und Bremen, die als »Dienstleistungsparteien« bezeichnet werden können,

während er in den Landesverbänden Schleswig-Holstein und Saarland unterrepräsentiert ist.

Abschließend läßt sich feststellen, daß der große Mitgliederzuwachs der CDU von 1969 bis 1980 zu einer ausgewogeneren Repräsentation der Wirtschaftsbereiche geführt hat, was auf den Rückgang der Wirtschaftsbereiche Landwirtschaft und Dienstleistungen und den Anstieg der Wirtschaftsbereiche Handel und Verkehr sowie Produzierendes Gewerbe zurückzuführen ist. Dem entspricht, daß die Gesamtabweichungsrate der CDU sinkt von 43,0 (1969) auf 30,0 Prozentpunkte (1980). Die geringste Gesamtabweichungsrate und damit eine am ehesten mit der Erwerbstätigen- übereinstimmende Mitgliederstruktur haben die Landesverbände Saarland (16,8), Hessen (23,2), Rheinland-Pfalz (26,0), Hamburg (26,6). Die höchsten Gesamtabweichungsraten haben die Landesverbände Berlin (50,1), Rheinland (38,6), Schleswig-Holstein (35,1), Westfalen-Lippe (33,2), Bremen (32,3), Baden-Württemberg (31,6) und Niedersachsen (31,0). Die Unterrepräsentation des Produzierenden Gewerbes in der CDU-Mitgliedschaft ist nach wie vor erheblich.

bb) Stellung im Beruf

1969 sind die Selbständigen in der CDU-Mitgliedschaft mit 38,1 %, in der Bevölkerung hingegen mit 9,7 % vertreten, also um 300 % überrepräsentiert (vgl. Tabelle 21). In den Landesverbänden Schleswig-Holstein, Niedersachsen, Westfalen-Lippe und Baden-Württemberg stellen sie sogar die Mehrzahl der Mitglieder, was vor allem mit dem hohen Anteil der Landwirtschaft in diesen Landesverbänden zusammenhängt. Die mithelfenden Familienangehörigen (die in Tabelle 21 nicht erfaßt wurden) haben in der CDU-Mitgliedschaft einen Anteil von 0,6 %, in der Bevölkerung hingegen von 6,3 %, wobei sich die Werte in den Landesverbänden nur unwesentlich unterscheiden.

Die Angestellten haben in der CDU-Mitgliedschaft einen Anteil von 29,4 % und sind damit die zweitstärkste Gruppe nach den Selbständigen, wobei sie in allen Landesverbänden, außer in den von den Selbständigen dominierten, die Mehrheit der Mitglieder stellen. Die Beamten stellen 16,7 % aller erwerbstätigen CDU-Mitglieder. Die addierte Abweichungsrate der Beamten und Angestellten beträgt 1969 nur 7,7 Prozentpunkte. Auch hier sind die Unterschiede zwischen den Landesverbänden erheblich: Ganz besonders stark sind die Beamten in den Landesverbänden Berlin, Saarland und Rheinland-Pfalz und die Angestellten in Hamburg, Berlin, Bremen und Hessen vertreten.

Die Arbeiter stellen 15,2 % aller erwerbstätigen CDU-Mitglieder, in der Bevölkerung hingegen sind es mit 45,6 % dreimal soviel; die Abweichungsrate beträgt –30,4 Prozentpunkte. Der bereits festgestellten Unterrepräsentation des Produzierenden Gewerbes (Abweichungsrate –17,5) entspricht die Unterrepräsentation der Arbeiter. Da die Abweichungsraten beider Gruppen aber erheblich differieren, liegt der Schluß nahe, daß ein erheblicher Teil der CDU-Mitglieder aus dem Produzierenden Gewerbe dort als Angestellte und selbständige Unternehmer und nicht als Arbeiter tätig ist. Dies gilt insbesondere für die Landesverbände Schleswig-Holstein, Hessen und Saarland, in

Tabelle 21: Erwerbstätige CDU-Mitglieder und erwerbstätige Bevölkerung nach der Stellung im Beruf 1969 und 1980

LV	Erw. CDU-Mitglieder 1969 in %				Erw. Bevölkerung 1970 in %			Erw. CDU-Mitglieder 1980 in %				Erw. Bevölkerung 1978 in %			Ges.Abw. Rate 1969 %-Pkt.	Ges.Abw. Rate 1980 %-Pkt.
	1	2	3	4	1	2+3	4	1	2	3	4	1	2+3	4		
BW	40,5	18,1	26,1	14,7	9,3	35,6	48,1	33,5	18,1	34,3	13,6	8,6	42,8	44,3	89,6	69,0
B	17,4	26,3	47,4	8,6	7,5	45,7	45,0	18,1	27,0	41,8	12,7	8,0	52,1	39,3	75,8	53,5
HB	27,2	18,3	45,0	9,5	7,4	51,6	40,0	29,7	14,7	43,7	11,8	6,5	54,3	39,2	64,6	54,9
HH	27,1	15,0	49,7	7,8	8,4	52,5	40,5	28,4	11,7	53,9	5,5	8,7	54,7	35,2	77,0	51,1
H	28,4	18,8	36,2	16,3	9,2	41,2	43,9	25,6	14,8	42,8	16,5	7,4	48,6	40,3	60,8	54,5
NS	51,8	13,0	25,0	9,6	10,4	36,5	45,2	44,0	12,6	30,9	11,8	9,1	42,5	43,2	85,8	71,8
RH	33,4	16,8	34,4	14,9	8,5	40,0	48,1	29,7	17,4	40,8	11,6	7,8	47,2	43,0	72,3	65,8
WL	43,9	12,9	26,0	16,4	8,5	40,0	48,1	36,7	13,6	34,3	14,7	7,8	47,2	43,0	70,8	59,2
NRW	38,3	15,0	30,5	15,6	8,5	40,0	48,1	33,2	15,5	37,6	13,1	7,8	47,2	43,0	70,6	62,6
RP	31,6	20,0	27,7	19,8	11,3	35,3	45,1	25,8	21,0	33,8	18,6	9,7	43,1	42,3	65,4	54,6
S	17,0	22,6	31,8	28,3	7,6	39,7	49,5	13,2	22,3	39,4	24,9	7,3	43,0	47,5	47,2	49,2
SH	61,3	12,9	20,8	4,5	10,6	42,7	39,2	46,4	15,1	31,4	6,6	9,7	49,2	38,4	100,0	84,6
BV	38,1	16,7	29,4	15,2	9,7	38,4	45,6	32,8	16,3	36,3	14,0	8,8	44,8	42,4	72,2	63,5
		46,1							52,6							

Quellen: ZM sowie Statistische Jahrbücher 1972, 1979

Erläuterungen:
1 = Selbständige
2 = Beamte
3 = Angestellte
4 = Arbeiter

In den Landesverbänden RH und WL wurden bei der erwerbstätigen Bevölkerung die Angaben für das Land NRW übernommen.

denen die Differenz der Anteile zwischen Produzierendem Gewerbe und Arbeitern besonders hoch ist.

Einen überdurchschnittlich hohen Anteil an Arbeitern haben insbesondere die Landesverbände Saarland und Rheinland-Pfalz sowie Hessen. Es ist zu vermuten, daß im Saarland und in Rheinland-Pfalz die politische Integration des traditionellen katholischen Arbeitermilieus in die CDU noch funktioniert hat, während dies z. B. in Westfalen-Lippe und vor allen Dingen auch im Rheinland aufgrund des erwähnten Abbaus des katholischen Milieus bereits schwieriger wurde. In allen übrigen, insbesondere in den norddeutschen Landesverbänden wie Hamburg, Berlin, Niedersachsen und Schleswig-Holstein sind die Arbeiter weit unterrepräsentiert.

Von 1969 bis 1980 hat sich die Struktur der erwerbstätigen CDU-Mitglieder nach Berufsbereichen so geändert:

- Der Anteil der Selbständigen geht von 38,1 % auf 32,8 % im Jahre 1980 zurück, und die Abweichungsrate sinkt um 4,4 auf 24,0 Prozentpunkte, wobei zu berücksichtigen ist, daß auch in der erwerbstätigen Bevölkerung der Anteil der Selbständigen um 0,9 Prozentpunkte zurückgeht. Die Überrepräsentation der Selbständigen hat sich von 1969 bis 1980 also nicht grundlegend verändert. Besonders stark ist sie nach wie vor in Schleswig-Holstein und Niedersachsen, wo die Selbständigen nach wie vor die stärkste Berufsgruppe stellen, weshalb diese Landesverbände auch als Selbständigen-Parteien bezeichnet werden können. Die Landesverbände Saarland sowie Berlin und Rheinland-Pfalz haben besonders wenig Selbständige in ihren Reihen, und der Landesverband Bremen ist der einzige, der seinen Anteil an Selbständigen noch um 2,5 Prozentpunkte auf 29,7 % erhöht.
  Dem Rückgang des Wirtschaftsbereichs Landwirtschaft von 5,0 entspricht der Rückgang der Selbständigen um 5,3 Prozentpunkte. Andererseits stellt der Wirtschaftsbereich Landwirtschaft 1980 mit 13,3 % nur etwas mehr als ein Drittel der Selbständigen in der CDU. Die übrigen müssen daher aus den Wirtschaftsbereichen Produzierendes Gewerbe (Unternehmer und Handwerker) sowie Handel und Verkehr (Kaufleute) und Dienstleistungen (Rechtsanwälte, Ärzte usw.) kommen. Die vier Landesverbände Schleswig-Holstein, Niedersachsen, Westfalen-Lippe und Baden-Württemberg stellen alleine 62,5 % aller Selbständigen in der CDU im Jahre 1980, während sie einen Mitgliederanteil am Bundesverband in Höhe von 51,2 % haben. Die Überrepräsentation der Selbständigen in der CDU ist also auch ein regionales Problem.
- Die Unterrepräsentation der mithelfenden Familienangehörigen ist auf –3,4 Prozentpunkte gesunken, weil deren Anteil an der CDU-Mitgliedschaft zwar unverändert geblieben, in der Gesamtbevölkerung aber von 6,3 auf 4,0 % gesunken ist.
- Die Beamten und Angestellten konnten ihre Position um 6,5 Prozentpunkte auf 52,6 % der erwerbstätigen CDU-Mitglieder verbessern, so daß sie 1980 die Mehrheit der Mitglieder stellen; dies ist vor allem auf den Zuwachs der Angestellten zurückzuführen, während der der Beamten sogar leicht zurückging. Die Abweichungsrate der Beamten und Angestellten zusammen beträgt + 7,8 Prozentpunkte, so daß im

Vergleich zu 1969 keine wesentliche Veränderung eingetreten ist, da sich auch bei der erwerbstätigen Bevölkerung der Anteil der Beamten und Angestellten um 6,4 Prozentpunkte erhöht hat. Besonders stark überrepräsentiert sind die Beamten und Angestellten in den Landesverbänden Saarland (18,7) und Berlin (16,7). Die Landesverbände Berlin und Bremen konnten die Überrepräsentation der Beamten und Angestellten erheblich verringern, während sie sich im Saarland noch um 4,0 Prozentpunkte erhöhte.

- Die Unterrepräsentation der Arbeiter in der CDU-Mitgliedschaft hat sich von 1969 bis 1980 um 2,1 Prozentpunkte auf –28,3 % verringert, wobei sich der Arbeiteranteil an der erwerbstätigen Bevölkerung um 0,8 Prozentpunkte verringert hat. Der nach wie vor starken Unterrepräsentation der Arbeiter entspricht zahlenmäßig die starke Überrepräsentation der Selbständigen. In den Landesverbänden hat es teilweise erhebliche Strukturveränderungen in der Mitgliedschaft gegeben. Die Landesverbände Berlin sowie Hessen und Niedersachsen konnten eine erhebliche Verbesserung des Arbeiteranteils erzielen. Im Saarland und in Rheinland-Pfalz ist die Unterrepräsentation der Arbeiter unverändert am geringsten von allen Landesverbänden.

e) Zusammenfassung

Die Veränderung der Mitgliederstruktur infolge des Mitgliederzuwachses von 1969 bis 1980 ist anhand der einzelnen Strukturelemente Geschlecht, Alter, Konfession, Wirtschaftsbereiche sowie Stellung im Beruf herausgearbeitet worden. Unter Zugrundelegung der Bevölkerungsstruktur als Maßstab für die Bewertung der Mitgliederstruktur der CDU wurde im Untersuchungszeitraum ein Annäherungsprozeß der Mitglieder an die Bevölkerungsstruktur festgestellt. Er ist quantifizierbar mit Hilfe der durchschnittlichen Gesamtabweichungsrate, die durch Addition der Gesamtabweichungsrate bei Frauen, Konfession, Wirtschaftsbereichen sowie Stellung im Beruf, dividiert durch 4, entsteht, wobei aus den dargelegten Gründen die Altersstruktur ausgeklammert ist.

Die durchschnittliche Gesamtabweichungsrate der CDU-Mitgliedschaft geht von 51,1 im Jahre 1969 um 1/5 auf 39,7 Prozentpunkte im Jahre 1980 zurück (vgl. Tabelle 22).

Unter Berücksichtigung der umfassenden Mitgliederaustauschbewegung, die im Untersuchungszeitraum stattgefunden hat, erscheinen die Mitgliederstrukturveränderungen – gemessen an der durchschnittlichen Gesamtabweichungsrate – vergleichsweise gering. Das Mitgliederstrukturprofil der CDU ist trotz Anpassungen an die Bevölkerungsstruktur relativ stabil geblieben. Differenzierter sieht das Bild aus, wenn man sich die Veränderung der Gesamtabweichungsraten der einzelnen Strukturbereiche der Mitgliedschaft in Erinnerung ruft. Hervorzuheben ist in dem Zusammenhang, daß von 1969 bis 1980 insbesondere die Gesamtabweichungsraten in den Strukturbereichen Konfession und Wirtschaftbereiche mit 15,4 und 13,0 Prozentpunkten stark zurückgehen, so daß sie 1980 nur noch bei ca. 30 liegen.

Der Rückgang der Gesamtabweichungsraten in den übrigen Strukturbereichen schwankt zwischen 7 und 9 Prozentpunkten. Nur der Strukturbereich Stellung im

Tabelle 22: Landesverbände nach über- und unterdurchschnittlicher Gesamtabweichungsrate 1980

LV	Frauen	Alter (nur 18–29)	Konfession	Wi-bereiche	Stellung im Beruf	Durchschn.aller Ges.Abw.Raten 1980 (ohne Alter) in %-Pkt.	Durchschn.aller Ges.Abw.Raten 1969 (ohne Alter) in %-Pkt.
BW	– –	– –	–	–	–	45,6	64,2
B	+ +	kA	+	– –	+	38,6	52,7
HB	+	+ +	–	–	+	38,3	47,9
HH	+ +	+ +	+ +	+	+ +	27,7	46,3
H	+	+	–	+ +	+	32,1	53,7
NS	–	– –	+ –	–	– –	41,7	58,7
RH	+	+	– –	– –	–	45,3	56,5
WL	+	–	–	–	+	42,6	53,1
RP	– –	+	– –	+	–	43,6	55,0
S	+	–	+	+ +	+ +	31,5	39,8
SH	–	–	+ +	–	– –	42,2	52,7
BV	33,1	11,7	32,0	30,0	63,5	39,7	51,1

Quellen: Tabellen 17–21

Erläuterungen:
– – : höchste Gesamtabweichungsrate (10. und 11. Rang)
– : überdurchschnittliche Gesamtabweichungsrate
+ – : durchschnittliche Gesamtabweichungsrate
+ : unterdurchschnittliche Gesamtabweichungsrate
+ + : niedrigste Gesamtabweichungsrate (1. und 2. Rang)

Beruf fällt 1980 mit seiner besonders hohen Gesamtabweichungsrate von 63,5 völlig aus dem Rahmen, während alle übrigen sich um 30 Prozentpunkte bewegen. Die starke Unterrepräsentation der Arbeiter bleibt – wenngleich in abgemilderter Form – auch für die CDU-Mitgliederstruktur der achtziger Jahre typisch. Festzuhalten ist, daß in der CDU-Mitgliedschaft alle Bevölkerungsschichten vertreten sind. Hervorzuheben ist auch, daß sich in den CDU-Landesverbänden ein teilweise erheblich stärkerer Mitgliederstrukturwandel vollzogen hat, als dies die Zahlen für den Bundesverband erkennen lassen. Dies gilt z. B. für die Landesverbände Hamburg, Hessen, Baden-Württemberg und Niedersachsen. Die Mitgliederstruktur der Landesverbände hat sich von 1969 bis 1980 angenähert, wenngleich noch erhebliche regionale Unterschiede bestehen.

Das Mitgliederstrukturprofil einer Partei ist Ausdruck und Folge ihres Selbstverständnisses, ihrer Politik und Tradition. Die Erhöhung der Mitgliederzahl und der Wandel der Mitgliederstruktur der CDU während der Oppositionszeit sind ein Symptom für den Wandel ihrer Parteiorganisation zur modernen Volkspartei. Denn die Mitglieder als Träger und Basis der Parteiorganisation sind politischer Resonanzboden und politisches Initiativpotential zugleich.

Ohne den beschriebenen Mitgliederzuwachs und -strukturwandel während der siebziger Jahre erscheint die Entwicklung der Parteiorganisation zum Instrument der politischen Willensbildung und die Aktivierung der Parteiorganisation und des Parteiapparates schwer vorstellbar. Der Mitgliederstrukturwandel war stark genug, um innovative Potentiale in der Partei freizusetzen, und gering genug, um einen totalen Bruch mit der tradierten Politik und Programmatik der CDU zu verhindern. Insofern waren und sind dem Wandel der Mitgliederstruktur der CDU auch Grenzen gesetzt, denn der angesprochene Zusammenhang zwischen Mitgliederstruktur und Politik gilt auch umgekehrt.

Es kann daher davon ausgegangen werden, daß ein vergleichbarer Mitgliederstrukturwandlungsprozeß in den achtziger Jahren nicht stattfinden wird, da die CDU ihren in den sechziger Jahren angestauten Nachholbedarf an notwendigen Veränderungen aufgeholt hat und der damit verbundene Veränderungswille verbraucht ist. Trotz der gebliebenen strukturellen Ungleichgewichte in der CDU-Mitgliedschaft erscheint eine weitergehende Anpassung an die Bevölkerungsstruktur grundsätzlich nicht zwingend, da die beiden modernen Volksparteien CDU und SPD auch künftig unterschiedliche programmatische Profile haben werden bzw. sollten, denen unterschiedliche akzentuierte Mitgliederstrukturprofile entsprechen.

2. Entwicklung der Mitgliederzahl und -struktur in ausgewählten Kreisverbänden

Für weitergehende Fragestellungen zu den Mitgliederstrukturveränderungen der CDU ist die Analyse von ausgewählten Kreisverbänden als Basiseinheiten der Mitgliederorganisation erforderlich. Sie gibt Hinweise für die Beantwortung noch offener Fragen. In Anlehnung an die Wahlforschung erscheint es sinnvoll, nach Kreisverbänden mit hoher und niedriger Mitgliederdichte (Mitgliederdichte: Mitglieder/Wahlberechtigte x 1000) zu unterscheiden und deren Mitgliederveränderungen von 1969 bis 1980 zu verfolgen.

Für diesen Zweck wurden daher fünfzehn Kreisverbände aus acht verschiedenen CDU-Landesverbänden ausgewählt, die im Jahre 1969 im Vergleich zum Landesdurchschnitt die höchste bzw. niedrigste Mitgliederdichte hatten und dementsprechend als Hochburgen (HBn) oder Niedrigburgen (NBn) bezeichnet werden können. Dies gilt auch für die Wahlergebnisse in diesen ausgewählten Kreisverbänden bei Bundestagswahlen, die alle entweder überdurchschnittlich (HBn) oder unterdurchschnittlich (NBn) waren (zu den Hochburgen zählen die Kreisverbände Rottweil, Cloppenburg, Düren, Olpe, Bernkastel-Wittlich, Merzig, Schleswig-Flensburg und zu den Niedrigburgen die Kreisverbände Rems-Murr, Groß-Gerau, Hannover, Remscheid, Bielefeld, Kaiserslautern, Saarbrücken und Flensburg-Stadt).

Die Auswahl der Kreisverbände war deshalb schwierig, weil sich durch die kommunale Neuordnung Anfang der siebziger Jahre die Kreisverbandsgrenzen, die mit denen der Verwaltungsbezirke übereinstimmen, in fast allen Ländern geändert haben. Da die meisten Kreisverbände wegen der kommunalen Neuordnung 1980 teilweise erheblich größer als 1969 sind, mußten für das Jahr 1969 mehrere Kreisverbände datenmäßig zu einem Kreisverband zusammengefaßt und entsprechende Umrechnungen vorgenommen werden. Dies gilt für folgende Kreisverbände: Bielefeld (Bielefeld Stadt + Bielefeld Land), Saarbrücken (Saarbrücken Stadt + Saarbrücken Land), Düren (Düren + Monschau + Schleiden), Merzig (Merzig + Wadern) sowie Schleswig-Flensburg (Schleswig + Flensburg Land). Daher sind geringe Fehlermargen aufgrund der Umrechnungen und der manchmal nicht ganz eindeutigen neuen Kreisverbandsgrenzen im Vergleich zu den alten nicht ganz auszuschließen, aber quantitativ irrelevant.

Das Auswahlprinzip niedrigste bzw. höchste Mitgliederdichte konnte daher auch nicht in jedem Land durchgehalten werden. Die Kreisverbände Rottweil und Düren haben z. B. nicht die höchste und Kaiserslautern nicht die niedrigste Mitgliederdichte ihres Landesverbandes, liegen aber im oberen bzw. unteren Drittel ihres Landesverbandes, so daß ihre Verwendung vertretbar erscheint. Da Bezugspunkte für die Mitgliederdichte die Zahl der Wahlberechtigten bei den Bundestagswahlen ist, wurden die Landesverbände Berlin sowie Hamburg und Bremen nicht berücksichtigt, da bei den letztgenannten eine detaillierte Aufschlüsselung der Bundestagswahlergebnisse nicht vorliegt.

Betrachtet man die Kreisverbände in den Hoch- und Niedrigburgen im Jahre 1969, so können die erstgenannten als in der Regel eher ländliche und die letztgenannten als eher städtische Kreisverbände bezeichnet werden. Sowohl in bezug auf die Höhe der absoluten Mitgliederzahlen als auch der Mitgliederdichte und Bundestagswahlergebnisse liegen die Werte der Hochburgen erheblich über denen der Niedrigburgen und über dem Bundesdurchschnitt der CDU, während die der Niedrigburgen alle eindeutig unter dem Bundesdurchschnitt liegen (vgl. Tabelle 23). Die Mitgliederdichte ist 1969 im Durchschnitt in den Hochburgen mehr als doppelt so hoch wie in den Niedrigburgen, während die Mitglieder/Wähler-Relation in den Hochburgen nur um die Hälfte höher ist. In jedem Hochburg-Kreisverband ist eine höhere Mitglieder/Wähler-Relation als in dem Niedrigburg-Kreisverband aus demselben Landesverband festzustellen.

Die Mitglieder/Wähler-Relation ist ein interessanter Maßstab für die Mitgliederwerbefähigkeit einer Parteiorganisation, weil sie das politische Umfeld, die politischen Rahmenbedingungen, wie sie sich in den Wahlergebnissen niederschlagen, berücksichtigt. Bemerkenswert ist, daß alle Niedrigburgen es 1969 nicht schaffen, die ihrer Wählerzahl entsprechende Mitgliederzahl für die Partei zu gewinnen, wenn man als Maßstab die Mitglieder/Wähler-Relation der Hochburgen zugrunde legt; denn es ist nicht notwendig, daß die Mitglieder/Wähler-Relation in den Niedrigburgen um die Hälfte niedriger ist als bei den Hochburgen. Dies kann eigentlich nur mit dem geringeren politischen und organisatorischen Aktivitätsgrad dieser Kreisverbände erklärt werden.

Erwähnenswert ist, daß die bei der Analyse der Landesverbände festgestellten

Tabelle 23: Mitgliederentwicklung in ausgewählten Kreisverbänden 1969–1980

KV	Mi.-Zahl abs.	Mi.-dichte	Mi.-Zuwachs %	Zuwachs Mi.-dichte %
	1969	*1969*		
HBn	12 274	15,4	–	–
NBn	9 793	6,8	–	–
BV	291 042	9,7	–	–
	1980	*1980*	*1969–80*	*1969–80*
HBn	31 453	36,8	156,3	139,0
NBn	20 446	13,4	108,8	91,2
BV	662 583	19,7	127,7	103,1

Quellen: ZM sowie Veröffentl. des Stat. Bundesamtes, Bevölkerung und Kultur, Reihe 8 (1971) sowie Bevölkerung und Erwerbstätigkeit, Fachserie 1, Heft 8 (1981)

Erläuterungen:
HBn = ausgewählte Kreisverbände in Hochburgen
NBn = ausgewählte Kreisverbände in Niedrigburgen
BV = Bundesverband, ohne die Landesverbände Berlin, Hamburg, Bremen

Unterschiede in der Mitgliederdichte sich auch in entsprechenden Werten ihrer Kreisverbände, der Hoch- wie Niedrigburgen, widerspiegeln. Die Kreisverbände aus den Landesverbänden Saarland (Merzig und Saarbrücken) und Rheinland-Pfalz (Bernkastel-Wittlich, Kaiserslautern) haben z. B. Werte, die über denen der übrigen Kreisverbände aus anderen Landesverbänden liegen. Der Mitgliederzuwachs in allen Kreisverbänden der Hochburgen ist von 1969 bis 1980 um die Hälfte höher, von 1969 bis 1975 um ein Drittel höher, von 1976 bis 1980 mehr als doppelt so hoch wie in den Kreisverbänden der Niedrigburgen. Von 1976 bis 1980 sind zwar bei allen Kreisverbänden die Mitgliederzuwachsraten niedrig, aber in den Niedrigburgen liegen sie erheblich unter und in den Hochburgen über dem Bundesdurchschnitt. Sowohl in den Hoch- wie den Niedrigburgen haben die Kreisverbände mit einer besonders niedrigen Mitgliederdichte besonders hohe Mitgliederzuwachsraten (z. B. Düren, Bernkastel-Wittlich, Bielefeld, Remscheid, Groß-Gerau) und umgekehrt die Kreisverbände mit sehr hoher Mitgliederdichte eher unterdurchschnittliche Mitgliederzuwachsraten (z. B. Merzig, Saarbrücken, Kaiserslautern). Damit bestätigt sich die schon bei den Landesverbänden festgestellte Tendenz, daß die extremen Unterschiede in der Mitgliederdichte von vergleichbaren Kreisverbänden durch den Mitgliederzuwachs von 1969 bis 1980 eingeebnet werden.

Betrachtet man anhand der absoluten Zahlen den Gesamtmitgliederzuwachs von 1969 bis 1980 in den Hoch- und Niedrigburgen, so holen die letztgenannten nicht – was naheläge – gegenüber den Hochburgen auf, sondern im Gegenteil, der Abstand zwischen Hoch- und Niedrigburgen erhöht sich noch. Der hohe CDU-Mitgliederzuwachs während der Oppositionszeit ist also vor allem auch auf die Rekrutierung neuer

Mitglieder – bei aller Unterschiedlichkeit der Entwicklung in den Landesverbänden – in den Kreisverbänden zurückzuführen, in denen die CDU ohnehin schon stark vertreten war. Dies dürfte auch erklären, weshalb der grundlegende Mitgliederaustausch zwar nicht unerhebliche politische, personelle und organisatorische Veränderungen in der CDU ermöglicht, aber größere politische Erschütterungen oder grundlegende politische Kursänderungen nicht ausgelöst hat.

Besonders deutlich differieren die Mitgliederzuwachsraten im Zeitraum von 1976 bis 1980. Die städtischen Niedrigburgen haben offensichtlich auf die permanenten Auseinandersetzungen zwischen den Unionsparteien mit besonders niedrigen Mitgliederzuwachsraten reagiert. Dieses Ergebnis findet seine Entsprechung in besonders hohen Verlustraten dieser Kreisverbände bei der Bundestagswahl 1980 im Vergleich zur Bundestagswahl 1976.

Die Unterschiede in der Mitgliederentwicklung zwischen Hoch-und Niedrigburgen legen die Frage nahe nach den Unterschieden der Mitgliederstruktur und ihren Veränderungen von 1969 bis 1980. Die ausgewählten Hochburgen können 1969 als ländliche, vorwiegend katholische (Ausnahme: Schleswig-Flensburg) und die Niedrigburgen als städtische, konfessionell gemischte bzw. mehrheitlich katholische Kreisverbände (mehrheitlich katholisch: Groß-Gerau, Hannover, Remscheid, Kaiserslautern, Saarbrücken) bezeichnet werden. Der Anteil der weiblichen Mitglieder ist 1969 in den Hochburgen mit 8,0 % besonders niedrig, während er in den Niedrigburgen mit 18,6 % mehr als doppelt so hoch ist (vgl. Tabelle 24). Bis 1980 hat sich der Prozentsatz der Frauen in den Hochburgen verdoppelt und in den Niedrigburgen nur um die Hälfte erhöht, liegt mit 27,5 % aber immer noch um 6,5 Prozentpunkte höher als im Bundesdurchschnitt. Zum Zuwachs an weiblichen Mitgliedern in der CDU haben also auch die katholischen, ländlichen Hochburgen beigetragen, wenngleich er in städtisch-protestantischen Kreisverbänden besonders hoch ist. Dies gilt auch für solche Kreisverbände in mehrheitlich katholischen Landesverbänden (z. B. Remscheid, Bielefeld), während in katholisch-städtischen Kreisverbänden, wie z. B. Fulda, der Mitgliederanteil der Frauen 1980 noch unter dem Bundesdurchschnitt liegt.

Die Altersstruktur in den Hoch- und Niedrigburgen hat sich in ihrer Relation von 1969 bis 1980 nur wenig verändert. Die Abweichungen in der Altersstruktur zwischen Hoch- und Niedrigburgen und im Vergleich zum CDU-Bundesdurchschnitt sind eher gering.

Die Konfessionsstruktur hat sich in den Hochburgen interessanterweise von 1969 bis 1980 kaum verändert: der Anteil der Protestanten stieg nur um 1,8 Prozentpunkte auf 16,2 % an, während er in den Niedrigburgen von einem ohnehin höheren Ausgangsniveau (22,8 %) im Jahre 1969 auf 36,4 % im Jahre 1980 steigt, womit er noch 3 Prozentpunkte über dem Bundesdurchschnitt liegt und doppelt so hoch ist wie in den Hochburgen, in denen allerdings auch die Wahlberechtigten – mit Ausnahme von Schleswig-Flensburg – mehrheitlich katholisch sind. In den städtischen Niedrigburgen hingegen gelingt es drei Kreisverbänden (Rems-Murr, Hannover, Remscheid), sich von einem mehrheitlich katholischen zu einem mehrheitlich protestantischen Kreisverband

Tabelle 24: Mitglieder nach Geschlecht, Alter, Konfession, Wirtschaftsbereichen, Stellung in Beruf in ausgewählten Kreisverbänden 1969 und 1980 in %

	Geschl.	Alter			Konfession
KV	weibl.	bis 28/29	29/30 bis 58/59	59/60 u. älter	ev.
1969					
HBn	8,0	6,2	63,4	30,2	14,4
NBn	18,6	8,3	58,2	32,1	22,8
BV	13,1	10,7	60,5	26,3	23,0
1980					
HBn	16,0	9,7	68,6	17,6	16,2
NBn	27,5	11,5	63,7	23,9	36,4
BV	21,0	10,6	68,3	20,2	33,4

	Wirtschaftsbereiche				Stellung im Beruf				
KV	1	2	3	4	Selbständig	Arbeiter	Angest.	Beamte	Rentner
1969									
HBn	25,9	24,0	9,7	25,1	40,8	12,3	17,1	12,4	6,6
NBn	2,9	25,6	10,2	34,1	13,1	14,3	28,1	16,3	9,9
BV	14,8	25,4	11,3	29,5	30,3	12,1	23,4	13,3	7,4
1980									
HBn	17,0	25,6	12,3	25,4	31,0	13,1	23,9	12,0	3,3
NBn	2,2	21,2	12,4	29,0	13,9	9,3	25,7	14,1	6,2
BV	10,0	23,5	12,9	29,1	25,0	10,6	27,6	12,4	5,0

Quellen: ZM sowie Datenbank des SFK

Erläuterungen:
1 = Land- und Forstwirtschaft, Tierhaltung, Fischerei
2 = Produzierendes Gewerbe
3 = Handel und Verkehr
4 = sonstige Wirtschaftskeitsbereiche (Dienstleistungen)

zu wandeln und sich damit der Konfessionsstruktur der Wahlberechtigten anzupassen.

Diese Entwicklung in den Hoch- und Niedrigburgen läßt den Schluß zu, daß ähnlich wie beim Frauenanteil die Veränderung der Konfessionsstruktur des Bundesverbandes vor allem auf städtische Kreisverbände zurückzuführen ist, in denen die Wahlberechtigten mehrheitlich protestantisch sind. In den traditionellen Hochburgen der CDU mit überwiegend katholischer Bevölkerung hingegen verändert sich die Konfessionsstruktur nur wenig und bleibt die Überrepräsentation der Katholiken in der CDU-Mitgliedschaft weitestgehend bestehen.

Bei den Angaben zur Entwicklung der Mitgliederstruktur nach Wirtschaftsbereichen und nach der Stellung im Beruf ist zu berücksichtigen, daß sich die Angaben für die Kreisverbände und den Bundesverband nicht auf die erwerbstätigen, sondern auf alle CDU-Mitglieder beziehen. Es ist naheliegend, daß in den Hochburgen die Landwirtschaft unter den Wirtschaftsbereichen weit überdurchschnittlich und in den Niedrigburgen weit unterdurchschnittlich vertreten ist. Während sich bei letzteren von 1969 bis 1980 kaum Veränderungen ergeben haben, ist der Anteil der Landwirtschaft in den Hochburgen in diesem Zeitraum um 8,9 Prozentpunkte auf 17,0 % gesunken, ist aber um 70 % höher als im Bundesdurchschnitt. Die Überrepräsentation des landwirtschaftlichen Bereichs in der Gesamtmitgliedschaft der CDU dürfte also mit der generellen Überrepräsentation der ländlichen CDU-Kreisverbände bzw. mit deren besonders hohen Mitgliederzahlen zu erklären sein. In den übrigen Wirtschaftsbereichen sind die Abweichungen der Hoch- und Niedrigburgen vom Bundesdurchschnitt nur marginal.

Erwähnenswert ist, daß 1980 in den Hochburgen mehr Mitglieder im produzierenden Gewerbe tätig sind als in den Niedrigburgen, während es 1969 noch umgekehrt war und daß sich die Vertretung des Dienstleistungsbereichs in den Hoch- und Niedrigburgen von 1969 bis 1980 angenähert hat und nur noch um 3,6 Prozentpunkte differiert.

Die schon oben geäußerte Vermutung, daß ein enger Zusammenhang zwischen dem Anteil der Landwirtschaft und dem der Selbständigen besteht, basiert auf der Annahme, daß in der CDU praktisch alle in der Landwirtschaft Tätigen selbständige Bauern sind. Dieser Zusammenhang ist auch anhand der Zahlen für die Hochburgen nachzuweisen. 1969 beträgt dort der Anteil des landwirtschaftlichen Bereichs 25,9 % und der der Selbständigen 40,8 %. Von 1969 bis 1980 geht der Anteil des landwirtschaftlichen Bereichs um 8,9 und der der Selbständigen um 9,8 Prozentpunkte zurück. 1980 stellt von den ingesamt 31 % Selbständigen in den Hochburgen die Landwirtschaft 17 %, während die restlichen 14 % aus anderen Wirtschaftsbereichen kommen. In den Niedrigburgen hingegen kommen nur 2,2 % der Selbständigen aus der Landwirtschaft und 11,7 % aus den anderen Wirtschaftsbereichen. Im CDU-Bundesdurchschnitt 1980 verteilt sich der Selbständigen-Anteil in Höhe von 25 % auf 10 % aus der Landwirtschaft und 15 % aus anderen Wirtschaftsbereichen. Die Überrepräsentation der Selbständigen in der CDU-Mitgliedschaft ist also nicht zuletzt auf die besondere Mitgliederstärke der ländlichen Kreisverbände zurückzuführen.

Überraschend ist, daß sich in den Hochburgen der Arbeiteranteil von 1969 bis 1980 noch um 0,8 Prozentpunkte auf 13,1 % erhöht hat, während er im Bundesdurchschnitt um 1,5 und in den Niedrigburgen überdurchschnittlich um 4 Prozentpunkte auf 9,3 % zurückgegangen ist. Dies legt den Schluß nahe, daß in den ländlichen, vorwiegend katholischen Kreisverbänden der Arbeiteranteil deshalb höher liegt als in den städtischen Niedrigburgen, weil dort die Einbindung des katholischen Milieus über katholische Vorfeldorganisationen teilweise noch funktioniert und Arbeiter eher zum CDU-Beitritt bewegt werden können, als dies in den städtischen Niedrigburgen der Fall ist. Diese Annahme wird auch durch die Tatsache untermauert, daß der Arbeiteranteil in den städtischen Kreisverbänden mit mehrheitlich katholischer Mitgliederschaft (wie z. B. in Fulda, Groß-Gerau, Kaiserslautern) über dem der mehrheitlich protestantischen

Niedrigburgen und über dem Bundesdurchschnitt liegt. Dieses Ergebnis zeigt aber auch gleichzeitig die nach wie vor großen Schwierigkeiten der CDU, in den städtischen sowie mehrheitlich protestantischen Kreisverbänden eine angemessene Anzahl von Arbeitern für eine CDU-Mitgliedschaft zu gewinnen.

Der Angestellten-Anteil hat sich von 1969 bis 1980 dadurch angeglichen, daß er in den Hochburgen erheblich gestiegen und in den Niedrigburgen gefallen ist. Der Beamtenanteil ist hingegen in diesem Zeitraum stärker gefallen, wobei er in den Niedrigburgen über dem Durchschnitt liegend bleibt. Entsprechend der Altersstruktur in den Niedrigburgen ist 1969 wie 1980 der Rentneranteil in den Niedrigburgen überdurchschnittlich und in den Hochburgen unterdurchschnittlich.

In den Niedrigburgen fällt auf, daß alle Berufsbereiche von 1969 bis 1980 in ihrem prozentualen Anteil sinken, was mit dem besonders starken Zuwachs der Frauen erklärt werden kann, die in der Mehrzahl Hausfrauen sind und somit in der nach Wirtschafts- und Berufsbereichen gegliederten Statistik nicht erscheinen.

3. Mitgliederentwicklung in den Vereinigungen

Die Vereinigungen der CDU sind eine Besonderheit des bundesrepublikanischen Parteiensystems. Seit Gründung der CDU haben die Vereinigungen im innerparteilichen Willensbildungsprozeß eine große Rolle gespielt. Nach dem Statut der CDU sind sie »organisatorische Zusammenschlüsse mit dem Ziel, das Gedankengut der CDU in ihren Wirkungskreisen zu vertreten und zu verbreiten sowie die besonderen Anliegen der von ihnen repräsentierten Gruppen in der Politik der CDU zu wahren.« (§ 39). Diese Doppelfunktion der Vereinigungen bot der CDU als Volkspartei die Chance, in den gesellschaftlichen Bereichen und wichtigen Wählergruppen präsent zu sein, in denen die Partei häufiger Schwierigkeiten hatte, anerkannt zu werden. Andererseits erschwerten die Vereinigungen aufgrund ihres starken Eigenlebens die politische Konsensbildung innerhalb der Partei und eine geschlossene Vertretung der Positionen der CDU nach außen(3).

Die CDU-Bundespartei stellt sich bei näherem Hinsehen als ein kompliziertes Geflecht voneinander abhängiger, sich gegenseitig beeinflussender und miteinander rivalisierender Subsysteme dar; dazu gehören die regionalen Verbände, die Vereinigungen und die Fachausschüsse der Partei, die alle eine relativ weitgehende Selbständigkeit besitzen, wobei die der Fachausschüsse noch am meisten eingeschränkt ist. Als nicht-organisierte informelle Subsysteme der CDU, die für die innerparteiliche Willensbildung von großer Bedeutung sind, könnten die Mandatsträger auf den verschiedenen Organisationsebenen der Partei (Abgeordnete des Bundestages, der Landtage und der kommunalen Parlamente) angesehen werden.

Die Vereinigungen sind das einzige organisierte Subsystem der Partei, das auf allen Ebenen der Parteiorganisation präsent ist, und deren Funktion durch spezifische Interessen und spezifische politische Fragestellungen bestimmt ist. Während alle übrigen Subsysteme die politische Heterogenität der Gesamtpartei in sich vereinen, ist dies bei den Vereinigungen nur begrenzt der Fall (am ehesten bei der JU). Da sie in ihrer Interessenlage und politischen Zielsetzung beschränkt und damit homogener als die Gesamtpartei sind, formulieren sie ihre politischen Aussagen und Forderungen deutlicher als die Gesamtpartei.

Hier interessiert, wie stark die Vereinigungen auf Bundes- und Landesebene innerhalb der Partei verankert sind und wie sich der Mitgliederzuwachs von 1969 bis 1980 auf die Position der Vereinigungen innerhalb der Partei ausgewirkt hat. Dabei konnten nur die sechs offiziellen, im Statut der CDU genannten Vereinigungen berücksichtigt werden, weil nur deren Mitgliederzahlen in der Zentralen Mitgliederkartei erfaßt werden(4):

- Junge Union Deutschlands (JU)
- Frauenvereinigung der CDU Deutschlands (FV)
- Sozialauschüsse der Christlich-Demokratischen Arbeitnehmerschaft (CDA)
- Kommunalpolitische Vereinigung der CDU und CSU (KPV)
- Mittelstandsvereinigung der CDU/CSU (MIT)(5)
- Union der Vertriebenen und Flüchtlinge in der CDU/CSU, Ost- und Mitteldeutsche Vereinigung (UVF)

Mitglieder von Vereinigungen, die nicht gleichzeitig Mitglied der CDU sind, bleiben unberücksichtigt. Auch die Sonderorganisationen der CDU, wie z. B. der Evangelische Arbeitskreis, der Wirtschaftsrat, der Agrarausschuß und der Ring Christlich Demokratischer Studenten sind nicht in die Untersuchung einbezogen.

Die Vereinigungen der CDU können anhand ihrer Zielsetzung und ihrer Selektionskriterien für die Mitgliedschaft in drei Gruppen eingeteilt werden:

- Formale, objektive Kriterien, wie Alter und Geschlecht, sind ausschlaggebend für die Mitgliedschaft in der JU und der FV.
- Ein spezifischer Interessenstandpunkt und die Zugehörigkeit zu einer bestimmten sozialen Gruppe sind ausschlaggebend für Zielsetzung und Mitgliederselektion der CDA, MIT und der UVF. Die Interessen werden bei allen Vereinigungen mehr oder weniger stark durch ein eigenständiges politisches Selbstverständnis ergänzt und untermauert. Bei der CDA ist es die besondere Bindung an die katholische Soziallehre, an die Tradition der christlich-sozialen Arbeiterbewegung in Deutschland. Bei der MIT ist es die Betonung marktwirtschaftlicher Prinzipien; bei der UVF steht nach erfolgter Integration der Vertriebenen und Flüchtlinge die Propagierung der traditionellen deutschlandpolitischen Ziele der Vertriebenen im Vordergrund.
- Das gemeinsame Interesse an einem bestimmten Segment der Politik, zum Beispiel der Kommunalpolitik bei der KPV.

Auch der Agrarausschuß dürfte der dritten Gruppe der Vereinigungen zuzuordnen sein, während der Wirtschaftsrat zur zweiten Gruppe und der RCDS und der EAK zur ersten Gruppe gehören.

So unterschiedlich die Aufgabenbeschreibung und Mitgliederdefinition der Vereinigungen ist, so unterschiedlich sind auch ihre organisatorischen Regelungen bezüglich der Mitgliedschaft(6). Bei der FV und der UVF z. B. sollen alle CDU-Mitglieder, die

Tabelle 25: Mitgliederentwicklung der in der JU und FV organisierten CDU-Mitglieder 1969–1980

	JU			
LV	Mi.-Zahl 1969	Mi.-Zuwachs 1969–80	Ant. JU-LV/ JU-BV 1969	Veränd. Anteil JU-LV/JU-BV 1969–80
	absolut	%	%	%-Pkt.
BW	1 757	27,0	6,5	– 2,7
B	737	8,3	2,7	– 1,3
HB	56	123,2	0,2	0,0
HH	215	153,9	0,8	0,1
H	576	189,7	2,1	0,7
NS	945	109,8	3,5	– 0,1
RH	11 505	92,0	42,6	– 5,0
WL	2 272	437,1	8,4	12,3
RP	7 940	93,9	29,4	– 3,2
S	606	73,9	2,2	– 0,4
SH	392	84,2	1,4	– 0,2
BV	27 001	117,8	–	–
	FV			
LV	Mi.-Zahl 1969	Mi.-Zuwachs 1969–80	Ant. FV-LV/ FV-BV 1969	Veränd. Anteil FV-LV/FV-BV 1969–80
	absolut	%	%	%-Pkt.
BW	3 932	244,3	9,9	–0,6
B	2 590	86,6	6,5	–3,2
HB	360	189,7	0,9	–0,2
HH	1 059	384,4	2,7	0,8
H	3 524	323,0	8,9	1,3
NS	3 956	464,3	9,9	2,8
RH	10 444	205,5	26,2	–4,3
WL	6 462	327,8	16,2	2,9
RP	3 788	249,4	9,5	–0,4
S	1 914	281,5	4,8	0,2
SH	1 804	321,7	4,5	0,7
BV	39 833	265,5	–	–

Quelle: ZM

Frauen bzw. die Vertriebene oder Flüchtlinge sind, automatisch Mitglieder dieser Vereinigung sein. Nicht-Parteimitglieder können in der FV nicht mitarbeiten. Bei der JU, CDA und MIT hingegen gibt es eine derartige Automatik nicht; diese Vereinigungen nehmen auch Mitglieder auf, die nicht gleichzeitig Mitglied der Unionsparteien sind.

Die KPV hingegen nimmt nur CDU-Mitglieder auf, aber nicht alle kommunalen Mandatsträger sind automatisch Mitglieder der KPV.

Zusätzlich wird die Satzungslage dadurch kompliziert, daß die JU, KPV, MIT und UVF nicht nur Vereinigungen der CDU, sondern Vereinigungen von CDU und CSU sind, während sich die übrigen Vereinigungen in ihrer Mitgliedschaft und Repräsentanz auf das Organisationsgebiet der CDU beschränken. Die in dieser Untersuchung ausgewerteten Daten für die Vereinigungen beziehen sich allerdings nur auf den Organisationsbereich der CDU. Alle Satzungen der Vereinigungen erlauben die Mitgliedschaft in mehreren Vereinigungen, wovon häufig Gebrauch gemacht wird. Doppel- und Mehrfachmitgliedschaften konnten aufgrund der Datenlage nicht untersucht werden(7).

a) Junge Union (JU)

Unter den Vereinigungen, die keine automatische Mitgliedschaft praktizieren, ist die Junge Union 1969 mit 8 % aller CDU-Mitglieder die stärkste. Sie ist konzentriert in den Landesverbänden Rheinland-Pfalz und Rheinland, in denen sie 1969 20,4 % und 17,9 % aller CDU-Mitglieder stellt. Es sind die einzigen Landesverbände, in denen es der Jungen Union gelingt, die überwiegende Mehrheit der jüngeren CDU-Mitglieder (16 bis 35 Jahre) in ihren eigenen Reihen zu organisieren (vgl. Tabelle 25).

Von 1969 bis 1980 hat die JU einen Mitgliederzuwachs von 117,8 %, während der der CDU 128,6 % beträgt. Liegt der JU-Mitgliederzuwachs von 1969 bis 1976 immer über dem der CDU, verliert die JU von 1976 bis 1980 10,1 % ihrer Mitglieder. Neben der Frauenvereinigung ist die JU die einzige Vereinigung, die ihren Mitgliederanteil in der CDU von 1969 bis 1980 leicht (+ 0,5 Prozentpunkte) erhöhen kann.

Bei den Landesverbänden fällt die Mitgliederzuwachsrate des Landesverbandes Westfalen-Lippe in Höhe von 437,1 % aus dem Rahmen, wobei der Schwerpunkt dieses Zuwachses im Zeitraum von 1972 bis 1976 liegt. Eine gezielte Mitgliederwerbeaktion der JU könnte die Ursache dafür sein. Die Dominanz der Landesverbände Rheinland und Rheinland-Pfalz geht von 1969 bis 1980 leicht zurück. 1980 ist der JU-Mitgliederanteil in den CDU-Landesverbänden Rheinland-Pfalz und Rheinland zwar leicht zurückgegangen, aber nach wie vor besonders hoch; die Landesverbände Berlin und Hamburg verlieren innerhalb der CDU-Mitgliedschaft an Bedeutung, während die des JU-Landesverbandes Westfalen-Lippe erheblich zunimmt.

Bezieht man abschließend die Gesamtmitgliedschaft der JU – also einschließlich der JU-Mitglieder, die nicht gleichzeitig CDU/CSU-Mitglieder sind – in die Analyse mit ein, so sind folgende Entwicklungen hervorzuheben(8):

- Im JU-Bundesverband mit über 200 000 Mitgliedern verteilen sich die Mitgliederzahlen der Landesverbände 1969 wie 1980 ähnlich wie im CDU-Bundesverband.
- Von 1969 bis 1980 wird die JU zu einem Verband der sich in Ausbildung befindlichen Jugendlichen, deren Anteil an der JU-Mitgliedschaft 1980 59 % beträgt.
- Der Frauenanteil liegt 1980 bei 26,1 % (CDU: 21,0 %); 60,6 % aller JU-Mitglieder sind unter 25 Jahren.

- Der Anteil der CDU/CSU-Mitglieder in der JU sinkt von 53,7 % im Jahre 1967 auf 34,6 % im Jahre 1980.

Die JU hat als Gesamtverband damit von 1969 bis 1980 den stärksten Strukturwandel ihrer Geschichte durchgemacht(9). Der geringe CDU-Mitgliederanteil, der hohe Anteil der Jugendlichen, die unter 25 Jahre sind und sich in Ausbildung befinden, dürfte das politische Gewicht der JU in der CDU verringern.

b) Frauenvereinigung (FV)

Nach der Satzung der FV wird jedes weibliche CDU-Mitglied automatisch Mitglied der Frauenvereinigung. Dies erschwert den Vergleich mit den übrigen Vereinigungen, in denen die Mitgliedschaft durch einen ausdrücklichen Willensakt erklärt werden muß. Wegen dieses Mitgliedschaftsautomatismus ist der Prozentsatz der permanent inaktiven und desinteressierten Mitglieder bei der FV besonders hoch, so daß man für einen realistischen Vergleich der Vereinigungsstärken höchstens 50 % der FV-Mitglieder berücksichtigen dürfte(10).

1969 hatte die Frauenvereinigung auf Bundesebene einen Anteil von 13,1 % an den CDU-Mitgliedern. Die Mitgliederanteile der Frauenvereinigungen in den Landesverbänden der CDU waren relativ gleichmäßig verteilt, wenn man von den Spitzenwerten in Berlin, Hamburg und Bremen absieht, und kein FV-Landesverband konnte aufgrund seiner Mitgliederstärke im Bundesverband die Frauenvereinigung dominieren. Die Landesverbände Rheinland und Westfalen-Lippe haben zusammen einen Mitgliederanteil an der FV in Höhe von 42,4 % (vgl. Tabelle 25). Der Mitgliederzuwachs der FV von 1969 bis 1980 ist doppelt so hoch wie der der Gesamt-CDU und der höchste von allen Vereinigungen. 1980 liegt der Mitgliederanteil der Frauen an der CDU-Mitgliedschaft bei 21,0 % (wegen weiterer Einzelheiten vgl. auch Abschnitt 1 a dieses Kapitels).

c) Sozialausschüsse der Christlich- Demokratischen Arbeitnehmerschaft (CDA)

1969 waren 5,3 % aller CDU-Mitglieder der CDA organisiert. Damit nimmt sie nach der JU den zweiten Platz unter den Vereinigungen mit eigenständiger Mitgliedschaft ein. Der Landesverband Rheinland, der allein 69,4 % aller CDA-Mitglieder in der CDU stellt, dominiert im CDA-Bundesverband. Die Landesverbände Westfalen-Lippe (10,2 %), Rheinland-Pfalz (6,5 %), Baden-Württemberg (5,5 %) und Niedersachsen (4,5 %) folgen dem Rheinland in weitem Abstand. In den übrigen Landesverbänden ist die CDA-Mitgliedschaft unbedeutend. Im CDU-Landesverband Rheinland ist der CDA-Mitgliederanteil mit 17,4 % besonders hoch, während die nächsthöchsten CDA-Mitgliederanteile nur 3,2 % (Berlin) usw. betragen (vgl. Tabelle 26).

Der Mitgliederzuwachs von 1969 bis 1980 beträgt bei der CDA 40,2 % (vgl. Tabelle 26); er liegt damit weit unter dem der Gesamt-CDU und ist auch der geringste Zuwachs aller Vereinigungen in diesem Zeitraum. Die Landesverbände Hessen (630,1 %) und Schleswig-Holstein (545,0 %) haben einen besonders hohen Mitgliederzuwachs, was allerdings auf ihre besonders geringe CDA-Mitgliederzahl im Jahre 1969 und den damit

Tabelle 26: Mitgliederentwicklung der in der CDA und KPV organisierten CDU-Mitglieder 1969–1980

LV	CDA			
	Mi.-Zahl 1969	Mi.-Zuwachs 1969–80	Anteil CDA–LV/ CDA–BV 1969	Veränd. Anteil CDA–LV/ CDA–BV 1969–80
	absolut	%	%	%-Pkt.
BW	882	44,1	5,5	0,1
B	239	30,6	1,5	– 0,8
HB	26	– 7,7	0,2	– 0,1
HH	101	– 15,8	0,6	– 0,2
H	73	630,1	0,4	2,0
NS	725	71,9	4,5	1,0
RH	11 144	12,8	69,4	– 13,6
WL	1 633	120,8	10,2	5,8
RP	1 039	139,6	6,5	4,6
S	169	129,6	1,1	0,6
SH	20	545,0	0,1	0,5
BV	16 050	40,2	–	–
	KPV			
LV	Mi.-Zahl 1969	Mi.-Zuwachs 1969–80	Ant. KPV–LV/ KPV–BV 1969	Veränd. Anteil KPV–LV/ KPV–BV 1969–80
	absolut	%	%	%-Pkt.
BW	880	42,2	8,4	– 1,0
B	52	– 4,0	0,5	– 0,2
HB	55	– 49,0	0,5	– 0,3
HH	57	– 36,8	0,5	– 0,3
H	90	634,4	0,8	3,1
NS	1 147	6,7	10,9	– 3,6
RH	4 728	9,0	44,9	– 14,6
WL	1 177	15,7	11,2	– 3,1
RP	588	819,4	5,6	28,6
S	516	– 6,6	4,9	– 2,0
SH	1 235	– 7,4	11,7	– 4,9
BV	10 525	59,6	–	–

Quelle: ZM

verbundenen Nachholbedarf zurückzuführen ist. Aber auch die Landesverbände Rheinland-Pfalz, Saarland, Westfalen-Lippe und Niedersachsen haben erheblich über dem Durchschnitt liegende Mitgliederzuwachsraten.

1980 ist der CDA-Anteil an den CDU-Mitgliedern auf 3,3 % gesunken. Damit kann die CDA zwar die zweite Position nach der JU im Vergleich zu den ähnlich organisierten Vereinigungen halten, aber im Vergleich zu 1969 hat sie ihren Mitgliederanteil fast um die Hälfte verringert; ihre Mitgliederbasis ist erheblich schmaler geworden. In der Mehrzahl der Landesverbände sinkt aufgrund des im Vergleich zur CDU erheblich geringeren Gesamtmitgliederzuwachses der Mitgliederanteil der CDA. Dies gilt ganz besonders für den Landesverband Rheinland, dessen CDU-Mitgliederanteil 1980 nur noch 9,5 % beträgt; aber auch in den Landesverbänden Berlin, Hamburg, Bremen, Niedersachsen, Baden-Württemberg und Westfalen-Lippe sinkt der Mitgliederanteil teilweise nicht unerheblich. Nur in den Landesverbänden Schleswig-Holstein, Saarland, Rheinland-Pfalz und Hessen steigt er geringfügig an.

Der Landesverband Rheinland stellt auch 1980 noch 55,8 % aller in der CDU organisierten CDA-Mitglieder, gefolgt von Westfalen-Lippe mit 16,0 % und Rheinland-Pfalz mit 11,1 %. Diese drei Landesverbände vereinigen 82,9 % aller CDA-Mitglieder auf sich. Im Rheinland hat die CDA traditionell eine starke politische Position. Aufgrund ihres hohen Organisationsgrades, ihres gut ausgebauten hauptamtlichen Apparates mit mehreren Sozialsekretären auf Landes- und Bezirksebene sowie der CDA-Bundesgeschäftsstelle und der Jakob-Kaiser-Stiftung hat sie hier nach wie vor ihre entscheidende Machtbasis; diese scheint aber langsam zu bröckeln, denn von 1969 bis 1980 halbiert sich ihr Mitgliederanteil in der CDU des Rheinlandes.

Neben dem Mitgliederrückgang in der CDU scheint ein weiteres Problem der CDA ihre Fixierung auf das katholische Milieu zu sein. Die Christlich-Demokratische Arbeitnehmerschaft ist seit ihrer Gründung ganz bewußt eine katholische Arbeitnehmerbewegung gewesen und bis 1980 auch geblieben. Die CDA ist daher nur dort stark, wo es auch ein hochentwickeltes katholisches Organisationswesen, insbesondere auch innerhalb der Arbeitnehmerschaft, und eine gefestigte Tradition der katholischen Arbeitnehmerbewegung gibt. In allen protestantischen Gebieten spielt sie nahezu keine Rolle; daß sie überhaupt in mehrheitlich protestantischen Landesverbänden Mitglieder hat, hängt teilweise damit zusammen, daß sie dort in den katholischen Enklaven, z. B. in Niedersachsen im Landesverband Oldenburg, besonders stark ist. Da es im Deutschen Reich – von regionalen Gruppierungen, wie z. B. dem Christlich- Sozialen Volksdienst in Baden-Württemberg abgesehen – keine starken evangelischen Arbeitnehmerorganisationen gegeben hat, fehlte der CDA im protestantischen Bereich auch die organisatorische Anknüpfung für eine Zusammenarbeit und mögliche Integration evangelischer Arbeitnehmer in die CDA und in die CDU.

Die katholische Soziallehre ist nach wie vor das politische Integrationselement der CDA, weshalb sie auch schwerlich als interkonfessionelle Vereinigung bezeichnet werden kann. Die einseitige Bindung der CDA an den Katholizismus hat Abschrekkungseffekte gegenüber Arbeitnehmern aus nicht-konfessionellen oder anderen konfessionellen Bereichen zur Folge, was auch der CDU die Erschließung dieser wichtigen Wählergruppe erschweren kann.

Innerhalb der CDU gibt es erheblich mehr Arbeiter als CDA-Mitglieder – und dies ist ein weiteres Problem der CDA. 1980 sind 10,6 % aller CDU-Mitglieder Arbeiter, aber nur 3,3 % der CDU-Mitglieder sind in der CDA organisiert. Ein direkter Zusammenhang zwischen der Entwicklung der CDA-Mitgliederzahl und dem CDU-Arbeiteranteil ist auch in den Landesverbänden nicht erkennbar. Der CDA-Mitgliederzuwachs in den siebziger Jahren scheint nicht zuletzt auf den erheblichen Zustrom an – häufig akademisch gebildeten – Angestellten und Beamten zurückzuführen sein. Dies könnte zusätzliche Probleme für das Selbstverständnis und die politische Integrationskraft der CDA aufwerfen(11).

d) Kommunalpolitische Vereinigung der CDU und CSU (KPV)

Der CDU-Mitgliederanteil der KPV beträgt 1969 3,5 %, womit sie unter den vergleichbaren vier Vereinigungen an dritter Stelle steht. Einen erheblich über dem Bundesdurchschnitt liegenden Mitgliederanteil haben die Landesverbände Rheinland und Schleswig-Holstein (jeweils 7,4 %) sowie Bremen (3,9 %) und Niedersachsen (3,6 %). Im Vergleich zu anderen Vereinigungen sind die Mitglieder der KPV gleichmäßiger auf die Landesverbände verteilt. So stellt zwar 1969 der Landesverband Rheinland immerhin 44,9 % aller KPV-Mitglieder, aber die Landesverbände Schleswig-Holstein, Westfalen-Lippe, Niedersachsen und Baden-Württemberg stellen zusammen 42,2 % aller KPV-Mitglieder (vgl. Tabelle 26).

Der Mitgliederzuwachs der KPV im Untersuchungszeitraum beträgt 59,6 %, liegt im Vergleich zu den anderen vier Vereinigungen an dritter Stelle und weit unterhalb des Mitgliederzuwachses der CDU. Der CDU-Mitgliederanteil der KPV geht daher von 1969 bis 1980 um 1,1 Prozentpunkte auf 2,4 % zurück. Einen weit überdurchschnittlichen Mitgliederzuwachs können die Landesverbände Rheinland-Pfalz (819,4 %) und Hessen (634,4 %) vorweisen, wobei dieser 1969 sehr wenig KPV-Mitglieder hatte. In den Stadtstaaten sowie in Schleswig-Holstein existiert 1980 praktisch keine KPV mehr. 1980 beträgt der CDU-Mitgliederanteil der KPV im Bundesdurchschnitt nur noch 2,4 %. Nur im Landesverband Rheinland-Pfalz steigt der KPV-Mitgliederanteil erheblich von 1,5 % auf 7,0 % an, während er in allen übrigen Landesverbänden fällt. Dementsprechend verändern sich auch die Mitgliederanteile der KPV-Landesverbände.

Ende der siebziger Jahre stellten die Unionsparteien etwa 60 000 kommunale Mandatsträger, denen 1980 etwa 17 000 KPV-Mitglieder gegenüberstehen, so daß die KPV maximal ein Drittel ihres Adressatenkreises in ihren Reihen vereinigt, wobei z. B. die kommunalen Wahlbeamten als potentielle KPV-Mitglieder dabei noch nicht berücksichtigt sind.

e) Mittelstandsvereinigung der CDU/CSU (MIT)

Die Mittelstandsvereinigung ist die Organisation der Selbständigen, Unternehmer und leitenden Angestellten in der CDU. 1969 sind auf Bundesebene 2,7 % aller CDU-Mitglieder in der MIT organisiert, womit sie den geringsten Organisationsgrad aller Vereini-

Tabelle 27: Mitgliederentwicklung der in der MIT und UVF organisierten CDU-Mitglieder 1969–1980

LV	MIT			
	Mi.-Zahl 1969	Mi.-Zuwachs 1969–80	Anteil MIT–/LV/ MIT–BV 1969	Veränd. Anteil MIT–LV/ MIT–BV 1969–80
	absolut	%	%	%-Pkt.
BW	631	28,1	7,6	−3,2
B	30	− 23,3	0,4	−0,3
HB	7	100,0	0,1	0,0
HH	61	− 41,0	0,7	−0,5
H	371	90,6	4,5	−0,6
RH	5332	134,4	64,3	4,2
WL	692	254,3	8,3	1,3
RP	955	60,1	11,5	−3,1
S	13	1769,2	0,2	1,1
SH	71	98,6	0,9	−0,1
BV	8297	120,0	–	–
	UVF			
LV	Mi.-Zahl 1969	Mi.-Zuwachs 1969–80	Ant. UVF–LV/ UVF–BV 1969	Veränd. Anteil UVF–LV/ UVF–BV 1969–80
	absolut	%	%	%-Pkt.
BW	2473	52,2	14,0	−2,1
B	999	− 2,0	5,7	−2,6
HB	110	1,8	0,6	−0,3
HH	242	− 4,5	1,4	−1,0
H	4451	77,5	25,3	−0,4
RH	2140	130,9	12,1	3,5
WL	1642	166,3	9,3	4,5
RP	542	59,0	3,1	−0,4
S	102	71,6	0,6	0,0
SH	1684	30,7	9,6	−2,8
BV	17617	78,0	–	–

Quelle: ZM

gungen aufweist. Nur im Landesverband Rheinland beträgt ihr CDU-Mitgliederanteil 8,3%, in allen übrigen Landesverbänden liegt er unter dem Bundesdurchschnitt. Der Landesverband Rheinland ist 1969 innerhalb der MIT dominant, da er 64,3% aller Mitglieder stellt (vgl. Tabelle 27).

Im Untersuchungszeitraum hat die MIT einen Mitgliederzuwachs von 120,0 % und damit den höchsten Zuwachs aller Vereinigungen, wenn man von der Frauenvereinigung absieht. Bei den Landesverbänden ragt der Mitgliederzuwachs des Saarlandes mit 1769,2 % besonders hervor, wobei allerdings zu berücksichtigen ist, daß dieser Landesverband 1969 nur dreizehn MIT-Mitglieder hatte. Weit überdurchschnittliche Mitgliederzuwachsraten haben ebenfalls die Landesverbände Hessen (270,2 %), Westfalen-Lippe (244,3 %) und Rheinland (134,4 %).

Im Jahre 1980 hat die MIT einen CDU-Mitgliederanteil von 2,6 %, was im Vergleich zu 1969 einen Rückgang von 0,1 Prozentpunkten bedeutet. Dies ist mit Ausnahme der JU der geringste Rückgang von allen vergleichbaren Vereinigungen. Dies wird besonders deutlich z. B. im Vergleich zur CDA, die um 2,0 Prozentpunkte schrumpft und 1980 nur noch einen Mitgliederanteil von 3,3 % besitzt, während sie 1969 noch fast doppelt so stark in der CDU vertreten war wie die MIT. Insofern kann von einem bemerkenswerten innerparteilichen Aufstieg der MIT im Vergleich zu den anderen Vereinigungen innerhalb der CDU gesprochen werden. Allerdings sind die Mitgliederzahlen der MIT sehr stark regional konzentriert.

Die schon 1969 festgestellte Dominanz der MIT durch den besonders starken Landesverband Rheinland hat sich noch erhöht, da er 1980 68,5 % aller in der CDU organisierten MIT-Mitglieder stellt; nur noch die Landesverbände Westfalen-Lippe (9,6 %) und Rheinland-Pfalz (8,4 %) haben erwähnenswerte Mitgliederanteile, alle übrigen Landesverbände sind unbedeutend. Der Aufstieg der MIT dürfte sich daher insbesondere auf die innerparteilichen Verhältnisse im Landesverband Rheinland auswirken, weil sich dort 1980 die CDA und MIT in der CDU-Mitgliedschaft gleich stark gegenüberstehen, womit die traditionelle Vorherrschaft der CDA im Rheinland in Frage gestellt sein dürfte.

Vergleicht man nur den Anteil der Selbständigen in der CDU, die als potentielle MIT-Mitglieder angesehen werden können, in Höhe von 25,0 % mit dem MIT-Mitgliederanteil in Höhe von 2,6 %, so hat die MIT weniger als ein Achtel ihres potentiellen Mitgliederanteils in ihren eigenen Reihen organisiert.

Die Öffnung der MIT von einer Vereinigung des traditionellen Mittelstandes der Handwerker und selbständigen Berufe zu einer Vereinigung, die auch leitende Angestellte der Wirtschaft sowie höhere Angestellte und Beamte des öffentlichen Dienstes in sich vereinigt, hat das innerverbandliche Konfliktpotential der MIT erhöht. Insofern stellen sich für die MIT bezüglich ihres Selbstverständnisses und ihrer politischen Integrationskraft ähnliche Probleme wie für die mit ihr konkurrierende CDA. Ein weiteres Problem der MIT ist ihr Spannungsverhältnis zum Wirtschaftsrat und zu einer potentiellen Wirtschaftsvereinigung, deren Gründung auf Bundesebene als Zusammenschluß von Wirtschaftsrat und MIT immer noch aussteht[(12)].

f) Die Union der Vertriebenen und Flüchtlinge – Ost- und Mitteldeutsche Vereinigung (UVF)

Durch die automatische Mitgliedschaft in der UVF sind deren Mitgliederanteile wie bei der FV nur schwer mit denen der übrigen Vereinigungen zu vergleichen, da ihre Mitgliederzahl allein wenig über das dahinterstehende Aktivitätspotential aussagt.

1969 waren 5,8 % aller CDU-Mitglieder Vertriebene oder Flüchtlinge und damit potentielle Mitglieder der UVF(13). Damit belegt sie nach der Frauenvereinigung und der Jungen Union den dritten Platz unter den Vereinigungen. Über dem Durchschnitt liegende CDU-Mitgliederanteile hat die UVF in den Landesverbänden Niedersachsen (14,1 %), Hessen (13,8 %), Berlin (12,3 %), Schleswig-Holstein (10,1 %), Bremen (7,8 %) und Hamburg (6,8 %). Bei den übrigen Landesverbänden sind die Werte unterdurchschnittlich und bewegen sich zwischen 0,3 % (Saarland) und 5,7 % (Baden-Württemberg). Der stärkste Landesverband ist 1969 innerhalb der UVF der Landesverband Niedersachsen mit 25,3 %, während sich die übrigen Mitgliederzahlen auf die Landesverbände gleichmäßig verteilen (vgl. Tabelle 27).

Der Mitgliederzuwachs von 1969 bis 1980 beträgt bei der UVF 78,0 %, womit sie an vierter Stelle aller Vereinigungen steht und erheblich unter dem Gesamtmitgliederzuwachs der CDU bleibt. Überdurchschnittliche Mitgliederzuwachsraten haben die Landesverbände Westfalen-Lippe (166,3 %), Rheinland (130,9 %), Hessen (86,9 %). Den höchsten Mitgliederzuwachs kann die UVF für die Zeit von 1969 bis 1972 mit 57,8 % verzeichnen, womit sie erheblich über dem Mitgliederzuwachs der CDU liegt und an zweiter Stelle von allen Vereinigungen, dicht hinter der MIT. Von 1976 bis 1980 geht die Mitgliederzahl der UVF um 12,5 % zurück, womit sie an der Spitze aller Vereinigungen liegt und sich erheblich vom Gesamttrend der CDU abhebt, die immerhin noch einen Zuwachs von 6,4 % erreicht. Bemerkenswert ist, daß diese Mitgliederzahl in allen Landesverbänden zurückgeht, wenngleich in unterschiedlicher Höhe.

Die UVF hat offensichtlich ihren Höhepunkt in der Mitgliederzahl erreicht, die auch künftig eher sinken dürfte, da die Zahl der Vertriebenen und Flüchtlinge aufgrund ihrer Altersstruktur zurückgeht und die Konfrontation in der Deutschland- und Ostpolitik zwischen der Union und den übrigen Parteien beendet ist, die von 1969 bis 1972 zugunsten der UVF mobilisierend gewirkt hat. 1980 hat die UVF formal einen CDU-Mitgliederanteil von 4,6 %, der im Vergleich zu 1969 um 1,2 Prozentpunkte zurückgegangen ist, womit sie noch an dritter Stelle unter den Vereinigungen steht. In den Landesverbänden Hessen (9,3 %), Niedersachsen (7,9 %), Berlin (6,8 %), Schleswig-Holstein (5,6 %) hat sie einen vergleichsweise hohen CDU-Mitgliederanteil, in den übrigen Landesverbänden ist er eher unbedeutend.

4. Entwicklung der innerparteilichen Machtposition der Vereinigungen

Die Mitgliederanteile der Vereinigungen unter den CDU-Mitgliedern sind ein Maßstab für deren Machtbasis im innerparteilichen Wettbewerb um politischen Einfluß. Mit höherer Mitgliederzahl wachsen die Aussichten der Vereinigungen, innerhalb der

Partei ihre Vorstellungen ganz oder teilweise durchzusetzen. Natürlich hängt dies auch vom Geschick der Vereinigungsführung, der Aktivität der Vereinigungsmitglieder, der politischen Konstellation, den möglichen innerparteilichen Bündnispartnern usw. ab – aber Grundvoraussetzung für die Einflußnahme einer Vereinigung innerhalb der Partei ist eine Mindestzahl an Mitgliedern, Delegierten, Amts- und Mandatsträgern, denn nur dann ist die Gesamtpartei gezwungen, auf die Forderungen der Vereinigung einzugehen.

Mitgliederpotentiale der Vereinigungen geben also einen Hinweis auf innerparteiliche Einflußpotentiale. Addiert man die Mitgliederpotentiale aller Vereinigungen der CDU auf der jeweiligen Parteiebene, erhält man eine Maßzahl für die Einflußmöglichkeiten der Vereinigungen auf den innerparteilichen Willensbildungsprozeß. Sie kann auch als Maßzahl für den Grad der »Versäulung« (14) einer Parteiorganisation bezeichnet werden, denn je höher die Einflußpotentiale der Vereinigungen sind, um so eher haben sie die Möglichkeit, ihren Interessen entgegenstehende Entscheidungen der Partei zu verhindern oder Kompromisse in ihrem Sinne herbeizuführen. Dabei können politisch miteinander konkurrierende, gleich starke Vereinigungen sich gegenseitig und damit auch die innerparteiliche Entscheidungsfindung blockieren. Ist der Versäulungsgrad einer Parteiorganisation und das innerparteiliche Konfliktpotential hoch, werden politische Mehrheitsentscheidungen erschwert; Kompromiß und Vertagung als Methoden der Entscheidungsfindung in Sachfragen und des Proporzes in Personalfragen spielen dann eine große Rolle.

Die Mitgliederstärke einer Vereinigung gibt Auskunft darüber, inwieweit die Partei im allgemeinen und die Parteiführung im besonderen gezwungen sind, bei ihren Entscheidungen auf diese Rücksicht zu nehmen. Sind Mindesteinflußpotentiale mehrerer Vereinigungen gegeben, wäre im einzelnen zu untersuchen, inwieweit sich diese von ihrer politischen Zielsetzung her kumulieren oder neutralisieren. Gleichzeitig müßten Mobilisierungs- und Aktivitätsgrad der Vereinigung im einzelnen untersucht werden, die anhand von Delegiertenzahlen, der Zahl der Amts- und Mandatsträger innerhalb der Partei gemessen werden könnten (vgl. dazu den nachstehenden Abschnitt).

Neben den Einflußpotentialen der einzelnen und aller Vereinigungen, die wegen der regionalen Konzentration einiger Vereinigungen auch auf Landesverbandsebene von Interesse sind, werden auch die Auswirkungen des CDU-Mitgliederzuwachses von 1969 bis 1980 auf die innerparteiliche Machtposition der Vereinigungen untersucht.

Der Mitgliederzuwachs der Vereinigungen von 1969 bis 1980 war um 17,5% höher als der Gesamtmitgliederzuwachs der CDU. Aus Tabelle 25 ist ersichtlich, daß dieser hohe Mitgliederzuwachs aller Vereinigungen insbesondere durch die Frauenvereinigung getragen wird. Deshalb liegt es nahe, den Mitgliederzuwachs aller Vereinigungen dem der CDU unter Ausklammerung der weiblichen Mitglieder bei beiden gegenüberzustellen. Auch dann liegt der Mitgliederzuwachs der Vereinigungen noch um 6,7% höher als der der Gesamt-CDU. Dieses Ergebnis ist insofern irreführend, als bei den CDU-Mitgliedern die Frauen ohne weiteres herauszurechnen sind, bei den Vereinigungen selbst aber unter Weglassen der Frauenvereinigung die weiblichen Mitglieder der übrigen Vereinigungen in den Zahlen noch enthalten sind, da sie statistisch nicht gesondert ausgewiesen werden. Um zu einem zutreffenden Vergleich zu kommen, müßten also alle weiblichen Mitglieder der übrigen Vereinigungen abgezogen werden, und dann dürfte der Mitgliederzuwachs der Vereinigungen keineswegs mehr höher sein als der der CDU, sondern eher niedriger. Abgesehen von FV und JU haben alle übrigen Vereinigungen auch einen Rückgang ihres CDU-Mitgliederanteils zu verzeichnen.

Hinter den Bundesdurchschnittszahlen verbergen sich wiederum sehr unterschiedliche Entwicklungen in den einzelnen Landesverbänden. In folgenden Landesverbänden ist der Mitgliederzuwachs aller Vereinigungen unter Einschluß der Frauenvereinigung im Untersuchungszeitraumn höher als der CDU-Mitgliederzuwachs: Westfalen-Lippe (+132,9 Prozentpunkte), Saarland (+75,6), Rheinland-Pfalz (+63,0), Hessen (+33,7) und Baden-Württemberg (+18,4). In den Landesverbänden Saarland, Baden-Württemberg und Westfalen-Lippe hatten die Vereinigungen 1969 noch eine sehr geringe Mitgliederzahl, so daß hier deren Mitgliederzuwachs zu einer Angleichung an die übrigen Landesverbände bzw. an den Bundesdurchschnitt führte, während in Rheinland-Pfalz der Vereinigungsanteil schon überdurchschnittlich hoch war und die Vereinigungen dort ihre Position weiter ausbauen konnten. In den übrigen Landesverbänden war der Mitgliederzuwachs aller Vereinigungen niedriger als der der CDU, so daß hier von einer Verminderung ihrer Einflußmöglichkeiten gesprochen werden kann.

Als Folge der unterschiedlichen Mitgliederentwicklung von 1969 bis 1980 in den einzelnen Vereinigungen verändert sich auch deren Position in Konkurrenz zu den übrigen Vereinigungen. Wenn man die Mitgliederstärke der jeweiligen Vereinigung in Relation zur Gesamtmitgliederzahl aller Vereinigungen betrachtet, so erfährt das Vereinigungssystem der CDU eine nicht unwichtige Verlagerung insofern, als von einem Aufstieg der Frauenvereinigung zur weitaus stärksten Vereinigung gesprochen werden kann. Dies gilt auch, wenn man die automatische Mitgliedschaftsregelung der FV berücksichtigt und deshalb die Hälfte ihrer Mitglieder abzieht; auch dann ist sie die mitgliederstärkste Vereinigung, was nicht bedeutet, daß sie auch politisch am einflußreichsten wäre. Während die FV 1969 noch 33,4% aller Vereinigungsmitglieder stellte, umfaßte sie 1980 mit 49,6% fast die Hälfte aller Vereinigungsmitglieder. Dem Aufstieg der FV entspricht ein Abstieg der CDA, deren Mitgliederanteil an allen Vereinigungen von 13,5% (1969) auf 7,7% im Jahre 1980 sinkt und damit in Relation zu den übrigen Vereinigungen fast die Hälfte ihrer Mitgliederstärke einbüßt. Auch die KPV und die UVF gehen in ihrem Mitgliederanteil um etwa ein Drittel zurück, während die JU und die MIT durch einen sehr geringen Rückgang ihres Mitgliederanteils ihre Position von 1969 auch 1980 knapp halten können.

Der Mitgliederanteil aller Vereinigungen an den CDU-Mitgliedern ist von 38,4% im Jahre 1969 auf 42,4% im Jahre 1980 gestiegen. Die Versäulung der CDU hat also insgesamt zugenommen. Berücksichtigt man die Tatsache der automatischen Mitgliedschaft bei FV und UVF dadurch, daß man bei diesen Vereinigungen nur 50% der Mitglieder anrechnet (bereinigter Mitgliederanteil), so liegt der Organisationsgrad aller Vereinigungen innerhalb der CDU 1980 immer noch bei 30% aller CDU-Mitglieder. Bei derartigem Organisationsgrad dürfte die Parteiführung sicherlich gezwungen sein, auf die Vorstellungen der Vereinigungen politisch Rücksicht zu nehmen, wobei diese Frage anhand der Funktions- und Mandatsträgerstrukturanalyse weiterverfolgt wird.

Auf Landesebene dürften sich hohe Mitgliederpotentiale von Vereinigungen spürbarer im innerparteilichen Willensbildungsprozeß auswirken, weshalb sich eine Analyse auf der Ebene der Landesverbände anbietet. Dabei zeigt sich, daß die Mitgliederpotentiale aller Vereinigungen in den Landesverbänden zwischen 26,3 % (Baden-Württemberg) und 67,4 % (Rheinland) differieren und somit hohe Schwankungen aufweisen. Die Addition aller Mitgliederanteile der Vereinigungen kann nur ein erster Hinweis darauf sein, ob diese überhaupt Einfluß auf die innerparteiliche Willensbildung nehmen können, was generell für alle Landesverbände ebenso wie für den Bundesverband zutrifft. Allerdings gibt erst eine Analyse, die nach den Mitgliederpotentialen der einzelnen Vereinigungen differenziert, deren reale Machtposition im Landesverband wieder.

Um den Gesamtüberblick über die Landesverbände zu erleichtern, wird davon ausgegangen, daß nur die Vereinigungen, die mindestens 2 % aller CDU-Mitglieder organisiert haben, einen politischen Mindesteinfluß ausüben können, während alle Mitgliederpotentiale darunter aufgrund ihrer geringen Zahl für die weitere Untersuchung vernachlässigt werden können. Der Anteil von 2 % wird hier im Hinblick auf die Tatsache festgelegt, daß z. B. die KPV nur 2,4 % und die MIT nur 2,6 % aller CDU-Mitglieder auf Bundesebene organisiert hat, trotzdem aber einflußreich sind, woraus zu schließen wäre, daß dieses Mitgliederpotential für eine Mindesteinflußnahme ausreicht. Würde man den Maßstab höher ansetzen, käme man zu dem der Realität widersprechenden Ergebnis, daß mehrere Vereinigungen wegen geringerer Mitgliederzahlen einflußlos wären; würde man ihn niedriger ansetzen (z. B. auf 1 %), würde dies eher unbedeutende Mitgliederpotentiale unangemessen stark berücksichtigen.

Bei der Analyse der Landesverbände anhand der genannten Kriterien stellt sich heraus (vgl. Tabelle 28), daß 1980 der Landesverband Rheinland der einzige ist, in dem alle Vereinigungen über ein Mindesteinflußpotential verfügen, wobei dies bei der Mehrzahl der Vereinigungen als sehr hoch qualifizert werden kann. Der Landesverband Rheinland stellt ohnehin mit seinem Anteil aller Vereinigungen an der CDU-Mitgliedschaft in Höhe von 67,4 % eine Ausnahme innerhalb der CDU dar. Der Versäulungsgrad ist damit extrem hoch, was sich auf den innerparteilichen Willensbildungsprozeß entsprechend auswirken dürfte. Neben der starken Stellung der JU und der FV im Landesverband Rheinland ist bemerkenswert, daß dort der Mitgliederanteil der CDA entscheidend zurückgegangen und der der MIT angestiegen ist, so daß sich 1980 CDA und MIT gleich stark gegenüberstehen.

Auch der Landesverband Rheinland-Pfalz weist einen hohen Versäulungsgrad auf (50,3 %), da mit Ausnahme der UVF alle Vereinigungen mit einflußreichen Mitgliederpotentialen vertreten sind. Der Versäulungsgrad des Landesverbandes Westfalen-Lippe mit 39,5 % ist erheblich niedriger, wenngleich in diesem Landesverband immerhin vier Vereinigungen über Einflußpotentiale verfügen. Diese drei Landesverbände der CDU,

Tabelle 28: Mitgliederpotentiale der Vereinigungen in den CDU-Landesverbänden 1980

	JU	FV	CDA	KPV	MIT	UVF	Anz. Vereinig. m. Einfluß (80)	Anz. Vereinig. m. Einfluß (69)	Diff. 80–69
BW	x	xxx	–	–	–	xx	3	5	–2
B	xx	xxx	–	–	–	xx	3	4	–1
HB	x	xxx	–	–	–	x	3	4	–1
HH	xx	xxx	–	–	–	–	2	4	–2
H	x	xxx	–	–	–	xxx	3	3	0
NS	x	xxx	–	–	–	xxx	3	5	–2
RH	xxx	xxx	xxx	xx	xxx	x	6	6	0
WL	xxx	xxx	x	–	–	x	4	5	–1
RP	xxx	xxx	x	xx	x	–	5	4	1
S	x	xxx	–	–	–	–	2	3	–1
SH	–	xxx	–	x	–	xx	3	4	–1
BV.CDU	xxx	xxx	x	x	x	xx	6	6	0
LV-V 80	10	11	3	3	2	8	37	–	–
LV-V 69	11	11	7	7	2	9	–	47	10

Quelle: ZM

Erläuterungen:
Mitgliederpotentiale der Vereinigungen
xxx: = sehr hoch (ab 8%)
xx : = hoch (ab 4%)
x : = vorhanden (ab 2%)
– : = nicht vorhanden (unter 2%)

LV–V 80/69: Anzahl der CDU-Landesverbände, in denen die jeweilige Vereinigung über ein Mindesteinflußpotential verfügt.

in denen 49% aller CDU-Mitglieder organisiert sind, weisen den höchsten Versäulungsgrad auf, wenn man die Zahl der einflußreichen Vereinigungen und nicht nur die Höhe des Versäulungsgrades berücksichtigt. In diesen Landesverbänden dürfte das innerparteiliche Konfliktpotential eher hoch, der Zwang zum Kompromiß, zur politischen und personellen Integration der Vereinigungen besonders stark ausgeprägt sein.

Während der Versäulungsgrad im Rheinland von 1969 bis 1980 um 3,2 Prozentpunkte zurückging, stieg er in Rheinland-Pfalz um 12,1 und in Westfalen-Lippe um 14,2 an. In allen übrigen Landesverbänden – mit Ausnahme des Saarlandes – ist der Versäulungsgrad eher durchschnittlich, da nur jeweils drei Vereinigungen über Mindesteinflußpotentiale verfügen, wobei die Stärke der jeweiligen Vereinigungen, insbesondere der FV, sehr unterschiedlich sein kann. Der Landesverband Saarland hat mit zwei einflußreichen Vereinigungen (JU, FV) den geringsten Versäulungsgrad von allen Landesverbänden. Legt man bei den Landesverbänden den bereinigten Organisationsgrad der Vereinigungen zugrunde, so liegen mit Ausnahme von Baden-Württemberg, Schleswig-Holstein und Saarland alle Landesverbände bei über 20%.

Die Analyse der Vereinigungen unter dem Gesichtspunkt, in welchem Landesverband sie über ein Mindesteinflußpotential verfügen, zeigt, daß dies in jedem Landesverband für die FV zutrifft und für die JU ebenfalls – mit Ausnahme von Schleswig-Holstein, wo die JU 1980 im Gegensatz zu 1969 unter 2% der CDU-Mitglieder auf sich vereinigt. Die UVF ist 1980 noch in acht Landesverbänden mit einflußreichen Mitgliederpotentialen vertreten, wobei die Zahl aus den dargelegten Gründen realiter erheblich niedriger sein dürfte; die CDA ist nur noch in drei Landesverbänden (1969: sieben) mit einem Mindesteinflußpotential vertreten, das sich aber besonders im Rheinland konzentriert. Auch die KPV ist nur noch in drei Landesverbänden (1969: sieben) mitgliederstark, nämlich im Rheinland, in Rheinland-Pfalz und in Schleswig-Holstein. Die MIT ist sowohl 1969 wie 1980 nur in den Landesverbänden Rheinland und Rheinland-Pfalz mitgliederstark, wobei der Schwerpunkt im Rheinland liegt.

Angesichts der im Vergleich zur JU und FV nur schwach regional gestreuten Präsenz der MIT sowie der KPV und CDA innerhalb der CDU könnte die Frage gestellt werden, ob es sich hier um echte, bundesweit operierende Vereinigungen oder um Regionalorganisationen mit bundesweitem Führungsanspruch handelt. Tabelle 28 bestätigt auch die Vermutung, daß die Einflußpotentiale fast aller Vereinigungen von 1969 bis 1980 innerhalb der CDU-Landesverbände zurückgehen.

Berechnet man den durchschnittlichen Mitgliederanteil der Landesverbände an allen Vereinigungen, so ist der Landesverband Rheinland bei allen Vereinigungsmitgliedern doppelt so stark vertreten wie in der CDU-Mitgliedschaft und der Landesverband Rheinland-Pfalz immerhin noch mit 3,8 Prozentpunkten überrepräsentiert. Alle übrigen Landesverbände sind im Vergleich zu ihrem CDU-Mitgliederanteil bei den Vereinigungen unterrepräsentiert, wobei die Landesverbände Niedersachsen, Baden-Württemberg und Saarland ganz besonders stark unterrepräsentiert sind.

Die Angaben in Tabelle 28 verdeutlichen auch, daß von 1969 bis 1980 die regionale Konzentration der Vereinigungsmitglieder zugenommen hat. Diese Konzentration der Mitgliedschaft einiger Vereinigungen auf wenige Landesverbände hat zur Folge, daß die gesamte Bundesvereinigung von diesen wenigen Landesverbänden in ihrer politischen Willensbildung dominiert werden kann. Die unausgewogene Mitgliederstruktur hat möglicherweise eine unausgewogene Willensbildungsstruktur zur Folge.

Die Analyse der regionalen Präsenz der Vereinigungen hat auch gezeigt, daß die Bundeszahlen das wahre Bild eher verschleiern als erhellen. Nur die Frauenvereinigung und die Junge Union können als voll ausgebildete, bundesweit präsente Suborganisationen der CDU angesehen werden.

Die regionale Mitgliederverteilung der Vereinigungen hat auch Auswirkungen auf die innerparteilichen Machtstrukturen der Landesverbände und des Bundesverbandes. Die regionale Konzentration einiger Vereinigungen kann zur Folge haben, daß die innerparteiliche Machtposition eines oder mehrerer Landesverbände dadurch zusätzlich gestärkt wird. Dies gilt z. B. für die Landesverbände Rheinland und Westfalen. Diese stellen zusammen 30,3% aller CDU-Mitglieder und gleichzeitig bei jeder der Vereinigungen mindestens 40% (bei der UVF nur knapp 30%) und bei drei Vereinigungen weit über 50% aller Vereinigungsmitglieder, was ihren ohnehin schon starken Einfluß in der CDU erhöht. Aus dem Landesverband Rheinland kommen 1980 allein drei Bundesvorsitzende von Vereinigungen (FV, KPV, UVF). Die Kumulierung von hohem Mitgliederanteil mit noch höherem Vereinigungsmitgliederanteil bei einigen wenigen Landesverbänden, der sich in Delegiertenzahlen sowie Amts- und Mandatsträgerzahlen niederschlägt, könnte daher zu einer regionalen Oligarchisierung des politischen Willensbildungsprozesses der Bundespartei führen. Diese Gefahr war in den fünfziger und sechziger Jahren sicherlich eher gegeben, als die nordrhein-westfälischen Landesverbände in den Parteiführungsgremien besonders stark vertreten waren. Hier hat sich von 1969 bis 1980 eine Veränderung zu Lasten des Einflusses der beiden nordrhein-westfälischen Landesverbände ergeben.

5. Strukturveränderungen in der Funktions- und Mandatsträgerschaft

Die Delegierten auf den Parteitagen, die Mitglieder von Führungsgremien der CDU und ihrer Vereinigungen auf den verschiedenen Parteiebenen und die Inhaber parlamentarischer Mandate auf Kreis-, Landes- und Bundesebene prägen als Funktionselite das Bild und bestimmen wesentlich die Sach- und Personalentscheidungen der Partei. Deshalb ist der Wandel der Funktions- und Mandatsträgerstruktur im Untersuchungszeitraum von besonderem Interesse.

Der Versuch, die Entwicklung von 1969 bis 1980 bzw. 1982 bei den Funktions- und Mandatsträgern darzustellen, stößt auf besondere Schwierigkeiten, weil die Zentrale Mitgliederkartei nur die jeweils aktuellen Bestandsdaten liefert. Um überhaupt Vergleichsdaten für die beginnende Oppositionszeit zu erhalten, wurden anhand der vorliegenden Namenslisten für die gewünschte Funktions- oder Mandatsträgergruppe des Jahres 1969 die aktuellen Daten der Zentralen Mitgliederkartei abgefragt. Dabei wurde in Kauf genommen, daß bei den in der Zwischenzeit ausgeschiedenen oder verstorbenen Mitgliedern dieser Gremien keine Daten abrufbar waren. Dies ist aber – wie man Tabelle 30 entnehmen kann – quantitativ unerheblich und hat höchstens einen Verzerrungseffekt bei der Altersstruktur der Mitglieder zur Folge. Als weiterer Einwand gegen diese Methode könnte vorgebracht werden, daß sich von 1969 bis 1980 die Beschäftigungsverhältnisse erheblich geändert haben könnten. Da aber nur die groben Kategorien wie Selbständige, Arbeiter, Angestellte, Beamte usw. in der Auswertung berücksichtigt werden, dürfte auch hier die Fehlerquelle quantitativ unbedeutend sein. Die übrigen Daten wie Jahrgang, Parteibeitritt, Konfession (mit Einschränkung) sind ohnehin nicht veränderlich.

Außerdem ist anzunehmen, daß bei der Vereinigungsmitgliedschaft eine Fehlerquote dadurch entsteht, daß Mitglieder erst nach 1969 einer Vereinigung beitraten oder aus ihr ausschieden. Auch hier scheint die Fehlerquote gering zu sein, denn wer Mitglied in einem Parteiführungsgremium im Jahr 1969 war, hat als langjähriges

Parteimitglied bereits über seine Vereinigungsmitgliedschaft entschieden; die Zahl derer, die erst nach 1969 einer Vereinigung beitraten, dürfte gering sein. Nur die JU-Mitglieder des Jahres 1969 sind mit der Abrufmethode wegen der Altersgruppe nicht mehr festzustellen, weshalb sie weggelassen wurden.

Die erwähnten Vorbehalte gegen diese methodische Vorgehensweise fallen also nicht ins Gewicht; vor allem gibt es keine andere Methode, um Strukturveränderungen in der Funktions- und Mandatsträgerschaft der CDU im Zeitraum von 1969 bis 1980 nachzuweisen.

Die Funktions- und Mandatsträger der CDU werden in der Zentralen Mitgliederkartei gesondert erfaßt, deren Daten sind daher auch separat abrufbar. Der Verfasser konnte in den Unterlagen der Zentralen Mitgliederkartei einen statistischen Ausdruck aller Funktions- und Mandatsträger vom März 1974 auswerten und diesen mit den Daten für den März 1982 vergleichen. Da diese Daten den jeweils aktuellen Stand wiedergeben, fallen die oben dargestellten Fehlerursachen weg. Weil auch die jeweils aktuellen Daten für die Mitglieder im Vergleichszeitpunkt vorliegen, ist ein Vergleich der Strukturveränderungen bei den Mitgliedern sowie bei den Funktions- und Mandatsträgern möglich.

a) Gesamtheit der Funktions- und Mandatsträger 1974 und 1982 auf allen Parteiebenen

In der Funktions- und Mandatsträgerstatistik der ZM sind die Funktionsträger der Partei (Parteivorstandsmitglieder) auf Kreis-, Landes- und Bundesebene einschließlich der Vereinigungsvorstände erfaßt worden; bei den Mandatsträgern sind alle Abgeordneten vom Gemeinderat an aufwärts bis zum Deutschen Bundestag berücksichtigt. Damit ist die Funktionselite der Partei auf allen Ebenen erfaßt.

Die Untersuchung der CDU-Mitglieder hat gezeigt, daß die 30- bis 59jährigen innerhalb der Partei erheblich stärker vertreten sind als unter den Wahlberechtigten. Dieser Trend zur Überrepräsentation der mittleren Altersgruppen setzt sich bei den Funktions- und Mandatsträgern verstärkt fort. 1982 gehörten 79,4 % der Funktions- und Mandatsträger der Altersgruppe zwischen 32 und 61 Jahren an, während es bei der Mitgliedschaft nur 68,9 % waren; 1974 war die Relation ähnlich. Die Altersgruppe der 42- bis 51jährigen ist unter den Funktions- und Mandatsträgern (32,9 %) wie unter den Mitgliedern (27,6 %) die stärkste Altersgruppe. Die 32- bis 41jährigen sind unter den Funktions- und Mandatsträgern mit 20,1 % und bei den Mitgliedern mit 21,1 % fast gleichgewichtig vertreten. Von 1974 bis 1982 hat sich die Altersstruktur der Funktions- und Mandatsträger nicht wesentlich geändert, was auch für die der Mitglieder gilt, weil die Verjüngung der CDU-Mitgliedschaft im wesentlichen wohl im Zeitraum von 1969 bis 1974 stattgefunden hat.

Die Konfessionsstruktur der Funktions- und Mandatsträger weicht 1982 von der der Mitglieder leicht zugunsten der Protestanten und zu Lasten der Sonstigen ab, während die Katholiken unter den Funktions- und Mandatsträgern ähnlich stark vertreten sind wie bei den Mitgliedern (Vgl. Tabelle 29). Von 1974 bis 1982 hat sich bei den Funktions- und Mandatsträgern die Überrepräsentation der Protestanten im Vergleich zur Mit-

Tabelle 29: Struktur der Mitglieder und aller Funktions- und Mandatsträger 1974 und 1982

		Mi. 3/74	FM 3/74	FM 3/82	Mi. 3/82	FM-Mu 1974	FM-Mu 1982
	absolut	476 308	34 121	59 274	707 184		
Konfession	ev.	30,3	34,1	36,3	34,1	1,1	1,1
	kath.	65,1	62,6	59,4	59,6	1,0	1,0
	sonstige	4,6	3,3	3,3	4,3	6,3	0,7
Vereinigungen	JU	7,5	13,1	9,0	8,4	1,8	1,1
	FV	16,7	4,7	11,4	21,2	0,4	0,5
	CDA	4,0	6,7	6,9	3,2	1,2	2,2
	KPV	2,3	8,8	14,0	2,8	3,8	5,0
	MIT	2,9	3,5	3,8	2,5	1,2	1,5
	UVF	kA	kA	5,9	4,3	kA	1,4
alle Vereinigungen		33,4	39,5	42,4	51,0	1,2	1,2
Beschäftigungsverhältnis	Selbst.	28,1	30,0	24,8	24,9	1,1	1,0
	Arbeiter	10,7	5,8	6,4	10,5	0,5	0,6
	Angest.	26,0	27,9	30,6	27,9	1,1	1,1
	Beamte	13,1	24,6	22,8	12,4	1,9	1,8

Quelle: ZM

Erläuterungen:
FM = Funktions- und Mandatsträger
FM–Mu = Funktions- und Mandatsträger-Multiplikator

Funktions- und Mandatsträger sowie Mitglieder jeweils im März 1974 und 1982

gliedschaft von 3,8 auf 2,2 Prozentpunkte verringert, die Unterrepräsentation der Katholiken von 2,5 auf 0,2 Prozentpunkte verringert und die Unterrepräsentation der »Sonstigen« von 1,3 auf 2,0 erhöht. Während in den fünfziger und sechziger Jahren das strikte Einhalten des konfessionellen Proporzes dazu führte, daß die Protestanten bei den Funktions- und Mandatsträgern erheblich stärker vertreten waren als in der Mitgliedschaft, scheint der Abbau der Proporzpraxis in den siebziger Jahren dazu zu führen, daß sich die konfessionelle Struktur der Funktions-und Mandatsträger der der Mitglieder angleicht. Als Tendenz ist erkennbar, daß der Anteil der Protestanten unter den Funktions-und Mandatsträgern geringer steigt und der der Katholiken geringer fällt als bei den Mitgliedern.

1982 waren 9 % aller Funktions- und Mandatsträger der CDU Mitglieder der Jungen Union, womit die JU die dritte Position unter den Vereinigungen einnimmt. Obwohl sich von 1974 bis 1982 der JU-Mitgliederanteil an den CDU-Mitgliedern um 0,9 Prozentpunkte auf 12,0 % erhöht hat, ist ihr Anteil bei den Funktions- und Mandatsträgern gesunken. Waren 1974 noch 13,1 % aller Funktions- und Mandatsträger der CDU

Mitglieder der JU, womit sie unangefochten an erster Stelle von allen Vereinigungen stand, beträgt der Anteil 1982 nur noch 9%. Dieser Bedeutungsverlust der Jungen Union ist eine Folge der starken Veränderung der JU-Mitgliederstruktur. Besonders schwach ist die JU sowohl bei den Mitgliedern wie bei den Funktions- und Mandatsträgern in den Landesverbänden Schleswig-Holstein und Niedersachsen vertreten.

11,4% aller Funktions- und Mandatsträger der CDU waren 1982 Mitglieder der Frauenvereinigung, womit diese Vereinigung die zweite Position nach der KPV einnimmt. 1974 hingegen stand die Frauenvereinigung noch an vierter Stelle. Die Erhöhung ihres Anteils an den CDU-Mitgliedern hat auch zu einer erheblichen Erhöhung ihres Anteils bei den Funktions- und Mandatsträgern geführt. Die FV hat von 1974 bis 1982 innerhalb der Partei erheblich an politischem Einfluß gewonnen. In den Landesverbänden Berlin, Bremen, Hamburg, Rheinland, Westfalen-Lippe und Saarland ist die Frauenvereinigung unter den Funktions- und Mandatsträgern besonders stark vertreten, während sie in den übrigen Landesverbänden erheblich geringer als in der Gesamtmitgliedschaft repräsentiert ist.

Die CDA stellt 1982 6,9% aller Funktions- und Mandatsträger, während sie in der CDU-Mitgliedschaft nur mit 3,2% vertreten ist. Obwohl ihr Anteil in der Mitgliedschaft von 1974 bis 1982 zurückging, konnte sie ihren Anteil bei den Funktions- und Mandatsträgern noch leicht steigern, so daß sie einen politischen Bedeutungsverlust verhindern konnte. Insbesondere in den Landesverbänden Berlin und Saarland ist sie trotz geringen Mitgliederanteils (unter 2%) in der Funktions- und Mandatsträgerschaft mit über 4% vertreten, während sie in Schleswig-Holstein sowohl bei den Mitgliedern wie bei den Funktions- und Mandatsträgern unter 2% liegt.

Die KPV stellt 1982 14,0% aller Funktions- und Mandatsträger und steht damit an erster Stelle von allen Vereinigungen, während sie 1974 mit 8,8% nach der Jungen Union noch an zweiter Stelle stand. Die KPV konnte ihren Mitgliederanteil an den CDU-Mitgliedern von 1974 bis 1982 von 2,3% auf 2,8% steigern, ihren Anteil bei den Funktions- und Mandatsträgern hingegen erhöhte sie von 8,8% auf 14,0%. Der Mitgliederzuwachs der KPV hat sich am stärksten von allen Vereinigungen auf die Erhöhung ihres Anteils bei den Funktions- und Mandatsträgern ausgewirkt.

Ihr Anteil bei den CDU-Mitgliedern ist mit 2,8% der zweitgeringste von allen Vereinigungen und der bei den Funktions- und Mandatsträgern der stärkste. Dies hängt vor allem damit zusammen, daß praktisch alle KPV-Mitglieder irgendein kommunalpolitisches Mandat haben und die kommunalen Mandatsträger wiederum in den Parteivorständen auf Kreisebene besonders stark vertreten sind. In den Landesverbänden Baden-Württemberg, Berlin und Schleswig-Holstein, hat die KPV einen CDU-Mitgliederanteil von unter 2%, aber einen Anteil an den Funktions- und Mandatsträgern von über 8%.

Die Mittelstands- (und Wirtschafts)vereinigung stellt 1982 sowohl bei den Mitgliedern (2,5%) wie bei den Funktions- und Mandatsträgern (3,8%) die geringsten Anteile von allen Vereinigungen. Obwohl ihr Mitgliederanteil von 1974 bis 1982 von 2,9% auf 2,5% gesunken ist, ist ihr die Steigerung ihres Anteils bei den Funktions- und

Mandatsträgern von 3,5 % auf 3,8 % gelungen. Die MIT ist die einzige Vereinigung, die in fünf Landesverbänden weniger als 2 % der Funktions- und Mandatsträgerschaft hat (Landesverbände Berlin, Bremen, Hamburg, Niedersachsen und Schleswig-Holstein), während sie in den Landesverbänden Rheinland und Westfalen-Lippe besonders stark vertreten ist.

Die UVF stellt 1982 5,9 % aller Funktions- und Mandatsträger und steht damit an zweitletzter Stelle aller Vereinigungen, während sie 4,3 % aller Mitglieder der CDU umfaßt und damit an dritter Stelle aller Vereinigungen steht. In den Landesverbänden Rheinland-Pfalz und Saarland stellt sie weniger als 2 % der Funktions- und Mandatsträger, während sie besonders stark in den Landesverbänden Berlin, Hessen und Niedersachsen mit über 8 % vertreten ist.

Mit Ausnahme der Frauenvereinigung, die wegen ihrer automatischen Mitgliedschaft eine Sonderposition einnimmt, sind alle Vereinigungen der CDU in der Funktions- und Mandatsträgerschaft der Partei stärker vertreten als in der Mitgliedschaft. Maßzahl für den Grad der Überrepräsentation ist der Funktions- und Mandatsträger-Multiplikator (FM-Mu), der durch Division der jeweils untersuchten Prozentanteile der Vereinigung bei den Funktions- und Mandatsträgern durch die bei den Mitgliedern errechnet wird. Sind sie gleich hoch, ist der FM-MU = 1, ist der Prozentanteil bei den Funktions- und Mandatsinhabern höher, beträgt er mehr als 1. So beträgt z. B. der FM-Multiplikator in der KPV 1982 5,0, der der CDA 2,2 und alle übrigen Vereinigungen bewegen sich zwischen 1,1 und 1,5, während die FV bei 0,5 liegt. Abgesehen von der JU haben alle Vereinigungen ihren FM-Multiplikator von 1974 bis 1982 erhöhen können, wobei dies insbesondere für die KPV und die CDA gilt, während der für alle Vereinigungen zusammen unverändert 1,2 beträgt.

FV und KPV haben von 1974 bis 1982 erheblich an Einfluß unter den Funktions- und Mandatsträgern zugenommen, wohingegen der der JU erheblich zurückgegangen ist und der von CDA und MIT sich nur leicht erhöht hat.

Eine Analyse der Funktions- und Mandatsträger auf Landesebene ergibt, daß geringe Mitgliederstärken der Vereinigungen nicht automatisch zu ähnlich geringer Repräsentanz bei der Funktions-und Mandatsträgerschaft führen. So ist z. B. die CDA 1982 in 8 Landesverbänden bei den CDU-Mitgliedern nur mit weniger als 2 % vertreten, bei den Funktions- und Mandatsträgern hingegen nur in einem Landesverband; bei der KPV beträgt die entsprechende Relation 7:0, bei der MIT 9:5 und bei der UVF 4:2.

1982 waren 51 % aller Funktions- und Mandatsträger in einer Vereinigung organisiert, während dies bei den Mitgliedern nur 43,4 % waren. Berücksichtigt man wegen des Verzerrungseffektes (automatische Mitgliedschaft) die Frauenvereinigung nicht, so ist der Organisationsgrad 1982 bei den Mitgliedern 22,2 % und bei den Funktions- und Mandatsträgern 39,6 %, was einem FM-Multiplikator von 1,8 entspricht. Dies macht deutlich, wie stark die Vereinigungsmitglieder bei den Funktions- und Mandatsträgern überrepräsentiert sind.

Von 1974 bis 1982 steigt der Anteil der Vereinigungsmitglieder (ohne UVF) bei den Funktions- und Mandatsträgern stärker (+7,2 %) als bei den Mitgliedern (+4,1 %), wobei der Zuwachs der KPV und der FV noch teilweise durch den starken Rückgang der JU ausgeglichen wird. Der Einfluß der Vereinigungen ist also bei den Funktions- und Mandatsträgern von 1974 bis 1982 fast doppelt so hoch gestiegen wie ihr Anteil an der CDU-Mitgliedschaft.

Die Untersuchung der CDU-Mitgliederstruktur im Vergleich zur Gesamtbevölkerung anhand der Stellung im Beruf hat ergeben, daß die Selbständigen sowie die Angestellten und Beamten in der CDU über- und die Arbeiter unterrepräsentiert sind. Deshalb interessiert, inwieweit diese Über- bzw. Unterrepräsentation bestimmter Berufsgruppen sich bei den Funktions- und Mandatsträgern der CDU weiter fortsetzt oder zurückgeht (Vgl. Tabelle 29).

1982 ist die Zahl der Selbständigen bei den Funktions- und Mandatsträgern (24,8 %) und bei den Mitgliedern (24,9 %) gleich stark vertreten, während sie 1974 bei den erstgenannten noch um 1,9 Prozentpunkte höher lag. Die Arbeiter hingegen sind bei den Funktions- und Mandatsträgern mit 6,4 % im Vergleich zur Mitgliedschaft (10,5 %) unterrepräsentiert. Allerdings ist von 1974 bis 1982 der Arbeiteranteil bei den Funktions- und Mandatsträgern um 0,6 Prozentpunkte auf 6,4 % gestiegen, während der Arbeiteranteil bei den CDU-Mitgliedern um 0,2 Prozentpunkte zurückging. Sowohl bei den Selbständigen wie bei den Arbeitern hat es also einen Annäherungsprozeß der Funktions- und Mandatsträgerstruktur an die der Mitglieder gegeben. Die Angestellten sind bei den Funktions- und Mandatsträgern leicht überrepräsentiert, wobei ihr Anteil von 1974 bis 1982 stärker steigt als unter den Mitgliedern. Die Beamten sind 1982 mit 22,8 % die Berufsgruppe, die unter den Funktions- und Mandatsträgern fast doppelt so stark vertreten ist wie unter der CDU-Mitgliedschaft (12,4 %), wobei ihr Anteil von 1974 bis 1982 allerdings parallel zu ihrem Anteil in der Mitgliedschaft leicht zurückgeht.

Die Berufsstruktur der Funktions- und Mandatsträger der CDU läßt sich 1982 so zusammenfassen: Eine eindeutige Überrepräsentation der Beamten und leichte Überrepräsentation der Angestellten, eine Unterrepräsentation der Arbeiter und Hausfrauen, während die Selbständigen und die in Ausbildung befindlichen Parteimitglieder ausgewogen vertreten sind. Der Trend zu einer ausgewogeneren CDU-Mitgliederstruktur ist auch für die Entwicklung der Funktions- und Mandatsträgerstruktur von 1974 bis 1982 feststellbar.

b) Funktions- und Mandatsträger auf Bundesebene 1969 und 1980

Im Unterschied zur gesamten Funktionselite der CDU, die etwa 59 000 Personen (1982) umfaßt, soll nun eine etwa 1100 (1980) umfassende Teileinheit der Funktions- und Mandatsträger der CDU auf Bundesebene anhand der dargelegten Daten analysiert werden. Ausgewählt wurden die Delegierten der Bundesparteitage und des Bundesausschusses, die Mitglieder des Bundesvorstandes und die Bundestagsabgeordneten der CDU. Diese Parteiämter und Mandate stehen in begrenztem Umfang zur Verfügung, so daß ein harter Wettbewerb um diese stattfindet. Es handelt sich bei diesen Funktions- und Mandatsträgern um Spitzenpositionen. Deshalb dürfte auch ein Vergleich mit den Daten der Funktions-und Mandatsträgerschaft der Gesamtpartei von Interesse sein.

Von 1969 bis 1980 hat sich das Alter der Funktions- und Mandatsträger nicht unwesentlich verjüngt: Der Anteil der über 50jährigen ist zurückgegangen und der der unter 38/39jährigen sowie unter 28/29jährigen hat zugenommen. Die allgemeine Tendenz zur Verjüngung der Mitgliedschaft und der Funktions- und Mandatsträgerschaft wirkt sich auch hier aus. Auch im Vergleich zur Altersstruktur der Mitglieder ist anhand der FM-Multiplikatoren eine Angleichung an die Altersstruktur der Mitglieder erkennbar. 1980 sind immerhin 4,8 % der Parteitagsdelegierten unter 29 Jahren.

Die Dauer der Parteimitgliedschaft hat sich bei den Funktions-und Mandatsträgern von 1969 bis 1980 kaum verändert (vgl. Tabelle 30). Dies gilt insbesondere dann, wenn man berücksichtigt, daß die älteren Parteimitglieder bei den Angaben für 1969 unterrepräsentiert sind; wahrscheinlich dürfte sich die Zahl der Mitglieder mit kürzerer Mitgliedschaftsdauer sogar etwas erhöht haben. 1980 sind im Durchschnitt 51,1 % der untersuchten Gruppe länger als 20 Jahre Mitglied der Partei, wobei nur die Delegierten des Bundesparteitages (43,5 %) jüngere Parteimitglieder sind. 10 bis 20 Jahre lang in der Partei sind 42,9 % und nur 6,1 % weniger als 10 Jahre.

Trotz des hohen Mitgliederzuwachses und -strukturwandels von 1969 bis 1980 dauert es doch bei 90 % aller Funktions- und Mandatsträger der Bundespartei mindestens zehn Jahre, bei der Mehrheit zwanzig Jahre, bis sie ein entsprechendes Spitzenamt in Gremien des Bundesverbandes erreicht haben oder gar Bundestagsabgeordneter geworden sind. Aktivierung und Durchorganisierung der Partei in den siebziger Jahren haben u.a. zur Folge, daß auch in der CDU begehrte Führungspositionen im wesentli-

Tabelle 30: Struktur der Mitglieder, Funktions- und Mandatsträger auf Bundesebene 1969 und 1980

	Dauer Parteimitgliedschaft						Geschlecht		Konfession	
	19/20 Jahre und mehr		18/19 bis 9/10 Jahre		8/9 Jahre und weniger		weiblich		evangelisch	
	69	80	69	80	69	80	69	80	69	80
Mi.	kA	kA	kA	kA	kA	kA	13,1	21,2	23,0	34,1
Delg. BPT	35,3	43,5	47,7	50,9	17,0	5,6	8,3	11,0	35,5	32,8
FM-Mu							0,6	0,5	1,5	1,0
Delg. BA	53,3	53,5	42,4	38,1	4,3	8,4	14,1	12,7	45,7	33,6
FM-Mu							1,1	0,6	2,0	1,0
BuVo	65,2	58,0	30,6	38,8	4,2	3,2	8,7	6,5	43,5	45,2
FM-Mu							0,7	0,3	1,9	1,3
MdB	51,0	49,2	42,4	43,5	6,6	7,3	9,8	9,4	40,5	35,0
FM-Mu							0,7	0,4	1,8	1,0
alle FM	51,2	51,1	40,8	42,9	8,0	6,1	10,2	9,9	41,3	36,7
FM-Mu							0,8	0,5	1,8	1,1

	Konfession				Beschäftigungsverhältnis			
	katholisch		sonstige		Selbständige		Arbeiter	
	69	80	69	80	69	80	69	80
Mi.	73,3	59,6	3,7	6,3	30,3	24,9	12,1	20,5
Delg. BPT	62,9	63,8	1,6	3,4	24,3	18,2	2,1	1,1
FM-Mu	0,9	1,1	0,4	0,5	0,8	0,7	0,1	0,1
Delg. BA	53,3	65,5	–	0,9	33,7	20,0	–	–
FM-Mu	0,7	1,1	–	0,1	1,1	0,8	–	–
BuVo	56,5	51,6	–	3,2	39,1	25,8	–	3,2
FM-Mu	0,8	0,9	–	0,5	1,3	1,0	–	0,3
MdB	58,8	62,8	0,7	2,2	35,9	29,4	0,7	0,6
FM-Mu	0,8	1,1	0,2	0,3	1,2	1,2	0,1	0,1
alle FM	57,9	60,9	0,6	2,4	33,3	23,4	0,7	1,2
FM-Mu	0,8	1,0	0,2	0,4	1,1	0,9	0,005	0,1

	Beschäftigungsverhältnis				Auswertung			
	Angestellte		Beamte		69		80	
	69	80	69	80	Soll abs.	Ist %	Soll abs.	Ist %
Mi.	23,4	27,9	13,3	12,4	303 532	100	693 320	100
Delg. BPT	26,1	25,9	35,5	37,5	531	70,6	744	100
FM-Mu	1,1	0,9	2,7	3,0	–		–	
Delg. BA	12,0	29,1	39,1	36,4	130	70,8	120	91,7
FM-Mu	0,5	1,0	2,9	2,9	–		–	
BuVo	26,1	22,6	30,4	41,9	29	90,0	31	100
FM-Mu	1,1	0,8	2,3	3,4	–		–	
MdB	24,2	29,4	28,1	24,4	201	76,1	185	97,3
FM-Mu	1,0	1,1	2,1	2,0	–	–	–	–
alle FM	22,1	26,8	33,3	35,1	891		1 080	
FM-Mu	0,9	1,0	2,5	2,8	–		–	

Quelle: ZM

Erläuterungen:
Alle Namenslisten wurden den Unterlagen der CDU-Bundesgeschäftsstelle entnommen.
Die Stichtage für die Mitglieder waren jeweils der 31. 12., die für die Gremien:
- Delegierte Bundesparteitag (Delg. BPT) am 17./18. 11. 1969 und am 9./10. 3. 1982
- Delegierte Bundesausschuß (Delg. BA) am 8. 11. 1969 und am 15. 6. 1981
- Bundesvorstand (BuVo) gewählt am 23. 5. 1967 und am 9. 3. 1981
- Bundestagsabgeordnete (MdB) gewählt bei den Bundestagswahlen am 28. 9. 1969 und am 5. 10. 1980

FM: Funktions- und Mandatsträger
FM-Mu: Funktions- und Mandatsträgermultiplikator

chen nur über die »Ochsentour« erreicht werden können. Die Zeiten, in denen man – wie in den fünfziger Jahren – zum Bundestagsabgeordneten oder zum Mitglied eines Parteiführungsgremiums werden konnte, ohne gleichzeitig Parteimitglied zu sein, sind vorbei.

Daß der hohe Mitgliederzuwachs die Chancen für »jüngere« Parteimitglieder auf Landesebene erhöht, in Führungspositionen zu gelangen, zeigen die Zahlen des Landesverbandes Hessen. Dort waren 1969 – also zu einem Zeitpunkt, als unter Dregger ein grundlegender Generationswechsel begann – immerhin 19,6% aller Führungskräfte (Bezirks- und Kreisvorsitzende, Landesvorstandsmitglieder, Landtagsabgeordnete) weniger als 9 Jahre Mitglied der Partei, während es 1980 7% sind[(15)].

Die Frauen konnten ihren Anteil bei den Funktions- und Mandatsträgern auf Bundesebene trotz ihres hohen Mitgliederzuwachses von 1969 bis 1980 nicht erhöhen, während bei der Gesamtheit der Funktions- und Mandatsträger von 1974 bis 1982 ihr Anteil von 7,4% auf 11,4% steigt. Die Ursache dürfte darin liegen, daß die Vertretung der Frauen in Spitzenpositionen nach wie vor nach dem Proporz festgelegt wird, unabhängig von der Mitgliederzahl der Frauenvereinigung. Die Zahl der »Frauenplätze«, die der Frauenvereinigung »zustehen«, sind seit Jahrzehnten festgelegt, und um diesen Anteil zu erhöhen, müßte sie erheblich entschiedener auftreten und auch zu harten Auseinandersetzungen bereit sein. Bei den Delegierten für den Bundesparteitag ist der Frauenanteil immerhin um 2,7 Prozentpunkte auf 11% gestiegen. Es ist nicht auszuschließen, daß die FV künftig ihren Anteil an den Funktions- und Mandatsträgern auf Bundesebene weiter sukzessive erhöhen kann.

Die Entwicklung der Konfessionsstruktur im Untersuchungszeitraum scheint den bisherigen Ergebnissen zu widersprechen: Der Anteil der Protestanten unter den Funktions- und Mandatsträgern geht zurück, der der Katholiken steigt an, obwohl die Entwicklung bei den CDU-Mitgliedern entgegengesetzt ist. Bei der Funktions- und Mandatsträgerschaft der Gesamtpartei hingegen verläuft die Entwicklung von 1974 bis 1982 parallel zu der der Mitgliedschaft: Hier steigt der Protestantenanteil, und der Katholikenanteil sinkt.

Veränderungsursache bei beiden Führungsgruppen ist der Abbau der konfessionellen Proporzpraxis; dies ist ein Zeichen dafür, daß sich die CDU in den siebziger Jahren entkonfessionalisiert hat – die Konfession ist bei der Auswahl von Führungspersonal kein entscheidendes Kriterium mehr. Die FM-Multiplikatoren zeigen, daß 1980 die Konfessionsstruktur der Funktions- und Mandatsträger auf Bundesebene eher mit der der Parteimitglieder übereinstimmt, als dies 1969 noch der Fall war. Insofern kann auch von einem Demokratisierungsprozeß bei der Personalauswahl gesprochen werden, denn die in den fünfziger und sechziger Jahren durch den Proporz erzwungene, in der Funktions- und Mandatsträgerschaft notwendige Überrepräsentation der Protestanten, die konfessionelles Gleichgewicht demonstrieren sollte, das in der Mitgliedschaft nicht vorhanden war, gab Protestanten größere Aufstiegschancen als Katholiken. Aufgrund der Annäherung der konfessionellen Stärken innerhalb der Mitgliederbasis und des innerparteilichen Bedeutungsverlustes der konfessionellen Zugehörigkeit sind die Konfessionsstruktur der Funktions- und Mandatsträger und die der Mitglieder mittlerweise fast identisch.

Bei den Beschäftigungsverhältnissen zeigt sich wiederum der starke Rückgang der Selbständigen, während der Anteil der völlig unterrepräsentierten Arbeiter leicht ansteigt. Interessant ist, daß bei der Gesamtheit der Funktions- und Mandatsträger 1982 der Anteil der Arbeiter immerhin 6,4%, während er bei denen auf Bundesebene 1980 nur durchschnittlich 1,2% beträgt. Arbeiter haben am ehesten bei den unteren Funktions- und Mandatsträgern die Chance (und wahrscheinlich auch das Interesse), Positionen zu besetzen; bei den Spitzenpositionen funktioniert dies nur über den Proporz (CDA). Die Angestellten können auf Bundesebene von 1969 bis 1980 ihren Anteil parallel zu dem der Mitglieder erhöhen, so daß 1980 der FM-Multiplikator 1,0 beträgt, während er bei der Gesamtheit der Funktions- und Mandatsträger 1982 1,2 beträgt. In den untersuchten Landesverbänden Hessen und Rheinland-Pfalz hingegen ist der Anteil der Selbständigen höher und der der Angestellten zugunsten der Beamten geringer.

Die Beamten sind bei den Funktions- und Mandatsträgern auf Bundesebene 1980 mit 35,1% eindeutig stärkste Gruppe, während sie 1969 noch gleich stark mit den Selbständigen waren. Der FM-Multiplikator ist 1980 mit 2,8 extrem hoch (1969:2,5). Bei der Gesamtheit der Funktions- und Mandatsträger 1982 hingegen beträgt der Anteil der Beamten nur 22,8% und der der Selbständigen noch 24,8%. Dies zeigt, daß die Beamten insbesondere bei den Spitzenpositionen besonders überrepräsentiert sind; während bei der Gesamtheit der Funktions- und Mandatsträger, bei denen die kommunalen Ämter und Mandate quantitativ vorherrschen, die Angestellten und Selbständigen noch stark vertreten sind, dominieren die Beamten in den Spitzenpositionen sowohl auf Bundesebene wie auch auf der Ebene der beiden untersuchten Landesverbände Hessen und Rheinland-Pfalz. Beamte sind offensichtlich am ehesten bereit und in der Lage, den erforderlichen Zeitaufwand und die Aktivität aufzubringen, die für ein politische Karriere erforderlich sind. Für sie ist Politik als Beruf häufig auch attraktiver als für Angehörige anderer Berufsbereiche.

Im übrigen dürften Beamte wie auch Angestellte von ihrer Ausbildung und ihrer beruflichen Tätigkeit her am ehesten die Qualifikationen mitbringen, die für politische Ämter und Mandate gefordert werden. Diese beiden Berufsgruppen (die die Angestellten der Wirtschaft einschließt) bilden in allen Parteien das Rückgrat der Funktions- und Mandatsträgerschaft, ohne die die Parteien nicht funktionsfähig wären. Sie stellen außerdem ein nicht unwesentliches Innovationspotential für die Parteiorganisation dar und haben die Konsultationsfähigkeit der Parteiorganisation erhöht(16). Die allseits beklagte Überrepräsentation der Angestellten und Beamten – und damit des Öffentlichen Dienstes – in den Parteien ist daher schwerlich zu ändern. Angesichts des hohen Anteils der Angestellten und Beamten unter der Funktions- und Mandatsträgern der CDU bildet der ebenfalls hohe Anteil der Selbständigen ein soziostrukturelles und politisches Gegengewicht.

Aufgrund der etwas unsicheren Datenbasis im Jahr 1969 in bezug auf die Vereinigungen ist der Vergleich zwischen 1969 und 1980 nur bei gravierenden Unterschieden sinnvoll, wobei für die JU und UVF ohnehin für 1969 keine Vergleichsdaten vorliegen. Auffällig ist, daß die MIT ihren Anteil an den Funktions- und Mandatsträgern auf Bundesebene erheblich stärker steigern konnte (von 3,6 auf 4,9 %) als in der Gesamtheit der Funktions- und Mandatsträger von 1974 bis 1982 (von 3,5 auf 3,8), obwohl ihr Mitgliederanteil eher stagniert. Bei der CDA und der KPV ist deren Anteil ungefähr gleichgeblieben, während die FV von 1969 bis 1980 auf Bundesebene im Durchschnitt immerhin einen Zuwachs von 8,5 auf 9,9 % zu verzeichnen hat.

Die FM-Multiplikatoren betragen 1980 für die KPV 6,6, die MIT 4,9, die CDA und die UVF 1,1, während JU und FV unter 1 liegen. Bei der Gesamtheit der Funktions- und Mandatsträger von 1982 hingegen liegen die FM-Multiplikatoren teilweise erheblich niedriger. Dies bedeutet, daß die Vereinigungsmitgliedschaft zur Eroberung von Spitzenpositionen ein besonders wichtiges Hilfsmittel ist und bei den Personalentscheidungen auf dieser Ebene eine größere Rolle spielt. 1980 sind 67,2 % aller Funktions- und Mandatsträger auf Bundesebene Mitglied einer Vereinigung, während es bei der Gesamtheit der Funktions- und Mandatsträger 1982 nur 51,0 % sind. Dies belegt wiederum, daß die Bedeutung der Vereinigungen bei der Besetzung politischer Positionen zunimmt, je höher sie angesiedelt sind. Anders gesagt: Der Versäulungsgrad der Funktions- und Mandatsträger steigt mit der Bedeutung der Entscheidungsebene, auf der sie tätig sind.

6. Der Zusammenhang zwischen Mitglieder- und Wählerentwicklung

Der Zusammenhang zwischen Wählerstruktur – insbesondere Konfessions- und Berufsstruktur – und Wahlergebnis ist durch die Wahlforschung eingehend untersucht und belegt, der Zusammenhang zwischen Parteimitglieder- und Wählerentwicklung hingegen bzw. der Zusammenhang zwischen Mitgliederstärke – am präzisesten gemessen anhand der Mitgliederdichte – und dem Wahlergebnis einer Partei hingegen kaum(17). Aber auch in der CDU wurde die Notwendigkeit intensiver Mitgliederwerbung parteiintern u.a. damit begründet, daß dies die Chancen der Partei für gute Wahlergebnisse erhöhe. Auf den ersten Blick scheint diese Annahme auch plausibel, wenngleich die gegensätzliche Mitglieder- und Wählerentwicklung von CDU und SPD in den fünfziger und sechziger Jahren sie bereits als zu simpel widerlegt.

Bretschneider hat zutreffend festgestellt:

> »Wird der Wahlerfolg einer Partei ins Verhältnis zu ihren Mitgliederzahlen gesetzt, dann handelt es sich um einen rein rechnerischen Vorgang, nach dem jedes Mitglied das gleiche Gewicht erhält. Tatsächlich handelt es sich jedoch bei Mitgliedschaften um recht unterschiedliche Aktivitätsgrade, was in solchen Rechnungen nicht zum Ausdruck kommt«(18).

Troitzsch kommt aufgrund einer vergleichenden Untersuchung aller Parteien, die er auf der Basis der Zahlen von Bretschneider vornimmt, zu dem Ergebnis, daß eine positive

Korrelation zwischen Mitgliederdichte und Stimmenvorsprung einer Partei nicht besteht.

»Tendenziell könnte daraus gefolgert werden, daß die örtlich nach Mitgliedern größte Partei zwar leicht ihre Mitgliederzahl vergrößern kann, daß dies aber auf ihren Wahlerfolg keine unmittelbaren Auswirkungen haben muß« (19).

Tabelle 31: CDU-Mitglieder- und Wählerzuwachs 1969–1976 und 1976–1980 in %

	Mi.-Zuw. 1969–1976	Wähler-Zuw. 1969–1976	Mi.-Zuw. 1976–1980	Wähler-Zuw. 1976–1980
BW	76,2	24,1	12,6	– 8,2
B	92,9	25,9	– 1,2	0,2
HB	150,8	6,5	– 2,1	–14,8
HH	252,5	5,5	3,2	– 7,7
H	161,6	33,9	9,8	– 9,0
NS	197,6	14,8	6,3	–11,1
NRW	112,9	15,9	2,8	– 9,4
RP	83,9	23,3	7,1	– 7,7
S	75,2	17,7	2,0	– 9,0
SH	98,5	10,3	17,6	–10,5
BV (ohne Berlin)	112,3	18,9	4,1	– 9,6

Quellen: ZM, Statistische Jahrbücher 1979, 1981 und Statistisches Jahrbuch des Landes Berlin 1981

Erläuterungen:
Wähler jeweils Zweitstimmen bei Bundestagswahlen. Bei Berlin: CDU-Wähler bei den Abgeordnetenhauswahlen am 12.3.1967, 2.3.1975 und 10.5.1981

Zwar meint Simon, einen Zusammenhang zwischen zunehmender Mitgliederdichte und steigendem Stimmenanteil der CDU festgestellt zu haben, relativiert diese Aussage aber aufgrund der schmalen Datenbasis selbst und hält andere Faktoren für wichtiger(20).

In Tabelle 31 sind die Mitglieder- und Wählerzuwachsraten der CDU von 1969 bis 1976 und von 1976 bis 1980 anhand der absoluten Zahlen zusammengestellt. Zwar haben alle Landesverbände und die Bundes-CDU von 1969 bis 1976 einen Mitglieder- und Wählerzuwachs – ein direkter Zusammenhang zwischen beiden ist anhand der Zahlen aber nicht erkennbar. Am ehesten könnte noch beim Landesverband Hessen ein Zusammenhang zwischen weit überdurchschnittlichem Mitglieder- und weit überdurchschnittlichem Wählerzuwachs bestehen. Von 1976 bis 1980 sind die Mitglieder- und Wählerentwicklung in allen Landesverbänden sogar gegenläufig.

Durch gezielte Mitgliederwerbeaktionen hat die CDU vor allem in ihren Stammwählergebieten erhebliche Mitgliederzuwachsraten erreicht und damit die Mitgliederdichte erhöht, ohne dadurch ihren Wähleranteil vergrößern zu können; im Gegenteil, er ging häufig sogar zurück, entsprechend dem von der Wahlforschung festgestellten Phänomen des Abschmelzens der Hochburgen. Die hohe Mitgliederdichte ist deshalb nicht Ursache für das gute Wahlergebnis, sondern umgekehrt, eine für die CDU positive Wählerstruktur führt zu einem guten Wahlergebnis und erleichtert es der Partei gleichzeitig, im Umfeld ihrer Wähler und Sympathisanten die Zahl ihrer Mitglieder bei entsprechender Aktivität relativ schnell zu erhöhen. Es liegt daher die Annahme nahe, daß Mitgliederzuwachs und hohe Mitgliederdichte nur dann mittelfristig eine positive Auswirkung auf das Wahlergebnis haben, wenn damit eine kontinuierliche Leistungssteigerung der Parteiorganisation, eine Verbesserung des politischen Leistungsprofils der Partei verbunden ist.

Die SPD als traditionsreiche Mitgliederpartei mit starker Parteiorganisation und leistungsfähigem Parteiapparat hat diesen Zusammenhang Mitte der sechziger Jahre im Rahmen ihrer Parteireformdiskussion erkannt und hervorgehoben. Der SPD-Politiker Bruno Friedrich empfahl 1966 seiner Partei:

> »Im gegnerischen Traditionsgebiet sind Stimmengewinne der SPD nur über einen Weg systematisch und dauerhaft einzubringen: Gründung eines SPD-Ortsvereins, Angebot einer SPD-Liste bei der Kommunalwahl und fleißige Arbeit im Gemeindeparlament. Nach vier bis sechs Jahren verzeichnet dann die SPD auch bei Landtags- und Bundestagswahlen einen deutlichen Stimmenanstieg«(21).

Anhand zahlreicher Beispiele weist Friedrich nach, daß es der SPD in traditionellen Wahlregionen von CDU und CSU durch Werbung neuer Mitglieder und die Gründung neuer Ortsvereine gelungen sei, bei Kommunalwahlen erfolgreich zu sein, was sich auch positiv auf Landtags- und Bundestagswahlen ausgewirkt habe. Er schließt daraus, daß die Gegenüberstellung des Aktivitätsgrads der Parteiorganisation und der Ergebnisse bei Landtags- und Bundestagswahlen »eindeutig einen Zusammenhang zwischen Organisationsmobilität und Wählermobilität erkennen« läßt(22).

Diesen Zusammenhang zwischen politischem Aktivitäts- und Mobilisierungsgrad der Parteiorganisation und den positiven Wahlergebnissen einer Partei hat auch Simon festgestellt; gleichzeitig weist er zutreffend darauf hin, daß die Intensität der Parteiaktivität wesentlich von der Sozialstruktur der Parteimitglieder abhängig ist(23).

Dies bestätigt auch eine vom Verfasser vorgenommene Untersuchung im CDU-Kreisverband RS in Nordrhein-Westfalen(24). Eine für das Abschneiden der CDU positive Wählerstruktur (z. B. hoher Anteil von Selbständigen und Katholiken) hat nur bei 36,8 % der untersuchten Stadt- und Gemeindeverbände eine positive Auswirkung auf die Parteiaktivität, und bei der Mitgliederdichte beträgt der Prozentsatz 47,4 %. Eine für die Parteiaktivität als günstig angenommene Wählerstruktur (überdurchschnittlich hoher Anteil von Angestellten und Beamten) hingegen hat bei 89,5 % der Stadt- und Gemeindeverbände eine positive Auswirkung auf die Intensität der Parteiaktivität. Damit bestätigt sich die Annahme, daß der Anteil der Angestellten und Beamten entscheidenden Einfluß auf die Aktivität der örtlichen Parteiorganisation hat.

Zur Untersuchung der zweiten Frage, welche Faktoren welchen Einfluß auf das

Tabelle 32: Einflußfaktoren auf Wahlergebnisse, Wahltrends und die Ausschöpfung des Wählerpotentials im CDU-Kreisverband RS

		Einflußfaktoren			
		Wähler-struktur 1976	Mi.-dichte 1980	Mi.-Zuw. 1971–81	Partei-aktiv. 1972–81
Erg.KMW	79	73,7	68,4	57,9	52,6
Erg.LTW	80	68,4	84,2	52,6	47,4
Erg.BTW	80	68,4	84,2	42,1	57,9
Trend KMW	75-79	47,4	47,4	68,4	52,6
Trend LTW	75–80	57,9	57,9	57,6	52,6
Trend BTW	76–80	68,4	57,9	42,1	68,4
Ausschö.BTW	76 + 80	52,6	57,9	47,4	73,7

Quellen: Geschäftsberichte KV RS, Aggregatdatenbank und Wahlkreisanalysen des SFK

Erläuterungen:
Maßstab für den Grad der Übereinstimmung (%) zwischen Einflußfaktoren und Wahlergebnis usw. ist das über- bzw. unterdurchschnittliche Abschneiden der Stadt- und Gemeindeverbände (gemessen in Rangplätzen)

Wahlergebnis haben bzw. den über einen längeren Zeitraum hin positiven oder negativen Trend der Wahlergebnisse und der Ausschöpfung des Wählerpotentials beeinflussen, sind die wesentlichen Ergebnisse in Tabelle 32 zusammengefaßt(25). Dabei sind die Angaben über die Wahltrends und den Grad der Ausschöpfung des Wählerpotentials von besonderem Interesse, weil daran ablesbar ist, wie sich Veränderungen der Parteiaktivität und die Höhe des Mitgliederzuwachses auf die Entwicklung des Wahlergebnisses auswirken. Durch die kommunale Neuordnung wurden auch im Kreisverband RS die Landtags- und Bundestagswahlkreise neu geschnitten, so daß ein Vergleich der Wahlergebnisse Ende der sechziger und Ende der siebziger Jahre nicht möglich ist.

Der enge Zusammenhang zwischen einer für die CDU positiven Wählerstruktur und dem Wahlergebnis wird für die Kommunal-, Landtags- und Bundestagswahl bestätigt. Der Einfluß der Wählerstruktur auf die Entwicklung der Bundestagswahlergebnisse von 1976 bis 1980 dürfte vor allem damit zu erklären sein, daß die Verluste bei der Bundestagswahl 1980 in den Stadt- und Gemeindeverbänden mit hohem Stammwähleranteil geringer waren als in den für die CDU ungünstiger strukturierten Verbänden. Dies erklärt auch die hohe Korrelation zwischen Mitgliederdichte und den Ergebnissen bei der Kommunal-, Landtags- und Bundestagswahl. Auf den Trend der Wahlergebnisse und die Ausschöpfung des Wählerpotentials ist der Einfluß der Mitgliederdichte nicht mehr eindeutig nachweisbar.

Die Höhe des Mitgliederzuwachses hat insbesondere auf den Trend der Kommunalwahlergebnisse einen erkennbaren Einfluß, da offensichtlich neue Mitglieder einen Zuwachs an Parteiaktivität und Multiplikatorwirkung zur Folge haben, der auf kommunaler Ebene deutlicher spürbar ist. Insbesondere die Entwicklung der Bundestagswahlergebnisse von 1976 bis 1980 und die Ausschöpfung der jeweiligen Wählerpotentiale in diesen Wahlen waren wesentlich von der Parteiaktivität in den Stadt- und Gemeindeverbänden abhängig. Danach wäre das Bundestagswahlergebnis 1980 bei insgesamt geringerer Parteiaktivität im Vergleich zu 1976 noch schlechter für die CDU ausgefallen. Je höher die Parteiaktivität ist, um so eher besteht die Chance für die Partei, das vorhandene Wählerpotential voll auszuschöpfen oder sogar noch neue Wähler zu gewinnen.

Untersucht man den Trend der Kommunalwahlergebnisse von 1969 bis 1979, was wegen der Vergleichbarkeit der Ergebnisse trotz kommunaler Neuordnung möglich ist, so ist dieser bei 63,2 % der Parteiverbände von der Parteiaktivität abhängig und im gleichen Umfang vom Mitgliederzuwachs, während Mitgliederdichte und Wählerstruktur keinen erkennbaren Einfluß auf den Trend der Kommunalwahlergebnisse besitzen. Es ist nicht auszuschließen, daß die Ergebnisse für die Landtags- und Bundestagswahlen ähnlich sind, wenn eine Trenduntersuchung in einem größeren Zeitraum möglich ist.

Abschließend kann – angesichts der schmalen Datenbasis – vorläufig festgestellt werden, daß neben der Wählerstruktur, deren Einfluß auf das Wahlergebnis eine gesicherte Erkenntnis der Wahlforschung ist, insbesondere die Höhe des Mitgliederzuwachses und die Parteiaktivität mittelfristig einen positiven Einfluß auf den Trend der Wahlergebnisse und den Ausschöpfungsgrad des Wählerpotentials haben können.

Diese Ergebnisse erleichtern auch die Erklärung der Wahlerfolge der CDU in den siebziger Jahren, die Ende der sechziger Jahre kaum für möglich gehalten wurden. Anhand der Entwicklung der CDU-Wahlergebnisse auf Gemeinde-, Kreis-, Landes- und Bundesebene im Land Hessen sowie der Kommunalwahlergebnisse in Großstädten der Bundesrepublik mit über 200 000 Einwohnern von Mitte der sechziger bis Anfang der achtziger Jahre sollen diese Wahlerfolge dargestellt werden. Denn sowohl im Land Hessen wie in den Großstädten erzielte die CDU in den sechziger Jahren besonders schlechte Wahlergebnisse.

In Tabelle 33 sind die wichtigsten Wahlergebnisse in Hessen von 1966 bis 1981 zusammengefaßt. Daraus ist ersichtlich, daß die CDU bei den Gemeindewahlen 1968 in den kreisfreien Städten etwa 30 %, in den Landkreisen unter 20 %, insgesamt auf Landesebene 22,6 % und bei Kreiswahlen 29,2 % der Stimmen erreichte. Das Landtagswahlergebnis von 1966 lag dementsprechend auch erheblich unter 30 %; und nur das Bundestagswahlergebnis von 1969 mit 38,4 % signalisiert, daß das Wählerpotential der CDU auch bereits Ende der sechziger Jahre in Hessen bei etwa 40 % lag, die Parteiorganisation der CDU aber zu schwach war, um es in den Wahlen auf kommunaler und Landesebene auszuschöpfen.

Bei der Kommunalwahl 1972 konnte die CDU erstmals einen erheblichen Stimmenzuwachs, insbesondere in den Landkreisen erzielen, der vor allem zu Lasten der FDP

Tabelle 33: Ausgewählte Wahlergebnisse 1968–1981 in Hessen in %

	1968				*1972*				*1977*				*1981*			
	CDU	SPD	FDP	W.-Gemeinschaft u. a. Prt.	CDU	SPD	FDP	W.-Gemeinschaft u. a. Part.	CDU	SPD	FDP	W.-Gemeinschaft u. a. Part.	CDU	SPD	FDP	W.-Gemeinschaft u. a. Part.
Gemeindewahlen Kreisfr. Städte:*																
Darmstadt	31,2	46,2	15,0	7,7	36,3	50,4	10,7	2,6	45,6	37,7	7,0	9,7	42,6	41,4	5,2	10,9
Frankfurt/M.	29,8	49,4	11,0	9,8	39,8	50,1	7,2	3,0	51,3	39,9	6,0	2,7	54,2	34,0	4,3	7,6
Offenbach/M.	31,5	53,5	8,1	7,1	35,6	56,2	6,3	1,9	48,5	44,1	5,5	1,9	47,4	39,6	5,9	7,2
Wiesbaden	30,3	48,4	13,0	8,3	38,6	50,7	8,2	2,4	50,7	40,6	6,8	1,8	48,9	37,7	8,2	5,2
Kassel	27,6	53,7	11,5	7,2	33,1	57,1	8,5	1,3	42,3	48,6	6,5	2,7	41,3	45,4	6,0	7,3
Krsfreie Städte insgesamt	30,3	48,4	11,4	9,8	38,6	51,2	7,7	2,5	48,9	41,6	6,3	3,2	49,3	37,8	5,5	7,5
Landkreise insg.	19,4	41,2	3,7	35,8	31,2	48,8	3,7	16,4	43,4	42,6	4,4	9,8	43,6	40,4	5,3	10,7
Land Hessen	22,6	43,3	5,9	28,0	33,3	49,5	4,8	12,4	44,6	42,4	4,8	8,2	44,8	39,9	5,4	9,9
Kreiswahlen Land Hessen	29,2	50,4	10,0	10,5	38,0	51,5	6,0	4,6	47,2	43,2	5,1	4,5	46,9	39,8	6,1	7,2
Landtagswahlen Land Hessen	26,4	51,0	10,4	12,2	39,7	45,9	10,1	4,3	47,3	43,2	7,4	2,1	46,0	44,3	6,6	3,1
Bundestagswahlen Land Hessen	38,4	48,2	6,7	6,7	40,3	48,5	10,2	1,0	44,8	45,7	8,5	1,0	40,0	46,4	10,6	2,4

Quellen: Gemeinde- und Kreiswahlen: Beiträge zur Statistik Hessens, hrsg. v. hessischen Statistischen Landesamt, Nr. 54, Nr. 88, Nr. 127, Neue Folge, Wiesbaden 1973, 1978, 1982.
Landtags- und Bundestagswahlen: Wahlergebnisse in der Bundesrepublik Deutschland und in den Bundesländern, zusgest. v. SFK, St. Augustin 1981

* 1968 und 1972 = 8 kreisfreie Städte; 1977 und 1981 als Folge der Neuordnung nur noch 5.

und der Wählergemeinschaften ging, die in Hessen besonders stark waren. Auch bei der Landtagswahl 1970 verzeichnete die CDU eine Stimmenzunahme von über 13 Prozentpunkten, die ebenfalls zu Lasten der sonstigen Parteien und auch der SPD ging, und bereits 1974 konnte die CDU mit 47,3 % die SPD überrunden und zur stärksten Partei im Landtag aufrücken, was sie in allen nachfolgenden Landtagswahlen bis 1982 auch bleibt.

Das gleiche Ergebnis haben die Kommunalwahlen im Jahr 1979: Die CDU ist in den kreisfreien Städten, in den Landkreisen und in den Kreistagen stärker als die SPD und baut diese Position bei der nachfolgenden Kommunalwahl noch weiter aus. Ab 1977/78 ist die CDU auf kommunaler und Landesebene in Hessen die stärkste Partei, während die SPD ihre Mehrheitsposition bei den Bundestagswahlen noch behaupten kann.

Eine Ursache für diesen bemerkenswerten Aufstieg der CDU und Abstieg der SPD in einem Stammland der SPD innerhalb von knapp zehn Jahren ist sicherlich die nachlassende politische Leistungsfähigkeit der SPD als langjähriger Regierungspartei (politische Skandale, z. B. HeLaBa, Rücktritt von Osswald und innere Zerstrittenheit der SPD). Der andere Grund ist in der tiefgreifenden politischen und organisatorischen Reform der CDU ab Ende der sechziger Jahre in Hessen zu suchen, die mit Übernahme des CDU-Landesvorsitzes durch Alfred Dregger begann.

Der neuen Parteiführung gelang durch die Intensivierung der innerparteilichen Diskussion eine Verdeutlichung der politisch-konzeptionellen Positionen der CDU (1970 führte die CDU ihren Landtagswahlkampf unter dem Slogan »Liberale Erneuerung«); ein weit über dem Bundesdurchschnitt liegender Mitgliederzuwachs und die damit verbundenen Mitgliederstrukturveränderungen hatten eine Aktivierung der gesamten Parteiorganisation auf örtlicher Ebene und den Ausbau des gerade in Hessen bis Ende der sechziger Jahre sehr schwachen Parteiapparates auf Kreisebene zur Folge. Diese politische und organisatorische Leistungs- und Aktivitätssteigerung war eine Voraussetzung für die Erfolge der CDU in der Kommunalpolitik. Die kommunalpolitischen Wahlerfolge dürften die bei Landtagswahlen unterstützt haben und umgekehrt. Mit einer entsprechenden Zeitverzögerung konnte die CDU dann auch 1976 ihr Bundestagswahlergebnis verbessern.

Eine ähnliche Entwicklung wie in Hessen läßt sich für die CDU bundesweit in den Großstädten feststellen. In Tabelle 34 ist die Zahl der kommunalen Mandate von CDU und SPD in den Großstädten über 200 000 Einwohnern (ohne Bayern) von Mitte der sechziger Jahre bis Anfang der achtziger Jahre zusammengestellt worden. Aus ihr ist ersichtlich, daß die SPD Mitte der sechziger Jahre in 20 von 21 Großstädten teilweise erheblich mehr Mandate als die CDU stellte, die nur in Krefeld um ein Mandat stärker war als die SPD. Von den insgesamt 1050 Mandaten beider Parteien in den untersuchten Großstädten stellte die SPD 60,8 % und die CDU 39,2 %. Im Zeitraum von 1969 bis 1972 kann die CDU die Zahl ihrer Mandate um 14,2 % und die SPD um 1,9 % erhöhen und von 1974 bis 1977 erhöht die CDU ihre Mandatszahl noch einmal um 30,6 %, die SPD um 12,6 %. Von 1978 bis 1981 geht die Zahl der Mandate bei der SPD um 8,7 % zurück und bei der CDU nimmt sie um 2,2 % zu.

Tabelle 34: Ratsmandate von CDU und SPD in den Großstädten (über 200 000 E.) 1964–1981

	Zeitr. 1964–66			*Zeitr. 1969–72*			*Zeitr. 1974–77*			*Zeitr. 1978–81*			*Zeitr. 1964–81*	
	Wahlj.	Ratsm.		Wahlj.	Ratsm.		Wahlj.	Ratsm.		Wahlj.	Ratsm.		Zuw.Ratsm.in %	
		CDU	SPD		CDU	SPD		CDU	SPD		CDU	SPD	CDU	SPD
Düsseldorf	1964	29	34	1969	30	33	1975	39	38	1979	41	37	41,4	8,8
Frankfurt	1964	26	46	1972	38	48	1977	50	38	1981	53	34	103,8	– 26,1
Dortmund	1964	22	42	1969	24	40	1975	30	48	1979	31	52	40,9	23,8
Stuttgart	1965	15	26	1971	11	14	1975	26	23	1980	25	23	66,7	– 11,5
Hannover	1964	18	33	1972	23	39	1976	26	34	1981	28	28	55,5	– 15,2
Duisburg	1964	23	38	1969	24	34	1975	28	51	1979	31	48	34,8	26,3
Wuppertal	1964	22	28	1969	24	28	1975	33	35	1979	29	33	31,8	17,9
Gelsenkirchen	1964	19	36	1969	21	34	1975	24	43	1979	24	4	26,3	– 88,9
Bochum	1964	20	35	1969	20	33	1975	27	48	1979	27	44	35,0	25,7
Mannheim	1965	15	22	1971	10	12	1975	21	21	1980	22	24	46,7	9,1
Kiel	1966	18	26	1970	19	30	1974	23	22	1978	22	25	27,8	– 15,4
Wiesbaden	1964	23	37	1972	32	43	1977	42	34	1981	42	32	82,6	– 13,5
Oberhausen	1964	21	28	1969	22	29	1975	22	34	1979	23	36	9,5	28,6
Karlsruhe	1965	17	25	1971	12	11	1975	32	21	1980	31	24	82,4	– 4,0
Braunschweig	1964	17	27	1972	20	32	1976	24	29	1981	26	23	52,9	– 14,8
Lübeck	1966	21	25	1970	22	25	1974	25	20	1978	24	23	19,0	– 12,0
Krefeld	1964	23	22	1970	28	23	1975	28	25	1979	30	25	30,4	13,6
Kassel	1964	17	37	1972	24	41	1977	31	36	1981	30	32	76,5	– 13,5
Hagen	1964	18	28	1969	21	26	1975	24	31	1979	26	29	44,4	3,6
Essen	1964	30	37	1969	29	38	1975	32	47	1979	34	49	13,3	32,4
Köln	1964	27	40	1969	26	37	1975	40	44	1979	42	43	55,6	7,5
insg.		412	638		480	650		627	732		641	668	55,6	4,7

Quellen: Statistisches Jahrbuch Deutscher Gemeinden 1973, 1980, 1981; Der Städtetag, 10/1977

Anfang der achtziger Jahre stehen sich CDU und SPD in den untersuchten Großstädten mit 641 bzw. 668 Mandaten fast gleich stark gegenüber; von 1309 kommunalen Mandatsträgern insgesamt stellt die CDU 49,0 % und die SPD 51,0 %. Im Gegensatz zu den sechziger Jahren hat die CDU nunmehr in neun Großstädten mehr Mandate als die SPD, in elf Großstädten ist die SPD noch stärker als die CDU, und in einer Großstadt stehen sich die beiden Parteien gleich stark gegenüber. Die SPD konnte ihre Mehrheitsposition gegenüber der CDU nur noch in den Ruhrgebietsgroßstädten, dem Kerngebiet der SPD, verteidigen. In allen anderen Regionen hat die CDU die Mehrheit in den Räten der Großstädte erobert. Von Mitte der sechziger Jahre bis Anfang der achtziger Jahre hat die CDU die Gesamtzahl ihrer Ratsmandate in den untersuchten Großstädten um 55,6 % und die SPD um 4,7 % erhöht.

Bezieht man die Stadtstaaten Bremen und Hamburg sowie Berlin – ebenfalls traditionelle Hochburgen der SPD – in die Untersuchung ein, so rundet sich das Bild ab. In den sechziger Jahren war die SPD in allen drei Landesparlamenten fast doppelt so stark wie die CDU vertreten, in Berlin hatte die SPD sogar 114,6 % mehr Mandate als die CDU. Von den insgesamt 330 Mandatsträgern Mitte der sechziger Jahre, die beide Parteien zusammen in den drei Landesparlamenten stellten, gehörten zwei Drittel der SPD an.

Anfang der achtziger Jahre hat die SPD in den Stadtstaaten, vor allem in Hamburg, einen erheblichen Rückgang und die CDU einen erheblichen Zuwachs ihrer Mandate in der Bürgerschaft zu verzeichnen; ganz besonders drastisch fällt die Veränderung in Berlin aus, wo die CDU 34,1 % mehr Sitze und die SPD 42,7 % weniger Sitze als Mitte der sechziger Jahre hat. In allen drei Ländern zusammen hat die CDU Anfang der achtziger Jahre 32,7 % mehr Sitze als Mitte der sechziger Jahre und die SPD 24,1 % weniger.

Seit Mitte der siebziger Jahre ist die CDU die stärkste Partei auf kommunaler Ebene. Von etwa 180 000 kommunalen Mandatsträgern in der Bundesrepublik stellt die CDU/CSU etwa 60 000 und die SPD etwa 40 000[26]. Die CDU hat ihr seit Anfang der sechziger Jahre formuliertes Ziel der »Eroberung der roten Rathäuser« Mitte der siebziger Jahre erreicht.

Insbesondere in den Großstädten und den städtischen Ballungsgebieten war der Mitgliederzuwachs und die damit verbundene Mitgliederstrukturveränderung und Aktivierung der Partei eine entscheidende Voraussetzung für die kommunalpolitischen Erfolge der CDU. Dies erklärt auch, warum die CDU ab Mitte der siebziger Jahre die Zahl ihrer Ratsmandate in den Städten besonders stark erhöhen kann.

Dies bestätigt auch Bretschneider mit der Feststellung, daß 27,2 % aller kommunalen Mandatsträger der CDU im März 1977 zwischen 1971 und 1977 der Partei beigetreten sind und weitere 26,5 % im Zeitraum von 1966 bis 1971. Aktive Parteimitglieder können also relativ kurze Zeit nach ihrem Parteibeitritt kommunale Mandatsträger werden, was aufgrund der größeren innerparteilichen Mobilität insbesondere in den städtischen Ballungsgebieten der Fall sein dürfte[27].

Der Anteil der Angestellten und Beamten unter den kommunalen Mandatsträgern beträgt 1977 47,5% und der der Selbständigen 37,8% (28). Angesichts der Mitgliederstruktur der CDU in den ländlichen und den städtischen Regionen kann davon ausgegangen werden, daß die Angestellten und Beamten vor allem in den städtischen Ballungsgebieten in der Mitgliedschaft und damit auch in der kommunalen Mandatsträgerschaft überrepräsentiert sind. Angesichts des festgestellten Zusammenhangs zwischen dem Mitgliederanteil von Angestellten und Beamten und der Parteiaktivität ist zu vermuten, daß die Kommunalwahlerfolge der CDU in den Großstädten auch auf eine Erhöhung ihres Anteils in der Mitgliedschaft und in der kommunalen Mandatsträgerschaft zurückzuführen sind.

IV. Die Reform der örtlichen Parteiorganisation und der Ausbau des Parteiapparates

1. Die Neuorganisation der Beschaffung und Verteilung von Finanzmitteln für die Parteiarbeit

a) Interne Finanzvorschriften

Regelmäßige und in ihrer Höhe voraussehbare Einnahmen sind eine wichtige Voraussetzung für aktive Parteiarbeit und für Aufbau und Erhalt eines leistungsfähigen Parteiapparates. In den fünfziger Jahren war die Parteiorganisation der CDU von den unsicheren, vor allem zu Wahlkampfzeiten eingehenden Spenden abhängig, da die Einnahmen aus Mitgliederbeiträgen nahezu keine Rolle spielten und staatliche Mittel für die Parteifinanzierung nicht zur Verfügung standen. In den sechziger Jahren kam die CDU nach den beiden erwähnten Verfassungsgerichtsurteilen zur Parteifinanzierung deshalb jedesmal in finanzielle Schwierigkeiten, weil in deren Folge entweder die Spenden oder die öffentlichen Mittel vorübergehend ausfielen, denn auch bis Ende der sechziger Jahre blieben die Einnahmen aus Mitgliederbeiträgen außerordentlich gering.

Zur Regelung der parteiinternen Finanzbeziehungen war im Gefolge der Präsidentschaftskrise vom Bundesausschuß im September 1959 eine vorläufige Finanzordnung verabschiedet worden(1). Darin wurde den nachgeordneten Verbänden und Vereinigungen mit Zustimmung des Bundesvorstandes die Führung eigener Wirtschaftsunternehmen gestattet. Für die Bundespartei war die Gründung eines Hausvereins zur Verwaltung der Liegenschaften sowie die Gründung einer GmbH zur Betreibung von Wirtschaftsunternehmen (vor allem für das »Wirtschaftsbild«) vorgesehen. Die Organisationseinheiten der Partei waren gegenüber dem nächsthöheren Verband, der auch die Kassenführung prüfte, zu einem jährlichen Rechenschaftsbericht über Einnahmen und Ausgaben verpflichtet. Auf Bundesebene war unter dem Vorsitz des Bundesschatzmeisters die Gründung eines Finanzausschusses, bestehend aus den Landesschatzmeistern, vorgesehen. Alle Verbände wurden durch die Finanzordnung verpflichtet, rechtzeitig einen jährlichen Etat aufzustellen und einen formellen Beschluß darüber zu fassen.

Diese »Vorläufige Finanzordnung« galt trotz ihrer »Vorläufigkeit« bezeichnenderweise zehn Jahre lang; sie dürfte nur partiell oder sporadisch eingehalten worden sein. Erst die durch das bevorstehende Parteiengesetz erzwungene Verabschiedung des neuen Parteistatuts der CDU im Jahre 1967 machte auch die Neuordnung und Präzisierung der parteiinternen Finanzbeziehungen erforderlich. Das Statut von 1967 beinhaltete zwei für die Beitrags- und Finanzfragen wichtige neue Vorschriften: das Stimmrecht der Mitglieder war abhängig von der vollzogenen Zahlung der Beitragsanteile an den nächsthöheren Verband und die Etats der Vereinigungen bedurften der Zustimmung durch den Generalsekretär(2).

Auf dem Bundesparteitag vom 17. bis 18.11.1969 wurde eine neue Finanz- und Beitragsordnung verabschiedet, die die vorläufige Finanzordnung von 1959 außer Kraft setzte. Sie war vom Bundesfinanzausschuß 1969 erarbeitet, von Präsidium und Bundesvorstand gebilligt und als Antrag an den Parteitag eingebracht worden(3).

Basierend auf den Vorschriften der Finanzordnung von 1959 werden darin die verschiedenen Einnahmearten der Partei definiert, eine Kompetenzzuweisung über deren Festsetzung vorgenommen sowie die Verteilung, Rechenschaftslegung und Kontrolle der Einnahmen und der Ausgaben festgelegt. Die Erhebung von Mitgliederbeiträgen durch die Vereinigungen und Sonderorganisationen wird an die Zustimmung des Bundesausschusses gebunden. Der Bundesschatzmeister erhält ein umfassendes Informationsrecht in allen Finanzfragen gegenüber allen Verbänden, Vereinigungen und Sonderorganisationen sowie Wirtschaftsunternehmen der CDU. Er ist auf Bundesebene für die Beschaffung der erforderlichen Finanzmittel sowie die Aufstellung und Überwachung des Haushaltes der Bundesgeschäftsstelle zuständig. Zusätzliche Ausgaben der Bundesgeschäftsstelle bedürfen der Genehmigung durch den Generalsekretär und Bundesschatzmeister, gegebenenfalls durch den Bundesvorstand.

Die Finanz- und Beitragsordnungen der nachgeordneten Verbände dürfen der der Bundespartei nicht widersprechen; der Bundesschatzmeister erhält besondere Kompetenzen, um bei Verstößen gegen die Finanz- und Beitragsordnung durch nachgeordnete Verbände entsprechende Maßnahmen ergreifen zu können(3).

Mit dieser Finanz- und Beitragsordnung hatte sich die CDU nunmehr eine klare und einheitliche Ordnung für alle Beitrags-und Finanzfragen gegeben, die für die verschiedenen Ebenen und Gliederungen der Partei verbindlich war. Der wechselseitige Informations-, Aufsichts- und Rechenschaftszwang war Voraussetzung für eine gerechte Verteilung der Finanzmittel auf die verschiedenen Organisationen und Gliederungen der Partei. Die weitgehenden Kompetenzen des Bundesschatzmeisters garantierten die Einhaltung und Umsetzung dieser Vorschriften. Anfang der siebziger Jahre wurden im Büro des Bundesschatzmeisters die personellen Voraussetzungen für die Wahrnehmung dieser Funktionen geschaffen. Insgesamt kann von einer Formalisierung und Professionalisierung des Finanz- und Beitragswesens der Parteiorganisation gesprochen werden, der sich auch die unteren Parteigliederungen nicht entziehen konnten.

Im Dezember 1970 legte der Bundesausschuß fest, daß die Vereinigungen nur von den Mitgliedern Beiträge erheben dürften, die keinen CDU-Mitgliedsbeitrag bezahlten (also nicht Mitglied der CDU waren); in der Vergangenheit war mit diesem Argument häufig von Vereinigungsmitgliedern die Beitragszahlung gegenüber der Partei verweigert worden. Gleichzeitig schrieb der Bundesausschuß den Vereinigungen vor, künftig für ihre eigenen Publikationen Bezugsgebühren zu erheben(4). Dieser Beschluß sowie die Vorschriften in der Finanz- und Beitragsordnung und im Statut der Partei grenzten die finanzielle und damit organisatorische Selbständigkeit der Vereinigungen ein und etablierten den Primat der Partei.

Die Finanzkrise der Bundespartei Anfang der siebziger Jahre und die damit verbundenen Beschlüsse hatten zur Folge, daß die Finanzierung der Bundesgeschäftsstelle als Aufgabe aller Gliederungen der Parteiorganisation anerkannt wurde. Sie führten auf dem Bundesparteitag vom 4. bis 5.10.1971 in Saarbrücken zu weitergehenden Beschlüssen in Finanz- und Beitragsfragen. Zum einen beschloß der Parteitag eine neue Beitragsstaffel, die eine Erhöhung der Mitgliederbeiträge zur Folge hatte. Diese war nicht zuletzt deshalb nötig geworden, weil der durchschnittliche Mitgliederbeitrag pro Mitglied und Monat nur bei 2,70 DM lag(5). Gleichzeitig wurde die Umlage, die die Landesverbände pro Mitglied und Monat an die Bundespartei zu zahlen hatten, von 0,50 DM auf 1,– DM erhöht. Dieser Satz ist bis 1982 nicht geändert worden.

Der Parteitag wählte außerdem Walther Leisler Kiep zum neuen Bundesschatzmeister, womit auch die personellen Voraussetzungen für Systematisierung und Professionalisierung der Finanzgeschäfte der Partei gegeben waren.

Die ab 1974 gültige Erhöhung der Wahlkampfkostenpauschale nach dem Parteiengesetz von 2,50 DM auf 3,50 DM pro Wähler sowie eine neue Beitragsstaffel, die auf dem Bundesparteitag vom 23. bis 25.6.1975 in Mannheim verabschiedet wurde und den Mindestmitgliederbeitrag pro Monat von 3,– DM auf 5,– DM heraufsetzte(6), hatten ebenfalls eine Verbesserung der Einnahmen zur Folge.

Im April 1980 beschloß der Bundesvorstand die vom Bundesfinanzausschuß und Bundesschatzmeister ausgearbeiteten »Spendenrichtlinien«, die Entgegennahme, Abrechnung und Quittierung von Spenden für die Partei regelten(7). Danach müssen alle Spenden unter Beachtung der Bestimmungen nach dem Parteiengesetz ordnungsgemäß erfaßt werden, wobei Spendenquittungen nur durch den Kreisverband, Landesverband und die Bundespartei ausgestellt werden dürfen.

> »Alle übrigen Empfänger von Spenden, einschließlich Gemeinde- und Ortsverbände, sowie Amts- und Mandatsträger und Wahlbewerber sind zur Ausstellung von Spendenbescheinigungen nicht berechtigt. Die steuerliche Abzugsfähigkeit von Spenden ist nur gewährleistet, wenn die Spendenquittungen von Kreis- und Landesverbänden oder der Bundespartei ausgestellt sind«(8).

Spenden, die einer der Gebietsorganisationen nicht direkt zugehen, werden in dem Kreisverband abgerechnet und quittiert, dem der Empfänger angehört. Spendenquittungen dürfen nur auf einheitlich vorgegebenen und durchnumerierten Formularen mit entsprechenden Kopien und vorgeschriebenen Unterschriften ausgegeben werden, wobei die Landesverbände sich durch Stichproben von der Ordnungsmäßigkeit der Spendenverwaltung bei den Kreisverbänden überzeugen.

b) Einnahmen- und Ausgabenstruktur

Die rechtliche und politische Problematik der Parteienfinanzierung ist – nicht zuletzt angeregt durch die jeweiligen Bundesverfassungsgerichtsurteile und die öffentliche Diskussion über Methoden der Spendenbeschaffung – mehrfach untersucht worden.(9).

Gegenstand des Interesses ist hier die Einnahmen- und Ausgabenentwicklung der CDU-Parteiorganisation in den siebziger Jahren. Ziel ist, vor allem auch die vertikalen Finanzbeziehungen zwischen den verschiedenen Parteiebenen, zwischen Bundesverband, den Landesverbänden, den Kreisverbänden sowie den Stadt- und Gemeindeverbänden darzustellen.

Die bisher vorliegenden Veröffentlichungen beziehen sich fast ausschließlich auf die Einnahmen der Bundespartei und der Landesverbände, bei denen die Angaben der Kreisverbände mit berücksichtigt werden, weil die dazu erforderlichen Daten den nach dem Parteiengesetz vorgeschriebenen finanziellen Rechenschaftsberichten der Parteien zu entnehmen sind. Sowohl über die Ausgaben der Landesverbände als auch die Einnahmen und Ausgaben der Kreis- und Stadtverbände werden keine Angaben publiziert, so daß diese bei wissenschaftlichen Untersuchungen ausgeblendet sind.

Aufgrund der vorgeschriebenen Rechenschaftsberichte über die Einnahmen der Parteien entsteht zum Beispiel der irrige Eindruck, die Mitgliederbeiträge würden nur zwischen dem Bundesverband und den Landesverbänden aufgeteilt. In Wirklichkeit verbleibt der größte Teil der Mitgliederbeiträge bei den Kreis- sowie Stadt- und Gemeindeverbänden. Außerdem erheben auch die Kreis- sowie Stadt- und Gemeindeverbände Beiträge von Mandatsträgern, die ebenfalls durch die vom Parteiengesetz vorgeschriebenen Finanzberichte nur unvollständig erfaßt werden.

Nach dem Statut der CDU sind der Bundesverband, die Landesverbände sowie die Kreisverbände organisatorisch, politisch und finanziell weitestgehend selbständige Funktionseinheiten. Die Stadt- und Gemeindeverbände bzw. Stadtbezirksverbände der CDU sind formal nicht selbständig und müssen alle organisatorischen, finanziellen und politischen Maßnahmen im Einvernehmen mit dem Kreisverband vornehmen(10). Faktisch sind sie aber weitestgehend selbständig, da der Satzungsrahmen ihnen einen großen Spielraum läßt. Durch die in den siebziger Jahren nachweisbare Aktivierung der Parteiarbeit auf Kreis- und Stadtverbandsebene, die auch zu einer erheblichen Ausweitung ihrer finanziellen Aktivitäten geführt hat, ist deren Einbeziehung in die Untersuchung von Interesse.

Dadurch entsteht ein Gesamtbild der Parteiorganisation auf allen Ebenen, das die jeweilige Einnahmen- und Ausgabenstruktur, die wechselseitigen Finanzbeziehungen und die Aufteilung der Mitgliederbeiträge wiedergibt. Aufgrund unvollständiger Daten kann dies teilweise nur anhand ausgewählter Beispiele erfolgen.

Die nach dem Parteiengesetz vorgeschriebenen Berichte der Parteien über ihre Einnahmen werden jeweils im Herbst eines Jahres über das vorangegangene Jahr im Bundesanzeiger veröffentlicht. Sie liegen also vollständig vor. Von 1968 bis 1977 bzw. 1978 liegen darüber hinaus auch die Ausgaben des CDU-Bundesverbandes vor. Sie sind in verschiedenen Publikationen wissenschaftlich ausgewertet worden, auf die sich die Zahlenangaben in dieser Untersuchung beziehen(11).

Die Höhe der Einnahmen aller Parteien schwankt in den jeweiligen Jahren aus zwei Gründen: Zum einen erfolgt die Wahlkampfkostenerstattung auf Bundes- wie auf Landesebene anhand von Vorauszahlungen, die auf die verschiedenen Jahre während der laufenden Legislaturperiode verteilt werden; zum anderen ist das Spendenaufkommen der Parteien in Wahljahren besonders hoch und im Jahr nach einer Wahl besonders niedrig. Um diese Schwankungen auszugleichen, ist es sinnvoll, mindestens vier Jahre als Untersuchungszeitraum festzulegen.

Die drei wichtigsten Einnahmequellen der Parteien sind die Mitgliederbeiträge, die Wahlkampfkostenerstattungen sowie die Spenden. Bei der CDU teilen sich die Einnahmen von 1968 bis 1978 für die gesamte Partei wie folgt auf: 26,2 % Mitgliederbeiträge, 27,0 % Wahlkampfkostenerstattung, 28,6 % Spenden, 9,1 % Beiträge der Mandatsträger, 4,8 % Kredite sowie 4,4 % sonstige Einnahmen(12). Die Einnahmen erhöhen sich von 1968 bis 1978 um das Dreieinhalbfache(13).

Zu dieser Erhöhung der Einnahmen haben die Mitgliederbeiträge überproportional beigetragen. Betrug der Anteil der Mitgliederbeiträge an den Gesamteinnahmen der CDU auf Bundes-und Landesebene 1968 noch 20,1 %, so lag er 1978 bei 37,0 %. Untersucht man die Bundespartei und die Landesverbände (darin sind auch die Angaben der nachgeordneten Verbände eingeschlossen) getrennt, so erhöht sich bei der Bundespartei der Anteil der Mitgliederbeiträge an den Gesamteinnahmen von 15,5 % im Jahre 1968 auf 31,1 % im Jahre 1978. Bei den Landesverbänden steigert sich der Anteil der Mitgliederbeiträge von 23,1 % (1968) auf 39,1 % (1978).

Die Erhöhung des Mitgliederbeitragsanteils an den Gesamteinnahmen nimmt bei der CDU im Vergleich zu den übrigen Parteien den ersten Platz ein, was vor allem auf ihren starken Mitgliederzuwachs zurückzuführen ist. Er ist auch die entscheidende Ursache für die feststellbare Erhöhung des durchschnittlichen Mitgliederbeitrages, da vor allem die neuen Mitglieder bereit sind, einen höheren Beitrag zu zahlen, während die »alten« Mitglieder ihren früher einmal festgesetzten Beitrag weiter zahlen und zu einer Erhöhung nur sehr schwer zu bewegen sind. Lag der durchschnittliche Mitgliederbeitrag pro Monat 1970 noch bei 2,36 DM, stieg er 1974 bereits auf 4,16 DM und betrug

Tabelle 35: Durchschnittlicher monatlicher Mitgliedsbeitrag 1970, 1974, 1981

LV	1970	1974	1981
BW	1,84	3,48	5,18
B	4,44	6,41	8,32
HB	3,53	6,33	6,93
HH	3,48	6,92	7,17
H	2,61	4,26	5,26
NS	2,40	4,45	5,45
RH	2,70	4,76	6,42
WL	2,22	3,68	5,09
RP	2,13	3,51	5,59
S	1,10	2,30	4,46
SH	2,88	5,10	6,87
BV	2,36	4,16	5,83

Quelle: Organisationsstudie 1982

1981 5,83 DM. Die Höhe des durchschnittlichen Mitgliederbeitrages schwankte 1970 in den Landesverbänden erheblich und lag in extremen Fällen um bis zu 50 % über oder unter dem Durchschnittsbeitrag der Bundespartei, während sich 1981 die Durchschnittsbeiträge der Landesverbände stark angleichen (vgl. Tabelle 35).

Daher erscheint eine Differenzierung der Einnahmen nach Bundesverband und Landesverbänden (die die Angaben der Kreisverbände einschließen) sowie die Festlegung des Untersuchungszeitraumes auf mindestens vier Jahre sinnvoll. In Tabelle 36 sind die Einnahmen von 1974 bis 1977 erfaßt worden, weil in diesem Zeitraum alle

Tabelle 36: Einnahmen des Bundesverbandes und der Landesverbände 1974–1977 (in 1000,– DM)

	1974 BV	1974 LVe	1975 BV	1975 LVe	1976 BV	1976 LVe	1977 BV	1977 LVe
MITG	6889	18920	7935	23869	9197	28756	9854	33190
FRAK	36	8210	23	9806	40	10734	24	11845
VERM	424	2290	321	1778	318	1716	311	2124
VERA	222	721	206	935	245	1954	244	1117
SPEN	7878	18503	6139	23293	13083	40661	12092	12776
KRED	291	1065	312	1734	8596	1308	2723	758
ERST	7999	14382	15245	21118	21391	14817	5641	7775
SONST	–	786	–	913	–	1598	–	722
INSG	23737	64878	30181	83450	52869	101545	30888	70307

	1974–1977 insgesamt BV	1974–1977 insgesamt LVe	GesEinn.nach EinnGrp. (%) BV	GesEinn.nach EinnGrp. (%) LV	EinnGrp.nach BV/LV (%) BV	EinnGrp.nach BV/LV (%) LV
MITG	33875	104735	24,6	32,7	24,4	75,6
FRAK	123	40595	0,1	12,7	0,3	99,7
VERM	1374	7908	1,0	2,5	14,8	85,2
VERA	917	4727	0,6	1,5	16,2	83,8
SPEN	39192	95233	28,5	29,7	29,2	70,8
KRED	11922	4865	8,7	1,5	71,0	29,0
ERST	50276	58092	36,5	18,1	46,4	53,6
SONST	–	4091	–	1,3	–	100,0
INSG	137675	320180	100,0	100,0	30,1	69,9

Quellen: Heino und Ursula Kaack, Hrsg., Parteienjahrbuch 1975
Kaack, Roth, Hrsg., Handbuch des deutschen Parteiensystems, Bd. 1
Kaack, Roth, Hrsg., Parteienjahrbuch 1976

Erläuterungen: Die Einnahmenstruktur und die Abkürzungen wurden von den oben genannten Publikationen übernommen. Zu den Abkürzungen: MITG: Mitgliedsbeiträge; FRAK: Beiträge der Fraktionsmitglieder und ähnliche regelmäßige Beiträge; VERM: Einnahmen aus Vermögen; VERA: Einnahmen aus Veranstaltungen etc.; SPEN: Spenden; KRED: Kredite; ERST: Erstattungen nach dem Parteiengesetz (Wahlkampfkostenpauschale); SONST: Sonstige Einnahmen; INSG: Gesamteinnahmen.

Wahlkampfkostenerstattungen der Bundespartei für eine Legislaturperiode berücksichtigt werden können, wobei ein gewisser Verzerrungseffekt bei den Landesverbänden in Kauf genommen wird, der aufgrund der unterschiedlichen Landtagswahltermine und der damit verbundenen Wahlkampfkostenerstattungen entsteht.

Danach stammen bei der Bundespartei ein Viertel und bei den Landesverbänden ein Drittel ihrer Einnahmen aus Mitgliederbeiträgen. Die Einnahmen aus Spenden sind mit 28,5 % bzw. 29,7 % fast gleich hoch, während der Anteil der Wahlkampfkostenerstattung bei der Bundespartei 36,5 % und bei den Landesverbänden 18,1 % beträgt. Allerdings ist zu berücksichtigen, daß bei der CDU etwa 20 % der Wahlkampfkostenerstattung für die Bundestagswahlkämpfe von der Bundespartei an die Landesverbände weitergeleitet wird[(14)]. Bei einem Gesamtvolumen von 50,3 Millionen DM, die die Bundespartei von 1974 bis 1977 als Wahlkampfkostenerstattung erhielt, sind dies über 10 Millionen DM, die an die Landesverbände von der Bundespartei weitergeleitet werden.

Die Beiträge der Mandatsträger kommen bei der CDU fast ausschließlich den Landes- und nachgeordneten Verbänden zugute und schlagen sich dort nieder mit 12,7 % der Einnahmen, während sie bei der Bundespartei nur 0,1 % ausmachen. Auch die Einkünfte aus Vermögen stellen bei den Landesverbänden immerhin 2,5 % der Einnahmen, während es bei der Bundespartei nur 1,0 % sind. Offensichtlich haben die nachgeordneten Verbände insgesamt mehr Vermögen als die Bundespartei. Auch die Einnahmen aus Veranstaltungen und aus dem Verkauf von Werbematerial sind bei den Landesverbänden viermal höher als bei der Bundespartei (0,6 %). Die Bundespartei ist insbesondere im Hinblick auf Bundestagswahlkämpfe zu einer höheren Kreditaufnahme gezwungen als die Landesverbände, in denen die Kredite nur 1,5 % der Einnahmen im Gegensatz zu 8,7 % bei der Bundespartei ausmachen. Auch die sonstigen Einnahmen betragen bei den Landesverbänden noch 1,3 %.

Insgesamt ist das Einnahmevolumen aller CDU-Landesverbände und nachgeordneter Verbände im Untersuchungszeitraum um 132,6 % höher als das der Bundespartei. Oder anders gesagt: Von den Gesamteinnahmen der CDU erhält der Bundesverband im Durchschnitt 30,1 %. Dabei ist allerdings zu berücksichtigen, daß in den Einnahmen der Landesverbände die der Kreis- und Stadtverbände enthalten sind.

Um die Höhe des Anteils der öffentlichen Mittel an den Gesamteinnahmen der CDU festzustellen, werden die Einnahmen aus Wahlkampfkostenerstattungen und aus Beiträgen der Mandatsinhaber den übrigen Einnahmegruppen gegenübergestellt[(15)].

Bei der Bundespartei sind dann 63,4 % der Einnahmen nicht-öffentliche Mittel und der Rest staatliche Mittel, fast ausschließlich Wahlkampfkostenerstattungen.

Bei den übrigen Verbänden hingegen stammen 69,2 % der Einnahmen aus nichtstaatlichen und 30,8 % aus öffentlichen Mitteln, wobei hier die Beiträge der Mandatsinhaber immerhin 12,7 % ausmachen.

Kaack kommt bei der Untersuchung aller Parteien – unter Rückgriff auf Schleth – zu dem Ergebnis, »daß über die Hälfte aller Kosten aus öffentlichen Mitteln gedeckt werden«[(16)].

Zu dieser Feststellung kommt er dadurch, daß er pauschal den Einnahmen aus

Tabelle 37: Ausgabenentwicklung der CDU-Bundesgeschäftsstelle 1968–1977

Kostengruppe	Ausg. 1968 in 1000 DM	Ausg. 1977 in 1000 DM	Ausg. Zuw. 1968–1977 in %	Gesamtausgaben 1968–1972 1000 DM	in %
Personalkosten	1947	10983	464,0	17548	17,3
Verwaltungs- u. Sachkosten	938	6434	586,0	10968	10,8
Öffentlichkeitsarbeit	1870	7282	289,5	10720	10,6
Zuschüsse an Suborg.	526	1099	109,0	4246	4,2
Bundestagswahl	40	2		57819	57,1
Sonstige	–	164	–	–	–
Insgesamt	5321	25964	381	101301	100

Kostengruppe in %	Gesamtausgaben 1973–1977 in 1000 DM	in %	Gesamtausgaben 1968–1977 nach Kostengruppen in 1000 DM	in % (mit BTW)	in % (ohne BTW)
Personalkosten	46964	32,3	64512	26,1	42,1
Verwaltungs- u. Sachkosten	29018	20,0	39986	16,2	26,1
Öffentlichkeitsarbeit	26504	18,2	37224	15,1	24,3
Zuschüsse an Suborg.	6007	4,1	10253	4,1	6,7
Beitragswahl	35544	24,5	93363	37,9	–
Sonstige	1228	0,1	1228	0,6	0,8
Insgesamt –	145265	100	246566	100	100

Quellen: Kaack, Roth (Hrsg.), Handbuch des deutschen Parteiensystems, Bd. 1, und eigene Berechnungen

Wahlkampfkostenerstattungen und Beiträgen der Mandatsinhaber (für 1975 bis 1978 hat er einen Anteil von 38,5% errechnet) die Mittel der parteinahen Stiftungen sowie deren geldwerte Leistungen hinzunimmt. Dieses Verfahren ist deshalb angreifbar, weil es sich auf Vermutungen stützt und die Arbeit der politischen Stiftungen nicht mit den Aktivitäten der Partei gleichgesetzt werden kann. Akzeptiert man die Gleichsetzung, so würde die Aussage von Kaack nur für die Bundespartei zutreffen, in keinem Fall für die Landesverbände der CDU, da dort die entsprechenden Prozentsätze erheblich niedriger sind und die Arbeit der Stiftungen für sie auch keine vergleichbare Bedeutung besitzt.

Hervorzuheben ist, daß die CDU durch eine erhebliche Steigerung der Mitgliederbeiträge ihre in der Vergangenheit starke Abhängigkeit von Spenden und öffentlichen Mitteln reduzieren konnte.

Die Ausgaben der CDU-Bundesgeschäftsstelle haben sich von 1968 bis 1977 fast vervierfacht(17). Faßt man sie zu Ausgabengruppen zusammen, so ergibt sich von 1968 bis 1977 folgende Entwicklung: Die Verwaltungs- und Sachkosten steigen um 586,0 %, die Personalkosten um 464,0 % und die Ausgaben für Öffentlichkeitsarbeit um 289,5 %, die Zuschüsse an die Suborganisationen (v.a. Bundesvereinigungen) um 109,0 % (vgl. Tabelle 37). Während die Gesamtausgaben der Bundesgeschäftsstelle in den wahlkampffreien Jahren 1968 bis 1977 um 381 % steigen, beträgt die Ausgabensteigerung für die Bundestagswahlkämpfe in den Jahren 1969 bis 1976 nur 33 %.

Aus Tabelle 37 ist zu entnehmen, daß die Ausgabensteigerung der Bundesgeschäftsstelle im untersuchten Zeitraum von 1968 bis 1977 besonders hoch in der zweiten Phase der Opposition (1973–1977) ist. Die Aktivitätssteigerung der Bundespartei und der Ausbau der Bundesgeschäftsstelle unter Kohl wird anhand dieser Zahlen deutlich.

Da die Ausgaben der Bundespartei für den alle vier Jahre stattfindenden Bundestagswahlkampf »Sonderausgaben« darstellen, sind sie nicht zu berücksichtigen, wenn die Ausgabenstruktur der Bundesgeschäftsstelle für die laufende Parteiarbeit interessiert. Dann wird deutlich, daß im Gesamtzeitraum (1968–1977) die Personalkosten mit 42,1 % den stärksten Ausgabenblock bilden, gefolgt von den Ausgaben für Verwaltungs- und Sachkosten (26,1 %) und für Öffentlichkeitsarbeit (24,3 %), während die Zuschüsse an Suborganisationen nur 6,7 % und die sonstigen Ausgaben 0,8 % betragen.

Der erheblich gestiegene Finanzbedarf der Bundespartei ist also nicht in erster Linie auf die erhöhten Wahlkampfausgaben, sondern vor allem auf die erheblich angestiegenen Ausgaben für Personal, allgemeine Sach- und Verwaltungsausgaben sowie die Öffentlichkeitsarbeit zurückzuführen. Diese hohen laufenden Kosten des Parteiapparates und der permanenten Parteiaktivitäten sind eine Folge der erhöhten Anforderungen von seiten der Mitglieder, unteren Parteigliederungen und Wähler an moderne Volksparteien als Institutionen politischer Dienstleistung. In einigen vorangegangenen Kapiteln dieser Untersuchung (vgl. I, 6 und 7, zweiter Teil) und in den nachstehenden Kapiteln dieses Abschnitts werden unterschiedliche Aspekte dieser politischen Dienstleistungen erörtert. Eine drastische Reduzierung der genannten Ausgaben hätte auch die drastische Einschränkung dieser Leistungen zur Folge.

Zum Abschluß soll versucht werden, die ungefähre Verteilung der Einnahmen und Ausgaben auf den vier faktischen Organisationsebenen der CDU (Bundesverband (BV), Landesverband (LV), Kreisverband (KV), Stadt- und Gemeindeverband (StuGV)) transparent zu machen. Insbesondere bei den Angaben für die Kreis- sowie Stadt- und Gemeindeverbände, aber auch bei den Angaben der Landesverbände handelt es sich um Schätzungen auf der Basis ausgewählter Daten, wobei es insbesondere auf diesen Ebenen erhebliche regionale und örtliche Unterschiede geben dürfte. Für die Untersuchung der hier interessierenden unterschiedlichen Schwerpunkte bei Einnahmen und Ausgaben auf den vier Organisationsebenen reichen ungefähre Größenangaben aus.

Tabelle 38: Ungefähre Einnahmen- und Ausgabenstruktur der CDU auf den verschiedenen Organisationsebenen Ende der 70er Jahre (in %)

	BV	LV	KV	StuGV
Einnahmen				
MITG	24,6	42,0	75,0	90,0
FRAK	0,1	5,0	10,0	2,0
SPEN	28,5	16,0	6,0	7,0
ERST	36,5	27,0	–	–
SONST	10,3	10,0	9,0	1,0
INSGES.	100,0	100,0	100,0	100,0
Ausgaben				
PERS	42,2	65,0	34,0	–
VERW	23,8	8,0	64,0	25,0
ÖA	21,3	6,0	1,0	74,0
ZUSCH	–	20,0	–	–
SONST	12,7	1,0	1,0	1,0
INSGES.	100,0	100,0	100,0	100,0

Quellen: Für Einnahmen BV, LV und Ausgaben BV: Tabelle 36; für Ausgaben LV: Haushalt LV RH; für Einnahmen und Ausgaben KV und StuGV: Haushalte des CDU-KV RS von 1979–1981 sowie Rechenschaftsberichte von 3 StuGV des KV RS für denselben Zeitraum.

Erläuterungen:
Die Angaben für die KVe und StuGVE stellen eine Schätzung aufgrund der genannten Quellen dar. Die Mitgliedsbeitragstransfers von den unteren Parteiebenen bis zum Bundesverband, die für die jeweils nächstuntere Organisationsebene »Ausgaben« sind, wurden bei den Ausgaben nicht berücksichtigt; die Wahlkampfkosten ebenfalls nicht.

Zu den Abkürzungen unter Einnahmen: s. Tabelle 36; zu den Ausgaben: PERS: Personalkosten; VERW: Allgemeine Verwaltungs- und Sachkosten; ÖA: Ausgaben für Öffentlichkeitsarbeit und Veranstaltungen; ZUSCH: Zuschüsse an Suborganisationen; SONST: Sonstige Ausgaben

Dabei sind bei den letzten beiden Organisationsebenen die Einnahmen und Ausgaben für Wahlkämpfe, die im wesentlichen aus Spenden finanziert werden, nicht berücksichtigt.

Aus Tabelle 38 wird deutlich, daß bei den Kreis- sowie Stadt-und Gemeindeverbänden die Mitgliedsbeiträge die Haupteinnahmequellen sind; der Mitgliederbeitragsanteil steigt von 24,6 % beim Bundesverband auf 90 % bei den Stadt- und Gemeindeverbänden. Da diese Verbände keine Wahlkampfkostenerstattung erhalten und die Spenden auch eine geringere Rolle spielen (außer in Wahlkampfjahren), sind neben den Mitgliederbeiträgen die Beiträge der Mandatsinhaber die wichtigste Einnahmequelle. Letztere können im Einzelfall einen erheblich höheren Anteil an den Einnahmen, vor allem bei den Stadt- und Gemeindeverbänden, haben, da dies örtlich sehr unterschiedlich gehandhabt wird. Teilweise zahlen die Stadt- und Gemeinderatsmitglieder keine Beiträge an die Partei, sondern die Kommunalfraktion bildet damit eine Reserve zur

Finanzierung von Kommunalwahlkämpfen, was die Partei wiederum finanziell entlastet, weil die Spenden nicht ausschließlich zur Wahlkampffinanzierung benötigt werden. Ohnehin scheinen die Grenzen zwischen Partei und Fraktion bei den Einnahmen und Ausgaben auf der Ebene der Stadt- und Gemeindeverbände häufig fließend zu sein.

Eines machen die Angaben in Tabelle 38 auch deutlich: Ohne den starken Mitgliederzuwachs in den siebziger Jahren hätten die Kreis- sowie Stadt- und Gemeindeverbände keinen finanziellen Spielraum für politische Aktivitäten gehabt. Durch regelmäßige Mitgliedseinnahmen in entsprechender Höhe sind sie von der bis Mitte der sechziger Jahre praktizierten Alimentierung durch die Landesverbände weitestgehend unabhängig geworden. Dies war eine weitere wesentliche Ursache und Voraussetzung zur Aktivierung der Basisorganisationen, zumal die Bundespartei seit Anfang der siebziger Jahre diesen in der Regel in größerem Umfang kein kostenloses Werbematerial mehr zur Verfügung stellte.

Anhand der Ausgabenstruktur der CDU-Verbände auf den verschiedenen Organisationsebenen ist erkennbar, daß die Landes- und Kreisverbände in wahlkampffreien Zeiten im wesentlichen Koordinations-, Integrations- und organisatorische Dienstleistungsfunktionen wahrnehmen, denn zwischen 85% und 98% aller Ausgaben sind Personal- und Verwaltungsausgaben. Die Landesverbände haben u.a. hohe Personalkosten, weil sie die Kreisgeschäftsführer sowie die Mitarbeiter der Landesvereinigungen bezahlen; ansonsten koordiniert der Landesverband die Arbeit der Fachausschüsse, der Vereinigungen, der Landtagsfraktion und Kreis- oder Bezirksverbände durch zahlreiche parteiinterne Sitzungen. Einen besonderen Aufwand für öffentliche Veranstaltungen und eigene Publikationen betreibt er nicht. Die Zuschüsse des Landesverbandes, vor allem an die Vereinigungen und zu einem geringen Umfang an die Bezirks- und/oder Kreisverbände, können erheblich sein, varriieren aber in den Landesverbänden deutlich. Die Kreisverbände haben neben den Personalkosten vor allem die hohen Sach- und Verwaltungsausgaben zu tragen, weil die Kreisgeschäftsstelle weitestgehend als organisatorisches Dienstleistungszentrum der Stadt- und Gemeindeverbände fungiert (vgl. Kapitel 3 und 4).

Die eigentliche, politisch nach außen wirksame Arbeit der Partei wird vom Bundesverband (Produktion von Werbematerial, Publikationen, Vorschläge für Kampagnen, Parteiaktionen vor Ort etc.) und den Stadt- und Gemeindeverbänden (Umsetzung der Konzeptionen des Bundesverbandes in Parteiaktivitäten vor Ort; öffentliche Veranstaltungen etc.) geleistet. Je größer die Kreisverbände sind, um so mehr werden die Stadt- und Gemeindeverbände Träger politischer Aktionen sein.

In den fünfziger und auch noch sechziger Jahren waren vor allem die Landes- und Kreisverbände die politischen Aktionsträger. Hier hat die CDU in den siebziger Jahren einen grundlegenden Wandel durchgemacht, der zur Stärkung der Bundesgeschäftsstelle und der Basisorganisationen unterhalb der Kreisebene geführt hat. Man kann diesen Prozeß als Zentralisierung der Parteiorganisation in konzeptionellen und produktionstechnischen Fragen und als Dezentralisierung in Fragen der Parteiaktivität bezeichnen.

2. Der Ausbau des Parteiapparates auf Bundes-, Landes- und Bezirksebene

Durch den Wechsel in die Opposition wurden auch an den Parteiapparat der Bundespartei erhöhte Anforderungen gestellt. Im Hinblick auf die Zahl der hauptamtlichen Mitarbeiter, die technische Ausstattung und die zur Verfügung stehenden Finanzmittel war der Parteiapparat auf Landesebene schon in den 50er, vor allem aber in den 60er Jahren relativ leistungsfähig gewesen. Dies gilt nicht für Regionen mit traditionell schwacher Parteiorganisation und schwachem Parteiapparat – wie z. B. in Niedersachsen, Hessen und Baden-Württemberg. Die Bundesgeschäftsstelle und die Kreisgeschäftsstellen hingegen waren – von Ausnahmen abgesehen – eher schlecht ausgerüstet und nur bedingt leistungsfähig. Damit die Bundesparteiführung überhaupt in die Lage versetzt wurde, den vielfältigen neuen Anforderungen in der Opposition Rechnung zu tragen, war daher der Ausbau der Bundesgeschäftsstelle vordringlich.

Umorganisation und der Ausbau der Bundesgeschäftsstelle während der Oppositionszeit lassen sich in drei Phasen einteilen, die durch die jeweiligen Oppositionsphasen sowie durch die Amtszeiten der Generalsekretäre und Bundesgeschäftsführer geprägt sind:

- Phase 1 (von Januar 1970 bis Juni 1973): In der Anfangszeit der CDU-Opposition findet unter Bruno Heck (Generalsekretär) und Rüdiger Göb (Bundesgeschäftsführer) einerseits sowie ab Oktober 1971 unter Konrad Kraske und Ottfried Hennig andererseits eine erste Reorganisation des Parteiapparates der Bundespartei statt.
- Phase 2 (von Juli 1973 bis März 1977): Unter der Verantwortung von Kurt Biedenkopf und Karl-Heinz Bilke erfolgen die grundlegende Umorganisation und der entscheidende Ausbau der Bundesgeschäftsstelle, die eine erhebliche Leistungssteigerung zur Folge haben.
- Phase 3 (von April 1977 bis Ende 1980): Unter Heiner Geißler und Ulf Fink wird die organisatorische und politische Leistungsfähigkeit der Geschäftsstelle weiter verbessert, ohne daß die Mitarbeiterzahl erhöht wird.

Göb wurde im Januar 1970 vom Präsidium auf Vorschlag Hecks zum CDU-Bundesgeschäftsführer berufen. Göb war vor dem Regierungswechsel Ministerialdirektor für Raumordnung und Raumplanung im Bundesinnenministerium gewesen. Er wollte die Bundesgeschäftsstelle zu einem wirksamen Instrument der politischen Führung ausbauen: »Für die Vorbereitung politischer Sachentscheidungen, für die Selbstdarstellung der Partei, für die Kommunikation innerhalb der Partei, für Wahlkämpfe«[(18)].

Folgende Schwerpunkte für die Intensivierung der Arbeit der Bundesgeschäftsstelle sah er:

- Verbesserung der Information, Koordination und Kommunikation zwischen der Bundespartei sowie den Landes- und Kreisverbänden;
- Mitgliederwerbung;
- Aufbau eines Instrumentariums zur systematischen Personalpolitik;
- Intensivierung der Öffentlichkeitsarbeit[(19)].

Diese Ziele sollten durch eine Umorganisation der Bundesgeschäftsstelle in sieben Abteilungen erreicht werden: Verwaltung; Personalplanung; Organisation; Politik; Öffentlichkeitsarbeit; Information; Presse, Rundfunk und Fernsehen, die der Bundesvorstand im Juni 1970 genehmigte[20].

Im Vergleich zu der seit 1967 gültigen Organisationsstruktur der Bundesgeschäftsstelle wurden damit vier neue Abteilungen geschaffen: zum einen die Abteilung für Personalplanung; zum anderen wurden aus der bisherigen Abteilung Presse, Öffentlichkeitsarbeit und Werbung drei selbständige Abteilungen gebildet, nämlich die Abteilungen Öffentlichkeitsarbeit; Information sowie Presse, Rundfunk und Fernsehen. Die Verselbständigung dieser Arbeitsbereiche in Abteilungen ließ das Bestreben erkennen, die innerparteiliche Information und Kommunikation, sowie die Presse- und Öffentlichkeitsarbeit, die externe Kommunikation erheblich zu verstärken, um den Wegfall des Regierungsapparates als Informations- und Kommunikationsinstrument zu kompensieren[21].

In der neu geschaffenen Abteilung Personalplanung ressortierte neben der Zentralen Mitgliederkartei die Aus- und Weiterbildung der hauptamtlichen Mitarbeiter, die Organisation der CDU-Mitglieder in den einzelnen Bundesministerien sowie der Aufbau eines EDV-gesteuerten Informationssystems, das eine angemessene Berücksichtigung von CDU-Mitgliedern im Öffentlichen Dienst auf Bundes-, Landes- und kommunaler Ebene gewährleisten sollte.

Die politische Abteilung gliederte sich in acht Arbeitsgruppen, deren Themenbereiche sich an den Arbeitskreisen der CDU/CSU-Fraktion orientierte und dadurch eine enge Verzahnung mit der Arbeit der Fraktion ermöglichte. Diesem Ziel diente auch die Vereinbarung mit der Bundestagsfraktion, die Gruppenleiter der politischen Abteilung an den Arbeitskreissitzungen der CDU/CSU-Bundestagsfraktion teilnehmen zu lassen[22].

Durch die sich 1971 immer deutlicher abzeichnenden Finanzschwierigkeiten und die zunehmende Diskussion über die Nachfolge für Kiesinger im Parteivorsitz wurde der Ausbau der CDU-Bundesgeschäftsstelle unter Heck und Göb, der die treibende Kraft war, erheblich behindert.

Mit der Wahl Barzels zum Parteivorsitzenden und Kraskes zum Generalsekretär auf dem Parteitag im Oktober 1971 in Saarbrücken war die kurze Zusammenarbeit von Heck und Göb beendet. Sie beide hatten vor allem die innerparteiliche Information und Kommunikation durch verschiedene Informationsdienste verbessert[23].

Die Entwicklung eines Aus- und Weiterbildungsprogramms für hauptamtliche Mitarbeiter der Partei war weitgehend abgeschlossen. »UiD« und »Deutsches Monatsblatt« waren neu gestaltet worden. Die ambitionierten Vorstellungen Göbs zur Personalplanung konnten nicht realisiert werden, weil der dazu erforderliche technische, finanzielle und personelle Aufwand einem entsprechenden Ertrag (Anzahl der vermittelten Personen) nicht entsprach. Dieses Projekt wurde daher später aufgegeben.

Die neue Führung des Parteiapparates unter Kraske löste die Abteilung Personalplanung auf und ordnete deren Arbeitsbereiche anderen Abteilungen zu, ließ aber ansonsten die Organisationsstruktur der Bundesgeschäftsstelle mit nunmehr sechs Abteilungen unverändert(24). Obwohl die vorgezogene Bundestagswahl 1972 und die bald wieder einsetzende Führungsdiskussion den kontinuierlichen Ausbau der CDU-Bundesgeschäftsstelle beeinträchtigten, wurde unter Kraske und Hennig bis zum Parteitag im Juni 1973 die Leistungsfähigkeit des Bundesparteiapparates gesteigert.

Die politische Abteilung hatte die von Bundesvorstand und Bundestagsfraktion eingesetzten zehn bzw. später vier Kommissionen zur Ausarbeitung politischer Sachkonzepte fachlich betreut und die Erarbeitung des gemeinsamen Wahlprogramms der Unionsparteien für die Bundestagswahl 1972 vorbereitet und koordiniert. Im Mai 1972 war der Umzug in das Konrad-Adenauer-Haus, die neue Parteizentrale der CDU, erfolgt. Außerdem wurde erstmalig »ein Arbeitsausschuß von Mitarbeitern der Fraktion und der Bundesgeschäftsstelle eingesetzt, der Vorschläge für die verbesserte Zusammenarbeit vorlegen konnte, die einmütig gebilligt und vom gemeinsamen Vorsitzenden als verbindlich verkündet wurde«(25). Eine Folge dieser Vereinbarung war die Schaffung gemeinsamer Sachstäbe von Mitarbeitern der Bundestagsfraktion und der Bundesgeschäftsstelle zur Vorbereitung des Bundestagswahlkampfes.

Die Festlegung eines monatlichen Diskussionsthemas für die gesamte Parteiorganisation, »Thema des Monats«, sowie politische Aktionsvorschläge sollten die politische Arbeit der Parteigliederungen intensivieren(26).

Auch die Mitgliederzeitung, das »Deutsche Monatsblatt«, wurde 1972 erstmals als Instrument zur Bekanntgabe von Flugblatttexten genutzt, um dadurch die Mitglieder zur aktiven Mitarbeit heranzuziehen(27). Die Mitgliederwerbung wurde durch die Entwicklung des Kontaktermodells systematisiert und dadurch für die Landes- und Kreisverbände erleichtert(28).

Mitte 1972 war das »Büro für Auswärtige Beziehungen« eingerichtet wurde, das die Parteikontakte der CDU zu den ausländischen Schwesterparteien intensivieren und alle Auslandskontakte von Partei und Fraktion koordinieren sollte(29). Die nach dem Saarbrücker Parteitag eingesetzte Organisationskommission hatte einen ersten Bericht zur Verbesserung der Parteiorganisation und des Parteiapparates auf Kreisebene vorgelegt. Das erste Seminar zur Aus- und Fortbildung hauptamtlicher Mitarbeiter hatte vom 13. bis 16.6.1973 stattgefunden. Mit diesem Programm wollte man »ein attraktives Berufsbild des hauptamtlichen Mitarbeiters der Partei schaffen. Nur so wird es uns auf Dauer gelingen, in ausreichender Zahl qualifizierte Mitarbeiter für uns zu gewinnen«(30).

Trotz der Finanzschwierigkeiten Anfang der siebziger Jahre erhöhte sich die Mitarbeiterzahl der Bundesgeschäftsstelle von Ende 1969 bis Ende 1972 erheblich. Betrug sie 1969 noch 126, so stieg sie 1970 auf 150, stagnierte 1971 bei 141 und stieg bis Ende 1972 auf 191 an. Dies entspricht einem Mitarbeiterzuwachs von 51,6 %. Die Erhöhung der Mitarbeiterzahl ist auch anhand der gestiegenen Personalausgaben feststellbar (vgl. Tabelle 37). Die Zahlen belegen auch den starken Anstieg der Sitzungs- und Ausschußkosten – eine Folge der gestiegenen Sitzungsfolge der politischen Gremien und Fachausschüsse. Die Ausgaben für die Öffentlichkeitsarbeit, für Sachkosten sowie für die Presse-, Informations- und Dokumentationsarbeit steigen ebenfalls erheblich. Die Schwerpunkte des Ausbaus und der Aktivierung der Arbeit der Bundesgeschäftsstelle im Zeitraum von 1969 bis 1972 sind ebenfalls ablesbar.

Vergleicht man die Gesamtausgaben der Bundesgeschäftsstelle im Jahre 1968 mit denen im Jahre 1972 unter Ausklammerung der Ausgaben für den Bundestagswahlkampf, so ist trotz der Finanzschwierigkeiten eine Erhöhung um 142,5% feststellbar. Diese Ausgabensteigerung belegt die außerordentlich starke Ausweitung der Aktivitäten und der Leistungsfähigkeit der CDU-Bundesgeschäftsstelle während der ersten Oppositionsjahre.

Mit der Wahl Biedenkopfs zum Generalsekretär auf dem Bonner Parteitag und der Berufung Bilkes, des bisherigen Leiters der politischen Abteilung der Bundesgeschäftsstelle, zum Bundesgeschäftsführer im Juni 1973 waren die für den Parteiapparat der Bundespartei zentralen Führungspositionen neu besetzt. Die Aufgaben der Bundespartei und der Bundesgeschäftsstelle hatte Biedenkopf in seinen Reden auf dem Bonner Parteitag und auf dem baden-württembergischen Landesparteitag sowie auf dem Hamburger Parteitag dargelegt. »Das Konrad-Adenauer-Haus in Bonn ist der Platz, von dem aus die Partei geführt wird. Aber es muß zugleich Drehscheibe und Knotenpunkt der innerparteilichen Diskussion werden und damit die integrierende Kraft entfalten, ohne die eine große Volkspartei nicht lebensfähig ist«(31).

In seiner Einleitung zum Bericht der CDU-Bundesgeschäftsstelle für den Hamburger Bundesparteitag stellte Biedenkopf fest: »Gerade der verbesserte Organisationsgrad und der verstärkte politische Einsatz unserer Organisationen auf allen Ebenen haben das Bewußtsein in der Partei geschärft, daß die von der CDU zu erbringenden Dienstleistungen im wesentlichen mit der Unterstützung der Parteizentrale zu verwirklichen sind«(32).

Auf dem Bundesparteitag im Juni 1975 in Mannheim definierte Biedenkopf die Bundesgeschäftsstelle als »organisatorischen Unterbau der Bundespartei, Drehscheibe für die Zusammenarbeit mit den Landesverbänden und Vereinigungen sowie Dienstleistungsunternehmen für die Gliederungen der Partei«(33).

Basierend auf diesen Vorstellungen erfolgte der Ausbau der Bundesgeschäftsstelle. Im August 1973 berichtete Biedenkopf im Präsidium über die geplante organisatorische Umstrukturierung der Bundesgeschäftsstelle. Er verfolgte damit das Ziel, durch die Einstellung besonders qualifizierter Mitarbeiter die Leistungsfähigkeit und das Ansehen der Bundesgeschäftsstelle sowie die Zusammenarbeit zwischen den verschiedenen Apparaten der Bundespartei, der Bundestagsfraktion, den Landesverbänden und den Vereinigungen zu verbessern(34). Am 1. September 1973 trat die Neuorganisation der Bundesgeschäftsstelle in Kraft, die die Zusammenfassung der bisherigen Abteilungen in drei Hauptabteilungen vorsah.

Die Hauptabteilung I umfaßte die Abteilungen Organisation, Verwaltung, Personal sowie organisatorische Sonderaufgaben. Die Abteilungen gliederten sich in insgesamt sechs Arbeitsgruppen und neun Referate mit insgesamt achtzehn Referenten, Gruppenleitern und Abteilungsleitern. Die Hauptabteilung II gliederte sich in die Abteilungen Politik sowie Information und Dokumentation; sie umfaßte zehn Arbeitsgruppen, vierzehn Referate und hatte insgesamt 27 Referenten, Gruppen- und Abteilungsleiter. Zusammen mit den Geschäftsführern der Unternehmensrechtskommission und der Grundsatzprogrammkommission sowie dem Leiter der Planungsgruppe hatte die Hauptabteilung II damit 30 wissenschaftliche Mitarbeiter bzw. Referenten.

Die neu geschaffene Planungsgruppe, die direkt dem Parteivorsitzendem und dem Generalsekretär unterstellt war, hatte die Aufgabe, »in Zusammenarbeit mit der Grundsatzkommission und mit Pflicht zu enger Kooperation insbesondere mit der Abteilung Politik langfristige Konzeptionen für die politische Arbeit unserer Partei zu entwickeln«(35). In der Hauptabteilung III waren die neue geschaffene Abteilung Medienpolitik sowie die Abteilung Öffentlichkeitsarbeit zusammengefaßt; die Hauptabteilung gliederte sich in zwei Gruppen und sechs Referate mit insgesamt elf leitenden Mitarbeitern.

Der Pressesprecher der Partei, der gleichzeitig Chefredakteur des Deutschen Monatsblattes und verantwortlich für den CDU-Pressedienst »Deutschland-Union-Dienst« (DUD) war, wurde dem Generalsekretär direkt unterstellt und nahm seine Aufgaben in Abstimmung mit dem Parteivorsitzenden wahr. Ihn unterstützten vier weitere Mitarbeiter(36).

Die Hauptabteilung III wurde personell fast völlig neu aufgebaut, die Zahl der Mitarbeiter in der Hauptabteilung II durch Neueinstellungen erheblich ausgeweitet, was auch in begrenztem Umfang für die Hauptabteilung I gilt. Hatte die Bundesgeschäftsstelle Ende 1972 noch 191 Mitarbeiter, so stieg ihre Zahl Ende 1973 auf 215 und Ende 1974 auf 256, während sie in den Jahren 1975 und 1976 bei 246 bzw. 250 Mitarbeitern stagnierte. Von Ende 1972 bis Ende 1974, in der Hauptausbauphase der Bundesgeschäftsstelle, erhöhte sich die Mitarbeiterzahl um 34,0 %(37).

Anhand Tabelle 37 ist der starke Anstieg der Personalkosten in den Jahren 1973 bis 1977 als Folge dieser Personalausweitung ablesbar. Biedenkopf war der erste Generalsekretär, der in aller Deutlichkeit den Zusammenhang zwischen der Qualifikation, dem Leistungswillen der hauptamtlichen Mitarbeiter und der politischen Leistungsfähigkeit der gesamten Parteiorganisation hervorhob. In seiner Vorstellungsrede auf dem Bonner Parteitag hatte er betont:

> »Eine meiner wichtigsten Aufgaben werde ich deshalb darin sehen, mich um die Stellung, die Probleme unserer hauptamtlichen Mitarbeiter zu kümmern. Ihre Arbeitsplätze, ihre Verträge, ihre Aufstiegschancen und Zukunftsaussichten sind für den Erfolg unserer Parteiarbeit ebenso wichtig wie die Grundsätze und die politischen Aussagen«(38).

Durch den forcierten Ausbau der Bundesgeschäftsstelle in den Jahren 1973 und 1974 hatten Kohl und Biedenkopf die Voraussetzungen dafür geschaffen, die Bundespartei zur politischen und organisatorischen Führungs- und Koordinationszentrale der gesamten Parteiorganisation zu machen. Dem gewandelten Selbstverständnis der Partei, dem politischen Führungswillen der neuen Parteiführung entsprach erstmals ein politisch und organisatorisch leistungsfähiger Parteiapparat auf Bundesebene. Dies war die Voraussetzung für die bereits dargestellte Intensivierung der innerparteilichen Diskussion und politischen Artikulation.

Die neu geschaffene medienpolitische Abteilung ermöglichte die Erarbeitung medienpolitischer Konzepte, die Intensivierung der Kontakte zu Journalisten in Presse, Rundfunk und Fernsehen sowie die Koordination der CDU-Mitglieder in den Aufsichtsgremien der öffentlich-rechtlichen Rundfunk- und Fernsehanstalten. Die personell neu besetzte Abteilung Öffentlichkeitsarbeit befähigte die Bundesgeschäftsstelle zur zentralen, verantwortlichen Führung des Bundestagswahlkampfes ohne allzu große Abhängigkeit von den Werbeagenturen und ermöglichte es ihr, den Landesverbänden bei der Vorbereitung und Durchführung von Landtags- und Kommunalwahlkämpfen behilflich zu sein. Durch zentrale, von der Bundesgeschäftsstelle vorbereitete politische Kampagnen und Aktionen wurden die unteren Parteigliederungen aktiviert (vgl. Einzelheiten unter 5.). Mit Hilfe der Organisationsabteilung der Bundesgeschäftsstelle konnte der Parteiapparat und die Parteiarbeit auf Kreisebene erheblich verbessert werden (vgl. Einzelheiten unter 3. und 4.).

Die Schwerpunkte der Leistungssteigerung im Zeitraum von 1973 bis 1977 werden auch am Ausgabenzuwachs der Bundesgeschäftsstelle im Vergleich zum Zeitraum von 1969 bis 1972 besonders deutlich. Hervorzuheben sind die Ausgabensteigerungen für die Öffentlichkeitsarbeit sowie für die Sach- und Verwaltungskosten. Sie sind auch ein Gradmesser für den politischen Aktivitätsgrad und die Intensität der internen wie externen politischen Kommunikation einer Parteiorganisation.

Von 1972 (bereinigt um die Kosten für die Bundestagswahl) bis 1977 stiegen die Gesamtausgaben der Bundesgeschäftsstelle um 101,2 %, von 1968 bis 1977 um 378,9 %. In diesen Zahlen drückt sich die verbesserte politische und organisatorische Leistungsfähigkeit des Apparates der Bundespartei aus. Angesichts des gestiegenen Anspruchsniveaus bei Mitgliedern und Wählern in bezug auf die Leistungsfähigkeit moderner Volksparteien erscheinen die Ausgaben der Bundespartei angemessen. In jedem Fall dürfte schwer zu bestreiten sein, daß die Bundesgeschäftsstelle den Leistungsanforderungen der Bundespartei bis 1973 nicht gerecht wurde. Während man den Finanzaufwand der Parteien in Wahlkämpfen sicherlich in wichtigen Einzelpunkten sehr kritisch bewerten kann, dürfte dies für das Ausgabenvolumen moderner Volksparteien in wahlkampffreien Jahren schon erheblich schwerer fallen, wenn man nicht gleichzeitig eine erhebliche Funktionsminderung der Parteien in Kauf nehmen will.

Mit der Wahl von Heiner Geißler zum Generalsekretär auf dem 25. Bundesparteitag vom 7. bis 9. 3. 1977 in Düsseldorf und der Berufung von Helmut Holle und wenige Monate später von Ulf Fink zum Bundesgeschäftsführer war keine wesentliche Reorganisation der Bundesgeschäftsstelle verbunden. Jedoch ist die 1978 beginnende Einführung eines neuen EDV-Systems in der Bundesgeschäftsstelle sowie von Datenfernleitungen und Telekopierern zu den Landesverbänden hervorzuheben(39). 1980/1981 waren im Hinblick auf die Wahlkämpfe in zahlreichen Bezirks- und Landesverbänden Telekopierer installiert worden, die neben den bestehenden Telexverbindungen die

Kommunikation zwischen der Bundesgeschäftsstelle und den regionalen Parteizentralen erheblich erleichterten(40).

Die Landesgeschäftsstellen in den Landesverbänden Rheinland und Westfalen-Lippe sowie in Rheinland-Pfalz waren nach Personalstärke und technischen Apparaten bereits Ende der sechziger Jahre relativ gut ausgestattet. Bei den übrigen Landesverbänden erfolgte ein begrenzter personeller Ausbau und eine Verbesserung der technischen Apparate erst im Laufe der siebziger Jahre. Wie den Angaben für das Jahr 1979 über die Mitarbeiterzahl in den Landesgeschäftsstellen in Tabelle 41 zu entnehmen ist, sind die Unterschiede zwischen den Landesverbänden bei der Personalausstattung nur noch gering. Die technischen Einrichtungen dürften nicht zuletzt durch die Hilfe der Bundesgeschäftsstelle in aller Regel auf dem neuesten Stand sein. Denn das Programm der Bundesgeschäftstelle zum Aufbau von Dienstleistungszentren (vgl. Einzelheiten unter 4.) sah auch die Modernisierung des technischen Apparates in Landes- und Bezirksgeschäftsstellen vor, wie z. B. die Ausstattung mit Druckmaschinen, Falt-, Kuvertier-, Kopier- und Adressiermaschinen. Dies gilt für die Geschäftsstellen der Landesverbände Hamburg, Oldenburg, Rheinland, Rheinland-Pfalz, Saarland und Schleswig-Holstein sowie für die Geschäftsstellen der Bezirke Nordbaden, Württemberg-Hohenzollern, Südhessen, Lüneburg, Osnabrück-Emsland, Ostfriesland und Stade(41).

Insgesamt beschäftigten alle Landesgeschäftsstellen (einschließlich der Bezirksgeschäftsstellen in Baden-Württemberg) im Jahre 1979 233 hauptamtliche Mitarbeiter (vgl. Tabelle 41), also ungefähr genauso viel wie die Bundesgeschäftsstelle. Ab Mitte, spätestens Ende der siebziger Jahre besitzt die CDU auf Bundes- und Landesebene einen modernisierten Parteiapparat mit hoher Leistungsfähigkeit, womit die CDU einen Wettbewerbsnachteil gegenüber der SPD beseitigen konnte, der die fünfziger und sechziger Jahre bestimmt hatte.

3. Die Reorganisation der Parteiarbeit auf örtlicher Ebene

In den fünfziger Jahren – bis in die Mitte der sechziger Jahre hinein – war die Parteiorganisation der CDU auf Kreisebene nur schwach entwickelt. Über die Erledigung von Routineangelegenheiten und etwas gesteigerte Aktivitäten in Wahlkampfzeiten kam sie selten hinaus. Das Modell der bürgerlichen Honoratiorenpartei herrschte weitgehend vor.

Mit dem starken Mitgliederzuwachs, dem Wechsel der Partei in die Opposition, der erhöhten politischen Aktivitätsbereitschaft der neuen Mitglieder waren neue Anforderungen an die örtliche Parteiorganisation verbunden, denen sie mit ihrem bisherigen Selbstverständnis und der überkommenen Mitglieder- und Organisationsstruktur nicht gewachsen war.

»Es fehlten – neben den Geldmitteln – einfach die Leute, die eine solch intensive Basisarbeit wie Mitgliederwerbung, Mitgliederbetreuung, Aufnahme und Steuerung kommunalpolitischer Themen, Verdeutlichen und Durchsetzen landes- und bundespolitischer Themen sowie Präsenzarbeit im vorpolitischen Raum hätten auch fachlich kompetent bewältigen können. Die Aufgaben und Pflichten der Kreisverbände und der Kreisgeschäftsstellen haben während der letzten sechziger und der ersten siebziger Jahre einen grundlegenden Umbruch erfahren«(42).

Daher wurde zur Erarbeitung von Lösungsvorschlägen für eine Verbesserung der örtlichen Parteiorganisation vom Bundesvorstand am 9.12.1971 eine Organisationskommission eingesetzt, deren Einrichtung noch der scheidende Generalsekretär Heck auf dem Saarbrücker Parteitag im Oktober 1971 vorgeschlagen hatte. Die Organisationskommission unter Vorsitz von Generalsekretär Kraske umfaßte 25 Mitglieder, wobei neben hauptamtlichen Mitarbeitern der Bundesgeschäftsstelle und mehreren Landesgeschäftsführern auch Politiker aus Landesverbänden und Vereinigungen vertreten waren.

In ihrer konstituierenden Sitzung am 24.1.1972 bildet die Organisationskommission zwei Unterkommissionen. Die Unterkommission 1 unter Leitung des früheren Bundesgeschäftsführers Göb sollte grundlegend das Verhältnis der Bundespartei zur Bundestagsfraktion und zu den Vereinigungen sowie zu den Landes- und Kreisverbänden untersuchen und die Aufgaben der Wirtschaftsbetriebe der Partei (Union-Betriebs-Gesellschaft), der Fachausschüsse und Arbeitskreise neu definieren. Gleichzeitig wurden dieser Kommission alle Fragen zur Satzung und zur Führungsstruktur zugewiesen, die auf dem Saarbrückener Parteitag in Form von Anträgen angesprochen worden waren. Durch die vorgezogene Bundestagswahl und den anschließenden Parteiführungswechsel wurde allerdings nur ein sehr geringer Teil der in dieser Kommission erarbeiteten Vorschläge (vor allem zu Satzungsfragen) durch Entscheidungen des Bundesvorstandes umgesetzt.

Die Unterkommission 2 unter Leitung von Bundesgeschäftsführer Hennig erhielt den Auftrag, Vorschläge zur Optimierung der Parteiorganisation für den Bundestagswahlkampf 1973 zu erarbeiten. In einer Sondergruppe der Unterkommission 2 sollten Vorstellungen zur Verbesserung der Kreisverbandsarbeit und zur personellen und technischen Mindestausstattung der Kreisgeschäftsstellen formuliert werden.

Eine erste Vorlage zu diesem Thema vom 25.5.1972 wurde wegen der vorgezogenen Bundestagswahl nicht behandelt, so daß die Organisationskommission erst nach der Wahl auf ihrer Sitzung am 16.5.1973 diesen Themenbereich wieder aufgreifen konnte. Das Diskussionspapier der Organisationskommission geht von der Feststellung aus, daß nach dem Bundesstatut der Kreisverband die unterste selbständige organisatorische Einheit der Partei ist mit eigener Satzung und selbständiger Kassenführung. Danach sei der Kreisverband zuständig für alle organisatorischen und politischen Fragen seines räumlichen Bereichs.

Der Kreisverband sei das Aktionszentrum für die Kommunalpolitik und Aktions- und Repräsentationsbasis für die gesamte Politik der Partei. »Die Tätigkeit in den Kreisverbänden entscheidet damit auch über den politischen Erfolg der Partei insgesamt. Dieser Bedeutung werden die Kreisverbände in ihrer heutigen Organisationsform weitestgehend nicht gerecht«(43).

In Modellversuchen verschieden strukturierter Kreisverbände sollten deshalb »erstens eine Neubestimmung der Aufgabenbereiche der Kreis- und Ortsverbände gefunden, zweitens die Beschreibung und Abgrenzung der Aufgaben der Kreisgeschäftsstellen als der untersten administrativen Ebene der Partei qualitativ und quantitativ im Experiment gefunden, drittens Möglichkeiten für eine stärkere Beteiligung der Mitglieder an der Willensbildung und Entscheidung in den Orts-und Kreisverbänden gesucht werden«(44).

Die Modellversuche sollten von folgender Grundüberlegung ausgehen:

> »Der Kreisverband und die Ortsverbände bilden eine Leistungseinheit. In diesem Rahmen werden die Ortsverbände gegenüber der bisherigen Praxis wesentlich gestärkt. Auf den Bereich der Parteiarbeit bezogen bedeutet dies die Verlagerung vieler Aufgaben vom Kreisverband auf die unterste Organisationsebene, den Ortsverband. Alle Maßnahmen, die direkten Kontakt und Beeinflussung der Wähler betreffen, fallen in die Zuständigkeit der Ortsverbände. Dadurch ist es möglich, die Mitglieder der Partei vermehrt zur Mitarbeit heranzuziehen und die Partei insgesamt gegenüber allen Bürgern im kommunalen Bereich und allgemein zur Mitarbeit zu öffnen«(45).

Um die Ortsverbände zur untersten organisatorischen Arbeitseinheit der Partei auszubauen, sei es erforderlich, diese an das Informations- und Kommunikationssystem der Gesamtpartei anzuschließen und sie von hauptamtlichen Experten in organisatorischen Fragen beraten zu lassen. Gleichzeitig sei der Ausbau der Kreisgeschäftsstellen zu einem – nach den Landesgeschäftsstellen – zweiten organisatorischen Zentrum, zu einem Dienstleistungszentrum, erforderlich, um die Arbeit der Ortsverbände koordinieren und durch technische sowie organisatorische Unterstützung fördern zu können.

In einer erweiterten Fassung vom 4.9.1973 machte die Organisationskommission den Versuch, die Aufgaben des Kreisverbandes, des Kreisvorstandes, der Kreisgeschäftsstelle und die der Ortsverbände gegeneinander abzugrenzen und detailliert zu beschreiben(46). Dem Kreisverband werden darin im wesentlichen folgende Einzelaufgaben zugewiesen:

- Formulierung politischer Ziele und Lösungsvorschläge in der Kommunalpolitik,
- Beteiligung an der innerparteilichen Diskussion und Entscheidung auf Landes- und Bundesebene sowie Umsetzung beschlossener Programmatik,
- Vorbereitung und Durchführung von Wahlkämpfen,
- ständige Beobachtung des politischen Gegners,
- Erarbeitung und Realisierung eines politischen Bildungskonzepts,
- Aufbau eines innerparteilichen Informations- und Kommunikationssystems, das an die der Landes- und Bundespartei angeschlossen ist,
- ständiger politischer Erfahrungsaustausch der Funktions- und Mandatsträger,
- Einführung und Weiterentwicklung kooperativer Arbeits- und Führungsmethoden,
- Schaffung ausreichender Finanzmittel.

Zur Erfüllung dieses Aufgabenkataloges sei es notwendig, die Funktionen der Kreisgeschäftsstellen neu festzulegen und deren Leistungsfähigkeit zu verbessern. Außerdem müßten die Aufgaben des Kreisvorstandes auf die verschiedenen Vorstandsmitglieder unter funktionalen Gesichtspunkten verteilt werden:

> »Der Kreisvorstand kann die Aufgaben des Kreisverbandes nur bewältigen, wenn er die bisherige vereinsmäßige Gliederung zugunsten einer funktionsorientierten Aufgabenverteilung im Vorstand aufgibt. Dies bedeutet, daß jedem Vorstandsmitglied ein bestimmter Aufgabenbereich verantwortlich zugewiesen wird«(47).

Der Ortsverband wird als der »eigentliche Träger der Parteiarbeit in der Bevölkerung« definiert, der diese Aufgabe in Zusammenarbeit mit dem Kreisverband wahrnimmt. Dem Ortsverband werden im wesentlichen folgende Aufgaben zugeschrieben:
- direkte Ansprache der Bevölkerung unter Einbeziehung von Initiativen einzelner Bürger oder Gruppen,
- Bekanntmachung der politischen Prinzipien und Ziele und Aussagen der CDU zu aktuellen und grundsätzlichen politischen Problemen,
- Herstellung guter Verbindungen zu Multiplikatoren in Vereinen, Verbänden, Kirchen und Gewerkschaften; Beteiligung oder Unterstützung von Bürgeraktionen, Kommitees usw.,
- Mitgliederwerbung und Einbeziehung neuer Mitglieder in die aktive Arbeit des Ortsverbandes,
- systematische Wählerbetreuung durch Hausbesuche usw.,
- Diskussion und Meinungsbildung zu politischen Themen(48).

Um diese Aufgaben erfüllen zu können, benötige der Ortsverband einen möglichst großen und aktiven Kern freiwilliger Helfer sowie geeignetes Informations- und Werbematerial; eine enge Zusammenarbeit mit Multiplikatoren und Sympathisanten der Partei sowie organisatorische Hilfestellung von seiten des Kreisverbandes seien dafür erforderlich.

Auf der Basis dieser Überlegungen wurde ab März 1974 im Kreisverband Düsseldorf-Mettmann ein erster praktischer Versuch mit der Verteilung der Aufgaben im Kreisvorstand unter funktionalen Gesichtspunkten gemacht, dessen positive Ergebnisse zur Veröffentlichung eines Modellvorschlages »Aufgabenteilung im Kreisvorstand« im Oktober 1974 im Deutschen Monatsblatt führte und den Kreisverbänden zur Nachahmung empfohlen wurde. Grundgedanke dieses Modells ist die Abkehr von dem Prinzip, die Mitglieder des Kreisvorstandes unter dem Gesichtspunkt der regionalen Repräsentation der Teilverbände eines Kreisverbandes zu selektieren und die Hinwendung zur Auswahl unter dem Gesichtspunkt der Eignung für die festgelegten Aufgaben im Kreisvorstand. Nach diesem Modell sind neben dem Schatzmeister, dem Pressesprecher und dem Vorsitzenden drei stellvertretende Kreisvorsitzende mit klar umrissenen Aufgabenbereichen vorgesehen. Der erste stellvertretende Vorsitzende soll die verschiedenen Aufgabenbereiche, die unter der Verantwortung von Beisitzern des Kreisvorstandes in Form von Arbeitsgruppen bearbeitet werden (z. B. Mitgliederwerbung, Betriebsgruppenarbeit usw.), koordinieren. Der zweite stellvertretende Vorsitzende soll die Bearbeitung landes- und bundespolitischer Themen organisieren und der dritte

Stellvertreter hat die Aufgabe, die politische Arbeit des Kreisvorstandes mit der der Kreistags-bzw. Stadtratsfraktion zu koordinieren.

Auf dem Bundesparteitag vom 23. bis 25.6.1975 in Mannheim wurden – nicht zuletzt aufgrund der Vorschläge der Organisationskommission, die auf den Erfahrungen mit den Modellversuchen in den Kreisverbänden beruhten – im Statut die Aufgaben der Kreis- sowie Stadt- und Gemeindeverbände neu definiert. Unterste Organisationseinheit in den kreisangehörigen Städten und Gemeinden ist danach der Stadt-, Gemeindeverband bzw. Stadtbezirksverband, der im Einvernehmen mit dem Kreisverband alle organisatorischen und politischen Maßnahmen der Parteiarbeit veranlassen kann[(49)]. Die Landesverbände können durch ihre Satzungen die weitere Untergliederung der Stadt- und Gemeindeverbände in Ortsverbände regeln und die jeweiligen Rechte und Pflichten der einzelnen Organisationseinheiten bestimmen[(50)].

Seit Mannheim existieren also in der CDU unterhalb der Ebene des Kreisverbandes zwei weitere Ebenen der Parteiorganisation. Allerdings bestehen nur auf Kreisebene eine eigenständige Satzungs- und Finanzhoheit sowie ein hauptamtlicher Parteiapparat.

Durch die Verwaltungsreform in den meisten Bundesländern und durch den starken Mitgliederzuwachs in den siebziger Jahren entstanden zahlenmäßig große Stadt- und Gemeindeverbände, an die erhöhte Anforderungen hinsichtlich der Parteiarbeit gestellt wurden. Diese waren mit den herkömmlichen Strukturen kaum noch zu bewältigen. Auch hier stellte sich – in ähnlicher Weise wie auf Kreisverbandsebene – eine Spezialisierung und Funktionalisierung insbesondere der Vorstandsarbeit als notwendig heraus. Deshalb gab die CDU-Bundesgeschäftsstelle den Stadt- und Gemeindeverbänden die Anregung[(51)], die Prinzipien der Aufgabenteilung im Kreisvorstand sinngemäß auch auf die im Stadt- und Gemeindevorstand anzuwenden.

Die Anwendung dieses Organisationsmodells von seiten der Stadt-und Gemeindeverbände und der Kreisverbände hat den Vorzug, daß durch die Arbeitsgruppen zu politischen Themen auf beiden Ebenen, die interessierten Mitgliedern zur Mitarbeit offenstehen, ein Verbundsystem entsteht, das politische Information und Koordination, aber auch politische Willensbildung und Einflußnahme am ehesten ermöglicht. Es setzt allerdings eine hohe Aktivitätsbereitschaft bei einem Teil der Mitglieder voraus, die in relativ wenigen Kreisverbänden gegeben sein dürfte. Auch der Vorschlag von Lammert[(52)], neben Arbeitsgruppen auch Projektgruppen zu bilden, die nach Durchführung zeitlich begrenzter politischer Vorhaben wieder aufgelöst werden, setzt einen hohen Aktivitätsgrad der Mitglieder voraus.

Um die politische Effektivität der Parteiarbeit vor Ort zu erhöhen, regte die Bundesgeschäftsstelle auf Vorschlag der Organisationskommission die Aktivierung der Vereinigungen und der Fachausschüsse auf Kreisebene an, um dadurch eine gezielte politische Ansprache spezifischer Bevölkerungs- und Berufsgruppen (Zielgruppenarbeit) zu erreichen.

Die Bedeutung der Stadt- und Gemeindeverbände für den politischen Erfolg der Partei hat insbesondere in der zweiten Hälfte der siebziger Jahre stark zugenommen. Vor allem die größeren Verbände haben recht beträchtliche Finanzmittel aus Mitgliederbeiträgen zur Verfügung, so daß zahlreiche Stadt- und Gemeindeverbände – häufig zusammen mit der Ratsfraktion – bereits eigene Geschäftsstellen, Bürgerbüros oder ähnliches gemietet haben (nach meiner Schätzung gilt dies für etwa ein Drittel der Stadt- und Gemeindeverbände, vor allen Dingen in den Städten). Damit steht ihnen ein eigenes Begegnungs- und Kommunikationszentrum zur Verfügung, das für die eigentliche Parteiarbeit, aber auch von Bürgerinitiativgruppen usw. genutzt werden kann. Da die Stadt- und Gemeindeverbände von den rein technischen Routinearbeiten durch die Kreisgeschäftsstelle entlastet werden, können sie sich auf die eigentliche politische Arbeit vor Ort konzentrieren.

Insbesondere in den großen Kreisverbänden scheinen die Stadt-und Gemeindeverbände die früheren politischen Funktionen der Kreisverbände übernommen zu haben und die eigentlichen Träger der parteipolitischen Aktivitäten – wie z. B. öffentliche Veranstaltungen, Verteilung von Werbematerial, Canvassing-Aktionen – zu sein. Der Kreisverband hingegen nimmt im wesentlichen eine politische Koordinationsfunktion wahr und die der organisatorisch-technischen Hilfestellung für die nachgeordneten Parteigliederungen.

Inwieweit die von der Organisationskommission und der Bundesgeschäftsstelle erarbeiteten und propagierten Vorschläge zur Reorganisation und Aktivierung der Parteiarbeit auf örtlicher Ebene im Laufe der siebziger Jahre von den unteren Parteigliederungen auch aufgegriffen und umgesetzt wurden, ist zu einem Teil der Organisationsanalyse der Bundesgeschäftsstelle aus dem Jahre 1982 zu entnehmen(53).

1982 hatte die CDU insgesamt 251 Kreisverbände, 2706 Stadt- und Gemeinde- bzw. Stadtbezirksverbände sowie 6195 Ortsverbände(54). 14,7 % der Kreisverbände – insbesondere in den Landesverbänden Schleswig-Holstein und Niedersachsen – haben noch die alte Organisationsform der Ortsverbände beibehalten und die der Stadt- und Gemeindeverbände noch nicht geschaffen. In den Landesverbänden Hamburg und Berlin gibt es nur Ortsverbände.

Die Mitgliederzahl der Stadt- und Gemeindeverbände schwankt zwischen 106 und 610 Mitgliedern und die der Ortsverbände zwischen 35 und 296, wobei in den Landesverbänden Rheinland, Westfalen-Lippe und Saarland besonders hohe Mitgliederzahlen zu verzeichnen sind. Wie Tabelle 39 zu entnehmen ist, ist die Zahl der Kreisverbände von 1964 bis 1981 aufgrund der Neuordnung um 35,8 % zurückgegangen. Gab es 1964 noch 65,5 % Gemeinden, in denen die CDU als Parteiorganisation nicht präsent war («weiße Ortschaften«), so waren es 1981 nur noch 1,5 %. Dies ist sicherlich einerseits auf die Schaffung größerer Verwaltungseinheiten im Gefolge der Neuordnung, andererseits aber auch auf den Ausbau der örtlichen Präsenz der CDU-Parteiorganisation zurückzuführen.

In 99 % aller Kreisverbände gibt es Vereinigungen, wobei die JU in allen Kreisverbänden vertreten ist und die CDA in 98,4 %, die FV in 94,8 %, die MIT in 90,3 %, die KPV in 83,9 % und die UVF in 37,9 % der Kreisverbände existiert. 15,7 % der Kreisverbände haben eine im Bundesstatut bisher nicht vorgesehene Seniorenunion und 18,1 % der Kreisverbände einen Kreisverband des Wirtschaftsrates e.V.. In 44,6 % der Kreisver-

Tabelle 39: Ausgewählte Daten zur Kreisparteiorganisation 1964 und 1981

	Zahl KVe absolut		Anteil Gemeinden ohne Partei-organi-sation (%)		Anteil KVe mit (%)					
					Ver-eini-gungen	Fach-aus-schüs-sen	Ver-teil-organi-sation	Ziel-grup-pen-arbeit	Aufgaben-teil. im Kreisvor-stand	»echte« Aufgaben-teil. im Kreisvor-stand
Jahr	1964	1981	1964	1981	1981	1981	1981	1981	1981	1981
BW	73	41	65,2	1,7	97,5	87,8	43,9	68,3	68,3	29,3
B	12	12	kA	kA	100,0	58,0	17,0	42,0	100,0	100,0
HB	3	3	kA	kA	100,0	66,7	–	100,0	66,7	66,7
HH	7	8	kA	kA	100,0	50,0	50,0	75,0	37,5	37,5
H	48	26	77,2	0,1	92,0	69,0	8,0	58,0	65,4	24,0
NS	75	48	87,6	0,6	100,0	70,8	45,8	41,7	60,4	10,4
RH	41	27	–	–	100,0	81,0	33,0	52,0	77,8	29,0
WL	50	27	35,5	–	100,0	89,0	30,0	44,0	81,5	11,0
RP	51	36	72,8	1,1	97,0	92,0	28,0	61,0	83,3	27,0
S	10	7	2,9	–	100,0	100,0	29,0	14,0	42,8	–
SH	21	15	70,3	12,8	100,0	100,0	73,0	47,0	93,3	14,0
Ins-ges.	391	251	65,5	1,5	99,0	80,9	34,0	53,0	87,3	20,0

Quellen: Organisationsstudien 1964 und 1982

bände sind die Vereinigungen auch auf Stadt- und Gemeindeverbandsebene aktiv, wobei es sich fast ausschließlich um die JU und in einigen Kreisverbänden, vor allen Dingen im Rheinland und in Westfalen-Lippe, auch um die CDA handelt.

80,9% aller Kreisverbände haben Fachausschüsse, wobei die Angaben je nach Landesverband zwischen 50% und 100% schwanken. Bei 27,1% der Kreisverbände existieren auch Fachausschüsse auf Stadt- und Gemeindeverbandsebene. 34% der Kreisverbände haben eine feste Verteilerorganisation, ein Stützpunktsystem, das unterhalb der Ebene der Stadt- und Gemeindeverbände für die Verteilung von Werbematerial der Partei mobilisiert werden kann.

53% der Kreisverbände praktizieren Zielgruppenarbeit, wobei die Mehrzahl dieser Kreisverbände sich auf ein bis zwei Zielgruppen beschränkt – insbesondere auf die Zielgruppen Jugendliche, Senioren, Mittelstand, Frauen und Schulen. Für die übrigen Kreisverbände scheint der mit der Zielgruppenarbeit verbundene organisatorische Aufwand (Zielgruppenkartei, Versand- und Portokosten usw.) noch zu hoch zu sein.

Bei 87,3% der Kreisverbände werden den Kreisvorstandsmitgliedern nach ihrer Wahl bestimmte Sachgebiete und Sachaufgaben vom Kreisvorstand zugewiesen; aber nur bei 20% der Kreisverbände wird das von der Bundesgeschäftsstelle propagierte Modell der Aufgabenteilung im Kreisvorstand praktiziert («echte« Aufgabenteilung). Auch hier sind die Werte in den Landesverbänden sehr unterschiedlich. Die »echte«

Aufgabenteilung im Kreisvorstand nach funktionalen Gesichtspunkten hat es naturgemäß schwer, sich gegen den von den Stadt- und Gemeindeverbänden bevorzugten Regionalproporz durchzusetzen, weil jeder Stadt- und Gemeindeverband bemüht ist – allein aus Prestigegründen – im Kreisvorstand repräsentiert zu sein.

Die Angaben in Tabelle 39 vermitteln einen Eindruck von der Schlagkraft, dem Aktivitätsgrad und der Differenziertheit der örtlichen Parteiorganisation der CDU. Sie sind ein Beleg dafür, daß die CDU der achtziger Jahre auch auf Kreisebene nicht mehr dem Modell der Honoratiorenpartei, sondern dem einer modernen Volkspartei

Tabelle 40: Sitzungen und Veranstaltungen des CDU-Kreisverbandes RS 1972–1981

	Vorstandssitz.			Arbeitskreis-u. Ausschußsitz.			Mitgliederversammlg. u. Veranst. f. Mitglieder				öffentl. Veranstaltungen			
1972–1981	KV	Stu. GV	Ver.	KV	Stu. GV	Ver.	KV	Stu. GV	Ver.	Besucher insges.	KV	Stu. GV	Ver.	Besucher insges.
pro Jahr	11	142	83	30	280	125	5	160	188	14553	13	269	205	59907
pro Jahr u. St u. GV		8			15			8				14		
pro Jahr u. Ver.			10			16			23				26	

Quelle: Jährliche Geschäftsberichte der Geschäftsstelle des CDU-Kreisverbandes RS 1972–1981

entspricht, die ein differenziertes Instrumentarium zur innerparteilichen Willensbildung und zur parteiinternen wie -externen Kommunikation und Integration besitzt. Allerdings sind die Defizite in der Zielgruppenarbeit und insbesondere beim Aufbau einer Verteilorganisation sowie bei der Anwendung der »echten« Aufgabenverteilung im Kreisvorstand auch erkennbar.

Die Organisationsanalysen der Bundesgeschäftsstelle geben zwar Einblicke in die Struktur und Differenziertheit der örtlichen Parteiorganisation, enthalten aber keine Informationen über ihren Aktivitätsgrad. Sie wären z. B. meßbar anhand der Sitzungshäufigkeit von Parteigremien, der Anzahl öffentlicher Veranstaltungen und Mitgliederversammlungen, wobei die Aktivitäten auf Kreis- und im Vergleich dazu auf Stadt- und Gemeindeverbandsebene interessieren. Um erste Hinweise über die Aktivitätsstruktur in den Kreisverbänden zu erhalten, sind in Tabelle 40 auf der Basis der jährlich seit 1972 bis 1981 erstellten Geschäftsberichte des Kreisverbandes RS die verschiedenen Formen der Veranstaltungen in ihrer Anzahl und Besucherfrequenz aufgelistet. (Vgl. zur näheren Beschreibung des Kreisverbandes RS Kapitel III. 6. Anmerkung 24, zweiter Teil). Unterschieden wird nach den Aktivitäten des Kreisverbandes, denen der neunzehn Stadt- und Gemeindeverbände sowie der acht Vereinigungen auf Kreisebene (einschließlich Wirtschaftsvereinigung), wobei die Vereinigungsaktivitäten auf Stadt- und Gemeindeverbandsebene nicht berücksichtigt werden.

Die Analyse der Aktivitätsentwicklung von 1972 bis 1981 ergibt, daß ab 1973 alle vier erfaßten Aktivitätsformen im Vergleich zu 1972 teilweise erheblich zunehmen. Insgesamt ist ein Aktivitätsanstieg auf allen Ebenen bei allen Veranstaltungsformen ab 1974 feststellbar. Die Angaben in Tabelle 40 (Jahresdurchschnitt von 1972 bis 1981) machen deutlich, daß die Stadt- und Gemeindeverbände sowie die Vereinigungen erheblich mehr Sitzungs- und Versammlungsaktivitäten als der Kreisverband selbst erreichen. Dies gilt insbesondere auch für Anzahl und Besucherzahl öffentlicher Veranstaltungen, die wegen ihrer Außenwirkung für die Partei von besonderer Bedeutung sind. Auch die Berechnung der Anzahl der Veranstaltungen pro Jahr und Stadt- und Gemeindeverband bzw. Vereinigung ergibt, daß bei diesen der Schwerpunkt der Veranstaltungsaktivitäten liegt und nicht beim Kreisverband, während die Anzahl der Binnenaktivitäten (Vorstands- und Arbeitskreissitzungen) ungefähr gleich hoch ist.

Addiert man alle Sitzungen und Veranstaltungen, so kommt der Kreisverband auf durchschnittlich 59, alle Stadt- und Gemeindeverbände kommen auf 851 (je Stadt- und Gemeindeverband im Durchschnitt 45) und alle Vereinigungen auf 601 Sitzungen und Veranstaltungen (je Vereinigung im Durchschnitt 75) pro Jahr.

Von den Vereinigungen sind besonders aktiv die Junge Union und die Frauenvereinigung, die zusammen etwa 70% aller Vereinigungsaktivitäten stellen; danach folgt die CDA, was aber ein Spezifikum des Kreisverbandes RS sein könnte, da es sich um einen rheinischen Kreisverband handelt. Die übrigen Vereinigungen kommen über sporadische Vorstandssitzungen in aller Regel nicht hinaus.

Im Untersuchungszeitraum existierten sechs Fachausschüsse auf Kreisebene, deren Aktivitäten aber außerordentlich gering waren; nur in den Jahren von 1974 bis 1976 fand eine größere Zahl von Sitzungen statt, wobei hier die Grundsatzdiskussion eine nicht unwesentliche Rolle gespielt haben dürfte. Den Geschäftsberichten ist auch zu entnehmen, daß die Stadt- und Gemeindeverbände mit geringer Mitgliederzahl und geringem Organisationsgrad nur in Wahlkampfjahren, insbesondere bei Kommunalwahlen, öffentliche Veranstaltungen durchführen.

Die Analyse des Kreisverbandes RS ergibt, daß das von der Organisationskommission und von der Bundesgeschäftsstelle entwickelte Kreisverbandsmodell hier Realität geworden ist. Der Kreisverband nimmt im wesentlichen die Aufgaben der politischen Koordination und Wahlkampforganisation sowie der organisatorisch-technischen Unterstützung für die Stadt- und Gemeindeverbände wahr und beschränkt sich auf relativ wenige öffentliche Veranstaltungen. Die eigentlichen politischen Aktivitäten, die in der Öffentlichkeit sichtbar werden und zu einem direkten Kontakt mit den Bürgern und Wählern führen, liegen bei den Stadt- und Gemeindeverbänden und bei den Vereinigungen. Diese Arbeitsteilung scheint für die Mehrzahl der Kreisverbände allein aufgrund ihrer Größe und Mitgliederzahl sinnvoll und gegeben zu sein. Bestätigt wird die Vermutung, daß von den Vereinigungen insbesondere die Junge Union und die Frauenvereinigung auf Kreis- sowie Stadt- und Gemeindeverbandsebene besonders aktiv sind und einen eigenständigen Beitrag zur Funktionserfüllung der örtlichen Parteiorganisation leisten. Dies gilt auch für die CDA in den erwähnten Landesverbänden, in denen sie über eine entsprechend hohe Mitgliederzahl verfügt.

Obwohl in vielen Kreisverbänden zahlreiche Fachausschüsse existieren, dürfte deren Sitzungshäufigkeit ähnlich gering sein wie in dem beispielhaft erwähnten Kreisverband RS. Allerdings könnte es hier zwischen städtischen und ländlichen Kreisverbänden Unterschiede in der Engagementbereitschaft der Mitglieder geben. Die Ursache für das relativ geringe Interesse an der kontinuierlichen Erörterung politisch-konzeptioneller Fragestellungen in Fachausschüssen auf Kreisebene wird in der starken Fixierung der örtlichen Parteiorganisation auf die Kommunalpolitik zu suchen sein.

4. Der Ausbau des Parteiapparates auf Kreisebene

In den sechziger Jahren waren die wenigen gut eingerichteten Kreisgeschäftsstellen mit einem Kreisgeschäftsführer und einer Sekretärin besetzt und einer geringen Zahl von Büromaschinen ausgerüstet. Der Kreisgeschäftsführer fand »wegen der geringen Mitgliederzahl, der geringen Aktivität des Kreisverbandes außerhalb von Wahlkampfzeiten... noch durchaus genügend Gelegenheit..., um politische Basisarbeit oder Spendenakquisition zu betreiben«(55).

Durch den starken Mitgliederzuwachs in den siebziger Jahren und durch die Vergrößerung des Einzugsbereiches der Kreisverbände im Gefolge der kommunalen Neuordnung waren die Kreisgeschäftsstellen – wenn überhaupt – gerade noch in der Lage, die sprunghaft gestiegene Verwaltungsarbeit zu bewältigen. Für die eigentliche politische und publizistische Arbeit, für die organisatorische Unterstützung der Stadt- und Gemeindeverbände waren keine Kapazitäten mehr frei.

> »Als Ausweg aus diesem Dilemma bot sich nur eine vertretbare Lösung an: Die Geschäftsstellen mußten die reine Verwaltungsarbeit so mechanisieren und rationalisieren, daß neben der Erledigung dieser Tätigkeit genügend Arbeitskapazität für die zur Erlangung einer positiven Außenwirkung dringend erforderliche politische Basisarbeit und Arbeit im vorpolitischen Raum sowie PR-Arbeit verblieb«(56).

Die Organisationskommission empfahl daher den personellen, vor allem aber maschinellen Ausbau der Kreisgeschäftsstellen zu »Dienstleistungszentren«. Die Dienstleistungszentren sollten nicht nur für die ihnen zugeordneten Stadt- und Gemeindeverbände, sondern auch für mehrere (bis zu sechs) Kreisverbände im Umfeld zentrale Dienstleistungen auf dem Gebiet des Drucks, des Versands und der Routine-Verwaltungsarbeiten erbringen. Dadurch sollte der Kreisgeschäftsführer wieder seine eigentliche Funktion als »Vorbereiter von politischen Entscheidungen, Kontakthalter zu Presse und Verbänden, Repräsentant im vorpolitischen Raum«(57) wahrnehmen können.

Zunächst wurden 1973 zwei Modellversuche nach diesem Konzept der Dienstleistungszentren in den Kreisverbänden Lüdenscheid und Lüneburg vorgenommen, die dann auf insgesamt sieben weitere, unterschiedlich strukturierte Kreisverbände ausgedehnt wurden(58).

Die Dienstleistungszentren sollten für die angeschlossenen Kreisverbände den Druck und Versand aller Einladungen und Materialien für die Öffentlichkeitsarbeit übernehmen, die parteiinterne Kommunikation zwischen Kreis- und Stadtverbänden verbessern und den Aufbau von Zielgruppen- und Multiplikatorenkarteien ermöglichen. Die Entlastung der Kreisverbände von Massen- und Routinearbeiten durch die Dienstleistungszentren sollte ihnen mehr Zeit und Arbeitskraft für die eigentliche politische Arbeit geben. Mit der Konzentration der teuren Maschinen in den Dienstleistungszentren und durch den zentralen Einkauf von Maschinen und Material wurde die Hoffnung auf erhebliche Einsparungen verbunden.

Der Investitionsaufwand pro Dienstleistungszentrum betrug je nach Größe des Kreisverbandes zwischen 120 000,– und 180 000,– DM[(59)]. Als technische Mindestausstattung wurde für erforderlich angesehen: elektrische Schreibmaschinen, Diktiergeräte, kleine Poststraße oder Frankier-, Kuvertier-, Falzmaschine; Adressiermaschine mit der Möglichkeit der Selektion; Zusammentragegerät; Fotokopiergerät; Kleinoffsetdrukker einschließlich Gerät zur Herstellung offsetfähiger Folien; elektrische Kleingeräte; Papierschneidemaschine; Rechenmaschine; Dienstwagen; Fernschreiber; Lautsprecheranlage; Informationsbus.

Im Laufe der Jahre 1974 und 1975 wurden im Hinblick auf den Bundestagswahlkampf 1976 in Absprache mit den Landes- und Kreisverbänden von der CDU-Bundesgeschäftsstelle insgesamt 37 Dienstleistungszentren eingerichtet, und zwar in den Landesverbänden Baden-Württemberg (2), Hamburg (1), Hessen (6), Niedersachsen (5), Rheinland (6), Westfalen-Lippe (5), Rheinland-Pfalz (6), Saarland (1), Schleswig-Holstein (5)[(60)]. Für die Anschaffung der neuen Maschinen in den Dienstleistungszentren hat die Bundesgeschäftsstelle von 1973 bis 1976 erhebliche Zuschüsse an die jeweiligen Kreisverbände gezahlt. An die 37 Dienstleistungszentren wurden insgesamt 150 CDU-Kreisverbände angeschlossen, wobei die Kooperation mehrerer Kreisverbände mit einem Dienstleistungszentrum in der Praxis teilweise zu Koordinationsschwierigkeiten führte.

Neben dem zentral betriebenen Ausbau von Kreisgeschäftsstellen zu regionalen Dienstleistungszentren wurde in den übrigen Kreisverbänden der technische, personelle und räumliche Ausbau der Kreisgeschäftsstellen vorangetrieben, um sie zu befähigen, »die Geschäfte des Kreisverbandes zu führen und die für die Arbeit des Kreisverbandes, der Stadtbezirks- und Ortsverbände und der Vereinigungen erforderlichen Beratungs- und Koordinierungsaufgaben wahrzunehmen«[(61)]. Die Aufgaben der Kreisgeschäftsstellen wurden in fünf zentrale Arbeitsbereiche aufgeteilt: Verwaltung, Finanzen, Parteiarbeit, Öffentlichkeitsarbeit und Wahlkampfarbeit.

> »Der konkrete Erfolg dieser Neuorganisation der Arbeit einer Kreisgeschäftsstelle muß sein, daß der Kreisgeschäftsführer als qualifizierteste Person des Geschäftsbereichs weitgehend frei von verwaltungstechnischen Aufgaben gestellt wird und den Hauptteil seiner Aufgaben in politischer Arbeit für die Partei sehen kann. Mit dieser politischen Arbeit an der Basis schafft er die Grundlagen für eine erfolgreiche politische Tätigkeit der Mandats- und Funktionsträger der Partei auf Bundes-, Landes- und kommunaler Ebene«[(62)].

Aus Tabelle 41 ist ersichtlich, in welchem Umfang die CDU von Mitte der sechziger bis Anfang der achtziger Jahre ihren Parteiapparat auf Kreisebene ausgebaut hat. Die Zahl

Tabelle 41: Parteiapparat in den Kreisverbänden 1964 und 1981

	Zahl KVe		Zahl KrsGSt.		Zahl Räume KrsGSt.		Zahl Räume je 1000 Mitglieder		Mitarb. KVe*, davon hptamtl.		ehr.amtl.		Hptamtl. Mitarb. je 1000 Mitglieder		Hptamtl. Mitarb. LGSt.79	Mitglieder-Beitrag überd.(+)/ unterd.(−)
	64	81	64	81	64	81	64	81	64	81	64	81	64	81	79	
BW	73	41	48	41	91	167	2,3	1,9	62	77	7	11	1,6	0,9	40 **	−
B	12	12	12	12	22	39	2,8	2,5	10	13	1	2	1,3	0,8	kA	+
HB	3	3	3	3	6	11	4,6	3,1	4	4	−	−	3,1	1,1	5	+
HH	7	8	7	8	13	22	5,1	1,7	11	7	1	2	4,3	0,5	20	+
H	48	26	27	26	53	147	2,6	2,2	35	74	−	5	1,7	1,1	26	−
NS	75	48	72	46	96	213	3,7	2,0	6	95	2	9	0,2	0,9	33 ***	−
RH	41	27	41	27	119	204	2,0	1,5	91	122	3	4	1,5	0,8	32	+
WL	50	27	47	27	120	186	2,1	1,5	93	96	1	4	1,6	0,8	30	−
RP	51	36	38	36	46	122	1,3	1,5	28	56	13	3	0,8	0,7	19	+
S	10	7	10	7	17	32	1,1	1,0	16	16	−	1	1,1	0,5	13	−
SH	21	15	20	15	40	75	2,5	1,9	33	36	1	3	2,0	0,9	15	+
Insgesamt	391	251	325	248	623	1218	2,2	1,7	389	585	29	44	1,4	0,8	233	

Quellen: Organisationsstudien 1964 und 1982 sowie Fragebogenaktion 1979

Erläuterungen:

* 2 Halbtagskräfte wurden als 1 Mitarbeiter gerechnet

** Einschließlich Mitarbeiter in Bezirksgeschäftsstellen

*** Angaben beziehen sich auf 3 Landesgeschäftsstellen in NS

Krs. Gst. = Kreisgeschäftsstellen;

LGst. = Landesgeschäftsstellen

der Räume, die den Kreisgeschäftsstellen zur Verfügung stehen, steigert sich im Bundesdurchschnitt um 95,5%, wobei im Landesverband Hessen die Zuwachsrate 177,4%, im Landesverband Rheinland-Pfalz 165,2% und in Niedersachsen 121,8% beträgt. Die Anzahl der angestellten Mitarbeiter auf Kreisebene erhöht sich im Bundesdurchschnitt in diesem Zeitraum um 50,4%. Die Zuwachsraten im Landesverband Niedersachsen betragen 1483,3%, im Landesverband Hessen 111,4% und im Landesverband Rheinland-Pfalz 100%. Offensichtlich war in den drei genannten Landesverbänden Mitte der sechziger Jahre kein schlagkräftiger Parteiapparat auf Kreisebene vorhanden, was sich in Rheinland-Pfalz in der zweiten Hälfte der sechziger Jahre und in den beiden übrigen Landesverbänden Anfang der siebziger Jahre zu ändern begann.

Setzt man die Größe der Kreisgeschäftsstellen und die Zahl der in den Kreisverbänden beschäftigten Mitarbeiter in Relation zu ihrer Mitgliederzahl, so haben sich von 1964 bis 1981 die Relationen in fast allen Landesverbänden verschlechtert, obwohl die Leistungsfähigkeit der Kreisgeschäftsstellen zweifellos gestiegen ist. Dies hängt mit der erläuterten Mechanisierung, Rationalisierung und Effizienzsteigerung der Tätigkeiten in den Kreisgeschäftsstellen zusammen. 1981 verfügt jeder CDU-Kreisverband – von ganz wenigen Ausnahmen abgesehen – über eine Kreisgeschäftsstelle mit im Durchschnitt 4,9 Räumen, 2,4 hauptamtlichen Mitarbeitern und einem modernen Maschinenpark.

Tabelle 42: Defizite des Parteiapparates auf Kreisebene 1979

	Gesamtzahl KVe	StuGVe	OVe	*davon* Anteil personell unterbesetzter KVe %	Anteil KVe mit unzureichender techn. Ausstattg. im Bereich Druck %	Versand %
BW	41	180	1372	31,7	4,9	17,1
B	kA	kA	kA	kA	kA	kA
HB	3	–	13	–	–	–
HH	8	–	52	–	–	–
H	26	132	992	15,4	3,9	23,1
NS	50	255	1411	32,0	16,0	38,0
RH	27	115	825	3,7	14,8	3,7
WL	27	168	1100	3,7	3,7	–
RP	36	180	1134	16,7	–	11,1
S	7	54	358	42,9	–	14,3
SH	15	104	656	20,0	6,7	26,7
Insgesamt	240	1188	7920	25,8	8,4	18,1

Quelle: Fragebogenaktion 1979

Seit Mitte der siebziger Jahre hat die Organisationsabteilung der Bundesgeschäftsstelle in unregelmäßigen Abständen sogenannte Schwachstellenanalysen vorgenommen, anhand derer sie Leistungsdefizite der örtlichen Parteiorganisation und des

Parteiapparates feststellen wollte, um diese in Zusammenarbeit mit den Landes- und Kreisverbänden durch gezielte Maßnahmen abstellen zu können. Kriterien waren u. a. die personelle und technische Ausstattung der Kreisgeschäftsstellen. In Tabelle 42 sind Daten aus einer Analyse der Bundesgeschäftsstelle im Jahre 1979 zusammengestellt(63).

Maßstab für die personelle Besetzung einer Kreisgeschäftsstelle war der Bundesdurchschnitt, nach der ein hauptamtlicher Mitarbeiter im Kreisverband 1074 Mitglieder zu betreuen hat. In 25,8 % der Kreisverbände, vor allem in den Landesverbänden Saarland, Niedersachsen und Baden-Württemberg, wird diese Mindest-Personalausstattung nicht erreicht. In 8,4 % der Kreisverbände entspricht die technische Ausstattung im Druckbereich nicht den Mindestanforderungen, und in 18,1 % der Kreisverbände entspricht sie nicht den Anforderungen im Versandbereich; dort wird teilweise der Versand noch personalaufwendig ohne moderne Maschinen erledigt. Die Kreisverbände in den beiden Stadtstaaten Bremen und Hamburg weisen sowohl bei der personellen wie technischen Ausstattung erhebliche Defizite auf, die in Tabelle 41 aber bewußt nicht aufgeführt sind, weil davon ausgegangen werden kann, daß diese Defizite durch eine besonders leistungsfähige Landesgeschäftsstelle kompensiert werden.

Die nicht ausreichende Personalausstattung in quantitativer und qualitativer Hinsicht ist auf Kreisebene nach wie vor das größte Hindernis für den Aufbau eines optimalen Parteiapparates. Die Leistungsfähigkeit des Parteiapparates auf Kreisebene hängt entscheidend von den organisatorischen und politischen Fähigkeiten des Kreisgeschäftsführers ab. Schon in der ersten Vorlage der Organisationskommission zur Besetzung und Ausrüstung der Kreisgeschäftsstellen wurde betont, daß Ausgangspunkt für alle Überlegungen zur Effizienzsteigerung der Kreisgeschäftsstelle der Kreisgeschäftsführer sein müsse. »Mit seiner Qualifikation sind die meisten organisatorischen Probleme der CDU auf Kreisebene verbunden«(64). Um fähige Kreisgeschäftsführer einstellen zu können, müsse deren Ansehen innerhalb der Partei erhöht, ihr Aufgabenbereich interessanter gestaltet, die Aufstiegschancen innerhalb oder mit Hilfe der Partei verbessert, Programme für die Aus- und Fortbildung hauptamtlicher Mitarbeiter sowie eine bundeseinheitliche Laufbahnordnung angeboten und eine leistungsbezogene Besoldung angestrebt werden(65).

1981 betrug das Durchschnittsalter der Kreisgeschäftsführer 46 Jahre. Im Bundesdurchschnitt betrug ihr durchschnittliches Dienstalter neun Jahre, wobei in neun Landes- und Bezirksverbänden das Dienstalter niedriger und in fünf Bezirks-und Landesverbänden das Dienstalter höher war, vor allem in den Landesverbänden Rheinland, Westfalen-Lippe und Saarland(66). Diese Daten scheinen zu zeigen, daß es für Kreisgeschäftsführer nach wie vor schwer ist, außerhalb der Partei beruflich voranzukommen; ihre beruflichen Aufstiegsmöglichkeiten dürften im wesentlichen begrenzt sein auf die Beschäftigung in den Landesgeschäftsstellen, der Bundesgeschäftsstelle sowie möglicherweise im Bereich der kommunalen Verwaltung.

Eine spezifische berufliche Ausbildung für die Tätigkeit als Kreisgeschäftsführer gibt es nicht; 1981 hatten 43 % der Kreisgeschäftsführer eine kaufmännische Berufsausbildung, 12% waren ehemalige Beamte oder Angestellte im Öffentlichen Dienst, 11% waren Handwerker, 12% hatten eine Fachhochschul- oder Hochschulausbildung und 10,2% kamen aus technischen Berufen. Nicht zuletzt diese heterogene berufliche Vorbildung der Kreisgeschäftsführer zeigt die Notwendigkeit, die Kreisgeschäftsführer durch spezielle Aus- und Fortbildungsmaßnahmen auf ihre Aufgabe vorzubereiten bzw. sie weiterzubilden. Die Organisationskommission hatte deshalb bereits 1972 darauf hingewiesen, daß die Bundesgeschäftsstelle ein Aus- und Fortbildungsprogramm für hauptamtliche Mitarbeiter der Partei, insbesondere für die Kreisgeschäftsführer, aufbauen müsse. 1973 fanden erstmals zwei einwöchige Seminare statt, zwei weitere Seminare waren geplant(67).

In den nachfolgenden Jahren wurden weitere Seminare dieser Art durchgeführt, und ab 1977 hatten die hauptamtlichen Mitarbeiter der Partei die Möglichkeit, ein inhaltlich abgestimmtes fünfwöchiges Kurssystem zur Aus- und Weiterbildung zu durchlaufen. 1978 hatten 50% aller Kreisgeschäftsführer und Mitarbeiter von Bezirks- und Landesgeschäftsstellen von diesem Angebot Gebrauch gemacht(68). In einigen Landesverbänden wird die Beförderung bzw. höhere Bezahlung der Kreisgeschäftsführer von der Teilnahme an diesem Aus- und Fortbildungsprogramm abhängig gemacht.

Aufgrund der föderalen Struktur und der Eigenständigkeit der Landes- und Kreisverbände stellte sich die Vereinheitlichung der Verträge und der Bezahlung für die Kreisgeschäftsführer als ein fast unlösbares Problem heraus. Da je nach örtlicher Situation Vertragspartner der Kreisgeschäftsführer der Kreisverband, der Bundestagsabgeordnete, die Kommunalfraktion, der Bezirksverband oder Landesverband war, gab es völlig unterschiedliche Arbeitsverträge und Vergütungen. Nach einer Untersuchung aus dem Jahre 1974(69) waren 62% der Kreisgeschäftsführer und Sozialsekretäre Angestellte des Landesverbandes, 15,4% der Bezirksverbände (ausschließlich in Baden-Württemberg), 20,2% eines Kreisverbandes und 2,4% sonstiger Vertragspartner (vor allem von Bundestagsabgeordneten). 1979 haben sich diese Anstellungsverhältnisse nicht grundlegend geändert, wie der Schwachstellenanalyse aus dem Jahre 1979 zu entnehmen ist(70).

Zwar hatte die Landesgeschäftsführerkonferenz 1973 beschlossen, daß »langfristig die zentrale Anstellung und Besoldung der hauptamtlichen Mitarbeiter durch die Bundespartei anzustreben« sei(71), dieses Ziel wurde aber nie erreicht. Die Landesverbände versuchten daher, durch die schrittweise Angleichung ihrer eigenständigen Besoldungs- und Tarifordnungen zu einer Vereinheitlichung der Vertragsbedingungen und der Bezahlung zu kommen.

1974 befanden sich 31% aller Kreisgeschäftsführer und Sozialsekretäre in der Gehaltsstufe 1500,– DM bis 2000,– DM, 21% in der Gehaltsstufe 2100,– DM bis 2300,– DM, 20% in der Gehaltsstufe 2301,– DM bis 2600,– DM und 19% in der Gehaltsstufe 2601,– DM bis 3000,– DM(72). An die Alterszusatzversorgung, die von seiten der Bundespartei mit einem erheblichen Finanzaufwand (etwa 1 Million DM pro Jahr) für alle hauptamtlichen Mitarbeiter der CDU auf allen Ebenen abgeschlossen wird, sei in diesem Zusammenhang erinnert.

Generell werden die Kreisgeschäftsführer in Anlehnung an den Bundesangestelltentarif (BAT) bezahlt, wobei je nach Größe des Kreisverbandes und der Finanzlage des Landes- bzw. Kreisverbandes die BAT-Vergütungsgruppen V b bis III zugrundegelegt werden. Die Tariferhöhungen für die Angestellten des Öffentlichen Dienstes werden in aller Regel automatisch übernommen.

Obwohl das Maximalziel der zentralen Anstellung aller Kreisgeschäftsführer durch die Bundespartei noch in weiter Ferne liegt, ist durch die Tatsache, daß die Mehrzahl der Kreisgeschäftsführer mittlerweile durch den Landesverband angestellt und bezahlt wird, eine gewisse Vereinheitlichung der Vertragsbedingungen für die Kreisgeschäftsführer erreicht worden.

Durch den Ausbau des Parteiapparates auf Kreisebene in personeller und technischer Hinsicht, der vor allem auch durch die regelmäßigen Einnahmen der Kreis- und Landesverbände ermöglicht wurde, hat sich die weit überwiegende Mehrzahl der CDU-Kreisgeschäftsstellen zu professionell geleiteten, funktionsfähigen Dienstleistungsapparaten entwickelt. Auch auf diesem Gebiet hat die CDU in den siebziger Jahren Abschied von der Honoratiorenpartei genommen und ist zur modernen Volkspartei geworden. Diese Entwicklung war eine entscheidende Voraussetzung für die politische Aktivierung der Mitgliedschaft und der örtlichen Parteiorganisation; sie hat eine bessere politische Artikulation, Kommunikation und Integration der örtlichen Parteiorganisation gefördert.

5. Die Aktivierung der Mitglieder und örtlichen Parteigliederungen

Zentrale Aufgabe jeder politischen Partei ist es, ihre eigenen Ziele und ihr Personalangebot dem Wähler bekannt zu machen (Kommunikationsfunktion).Dies wird einer Oppositionspartei dadurch erschwert, daß in den Massenmedien die Berichterstattung über die Ziele und Maßnahmen der Bundesregierung und der sie tragenden Parteien naturgemäß dominiert. Deshalb hat die CDU mit Beginn der Oppositionszeit den personellen und finanziellen Aufwand für die Presse- und Öffentlichkeitsarbeit sowohl bei der Bundespartei wie bei der Bundestagsfraktion erheblich erhöht. Aber eine noch so aufwendige und einfallsreiche Öffentlichkeitsarbeit, die sich an die überregionalen Medien wendet, kann den Wettbewerbsnachteil einer Oppositionspartei nicht beseitigen, sondern nur abmildern. Deshalb ist eine Oppositionspartei besonders auf eine leistungsfähige Parteiorganisation angewiesen, die vor allem auch die regionalen und lokalen Medien zur Propagierung ihrer bundespolitischen Ziele nutzt und gleichzeitig durch entsprechende Aktivitäten den möglichst direkten Kontakt zum Bürger sucht, um im persönlichen Gespräch ihre Ziele zu verdeutlichen.

Dieses Erfordernis ergibt sich auch daraus, daß die Wähler seit den siebziger Jahren politisch informierter, kritischer und anspruchsvoller sind. Sie erwarten zunehmend die persönliche Ansprache von seiten der politischen Parteien und sind eher zu entsprechenden politischen Aktivitäten bereit (73). Also auch angesichts der veränderten

Erwartungshaltung wichtiger Wählergruppen (vor allem der Mittelschichten) gegenüber den politischen Parteien sind persönliche Kommunikation und Diskussion zu einem Erfordernis der Parteiarbeit geworden, dem sich gerade moderne Volksparteien nicht entziehen können. Der Erfolg politischer Überzeugungsarbeit einer Partei hängt daher nicht allein von ihrer Präsenz in den Medien, sondern ganz entscheidend auch von der Fähigkeit der Parteiorganisation ab, durch eigene Aktivitäten den Wähler direkt anzusprechen. Dadurch kann die Parteiorganisation auch am ehesten die Funktion der politischen Kommunikation und Integration erfüllen.

Damit die Parteiorganisation vor Ort diesen erhöhten Anforderungen gerecht wird, braucht sie klar formulierte politische Ziele und Programme, politisch aktive, diskussions- und argumentationsfähige Mitglieder sowie einen leistungsfähigen Parteiapparat, der in der Lage ist, diesen direkten politischen Kommunikationsprozeß organisatorisch zu bewältigen. Diese Voraussetzungen wurden im Laufe der siebziger Jahre geschaffen. Inwieweit und wodurch es der CDU gelang, die Mitglieder und örtlichen Parteigliederungen auch für die Propagierung bundespolitischer Aussagen vor Ort zu gewinnen, ist im folgenden zu erörtern.

Bei der direkten politischen Kommunikation bundespolitischer Themen ist die Bundespartei von den Mitgliedern, Funktions- und Mandatsträgern der Kreis- und Ortsverbände abhängig. Nur sie sind in der Lage, die direkte Bürger- und Wähleransprache zu organisieren. Die Bundesparteiorganisation kann nur Anregungen geben und Hilfestellung leisten zur Umsetzung bundespolitischer Aussagen in politische Aktionen vor Ort.

Die örtliche Parteiorganisation ist naturgemäß in ihrer Parteiarbeit auf kommunalpolitische Fragen fixiert. Darüber hinaus sind die Methoden der direkten Wähleransprache wie z.B. durch persönliches Gespräch und Diskussion, Straßen-Canvassing und Flugblattverteilung für eine bürgerliche Partei eher atypisch; es müssen also erhebliche Barrieren überwunden werden, um das Mobilisierungsziel zu erreichen. Ob die Aktivierung der örtlichen Parteiorganisation zugunsten bundespolitische Themen Erfolg hat, hängt daher auch wesentlich von der Fähgkeit zur Motivation der Bundespartei ab und von der Fähigkeit ihres Parteiapparates, praxisbezogene, umsetzungsfähige und die Interessen der örtlichen Parteiorganisation berücksichtigende Aktionsvorschläge zu erarbeiten.

In der Parteireformdiskussion der CDU zu Beginn der Oppositionszeit hat das Problem der Mobilisierung der Mitglieder und örtlichen Parteigliederungen zur direkten politischen Kommunikation mit dem Bürger eine zentrale Rolle gespielt. Wie dargestellt, verband man mit der Werbung neuer Mitglieder insbesondere auch die Hoffnung, dadurch die politische Diskussions- und Aktionsfähigkeit der Orts- und Kreisverbände erhöhen zu können. Als erster hat Peter Radunski im Jahre 1970 auf die Notwendigkeit der Mobilisierung der Mitglieder und örtlichen Parteigliederungen hingewiesen(74). Er berücksichtigte diese Erkenntnis auch als erster in der Ablaufplanung eines Wahlkampfes(75), indem er die Mobilisierung der Mitglieder und örtlichen Parteiorganisationen zum entscheidenden Teil des Wahlkampfes erklärte:

»Wir waren uns vor allen Dingen darüber klar, daß dieser Wahlkampf Bewegung in unsere Partei bringen sollte, um in Hessen erst mal eine CDU auf die Beine zu stellen... Es mußte daher versucht werden, der Partei etwas mehr Selbstbewußtsein einzuhauchen... Wichtig scheint mir die Erkenntnis, daß wir nicht nur einen Wahlkampf in die Wählerschaft hinein führen, sondern in der Anfangsphase in die Partei hinein. Die Partei muß erst mobilisiert sein, wenn wir Wahlkämpfe durchführen wollen«[(76)].

Im Gefolge der von Biedenkopf vorgenommenen Umorganisation der Bundesgeschäftsstelle wurde Radunski zum Hauptabteilungsleiter Presse und Öffentlichkeitsarbeit berufen. In dieser Abteilung wurde Mitte 1973 ein Konzept zur politischen Mobilisierung der Mitglieder und örtlichen Parteigliederungen erarbeitet[(77)]. Ziel war es, den Mitgliedern konkrete Möglichkeiten zum aktiven Einsatz für die CDU anzubieten. Dazu wurde vorgeschlagen:

- «helfen oder Helfer werben (Landtagswahlkämpfe bzw. Kommunalwahlkämpfe);
- spenden oder Spender werben;
- Mitglieder werben;
- sich selbst informieren und fit werden für die politische Diskussion;
- Initiativen entwickeln und durchführen (soziale Dienste im Nachbarschaftsbereich);
- kritisch fernsehen und ihr Urteil ausdrücken können (Fernseharbeitskreise)«[(78)].

Die Praxis vergangener Jahre, nach der in schneller Folge eine große Zahl von Themen für die Aktionen der Parteigliederungen vorgeschlagen wurde, habe sich nicht bewährt. Deshalb solle künftig nur noch ein Schwerpunktthema innerhalb von sechs Monaten behandelt werden; dadurch werde die Chance größer, daß dieses Thema auch tatsächlich ausführlich von den Gliederungen der Partei in der Öffentlichkeit vertreten werde, wobei dies auch eine intensivere werbliche Unterstützung ermögliche[(79)].

»Die hier vorgestellten Aktionen verdeutlichen das Konzept einer Öffentlichkeitsarbeit, die davon ausgeht, daß die Aussagen der Opposition nur durchdringen können, wenn sie von der Führung bis hin zu den untersten Gliederungen der Partei und zum einzelnen Mitglied einheitlich, intensiv und für die Dauer eines gewissen Zeitraumes wiederholt vertreten werden. Erst wenn politisches Handeln der führenden Politiker und die Aktionen der Parteiarbeit in Inhalt und Stil zusammenfallen, kann beim Wähler Klarheit darüber entstehen, was die Opposition will. Die Herstellung und Verteilung von Werbematerialien ist in diesem Zusammenhang nur ein Glied in einer Kette von Pressekonferenzen, Parlamentsauftritten, großen Parteiveranstaltungen und Kongressen, Rednerwellen, Auslandsreisen und Canvassing aller Art der politischen Prominenz sowie eines gezielten personellen PR-Programms. Ziel dieser Öffentlichkeitsarbeit... ist es, die Stärke der Opposition mit einem eigenen Fahrplan, mit eigenen Themen und mit einem eigenen Stil zu demonstrieren«[(80)].

In Ausführung dieses Konzepts ging die Bundesgeschäftsstelle ab 1974 dazu über,

»den Kreisverbänden zu wichtigen politischen Themen in sich abgeschlossene Programme für Canvassing-Aktionen und sonstige Veranstaltungen anzubieten. Zu den Aktionen gehören neben den jeweiligen Werbemitteln auch Aktionsvorschläge, die über den UiD an die Kreis- und Ortsverbände herangetragen werden. Diese umfassend angelegten Aktionen haben sich zu einem wichtigen Instrument der Öffentlichkeitsarbeit entwickelt, wie sich an den ständig steigenden Auflagen der Werbemittel zeigt«(81).

Von Januar 1974 bis Mitte 1975 wurden den Kreisverbänden insgesamt sechs derartige Aktionen angeboten zu Themen wie z. B. das gesellschaftspolitische Programm der CDU – die Beschlüsse des Hamburger Parteitages; Offensive für die Frau; wirtschaftspolitisches Konzept(82).

Im Zusammenhang mit den Modellversuchen zur Kreisverbandsarbeit bot die Bundesgeschäftsstelle den über die Dienstleistungszentren angeschlossenen Kreisverbänden wöchentlich einen aktuellen Flugblattext (CDU-Telegramm) zur Eigenproduktion und zur Verteilung an, von denen je nach Thema bis zu 100 000 Flugblätter von den Kreisverbänden gedruckt wurden. Ab November 1975 wurden diese Flugblattexte allen Kreisverbänden zur Verfügung gestellt(83), so daß sich von da an die Produktion und Verteilung zentral vorgegebener Flugblattexte durch die Kreisverbände zu einem selbstverständlichen Instrument der Parteiarbeit entwickelte.

Unabhängig von den durch die Bundesgeschäftsstelle vorbereiteten Aktionen zu grundsätzlichen oder aktuellen politischen Themen erhielten die Kreis-, Stadt- und Gemeindeverbände konkrete Anregungen zur Verbesserung ihrer Parteiarbeit, die in umfangreichen Broschüren ausführlich dargestellt wurden. Bis Mai 1976 erschienen Broschüren («Regiebücher«) zu folgenden Themen: Mitgliederwerbung, Neubürgerbetreuung, Mitgliederinitiativen (Soziale Dienste), Wahlkampf, Kommunalwahlkampf, Pressearbeit, Vorpolitischer Raum, Großstadtarbeit, von denen die örtlichen Parteigliederungen insgesamt 164 000 Exemplare anforderten(84).

Seit 1974 berichtete der UiD in unregelmäßigen Abständen über erfolgreiche Aktionen von Orts-, Stadt- und Gemeinde- sowie Kreisverbänden, um den Erfahrungsaustausch zu erleichtern und Anregungen für die Parteiarbeit zu geben(85).

Um die sprunghaft ansteigenden Materialbestellungen der regionalen und örtlichen Parteiorganisationen pünktlich und reibungslos bewältigen zu können, richtete die Bundesgeschäftsstelle ab 1. 2. 1975 ein zentrales Versandzentrum in Gütersloh ein. Seitdem bietet die Bundesgeschäftsstelle über die parteiinternen Informationsmedien den Parteigliederungen das zentral produzierte Werbematerial an, während Bestellung, Auslieferung, Rechnungstellung und Bezahlung über das Versandzentrum abgewickelt werden(86).

Diese Aktivierungs- und Mobilisierungsaktionen in den Jahren 1974 und 1975 dienten nicht zuletzt auch dem Ziel, eine optimale Mobilisierung der Parteiorganisation für das Wahlkampfjahr 1976 zu erreichen. Wie wichtig dies für den Wahlerfolg ist, war bereits am Beispiel des hessischen Landtagswahlkampfes 1970 festgestellt worden; daher machte auch die nordrhein-westfälische CDU Ende 1974 erstmals den Versuch, die Parteimitglieder im Hinblick auf die Landtagswahl 1975 durch Versendung eines umfangreichen Aktionspaketes zu mobilisieren(87). Auch Generalsekretär Kurt Biedenkopf betonte auf einer internen Sitzung im Oktober 1974 die Bedeutung der Mitglieder und Stammwähler als politische Multiplikatoren,

> »die sich zur Partei bekennen und die das Klima des Bundestagswahlkampfes wesentlich bestimmen werden. Wir haben in Hessen und in Bayern gesehen, wie die aktive Mitwirkung unserer Stammwählerschaft und unserer Mitglieder das Klima der politischen Auseinandersetzung völlig verändern kann, wenn diese Wählerschaft nicht nur passiv uns wählt, sondern sich aktiv bekennt und an diesem Bekennen auch Spaß bekommt... und einfach die Gegenseite von der Bildfläche vertreibt«(88).

Basierend auf diesen Überlegungen begann Ende 1974 in der Bundesgeschäftsstelle eine Projektgruppe, Vorschläge zur Mitgliedermobilisierung im Hinblick auf die Bundestagswahl 1976 zu erarbeiten. In der im Mai 1975 vorgelegten Ausarbeitung zu diesem Thema wird als Ziel angegeben: »Der große Mitgliederzustrom zur Union soll umgesetzt werden in eine Belebung des innerparteilichen Lebens und des engagierten Auftretens von Mitgliedern der Union in der Öffentlichkeit«(89).

Ausgangspunkt der Überlegungen war die Feststellung, daß in den Bundestagswahlkämpfen 1969 und 1972 sowie in einigen Landtagswahlkämpfen im Jahre 1973 und 1974 die Mitglieder der Union ein aktives und engagiertes Eintreten für die Ziele der Partei vermissen ließen. Die von Elisabeth Noelle-Neumann konstatierte Schweigespirale zuungunsten der Union(90) habe sich nachteilig auf das Wahlergebnis ausgewirkt.

> »Jede Mobilisierung der Mitglieder steht deshalb vor drei Aufgaben:
> 1. Aufbereitung der politischen Argumentation für die Mitglieder,
> 2. Motivation für ein kontinuierliches politisches Engagement in Gesellschaft und Öffentlichkeit...
> 3. Anregungen für die Mitglieder zur praktischen Parteiarbeit und Wahlkampfhilfe«(91).

Dazu mußte die Bundesgeschäftsstelle die aktivitätsbereiten Mitglieder ausfindig machen, sie zu solchen Aktivitäten anregen und die Kreisverbände bei der Zusammenarbeit mit hilfswilligen Mitgliedern unterstützen. Als Aktivitätsmöglichkeiten für Mitglieder im Wahlkampf wurden unter anderem vorgeschlagen:

- Argumentierendes Gespräch mit Verwandten, Freunden, Arbeitskollegen;
- Verschicken von Werbematerial an Freunde oder Verteilung in Briefkästen der Nachbarn;
- Mitarbeit an Canvassing-Veranstaltungen und gesellschaftlichen Aktivitäten der Parteiorganisation;
- Buttons tragen und Autoaufkleber verwenden;
- Mitglieder werben, Nichtmitglieder zu Spenden veranlassen, Leserbriefe schreiben(92).

Auf der Basis dieser konzeptionellen Überlegungen(93) wurden drei Mobilisierungsaktionen durchgeführt, wovon die erste im Herbst 1975 begann.

Tabelle 43: Materialbestellung und Flugblattproduktion der Regionalverbände 1974 bis 1978

LV	Bestelltes Werbematerial *1974* (1.1.–31.12.)	*1975* (1.1.75–31.1.76)	*davon*			*1976* (1.1.–31.12.76)	*1978* (1.1.–31.8.78)
	Anteil KVe, die Werbemat.best. (%)	Anteil am Gesamtlieferwert (%)	Lieferung an KVe (%)	Lieferung an StuGVe (%)	Lieferung an LVe.u.Ver. (%)	Bestellung KVe Werbemat. je CDU-Mi. (DM)	Prod. Flugbl. d. KVe je CDU-Mi. (Ex.)
BW	95,1	11,38	58,09	19,74	22,16	6,49	1,8
B	100,0	5,29	57,51	16,07	26,42	1,18	8,2
HB	100,0	4,18	25,79	–	74,21	8,68	19,7
HH	60,0	2,79	22,80	6,48	70,36	10,55	17,7
H	96,4	10,01	63,37	21,78	14,86	5,68	4,6
NS	82,8	10,39	68,81	12,41	18,79	5,89	0,3
RH	100,0	21,45	68,02	8,43	14,94	6,92	2,4
RP	82,9	6,68	81,08	6,72	12,19	5,12	5,3
S	75,0	5,39	51,06	17,17	31,77	3,87	0,1
SH	100,0	5,03	44,61	39,72	15,67	5,31	1,5
Insgesamt	89,2%	100%	62,0%	14,6%	23,4%	6,24 DM	2,6 Ex.

Quellen: 1974: Kurzbericht der BGSt. über das IS-Versandzentrum vom 6. 5. 1975
1975: Auswertung der Mobilisierungsaktion 1, Ausarbeitung der BGSt. vom 16. 12. 1976
1976/78: Bundestagswahl 1976, Erfahrungsbericht der BGSt. vom September 1978

Ziel dieser ersten Aktion war eine Einstimmung der Mitglieder auf den bevorstehenden Bundestagswahlkampf und deren Mobilisierung für die politischen Schwerpunktthemen im Herbst 1975 (Wirtschafts- und Finanzkrise). Zum ersten Mal wurden bei dieser Aktion neue Wege beschritten, um alle Gliederungen und alle Mitglieder der Partei anzusprechen. Die Aktionen und die dazu angebotenen Materialien wurden in einem Sonderteil des Deutschen Monatsblatts im Oktober und November 1975 ausführlich vorgestellt; außerdem wurde allen Vorsitzenden der Stadt- und Gemeindeverbände über die Kreisverbände ein Brief des Generalsekretärs zugestellt, der die Aktion ankündigte und vorstellte. Die Mandats- und Funktionsträger der Partei wurden darüber hinaus in einem Sonderteil des UiD angesprochen. Zum ersten Mal konnten auch einzelne Mitglieder die Aktionsmaterialien bestellen(94).

Der Erfolg dieser ersten Mobilisierungsaktion litt nicht zuletzt unter den in diesem Zeitraum stattfindenden Auseinandersetzungen zwischen den Unionsparteien um die Nominierung des Kanzlerkandidaten. Immerhin meldeten sich aufgrund dieser Aktion 2600 Mitglieder in der Bundesparteizentrale und erklärten ihre Bereitschaft zur aktiven Mitarbeit im Wahlkampf. 80 % dieser Mitglieder waren 44 Jahre und jünger(95).

Im März 1976 wurde mit einer entsprechenden Veröffentlichung im Deutschen Monatsblatt und im UiD die zweite Mobilisierungsaktion unter dem Motto »Mit Helmut Kohl zum Erfolg« durchgeführt, deren Ziel es war, »die gute Chance der Union bei den Bundestagswahlen herauszustellen und den Mitgliedern Mut und Argumente für einen offensiven Wahlkampf zu geben«(96).

In der dritten Mobilisierungsaktion wurden die Mitglieder in der Juli/August-Nummer des Deutschen Monatsblatts aufgefordert, »den Wahlkampf zu ihrer persönlichen Sache zu machen. Die Mitglieder wurden auf die wichtigsten Wahlkampfmaterialien, insbesondere auf Materialien zum persönlichen Bekenntnis, wie Autoaufkleber, Ansteckbutton und Anstecknadel aufmerksam gemacht«(97), die sie bei den Kreisverbänden anfordern konnten.

Ein Maßstab für den politischen Aktivitäts- und Mobilisierungsgrad der örtlichen Parteigliederungen ist der Umfang des angeforderten Argumentations-, Informations- und Werbematerials, das aus eigenen Mitteln zu bezahlen war. In Tabelle 43 sind entsprechende Daten zusammengefaßt, die sich sowohl auf wahlkampffreie Jahre als auch auf das Bundestagswahljahr 1976 beziehen.

Danach haben im Verlauf des Jahres 1974 fast 90 % aller Kreisverbände mindestens einmal Werbematerial angefordert, also eine öffentlichkeitswirksame Aktion durchgeführt. 1975 betrug der Gesamtwert aller Bestellungen an Werbe- und Informationsmaterial im Rahmen der Mobilisierungsaktion 1 knapp 410 000,– DM, wobei 62 % der Besteller Kreisverbände, 14,6 % Stadt- und Gemeindeverbände und 23,4 % Landesverbände und Vereinigungen waren. Im Bundestagswahlkampfjahr 1976 orderten allein die Kreisverbände Werbematerial im Wert von 6,24 DM pro CDU-Mitglied, was einem Gesamtwert von etwa 4,1 Millionen DM entspricht. Im Jahre 1978 produzierten und verteilten die Kreisverbände vom 1. 1. bis 31. 8. auf Vorschlag der Bundesgeschäftsstelle 2,6 Flugblätter pro Mitglied im Kreisverband, also insgesamt etwa 1 742 000 Flugblätter.

Daß die Mobilisierung der örtlichen Parteiverbände insbesondere 1976 Erfolg hatte, ist auch der Nachwahluntersuchung des Instituts für Demoskopie Allensbach zu entnehmen, die eine höhere Mobilisierung der Unions- als der SPD-Anhänger festgestellt hat(98).

Die Mobilisierung der Mitglieder und örtlichen Parteigliederungen war daher nach den Erfahrungen des Jahres 1976 sowohl im Europawahlkampf 1979(99) als auch im Bundestagswahlkampf 1980(100) selbstverständlicher Bestandteil jeder Wahlkampfplanung der CDU.

Im Bundestagswahlkampfjahr 1980 übermittelte die Bundesgeschäftsstelle den Kreisverbänden insgesamt 29 Textvorschläge für Flugblätter («Zur Sache«). Da die Eigenproduktion und Verteilung von Flugblättern einen besonders hohen Aktivitätsgrad der örtlichen Parteiorganisation verlangt, sind sie ein guter Maßstab für deren Engagement. Anhand von Rücklaufzetteln der Kreisverbände hat die Bundesgeschäftsstelle für diese 29 Flugblätter eine Gesamtauflagenhöhe von 22 204 270 errechnet, was einer durchschnittlichen Auflage pro Flugblatt von 765 665 Exemplaren entspricht(101). Damit wurden innerhalb von achteinhalb Monaten pro CDU-Mitglied 32 Flugblätter hergestellt und verteilt.

Im Bundestagswahlkampf 1980 erarbeitete die Bundesgeschäftsstelle erstmals im Anschluß an politisch relevante Fernsehsendungen als aktuellen Kommentar einen Flugblattext, der noch in derselben Nacht an die Bezirks- und Kreisverbände durchgegeben, von diesen vervielfältigt und am Morgen des nächsten Tages von der örtlichen Parteiorganisation verteilt wurde. Dies wurde dadurch erleichtert, daß für die Zeit des Bundestagswahlkampfes in allen Dienstleistungszentren sowie in den Landes- und Bezirksgeschäftsstellen Telekopierer als zusätzliches Kommunikationsinstrument mit der Bundesgeschäftsstelle eingerichtet worden waren.

Von diesen »TV-Flugblättern« stellten die Kreisverbände zu fünf Fernsehsendungen insgesamt 8 657 400 Exemplare her, was einem Durchschnitt von 1 731 480 Flugblättern pro Sendung entspricht(102). Addiert man die Gesamtauflage der TV-Flugblätter mit der der erwähnten Flugblätter »Zur Sache« und setzt sie in Relation zur Gesamtzahl der CDU-Mitglieder am 31.12.1980, so wurden von den Kreisverbänden im Bundestagswahlkampfjahr 1980 44,5 Flugblätter pro CDU-Mitglied produziert und verteilt.

Die Mobilisierung der Mitglieder und örtlichen Parteigliederungen zu direktem Kontakt mit dem Wähler ist insbesondere für eine Oppositionspartei von besonderer Bedeutung für ihren bundespolitischen Erfolg. Dies setzt voraus, daß Mitglieder und örtliche Parteiorganisationen dazu bereit und in der Lage sind, die entsprechenden Vorschläge der Bundespartei aufzugreifen. Die Zahlen zur Herstellung und Verteilung von Flugblättern durch die örtliche Parteiorganisation weisen aus, in welch bemerkenswertem Umfang der CDU diese Mobilisierung gelungen ist. Dabei sind die Veranstaltungen und Aktionen der örtlichen Parteiorganisation zu kommunal- und landespolitischen Themen noch nicht berücksichtigt worden. Sie belegen auch, daß die örtliche Parteiorganisation damit eine wesentliche Voraussetzung zur Erfüllung von Funktionsanforderungen geschaffen hat, wie sie an moderne Volksparteien gestellt werden.

Die CDU der fünfziger und sechziger Jahre war als bürgerliche Honoratiorenpartei auf örtlicher Ebene zu einem vergleichbaren Aktivitäts- und Finanzaufwand nicht in der Lage. Gerade für eine Partei, wie die CDU ist diese Form der direkten Wähleransprache, des offenen Bekenntnisses zu einer Partei als ein Instrument der Parteiarbeit keineswegs selbstverständlich. Deshalb ist Radunskis Feststellung zuzustimmen: »Diese gelungene Mobilisierung ihrer Anhängerschaft ist für die Union über die unmittelbaren Wirkungen im Wahlkampf hinaus auch ein politisch-historisches Datum. Erstmals in der deutschen Demokratie gelang es, weite Mittelschichten zu einem offenen und sichtbaren politischen Engagement zu gewinnen«[103].

Diese Mobilisierung der Mitglieder und örtlichen Parteigliederungen zur offensiven Propagierung bundespolitischer Themen in der Öffentlichkeit aufgrund von Argumentationshilfen der Bundesgeschäftsstelle ist gleichzeitig ein Ausdruck für die gewachsene Homogenität der gesamten Parteiorganisation.

Zusammenfassung und Folgerungen

Thema dieser Untersuchung war, wie sich die Parteiorganisation der CDU in den siebziger Jahren – insbesondere im Vergleich zu den fünfziger und sechziger Jahren – verändert hat. Anhand von drei Fragestellungen wurden Selbstverständnis und politische Funktion der Partei, Entwicklung der Mitgliederzahl und Mitgliederstruktur und ihre Auswirkungen auf die Partei sowie Auf- und Ausbau des Parteiapparates untersucht. Die Gesamtheit der Veränderungen, die insbesondere während der Oppositionszeit in den siebziger Jahren erfolgten, haben die Entwicklung der CDU von der Volkspartei zur modernen Volkspartei verursacht.

Die Ergebnisse und charakteristischen Merkmale dieses parteiorganisatorischen Wandlungsprozesses der CDU sind in den einzelnen Abschnitten dieser Arbeit dargestellt worden. Folgende Aspekte sollen abschließend hervorgehoben und bewertet werden:

1. Während sich die Parteiorganisation der CDU in den fünfziger Jahren im wesentlichen als Hilfsorgan von Parteirepräsentanten in Regierung und Fraktion verstand, begann in den sechziger Jahren der mühsame Prozeß der politischen Verselbständigung der Partei gegenüber Regierung und Fraktion, der dann in den siebziger Jahren zum Durchbruch kam. Dieser Emanzipationsprozeß der Parteiorganisation gegenüber Regierung bzw. Bundestagsfraktion, der als eine Abkehr vom Selbstverständnis als Honoratiorenpartei und »Kanzlerwahlverein« bezeichnet werden kann, führte in den siebziger Jahren dazu, daß die Partei zunehmend die Funktionen der politischen Artikulation, Integration und Kommunikation übernahm.
   Die Bundespartei wird zum entscheidenden politischen Koordinations- und Integrationszentrum für die Politik der CDU. Sie bindet die verschiedenen Interessen und politischen Richtungen zusammen, die innerhalb der Bundestagsfraktion, den Vereinigungen und Landesverbänden der CDU, zwischen der Fraktion und den unionsregierten Ländern bestehen, sie formuliert die politischen Leitlinien christlich-demokratischer Politik. Das politische und organisatorische Gewicht der Partei wird gegenüber dem der Bundestagsfraktion gestärkt. Dieser politische Anforderungs- und Bedeutungszuwachs zugunsten der Parteiorganisation war Voraussetzung für die Realisierung der in den sechziger Jahren immer dringlicher geforderten und als notwendig erkannten Parteireform.
   Die wesentlichen Reformentscheidungen, die eine grundlegende Veränderung der Parteiorganisation der CDU zur Folge haben, fallen in den siebziger Jahren, insbesondere ab 1973. In den sechziger Jahren hingegen, in denen die CDU als Partei im Umbruch bezeichnet werden kann, weil sie einen mühsamen Bewußtseinsänderungs- und Anpassungsprozeß an die sich wandelnden gesellschaftlichen und politischen Verhältnisse durchmacht, werden zwei wichtige Voraussetzungen geschaffen, die für die Entwicklung in den siebziger Jahren von großer Bedeutung

sind: 1967 wird mit einer grundlegenden Satzungsänderung eine funktionsfähige Willensbildungs- und Führungsstruktur für die Bundespartei geschaffen; mit der Verabschiedung des Berliner Programms, 1. Fassung, im Jahre 1968 wird die Partei erstmals als Instrument zur politischen Willensbildung und Entscheidung über programmatische Fragen genutzt.

2. Wesentliche Schubkraft erhält die Durchsetzung der Parteireform in den siebziger Jahren durch den erzwungenen Wechsel der CDU in die Opposition nach der Bundestagswahl 1969. Solange die CDU allerdings Hoffnung haben konnte, angesichts der knappen sozial-liberalen Mehrheit wieder vorzeitig an die Regierung zu kommen, wurde die parteiorganisatorische Reform auch wegen der unklaren personellen Führungssituation in der CDU nur zögernd vorangetrieben. Die CDU verstand sich als Regierungspartei im Wartestand. Erst nach der verlorenen Bundestagswahl von 1972, die politische, strategische und personelle Konsequenzen nahelegte und die politische und organisatorische Stärkung der Parteiorganisation unabweisbar machte, waren bessere Voraussetzungen für die Realisierung grundlegender Veränderungen in der Partei gegeben.
In parlamentarisch-repräsentativen Demokratien mit Mehrparteiensystem scheint der drohende oder der vollzogene Verlust der Regierungsbeteiligung am ehesten den erforderlichen Druck auszuüben, um grundlegende Veränderungen in einer Partei durchzusetzen. Dies gilt ganz sicherlich für die CDU. Seit der Präsidentschaftskrise von 1959 und in der Nach-Adenauer-Ära, die durch politisch-programmatische Unsicherheit und personelle Rivalität in der Führungsspitze der Partei gekennzeichnet ist, war zwar die Erkenntnis über die Notwendigkeit der Parteireform in der Partei weit verbreitet, aber es fehlte an politischer Kraft und Führung, sie gegen die starken innerparteilichen Widerstände durchzusetzen. Nach dem Wechsel in die Opposition hingegen war innerparteilich unumstritten, daß die CDU auf absehbare Zeit nur dann eine Chance erhalten könnte, wieder in die Regierungsverantwortung zurückzukehren, wenn sie die überfällige Parteireform realisierte.
Auch in der CSU begann der Umwandlungsprozeß zur modernen Volkspartei Mitte der fünfziger Jahre nach dem Verlust der Regierungsverantwortung im Jahre 1954 und wurde dann nach der Rückeroberung der Regierungsverantwortung planmäßig fortgesetzt, um die bestehenden Mehrheitsverhältnisse auszubauen und zu stabilisieren(1). In der SPD der fünfziger Jahre hatten die wiederholten Wahlniederlagen ebenfalls eine grundlegende Veränderung von Politik und personeller Führung zur Folge, die spätestens nach der Bundestagswahl 1957 deutlich wurden und in die Verabschiedung des Godesberger Programms sowie die Nominierung von Willy Brandt zum Spitzenkandidaten für die Bundestagswahl 1961 mündeten(2). Die FDP nahm ebenfalls einen politisch-programmatischen Kurswechsel während der Zeit der großen Koalition vor, der die politischen Voraussetzungen für die spätere Bildung der sozial-liberalen Koalition ab 1969 schuf(3). Dabei liegt es nahe, daß bei einer kleinen Partei – wie der FDP – die koalitionspolitischen

Überlegungen die programmatischen Veränderungen konditionieren. Bei den großen Volksparteien SPD und CDU hingegen wird die Schnelligkeit von politischen, personellen und organisatorischen Veränderungen wesentlich dadurch bestimmt, ob sie Regierungs- oder Oppositionspartei sind.

3. Die CDU der fünfziger Jahre verstand sich vornehmlich als christliche Gesinnungs- und Weltanschauungspartei. Das alle sonstigen Konflikte innerhalb der Partei überwölbende, integrierende Element war die Gemeinsamkeit des christlichen Glaubens, einer Politik aus christlicher Verantwortung. Im Verlaufe der sechziger Jahre wurde im Gefolge des gesamtgesellschaftlichen Säkularisierungsprozesses das »christliche Sittengesetz« als politische Handlungsmaxime brüchig. Auch die übrigen Integrationsfaktoren – die unumschränkte Autorität Konrad Adenauers, die gemeinsamen Grundüberzeugungen in Fragen der Wirtschafts- und Gesellschaftspolitik und der Außenpolitik – verloren ihre Wirkung. Die CDU entwickelte sich ab Ende der sechziger und während der siebziger Jahre zur pluralistischen Volkspartei, die ihre innerparteilichen Konflikte anerkannte und auszutragen begann. Die innerparteiliche Integration erfolgte zunehmend durch eine kontroverse politische Diskussion anhand formalisierter, demokratischer Verfahrensweisen, an deren Ende verbindliche politische Entscheidungen standen, die die politische Linie der Partei festlegten. Die Intensivierung der innerparteilichen Diskussion über Programme und Sachkonzepte, die Mobilisierung der örtlichen Parteigliederungen, die Erhöhung der Konsultationsintensität innerhalb der Partei charakterisieren diese Entwicklung. Voraussetzung für diese Politisierung und Demokratisierung der innerparteilichen Diskussion waren eine funktionsfähige politische Willensbildungs- und Führungsstruktur sowie eine Parteiführung, die konsultations-repräsentativen Prinzipien aufgeschlossen gegenüberstand.

4. Die tradierten konfessionellen, interessengebundenen, politischen und landsmannschaftlichen Gegensätze schleifen sich vor allem im Laufe der siebziger Jahre ab. Die Partei wird politisch homogener, was eine offenere Konfliktaustragung ermöglicht und gleichzeitig auch die Integration der Gesamtpartei erhöht. Die dadurch mögliche Stärkung des politischen und organisatorischen Gewichts der Bundespartei verringert die Zahl der in den sechziger Jahren häufigen Auseinandersetzungen zwischen den Bundespolitikern und den Ministerpräsidenten der Union, bzw. zwischen der Bundespartei und den Landesverbänden. Die gegenseitige Abhängigkeit der politischen Ebenen voneinander, die Notwendigkeit zur gegenseitigen Rücksichtnahme, Kooperation und rechtzeitigen Koordination im Interesse des gemeinsamen Erfolgs rücken stärker ins Bewußtsein der Partei.
   Gleichzeitig erfahren die Kommunalpolitik und damit die Rolle der Kreis- und Ortsverbände eine erhebliche politische Aufwertung. Damit vollzieht die Parteiorganisation eine Entwicklung nach, die auf staatlicher Ebene in der engen Verklammerung und gegenseitigen Abhängigkeit von landes- und bundespolitischen sowie von landes- und kommunalpolitischen Entscheidungen vorgezeichnet ist. Die vorhandene Mehrheit der Union im Bundesrat zwingt außerdem die CDU, ihre

Politik mit der der unionsregierten Länder und der CDU/CSU-Bundestagsfraktion abzustimmen, wodurch das Präsidium der CDU zur entscheidenden Koordinations- und Integrationsinstanz wird.
Die größere Homogenität und die verbesserte Kooperation und Koordination zwischen den verschiedenen Parteiebenen ist auch daran ablesbar, daß die in dieser Untersuchung aufgezeigten Veränderungen nicht von der Bundesparteiführung diktiert, sondern im Rahmen eines ständigen Meinungs- und Erfahrungsaustausches zwischen Bundespartei sowie Landesverbänden, Bundesvereinigungen und Kreisverbänden realisiert wurden. Sowohl die Mitgliederwerbung und -betreuung, die Aktivierung der örtlichen Parteigliederungen, die politisch-programmatische Diskussion als auch der Ausbau des Parteiapparates auf allen Ebenen findet im Rahmen eines engen Konsultations-, Kooperations- und Unterstützungsprozesses statt. Bis zu den Aufgaben der Wahlkampfplanung und -organisation, zur Verteilung der Finanzmittel, zur Bezahlung der Parteiangestellten usw. ist dieser enge Kooperationsprozeß nachweisbar. Die Feststellung von Mintzel, daß in der CSU der Ausbau der Parteiorganisation von oben nach unten durchgesetzt wurde und die unteren Parteigliederungen nur noch innerhalb des vorgegebenen Rahmens Entscheidungen fällen konnten(4), trifft für die CDU nicht zu.
Die größere politische Geschlossenheit der CDU in den siebziger Jahren wird allerdings überdeckt durch die permanenten Auseinandersetzungen innerhalb der CDU/CSU-Bundestagsfraktion über die Deutschland- und Ostpolitik zu Beginn und durch die zunehmend schärfer werdenden Auseinandersetzungen über Sach-, Strategie- und Personalfragen zwischen CDU und CSU in der zweiten Hälfte der siebziger Jahre.

5. Die Abkehr vom Modell der Honoratiorenpartei, die Zurückdrängung der in der CDU traditionell starken föderalistisch-dezentralen Vorstellungen haben eine Zentralisierung der Parteiarbeit ermöglicht, die noch in den frühen sechziger Jahren kaum denkbar schien. Sie hat ihren satzungsmäßigen Niederschlag in den Kompetenzen des Generalsekretärs gefunden. Eine Voraussetzung für diesen Prozeß der Zentralisierung war die höhere politische Homogenität der Parteiorganisation. Erkennbar ist dieser Zentralisierungsprozeß daran, daß in der CDU übergreifende Fragen der Parteiorganisation, der Parteifinanzen, des Parteiapparates in personeller und technischer Hinsicht, der Öffentlichkeitsarbeit, der Werbung und des Wahlkampfes, der Mobilisierung der Gesamtpartei durch »Kampagnen« ganz wesentlich von der Bundespartei beeinflußt werden. Durch die geschilderten Kooperations-und Konsultationsprozesse wird eine zentralistische Durchorganisation der Partei verhindert, zumal die Bundespartei ihre Aufgabe vorwiegend in der Initiative und Koordination sieht. Insofern scheint die CDU in den siebziger Jahren ein effizientes System von Entscheidungs- und Aktivitätsformen gefunden zu haben, das zentrale und dezentrale Prinzipien mischt und dadurch geschlossenes politisches Handeln in der Aktion und Offenheit in der Diskussion in gleicher Weise ermöglicht.

6. Positiv hat sich diese Zentralisierung auf die Arbeit der Kreis- sowie Stadt- und Gemeindeverbände ausgewirkt. Durch die zeitlich befristete, argumentativ und werblich zentral organisierte Diskussion bundespolitischer Themen werden die unteren Parteigliederungen angeregt, sich mit bundespolitischen Themen auseinanderzusetzen, was sie wegen ihrer Fixierung auf kommunalpolitische Themen in der Regel selten tun. Anhand der Anträge zum Bundesparteitag ist nachweisbar, daß die Kreisverbände in den siebziger Jahren bundespolitische Themen intensiver diskutiert haben.
Die Zentralisierung in parteiorganisatorischen, technischen, werblichen und finanziellen Fragen wird ergänzt durch eine Dezentralisierung und Aktivierung der Parteiarbeit. Waren in den fünfziger Jahren bis in die sechziger Jahre hinein noch die Kreisverbände – wenn überhaupt – die Träger der Parteiarbeit vor Ort, so wurden es in den siebziger Jahren die Stadt- und Gemeindeverbände. Sie organisieren die Parteiaktivitäten vor Ort, den »Dialog mit dem Bürger«, während die Kreisverbände vorwiegend die Aufgaben der politischen Koordination und technisch-organisierten Dienstleistung für die Stadt- und Gemeindeverbände wahrnehmen. Die kommunalen Wahlerfolge der CDU, die spürbar größere politische Aktivität der CDU in den siebziger Jahren sind u. a. auf die Intensivierung der Parteiarbeit in den Stadt- und Gemeindeverbänden zurückzuführen.
7. Die Aktivierung der Parteiorganisation der CDU während der siebziger Jahre, vor allem auf der örtlichen Ebene, hatte eine »Karrierisierung« und Professionalisierung der Parteiarbeit zur Folge gehabt. Sie wird deutlich an den Kriterien, anhand derer die Partei Anwärter für Ämter und Mandate auswählt.
Auch in der CDU sind spätestens seit Ende der sechziger Jahre die Zeiten vorbei, in denen jemand nur deshalb ein wichtiges Amt oder Mandat erhält, weil er auf einem bestimmten Sachgebiet besonders ausgewiesen oder bei bestimmten Wählergruppen ein besonderes Renommee genießt. Wer in der Partei und durch die Partei ein politisches Amt erlangen will, muß dafür jahrelang hart in der Partei arbeiten. Auch in der CDU muß spätestens seit den siebziger Jahren jeder Funktions- und Mandatsträger die »Ochsentour« durchlaufen, muß sich hochdienen von einem zum nächsthöheren Amt, was in aller Regel auf Orts- und Kreisebene bzw. auf kommunaler Ebene beginnt. Insofern hat sich auch die CDU (wie die SPD schon lange) zu einer Partei entwickelt, in der die ehrenamtlichen Funktions- und Mandatsträger die innerparteiliche Auseinandersetzung und das öffentliche Erscheinungsbild maßgeblich bestimmen.
Dieser Prozeß war insofern unvermeidlich, als er eine Folge der erheblich gestiegenen Anforderungen an die örtliche Parteiorganisation war, die eben nur von kontinuierlich aktiven Mitgliedern und nicht von Honoratioren zu erfüllen sind(5). Die in allen Parteien dominierende Stellung der Angestellten und der Beamten, der Rückgang der Selbständigen unter den Funktions- und Mandatsträgern der CDU bringt diese Entwicklung zum Ausdruck. Angesichts dieser Professionalisierungstendenz besteht die Gefahr, daß die Selektionsmechanismen fast ausschließlich

den fleißigen, angepaßten Parteiarbeiter favorisieren, was eine Reduzierung der politischen Bandbreite der Funktions- und Mandatsträger, eine drastische Einebnung ihrer individuellen Vielfalt und Eigenwilligkeit zur Konsequenz hat.

8. Die generelle Intensivierung, Professionalisierung und Zentralisierung der Parteiarbeit in der CDU war mit einem starken Ausbau des Parteiapparates verbunden. Dieser hat zu einem erheblichen Bedeutungszuwachs der hauptamtlichen Mitarbeiter der Partei im allgemeinen und der der Bundesgeschäftsstelle im besonderen geführt. Ohne die Bundesgeschäftsstelle wäre die Bundespartei schwerlich handlungs- und aktionsfähig. Die Bundesgeschäftsstelle ist zur politischen Drehscheibe und Koordinationszentrale der Partei geworden. Die politische Beratungskapazität, die organisatorische und werbliche Leistungsfähigkeit der CDU-Bundesgeschäftsstelle ist in den siebziger Jahren beträchtlich gesteigert worden. Dabei ist die Bundesgeschäftsstelle keineswegs nur ausführendes Organ der politischen Führungsgremien, sondern besonders relevant ist ihre Anregungs- und Selektionsfunktion in politischen Fragen gegenüber der politischen Führung. Die Entscheidungen der Parteiführungsgremien werden in einem permanenten wechselseitigen Diskussions- und Beratungsprozeß zwischen den entscheidenden Repräsentanten des Parteiapparates und der engeren Parteiführung vorbereitet und im wesentlichen vorherbestimmt. Vergleichbares gilt für die Situation auf Landes- und Kreisebene. Die personelle und technisch-organisatorische Qualität des Parteiapparates ist heute für die Existenz moderner Volksparteien von entscheidender Bedeutung. Die CDU hat zwanzig Jahre gebraucht, um den Stellenwert des Parteiapparates für ihren politischen Erfolg als Partei zu erkennen.
9. In den siebziger Jahren ist die CDU zur »Mitgliederpartei« geworden und »Wählerpartei« geblieben. Sie hat ihre Mitgliederzahl mehr als verdoppelt und ihre Mitgliederstruktur der der Bevölkerung angenähert, so daß ihre traditionellen Ungleichgewichte in der Mitgliederstruktur zwar noch vorhanden, aber eingeebnet sind. Die Strukturveränderungen in der Mitgliedschaft und bei den Funktions- und Mandatsträgern der Partei waren stark genug, um den Reformprozeß innerhalb der Parteiorganisation zu erleichtern, wenn nicht gar erst zu ermöglichen, und sie waren gering genug, um einen radikalen Wechsel in der Politik der CDU zu verhindern. Ohne den Mitgliederzuwachs- und den Mitgliederstrukturwandel der CDU wären die meisten der in den siebziger Jahren vollzogenen Veränderungen in der CDU, insbesondere die Aktivierung der örtlichen Parteigliederungen, nicht zu realisieren gewesen.
10. Die Gesamtheit der Veränderungen, insbesondere der Mitgliederzuwachs und -strukturwandel, hat zu einer erheblichen Verschiebung des innerparteilichen Machtgleichgewichtes in der CDU geführt. Die politische Bedeutung der Bundespartei, der Kreisverbände sowie der Stadt- und Gemeindeverbände ist erheblich gestiegen, die der Landesverbände gesunken. Die bis in die späten sechziger Jahre reichende Dominanz der nordrhein-westfälischen CDU in den höchsten Führungsgremien der Bundespartei ist zugunsten einer ausgewogeneren regionalen und

politischen Zusammensetzung in den siebziger Jahren beseitigt worden. Der politische Einfluß der Vereinigungen ist bei recht unterschiedlicher Entwicklung der Vereinigungen im einzelnen zurückgegangen und der der fachpolitischen Gremien leicht gestiegen.

11. In großen Volksparteien benötigen grundlegende politische, personelle oder organisatorische Veränderungen bis zu ihrer Durchsetzung einen erheblichen Zeitraum, denn die Beharrungstendenzen einer Parteiorganisation sind groß. Da politische und organisatorische Veränderungen meistens auch personelle Veränderungen zur Folge oder zur Voraussetzung haben, erhöht das den Widerstand gegen Veränderungen. Ohnehin wird in jeder Volkspartei das latent vorhandene Konfliktpotential mobilisiert, wenn gravierende Veränderungen anstehen, da sie die innere Machtstruktur der Parteiorganisation tangieren.
Die Schaffung einer funktionsfähigen Willensbildungs- und Führungsstruktur in der CDU brauchte acht Jahre (1959–1967), wenn man als Ausgangspunkt die Präsidentschaftskrise von 1959 setzt, und siebzehn Jahre, wenn man die Gründung der Bundespartei 1950 zugrunde legt, seit der die Diskussion über die Führungsstruktur in der CDU stattfand. Für die Wahl eines unumstrittenen, langjährigen Parteivorsitzenden in der Nach-Adenauer-Ära benötigte die CDU neun Jahre (1964–1973); ihre unumstrittene Führungsrolle bei der politischen Artikulation und Integration erreichte die Parteiorganisation gegenüber Bundesregierung und Bundestagsfraktion erst nach vierzehn Jahren (1959–1973); ihre Programmdiskussion schloß die CDU nach zehn Jahren ab (1968–1978), wobei allein die Diskussion über grundsatzprogrammatische Fragen, die in die Verabschiedung des CDU-Grundsatzprogramms von 1978 mündet, fünf Jahre dauerte (1973–1978). Der Ausbau des Parteiapparates auf Kreis- und Bundesebene sowie eine quantitativ relevante Steigerung ihrer Mitgliederzahl und die damit verbundenen Mitgliederstrukturveränderungen dauerten sieben Jahre (1969–1976). Dabei sind die Vorphasen, in denen erste Reformkonzepte und Ansätze zu deren Realisierung feststellbar sind, noch gar nicht berücksichtigt. Auch in der SPD dauert der politische Wandlungsprozeß bis zur Verabschiedung des Godesberger Programms zehn Jahre (1949–1959).
Die Beharrungstendenzen in Volksparteien sind groß, ihre Innovations- und Veränderungsbereitschaft ist begrenzt, die Durchsetzungsgeschwindigkeit für angestrebte Veränderungen niedrig. Nur unter großem Druck von außen (gesellschaftliche Wandlungsprozesse, positionelle Änderungen im Parteienwettbewerb) und von innen (Generationswechsel, binnenstrukturelle Machtverschiebungen) sind Veränderungen möglich. Grundlegende Reformen innerhalb einer Partei sind nur dann durchsetzbar, wenn die Mehrzahl der um innerparteilichen Einfluß rivalisierenden Gruppierungen sie befürwortet. Dies war in der CDU mit dem Wechsel in die Opposition zunehmend gegeben.
So sehr man einerseits die Schwerfälligkeit und Langwierigkeit des Veränderungsprozesses in der CDU während der sechziger Jahre beklagen kann, so muß

andererseits gesehen werden, daß diese Schwerfälligkeit gleichzeitig die allzu voreilige taktische und opportunistische Anpassung der Partei an scheinbar unabweisliche politische Trends, Sachnotwendigkeiten usw. verhindert hat. Die Entwicklung der CDU zur modernen Volkspartei ist ein Prozeß, der in permanenter Auseinandersetzung zwischen den verschiedenen politischen, konfessionellen, regionalen und interessengebundenen Gruppierungen sowie zwischen den Generationen innerhalb der Partei unsystematisch und in Schüben verläuft. In Teilbereichen der Parteireform schreitet er erstaunlich schnell voran, in anderen äußerst langsam. An seinem Ende steht eine grundlegend veränderte Partei, die diesen Wandel aufgrund der Langsamkeit des Veränderungsprozesses ohne allzu große Brüche, ohne existenzgefährdende Konflikte überstanden hat und die die Parteitradition mit den Notwendigkeiten der Reform verbindet. Ohne den Wandel zur modernen Volkspartei während der siebziger Jahre hätte die CDU schwerlich die aufgezeigten Wahlerfolge auf kommunaler, Landes- und Bundesebene erzielen können. Die Regeneration der CDU während der Oppositionszeit ist vom Wähler honoriert worden.

12. Trotz der Veränderungen während der siebziger Jahre ist die CDU die Volkspartei geblieben, die sich christlich-sozialem, liberalem und konservativem Gedankengut verpflichtet fühlt. Ihre Programme, ihr Vereinigungssystem, die verschiedenen politischen Strömungen und Führungspersönlichkeiten in der CDU bringen dies zum Ausdruck. Das christliche Verständnis vom Menschen und die darauf basierende Interpretation der Grundwerte Freiheit, Solidarität und Gerechtigkeit sind nach wie vor der Kern christlich-demokratischer Programmatik in Abgrenzung zu den konkurrierenden Parteien. Ihre Innenpolitik orientiert sich an den Grundsätzen der parlamentarisch-repräsentativen Demokratie und des Rechtsstaates, ihre Wirtschafts- und Gesellschaftspolitik basiert auf den Prinzipien der Sozialen Marktwirtschaft, ihre Außenpolitik auf dem eindeutigen Bekenntnis zur politischen, wirtschaftlichen und militärischen Integration in die westlichen Kooperationssysteme. Gerade in einer Zeit, in der diese politischen Grundentscheidungen in der Bundesrepublik zunehmend in Frage gestellt werden, ist diese Kontinuität der Politik einer Volkspartei nicht selbstverständlich und ein wichtiger Faktor innenpolitischer Stabilität. Die Bedeutung der CDU für die politische Mobilisierung und Integration der politischen Mitte in der Bundesrepublik Deutschland ist entscheidend.
    Ihre besonders enge Beziehung zur katholischen Kirche und das fruchtbare Spannungsverhältnis zwischen CDU und evangelischer Kirche bestehen weiter. Die CDU ist nach wie vor die Partei in der Bundesrepublik, die die größte Interessenvielfalt in sich vereinigt, was von ihr immer wieder eine besonders hohe politische Integrationsleistung verlangt.
    Obwohl die CDU keine Honoratiorenpartei mehr ist, sind die Formen der innerparteilichen Auseinandersetzung durch ihr bürgerlich-liberales Selbstverständnis geprägt, das Pragmatismus und Kompromißbereitschaft ein-, Ideologisierung und Dogmatisierung der Politik ausschließt.

Moderne Volksparteien sind für die Funktionsfähigkeit parlamentarisch-repräsentativer Systeme in hochentwickelten Industriegesellschaften unverzichtbar. Nur sie sind in der Lage, die große Vielfalt der unterschiedlichen Interessen politisch zu integrieren; sie erbringen eine wichtige politische Artikulations- und Kommunikationsleistung, wenngleich sie sicherlich selten zu einer optimalen Funktionserfüllung in der Lage sind. Angesichts der ersten Auflösungserscheinungen des überkommenen Parteiensystems(6), die der Aufstieg der Grünen signalisiert, ist daran zu erinnern, daß die bisherigen Parteien eine entscheidende Ursache für die Stabilität des politischen Systems in der Bundesrepublik gewesen sind. Denn »als der wohl wichtigste Faktor in der Entwicklung der westlichen Demokratien erscheint doch nach wie vor das Parteiensystem. Es charakterisiert und bestimmt zugleich den politischen Stabilitätsgrad in der Konsensbildung und Regierungsfähigkeit wie im Oppositionsverhalten dieser Demokratien...«(7).

Die politische Integrations- und Bindungswirkung der beiden großen Volksparteien CDU und SPD ist angesichts des erkennbaren politischen Einstellungs- und Themenwandels bei einem Teil der Wählerschaft gefordert. Gefordert sind aber auch ihre politische Standfestigkeit in Grundsatzfragen und ihre Bewährung in der jeweiligen Aufgabe als Regierungs- und Oppositionspartei.

Anmerkungen

Einleitung

1 Zu dieser Bezeichnung vgl. Scheer, Parteibildung, S. 149–172, wobei im Titel eine krasse Fehlinterpretation der Entwicklung des Parteiensystems zum Ausdruck kommt.
2 Mintzel, CSU, S. 55.
3 Vgl. Kaack, Geschichte.
4 Vgl. Pridham, Democracy.
5 Heidenheimer, Schattierungen, sowie ders., Party Finance, S. 369–385.
6 Mayntz, Parteigruppen.
7 Rannacher, Gewicht.
8 Vgl. Feist/Güllner/Liepelt, Angleichung, S. 258–278.
9 Vgl. z. B. Diederich, Mitgliederstruktur, S. 35–55. Die empirische Basis der meisten Beiträge des Bandes ist allerdings schmal.
10 Vgl. z. B. Schmollinger/Stöss, Sozialstruktur, S. 217–234.
11 Vgl. z. B. Zauzich, Parteien.
12 Bretschneider, Mitgliederzahlen.
13 Troitzsch, Aspekte, S. 101–112.
14 Vgl. ders., Mitgliederstrukturen, S. 81–100.
15 Gluchowski/Veen, Nivellierungstendenzen, S. 312–331 sowie dies., Tendenzen.
16 Falke, Mitglieder.
17 Kaack (Hrsg.), Parteien-Jahrbuch 1973/74 und 1975; Kaack/Roth (Hrsg.), Parteien-Jahrbuch 1976; Kaack/Roth (Hrsg.), Handbuch.
18 Pütz, CDU – Entwicklung.
19 Schönbohm, CDU.
20 Preuße, Gruppenbildungen.
21 Vgl. z. B. Lammert, Organisationsstrukturen; Kühr (Hrsg.), Milieu; Kühr/Simon, Lokalpartei; Weinacht (Hrsg.), CDU.
22 Vgl. dazu Wiesendahl, Parteien; Hartmann, Parteienforschung; Jäger (Hrsg.), Partei, dort insbes. Mühleisen, Ansätze, S. 9–27; Haungs, Parteien, S. 141–169; Beyme, Parteien, sowie ders., Probleme.
23 Vgl. dazu Falke, Mitglieder, S. 21 ff. mit den dortigen Literaturhinweisen.
24 Vgl. dazu Neumann, Parteien, insbes. S. 15 ff.
25 Vgl. Kirchheimer, Wandel, S. 20–41 sowie zur weitergehenden Erklärung für den Erfolg des Volksparteikonzepts Smith, Volkspartei, S. 59–76.
26 Vgl. Zur Kritik an Kirchheimer, Mintzel, CSU, S. 69 ff. und Haungs, Parteiendemokratie, S. 67 ff.
27 Vgl. Bracher, Dilemma, S. 269 ff.
28 Haungs, Strukturen, S. 306 f.
29 Vgl. Mintzel, CSU, S. 67 ff., und Haungs, Parteiendemokratie, S. 63 ff., der sich ausführlich mit den verschiedenen Kritikern des Begriffs »Volkspartei« auseinandersetzt, sowie Mintzel, Volkspartei.
30 Preuße, Gruppenbildungen, S. 51.
31 Vgl. Kierey, CDU, S. 17–28.
32 Vgl. Preuße, Gruppenbildungen, S. 46 ff.
33 Vgl. Buchhaas, Volkspartei, S. 27 ff.

34 Vgl. Wright, Party Models, S. 17–54.
35 Haungs, Strukturen, S. 308.
36 Vgl. dazu grundlegend Neumann, S. 215–264, sowie Preuße, Gruppenbildungen, S. 34 ff., der auch die neuere Literatur berücksichtigt hat.
37 Diese Unterscheidung nimmt auch Falke, Mitglieder, S. 16 ff. vor, zieht daraus aber nicht die entsprechenden Schlußfolgerungen.
38 Vgl. z. B. Michels, Soziologie; Abendroth, Problem, S. 67–81; Naschold, Organisation.
39 Vgl. z. B. McKenzie, Parties, sowie die schon erwähnten Vertreter der ökonomischen Theorie der Politik; vgl. grundlegend zu diesem Themenkomplex Jäger, Demokratie, S. 108–151, der sich u. a. auch kritisch mit der Identitätstheorie auseinandersetzt.
40 Vgl. dazu im einzelnen Kaack, Geschichte, S. 471; Lammert, Organisationsstrukturen, S. 74 ff.; Falke, Mitglieder, S. 71 ff., wonach zwischen 15 % und 25 % der Mitglieder aktiv mitarbeiten.
41 Schmitz, Parteien, insbesondere S. 201 ff., belegt die Einflußmöglichkeiten unterer Parteigliederungen auf der nächsthöheren Ebene durch zahlreiche Beispiele.
42 Vgl. Eldersveld, Parties.
43 Vgl. dazu Lehmbruch, Proporzdemokratie, der am Beispiel der politischen Kultur in Österreich und der Schweiz nachweist, daß auch in demokratischen Systemen nicht die Mehrheitsentscheidung dominieren muß. Zu den beiden Demokratiebegriffen vgl. Kevenhörster, Demokratiekonzeptionen, S. 66 f., der auf Lehmbruch zurückgreift.
44 Vgl. dazu Preuße, Gruppenbildungen, S. 85.
45 Vgl. Günther, Sozialdemokratie, S. 11 ff.
46 Vgl. Dittberner, Bundesparteitage, der die Rolle der Parteitage überbewertet.
47 Jäger, Partei, S. 124 spricht in dem Zusammenhang zu Recht von der »kleinen Spitze eines großen Eisbergs«.

Erster Teil

I. Die Partei als Hilfsorgan von Regierung und Fraktion (1950-1960)

1 Vgl. im einzelnen Schönbohm, CDU, S. 40 ff.
2 Wildenmann, Basis, S. 282.
3 Vgl. hierzu und zum nachstehenden Kühr (Hrsg.), Milieu, insbesondere den Beitrag v. Buchhaas/Kühr, Volkskirche, S. 135 ff. sowie Buchhaas, Volkspartei, S. 199 ff.
4 Vgl. Morsey, Katholizismus, S. 33 ff. sowie Forster, Katholizismus, S. 466 f.
5 Vgl. Buchhaas, Volkspartei, S. 2n2.
6 Vgl. Ley, Föderalismusdiskussion.
7 Die Annahme Heidenheimers, daß Adenauer die Parteigründung auch deshalb so spät vollzog, um seine Position gegenüber den Landesverbänden weiter zu stärken, ist plausibel. Vgl. Heidenheimer, Adenauer, S. 196.
8 Vgl. den Wortlaut des vom Goslarer Parteitag verabschiedeten Statuts BPT 1950, S. 174 ff.
9 Unter »Ausschüssen« wurden in den fünfziger Jahren sowohl die späteren Fachausschüsse als auch die Vereinigungen verstanden.
10 BPT 1950, S. 48.
11 Vgl. Kiesinger, Erlebnisse, S. 64.
12 Vgl. Heidenheimer, Adenauer, S. 201.
13 BPT 1951, S. 103.
14 Vgl. BPT 1951, S. 139 ff.
15 Vgl. UiD Nr. 86 vom 14. 11. 1951.
16 Vgl. Protokoll der BuVo-Sitzung vom 13. 6. 52, S. 12.
17 Vgl. BPT 1953, S. 31.
18 Vgl. BPT 1953, S. 220 f.
19 Vgl. insbesondere den Beitrag des JU-Vorsitzenden Gerhard Stoltenberg, BPT 1956, S. 110 ff.
20 Vgl. Hüwel, Arnold, insb. S. 285 ff.
21 Vgl. dementsprechende Begründung von Adolf Süsterhenn, BPT 1956, S. 113.
22 So Süsterhenn auf dem Parteitag, a. a. O., S. 114.
23 Vgl. a. a. O., S. 127.
24 Vgl. Protokoll der BuVo-Sitzung vom 26. 4. 1956, S. 26 ff.
25 Vgl. den Wortlaut dieser Parteiordnungen im UiD Nr. 39 vom 1. 10. 1959.
26 Vgl. BPT 1960, S. 79 f. sowie S. 91.
27 Vgl. Schulz, Organisationsstruktur, S. 147 ff.
28 Vgl. Protokoll der BuVo-Sitzung vom 10. 5. 1951.
29 Vgl. Meyers, Dr. Meyers, S. 184.
30 Vgl. Protokoll der BA-Sitzung vom 28. 9. 1959, S. 49.
31 Vgl. Protokolle der BuVo-Sitzung vom 16. 12. 1952 und BA-Sitzung vom 28. 9. 1959.
32 Vgl. Protokoll der BuVo-Sitzung vom 9. 11. 1959, S. 46.
33 Heck, Adenauer, S. 191 f.
34 a. a. O., S. 191.
35 a. a. O., S. 202.
36 Führungs- und Organisationsprobleme der Bundespartei, parteiinterne Ausarbeitung vom 24. 7. 1959, von Franz Meyers erstellt, S. 2.

37 a. a. O., S. 3.
38 Vgl. Gerstenmaier, Adenauer, S. 35.
39 Protokoll der BuVo-Sitzung vom 16. 9. 1959, S. 2, S. 30, S. 32.
40 Vgl. Protokoll der BuVo-Sitzung vom 6. 9. 1951, S. 7 ff.
41 Vgl. Protokoll der BuVo-Sitzung vom 26. 8. 1952, S. 27.
42 Vgl. die entsprechende Darstellung bei Heck, Adenauer, S. 200 f.
43 Vgl. Protokoll der BuVo-Sitzung vom 16. 9. 1959, S. 35.
44 Vgl. a. a. O., S. 31.
45 Vgl. Protokoll der BuVo-Sitzung vom 16. 9. 1959, S. 33 f.
46 Vgl. Führungs- und Organisationsprobleme der Bundespartei, S. 3 f.
47 a. a. O., S. 5.
48 a. a. O., S. 7 ff.
49 Vgl. a. a. O., S. 16 ff.
50 Gerstenmaier, Adenauer, S. 39.
51 Protokoll der BA-Sitzung vom 28. 9. 1959, S. 23.
52 Vgl. BPT 1953, S. 232 ff.
53 Vgl. z. B. den Diskussionsbeitrag von Ernst Lemmer, BPT 1953, S. 88: »Ich will freilich nicht verhehlen, daß ich im Blick auf unsere junge Partei manche Besorgnisse habe, daß z. B. dieser Konrad Adenauer uns allzusehr um Haupteslänge überragt und ich infolge eine leichte Sorge habe, daß die demokratische Entwicklung in unserer Partei von dem Gewicht der großen Autorität dieser Persönlichkeit für die Zukunft erdrückt werden könnte.«
54 Vgl. Protokoll der BuVo-Sitzung vom 26. 4. 1956, S. 8.
55 Franz Meyers, Führungs- und Organisationsprobleme der Bundespartei, S. 27 f.
56 Vgl. zu dieser Unterscheidung Lehmbruch, Proporzdemokratie, S. 40 ff.
57 Vgl. Heidenheimer, Adenauer, S. 243 und die gegenteilige Auffassung von Kaltefleiter, Entwicklung, S. 289 ff.
57a Nach einer Geschäftsordnung aus dem Jahre 1951 wurden große (25 Mitglieder) und kleine Ausschüsse (13 Mitglieder) sowie wissenschaftliche Beiräte (Kultur, Sozialreform) unterschieden (vgl. Vermerk BGSt vom 16. 9. 1959), die mit Ausnahme des wirtschaftspolitischen Fachausschusses unter Franz Etzel nur sporadisch oder gar nicht tagten. Eine Bestandsaufnahme der Fachausschüsse im Jahre 1959 ergab, daß von siebzehn Fachausschüssen zwölf schon seit mehreren Jahren nicht mehr getagt und zwei überflüssig waren (vgl. Notiz der BGSt für die Besprechung mit dem Bundeskanzler am 19. 10. 1959 zur Neukonstituierung der Fachausschüsse vom 19. 10. 1959).
58 Vgl. Bundespartei – Landesparteien – Kreisparteien, internes Arbeitspartei ohne Autoren- und Datumsangabe, wahrscheinlich von Franz Meyers im Herbst 1959 verfaßt, S. 2.
59 Vgl. dazu auch Kaack, Geschichte, S. 475 ff.
60 So Bundesgeschäftsführer Heck, Protokoll der BuVo-Sitzung vom 13. 1. 1956, S. 138.
61 Vgl. hierzu auch die Schilderung der Situation eines Berliner CDU-Kreisverbandes in den fünfziger Jahren bei Mayntz, Parteigruppen, S. 105 f.
62 So Bundesgeschäftsführer Heck, Protokoll der BuVo- Sitzung vom 13. 1. 1956, S. 137 f.
63 Vgl. Protokoll der BuVo-Sitzungen vom 13. 6. 1952, S. 14 ff., 18. 1. 1954, S. 1 ff., 13. 1. 1956, S. 139 f.
64 Vgl. Meyers, Bundespartei, S. 9 ff., sowie Protokoll der BuVo-Sitzung vom 20. 9. 1956, S. 57 ff. und BPT 1958, S. 56 ff.
65 Vgl. BPT 1960, S. 81.
66 Vgl. Protokoll der BuVo-Sitzung vom 20. 9. 1956, S. 159 ff.
67 Vgl. Heidenheimer, Schattierungen, sowie die Angaben von Kai-Uwe von Hassel, BPT 1960, S. 80 und Pridham, Democracy, S. 285.

68 Vgl. Heidenheimer, Schattierungen, S. 180.
69 So Bruno Heck, vgl. Protokoll der BuVo-Sitzung vom 18. 1. 1954, S. 8.
70 Franz Meyers, BPT 1958, S. 62.
71 Meyers, Bundespartei, S. 11 ff.
72 Vgl. Buchhaas/Kühr, Volkskirche, S. 136–232.
73 Meyers, Bundespartei, S. 10.
74 Vgl. Heidenheimer, Schattierungen, S. 174 f.
75 Vgl. a. a. O., S. 176 ff.
76 Vgl. Heck, Adenauer, S. 191.
77 Vgl. das Beispiel bei Franz Meyers, gez. Dr. Meyers, S. 180, der 1956 vorübergehend hauptamtlich in der CDU-Bundesgeschäftsstelle tätig war und einen Mitarbeiter hatte, der für diese Tätigkeit von einer Firma bezahlt und freigestellt wurde.
77a Vgl. Stellenplan der BGSt vom 15. 6. 1951.
78 Vgl. UiD Nr. 51 vom 24. 12. 1959.
78a Vgl. Vermerk der BGSt vom 16. 9. 1971, Angestellte der BGSt.
79 Vgl. Protokoll der BuVo-Sitzung vom 13. 6. 1952, S. 16.
80 Vgl. Protokoll der BuVo-Sitzung vom 18. 1. 1954, S. 9 ff. und S. 31 ff.
81 Vgl. Protokoll der BuVo-Sitzung vom 18. 1. 1954, S. 32.
82 Vgl. Heidenheimer, Party Finance, S. 370 f.
83 Vgl. BPT 1960, S. 86.
84 Meyers, Bundespartei, S. 6.
85 a. a. O., S. 8 f.
86 Vgl. grundsätzlich zur Finanzierung der CDU Heidenheimer, Party Finance, S. 369-385, sowie Flechtheim, Entwicklung, S. 182–189.
87 Vgl. Protokoll der BuVo-Sitzung vom 18. 1. 1954, S. 32.
87a Vgl. dazu im einzelnen Dübber, Parteienfinanzierung und Schwarzkopf, Die Förderungsgesellschaften, Tagesspiegel vom 6. 5. 1956.
88 a. a. O., S. 36.
89 Vgl. die Berichte von Bruno Heck und Franz Meyers über die Arbeit der Partei, BPT 1956, S. 105 ff. sowie BPT 1958, S. 58 ff.
90 Vgl. im einzelnen zur Präsidentschaftskrise Gotto, Adenauer, S. 97 ff. sowie Wagner, Bundespräsidentenwahl.
91 Vgl. Protokoll der BuVo-Sitzung vom 11. 3. 1959, S. 20 ff.
92 Vgl. zu den Reformvorschlägen im einzelnen UiD Nr. 27 vom 9. 7. 1959.
93 Vgl. im einzelnen Pridham, Democracy, S. 115 ff.
94 Gotto, Adenauer, S. 144.
95 Vgl. Protokoll der BuVo-Sitzung vom 9. 11. 1959, S. 119 ff.
96 Vgl. Protokoll der BuVo-Sitzung vom 16. 9. 1959, S. 29 ff.
97 Vgl. Protokoll der BuVo-Sitzung vom 29. 1. 1960, S. 63 f.
98 Vgl. die Rede Konrad Adenauers auf dem Landesparteitag der CDU Rheinland in Düren am 27. 11. 1959, hektographiertes Manuskript, S. 4 f.
99 Vgl. Protokoll der BuVo-Sitzung vom 23. 5. 1960, S. 56, sowie im einzelnen Pütz, Willensbildung, S. 64 ff.
100 BPT 1958, S. 70.
101 Protokoll der BuVo-Sitzung vom 26. 4. 1960, S. 17 f.
102 Vgl. a. a. O., S. 18 f.
103 Vgl. zu der sich wandelnden Einstellung der katholischen Kirche gegenüber SPD und CDU Buchhaas, Volkspartei, a. a. O., S. 235 ff.

104 Vgl. Protokoll der BuVo-Sitzung vom 25. 11. 1959, S. 2 ff.
105 Vgl. z. B. Schardt, CDU, sowie Altmann, Erbe; Gross, Nachworte.
106 Vgl. z. B. Böhm, CDU-Reform, S. 13–24, sowie Triesch, Musterung, S. 23–31 und Beger, Fundament, S. 3-8; Böhm, Ablösung, S. 7–10 sowie ders., Tradition, S. 6–10.
107 Vgl. Protokoll der BuVo-Sitzung vom 29. 1. 1960, S. 36 ff., in der erstmals darüber gesprochen wurde.
108 Vgl. dazu auch Buchhaas, Volkspartei, S. 230 ff.

II. Die Partei im Umbruch (1961-1969)

1 Vgl. Protokoll der BuVo-Sitzung vom 19. 9. 1961, S. 90 ff.
2 Vgl. a. a. O., S. 75.
3 Vgl. Protokoll der BuVo-Sitzung vom 11. 12. 1961, S. 4.
4 a. a. O., S. 21 f.
5 Vgl. dazu Pridham, Democracy, S. 125 f.
6 Vgl. Protokoll der BuVo-Sitzung vom 7. 2. 1962, S. 37.
7 a. a. O., S. 36.
8 So Heinrich Krone, a. a. O., S. 35.
9 Vgl. a. a. O., S. 54 f.
10 Vgl. Protokoll der BuVo-Sitzung vom 10. 5. 1962, S. 13 ff.
11 Vgl. BPT 1964, S. 541.
12 Vgl. Protokolle BuVo-Sitzungen vom 25. 2. 1964, S. 107 ff. und vom 14. 3. 1964, S. 25 ff., S. 62 f.
13 Vgl. Protokoll der BuVo-Sitzung vom 20. 9. 1965, S. 62.
14 Vgl. UiD Nr. 5 vom 3. 2. 1966.
15 Vgl. Protokoll der BuVo-Sitzung vom 16. 2. 1966, S. 2.
16 a. a. O., S. 24.
17 So Hans Christoph Seebohm, a. a. O., S. 58.
18 Vgl. Protokoll der BuVo-Sitzung vom 14. 3. 1966, S. 2 ff.
19 So Dufhues, a. a. O., S. 11.
20 So Franz Gurk, baden-württembergischer CDU-Politiker, a. a. O., S. 118.
21 Vgl. BPT 1966, S. 202 ff.
22 Vgl. auch die Begründung für die Satzungsreform durch Rainer Barzel auf dem Parteitag, BPT 1967, S. 64.
23 Vgl. Protokoll der BuVo-Sitzung vom 13. 2. 1967, S. 64 ff.
24 Vgl. Protokoll der BuVo-Sitzung vom 2. 5. 1967, S. 87.
25 Vgl. BPT 1967, S. 63 ff., S. 149 ff., S. 184 ff.
26 Daß der Generalsekretär in der Parteihierarchie über den stellvertretenden Vorsitzenden stehe, wurde in der BuVo-Sitzung ausdrücklich betont (Vgl. Protokoll der BuVo-Sitzung vom 2. 5. 1967, S. 159). Auch im Statut wird der Generalsekretär vor den stellvertretenden Vorsitzenden genannt (§ 29, 30).
27 Vgl. dazu auch Buchhaas, Volkspartei, S. 128 ff., S. 223 ff. sowie Pridham, Democracy, S. 142 ff. und Schwarz, Ära, S. 389-453.
28 Vgl. Protokoll der BuVo-Sitzung vom 11. 12. 1961, S. 50 ff.
29 Untersuchungen über das geistige und gesellschaftliche Bild der Gegenwart und die künftigen Aufgaben der CDU, vorgelegt von Dr. Rainer Barzel MdB aufgrund eines Beschlusses des Bundesvorstandes der CDU vom 11. 12. 1961, abgeschlossen am 20. März 1962, Ziffer 121.
30 Vgl. a. a. O., Ziffer 117.
31 a. a. O., Ziffer 154.

32 a. a. O., Ziffer 156.
33 Protokoll der BuVo-Sitzung vom 10. 5. 1962, S. 116.
34 Vgl. a. a. O., S. 116 f.
35 Vgl. a. a. O., S. 113, S. 126 f., S. 132 ff.
36 So auch Bruno Heck im Gespräch mit dem Verfasser am 7. 2. 1983.
37 Vgl. BPT 1962, S. 184 ff.
38 a. a. O., S. 186.
39 a. a. O., S. 195 f.
40 a. a. O., S. 205.
41 a. a. O., S. 317.
42 a. a. O., S. 316.
43 Vgl. a. a. O., S. 318 f.
44 Vgl. Protokoll der BuVo-Sitzung vom 22. 11. 1962, S. 118 f.
45 Vgl. a. a. O., S. 64.
46 Vgl. BPT 1964, S. 39 f.
47 a. a. O., S. 83.
48 Vgl. auch Böhm, Vorwärts-Strategie, S. 17–30, der Vorschläge für die inhaltliche Gestaltung der CDU-Programmatik entwickelt.
49 Vgl. BPT 1967, S. 124 ff.
50 So z. B. die Delegierten Bausch und Feilcke, vgl. BPT 1964, S. 145 sowie S. 149 f.
51 a. a. O., S. 156.
52 a. a. O., S. 157.
53 Auf dem Parteitag im März 1966 erinnerten insbesondere die Vertreter der JU an die Vorlage der Grundsatzerklärung, vgl. z. B. Alo Hauser, BPT 1966, S. 77 ff.
54 Vgl. Protokoll der BuVo-Sitzung vom 28. 3. 1965, S. 5 f.
55 Vgl. den Wortlaut der »Düsseldorfer Erklärung« in: Bruno Heck (Hrsg.), CDU , S. 237 ff.
56 So Dufhues in seinem Bericht vor dem Bundesvorstand »Zur Programmlage«, Protokoll der BuVo-Sitzung vom 28. 3. 1965, S. 7.
57 a. a. O., S. 12 f.
58 Vgl. Protokoll der BuVo-Sitzung vom 21. 6. 1965, S. 25.
59 a. a. O., S. 154.
60 Vgl. a. a. O., S. 138 ff. und den Wortlaut der Erklärung in: UiD Nr. 24 vom 17. 6. 1965.
61 Vgl. BPT 1965, S. 700 ff.
62 Vgl. im einzelnen: Die Formierte Gesellschaft. Ludwig Erhards Ordnungsbild der demokratischen Gesellschaft – Echo und Kritik, hrsg. vom Presse- und Informationsamt der Bundesregierung, 1966, sowie: Deutsches Gemeinschaftswerk. Der Erhard-Plan für Gemeinschaftsaufgaben. Idee und Wirkung. Das Echo in Presse und Rundfunk, hrsg. von J. H. Unland und A. Winkler, Bonn 1965.
63 Vgl. dazu Buchhaas, Volkspartei, S. 305.
64 Vgl. dazu auch Schönbohm, CDU, S. 63 f. sowie Schott, Gesellschaft, S. 65 ff.
65 Vgl. dazu auch Bracher, Kanzlerdemokratie, S. 195 f.
66 UiD Nr. 13 vom 31. 3. 1966, S. 4.
67 UiD Nr. 29 vom 21. 7. 1966, S. 2.
68 a. a. O., S. 4.
69 Vgl. Protokoll der BuVo-Sitzung vom 7.10.66, S. 96 f.
70 Vgl. BPT 1967, S. 41; Heck hatte die Mitglieder der Kommission von sich aus berufen (so Heck gegenüber dem Verfasser in einem Gespräch am 7. 2. 1983) und dabei v. a. auch jüngere Bundestagsabgeordnete berücksichtigt. Vgl. auch Pridham, Democracy, S. 179.

71 BPT 1967, S. 41.
72 a. a. O., S. 40.
73 Vgl. UiD Nr. 7/67 vom 16. 11. 1967, S. 5.
74 Der Entwurf war auf der Basis der Kommissionsvorschläge von Heck und dem Abteilungsleiter Politik in der Bundesgeschäftsstelle, Karl-Heinz Bilke, ausgearbeitet und ohne Beschlußfassung durch Präsidium oder Bundesvorstand veröffentlicht worden; so Heck im Gespräch mit dem Verfasser am 7. 2. 1983.
75 Vgl. UiD Nr. 3/68 vom 25. 1. 1968, S. 1, in dem über eine Präsidiumssitzung zur Programmdiskussion berichtet wurde.
76 Vgl. UiD Nr. 5/68 vom 8. 2. 1968, S. 3.
77 Vgl. a. a. O.
78 Vgl. a. a. O.
79 CDU-Rednerdienst »Mitgliederwerbung – Aktionsprogramm« vom November 1968, hrsg. von der CDU-BGSt, S. 9.
80 Vgl. Protokoll der BuVo-Sitzung 21. 6. 1968, S. 27 ff.
81 Vgl. die Namen der Kommissonsmitglieder in UiD Nr. 25/68 vom 27. 6. 1968, S. 3.
82 Protokoll der BuVo-Sitzung vom 21. 6. 1968, S. 34.
83 a. a. O., S. 36.
84 Vgl. im einzelnen zur Verfahrensordnung UiD Nr. 25/68, vom 27. 6. 1968.
85 Vgl. CDU-Rednerdienst Mitgliederwerbung – Aktionsprogramm, a. a. O., S. 8.
86 Vgl. BPT 1968, S. 183.
87 Vgl. dazu Dittberner, Bundesparteitage, S. 208 f.
88 BPT 1968, S. 55 f.
89 a. a. O., S. 56.
90 Vgl. im einzelnen dazu Pütz, CDU, S. 95 ff. und Buchhaas, Volkspartei, S. 309 ff.
91 Vgl. Simon, Programm, S. 4–16.
92 Vgl. zu dieser Unterscheidung Dittberner, Bundesparteitage, S. 12 ff.
93 Vgl. den Wortlaut des Wahlprogramms im UiD Nr. 25/69 vom 26. 6. 1969 sowie UiD Nr. 27/69 vom 10. 7. 1969.
94 Vgl. dazu Schönbohm, Funktion, S. 19 ff.
95 Badische Zeitung vom 9. 11. 1968.
96 Die Welt vom 8. 11. 1968.
97 Vgl. Organisationsstudie 1964.
98 Im Land Niedersachsen bestehen drei selbständige Landesverbände (Braunschweig, Hannover, Oldenburg), und im Land Baden-Württemberg bestanden bis Ende der 60er Jahre vier selbständige Landesverbände (Nordbaden, Südbaden, Nordwürttemberg, Württemberg-Hohenzollern). In dieser Untersuchung werden aus Vereinfachungsgründen die Zahlen für die Länder Niedersachsen und Baden-Württemberg angegeben.
99 Alle Angaben über Mitgliederzahlen beziehen sich – wenn nichts anderes gesagt wird – jeweils auf den 31. 12. eines Jahres.
100 Vgl. Organisationsstudie 1964, a. a. O., S. 16a.
101 Vgl. dazu auch Rannacher, Gleichgewicht, S. 93 ff.
102 Vgl. Organisationsstudie 1964, a. a. O., S. 19a.
103 Vgl. a. a. O., S. 206.
104 Vgl. a. a. O.
105 Vgl. a. a. O., S. 24 ff.
106 Vgl. a. a. O., S. 26a.
107 Vgl. a. a. O.

108 Vgl. Protokoll der BuVo-Sitzung vom 9. 7. 1963, S. 41.

109 Leitfaden zur CDU-Mitgliederwerbung, hrsg. von der BGST, Abteilung Presse-, Öffentlichkeitsarbeit und Werbung, o. J., wahrscheinlich 1968.

110 Vgl. a. a. O., S. 2.

111 a. a. O., S. 5.

112 Vgl. z. B. Deutsches Monatsblatt vom April 1968, UiD Nr. 17 vom 1. 5. 68, UiD Nr. 40 vom 10. 10. 1968, UiD Nr. 42 vom 24.10.1968.

113 Vgl. dazu die Diskussionsbeiträge auf dem Dortmunder Parteitag, insbesondere von Kohl und Stoltenberg, BPT 1962, S. 209 ff., S. 216 ff.

114 Vgl. a. a. O., S. 314 ff.

115 a. a. O., S. 328.

116 Vgl. Protokoll der BuVo-Sitzung vom 9. 7. 1963, S. 32 ff.

117 a. a. O., S. 34.

118 Vgl. BPT 1966, S. 58.

119 Vgl. Protokoll der BuVo-Sitzung vom 27. 11. 1964, S. 152.

120 Vgl. BPT 1966, S. 55.

121 Vgl. dazu auch den Artikel in der Deutschen Zeitung vom 12. 3. 1964, Unternehmen Dufhues im Kreuzfeuer.

122 Vgl. Protokoll der BuVo-Sitzung vom 9. 7. 1963, S. 36.

123 Vgl. Protokoll der BA-Sitzung vom 14. 3. 1964, S. 17 ff.

124 Vgl. Protokoll der BuVo-Sitzung vom 7. 10. 1966, S. 98 ff.

125 Vgl. Protokoll der BuVo-Sitzung vom 6. 3. 1969, S. 46.

126 Vgl. Protokoll der BuVo-Sitzung vom 13. 2. 1967, S. 68 ff.

127 a. a. O., S. 77.

128 a. a. O., S. 80.

129 Vgl. Protokoll der BuVo-Sitzung vom 17. 7. 1967, S. 49 ff.

130 Vgl. BuVo-Sitzung vom 4. 12. 1967.

131 Vgl. UiD Nr. 1/67 vom 5. 10. 1967.

132 Vgl. Protokoll der BuVo-Sitzung vom 6. 3. 1969, S. 46.

133 Vgl. UiD Nr. 7/67 vom 16. 11. 1967.

134 Vgl. z. B. die in UiD Nr. 2/67 vom 12. 10. 1967 beginnende Serie zu Fragen der Parteiarbeit.

135 Vgl. zur Geschichte und Entwicklung der KAS Deussen, Konrad-Adenauer-Stiftung, insb. S. 21 ff. und zur generellen Problematik der politischen Stiftungen Vieregge, Parteistiftungen.

136 Vgl. Protokoll der BuVo-Sitzung vom 4. 12. 1967, S. 117 ff.

Zweiter Teil

I. Die Partei als Instrument zur politischen Willensbildung und Führung

1 Vgl. im einzelnen Baring, Machtwechsel, S. 152 ff.
2 Vgl. im einzelnen Veen, Opposition, S. 24 ff.
3 Vgl. a. a. O., S. 37.
4 BPT 1969, S. 18.
5 Vgl. a. a. O., S. 16 ff.
6 Vgl. a. a. O., S. 207 f.
7 Bracher, Dilemma, S. 282.
8 Vgl. BPT 1969, S. 16.
9 a. a. O.
10 a. a. O., S. 35.
11 Vgl. Protokoll der BuVo-Sitzung vom 13. 3. 1970 III, S. 10 ff.
12 Vgl. a. a. O.
13 Rollmann (Hrsg.), CDU, S. 29.
14 Gölter/Pieroth (Hrsg.), Union, S. 346.
15 Vgl. auch Skibowski, Zukunft, S. 348. S. 89 f. kritisiert er die Fixierung der CDU auf die vorzeitige Regierungsübernahme.
16 Schönbohm, Wo?, S. 20.
17 BPT 1969, S. 190.
18 Vgl. Protokoll der BuVo-Sitzung vom 13. 3. 1970, IV, S. 4.
19 Vgl. Protokoll der Präsidiumssitzung vom 11. 1. 1971.
20 Vgl. Göb, Auftrag, S. 4 ff.
21 BPT 10/1971, S. 80.
22 a. a. O., S. 97.
23 a. a. O., S. 98.
24 a. a. O., S. 33.
25 Vgl. Protokoll der Präsidiumssitzung vom 12. 10. 1970.
26 Vgl. BPT 1/1971, a. a. O., S. 540.
27 Vgl. a. a. O., S. 23, S. 168.
28 Vgl. BPT 10/1971, S. 236 f.
29 Vgl. CDU-Pressemitteilung vom 30. 11. 1971.
30 Vgl. Protokoll der BA-Sitzung vom 24. 1. 1971, S. 2, in dem es heißt: »Die CDU wird daher diese Verträge ablehnen.«
31 Vgl. Protokoll der Präsidiumssitzung vom 22. 11. 1971, S. 1 ff.
32 Protokoll der Präsidiumssitzung vom 6. 3. 1972, S. 2.
33 Vgl. Protokoll der Bundesvorstandssitzung vom 24. 4. 1972.
34 Vgl. dazu im einzelnen Baring, Machtwechsel, S. 420 ff.
35 Vgl. CDU-Pressemitteilung über die Bundesvorstandssitzung vom 8. 5. 1972.
36 CDU-Pressemitteilung vom 15. 5. 1972, in der auch die fünf Essentials genannt sind. Vgl. dazu auch: Hacke, Ost- und Deutschlandpolitik, S. 55.
37 Schreiben von CDU-Generalsekretär Konrad Kraske vom 17. 5. 1972, S. 1.
38 Rede Barzels vor dem Bundesausschuß der CDU am 12. 6. 1972 in Berlin, S. 11.
39 Vgl. a. a. O., S. 6.

40 Vgl. im einzelnen Baring, Machtwechsel, S. 443 ff. sowie Pauly, Demokraten, S. 139 ff.
41 Vgl. Protokoll der Präsidiumssitzung vom 27. 2. 1970.
42 Vgl. Protokoll der Präsidiumssitzung vom 20. 4. 1970.
43 Vgl. Protokoll der BuVo-Sitzung vom 23. 4. 1970, S. 17 ff.
44 Vgl. Pütz/Radunski/Schönbohm, 34 Thesen, These 7, S. 8.
45 a. a. O., These 16, S. 12.
46 Vgl. Protokoll der Präsidiumssitzung vom 17. 1. 1972.
47 Vgl. Ausarbeitung von Konrad Kraske für die Präsidiumssitzung am 17. 1. 1972, ohne Überschrift, S. 1.
48 Vgl. CDU-Pressemitteilung vom 24. 1. 1972.
49 Vgl. Tonbandabschrift des Kraske-Referates, Generalsekretär Dr. Konrad Kraske vor dem Bundesvorstand der CDU am 25. 9. 1972, S. 4.
50 a. a. O., S. 5.
51 a. a. O., S. 10.
52 Vgl. BPT 1972, S. 20 ff., wonach die Ausführungen zur Wirtschafts- und Gesellschaftspolitik 16 Seiten und die zur Außenpolitik 3 Seiten umfassen.
53 Vgl. Schreiben von Generalsekretär Kraske vom 9. 11. 1972, S. 2 f.
54 Vgl. CDU-Pressemitteilung vom 13. 11. 1972.
55 Vgl. Brief des CDU-Generalsekretärs vom 9. Mai 1973, S. 3.
56 Vgl. Protokoll der BuVo-Sitzung vom 12. 5. 1973, S. 1.
57 Tonbandabschrift der Barzel-Rede auf der BuVo-Sitzung am 12. 5. 1973, S. 11.
58 Vgl. a. a. O., S. 16.
59 Vgl. CDU-Pressemitteilung der CDU vom 12. 5. 1973.
60 Vgl. CDU-Pressemitteilung vom 25. 5. 1973.
61 Barzel ging offensichtlich bis zum Schluß des Wahlkampfes von der Annahme aus, daß die Union eine echte Siegeschance habe, was auf »geschönte« Umfrageergebnisse schließen läßt.
62 Vgl. Protokoll der BA-Sitzung vom 8. 11. 1969, S. 59 f.
63 Vgl. zu den Wahlergebnissen BPT 1969, S. 209 f.
64 Vgl. zur Zusammensetzung des vorangegangenen Bundesvorstandes BPT 1967, S. 184 ff.
65 Vgl. Rollmann (Hrsg.), Zukunft; Kraft/Reddemann (Hrsg.), Union sowie die seit Ende 1968 erscheinende, von RCDS-Vertretern initiierte theoretisch ausgerichtete Zeitschrift SONDE Neue Christlich Demokratische Politik.
66 BPT 1969, S. 27 f.
67 a. a. O., S. 29 f.
68 Vgl. a. a. O., S. 120 ff.
69 Vgl. a. a. O., S. 38 ff.
70 Vgl. Rede Kiesingers, a. a. O., S. 16 ff.
71 Vgl. a. a. O., S. 34.
72 Vgl. BPT, a. a. O., S. 207 f.
73 Vgl. BuVo-Sitzung vom 12. 12. 1969, S. 31 ff.
74 Vgl. Protokoll der BuVo-Sitzung vom 23. 1. 1970, S. 80 ff.
75 Vgl. Protokoll der BuVo-Sitzung vom 19. 3. 1970, S. 19 ff.
76 Vgl. Protokoll der BuVo-Sitzung vom 19. 6. 1970.
77 Vgl. Protokolle der Präsidiumsitzung vom 29. 5. 1970, sowie der BuVo-Sitzungen vom 9. 11. 1970, 24. 1. 1971, 22. 3. 1971 sowie BPT 10/1971, S. 60 ff.
78 Vgl. Protokoll der BuVo-Sitzung vom 12. 12. 1969, S. 35 ff.
79 Vgl. Schreiben von Bundesgeschäftsführer Konrad Kraske vom 19. 12. 1969 an die Mitglieder der Programmkommission, S. 1.

80 Vgl. zur Bewertung der Kritik am Programmentwurf Schönbohm, Bemerkungen.
81 Vgl. z. B. Mannheimer Morgen vom 3. 12. 1970 und Kölner Stadtanzeiger vom 2. 12. 1970.
82 Vgl. z. B. die Beiträge in: Die Entscheidung, Januar 1971 sowie in: SONDE Nr. 4/70.
83 Vgl. Die Entscheidung, Februar 1971.
84 Vgl. im einzelnen Kramer, Einfluß, S. 36 f.
85 Vgl. die Diskussionsbeiträge von Ernst Benda und Josef Mick, BPT 1/1971, S. 306, S. 298.
86 Vgl. dazu im einzelnen Wiedemeyer, Kohl, S. 71 f.
87 Vgl. dazu Pütz, CDU, S. 104 ff.
88 Vgl. Neue Osnabrücker Zeitung vom 28. 1. 1971.
89 Vgl. zu den Wahlen BPT 10/71, S. 32 ff.
90 Vgl. Protokoll der BuVo-Sitzung vom 9. 12. 1971, S. 1 ff.
91 Vgl. Vorlage von Generalsekretär Konrad Kraske für die Präsidiumssitzung vom 17. 1. 1972, S. 3 ff.
92 Vgl. Protokolle der Präsidiumssitzung vom 17. 1. 1972 und der BuVo-Sitzung vom 24. 1. 1972.
93 Vgl. Protokoll der Präsidiumssitzung vom 21. 2. 1972 sowie CDU-Pressemitteilung vom 21. 2. 1972.
94 Vgl. zu dem Bericht Kraskes BPT 1972, S. 48 ff.
95 Vgl. Pütz/Radunski/Schönbohm/Simon/Stronk, 29 Thesen, S. 4 ff.
96 Vgl. Rhein-Neckar-Zeitung vom 12. 12. 1973.
97 Vgl. Hasinger, Kräfte.
98 Vgl. Warten bis die SPD sich verschlissen hat? Gespräch mit Bruno Heck über die Zukunft der Union, in: Deutsche Zeitung, Christ und Welt vom 5. 1. 1973 sowie die Ausgaben vom 26. 1., 2. 2., 9. 2. und 16. 2. 1973, in denen sich zahlreiche CDU-Bundestagsabgeordnete zu diesem Thema äußerten.
99 Vgl. den Artikel des Grundsatzreferenten der hessischen CDU, Werner Wolf, im Hessenkurier, Januar 1973 sowie den Artikel im Rheinischen Merkur vom 12. 1. 1973, So trotzte Hessen dem Trend.
100 Vgl. Parteivorsitzender Rainer Barzel auf der Klausurtagung des Bundesvorstandes am 27. 1. 1973, S. 4 f.
101 Vgl. a. a. O., S. 6 ff., S. 13 ff.
102 Vgl. die Bundestagswahl am 19.November 1973, Ursachen und Folgen, Bericht des Generalsekretärs vor dem Bundesvorstand der CDU am 27./28. 1. 1973, S. 9.
103 a. a. O., S. 14.
104 Vgl. Protokolle der BuVo-Sitzung vom 19. 2. 1973 und der BA-Sitzung vom 12. 2. 1973.
105 Vgl. a. a. O.
106 Vgl. Protokoll der BuVo-Sitzung vom 19. 2. 1973, entspre-chende Beschlußvorlage der BGSt.
107 Vgl. Protokoll der BA-Sitzung vom 2. 4. 1973.
108 Vgl. Protokoll der Präsidiumssitzung vom 23. 2. 1973.
109 Vgl. BPT 6/1973, S. 58, S. 68.
110 Vgl. zu den Wahlen BPT 6/1973, S. 70 ff., S. 109.
111 Vgl. im einzelnen Wiedemeyer, Kohl, a. a. O., S. 47 ff.
112 Vgl. im einzelnen zu seinen politischen Zielvorstellungen Kohl, Ideologie.
113 Vgl. BPT 6/1973, S. 88 f.
114 a. a. O., S. 106.
115 a. a. O., S. 100 f.
116 a. a. O., S. 97 f., vgl. auch seine Rede auf dem Hamburger Parteitag, BPT 11/1973, S. 19.
117 Vgl. BPT 11/1973, S. 102.
118 Die Vorgänger von Biedenkopf – Dufhues, Heck, Kraske – waren alle in Fragen der Parteipolitik und Parteiorganisation sehr erfahrene Politiker gewesen.

119 Vgl. a. a. O., S. 60 ff.
120 Biedenkopf, erneuern und bewahren, S. 6.
121 a. a. O., S. 7.
122 a. a. O.
123 a. a. O., S. 8.
124 a. a. O., S. 9.
125 Vgl. a. a. O., S. 10.
126 Vgl. a. a. O., S. 13 ff.
127 Vgl. dazu auch seine Rede auf dem Hamburger Parteitag zur Bedeutung der politischen Sprache, BPT 11/1973, S. 61 ff.
128 Vgl. BPT 1969, S. 206.
129 Vgl. Protokolle der BA-Sitzungen vom 7. 6. 1969, 17. 12. 1970.
130 Vgl. BPT 1977, S. 110 f., S. 121.
131 Vgl. Roth, Konflikt, S. 128 ff.
132 Protokoll der BuVo-Sitzung vom 21. 6. 1965, S. 61.
133 BPT 1977, S. 47.
134 a. a. O., S. 52.
135 a. a. O.
136 a. a. O., S. 57.
137 Vgl. a. a. O.
138 a. a. O., S. 56.
139 Bei der Analyse der Tagesordnung der Präsidiumssitzungen, die in den Berichten der CDU-BGSt zu den Parteitagen ab 1972 veröffentlicht werden, wird deutlich, daß die Hauptaufgabe des in der Regel wöchentlich tagenden Präsidiums in dieser politischen Koordinationsfunktion liegt.
140 Vgl. Protokoll der BuVo-Sitzung vom 17. 9. 1974.
141 Vgl. Bericht der BGSt für BPT 11/1973, S. 13 f.
142 Vgl. Protokoll der BuVo-Sitzung vom 26. 4. 1976.
143 Bericht der BGSt für BPT 11/1973, S. 4.
144 Vgl. § 46, Abs. 2, Satz 3 des Statuts.
145 Vgl. Protokoll der BuVo-Sitzung vom 6. 10. 1973.
146 Vgl. Protokoll der BuVo-Sitzung vom 16. 11. 1973.
147 Vgl. die Diskussionsbeiträge von Helmut Kohl und Kurt Biedenkopf, BPT 11/1973, S. 309 ff., S. 321 ff., S. 266 ff.
148 Vgl. a. a. O., S. 326.
149 Diese Zahlen wurden anhand der offiziellen Antragsbroschüren für die Parteitage berechnet. Die Anträge der Antragskommission und die Initiativanträge wurden dabei nicht berücksichtigt.
150 Vgl. Protokoll der BuVo-Sitzung vom 28. 10. 74.
151 Vgl. Protokoll der BuVo-Sitzung vom 24. 2. 1975, S. 6 ff.
152 Vgl. Protokoll der BuVo-Sitzung vom 12. 5. 1975, S. 1.
153 BPT 1975 S. 173.
154 a. a. O., S. 175 ff.
155 Protokoll der BuVo-Sitzung vom 12. 11. 1975, S. 1.
156 Vgl. dazu auch Dettling, CDU, S. 3–19.
157 Vgl. dazu im einzelnen Geißler, »Neue Soziale Frage« Dokumentation, sowie ders. (Hrsg.), Neue Soziale Frage; Dettling (Hrsg.), Macht
158 Graeff, Funktion, S. 210.

159 Vgl. SONDE Nr. 3/69 vom September 1969.
160 Vgl. Schönbohm, Zu den Grundsätzen, S. 10 ff. sowie ders., Entwicklung, S. 590 ff.
161 BPT 1971, S. 77.
162 Weitere Mitglieder: Ernst Albrecht, Kurt H. Biedenkopf, Albrecht Hasinger, Wilhelm Hennis, Wulf Schönbohm; Bruno Heck wurde zusätzlich ab April 1973 Mitglied der Grundsatzkommission.
163 Protokoll der BuVo-Sitzung vom 9. 12. 1971, S. 3.
164 Vgl. Verantwortete Freiheit, Materialien zur Grundsatzarbeit der CDU, hrsg. von der CDU-BGSt, worin die beiden Berichte abgedruckt sind.
165 Vgl. Bericht der BGSt für BPT 1975, S. 48.
166 BPT 11/1973, S. 430 f.
167 Neben Richard von Weizsäcker als Vorsitzendem waren weitere Mitglieder: Ernst Albrecht, Norbert Blüm, Hans Buchheim, Heiner Geißler, Albrecht Hasinger, Bruno Heck, Wilhelm Kewenig, Gerd Langguth, Hanna Renate Laurien, Paul Mikat, Anton Pfeifer, Manfred Schäfer, Wulf Schönbohm, Christian Schwarz-Schilling.
168 Vgl. Protokoll der BuVo-Sitzung vom 18. 3. 1974.
169 Die wichtigsten Referate und Diskussionsbeiträge des Grundsatzforums wurden veröffentlicht in von Weizsäcker (Hrsg.), CDU-Grundsatzdiskussion.
170 Geißler, Grundsatzprogramm, S. 235.
171 Mitglieder: Norbert Blüm, Christian Schwarz-Schilling, Gerhard Stoltenberg, Richard von Weizsäcker.
172 Vgl. die offizielle Antragsbroschüre für den Parteitag.
173 Vgl. Geißler (Hrsg.), Grundwerte; aus SPD- und FDP-Sicht: Eppler u. a., Grundsatzprogramm und Pabst, CDU-Programm; sowie Schönbohm, CDU-Grundsatzprogramm; Sacrinelli, Grundsatzprogramm, S. 59 ff., außerdem die Beiträge von Forster, Amelung in Schönbohm/Braun (Hrsg.), CDU-Programmatik, S. 53 ff., S. 74 ff.
174 Vgl. Schönbohm, CDU, S. 24 ff.
175 Vgl. Protokoll der BuVo-Sitzung vom 28. 1. 1974.
176 Vgl. Bericht der BGSt für BPT 1975, S. 25.
177 Vgl. Bericht der BGSt für BPT 1976, S. 21.
178 Bericht der BGSt für BPT 1978, S. 30.
179 Vgl. Berichte der BGST für BPTe 1976 – 1980.
180 Vgl. die Dokumentation zur Berichterstattung der Medien über die Fachkongresse, in: Bericht der BGSt für BPT 1978, S. 109 ff.
181 Vgl. Tabelle 8
182 Vgl. Ordnung für die Bundesfachausschüsse der CDU (BFAO) mit den entsprechenden Beschlußdaten des Bundesvorstandes, in: Statut, Broschüre der BGSt, Stand 1. 12. 81, S. 47 ff.
183 § 2 BFAO.
184 § 3 BFAO, Abs. 2.
185 § 4, Abs. 1, BFAO.
186 § 4, Abs. 6, BFAO.
187 § 4, Abs. 7, BFAO.
188 Vgl. dazu den jeweils aktuellen Katalog der BGSt.
189 Vgl. Pütz, Willensbildung, insbes. S. 147 ff.
190 Vgl. dazu das nachstehende Kapitel IV.
191 Vgl. Protokoll der BuVo-Sitzung vom 18. 2. 1974.
192 Vgl. Bericht der BGSt für BPT 1976, S. 68.

193 Vgl. dazu Bericht der BGSt für BPT 1979, S. 26 ff.
194 Vgl. a. a. O., S. 29 und 32 f.
195 Verabschiedet auf dem Parteitag am 23. 6. 1975 in Mannheim, als »Geschäftsordnung der CDU«, abgedruckt in der Broschüre »Statut« der BGSt, Stand 1. 12. 1981, S. 41 ff.
196 Vgl. § 6 Abs. 1 der Geschäftsordnung.
197 Vgl. Kurt Biedenkopf, Zur Strategie der CDU bis 1976, Rede vor den Geschäftsführern der Vereinigungen am 30. 10. 1974, S. 3.
198 Vgl. zur Diskussion BPT 1977, S. 160 ff., zur Verabschiedung des Antrags BPT 1977, S. 269 f.
199 BPT 1977, S. 119.
200 Vgl. die Aufzählung der verabschiedeten sachpolitischen Konzeptionen bis zum Jahre 1979 in: Die Geschichte der CDU, Programm und Politik der Christlich Demokratischen Union Deutschlands seit 1945, S. 250.
201 Vgl. im einzelnen dazu Falke, Mitglieder, S. 200 ff.

II. Die Mitgliederentwicklung

1 Vgl. Radunski, Mobilisierung, S. 138 ff.
2 Vgl. Göb, Auftrag, S. 4 ff., insbes. S. 21 ff.
3 Vgl. Benda, Folgerungen; Pieroth (Hrsg.), Union, S. 130 ff.
4 Vgl. Faltlhauser, Aspekte, S. 29 ff., insbes. S.43 ff.
5 Vgl. UiD Nr. 10/70 vom 12. 3. 1970.
6 Vgl. Mitgliederwerbung für 1973, Broschüre des Kreisverbandes Altona-Elbvororte vom Januar 1972.
7 Vgl. 2. Teil, I 3., wonach die vorgegebene Zahl von 400 000 Mitgliedern bereits im Herbst 1972 erreicht wurde.
8 Leitfaden für die Mitgliederwerbung, hrsg. von der CDU- BGSt, Bonn 1972, verantw. G. Elschner.
9 a. a. O., S. 3.
10 a. a. O..
11 a. a. O., S. 5.
12 Vgl. Protokoll der BuVo-Sitzung vom 19. 2. 1973, Protokolle Landesgeschäftsführerkonferenz vom 1. und 2. 2. 1973 sowie 15. 3. 1973 sowie Protokoll der BA-Sitzung vom 2. 4. 1973.
13 Vgl. Rede des Generalsekretärs der CDU, Konrad Kraske, vor dem Bundesausschuß am 2. 4. 1973, Anlage zum Protokoll der BA-Sitzung vom 2. 4. 1973.
14 Vgl. auch UiD Nr. 10/73 vom 7. 3. 1973.
15 Kraske-Rede vor dem BA am 2. 4. 1973, a. a. O., S. 6.
16 Vgl. Regiebuch 1, Mitgliederwerbung nach dem Kontaktermodell, das im Mai 1973 von der BGSt herausgegeben wurde.
17 Vgl. Regiebuch 1, a. a. O., S. 7.
18 Regiebuch 1, a. a. O., S. 17.
19 Vgl. Mitgliederwerbung, Kontakterleitfaden, hrsg. von der CDU-BGSt, o. J.
20 a. a. O., S. 17.
21 Vgl. UiD Nr. 27/28 vom 4. 7. 1974 sowie Bericht der BGSt für BPT 1975, S. 53 ff.
22 Vgl. zahlreiche Beispiele für erfolgreiche Mitglieder-Werbeaktionen der Kreisverbände nach dem Kontaktermodell, in: Regiebuch 1, a. a. O., S. 20.
23 So Kreisgeschäftsführer Karl-Heinz Enderes im Gespräch mit dem Verfasser am 4. 2. 1982. Auf Wunsch des Kreisverbandes wird dessen Name nur abgekürzt wiedergegeben.

24 Vgl. Auswertung der Mitglieder-Werbeaktion nach dem Kontaktermodell, CDU-Kreisverband R.S. vom 28.4.1976, S. 3.
25 Vgl. Peter Radunski/Alexander Niemetz, Mitgliederwerbung, Konzept und Praxis, hrsg. vom CDU-Landesverband Hessen, o. J., wahrscheinlich 1970 erschienen, S. 3.
26 a. a. O., S. 4.
27 a. a. O.
28 Vgl. Unterlagen für das Pressegespräch über die Befragung von Neumitgliedern der CDU, vorgelegt vom Sozialwissenschaftlichen Forschungsinstitut der Konrad-Adenauer-Stif- tung, 15. Oktober 1975.
29 a. a. O., S. 5.
30 a. a. O., S. 11.
31 a. a. O., S. 23.
32 Die Angaben für diese Analyse wurden den Unterlagen der Kreisgeschäftsstelle des CDU-Kreisverbandes R. S. über die Mitgliederwerbeaktion entnommen.
32 Vgl. Falke, Mitglieder, S. 60.
33 a. a. O., S. 61.
34 Damit scheint auch die Annahme von Falke, a. a. O., S. 57 f. widerlegt zu sein, daß die Analyse der Gründe für Mitgliederabgänge, wie sie in der ZM der CDU registriert werden, nicht fruchtbar sei.
35 Vgl. Falke, Mitglieder, S. 48.
36 Vgl. Ellwein/Lippert/Zoll, Beteiligung.
37 Vgl. Bretschneider, Mitgliederzahlen, S. 39 f.
38 Vgl. Falke, Mitglieder, S. 53 ff.
39 Vgl. FAZ vom 25. 9. 1982.
40 Vgl. Troitzsch, Mitgliederstruktur, S. 81 f.
41 Vgl. dazu im einzelnen Hürten/Jäger/Ott, Hans Filbinger.
42 Vgl. die Daten der ZM 1978.
43 Die monatlichen Umfrageergebnisse der »Sonntagsfrage« wurden der Datenbank des SFK entnommen.
44 Die Angaben über die Mitgliederwerbeaktionen der Landesverbände und deren Ergebnisse im Zeitraum von 1970 bis 1980 wurden an Hand der diversen Unterlagen der BGSt und der ZM zusammengestellt.
45 In den Landesverbänden Hamburg, Bremen und Berlin wurden die gleichzeitig mit den Landtagswahlen stattfindenden Kommunalwahlen nicht berücksichtigt, und in Baden-Württemberg finden Kommunalwahlen und Kreistagswahlen zeitlich getrennt statt; sie wurden daher auch separat gezählt.
46 Mitgliederwerbeaktionen von Kreisverbänden wurden hier nicht berücksichtigt; es besteht auch die Möglichkeit, daß die landesweiten Mitgliederwerbeaktionen noch zahlreicher waren, aber nicht alle in der Bundesgeschäftsstelle registriert wurden.
47 Vgl. die Beispiele der 20 Kreis- und Ortsverbände in dem Regiebuch 1, Mitgliederwerbung, a. a. O., S. 20.
48 Vgl. zu der Mitgliederwerbeaktion des Landesverbandes Niedersachsen die Schreiben des CDU-Landesgeschäftsführers Hans-Dirk Bobzien vom 24. 11. und 18. 12. 1979 an die Kreisverbände.
49 Vgl. Falke, Mitglieder, S. 54 ff.

III. Strukturveränderungen in der Mitgliedschaft und ihre Auswirkungen auf die Partei

1 Vgl. Gluchowski/Veen, Nivellierungstendenzen, S. 330.
2 Vgl. z. B. Zauzich, Parteien, S. 95.
3 Vgl. im einzelnen Höfling, Funktionsprobleme, S. 135 ff.
4 Die Mitgliederzahlen der Vereinigungen sind in der CDU ein innerparteiliches Politikum, weshalb die eigenen Mitgliederangaben der Vereinigungen teilweise nicht unwesentlich von denen der ZM nach oben abweichen. Dies wird von den Vereinigungen damit begründet, daß die Angaben der ZM nicht stimmten. Das ist insofern möglich, als manche CDU-Mitglieder erst nach dem CDU-Beitritt einer Vereinigung beitreten und dieser Beitritt der ZM nicht gemeldet wird. Davon wären dann allerdings alle Vereinigungen in gleicher Weise betroffen. Mangels quantifizierbarer Hinweise dazu werden hier die ZM-Angaben als verläßliche Datenbasis herangezogen.
5 Die Wirtschaftsvereinigung der CDU wird zwar im Statut als offizielle Vereinigung genannt, existiert aber nur im Landesverband Rheinland. Soweit Angaben in der ZM zu finden waren, wurden sie zu denen der MIT addiert.
6 Vgl. dazu sowie zu den Organisationen im einzelnen Höfling, Vereinigungen, S. 125 ff.
7 Vgl. dazu die Ergebnisse von Falke, Mitglieder, S. 173 ff.
8 Alle nachstehenden Angaben sind der Zentralen Mitgliederkartei der JU entnommen.
9 Vgl. dazu Schönbohm, JU, S. 19 ff.
10 Nach Falke, Mitglieder, S. 170, verstehen sich 36% aller weiblichen CDU-Mitglieder als Mitglied der FV.
11 Vgl. dazu Schönbohm, CDA.
12 Vgl. dazu Höfling, Funktionsprobleme, S. 163 ff.
13 Die UVF wurde erst Ende 1969 als Vereinigung gegründet, weshalb die Angaben der ZM über die Vertriebenen und Flüchtlinge in der CDU Ende 1969 mit den UVF-Mitgliederzahlen gleichgesetzt werden.
14 Vgl. zu diesem Begriff Lehmbruch, Proporz-Demokratie, S. 33 ff.
15 Die Daten wurden nach dem gleichen Verfahren wie auf Bundesebene bei den Landesverbänden Hessen und Rheinland-Pfalz an Hand der ZM zu Vergleichszwecken gewonnen.
16 So Günther, Sozialdemokratie, S. 245.
17 Die einzige, auf das deutsche Parteiensystem bezogene Untersuchung auf schmaler Datenbasis ist die von Simon, Parteiaktivität, S. 234–278.
18 Bretschneider, Mitgliederzahlen, S. 53 f.
19 Troitzsch, Aspekte, S. 104.
20 Vgl. Simon, Parteiaktivität, S. 260 f.
21 Vgl. Friedrichs, Ortsverein, S. 81.
22 a. a. O., S. 82.
23 Vgl. Simon, Parteiaktivität, S. 266 ff.
24 Der Kreisverband hat über 10 000 Mitglieder, ist in 19 Stadt- und Gemeindeverbände organisiert und besitzt ein Dienstleistungszentrum. Das Organisationsgebiet des Kreisverbandes umfaßt 2 Bundestagswahlkreise und vier Landtagswahlkreise, worin die CDU seit Jahrzehnten die Abgeordneten stellt. Die Daten über Mitglieder und Aktivitätsgrad der Stadt- und Gemeindeverbände wurden den Geschäftsberichten der Kreisgeschäftsstelle 1971–1981, die Anzahl und Teilnehmerzahl parteiinterner und -externer Veranstaltungen erfassen, entnommen. Die Daten über Wählerstruktur und Wahlergebnisse wurden der Aggregatdatenbank des SFK entnommen.

25 In Tabelle 32 sind die letzten Kommunal-, Landtags- und Bundestagswahlergebnisse, der Trend der Wahlergebnisse bei diesen Wahlen aufgrund eines Vergleichs von jeweils zwei Wahlen (ansteigend oder abnehmend) sowie die Ausschöpfung des Wählerpotentials bei den Bundestagswahlen 1976 und 1980 erfaßt. Ausgehend von der Tatsache eines engen Zusammenhangs zwischen Sozialstruktur und Wahlverhalten wurden dazu die Ergebnisse aller nordrhein-westfälischen Gemeinden bei der Bundestagswahl ausgewertet mit dem Ergebnis, daß für jede Gemeinde ein ihrer spezi- fischen Sozialstruktur entsprechendes »normales« Wahlergebnis berechnet und in Relation zum tatsächlichen Wahlergebnis gesetzt wurde. Der Rangplatz der Stadt- und Gemeindeverbände ist abhängig vom Grad der positiven oder negativen Abweichung des tatsächlichen vom berechneten Wahlergebnis. Die Daten wurden den Wahlkreisanalysen des SFK entnommen.

26 Vgl. Schönbohm, CDU, S. 82.

27 Vgl. Bretschneider, Mitgliederzahlen, S. 63.

28 Vgl. a. a. O., S. 64.

IV. Die Reform der örtlichen Parteiorganisation und der Ausbau des Parteiapparates

1 Vgl. Protokoll der BA-Sitzung vom 28. 9. 1959, sowie die Veröffentlichung der Vorläufigen Finanzordnung im UiD Nr. 55/1959 vom 12. 11. 1959.

2 Vgl. die §§ 22, Abs. 2 und 46, Abs. 2 des Statuts.

3 Vgl. dazu BPT 1969, S. 103 ff. und zum Wortlaut der Beitrags- und Finanzordnung S. 201 ff.

4 Vgl. Protokoll der BA-Sitzung vom 17. 12. 1970.

5 So der amtierende Bundesschatzmeister Kurt Schmücker, BPT 1971, S. 59.

6 Vgl. BPT 1975, S. 147.

7 Die Spendenrichtlinien sind abgedruckt in der CDU-Broschüre Statut, S. 27.

8 a. a. O., Ziffer 3, Abs. 2.

9 Vgl. die neueren Literaturangaben zu diesem Thema bei Kaack, Finanzen, S. 296 f.

10 Vgl. § 18 und § 19 des Statuts der CDU.

11 Vgl. Kaack, Finanzen, S. 285–312; Troitzsch, Parteienfinanzierung, S. 483–496; Siebert, Entwicklungstendenzen, S. 175–192 sowie Haungs, Christlich Demokratische Union, in: Veen (Hrsg.), Parteien, S. 82 ff.

12 Vgl. Haungs, a. a. O., S. 86.

13 Vgl. Siebert, Entwicklungstendenzen, S. 176.

14 Zu diesem Ergebnis kommt Troitzsch, Parteienfinanzierung, S. 486. Diese Angabe stimmt mit meinen eigenen Untersuchungen anhand der Haushalte der CDU-BGSt von 1970 bis 1976 überein.

15 Diese von Kaack, Finanzen, S. 287, vorgenommene Rubrifizierung geht zurück auf Schleth, Parteifinanzen. Sie erscheint insofern problematisch, als die Beiträge der Mandatsinhaber theoretisch auch aus den sonstigen Einnahmen, die Abgeordnete neben den Diäten haben, ge- zahlt werden könnten und sie deswegen mit der staatlichen Wahlkampfkostenerstattung nicht ohne weiteres gleichgesetzt werden können.

16 a. a. O., S. 287.

17 Vgl. zu diesen und den nachstehenden Angaben Siebert, Entwicklungstendenzen, S. 186 f.

18 Vgl. Interview mit Rüdiger Göb in: Die Entscheidung, Nr. 4, April 1970, S. 8.

19 Vgl. Protokolle der Sitzungen von Präsidium und Bundesvorstand vom 19. 3. 1970.

20 Vgl. Protokoll der BuVo-Sitzung vom 19. 6. 1970.

21 Vgl. zur Organisationsstruktur der BGSt das Organogramm vom 1. 6. 1970.

22 Vgl. Bericht der BGSt für BPT 1/1971, S. 13 ff.
23 Vgl. Bericht der BGSt für BPT 1/1971, S. 32 ff.
24 Vgl. das Organogramm der BGSt vom August 1972.
25 Vgl. Bericht der BGSt für BPT 11/1972, S. 5 f.
26 a. a. O., S. 16.
27 Vgl. Bericht der BGSt für BPT 6/1973, S. 39.
28 Vgl. Bericht der BGSt für BPT 11/1972, S. 126.
29 Vgl. Bericht der BGSt für BPT 6/1973, S. 36 ff.
30 a. a. O., S. 5.
31 Kurt Biedenkopf, BPT 11/1973, S. 54.
32 Vgl. Bericht der BGSt für BPT 11/1973, S. 7.
33 BPT 1975, S. 167.
34 Vgl. Protokoll der Präsidiumssitzung vom 20. 8. 1973.
35 Vgl. UiD Nr. 32/73 vom 23. 8. 1973. S. 4. Vgl. zur Planungsgruppe im einzelnen Günther E. Braun, Planungsansätze, in: W. Schönbohm, G. E. Braun (Hrsg.), CDU-Programmatik, S. 235 ff.
36 Vgl. im einzelnen Organisationsplan der BGSt vom Dezember 1974.
37 Die Angaben über die Mitarbeiterzahl wurden den jeweiligen Etats der BGSt bis 1976 entnommen.
38 BPT 6/1973, S. 62.
39 Vgl. Bericht der BGSt für BPT 1978, S. 22.
40 Vgl. Bericht der BGSt für BPT 1981, S. 24.
41 Vgl. Bericht der BGSt für BPT 1977, S. 16.
42 Bundestagswahl 1976, S. 6a/6b.
43 Modellversuche Kreisverbände-Basisarbeit, Vorlage der Organisationskommission vom 16. 5. 1973, S. 1.
44 a. a. O.
45 a. a. O., S. 2.
46 Vgl. Modellversuch Kreisverbandsarbeit, veröffentlicht bei Lammert, Organisationsstrukturen, S. 199 ff.
47 a. a. O., S. 201 f.
48 Vgl. a. a. O., S. 203 f.
49 Vgl. § 18 und § 19 des Statuts.
50 Vgl. § 19, Absatz 2 des Statuts.
51 Vgl. UiD Nr. 5/78 vom 2. 2. 1978.
52 Lammert, Organisationsstrukturen, insbes. S. 100 ff.
53 Vgl. Organisationsanalyse 1982, Teil I, Bundesteil.
54 Vgl. a. a. O., S. 5 ff.; diese und die nachstehenden Angaben basieren auf den Ergebnissen dieser Analyse.
55 Bundestagswahl 1976, a. a. O., S. 9 f.
56 a. a. O., S. 10/f.
57 a. a. O., S. 12.
58 Vgl. Bericht der BGSt für BPT 11/1973, S. 9 ff.
59 Vgl. Dritter Zwischenbericht der Bundesgeschäftsstelle zum Modellversuch Kreisverbandsarbeit vom 11. 07. 1977, S. 8.
60 Vgl. Bericht der BGSt für BPT 1977, S. 16 ff.
61 Funktionsbeschreibung der Kreisgeschäftsstelle, Ausarbeitung der BGSt vom 16. 08. 1977, S. 5.

62 Tätigkeitsübersicht, Aufgabenbereiche und Verantwortlichkeiten in einer Kreisgeschäftsstelle, Ausarbeitung der BGSt vom 16.08.1977, S. 2.
63 Vgl. Fragenbogenaktion zur Personal- und Organisationsstruktur der Kreisverbände 1979, erstellt von der BGSt am 3.10.1979, zitiert als Fragebogenaktion 1979.
64 Besetzung und Ausrüstung der Kreisgeschäftsstellen, Vorlage der Organisationskommission zur Landesgeschäftsführerkonferenz am 12./13. Juli 1972, S. 2.
65 Vgl. a. a. O., S. 2 f.
66 Vgl. zu diesen und den nachfolgenden Angaben Organisationsanalyse 1982, Teil I, Bundesteil, S. 5 ff.
67 Vgl. Bericht der BGSt für BPT 11/1973, S. 12 f.
68 Vgl. Bericht der BGSt für BPT 1978, S. 27.
69 Die Personal- und Gehaltsstruktur der hauptamtlichen Mit-arbeiter der CDU bei den Landes-, Bezirks- und Kreisverbänden, vorgelegt von der Organisationsabteilung der Bundesgeschäftsstelle am 26.August 1974 im Auftrag der Landesgeschäftsführerkonferenz, zitiert als »Personal- und Gehaltsstruktur 1974«.
70 Vgl. Fragebogenaktion 1979, S. 2.
71 Vgl. Protokoll der Landesgeschäftsführerkonferenz vom 16.10.1973.
72 Vgl. Personal- und Gehaltsstruktur 1974, Tabelle 3.
73 Vgl. Rathke, Teilnahme sowie Armbruster/Leisner, Bürgerbeteiligung.
74 Vgl. Radunski, Mobilisierung, insbes. S. 141 ff.
75 Radunski war Referent für politische Grundsatzfragen beim CDU-Landesverband Hessen und mitverantwortlich für die Vorbereitung und Durchführung des Landtagswahlkampfes 1970.
76 Protokoll der Landesgeschäftsführerkonferenz vom 27./28. März 1972, S. 6 f., in der Radunski über den hessischen Landtagswahlkampf berichtete.
77 Vgl. Konzeptskizze für die Öffentlichkeitsarbeit bis 1976, o. J., wahrscheinlich 1973.
78 a. a. O., S. 4.
79 Vgl. a. a. O., S. 6.
80 a. a. O., S. 7.
81 Bericht der BGSt für BPT 1975, S. 47.
82 Vgl. im einzelnen a. a. O., S. 48 ff.
83 Vgl. Schreiben der BGSt vom 7.11.1975 an die Landes-, Bezirks- und Kreisgeschäftsführer.
84 Vgl. Bericht der BGSt für BPT 1976, S. 53.
85 Vgl. beispielhaft die Berichte in UiD Nr. 23/74 vom 6.6.74, Nr. 33/34/74 vom 15.8.74, Nr. 45/74 vom 7.11.74, Nr. 48/74 vom 28.11.74.
86 Vgl. Bericht der BGSt für BPT 1976, S. 50 f.
87 Vgl. Protokoll der Landesgeschäftsführerkonferenz vom 16.10.1974, in der über diese Aktion berichtete wurde.
88 Vgl. Protokoll der Sitzung der Geschäftsführer der Vereinigungen vom 30.10.1974, S. 2.
89 Mitgliedermobilisierung, Ausarbeitung der BGSt vom 9.5.1975, S. 1.
90 Vgl. Noelle-Neumann, Schweigespirale, S. 17 ff.
91 Vgl. Mitgliedermobilisierung
92 Vgl. a. a. O., S. 6.
93 Vgl. im einzelnen auch Radunski, Wahlkämpfe, insbes. S. 118–128.
94 Vgl. Bericht der BGSt für BPT 1977, S. 36.
95 Vgl. Auswertung der Mobilisierungsaktion 1, Vorlage der BGSt für die Landesgeschäftsführerkonferenz am 18.12.1976, Tabelle 6.
96 Bericht der BGSt für BPT 1977, S. 38.
97 a. a. O., S. 39.

98 Vgl. Radunski, Wahlkämpfe, S. 127.
99 Vgl. Bericht der BGSt für BPT 1980, S. 5 ff.
100 Vgl. Bericht der BGSt für BPT 1981, S. 4 ff.
101 Vgl. a. a. O., S. 51.
102 Vgl. Bericht der BGSt für BPT 1981, S. 24 f.
103 Radunski, Wahlkämpfe, S. 126.

Zusammenfassung und Folgerungen

1 Vgl. Mintzel, CSU, S. 273 ff.
2 Vgl. Erler, Politik, S. 126 ff.
3 Vgl. Kaack, Geschichte, S. 33 ff.
4 Vgl. Mintzel, CSU, S. 508.
5 Vgl. dazu Herzog, Führungsgruppen, insbesondere S. 94 ff.
6 Vgl. dazu Bergsdorf/Dettling (Hrsg.), Parteien.
7 Bracher, Zeit, S. 319.

Tabellenverzeichnis

Abkürzungen

ACDP	Archiv für Christlich-Demokratische Politik der Konrad-Adenauer-Stiftung
APSR	American Political Science Review
B	CDU-Landesverband Berlin
BA	Bundesausschuß der CDU
Bev.	Bevölkerung
BGSt	Bundesgeschäftsstelle der CDU
BPT	Bundesparteitag der CDU
BTW	Bundestagswahl
BuVo	Bundesvorstand der CDU
BV	Bundesverband
BW	CDU-Landesverband Baden-Württemberg
CDA	Sozialausschüsse der Christlich-Demokratischen Arbeitnehmerschaft
CDU	Christlich Demokratische Union Deutschlands

CSU	Christlich Soziale Union
FDP	Freie Demokratische Partei
FV	Frauenvereinigung der CDU Deutschlands
H	CDU-Landesverband Hessen
HB	CDU-Landesverband Bremen
HBn	Hochburgen
HH	CDU-Landesverband Hamburg
IFK	Institut für Kommunalwissenschaften der Konrad-Adenauer-Stiftung
JU	Junge Union Deutschlands
KAS	Konrad-Adenauer-Stiftung
KMW	Kommunalwahl
KPV	Kommunalpolitische Vereinigung der CDU und CSU
KV	Kreisverband der CDU
KrsGSt	Kreisgeschäftsstelle der CDU
LV	Landesverband der CDU
LTW	Landtagswahl
Mi	Mitglieder
MIT	Mittelstandsvereinigung der CDU/CSU
NBn	Niedrigburgen
NRW	Nordrhein-Westfalen
NS	CDU-Landesverband Niedersachsen
OV	Ortsverband der CDU
PVS	Politische Vierteljahresschrift
RCDS	Ring Christlich-Demokratischer Studenten
RH	CDU-Landesverband Rheinland
RP	CDU-Landesverband Rheinland-Pfalz
S	CDU-Landesverband Saarland
SFK	Sozialwissenschaftliches Forschungsinstitut der Konrad-Adenauer-Stiftung
SH	CDU-Landesverband Schleswig-Holstein
StuGV	Stadt- und Gemeindeverband der CDU
UiD	Union in Deutschland
UVF	Union der Vertriebenen und Flüchtlinge in der CDU/CSU – Ost-und Mitteldeutsche Vereinigung
Ver.	Vereinigung, Vereinigungen der CDU
WL	CDU-Landesverband Westfalen-Lippe
ZfP	Zeitschrift für Politik
ZM	Zentrale Mitgliederkartei der CDU
ZParl	Zeitschrift für Parlamentsfragen

Quellen und Literatur

Ungedruckte Quellen

Archiv für Christlich-Demokratische Politik der Konrad-Adenauer-Stiftung, St. Augustin:

Bestand CDU-Bundesvorstand und -Bundesgeschäftsstelle (VII-001):

Protokolle der Sitzungen des Bundesvorstandes der CDU 1950–1969

Protokolle der Sitzungen des Bundesausschusses der CDU 1950–1969

Materialien Franz Meyers (I-032-005):
Führungs- und Organisationsprobleme der Bundespartei (Ausarbeitung vom 24.7.1959)
Bundespartei – Landesparteien – Kreisparteien (Ausarbeitung vom Herbst 1959)

Bundesgeschäftsstelle der CDU, Bonn:
Protokolle der Sitzungen des Präsidiums der CDU 1970–1976
Protokolle der Sitzungen des Bundesvorstandes der CDU 1970–1976
Protokolle der Sitzungen des Bundesausschusses der CDU 1970–1976
Protokolle der Konferenzen der Landesgeschäftsführer der CDU 1970–1976
Protokolle der Sitzungen der Geschäftsführer der Vereinigungen der CDU und der Institutsleiter der Konrad-Adenauer-Stiftung 1973–1979
Zentrale Mitgliederkartei der CDU 1968–1982
Zentrale Mitgliederkartei der Jungen Union 1970–1982
CDU-Pressemitteilungen 1950-1980
Stellenplan der CDU-Bundesgeschäftsstelle, 15.6.1951
Adenauer, Konrad: Rede auf dem Landesparteitag der CDU Rheinland in Düren, 27.11.1959 (Ms.)
Die Organisation der CDU nach der Erhebung in den Kreisverbänden vom 13.12.1964 (zitiert als »Organisationsstudie 1964«)
Besetzung und Ausrüstung der Kreisgeschäftsstellen. Vorlage der Organisationskommission zur Landesgeschäftsführerkonferenz, 12./13.7.1972
Modellversuch Kreisverbände – Basisarbeit. Vorlage der Organisationskommission, 16.5.1973
Konzeptskizze für die Öffentlichkeitsarbeit bis 1976. Ausarbeitung, Juli 1973
Die Personal- und Gehaltsstruktur der hauptamtlichen Mitarbeiter der CDU bei den Landes-, Bezirks- und Kreisverbänden. Vorlage der Organisationsabteilung im Auftrag der Landesgeschäftsführerkonferenz, 26.8.1974 (zitiert als »Personal- und Gehaltsstruktur 1974«)
Biedenkopf, Kurt: Zur Strategie der CDU bis 1976. Rede vor den Geschäftsführern der Vereinigungen der CDU, 30.10.1974 (Tonbandabschrift)
Mitgliedermobilisierung. Ausarbeitung, 9.5.1975
Auswertung der Mobilisierungsaktion 1, Vorlage für die Landesgeschäftsführerkonferenz, 18.12.1976
Dritter Zwischenbericht zum Modellversuch Kreisverbandsarbeit, 11.7.1977
Funktionsbeschreibung der Kreisgeschäftsstelle. Ausarbeitung, 16.8.1977
Tätigkeitsübersicht, Aufgabenbereiche und Verantwortlichkeiten in einer Kreisgeschäftsstelle. Ausarbeitung, 16.8.1977
Bundestagswahl 1976. Erfahrungsbericht der Organisation des Bundestagswahlkampfes 1976, gemäß Auftrag der Landesgeschäftsführerkonferenz verfaßt von der Organisationsabteilung im September 1978 (zitiert als »Bundestagswahl 1976«)
Fragebogenaktion zur Personal- und Organisationsstruktur der Kreisverbände, 3.10.1979 (zitiert als »Fragebogenaktion 1979«)
Organisationsanalyse der CDU Deutschlands, Umfrage im August 1981, erstellt von der Hauptabteilung Organisation, September 1982 (zitiert als »Organisationsstudie 1982«)

Gedruckte Quellen und Literatur

Abendroth, Wolfgang: Das Problem der innerparteilichen und innerverbandlichen Demokratie in der Bundesrepublik, in: ders.: Antagonistische Gesellschaft und politische Demokratie. Aufsätze zur politischen Soziologie, Neuwied/Berlin 1967, S. 272-317
Ade, Meinhard: Das Grundsatzprogramm der CDU, in: Aus Politik und Zeitgeschichte, B 7/1979, S. 3-9

Adenauer, Konrad: Erinnerungen 1945–1953, Stuttgart 1965
Altmann, Rüdiger: Das Erbe Adenauers, Stuttgart 1960
Armbruster, Bernt/Leisner, Rainer: Bürgerbeteiligung in der Bundesrepublik Deutschland (Kommission für wirtschaftlichen und sozialen Wandel 54), Göttingen 1975
Baring, Arnulf: Machtwechsel. Die Ära Brandt/Scheel, Stuttgart 1982
Barzel, Rainer: Untersuchungen über das geistige und gesellschaftliche Bild der Gegenwart und die künftigen Aufgaben der CDU, hrsg. von der CDU-Bundesgeschäftsstelle, Bonn 1962
Baumanns, Hans Leo/Bergsdorf, Wolfgang: CDU im dritten Jahrzehnt. Ansichten, Einsichten, Aussichten, in: Aus Politik und Zeitgeschichte, B 40/1971, S. 3-22
Beger, Bernhard: Das schmale Fundament. Der CDU fehlen die Mitglieder, in: Die Politische Meinung 5 (1960), H.55, S. 3–8
Benda, Ernst: Folgerungen für die Partei und die Vereinigungen, in: Gölter, Georg/Pieroth, Elmar (Hrsg.): Die Union in der Opposition, S. 130–152
Beyme, Klaus von: Parteien in westlichen Demokratien, München 1982
– Theoretische Probleme der Parteienforschung, in: PVS 24 (1983), S. 241-252
Biedenkopf, Kurt: Auftrag und Ethos der CDU, in: Aus Politik und Zeitgeschichte, B 32-33/1976, S. 3-12
– Erneuern und Bewahren. Rede auf dem Landesparteitag der CDU Baden-Württemberg am 23. 6. 1973, Bonn o.J. (1973)
– Fortschritt in Freiheit. Umrisse einer politischen Strategie, München 1974
Blüm, Norbert: Reaktion oder Reform. Wohin geht die CDU?, Reinbek bei Hamburg 1972
Blumenwitz, Dieter/Gotto, Klaus/Maier, Hans/Repgen, Konrad/Schwarz, Hans-Peter (Hrsg.): Konrad Adenauer und seine Zeit. Politik und Persönlichkeit des ersten Bundeskanzlers. Bd. 1: Beiträge von Weg- und Zeitgenossen, Bd. 2: Beiträge der Wissenschaft, Stuttgart 1976
Böhm, Anton: CDU-Reform. Grenzen und Ziele. Eine neue Etappe auf dem Weg zur modernen Volkspartei, in: Die Politische Meinung 4 (1959), H. 41, S. 13-24
– Tradition und Ballast. Der Weg zur Ideenpartei, in: Die Politische Meinung 8 (1963), H. 90, S. 6–10
– Vor der Ablösung. Unvermeidlicher Stilwandel, in: Die Politische Meinung 8 (1963), H. 84, S. 7–10
– Vorwärts-Strategie für die CDU – Gedanken zum Parteitag in Hannover, in: Die Politische Meinung 9 (1964), H. 93, S. 17–30
Bracher, Karl Dietrich: Das deutsche Dilemma. Leidenswege der politischen Emanzipation, München 1971
– Die Kanzlerdemokratie, in: Löwenthal, Richard/Schwarz, Hans-Peter (Hrsg.): Die zweite Republik, S. 179–202
– Nach 25 Jahren. Eine Deutschlandbilanz, München 1970
– Schlüsselwörter der Geschichte, Düsseldorf 1978
– Zeit der Ideologien. Eine Geschichte politischen Denkens im 20. Jahrhundert, Stuttgart 1982
– Zeitgeschichtliche Kontroversen um Faschismus, Totalitarismus, Demokratie, München 1976
– et al.: Entwicklungslinien der Politikwissenschaft in der Bundesrepublik Deutschland (Forschungsbericht, Konrad-Adenauer-Stiftung, 17), Melle 1982
Braun, Günther E.: Theoretische und politische Planungsansätze in Regierung, Verwaltung und Parteien, in: Schönbohm, Wulf/Braun, Günther E. (Hrsg.): CDU-Programmatik, S. 214–240
Bretschneider, Michael: Mitgliederzahlen der Parteien und ihre räumliche Verteilung 1977, hrsg. vom Deutschen Institut für Urbanistik, Berlin 1978
Buchhaas, Dorothee: Die Volkspartei. Programmatische Entwicklung der CDU 1950–1973 (Beiträge zur Geschichte des Parlamentarismus und der politischen Parteien 68), Düsseldorf 1981

Buchhaas, Dorothee/Kühr, Herbert: Von der Volkskirche zur Volkspartei. Ein analytisches Stenogramm zum Wandel der CDU im rheinischen Ruhrgebiet, in: Kühr, Herbert (Hrsg.): Vom Milieu zur Volkspartei, S. 135–232

Buchstab, Günter/Gotto, Klaus (Hrsg.): Die Gründung der Union. Traditionen, Entstehung und Repräsentanten (Geschichte und Staat 254/255), München/Wien 1981

CDU-Bundesgeschäftsstelle (Hrsg.): Anträge zu den Bundesparteitagen der CDU, Bonn 1968 ff.

– Berichte der Bundesgeschäftsstelle der CDU. Anlagen zu den Berichten des Generalsekretärs vor den Bundesparteitagen der CDU, Bonn 1971 ff.

– Die Geschichte der CDU. Programm und Politik der Christlich Demokratischen Union Deutschlands seit 1945, Bonn 1980

– Leitfaden für die Mitgliederwerbung, Bonn o. J. (1972)

– Leitfaden zur Mitgliederwerbung, Bonn o. J. (1968)

– Die Programme der CDU. Der Weg zum Grundsatzprogramm, Bonn o.J.

– Protokolle der CDU-Bundesparteitage, Bonn 1950 ff.

– Rednerdienst Mitgliederwerbung – Aktionsprogramm, Bonn o. J. (1968)

– Regiebücher Großstadtarbeit, Mitgliederwerbung, Neubürgerbetreuung, Ortsverbandsarbeit, Bonn o. J.

– Statut der CDU. Ordnung für die Bundesfachausschüsse. Finanz-und Beitragsordnung. Spendenrichtlinien. Parteigerichtsordnung. Geschäftsordnung. Parteiengesetz, Bonn 1981

– Verantwortete Freiheit. Materialien zur Grundsatzarbeit der CDU, Bonn o.J.

CDU-Kreisverband Altona-Elbvororte (Hrsg.): Mitgliederwerbung für 1973, o.O. 1972

Colberg, Eckard/Männle, Ursula: Zur Geschäftsordnung. Handeln in Parteien und Organisationen, hrsg. von der Bayerischen Landeszentrale für politische Bildungsarbeit, München 1973

Dettling, Warnfried: Die CDU nach Mannheim. Wandel und Kontinuität, in: Aus Politik und Zeitgeschichte, B 30/1975, S. 3–9

– (Hrsg.): Deutsche Parteien im Wandel. Eine Bestandsaufnahme (Analysen und Perspektiven 17), München 1983

– (Hrsg.): Macht der Verbände – Ohnmacht der Demokratie? Beiträge zur Theorie und Politik der Verbände, München/Wien 1976

– (Hrsg.): Die Neue Soziale Frage und die Zukunft der Demokratie, München/Wien 1977[2]

Deuerlein, Ernst: CDU/CSU 1945–1957. Beiträge zur Zeitgeschichte, Köln 1957

Deussen, Giso: Konrad-Adenauer-Stiftung (Ämter und Organisationen der Bundesrepublik Deutschland 47), Düsseldorf 1981

Deutsches Gemeinschaftswerk. Der Erhard-Plan für Gemeinschaftsaufgaben. Idee und Wirkung. Das Echo in Presse und Rundfunk, Bonn 1965

Diedrich, Nils: Die Mitgliederstruktur von CDU und SPD in: Dittberner, Jürgen/Ebbighausen, Rolf (Hrsg.): Parteiensystem in der Legitimationskrise, S. 35–55

Dittberner, Jürgen: Die Bundesparteitage der Christlich-Demokratischen-Union und der Sozialdemokratischen Partei Deutschlands von 1946 bis 1968. Eine Untersuchung der Funktionen von Parteitagen, Diss. Berlin 1969

Dittberner, Jürgen/Ebbighausen, Rolf (Hrsg.): Parteiensystem in der Legitimationskrise. Studien und Materialien zur Soziologie der Parteien in der Bundesrepublik Deutschland (Schriften des Zentralinstituts für Sozialwissenschaftliche Forschung der Freien Universität Berlin 24), Opladen 1973

Döring, Herbert/Smith, Gordon (Hrsg.): Party Government and Political Culture in Western Germany, London 1982

Dübber, Ulrich: Parteienfinanzierung in Deutschland. Eine Untersuchung über das Problem der Rechenschaftslegung in einem künftigen Parteiengesetz (Staat und Politik 1), Köln 1962

Downs, Anthony: An Economic Theory of Democracy, New York 1957 (dt.: Ökonomische Theorie der Demokratie, Tübingen 1968)
Egen, Peter: Die Entstehung des Evangelischen Arbeitskreises der CDU/CSU, Bochum 1971
Eldersveld, Samuel J.: Political Parties. A Behavioral Analysis, Chicago 1964
Ellwein, Thomas/Lippert, Ekkehard/Zoll, Ralf: Politische Beteiligung in der Bundesrepublik Deutschland (Kommission für wirtschaftlichen und sozialen Wandel 89), Göttingen 1975
Elschner, Gerhard: Zwanzig Jahre Christlich-Demokratische Union. Reflexionen über Eigenart und Struktur, in: Civitas. Jahrbuch für christliche Gesellschaftsordnung 4 (1965), S. 167-189
Eppler, Erhard et al.: Zum neuen Grundsatzprogramm der CDU, in: Aus Politik und Zeitgeschichte, B 51-52/1979, S. 3–20
Erhard, Ludwig/Brüß, Kurt/Hagemeyer, Bernhard (Hrsg.): Grenzen der Demokratie? Probleme und Konsequenzen der Demokratisierung von Politik, Wirtschaft und Gesellschaft (Schriftenreihe der Ludwig-Erhard-Stiftung 3), Düsseldorf 1973
Erler, Fritz: Politik für Deutschland. Eine Dokumentation, Stuttgart 1968[2]
Falke, Wolfgang: Die Mitglieder der CDU. Eine empirische Studie zum Verhältnis von Mitglieder und Organisationsstruktur der CDU 1971–1977, Berlin 1982
Faltlhauser, Kurt: Aspekte des Wahlkampfes. Image, Öffentlichkeit und Parteiorganisation, in: Gölter, Georg/Pieroth, Elmar (Hrsg.): Die Union in der Opposition, S. 29–51
Feist, Ursula/Güllner, Manfred/Liepelt, Klaus: Strukturelle Angleichung und ideologische Polarisierung. Die Mitgliedschaft von SPD und CDU/CSU zwischen den sechziger und siebziger Jahren, in: PVS 18 (1977), H. 2/3, S. 257–278
Flechtheim, Ossip K. (Hrsg.): Dokumente zur parteipolitischen Entwicklung in Deutschland seit 1945, 9 Bände, Berlin 1962–1971
– Politische Entwicklung und Finanzierung der CDU, in: Die Neue Gesellschaft 5 (1958), S. 182–189
Die Formierte Gesellschaft. Ludwig Erhards Ordnungsbild der demokratischen Gesellschaft – Echo und Kritik (Presse- und Informationsamt der Bundesregierung), Bonn 1966
Forster, Karl: Deutscher Katholizismus in der Adenauer-Ära, in: Blumenwitz, Dieter et al. (Hrsg.): Konrad Adenauer und seine Zeit II, S. 488–520
Friedrich, Bruno: Der sozialdemokratische Ortsverein, in: Wehner, Herbert/Friedrich, Bruno/ Nau, Alfred: Parteiorganisation (Theorie und Praxis der deutschen Sozialdemokratie), Bonn 1969, S. 49–70
Geißler, Heiner: Das Grundsatzprogramm – Instrument einer gestaltenden Politik, in: Weizsäker, Richard von (Hrsg.): CDU-Grundsatzdiskussion. Beiträge aus Wissenschaft und Politik, München 1977, S. 233–288
– (Hrsg.): Grundwerte in der Politik – Analysen und Beiträge zum Grundsatzprogramm der Christlich Demokratischen Union Deutschlands, Frankfurt am Main/Berlin/Wien 1979
– Mut zur Alternative, München 1981
– Die Neue Soziale Frage. Analysen und Dokumente, Freiburg 1976
Gerstenmaier, Eugen: Adenauer und die Macht, in: Blumenwitz, Dieter et al. (Hrsg.): Konrad Adenauer und seine Zeit I, S. 29–44
Gluchowski, Peter/Veen, Hans-Joachim: Nivellierungstendenzen in den Wähler- und Mitgliedschaften von CDU/CSU und SPD 1959-1979, in: ZParl 10 (1979), H. 3, S. 312–331
Göb, Rüdiger: Vom Auftrag der Partei zur Lösung ihrer Strukturprobleme. Zur Führungsfrage der CDU: Personen und Strukturen, in: Sonde 4 (1971), Nr. 3, S. 4–25
Gölter, Georg/Pieroth, Elmar (Hrsg.): Die Union in der Opposition. Analyse, Strategie, Programm, Düsseldorf 1970

Gotto, Klaus: Adenauer, die CDU und die Wahl des Bundespräsidenten 1959, in: Konrad-Adenauer-Stiftung (Hrsg.): Konrad Adenauer. Ziele und Wege, S. 94–144
Graeff, Robert: Programmatische Funktion und strategische Bedeutung der Mannheimer Erklärung, in: Kaack, Heino und Ursula (Hrsg.): Parteien-Jahrbuch 1975, S. 204–212
Gross, Johannes: Lauter Nachworte. Innenpolitik nach Adenauer, Stuttgart 1965
Grotz, Claus-Peter: Die Junge Union. Struktur – Funktion – Entwicklung der Jugendorganisation von CDU und CSU seit 1969, Kehl am Rhein/Straßburg 1983
Günther, Klaus: Sozialdemokratie und Demokratie 1946–1966. Die SPD und das Problem der Verschränkung innerparteilicher und bundesrepublikanischer Demokratie, Bonn 1979
Hacke, Christian: Die Ost- und Deutschlandpolitik der CDU/CSU. Wege und Irrwege der Opposition seit 1969 (Bibliothek Wissenschaft und Politik 12), Köln 1975
Hackel, Wolfgang: Die Auswahl des politischen Nachwuchses in der Bundesrepublik Deutschland. Die Junge Union als Sprungbrett für politische Karrieren in der CDU (Studien zur Politik, Konrad-Adenauer-Stiftung, 2), Stuttgart 1978
Hättich, Manfred: Parteien als Integrationssysteme, in: Konrad-Adenauer-Stiftung (Hrsg.): Strukturprobleme des lokalen Parteiensystems, S. 235–290
Hahn, Gerhard: Bibliographie zur Geschichte der CDU und CSU 1945–1980 (Forschungen und Quellen zur Zeitgeschichte, Konrad-Adenauer-Stiftung, 4), Stuttgart 1982
Hartmann, Jürgen: Parteienforschung (Erträge der Forschung 126), Darmstadt 1979
Hasinger, Albrecht: Fortschrittliche Kräfte vereinigt Euch, in: Soziale Ordnung 25 /1972), Nr. 11, S. 12–13
Haungs, Peter: Die Bundesrepublik – ein Parteienstaat? Kritische Anmerkungen zu einem wissenschaftlichen Mythos, in: ZParl 4 (1973), Nr. 4, S. 502–524
– Die Christlich-Demokratische Union Deutschlands (CDU) und die Christlich-Soziale Union in Bayern (CSU), in: Veen, Hans-Joachim (Hrsg.): Christlich-demokratische und konservative Parteien in Westeuropa 1, S. 9–194
– Funktionsoptimierende Strukturen lokaler Parteiorganisationen, in: Konrad-Adenauer-Stiftung (Hrsg.): Strukturprobleme des lokalen Parteiensystems, S. 291–338
– Parteiendemokratie in der Bundesrepublik Deutschland, Berlin 1980
– Über politische Parteien in westlichen Demokratien – Bemerkungen zur neueren Literatur, in: ders. (Hrsg.): Res Publica. Studien zum Verfassungswesen. Dolf Sternberger zum 70. Geburtstag, München 1977, S. 141–169
Heck, Bruno: Adenauer und die CDU, in: Blumenwitz, Dieter et al. (Hrsg.): Konrad Adenauer und seine Zeit I, S. 186–203
– Auf festem Grund. Aufsätze und Reden, hrsg. von Ludolf Herrmann, Stuttgart 1977
– (Hrsg.): Die CDU und ihr Programm. Programme, Erklärungen, Entschließungen, Melle/St. Augustin 1979
Heidenheimer, Arnold J.: Adenauer and the CDU. The Rise of the Leader and the Integration of the Party, The Hague 1960
– German Party Finance: the CDU, in: The American Political Science Review 51 (1957), Nr. 2, S. 369–385
– Schattierungen im Röntgenbild der christlichen Demokraten, in: Die Neue Gesellschaft 5 (1958), H. 3, S. 172–181
Hennis, Wilhelm: Die mißverstandene Demokratie, Freiburg 1973
Herzog, Dietrich: Politische Führungsgruppen. Probleme und Ergebnisse der modernen Elitenforschung (Erträge der Forschung 169), Darmstadt 1982
– Politische Karrieren. Selektion und Professionalisierung politischer Führungsgruppen (Schrif-

ten des Zentralinstituts für Sozialwissenschaftliche Forschung der Freien Universität Berlin 25), Opladen 1975
Hockerts, Hans Günter: Sozialpolitische Entscheidungen im Nachkriegsdeutschland. Alliierte und deutsche Sozialversicherungspolitik 1945 bis 1957 (Forschungen und Quellen zur Zeitgeschichte, Konrad-Adenauer-Stiftung, 1), Stuttgart 1980
Höfling, Wolfram: Funktionsprobleme des Vereinigungssystems der CDU, in: Kaack, Heino/ Roth, Reinhold (Hrsg.): Handbuch des deutschen Parteiensystems 1, S. 153–173
– Die Vereinigungen der CDU. Eine Bestandsaufnahme zu Organisationsstruktur, Finanzen und personeller Repräsentanz, in: Kaack, Heino/Roth, Reinhold (Hrsg.): Handbuch des deutschen Parteiensystems 1, S. 125–152
Hürten, Heinz/Jäger, Wolfgang/Ott, Hugo: Hans Filbinger – der »Fall« und die Fakten. Eine historische und politologische Analyse, hrsg. von Bruno Heck, Mainz 1980
Hüwel, Detlev: Karl Arnold. Eine politische Biographie (Düsseldorfer Schriften zur Neueren Landesgeschichte und zur Geschichte Nordrhein–Westfalens 1), Wuppertal 1980
Jäger, Wolfgang (Hrsg.): Partei und System. Eine kritische Einführung in die Parteiforschung, Stuttgart 1973
Julg, Jean: Histoire et doctrine de l'Union Chrétienne Démocrate d'Allemagne, Diss. (Ms.) o. O., o. J. (1981)
Kaack, Heino: Die Basis der Parteien. Struktur und Funktion der Ortsvereine, in: ZParl 2 (1971), Nr. 1, S. 23–38
– Die Finanzen der Bundestagsparteien von 1968 bis 1975, in: Kaack, Heino und Ursula (Hrsg.): Parteien–Jahrbuch 1975, S. 285–312
– Geschichte und Struktur des deutschen Parteiensystems, Opladen 1971
– Zur Geschichte und Programmatik der Freien Demokratischen Partei. Grundriß und Materialien (Studien zum politischen System der Bundesrepublik Deutschland 18), Meisenheim am Glan 1976
– Kaack, Ursula (Hrsg.): Parteien–Jahrbuch 1973/74, Meisenheim am Glan 1977
– Parteien–Jahrbuch 1975, Meisenheim am Glan 1978
Kaack, Heino/Roth, Reinhold (Hrsg.): Handbuch des deutschen Parteiensystems. Struktur und Politik in der Bundesrepublik zu Beginn der achtziger Jahre, 2 Bände, Opladen 1980
– Parteien–Jahrbuch 1976, Meisenheim am Glan 1979
Kaltefleiter, Werner: Die Entwicklung des deutschen Parteiensystems in der Ära Adenauer, in: Blumenwitz, Dieter et al. (Hrsg.): Konrad Adenauer und seine Zeit II, S. 285–293
Kevenhörster, Paul: Demokratiekonzeptionen und Demokratisierungsbestrebungen, in: Erhard, Ludwig/Brüß, Kurt/Hagemeyer, Bernhard (Hrsg.): Grenzen der Demokratie?, S. 41–71
Kiesinger, Kurt Georg: Erlebnisse mit Konrad–Adenauer, in: Blumenwitz, Dieter et al. (Hrsg.): Konrad Adenauer und seine Zeit I, S. 59–72
Kierey, Karl–Joachim: Ist die CDU eine Volkspartei? Die Volkspartei in der Krise, in: Sonde 5 (1972), Nr. 3, S. 17–28
Kirchheimer, Otto: Der Wandel des westeuropäischen Parteiensystems, in: PVS 6 (1965), Nr. 1, S. 20–41
Kirsch, Guy: Ökonomische Theorie der Politik, Tübingen/ Düsseldorf 1974
Kohl, Helmut: Bundestagsreden und Zeitdokumente, hrsg. von Horst Teltschick, Bonn 1978
– Zwischen Ideologie und Pragmatismus. Aspekte und Ansichten zu Grundfragen der Politik, Stuttgart 1973
Konrad–Adenauer–Stiftung (Hrsg.): Christliche Demokratie in Deutschland. Analysen und Dokumente zur Geschichte und Programmatik der Christlich–Demokratischen Union Deutschlands und der Jungen Union Deutschlands (Handbücher der Politischen Akademie Eichholz 7), Melle/ St. Augustin 1978

– Dokumente zur Christlichen Demokratie. Deutschland, Österreich, Schweiz (Handbücher der Politischen Akademie Eichholz 2), Eichholz 1969
– Die europäischen Parteien der Mitte. Analysen und Dokumente zur Programmatik christlich-demokratischer und konservativer Parteien Westeuropas (Handbücher der Politischen Akademie Eichholz 6), Bonn 1978
– Konrad Adenauer. Ziele und Wege, Mainz 1972
– Konrad Adenauer und die CDU der britischen Besatzungszone 1946–1949. Dokumente zur Gründungsgeschichte der CDU Deutschlands, eingeleitet und bearbeitet von Helmuth Pütz, Bonn 1975
– Strukturprobleme des lokalen Parteiensystems. Studien zur Kommunalpolitik (Schriftenreihe des Instituts für Kommunalwissenschaften 6), Bonn 1975
Kraft, Lothar/Reddemann, Gerhard (Hrsg.): Mit der Union in die Zukunft, Bonn 1969
Kramer, Gertrud und Johannes: Der Einfluß der Sozialausschüsse der Christlich-Demokratischen Arbeitnehmerschaft auf die CDU. Ein Beitrag zur Parteientheorie, in: Aus Politik und Zeitgeschichte, B 46–47/ 1976, S. 17–46
Kühr, Herbert: Probleme innerparteilicher Demokratie in der CDU, in: Aus Politik und Zeitgeschichte, B 34–35 (1974), S. 3–16
– (Hrsg.): Vom Milieu zur Volkspartei. Funktionen und Wandlungen der Parteien im kommunalen und regionalen Bereich (Sozialwissenschaftliche Studien zur Stadt- und Regionalpolitik 4), Meisenheim am Glan 1979
Kühr, Herbert/Simon, Klaus: Lokalpartei und vorpolitischer Raum (Forschungsbericht, Konrad-Adenauer-Stiftung, 21), Melle/St. Augustin 1982
Lammert, Norbert: Lokale Organisationsstrukturen innerparteilicher Willensbildung. Fallstudie am Beispiel eines CDU-Kreisverbandes im Ruhrgebiet (Studien zur Kommunalpolitik, Konrad-Adenauer-Stiftung, 5), Bonn 1976
Lehmbruch, Gerhard: Parteiwettbewerb im Bundesstaat, Stuttgart 1976
– Proporzdemokratie. Politisches System und politische Kultur in der Schweiz und in Österreich, Tübingen 1967
Lenk, Kurt/Neumann, Franz (Hrsg.): Theorie und Soziologie der politischen Parteien, 2 Bände, Neuwied 1974
Ley, Richard: Föderalismusdiskussion innerhalb der CDU/CSU von der Parteigründung bis zur Verabschiedung des Grundgesetzes (Beiträge zu Wissenschaft und Politik, Konrad-Adenauer-Stiftung, 17), Mainz 1978
Löwenthal, Richard/Schwarz, Hans-Peter (Hrsg.): Die zweite Republik. 25 Jahre Bundesrepublik Deutschland – eine Bilanz, Stuttgart 1974
Luhmann, Niklas: Legitimation durch Verfahren, Neuwied/Berlin 1969
Mayntz, Renate: Parteigruppen in der Großstadt. Untersuchungen in einem Berliner Kreisverband der CDU (Schriften des Instituts für Politische Wissenschaft 16), Köln/Opladen 1959
McKenzie, Robert T.: British Political Parties. The Distribution of Power within the Conservative and Labour Parties, London 1964
Meyers, Franz: Gezeichnet Dr. Meyers. Summe eines Lebens, Düsseldorf 1982
Michels, Robert: Zur Soziologie des Parteiwesens in der modernen Demokratie. Untersuchungen über die oligarchischen Tendenzen des Gruppenlebens. Neudruck der 2. Aufl., hrsg. von Werner Conze, Stuttgart 1970
Mintzel, Alf: Die CSU. Anatomie einer konservativen Partei, Opladen 1975
– Die Volkspartei. Typus und Wirklichkeit. Ein Lehrbuch. Opladen 1983
Morsey, Rudolf: Katholizismus und Unionsparteien in der Ära Adenauer, in: Langner, Albrecht

(Hrsg.): Katholizismus im politischen Parteiensystem der Bundesrepublik 1949–1963, Paderborn 1978, S. 33–59
Morsey, Rudolf/Repgen, Konrad (Hrsg.): Adenauer-Studien (Veröffentlichungen der Kommission für Zeitgeschichte bei der Katholischen Akademie in Bayern, B: Forschungen 10, 13, 15, 21), 4 Bde., Mainz 1971–1977
Müchler, Günter: CDU/CSU. Das schwierige Bündnis, München 1976
Mühleisen, Hans-Otto: Theoriebildung und politische Parteien. Bestandsaufnahme und Entwicklungsmöglichkeiten, Diss. Freiburg 1970
Narr, Wolf-Dieter: CDU – SPD. Programm und Praxis seit 1945, Stuttgart/Berlin/Köln 1966
– (Hrsg.): Auf dem Wege zum Einparteienstaat, Opladen 1977
Naschold, Frieder: Organisation und Demokratie. Untersuchung zum Demokratisierungspotential in komplexen Organisationen, Stuttgart 1969
Neumann, Sigmund: Die Parteien der Weimarer Republik, Stuttgart 1965
– Zum vergleichenden Studium politischer Parteien, in: Ziebura, Gilbert (Hrsg.): Beiträge zur allgemeinen Parteienlehre, S. 215–264
Noelle-Neumann, Elisabeth: Die Schweigespirale. Öffentliche Meinung – unsere soziale Haut, Frankfurt am Main 1982
Oberndörfer, Dieter (Hrsg.): Systemtheorie, Systemanalyse und Entwicklungsländerforschung, Berlin 1971
Pabst, Siegfried: Das CDU–Grundsatzprogramm aus liberaler Sicht, in: Aus Politik und Zeitgeschichte, B 51-52/1979, S. 21–26
Pappi, Franz U.: Parteiensysteme und Sozialstruktur in der Bundesrepublik, in: PVS 14 (1973), Nr. 2, S. 191–213
– Sozialstruktur, gesellschaftliche Wertorientierungen und Wahlabsicht. Ergebnisse eines Zeitvergleichs des deutschen Elektorats 1953 und 1976, in: PVS 18 (1977), H. 2/3, S. 195–229
Pauly, Wolfgang: Christliche Demokraten und Christlich–Soziale. Untersuchung zum innerparteilichen Bündnisverhalten von CDU und CSU 1969–1979, Diss. Trier 1981
Preuße, Detlev: Gruppenbildungen und innerparteiliche Demokratie am Beispiel der Hamburger CDU (Studien zum politischen System der Bundesrepublik Deutschland 26), Königstein/Taunus 1981
Pridham, Geoffrey: Christian Democracy in Western Germany. The CDU/CSU in Government and Opposition, 1945–1976, London 1977
Pütz, Helmuth: Die CDU. Entwicklung, Aufbau und Politik der Christlich Demokratischen Union Deutschlands, Düsseldorf 1978
– Innerparteiliche Willensbildung. Empirische Untersuchung zum bildungspolitischen Willensbildungsprozeß in der CDU (Beiträge zu Wissenschaft und Politik 8), Mainz 1974
– /Radunski, Peter/Schönbohm, Wulf: 34 Thesen zur Reform der CDU, in: Sonde 2 (1969), Nr. 4, S. 4–22
– /Radunski, Peter/Schönbohm, Wulf/Simon, Uwe-Rainer/Stronk, Detlev: 29 Thesen zur politischen Strategie der Union, in: Sonde 5 (1972), Nr. 4, S. 4–23
Radunski, Peter: Mobilisierung der Union, in: Rollmann, Dietrich (Hrsg.): Die CDU in der Opposition, S. 138–147
– Wahlkämpfe. Moderne Wahlkampfführung als politische Kommunikation, München 1980
– Zum Generationswechsel in Parteien: Die Junge Union als Sprungbrett für politische Karrieren in der CDU, in: Reale Utopien. Glanz und Elend der Parteien (Schriftenreihe des Instituts für Internationale Solidarität, Konrad–Adenauer–Stiftung, 6), Mainz 1970, S. 139–167
– /Niemetz, Alexander: Mitgliederwerbung. Konzept und Praxis, hrsg. vom CDU–Landesverband Hessen, o. O., o. J. (1970)

Rannacher, Helmut: Das konfessionelle Gleichgewicht als Strukturproblem der Christlich–Demokratischen Union Deutschlands, Diss. Tübingen 1970
Radtke, Günter D.: Teilnahme an der Politik. Bestimmungsgründe der Bereitschaft zur politischen Partizipation. Ein empirischer Beitrag (Sozialwissenschaftliche Studien zur Politik 10), Bonn 1976
Rohe, Karl/Kühr, Herbert (Hrsg.): Politik und Gesellschaft im Ruhrgebiet, Königstein/Taunus 1979
Rollmann, Dietrich (Hrsg.), Die CDU in der Oppositon. Eine Selbstdarstellung, Hamburg 1970
– (Hrsg.): Die Zukunft der CDU. Christlich–demokratische Konzeption für die Zukunft, Hamburg 1968
Ronneberger, Franz/Walchshöfer, Jürgen: Parteien als Kommunikationssysteme, in: Konrad–Adenauer–Stiftung (Hrsg.): Strukturprobleme des lokalen Parteiensystems, S. 115–160
Roth, Reinhold: Der Konflikt um die Strategie und den Kanzlerkandidaten in der CDU/CSU, in: Kaack, Heino/Roth, Reinhold (Hrsg.) Handbuch des deutschen Parteiensystems 2, S. 119–145
Rowold, Manfred: Im Schatten der Macht. Zur Oppositionsrolle der nicht–etablierten Parteien in der Bundesrepublik, Düsseldorf 1974
Sacrinelli, Ulrich: Das Grundsatzprogramm der CDU. Selbstverständnis, Aussagen und Parteitagsdiskussion, in: Kaack, Heino/Roth, Reinhold (Hrsg.): Handbuch des deutschen Parteiensystems 2, S. 57–117
Schardt, Alois: Wohin steuert die CDU?, Osnabrück 1961
Scheer, Hermann: Die nachgeholte Parteibildung und die politische Säkularisierung der CDU, in: Narr, Wolf–Dieter (Hrsg.): Auf dem Weg zum Einparteienstaat, S. 149–172
Schleth, Uwe: Parteifinanzen. Eine Studie über Kosten und Finanzierung der Parteientätigkeit, zu deren politischer Problematik und zu den Möglichkeiten einer Reform (Politik und Wähler 11), Meisenheim am Glan 1973
Schmitz, Mathias: Parteien als Partizipationssysteme, in: Konrad-Adenauer-Stiftung (Hrsg.),: Strukturprobleme des lokalen Parteiensystems, S. 161–234
Schmollinger, Horst W./Stöss, Richard: Sozialstruktur und Parteiensystem, in: Staritz, Dietrich (Hrsg.): Das Parteiensystem der Bundesrepublik, S. 217–234
Schönbohm, Wulf: Bemerkungen zur Programmdiskussion, in: Die Entscheidung 18 (1970), H. 9, S. 6–7
– CDA unter der Lupe, in: Soziale Ordnung 33 (1979), Nr. 7/8, S. 6–7
– Das CDU-Grundsatzprogramm: Dokument politischer Erneuerung, in: Aus Politik und Zeitgeschichte, B 51–52/1979, S. 27–39
– CDU – Porträt einer Partei (Geschichte und Staat 215), München/Wien 1979
– Funktion, Entstehung und Sprache von Parteiprogrammen, in: Aus Politik und Zeitgeschichte, B 34–35/1974, S. 17–37
– Zu den Grundsätzen der Union, in: Sonde 5 (1972), Nr. 1/2, S. 10–15
– JU im Umbruch, in: Die Entscheidung 25 (1977), H. 12, S. 19–23
– Zur politischen und programmatischen Entwicklung der Jungen Union Deutschlands, in: Konrad-Adenauer-Stiftung (Hrsg.): Christliche Demokratie in Deutschland, S. 579–596
– Wo sind sie geblieben? Die Union und ihre Reformen, in: Sonde 3 (1970), Nr. 4, S. 7–20
– /Braun, Günther E. (Hrsg.): CDU-Programmatik. Grundlagen und Herausforderungen, München 1981
Schott, Heinzgerd: Die Formierte Gesellschaft und das Deutsche Gemeinschaftswerk. Zwei gesellschaftspolitische Konzepte, Diss. Bonn 1982
Schulz, Gerhard: Die CDU – Merkmale ihres Aufbaus, in: Parteien in der Bundesrepublik (Schriften des Instituts für Politische Wissenschaft 6), Stuttgart 1955, S. 3–153

– Die Organisationsstruktur der CDU, in: ZfP 3 N.F. (1956), H. 2, S. 147–165
Schwarz, Hans-Peter: Die Ära Adenauer. Gründerjahre der Republik 1949–1957 (Geschichte der Bundesrepublik Deutschland 2), Stuttgart/Wiesbaden 1981
– Die Ära Adenauer. Epochenwechsel 1957–1963 (Geschichte der Bundesrepublik Deutschland 3), Stuttgart/Wiesbaden 1983
Siebert, Harald: Neuere Entwicklungstendenzen der Parteifinanzierung, in: Kaack, Heino/Roth, Reinhold (Hrsg.), Handbuch des deutschen Parteiensystems 1, S. 175–194
Simon, Klaus: Lokale Parteiaktivität und Sozialstruktur als Faktoren der Wahlentscheidung, in: Kühr, Herbert (Hrsg.): Vom Milieu zur Volkspartei, S. 234–278
Simon, Uwe Rainer: Das Berliner Programm der CDU. Politik für die siebziger Jahre?, in: Sonde 2 (1969), Nr. 1, S. 4–17
Skibowski, Klaus Otto: Zukunft mit der CDU? Fehler und Chancen der Opposition, Düsseldorf 1970
Smith, Gordon: The German Volkspartei and the Career of the Catch-All-Concept, in: Döring, Herbert/Smith, Gordon (Hrsg.): Party Government and Political Culture in Western Germany, London 1982, S. 59–76
Sprache, Wissen, Bildung: Beiträge zu den Bildungsfragen unserer Zeit, hrsg. von der Gesellschaft für christlich–demokratische Bildungsarbeit (Schriftenreihe der Politischen Akademie Eichholz), Köln 1957
Staritz, Dietrich (Hrsg.): Das Parteiensystem der Bundesrepublik. Geschichte, Entstehung, Entwicklung. Eine Einführung, Opladen 1976
Steiner, Jürgen: Bürger und Politik. Empirisch-theoretische Befunde über die politische Partizipation der Bürger in Demokratien, unter besonderer Berücksichtigung der Schweiz und der Bundesrepublik Deutschland, Meisenheim am Glan 1969
Trautmann, Helmut: Innerparteiliche Demokratie im Parteienstaat, Berlin 1975
Triesch, Günter: Musterung vor dem Streit. Die SPD ist besser gerüstet, in: Die Politische Meinung 5 (1960), H. 52, S. 23–31
Troitzsch, Klaus G.: Aspekte der regionalen Verteilung von Parteimitgliederzahlen, in: Kaack, Heino/Roth, Reinhold (Hrsg.): Handbuch des deutschen Parteiensystems 1, S. 101–112
– Mitgliederstrukturen der Bundestagsparteien, in: Kaack, Heino/Roth, Reinhold (Hrsg.): Handbuch des deutschen Parteiensystems 1, S. 81–100
Veen, Hans–Joachim: Opposition im Bundestag. Ihre Funktionen, institutionellen Handlungsbedingungen und das Verhalten der CDU/CSU–Fraktion in der 6. Wahlperiode 1969–1972 (Sozialwissenschaftliche Studien zur Politik, Konrad-Adenauer-Stiftung, 8), Bonn 1976
– (Hrsg.): Christlich-demokratische und konservative Parteien in Westeuropa 1: Bundesrepublik Deutschland/Österreich, Paderborn 1983
Vieregge, Henning von: Parteistiftungen. Zur Rolle der Konrad-Adenauer-, Friedrich-Ebert-, Friedrich-Naumann- und Hanns-Seidel-Stiftung im politischen System der Bundesrepublik Deutschland (Schriftenreihe zum Stiftungswesen 11), Baden-Baden 1977
Wagner, Wolfgang: Die Bundespräsidentenwahl 1959 (Veröffentlichungen der Kommission für Zeitgeschichte bei der Katholischen Akademie in Bayern, B: Forschungen 13, Adenauer-Studien 2), Mainz 1972
Weinacht, Paul-Ludwig (Hrsg.): Die CDU in Baden-Württemberg und ihre Geschichte (Schriften zur politischen Landeskunde 2), Stuttgart 1978
Weizsäcker, Richard von (Hrsg.): CDU-Grundsatzdiskussion. Beiträge aus Wissenschaft und Politik, München 1977
Wiedemeyer, Wolfgang: Helmut Kohl – Porträt eines deutschen Politikers. Eine biographische Dokumentation, Bad Honnef 1975

Wiesendahl, Elmar: Parteien und Demokratie. Eine soziologische Analyse paradigmatischer Ansätze der Parteienforschung, Opladen 1980
Wildenmann, Rudolf: Die soziale Herrschaft Konrad Adenauers, in: Blumenwitz, Dieter et al. (Hrsg.): Konrad Adenauer und seine Zeit II, S. 275–284
Wright, William E.: Comparative Party Models: Rational-Efficient and Party Democracy, in: ders. (Hrsg.): A Comparative Study of Party Organization, Columbus (Ohio) 1971, S. 17–54
Zauzich, Marie-Christine: Parteien im Wandel. Von der Weltanschauungspartei zur Volkspartei, München 1976
Ziebura, Gilbert: Beiträge zur allgemeinen Parteienlehre. Zur Theorie, Typologie und Vergleichung politischer Parteien (Wege der Forschung 106), Darmstadt 1969

Periodika

Deutsches Monatsblatt. Siegen 1.1954–28.1980
Deutschland-Union-Dienst. Pressedienst der CDU und CSU. Bonn 1.1947–34.1980
Dialog. Konzeptionen, Kommentare, Analysen. Bonn 1.1970–11.1980
Die Entscheidung. Hrsg.: Junge Union Deutschlands. Bonn 1.1953–28.1980
Gesellschaftspolitische Kommentare. Hrsg.: Arbeitsgemeinschaft christlich-soziale Bewegung. Bonn-Bad Godesberg 1.1954–27.1980
Die Politische Meinung. Zweimonatshefte für Fragen der Zeit. Bonn 1.1956–25.1980
Sonde. Neue christlich-demokratische Politik. Bonn 1.1968–13.1980
Soziale Ordnung. Christlich-demokratische Blätter der Arbeit. Königswinter 5.1951–33.1980
Union in Deutschland. Informationsdienst der Christlich-Demokratischen und Christlich-Sozialen Union Deutschlands. Bonn 2.1947–34.1980

Zeitungen

Deutsche Zeitung/Christ und Welt
Frankfurter Allgemeine Zeitung
Kölner Stadtanzeiger
Mannheimer Morgen
Neue Osnabrücker Zeitung
Rhein-Neckar-Zeitung
Rheinischer Merkur
Der Tagesspiegel
Die Welt

Personen- und Sachregister

Die Nennung von Parteigremien, -funktionen etc. bezieht sich – soweit nichts anderes angegeben ist – auf die CDU.

Forschungen und Quellen zur Zeitgeschichte

Im Auftrag der Konrad-Adenauer-Stiftung

herausgegeben von
Klaus Gotto, Hans Günter Hockerts, Rudolf Morsey
und Hans-Peter-Schwarz

Band 1 Hans Günter Hockerts
Sozialpolitische Entscheidungen im Nachkriegsdeutschland
Alliierte und deutsche Sozialversicherungspolitik 1945 bis 1957
1980, 463 S., Leinen, ISBN 3-12-912910-3

Band 2 *Die CDU/CSU im Parlamentarischen Rat*
Sitzungsprotokolle der Unionsfraktion
Eingeleitet und bearbeitet von Rainer Salzmann
1981, XLIV, 701 S., Leinen, ISBN 3-12-912930-8

Band 3 Franz J. Bauer
Flüchtlinge und Flüchtlingspolitik in Bayern 1945–1950
1982, 444 S., Leinen, ISBN 3-608-91066-2

Band 4 *Bibliographie zur Geschichte der CDU und CSU*
Erstellt von Gerhard Hahn
1982, LXVIII, 961 S., Leinen, ISBN 3-12-912940-5

Band 5 Christian Hacke
Die Ära Nixon–Kissinger 1969–1974
Konservative Reform der Weltpolitik
1983, 319 S., Leinen mit Schutzumschlag, ISBN 3-608-91228-2

Band 6 Ulrich Reusch
Deutsches Berufsbeamtentum und britische Besatzung
Planung und Politik 1943–1947
1985, 419 S., Leinen, ISBN 3-608-91231-2

Band 7 Wulf Schönbohm
Die CDU wird moderne Volkspartei
Selbstverständnis, Mitglieder, Organisation und Apparat 1950–1980
1985, 343 S., Leinen mit Schutzumschlag, ISBN 3-608-91233-9

Klett-Cotta